后浪出版公司

Roving
through
Southern China

百年前的中国

美国作家笔下的南国纪行

[美]哈利·弗兰克 著 符金宇 译

Harry A. Franck

四川人民出版社

著者简介

哈利·弗兰克（Harry A. Franck）被誉为"流浪王子"，是 20 世纪上半叶最著名的游记作家之一，一生共完成三十余部作品，能熟练使用英、法、德等多国语言，以作品 *Zone Policeman 88*，成为 1913 年全美最畅销作家。

译者简介

符金宇，男，1978 年出生，湖南长沙人，广东外语外贸大学翻译专业硕士研究生毕业，现任教于广州暨南大学，广东省翻译协会理事，出版译著《美国军队及其战争》《最后的战役》《基辛格的影子》，专著《日本足球史》。

谨以此书献给我的母亲

与我们一起在中国南方度过的这一年
是她一生中唯一的旅行

马可·波罗的游记虽然举世闻名，有时却不免令人失望。他在游记中，将我们称为"中国"的这个国家，分成了两个几乎完全不同的国度，北边被称为"契丹"（Cathay），南边的叫作"蛮夷"（Manji）。虽然近代中国并没有梅森－迪克森线①这样具体的南北分界线，但这个国家的南北两部分却截然不同，二者在黄河与长江之间的中间地带逐渐过渡。外国人习惯将长江视为分界线，中国人自己也有这样的政治倾向，但除非再划出一块区域来，称为华中地区——就像不少人实际做的那样——长江流域与南方的共同之处要远远多过北方。南行的旅者在穿越北纬34度时会留意到某些突如其来的变化：骆驼、毛驴、北京的马车，还有寸草不生、树木稀疏、尘土漫天的那副北方风光忽然消失不见了，取而代之的是水牛、轿子，以及狭窄的石板路在一望无际的水稻田中曲折蜿蜒，这块土地纵使谈不上更为干净，至少多了不少绿意。这里水道纵横，可除了嘎吱作响的独轮车之外，极少看见带轮子的车辆；成群结队的劳工挑着担子，二者相映成趣，随处可见。真正的分界线在于这里不再种植高粱、小麦与黍，转而出现了稻谷文化，虽然河南与陕西差不多算是中华民族的摇篮，南方绝大多数地区被纳入中华版图也不过千余年历史，但较之两地的人而言，南北差异更多源自彼此对主要农作物需求的不同。

本书主要记录的是我在马可·波罗笔下的"南蛮之地"漫无目的的旅行，而其

① 梅森－迪克森线（Mason-Dixon line），位于美国马里兰州与宾夕法尼亚州之间。1763—1767 年由英国测量家查理斯·梅森（Charles Mason）、杰里迈·迪克森（Jeremiah Dixon）共同勘测后确定。美国内战期间成为自由州（北）与蓄奴州（南）的分界线。——译者

姊妹篇讲述的则是在"契丹"的故事。正如这本简单的游记所描述的，我只不过四下走走，看看兴趣所至的地方。像我这样的凡夫俗子向来无意专注于科学研究，也无私心可图；在这个瞬息万变的时代，连一个流浪汉都得展示出自己存在的缘由，那么我也打算尽可能把这一切完整地带回家乡，聊以慰藉那些和我拥有同样普通品味的人。这本书或许描述得过于具体，但至少应该能为某些人提供一剂解药，让他们莫要过多沉迷于与今日中国有关的时事报道，让读者意识到，虽然对于记者来说，只有一场突如其来的民变或是一次谋杀才算得上"新闻"，但事物的本来面貌往往在于宁静而平淡的日常生活，而这样的生活在此之前已经持续了数月、数年，并将在今后的很多年里继续下去。

那些智者哲人毫无疑问会觉得接下来的篇章烦琐无趣，不少文字在他们眼中想必定然无足轻重、微不足道。这些人应当去读超现代派的鸿篇巨制，写那些书的年轻一代号称才华出众，对于今日的天下大事了如指掌，只需安坐家中，畅饮私酿，便可为我们指点迷津。我一介老朽，把全副精力都放在这些微不足道的旁枝末节之上，兴许早已错过了不少惊天动地的大事，不过——我倒是在华盛顿的某家旅馆里见过一位侍者，远比参议员更关心他的门为谁而留。

某些挑剔的读者恐怕会指责我过于现实，这样的指责以前也曾有过，但我更关注的是记录一份平凡的事实，而非炮制"文学名著"。自马可·波罗时代以来，已有太多的真相被曲解，我们之所以会对中国产生如此错位的印象，部分原因在于有些人心怀善意，极力将其刻画成一个平和完美的社会，借以反衬出我们自身的文明在各个方面的野蛮无序；另一方面则要归咎于"畅销书"的浅薄与无聊，为了引发同情，不惜捏造耸人听闻的情节。正是在上述两类人代代相传的不求甚解之中，创造出今日世人对于中国的看法，而与真相有关的中间地带则远未得到开发。虽然直言不讳或者视而不见会让画面看上去更加诱人，可我总是对芸芸众生的生活更感兴趣，而不是强调污秽不洁的环境、此起彼伏的喧嚣、有时令人难以忍受的酷热以及中国人的生活习惯。无论这些是让人感到不快还是愉悦，毕竟这些现象存在于每个国家，仅凭这些提供的只能是一份虚假的报告。

任何要想走遍中国南方的人，必定都有一条错综复杂的路线。为了让行文更加清晰，我并未完全按照旅程的先后进行记叙；这样做除了让季节时断时续之外并无其他不妥。我在远东的游历不仅包括整个中国及其周边国家，还包括日本帝国的全部领土与法属印度支那的五个地区，而那些地方又是另一番故事了。本书讲述的是我在一年多时间里几乎毫不间断的旅行经历。如果你觉得我走过的地方看上去并不辽阔，那是因为没有其他地区的交通运输比中国南方要更缓慢。国内的某些朋友以为我带着家人去了中国，想必生活平静安稳。事实上，当我们在回国途中整理记录时才发现我们离开美国其实已有928天，在此期间我有整整435天没有与家人在一起。

凡身处一国，若想见识当地人的真实生活，必得去往游人不常去之地，还得至少学会几句当地的语言，才能让这一切变得更有意义。考虑到外国人在中国的特殊处境，这一点更是准确。我们这帮身在通商口岸的洋人，在某种程度上受人鄙视、甚至有时遭人憎恨，无疑都应该归咎于我们自己而非中国人犯下的丑行。在通商口岸，像我们这样的洋人为数不少，其中十有八九从未踏出过这块土地。然而，这个国家的人却在整体上千差万别，尤其是在对待"外来蛮夷"的态度上更是如此。大多数中国人对我们充满敌意，或者说至少并不友好，这种态度与他们的内在礼仪相去甚远；而中国人对我们日益熟悉，所以要对这个天朝上国做出真正评价，我们就必须去那些洋人涉足不多的地方。这样的深入旅行时常会让人感觉单调乏味。然而，虽然北起东北、南抵云南的中国人看似差别不大，事实上仍然存在着许多不同。即便两地相距不远，可纵使穷尽一生游历，耗尽柯达公司生产的所有胶片，也无法将这些地域的区别完完整整地道个明白。在中国，如果不是每一个中国人，至少几乎每一寸土地也会向怀有闲情逸致的旅行者展示新的一面；不过令人奇怪的却是另一方面，这里的芸芸众生又犹如一个模子铸出来的铁块一般，千人一面。这片古老土地之所以如此值得深度探索，原因之一就在于各地习俗或许大同小异，但手工的劳作方式、快捷便利运输手段的缺乏、传统保守的孔孟之道以及每个中国家庭总是希望安居一处的愿望掺杂在一起，使得生活的细节千差万别。这一点与我们的国家形成鲜明反差。西方早已实现大规模生产，广告铺天盖地、席卷全国，一切都是完全一样的标准化。每每走在一模一样的街道上，经过同样风格的商铺门庭，躲避着同一个牌子的汽车，人们非得想破脑袋才会弄清，自己究竟是在波特兰、缅因还是圣迭戈。

在我身处中国的两年里，社会局势混乱不堪，政府统治形同虚设，违法之事层出不穷，兵灾匪祸猖獗之极。许多人喜欢用一本正经的眼光看待这个世界，这种人每个国家都有，他们会避开这个灾难深重的国度，不敢涉足其中。毋庸置疑，这个国家的确危机重重。在某种程度上，暴力威胁着身处中国内地的全体外国人的共同安全。然而，即便身在美国国内，人们也不会因为街头存在不容小觑的危险而选择将自己关在家中，闭门不出。我造访了中国的全部十八个行省，其中绝大多数都已游历殆遍，除了跟随身边的中国仆人，常常孤身一人在外数周。我从未去过的省会城市只有一个，那样做也只是出于个人选择。只要是我的兴趣所在，便从未改变过行程安排，或者回避某条旅行线路，也从未出过哪怕一丁点儿的疏忽纰漏。之所以如此，恐怕在于我在这个昔日的天朝帝国从未感受到真正的生命威胁。去年在母亲陪伴下，我的妻子带着两个年幼的孩子，游历了中国十八个行省中的九个，在不少动荡的城市里，就住在那些人迹罕至的偏僻角落，白天晚上随意徜徉在街头却从未受到蓄意侵扰。每每进一步回想起这些，我必须承认，中国的生活整体上至少对于我们这些西方人来说，并不比在其他西方国家危险。诚然，这些话也不能完全算作事实。过去几年，有些人单凭几条关于中国的头条新闻便会激动万分，大发议论，我的话与他们的看法比起来，也不见得真实多少。因为中国的确存在诸多动荡不安，像我这般鲁莽的人之所以走遍穷乡僻壤却从未遇见，唯一合理的解释可能是我的运气实在糟糕透顶，总是让我即便身处正确的地点，赶上正确的时间也无法体会到冒险的趣味，而那些远不希望感受这番情趣的人们，却往往得到了比他们本应得到的多得多的乐趣。此外唯一可能成立的结论让我实在难以启齿、羞于承认——毫无疑问，我不止一次碰上过成群结队的不法之徒，之所以从未遭遇骚扰，原因和我这么多年浪迹于其他是非之地却未曾遭受类似骚扰大同小异，仅仅是因为我看起来从来就不像个有钱人罢了。

哈里·A·弗兰克

费城栗树山

1925 年 8 月 16 日

目　录

站在后门
看上海

　　作为一个浪迹天涯的美国人，之前我已经在这个人口众多的国度的北方地区游历一年有余，此番从中国内陆进入上海，这座城市第一眼看上去就如同奥马哈或孟菲斯一样新奇有趣。这里的火车调度场同样死气沉沉，车站已有不少年头，显得昏暗无光，旅客行色匆匆，到处熙熙攘攘，令人感到出奇地似曾相识。街头，有轨电车叮叮当当地驶过，发出刺耳的音调；汽车鸣着喇叭，全然不把行人的权利放在眼里；狭窄的人行道上竖着一排排电车接电杆，显得愈发凌乱，换作任何一座美国二流城市的后街僻巷也不过如此。上海的摩登建筑不少，与美国国内数以千计的高楼大厦相比，让人难以分辨。静安寺路①只是名字听起来不错。南京路从两家中国百货商店之间穿过，二者犹如赫拉克勒斯之柱②各据一边。街上一眼望到头也难得看见一星半点外国风情，足以让那些看花了眼的人们恍然清醒过来，意识到原来自己依旧身在东方。

　　不过，如果你恰好是那帮稀奇古怪家伙中的一员，喜欢见识见识繁华大街与富丽宾馆之外的世界，就会发现即便在洋人治下的上海的中心地带，地道的中国风情依旧比比皆是，哪怕是在这座城市里居住的外国人，也似乎鲜有人意识到这一点。如果你在其他国家已经游历数十年之久，还没做好心理准备，那么这座中国头号口

---

① 静安寺路（Bubbling Well Road），始建于 19 世纪 60 年代；早年名"涌泉路"，20 世纪 40 年代更名为"南京西路"。

② 赫拉克勒斯之柱（Pillars of Hercules），亦译作"海格力斯之柱"，指直布罗陀海峡东端两岸的两个岬角，相传由希腊神话中的大力神赫拉克勒斯立于此地。

岸城市最令人感到奇怪的地方，恐怕就在于这里虽然住着大批外国人，可这帮人对身边与中国有关的一切竟然表现得一无所知，毫无兴趣。住在上海的外国人有相当一部分是做生意的，他们中的绝大多数来到这儿纯粹是为了赚钱，极力避免与中国人发生关系。有人这样做得很明显，生怕被中国人同化，担心被身边那一大群中国人卷了进去，回国后会动摇自己的根本，哪怕将自己平日里已经过腻了的美国或者欧洲商人生活方式改变一丁点儿，变得与中国人的生活稍微接近一点，都好像犯了致命大错一般，殊不知后者的生活虽然不尽相同，但无疑同样充满睿智和欢乐。有人对这个古老民族公然嗤之以鼻，搞得好像老天弄人，让他们不知道到哪个异国他乡待了一小段时间，所以只好用这种方式对待当地的"土人"；除非影响自己的收入和生意，否则这帮人对与当地有关的事物一概不闻不问。大多数这样做的人没准儿属于脑子里缺少好奇心的那一类，不过从我们国家来的那些人则是出于对物质享受的热爱。只要没有开着暖气、铺着地毯、垫着垫子的软椅的房间在等着他们，这些人一般都不会去冒险。

　　正因为如此，一个普通美国人若是被公司派到上海或是自己来此创业，通常都会想尽办法租一套美式房子或公寓，尚无能力以车代步的，就会选择住得离电车线近一点，然后安顿下来，继续过着一成不变的西式生活，享受着或多或少的舒适的西方物质条件。哪怕这是一种错觉，可在外界看来上海毕竟是中国最重要的城市。正是得益于一代又一代外国商人在这座城市的短暂停留，才使得这样的物质条件在这里滋生发展。这些人会将自己的办公室尽量装饰得与国内一模一样，到了中午便呼朋引伴去俱乐部聚聚。邀集的差不多全是本国人，场景俨然是国内的翻版，就连气氛也一如从前。既有表情嘻嘻哈哈的中学生，也有事业蒸蒸日上的地产中介，唯一的不同之处在于，喝着烈酒时不再有昔日或多或少偷偷摸摸的感觉，取而代之的是公开的豪饮炫耀，好像在告诉自己还有所有盯着自己的人，这么做至少是一个好方法，足以舒缓去国离家的痛苦。待到一天的生意结束，这些人要么坐上电车或者汽车回家，要么去乡村俱乐部打一场高尔夫或者一局网球，要么骑一个小时的马——这会让人意识到廉价马肉的另一个好处；当然也会来上一两杯，或安坐家中，或在某家俱乐部或者外国宾馆里，那些受过良好培训的中国厨师和侍者会把这一切操办得尽量跟国内一模一样；接着坐下来看看国内的报纸杂志——报纸通常最受欢迎，哪怕大多数已经过期一个月；最后再找一家剧院结束一天的生活。这里的剧院不多，上映的是拙劣的轻歌舞剧以及一些不入流的电影。尤其是赶上周六或周日晚上，或是某个假日，你很可能会发现这些人正置身某个富丽堂皇的会所之中。上海像这样的地方可不少，卡巴莱 ① 歌舞表演总是扮出一副纯情的模样，通常集中在法租界。那里有爵士乐、烈酒和姑娘们，后者大都来自俄国；这些东西一旦沾上，甩也甩不掉。

英国人、法国人、正在陆续到来的德国人，甚至包括日本人，人人都在用同样的方式重新改造自己的地盘，如同一群失去了栖息地的昆虫，努力创造小小的英国、法国、"德意志祖国"或者"大日本"。每个国家的人都在营造属于自己的空间，在其中生活、工作、娱乐，完全没有意识到自己的行为举止虽然在本国顺理成章，但在中国人看来却莫名其妙。这些做生意的外国人按照自己的国籍拉帮结派，异国人的交往少之又少，甚至连相邻的店铺与办公室都原封不动地保留着大部分本国特色。说到这一点，一个在上海或者中国其他任何地方做生意的外国人，只要不是天生一副让人看不出是个地地道道外国人的模样，似乎就总感觉非得按照自己国家的那一套办事，否则便会被同胞视为异类。于是，尽量减少与中国人接触被这类人当作一件近乎光荣的事情。他们在办公室里只与下属保持工作上的往来，对待家里与俱乐部里的仆人、马夫、高尔夫或网球球童——在中国，但凡自觉体面的外国人，宁愿自己开车，也绝不会追着去捡出了边线的网球——都是一样敷衍冷淡，一如对待人力车夫一样。车夫们或成群结队，或单枪匹马，待在从办公室到俱乐部之间的为数不多的几条西式街道上。在任何一个外国人群体中，只要在行为方式上表现出哪怕一丝一毫偏离本民族的倾向，几乎都会引发不满。如果一个住在上海的美国人对本国人习以为常的圈子失去兴趣，变得与中国人过从甚密，对平板玻璃办公桌上推行的那一套迅速出击、咄咄逼人的美式推销方法是否绝对有效产生质疑，那么他很可能会发现，自己被一群心怀善意的同乡硬拉过来，在耳边忠告："年轻人，你错过太多班船了，赶快回家去，提提精神吧！"

尽管待遇要比传教士好了不少——或许正因为如此——可在中国做生意的外国

---

① 卡巴莱（Cabaret），一种兼具喜剧、舞蹈、歌曲元素的娱乐表演形式，演绎方式简单直接，不需要精细的布景、服装或特技效果，源于19世纪80年代的法国，盛行于欧洲，多在高档餐厅、夜总会或会所进行。

人一般不仅不屑于了解自己的客户，还对学习对方的语言同样抱着鄙视，他们把这类事情留给手下的中国买办去做，叫他们做中间人。后者为此得花上不少功夫，学得一口洋腔洋调，对洋人的生意经了如指掌，提升自己的意志，而洋商们只是负责打点说英语的一方和那些台面上一看便知的东西。传教士们往往穷尽半生以求讲一口地道的汉语，而一般的生意人则把学几句"洋泾浜英语"视为值得褒奖的成就。如此行规的一大后果——或许正是因为没有行规——便是不少买办变得比雇用他们作为中介的洋人更加富有，而另一个结果则让不少生意人在生命将尽，或者短暂的任期行将结束而离开中国之际，视野反而变得更加狭隘，而他们就算在国内待上同样长的时间也不该如此。究其原因，是因为他们将自己本行之外的一切事物统统拒之门外，而且心甘情愿，绝非仅仅迫于无奈。即便如此，那些从上海归国的商人们难道不是三番五次把自己视为，至少让别人把他们捧成——姑且借用这些人引以为傲的家乡报纸的一句话——"吾国之在华权威代表"么？可事实远非如此，只要这些人的脑子里不是真的一团乱麻，糅杂着一堆有关中国人的世俗偏见与大众谬误，要知道他们即便没有和中国人生活在一起，至少身边也住着中国人，而且还耗费了一生中那么多的时间，那么除去提货单上冒出来的几个问题之外，这些人往往对于真实的中国，或者说中国的真正问题，全然一无所知。正因为如此，人们若想找到有关中国的真实信息，并与自己的印象加以比对，显然不能指望商人，而只能依靠传教士。前者无论在中国住了多久也是徒劳，而后者待在中国的那段日子才算得上真真正正的"生活"。

这就是上海外商圈子的常态，指出这一点的远不止我一人。我有一位美国同伴在上海比我待得更久，曾经不无讥讽地总结道："上海只不过生活着一大群庸俗粗野的外国人，过着入不敷出的日子。"我当然不会逐字逐句地证实此君的论断，因为任何定律都有例外，这样的例外不仅不少，有时甚至还颇为著名。很长一段时间，像我这样充满好奇与问题、闲来无事喜欢瞎逛的家伙，总能碰上一位商人模样的人。此人外表看上去与他的同行别无二致，但对于中国和中国人却有着说不完的故事。在上海，有的人之所以对周遭的人感兴趣，只是因为工作所需；而有的人则依旧保留着一份对社会的好奇心，纵使这份好奇心在少不更事的时候便容易被耗尽，可只要自己愿意便难以抑制。然而，这样的人终归不是多数。的确，我曾经遇到几个洋商朋友的孩子。他们已经成年，生在上海，大部分时间长在上海，却从未真正"到过"中国。也就是说，他们从未踏足这座城市的华界，即便后者与外国租界不过一街之隔。他们会在通商口岸的外国人学校里读书；不管是去长江中游的牯岭①，还是其他外国人常去的避暑消夏之地，坐的都是外国轮船。虽然他们已经长大成人，却从未在由中国人管辖的中国土地上生活过，哪怕只是一天。是的，我曾经遇到一些奇葩。这些人出生在上海，却连用上海话回答"是"或"不是"都做不到，更别提讲一口地道的汉语。这对他们并没有好处。美童公学②的学生几乎全都出生在中国，然而该校在列举其办学优势时竟然举出这样一条：绝不教授与中国有关的一切。无论语言、历史、艺术、古典文学，但凡与这现存的最古老文明有关的一切都不会教授。不仅如此，尽管对于来自内地的部分学生而言，中文要比英文更加熟悉，不少人甚至还打算在中国度过一生，但是学校依旧禁止学生之间在校内使用中文交流。或许这一切本来就该如此，毕竟我只是记录者，而非评判之人。然而，至少对于将世界视为整体的人而言，这一点非比寻常，值得记录下来。

"上海"这个名字，对于不熟悉当地情形的人来说，往往是一种误导。对某些人而言，这个名字意味着一块毫无用处的土地，专门留给外国人居住，那还是1843年这座港口城市签约开埠时的事。然而就在这里，不到一百年间出现了一座地位显赫的现代化城市，一个属于大都会的地区。除了中国之外，几乎世界上所有国家都在参与管理，这是一座与中国多数地区截然不同的城市。至少对于外国人而言，上海这个名字或许更多被用来指代整个城市群。最早的上海只是一座中国人居住的城市，部分地区仍然保有城墙，拥有超过两千年的历史，早在一千多年前便是重要的贸易中心。在城墙周围与外国租界，现代化发展催生了其他中国人居住的城市。这些城市有的与租界相距如此之近，有时根本无法分辨出究竟从哪里开始，又到哪里

---

① 牯岭（Kuling），庐山牯牛岭的简称。1895年，英国传教士李德立（Edward Serlby Little，1861—1939）租下庐山牯岭，取英文"凉爽"（cooling）一词之谐音，将Guling改为Kuling，一语双关，以示庐山气候之凉爽宜人。因此成就了这一处民国时期最为西方世界熟知的避暑胜地。

② 美童公学（Shanghai American School），又名上海美国学校，是1912—1949年上海一所主要面向美国侨民子女开办的国际学校，1980年复校。

才算是尽头。在这块广阔地区上居住的人口估计有三四百万，而这或许便是上海这个名字最为常见的形象。

虽然那些熟悉中国内地的人们往往对此不屑一顾，但要想找寻地道的中国风味，就得去被称作上海老城的地方才能找到。那是一座古老的城市，曾经被城墙围着，是最早的上海。事实上，只有在这里和其他发展较慢的口岸城市，当欧洲人的居住区与华界城镇紧紧相邻，才能最为鲜明地凸显出两种文明的差异。只有在这些地方，人们才能感受到东西方文明在本质上的截然不同，并且意识到二者之间的不可调和，这样的差异或许将永远并存下去，永远不可能产生真正的交融。

距离我上次匆匆到访上海已经过去了差不多二十年，而属于当地人的华界依然如故。诚然，耗上大半天在人声嘈杂的小广场上公开斩首的场景看上去已经不再时髦，我也再未曾见过劳工们肩头上抬着女人，在乱糟糟、闹哄哄的人群中穿行。那些女子穿着丝质衣裳，裹着小脚，显得秀丽而娇巧。虽然华界的老城里已有电车穿行，几条街道已被拓宽，汽车在街上鸣着喇叭，但那些狭窄的石子路依旧连人力车也难以通行，只有这些才能让人真真切切地感到身在中国。然而，如果说某些街道比以往宽了一点，显露出某些卫生条件改善的迹象，缠脚裹足也只不过少了那么一点点，那一双双步履蹒跚的小脚只够穿美国的二码鞋。

可从那狭长的街道一眼望过去，仍然能够见到花里胡哨的店门大开，门前依旧竖立着红色的招牌，上头镀金的大字赫然在目；中国传统手工艺品依然摆放在敞开的浅浅铺面里公开叫卖，就在街头的人流中任人品评欣赏。庙里香火缭绕，庙会上笑声不断，红白喜事，番摊赌馆一切如故；乞丐们身染病障，有的甚至自残肢体，发出凄惨的哀号，在如织的人流中或爬或躺；天花病人在身旁闲来荡去，脸上的神情木讷漠然。露天的摊贩兜售着各式各样的货品，这些玩意色彩艳丽，做工粗糙，毫无实用价值——中国人虽然穷困潦倒，却喜欢将大量的钱财耗费在这些毫无价值的廉价商品上。茶馆里一片狼藉，坐落在湖心的那座庙宇早已破败不堪，湖面上泛着令人作呕的青绿污物。人群不停地涌动着，发出毫无必要的噪音，一切都让人想起那些距离外国租界数百英里之遥、远离租界影响的城镇。对于某些人来说，他们除了上海就无法看到更多中国的其他地方，根本无须鄙视这座华界老城。至少对于整个中国来说，这里的意义就好比一部古典名著的节本，前者浩瀚数卷，而后者只需花上五美分便能读个明白。

　　然而，与不少美国人天真的想法恰恰相反，上海的中国人并非完全居住在华界老城里。事实上，如果把这些纯粹的天朝子民从外国租界彻底驱逐，那么剩下的外国人就会像马靴里的一小捧干豆一样，感觉空荡荡的。的确，除非上帝开恩，马上赐予这些外来居民一条回家的捷径，否则这些人可能很快便会搬到邻近的土地上，因为他们根本无力养活自己。他们不仅从不自己动手种菜、宰杀牲口，大部分外国女人在丈夫单枪匹马打理办公室大小事务的时候，很难做出一顿像样的晚餐，也没能力将自己的卧室打扫干净。在西洋风情浓郁的外滩，虽然道路两旁现代建筑鳞次栉比，但劳工依旧要比西方的机器设备更为常见，这是因为上海周围的人力资源取之不尽，用之不竭，这里的劳力要比绝大多数竞争对手廉价。一个外国家庭倘若没有雇上至少三个用人，都不好意思开口吹嘘。如果一家商行的每一位外国职员手下找不到至少半打中国雇员，这家商行估计离破产的日子也不远了。

　　然而，这一切都只是故事的开始。这里有一群人被称为"洋人"，他们居住在租界，管理着租界，而这里也成为中国人的容身之所。起初，法国、英国、美国都得到了属于自己的租界，不过 1863 年，英国人和美国人将各自的地盘合并成"上海公共租界"，给予所有外国人同等权利。法国人自视甚高，依旧保留着自己的公董局①。顺便说一句，虽然公共租界面积很大，拥有上海租界区超过一半的人口，住在这里的不仅有许多最优秀的英美公民，还有来自其他国家的居留者，但距离正在修建的教堂不远的美国市府大楼、学校和乡村俱乐部却全都位于法租界之内。

　　划定公共租界背后的初衷是给外国人留出一片空间，让他们能够按照自己的方式生活，免受中国人的管制，因为令他们烦躁的事情多不胜数。然而，就算回到太平天国那个恐怖的年代，这块"为外国居民专门保留"的土地也对所有中国人免费开放。此举一开始或许有几分出于真心实意的友好，但在今天看来其原因远不止于此。单单是上海外滩上新建起来的英国银行的账户上便有数百万美元，更不用提十多家飘着他国旗帜的竞争银行。这些巨款来自中国窃国卖权的政治流氓与军事头子，

---

① 公董局相当于公共租界的工部局，是旧上海法租界内最高的市政组织和领导机构。1860 年太平军东进上海期间，上海的各国租界组建共同防卫联合，市政统归工部局指挥；而当上海的战事稍呈平稳时，1863 年法国人提出放弃联合，并独立设立与工部局类似的市政机构，即公董局。

图 1　劳工像役畜一样在上海外滩拉着车子前行，与一座现代西化城市的声色光影形成鲜明对比

他们把钱放在这里就像放在地球的另一端，完全可以高枕无忧，丝毫不用担心被遭受他们搜刮剥削的劳苦大众夺回去。事实上，大笔赃款被送进这些外资银行囤积起来，有的银行甚至对这些钱财收取保管费，而非支付利息。对于存款者而言，安全无疑是最重要的刺激，而当投资良机出现时，这些银行自然而然会优先考虑自家资金与本国投资者。就算中国人的忍耐达到了极限，抑或命运之轮碰到了钉子，这些强取豪夺的无耻之徒中，如果有哪一个发现在自己的省份无法继续猖狂，只需逃到最近的租界，便可摆脱愤怒抓捕的国人；纵使中国的法律与自己的新居仅有一街之隔，也大可继续利用这笔不义之财，策划新的阴谋，或者坐拥荣华，安享晚年。

　　西方列强通过强取豪夺，在幅员辽阔的中国领土上霸占了那些看似无足轻重的小块土地，这样做的不公之处恐怕也在于上述这一点。也许外国在中国的土地上占用小块土地作为商业目的，行个方便；然而，并不多见的治外法权，加之有权拥有租界、不受中国法律管辖，这些就得另当别论了。如果公共正义在中国还不足以成为理由，那么保留洋人们现有的优势地位，无疑可以阻止他们将特权拓展到不属于他们的领土上去。任何人只要有能力在外国租界租房买房，就能在这里胡作非为，这是多么不公平！就应该让这群中国的窃国卖权之徒与他们的人民大众同甘苦共命运。如果官员们总能在藏身之处相距不远的地方找到安乐窝，大门永远对自己敞开，那么一旦政府有所行动，或者自己犯下的罪行即将遭受惩罚，他们就能在第一时间逃之夭夭，这样的官员显然不可能有强大的动力去想着该如何为官一任，造福一方。

近来，有些在中国挑起祸乱的罪魁祸首开始明目张胆地滥用避难权，这一点似乎已经引起了外国当局的警觉，至少上海的租界意识到这些事情纵使算不上不公，怎么说也暗藏危机。与此同时还有件事情让人感到相当离谱。有些人曾对列国公民犯下累累暴行，可这些国家在中国的租界竟然仍然成为施暴者的安身之地，而这些区域零散分布在中国交通较为便利的地带。这种西班牙式的待客之道之所以在租界如此盛行，有人怀疑，与其说是因为租界的实权管理者对遭受压迫和经历不幸的人更有同情心，还不如说在于租界的房租与地价将随着这里成为避难所而有所增长。

事实上，人们开始产生强烈的质疑，怀疑至少某些最无良的国家——如果列强之间在良心问题上也能精确划分出一条界线来——维持租界的主要目的就是为了从窃国贼那里获得财富。管他是谁，只要能够在租界里大把花钱，拒绝他们显然不是做买卖的思路。"临城大劫案"①的某位受害者将一个绑匪带回了上海，结果这个颇受关注的家伙不但未被枪决，反而受到礼遇。山东省督军在外交团的一致要求下被"革了职"，理由据说是防范不力，其实很可能是因为默许共谋了这一罪行。然而，这位督军却明降暗升。北京对此的解释是，印刷工排错了字，这才不至于让外交团与督军双方都颜面尽失——尽管时至今日，那些被掳走的外国人质也没有得到中国政府夸下海口的赔偿金，但这位督军却气定神闲地搬进了一处租界，靠着劫掠而来

---

① "临城大劫案"（Lincheng Outrage），1923 年 5 月发生在山东省临城县境内的一起火车劫车、旅客绑架案，堪称民国时期最严重的涉外事件之一。事情发生于 5 月 5 日深夜，以孙美瑶为首的千余土匪破坏铁路，导致自江苏浦口经津浦线开往天津的一列特快列车出轨。匪徒们不但趁机劫掠乘客财物，还将百余旅客挟持，作为人质，其中包含多名英美外籍人士，迅速引发国际纠纷。在外国公使团的压力之下，北京政府与劫匪展开谈判，后经协商达成一致，于 6 月 12 日全部在押外籍人质被释放。24 日，全部旅客获释，土匪也被政府改编，匪首孙美瑶接受招安，改任旅长，但不久即被杀。这一事件在当时因激怒美、英引发轩然大波，外国公使团先后多次向北京政府提出严正交涉与抗议，要求赔偿损失，并且在外国人监督下开展铁路警备并处罚责任人等要求。其中，时任山东总督田中玉虽被曹锟撤职，但北京政府拒绝了由外国人监督铁路警备的要求。外国公使团于 1924 年 4 月提出的赔款于两年后结清，共计 36 万美元。

的不义之财过着锦衣玉食的悠哉日子。人们不禁猜测,如果这位督军真的为人恶贯满盈,以至多国齐声发难,要求对其严惩不贷,那么就算不将其就地逮捕,绳之以法,也不至于任由其在自己管辖的地盘上过得如此逍遥快活。

正因为如此,传言上海租界里不少富丽堂皇的寓所的买家和主人都是中国人。有些宅子里一直住的是屋主人,虽然已是风烛残年,但周围发生的一切都不会影响自己的健康状况。有些房子对屋主人来说,只有在压力超过一定限度时才会被当成家。而对于妻妾成群的人来说,不少房子里住着的是自己的法国、意大利或者俄国太太。中国人也开办了不少经营场所,从最时髦的百货商店到大小不一的各类店铺,再到巴掌大的外币兑换处和摆摊设点的小商贩,后者更喜欢这里的安全,免得在中国人管制下一有风吹草动就要遭人查抄没收。因此,对于长期关注中国的人来说,虽然上海的确可以见到成群的白人面孔,但绝不代表他们真正在任何公共场所占到多数,许多类似私人场所的地方也是如此。

最近的一次人口普查表明,“上海的外籍人口”——也就是自 1843 年割让给西方列强以来,这块土地上除了中国人以外的其他居民加在一起——有 21 657 人,而生活在这同一块由洋人统治区域的中国人多达 827 932 人!换句话说,即使在公共租界,华人人数也远在“洋人”之上,二者比例达到了 40∶1。进一步调查发现,大部分租界财产都归中国人所有,他们不仅从事大多数零售经营,而且在某些之前被外商垄断的行业中,也开始占据绝对优势,缴纳的税款占到租界税收的五成以上。不过他们仍然没有投票权,在工部局也没有代表发言,只有在外国人主持的混合法庭上才能得到审判。

这些调查反映出一个事实——上海的工部局根本就不是人民的政府。只有外国“纳税人”才有权投票,而这类人还不到租界永久居民人数的百分之一,其中又只有极少一部分拥有投票权的人愿意劳神费力去行使这一权利。虽然已经出了不少大乱子,但工部局在过去几年里连一次选民大会也没有召开。哪怕只要三分之一有资格的公民参加便可达到法定开会人数,但纵使最紧迫的申述案件也无法满足这一人数要求,因为人们在工作之余有太多消遣。

以西方人的眼光来看,令人感到奇怪的是,中国人似乎对自己没有选举权并不怀恨在心。在中国,不管阶层高低,人们从来就没有行使过投票权。不管是在帝国治下，还是"共和"时期，官员从来就不是依靠自由选举，而是任命产生的。公共租界里的中国人不乏某些最为富有显赫之人，毕竟来这里的不仅有搜刮民财的强盗，也有本分老实、一心只想求得庇护、能够安心工作的人。因此，在这里不仅能够见到政坛元老、昔日派驻西方各国的大使、从美国和欧洲大学学成归国的高才生，这些人对现代文明的优点了如指掌，也能遇到古板学究、当红艺人和小有名气的文人墨客。然而，因为都是中国人，所以这些人在租界政府里依旧毫无发言权。除了几个政治煽动者，似乎从未有人对这样的现状表达过不满和抗议。虽然要受洋人的统治，但与中国内陆相比，租界的管理显得井井有条，许多住在这里的中国人看重的恰恰也是这一点，他们意识到外国庇护的价值。随着这些年周遭战事渐起，成千上万中国人涌入上海租界，这样的价值体现得愈发明显。

　　既然如此，那么这些被剥夺了选举权的中国人，为何又会如此怒火中烧呢？原因在于他们被市府拿着自己税钱修建的公园拒之门外。办公室文员希望能在外滩公园①里散步休憩，一边呼吸新鲜空气，一边凝神欣赏这座世界上最为繁忙的港口。远处就是居民区，白人、日本人还有印度人的孩子们在那里一起玩耍。然而，这里除了奶妈保姆之外，其他中国人一律不得入内，这就好比在美国南方，一个黑人大妈之所以能够坐在有轨电车的白人车厢里，不过是因为她正在照看白人的孩子，二者道理相同。围观的中国人通常会在人行道上排起长队，隔着高高的围栏，对里面的"洋人"投去艳羡的目光。有钱的华商在开车经过公园时会特意放慢车速，听听里面传来的乐声，乐队正在晚会上演奏，然后眼睁睁看着穷困潦倒的俄国佬和喝得酩酊大醉的海滨拾荒者毫无阻拦地自由出入，而自己却只能被挡在门外。曾几何时，门口的牌子上写着"华人与狗不得入内"，现在变得更有技巧，改成了"本地专为外籍人士保留"。然而，意思总归没变。哪怕最有钱与最有教养的中国人——假设二者能够在意义上划等号——穿着最华丽的盛装，也不得入内，即便他是租界的纳税大户亦是枉然。曾经，有一个中国人打扮成"洋人"模样成功地溜了进去，不过这很可能是因为门卫认为他是日本人，担心将这样的人拒之门外会引起"国际纠纷"。

　　然而，华人与洋人在这里的比例是 40∶1，公园设计容纳人数只有 21 000 人，

---

① 外滩公园（the Bund Park），即黄浦公园，中国最早的现代化公园，始建于 1886 年。

而不是 1 000 000。富有的华商深知，如果公园对每个人都敞开大门，那么可能很快会变成人山人海的垃圾堆，因为对于中国的普通百姓来说，即便是最基本的卫生习惯与行为规范，他们也很难做到。这些受过教育的中国人和他们的家人行为谨守礼仪，因此某些规矩，比如北京的高官可以与洋人同样进入红墙之内，不能适用于上海的公园，这似乎成为一种遗憾。这是中国人的痛处，比没有投票权更加伤人。中国的领袖们向来惯于对这些公园规则大肆攻击，却对被剥夺投票权鲜有抗议之声。小题大做并非东方的专利，为西方的子民们保留公园与游乐场所这些本无足轻重，但租界的不公之处并不在此，而在于这些西方人滥用自己的"既得利益"，因为治外法权的不公之处是为某些人提供保护。这些人不仅贩卖军火，为中国的内战火上浇油，还向那些本不该吸食鸦片的人们销售鸦片及其制剂，从中大发横财。

上海像一个汇聚各个族群的大旋涡，没有任何比这一点更加合情合理。印度的锡克教警察与看守，一直以来都是这里的一大景观，虽然最为常见，却又往往最不搭调。只要摘掉彩色头巾，去掉浓密的黑胡子，这些印度人就会失去不少吸引眼球的地方。考虑到他们每个月的微薄薪水不过是区区 35 个墨西哥"鹰洋"①，就算被提拔到某个职位，待遇也不会改变多少，更何况这样的职位他们几乎无人能够达到，那么在这个以财富为唯一衡量标准的时代，这些印度人无法声名显赫。他们在对待中国人时的趾高气扬，无非是在操着英语的白人主子面前卑躬屈膝的另一种表现罢了。再说，和其他男人一样，这些锡克教男人就算打扮整齐，也不如他们的老婆孩子看上去赏心悦目。偶尔可以见到印度女人和小孩，三五成群地漫步在街头，女人们身着轻薄的纱丽，让人想起了色彩鲜艳的裹尸布，鼻子、耳朵、手指、上臂，或许连腿上都戴着稀奇古怪的印度珠宝。法租界里，安南人②有一口黝黑的牙齿，如同黑色珐琅一般，穿着一身制服，头上戴着蘑菇形帽子，协助法国宪兵维持秩序。虹口公园外面的日本人不少，有男有女，有老有少。在上海的日本人据说有三万之

① 墨西哥鹰洋（Mex Dollar），1821 年墨西哥独立后使用的新铸币，晚清民国年间大量输入中国，因成色较好，在中国南部等省流通极为广泛，是当时流通最广的外国银元。
② 安南人（Annamese），即越南人。

多，从纸糊墙到吉原①，东洋文明所需的一切应有尽有。朝鲜人刻意混迹于中国人之间，免得让人看出二者在民族服饰上的差异。暹罗人、马来人、菲律宾人以及僧伽罗人②，可能所有的东方种族都能在这里被找到，就像形形色色的白人一样。

白人们看上去似乎比在国内要显得更加轮廓鲜明，这或许是因为我们只是一个个个体，而身后的东方背景却如此宏伟。你能够在这里找到各式各样的西方人，有的人一眼就会被看出是个酒鬼，有的人则在反复强调自己如何值得尊敬，不仅欺骗自己的同伴，也在糊弄自己。这种人一到星期天就会出现在教堂的长椅上，帮着张罗募捐，仿佛这一天募得的钱财在还未稳稳到手之前，哪怕只是看上一眼也会深感宽慰。"格伦迪太太"③也会从此经过，有时坐着人力车，有时坐的是小轿车，一副趾高气扬的样子。这里还会见到某些涉世未深的"雏儿"，要么一副不谙世事、逍遥自在的模样，要么已经开始付出痛苦的代价，或许是因为好奇心让她经历了太多，所以只能别无选择地表现得更加天真。不成熟的人这里也有，这类人即使不是因为年幼，至少在心智上也发育不全，男女都有。有人看得清自己的未来前景，有人则显得犹豫不决，就像那些面对人生岔路的人一样，在品性尚未定型之前，不知道自己究竟应该成为一个普通公民，还是与混混黑帮为伍——在这个充满异国元素、鱼龙混杂的环境里，成为后者的可能性会稍稍多那么一点。当然，也能找到拥有自尊、并且值得尊重的人，免得我所说的显得句句大惊小怪、愤世嫉俗。换句话说，在上海的白人群体其实不过也是由我们在国内看到的形形色色的人组成，只是这里的环境反差过于强烈，在某种程度上显得更加突兀鲜明罢了。

最近几年，这座中国最大口岸城市最引人注目的外国人群体或许非俄国人莫属，他们大多背井离乡、无家可归，人数据说超过一万。他们中有擦皮鞋的，也有磨剪子的，有公开沿街乞讨的，有私下伸手索要的，甚至有拉人力车的。过去的十年里，每个月都有俄罗斯人从世界各地漂流至此，或自俄罗斯经陆路而来，或自从"赤党"在符拉迪沃斯托克取代日本人后便坐船南下逃避追捕，或来自其他拒绝收留他们的

---

① 吉原（Yoshiwara），日本江户时代的妓院集中地，指代寻花问柳的风化场所。

② 僧伽罗人（Singhalese），即斯里兰卡人。

③ "格伦迪太太"（Mrs. Grundy），指那些拘泥世俗常规、以风化监督者自居并对他人指手画脚的人。源自英国剧作家托马斯·莫顿（Thomas Morton，1764—1838）所作戏剧《加快耕耘》（Speed the Plough，1798）的剧中人。

国家，也有被布尔什维克击溃的白军残余分子，或许他们解释了为什么这些衣着形形色色并不搭调的人中间，竟然有那么多人穿着军装，衣服破烂到已经开了口子。当然，从不少地方也能看出他们原本的品位也并不高。每天大批俄国难民都会成群结队去发放救济食品的地点，就在租界内某个偏僻的处所，每人都能领到一块厚厚的战时面包和一碗汤，有时碗里还会多上一片肉。救济是按照各家的人口多少凭票领取的。他们中有些人住在附近的一座老旧俄国教堂里，有些住在和教堂同时建起的军营棚屋里，还有人在这块围场里开起了店铺，地方只有巴掌大，小得可怜。据传，接济照料自己穷困潦倒俄罗斯同伴最多的，既非那些在"赤党"起事前已经惬意地定居上海的人，也不是更早之前便逃难到此地的人，后者的家当多少还算齐全。经常会碰上个俄国人，穿得破破烂烂，拎着一小块猪肉，或者是别的生肉，总之都没有包好，一头用菜秆拴着，正往家里赶，那情形跟中国人简直一模一样。偶尔擦身而过的人，看上去好像是重新找回了财富。然而，这些白皮肤东方人的绝大多数是无法与中国人一争高低的，因为他们既不比中国人勤劳，又不如他们聪明，也没有那么好的耐心。事实上，提起在僧多粥少的环境里混饭吃这种事，多数俄国人一看就是呆头呆脑、好逸恶劳。

正因为如此，俄国人中很少有人找到工作，即使有了饭碗也不一定保得住。再说，就算我们相信有人曾经帮助这个迷失的现代部落，他们中也没有多少人真正关心是否能够找到工作。有些人从小到大都过着毫无尊严的生活，甚至把讨要施舍当成了权利，根本没有动手劳动的念头——"动手劳动"对于俄国人来说，似乎成了一切不光彩事件的同义词。俄国女人住在失身姐妹们曾经住过的房子里，有英国管家伺候着，还有中国用人打点家务，男人则屈尊去剧院或戏团演奏乐曲。年轻女孩趁着容颜未老，在上海那些故作喜庆、觥筹交错的歌舞厅引诱着自己的猎物，每跳一支舞都会怂恿自己的男主顾掏钱买单，然后凭票赚取佣金。不用说，这些女孩中的不少人可不仅仅是做个舞伴那么简单。

在上海庞大的俄国人社群中，有人面带愠色，有人心肠狠毒，可绝大多数看上去只是意志消沉、精神萎靡而已。大体说来，他们并不上进，不然这个了不起的国际港口城市也不会面临着这样的问题：怎样使这帮人不至于被饿死并积极挽救白种人的声望；谁让中国人每天都会与这些西方世界令人遗憾的例子打交道呢。既然中国已经正式承认了布尔什维克政权，在北京和其他开埠的港口城市里，"红色"外交官与领馆官员们早已安坐在原先属于沙皇政府的官邸之中，那么生活对于这群俄国难民来说，在不少方面将变得更加艰难，他们中就算难得有那么几个人想证明自己是优秀的布尔什维克党人，也没法做到。

　　曾几何时，但凡提起上海公共租界，便会让人想起邪恶与罪孽，至少在笃信上帝和愤世嫉俗的人看来是这样。时至今日，这座城市依旧算不上典范。一位传教士曾经信誓旦旦地对我们说，如果上帝让上海这样的城市继续存在下去，那么他欠所多玛与蛾摩拉①一句对不起。然而，改革已经开始。几年前出现了一个号称"进德会"②的组织，主要由美国人组成，大多数都是传教士，充满着动力。他们着手自救，避免如同罗得之妻一般，落得个被烧成灰柱、自我毁灭的下场③。到目前为止，"进德会"将火力集中于扫清妓院之上。在派驻上海的美国法院④首任法官公然发难之前，若是提起"妓院"二字，往往令人深恶痛绝。这位法官公开指责这一顽疾在上海根深蒂固，并把从事这一行业的"美国女郎"全部召唤到庭，勒令其要么离开上海，要么承认自己是"美国人"，来此只为公干经商。虽然由此引发的轩然大波使这位法官辞了职，但"进德会"时隔十年后重新接手，并经过四年努力，终于成功说服来自不同国家的城市元老——虽然绝大部分是英国人，迫使这个长期以来一直作为租界重要财政收入来源的传统行业实行抽签制，每年必须有五分之一的妓院关门歇业。因此，那些声名狼藉的合法妓院到了今年便已不复存在——我说的是公共租界的情

---

① "所多玛与蛾摩拉"（Sodom and Gomorrah），均为出自基督教《旧约·创世记》中的古城名，二者因居民罪孽深重而被上帝毁灭，寓意罪恶滔天、罄竹难书。

② 进德会（Moral Welfare League），1918—1924 年在上海公共租界成立，成员以西人基督徒与道德改良人士为主，发起禁娼运动，以阻止性病蔓延、改良上海道德教化为目的。

③ "罗得"（Lot），又译"罗特"，《旧约·创世记》中的先知人物，居住在所多玛，上帝欲毁灭此城，故派遣天使前往营救罗得一家，叮嘱罗得逃跑时不得停留或回头观看。当上帝天降圣火，将所多玛与蛾摩拉一并毁灭之际，罗得之妻在逃亡途中未能遵守天使的嘱咐，回头偷看，结果立时被烧成灰柱，即"盐柱"（pillar of salt），寓意因世俗与邪恶而招致自我毁灭的错误。

④ 即"美国中国事务法院"（the United States Court for China），设立于 1906 年 6 月，1943 年撤销，文中提到的首任法官名为莱伯斯·雷德曼·维尔福雷（Lebbeus Redman Wilfley，1866—1926），1906—1908 年任职于上海美国法院。

况。随着这一全体男人的恶习遭到禁止，原先常住妓院的人要么改头换面，作鸟兽散，到宾馆客房和公寓私宅招揽生意，那些地方有的更加体面，有的则要寒碜一些；要么就搬去隔壁的法租界或者仅仅一街之隔的华界老城，那里的人对这种事情的看法——真没想到这两个民族会在这件事上观点如此相似——与这些冷酷无情的盎格鲁–撒克逊伪君子们大相径庭，因此"进德会"的努力事实上并未起到多少作用。

　　即使在最优越的环境下，完美无瑕的人性也是罕见的，对一个处在三套司法体制管理之下的地方来说，更是如此；何况其中一套还是大杂烩，里面掺杂了各种相互冲突的利益和彼此矛盾的观点。改革者在上海的道路尤为艰难，因为要说服的可不只一两个立法机构，而是一大堆衙门部署，多到数不完，加之各个国家对"到底什么才是邪恶"有着不同的观点，因此除了在最低程度求得共识之外，别无他法。在公共租界之内，虽然法律一旦通过便对中国人和其他没有治外法权的居民有效，但那些拥有治外法权的人仍旧只受本国法律约束，而解释权则归各自领事所有。比方说，人人都知道一家大型赌场正在租界肆无忌惮地干着声名狼藉的事。赌场的老板是巴西人，这意味着"公共"警察必须先从巴西领事那里获得搜查证，才能将被告带回法庭。当然，巴西领事是绝不会答应的。于是，只好将土地承租人带到英国法庭，因为他是出生在香港的华人。可以想象，英国法庭的法官会说，尽管犯罪事实确凿、证据清楚无误，但只要巴西领事拒绝配合，那么他也无能为力。换句话说，一个仅仅代表着几个在上海的外国居民的领事便足以让其他所有人都办不成事。在这个具体案例中，通过进一步调查，发现赌场所在土地原来属于美国圣公会，是后者租给了那位香港华人，于是才采取措施，勒令巴西人改租他处。

　　虽然如此，"进德会"还是看到了进步的迹象。就连法租界里的卡巴莱舞厅——没有任何一家舞厅能够代表各自拥有者或经营者的民族骄傲，其中也包括美国——也散发出新的气息，洗干净脸上的脂粉，信誓旦旦地保证，不再强迫俄国姑娘们为了夜总会的利益陪酒卖笑，姑娘们一结束晚上的娱乐工作，就用出租车将她们护送回家。卡巴莱的老板们若是有未卜先知的能力，或许会看到自己与租界里那些声名狼藉的风月场走向同样的道路。

　　领事法庭由14个国家组成，不受中国法律制约，在奖惩赏罚的分配上看来已经有了成型的等级区分。这些都是公开的秘密。葡萄牙人通常排在名单的最末位；

如果某位领事宣判自己背井离乡的国人有罪，那一定是太阳从西边出来了。意大利公民看来可以参与大规模军火买卖而不受制裁。有句老话怎么说的来着？意大利在华公职人员的"丑闻无处不在"。日本人的口碑要好不少。然而，一个在日本领事面前接受司法审判的罪犯，同样也是天皇的子民，因此绝不会有损自己的远大前程。尽管那位刚刚卸任的法官对于走私军火的丑行并未严厉惩处，但人们或许还是会产生这样的印象，认为美国人在涉及本国人的审判时对当事双方最为公平。之所以这样，很可能并不是因为我们的道德水平要高于其他国家，而在于我们有足够的机会在国际上谋得生计，不至于委屈自己做见不得人的勾当，要知道那些人都是在人口更多的环境下成长起来的。美国公民若是犯下了严重的罪行，连美国领事也处理不了，就会被带到上海美国法院接受审判。该法院成立于 1906 年，由总统任命的法官主持，不比混合法庭那么别开生面，审理的有些还是要案。的确，由于少了陪审团的指手画脚，据说法官完全掌握着在华美国人生杀予夺的大权。然而，尽管上海美国法院是巡回法庭，不时需要挪地方，往北可到天津，往内地有时会深入汉口，但毕竟只是一个美国法庭，适用的是美国的法律。若是将这些与卖官鬻爵的政党分肥制联系在一起，那么情况将会变得更糟，因为与对在华美国人生命财产的独断专权相比，人们似乎同样也在抱怨法官本人不是第十八宪法修正案①死心塌地的支持者。从宣誓证人的进一步声明来看，这一点使上海美国法院的法官在美国政府官员中的地位并没有那么特殊。

虽然号称公共租界，但只要一提起在华美租界，印象中最先想到的其实更像是一派英国治下的氛围。据说在中国生活着 1.2 万名美国人，其中只有不到 3500 人住在上海，可这里的英国人——虽然不可能全部都是白人——却多达 6500 人。因此，在司法正义上毫无疑问也得随大流。举一个简单的例子，公共租界的巡捕房里怎么说至少有一个美国人。此君每年都会偷偷跑一趟美国领事馆，办理注册手续，同时央求别让外人知道自己的国籍。租界捕房的英伦特色极其鲜明，就连其中的锡克族、

---

① 美国宪法第十八修正案（Eighteenth Amendment）宣布，除私人拥有饮用之外，其他的酒类酿造、运输与销售活动均涉嫌违法，于 1920 年经 45 个联邦州批准后生效。然而，这样的一纸禁令却导致酒类制售转入地下，相关组织犯罪活动成几何级数增长，公职人员贪污受贿行为层出不穷，最终于 1933 年在第二十一修正案出台后宣布废止，成为美国历史上唯一被废止的宪法修正案。

华人、日本人和其他国家的巡捕也会在行为举止上多少加以模仿，有时甚至连说话的腔调都会带上伦敦东部的口音，让人联想到英国上司那副自信满满的样子。

另一方面，强烈的抱怨在过去几年也时有耳闻，尤其是那群怀念过去美好旧时光的英国人，他们总说"美国文化"已经侵入了老上海的精髓。如果这指的是爵士乐、口香糖、广告牌或者诸如此类的东西，您大可陪着这帮人掉掉眼泪，顾影自怜一番。然而，他们愤愤不平地声称上海已被"美国化"，看起来要比上述深刻得多。虽然看上去或许难以置信，可现在的上海工部局是由一位美国人掌管。美国人做生意的方式正在令竞争节奏加快，快到在那些十几年前的人看来，简直是在骗人，更加谈不上令人尊敬。办公楼里装上了暖气和真正的"电梯"——我说的是"elevator"，可不只是"lift"①。某位侨居于此上了年纪的英国人带头发起一场运动，扬言要重修一座西侨青年会大楼②，开设夜班，重新教授经商管理、营销会计之类的课程。更有甚者，据说在"世界第一长吧"③喝酒的人的好时光也比在进德会与其他疾病骚扰之前少了不少。曾几何时，如果有人灌了太多琼浆玉液，喝得酩酊大醉，直到过了午休时间都未在办公室现身，也无甚大碍，因为凡事总有中间人顶着。时至今日，莫说午休没有了，对那些上了年纪、早已养成习惯的英国人来说，一想到"除非跑到法国人的地盘上偷偷爽快一把，否则总有一天或许连开怀畅饮的机会都要一去不返"便会头皮发麻。

我们身为这 14 个国家中任何一国的公民或者臣民，只要这些国家在中国依然享有治外法权，那么不管身在公共租界还是这个昔日天朝上国的任何地方，都只受本国法律的约束，而解释权统统归本国的领事法庭所有。因此，我们可以感受到，

---

① "elevator"与"lift"同为"电梯"之意，前者为美式英语，后者为英式英语，作者借此暗指美国文化对英国传统势力的排挤。

② 西侨青年会大楼（YMCA Building），即今上海体育大厦，位于上海南京西路 150 号，旧上海为西方侨民专修的娱乐与体育活动会所。

③ "世界第一长吧"（longest bar in the world），指上海总会大楼，即上海最早的外侨俱乐部，因上海总会位于楼内而得名。大楼内部由日本设计师下田菊太郎仿照东京帝国饭店设计，二楼则是英伦风格，其中最为出名的当数酒吧台，该吧台呈 L 形，长 110.7 英尺（约合 39 米），在当时号称"世界第一长吧"。

对于俄国人、德国人、奥地利人，总之那些大战①战败国的国民而言，失去这样的地位究竟意味着什么。就司法地位而言，他们几乎在所有方面都跟中国人无异，一旦犯罪就将接受中国法庭的审判，或者被投入中国人的监狱。在一个游遍中国十八个行省②的人看来，中国方面目前还没有充分迹象表明能够立即废除这种"治外法权"——上海的某些编辑虽然极力想把这个词缩写成"extrality"，借以掩人耳目，但显然是在白费工夫。只要去内陆偏远省份看一眼，就会发现那些中国人管理的服刑机构至今远未整改为"示范"单位，等着按照华盛顿会议的协议迎接外国调查团的检查，再加上中国法庭曝光的那几桩令人遗憾的案例，都充分地体现了中国法庭在断案上的裁决不当、办事不力，这一切都足够为这一点增加论据。当然，虽然条约依旧赋予了西方人宝贵的权力，但对权力的滥用，就如同把租界用于不正当目的一样，完全是另一码事。

上海混合法庭的每一个上午从来不会让人虚度光阴，至少从观众席上看来感觉如此。事实上，对于更加渴望体验生活，而非等着垂垂终老的青年来说，好工作的大门始终是敞开的。他可以成为一名副领事，这样就能被派往混合法庭，担任陪审推事。其中有两位来自英国，两位来自美国，其他包括日本在内12个享受优待的国家可各派一人。不过，除非原告是本国公民，否则其他国家一般情况下是不会费工夫计较的。如此一来，大多数工作担子便落在了盎格鲁 – 撒克逊的英美同胞肩上。混合法庭于1869年按照中国与西方各国达成的条约正式成立，但在大约十年前实际上已经被移交给了外国人管理。法庭不仅对中国人，还对上海公共租界里"未经认可"的全体外国人拥有司法裁判权。虽然向中方引渡的案例最近引起了人们的忧虑，但他们对诉讼的兴趣有增无减。一名领事机构委派的中国法官通常坐在法官席的另一头，理论上他与当值陪审推事拥有同等权力，可事实上一旦中外法官无法达成共识时，中方的意见很难受到重视。毕竟据说几乎没有外国陪审推事不能捕捉到大案的蛛丝马迹，而他的天朝同行也只会按照中国人的老规矩断案。诚然，陪审推

---

① 此处所说的"大战"指第一次世界大战（1914—1918）。

② 十八行省，亦称为"内地十八行省"，沿袭自清朝的疆域划分，主要包括长城以内的18个省份，即：江苏、浙江、安徽、江西、湖北、湖南、四川（包括重庆）、福建（包括台湾）、广东（包括海南）、广西、云南、贵州、直隶（包括北京、天津两市，河北中、南部地区和河南、山东的小部地区）、河南、山东、山西、陕西、甘肃（包括宁夏）。民国期间，十八行省的辖区及名称有所调整。

事本人不可能始终如一地不受自身民族感情的影响，但既然绝大多数案件都无足轻重，那么通常嫌犯对判决的影响力也极其微小。

当天早上第一个站上被告席的是一位美国姑娘。这位姑娘虽然一眼就能被认出是美国人，却因为没有护照而无法证实国籍。犯人长椅上还坐着俄国的流浪汉、中国的扒手和衣衫褴褛、蓬头垢面的鸦片鬼，令这个姑娘看上去犹如杂草丛中的一束紫罗兰。然而，从她娇艳红唇中说出的证词——她没有必要将口红涂抹得如此鲜艳，再加上原告和证人言之凿凿的证言，让我想起了"人不可貌相"这句老话对男女同样适用——彻底改变了我们对她最初的猜测。同情变成了遗憾，这样活生生的例子不论是造物主的杰作，还是蹩脚的作品，依旧只是一株杂草，只不过沾染了有毒的藤蔓。和其他地方一样，法学院学生也会到法庭旁听，即便是这帮最愤世嫉俗的家伙也会情不自禁地露出微笑。不过，当天的主审法官恰好是个美国人，所以没有护照似乎也并不构成什么严重罪行。这位法官虽然年轻，却对这些世间法则早已心知肚明，若是换成莎翁，或许会把这样的案子称作"狗咬狗"。像她这样的被告完全无需撕咬咒骂，只需从珠光宝气的手提袋中掏出一张小小的银行支票，便可转身离去，重回花花世界。

接下来出庭的是个俄国人，一副争强好斗的酒鬼模样，身上的衣服满是污秽，完全不合时令。审判很快有了结果，这是他第三次被判有罪，将交由中国当局处理，驱逐其出境。底下有人低声对我们说，这家伙很可能会被押解上最近的一趟俄国客轮，返回符拉迪沃斯托克。翻译员将陪审推事细声细气的话重复了一遍，语气单调而平静。那张看上去年纪轻轻却又饱经沧桑的满是污垢的面孔，霎时变得苍白。"不！求你了！判我终身监禁吧！"俄国人站起来，喘着粗气地大声叫喊。身手敏捷的法警费了好大工夫才让他闭嘴并将其带离法庭。显然，这家伙虽然历经世故，却不知道只要出了租界，中国当局对于混合法庭的判决并非总得照章办事。

通常法庭审理的都是些无足轻重的小案，审判往往明察秋毫，进展顺利——小偷、鸦片贩子、没有执照的人力车夫、超速的司机，大多数人都想尽办法找证据，为自己做无罪辩护。开车超速的很可能是因为拗不过后座乘客的一再催促，可他又没法拒绝。在中国，外国人很少自己开车；而中国司机对待自己开的汽车就像对待自家牲口一样，总会想方设法多弄点油钱，修车次数之多足以让任何汽车都难以承受，至于怎么用就更不用提了。不管路上是人满为患还是像月球环形山一样空荡荡，司机都会使劲按喇叭。中国人不仅喜欢噪音，而且对那种音量极大、刺耳难听的汽车噪声情有独钟。然而，如果这样做能够使自己的中国同胞们吓一大跳，驱散他们，同时引起对方对自己"显赫"地位的重视，那就能挣回足够的"面子"。不过，司机的那点薪水——假如那点钱就是他的全部收入——还是很低，所以让自己的司机站上法庭总比自己到领事面前接受传讯要方便得多。

那些在上海担任陪审推事的年轻副领事们若是抱怨生活单调乏味，简直毫无道理。他们今天或许必须逼着某个中国人与他的第四个老婆"离婚"，或许发现只有口头裁定"被告就此永久断绝家庭关系"才能解决难题；明天有可能要处理一桩申诉，要求禁止某男孩在养父家的祠堂拜祭先祖；再过一天可能又要解决一件撞船事故，起因在于中国人的渔船总想尽可能超到外国轮船前头，把晦气都甩给后面的船。从一级谋杀到往街上泼脏水，一切案件无论大小，统统都可送交混合法庭审理。不少年轻的副领事因为是否应该下令枪决某人而左思右想，以至于神情憔悴。大致算来每个月都会判处一起死罪，由于没有上诉法庭，因此正如某位陪审推事所言，"我们的判决既是初审又是终审"。

单单在过去的一年里，混合法庭陪审推事经手的案件就多达 9.3 万起，据说比世界上任何国家的法庭都要多。其中 1.4 万起需要通晓国际法律的人士拿捏判断，而偏偏绝大多数陪审推事甚至连律师资格都没有。比方说有这么一个案子，要求解除某个涉及美国人、爱尔兰人、犹太人、德国人、俄国人、中国人的合伙关系。美国人和爱尔兰人——后者只有这一次承认他是英国人——的确不在混合法庭裁判权的管辖范围之内，可这只会令事态变得复杂。既然犹太人无法确实证明自己的具体国籍，那么该对他适用哪国法律？德国人和俄国人最近双双失去了"治外法权"，因此必须按照德国与俄国的法律分别处理。不过，到底应该用沙皇俄国还是"红色"俄国的法律却不得而知，因为虽然此人矢口否认自己是布尔什维克党人，但确实也不像是已经死去的沙皇的臣民。

过于繁琐的责任分工和错综复杂的国籍背景同样阻碍着效率的提高。比如钟坏了需要维修，虽然现场有十多个人，其中任何人都可以名正言顺地要求解决，但却谁也没有站出来说一句，因此你极有可能见到一个下人在开庭的时候带着梯子走进法庭，在众目睽睽之下把钟从墙上摘下来，然后就此没了下文。

在上海的某些陪审推事和那群自信的年轻军官一样喜欢"赶时髦"，后者在欧洲短期军管期间还负责审判科布伦茨的人民；而更多人是在凭良心办事，不仅坚持要搞清楚证人在说什么，有时还会学着说几句中文，甚至认识几个汉字。然而，问题在于如果这些人真的精通中文和国际法，知道如何训练有素地裁决案件，那么他们的前景可要比做领事服务广阔得多。总之，在混合法庭待上一上午，给人留下的大体印象便是脸色苍白的东方人坐在椅子上，心里什么都懂却并不在乎，而一旁的美国人或英国人虽然兴致高涨，想弄明白却又什么都搞不清楚。

如果有人坚持要把上海完整地走一遍，那么法国人庇护之下的福州路①不失为一个好去处。这里一到晚上便霓虹闪烁，喧嚣不断，戏园里不时传出叫好声，各种中国式的表演热闹非凡。行至徐家汇，有座年代久远的佛塔，一直以来都在庇佑着上海逢凶化吉。再往前走便是大教堂②。台风季节，沿岸船只都要感谢教堂里的神父和天文台发出的警告。这里可以听到唱诗班的喧闹声。男童们个个穿戴整齐，这些中国孩子尽管刻苦训练，但歌声听起来还是有点像在敲击麻袋里的坏熨斗。

在这里遇见的外国人都是住在租界边缘的，已经能够嗅到华界的气息，听到那边传来的声响，还能闻到稻田的气味。灌溉用水混杂着城市污水，坟地一片连着一片，更夫在大声嚷嚷，嗓音沙哑的商贩们还在叫卖着他们来路不明的货品。之前每当内战频频爆发之时，那些身着军装的外国士兵就会把来福枪放在身边，或倚靠在桌角柜台旁，每一条连通租界与华界的道路都布着铁丝网。如果这一切还不能让你有所体悟，那么只有到了这里，才会让你感受到这些外国租界虽然在国内被不少人称作上海，但其实只是置身于中国人汪洋大海中的一座小岛罢了。在偏僻的租界边缘，乞丐和流浪者用能够找到的一切搭起简陋的棚屋。他们缓慢但不停歇地向租界靠近，

---

① 福州路（Foochow Road），位于今上海市黄浦区，又称"四马路"，戏园、报馆、书局、笔墨文具店密布，以其深厚的文化氛围著称。

② 此处所指为上海徐家汇天主堂，全名为徐家汇圣依纳爵主教座堂。始建于清光绪三十年（1904），光绪三十六年（1910）落成。整座建筑高五层，砖木结构，主体为法国中世纪样式，钟楼为哥特式尖顶。

同时也在不断地被驱逐。

　　租界外是中国人司法权重新开始的地方，那儿流淌着一条小河，河上漂浮着不少船上人家，跟沿岸临时搭建的简陋居所几乎一模一样，叫人分不清这些人究竟是住在岸上，还是住在水上。然而，对于那些马不停蹄地环游世界的旅行者们而言，他们认为只要自己的观察力还没有完全退化，就无须离开奢华的旅店，跑到如此偏远的地方，只为捕捉另一个民族的生活细节；要知道这个民族的生活中完全缺乏旅行者们所认为的对于幸福乃至生存而言必不可少的一切物质条件。人们似乎一下子从西方进入了东方，转变之突兀令人感到不适。在这里，男人们穿着不中不西的衣服，而他们的妻女姊妹还多半缠着小脚，从现代化的有轨电车上下来便直接坐上了独轮手推车，仿佛一下子回到了几个世纪前的中国。那些外来影响顶多留在上海，到了这里却已几乎找不到踪迹。稍远一点的地方偶尔还能见到零星的碎石路面与西式洋房，但汽车和浴缸的世界很快消失得一干二净了。这是一片辽阔的土地，一直伸向广袤的内陆，与数百年前相比，几乎没有任何新的变化。然而，既然我们已经走出了国际化的上海，不如索性与现代物质文明告别，一头扎进真正的中国去吧。

图 2 上海郊区，乘客们从有轨电车上下来，又转乘上了中国人的古老交通工具

图 3 上海外国租界的外围，不少中国人住在临时搭起的窝棚与水上棚屋里

在我经历过的所有旅行中，几乎没有哪一回像横渡上海南面的杭州湾那样，得到
如此无微不至的全面保护。这不仅因为我成功说服了一位领事官同行，而且还带上了
混合法庭的陪审推事，这样无论走到哪里都有自己的法律与法官如影随行，再加上那
位颇具艺术气质的大型油企代表，使我们的队伍变得更加强大，要知道这位财大气粗
的贵人总能让我们的政府官员一个个俯首帖耳。莫说那些匆匆而过的旅行者，就连久
居此地的外国人也难得有人领略过杭州湾那一岸的中国风情。海湾的另一头虽然近在
咫尺，却和不少人迹罕至的偏僻之处一样，几乎完全找不到外国影响的痕迹。

每天下午晚些时候，都会有一艘豪华舒适的客轮自上海外滩出发。早晨还没等
船上的外国游客悠闲地洗漱完毕，船已经停靠在宁波了。中国人则大不一样，只等
着船上的步桥一放下，便从栖身的船舱里一涌而出。尽管葡萄牙人早在 16 世纪便
已到达宁波，此地也算得上中国最早对洋商开放的城市之一，但外国人走在这座城
市的街道上，仍然会令当地人的生活掀起涟漪。尽管比上海开放更早，却已被完全
超越，现在的宁波依旧是一座具有鲜明中国特色的城市，鲜有外国商人、海关官员
与传教士的异色装点。不过宁波仍然堪称浙江的贸易省会，在商业发展上要胜过杭
州，后者作为政治省会，显得更有绅士派头。且不说远近闻名又常遭人非议的宁波
金漆，只要呼吸一口这里的空气，就知道打鱼是当地人的主要生计。宁波出产的咸
鱼干销往整个华东及华中地区，这里堪称中国的格洛斯特 [①]，渔民的活动范围可达 3

① 格洛斯特（Gloucester）是美国马萨诸塞州东北部艾塞克斯县的港口城市，是当地的渔业中心。

图 4　宁波是冬日结冰地带的最南端，冰就"长"在浅浅的池塘里，厚薄和窗户玻璃差不多，被人们收藏起来，储藏在用泥巴和稻草搭起来的冰窖里

万平方英里 [①]。照某些满脑子是钱的俗人推算，每年宁波从大海中得到的收益在350万元左右，这笔钱即使换算成墨西哥鹰洋，在中国也绝不容小视。

　　宁波之所以成为中国最南端的海上冰原，与这座城市的渔业特色不无关系。沿河而下，形形色色的船只聚集在码头。船实在太多，码头泊位的数量不足，所以只能不断进进出出。有些建筑在天际映衬下甚是显眼，乍一看像间大屋子，不过这么大在中国可不多见，待到仔细一看才发现原来是冰窖。先在地上挖一个冰冷黏湿的泥洞，周围用厚厚的土砖垒起几层墙，再在上面用茅草搭成平时少见的尖顶，这就成了冰窖。宁波的严冬极其短暂，这些冰来自几百个水塘，而这些水塘都是人工挖凿的，水并不深。河流本身从不结冰，但赶上最冷的寒夜，河水的最上面一层和稻田会结上一层与窗户玻璃一般厚薄的冰，必须一大早收集，赶紧运到冰窖里去。冰窖露在地面上的部分，像极了印第安人用树皮、茅草或兽皮搭成的棚屋，点缀在这

---

① 英里（mile），英制长度单位，1英里约合1.609千米。

座古老港口沿河数英里的地平线上。冰有时能够保存到次年十一月。到了炎热的月份，人们就用这些冰保存盐水腌制的咸鱼。当然，宁波人可没有贪图美食的人那么多讲究，他们不会用冰来保鲜食物，也不懂得如何调配夏日的清凉饮料。

不过，我们如此大费周章地从上海渡海而来，并非只为看一眼宁波；她毕竟和中国成千上万座城市没有太大区别，我们的目的地是舟山群岛。这些岛屿星罗棋布地散落在上海近郊的中国沿海，普陀岛便在其中，也是中国最负盛名的几大圣地之一。我在中国的朝圣之旅既然如此漫长，那也就没有理由错过这样的好地方。于是，一行人丢下在宁波舒适安逸的西式生活，登上了一艘由当地人开的小客轮。小船开起来显得有些气喘吁吁，船上设施最好的是上层过道上的几个隔间。两个木板台子几乎占满了整个隔间，高度和床差不多，但无论长宽都不够一个外国成年人躺在上面舒展手脚。屋内没有其他任何陈设，也看不出哪里装了暖气，甚至连大多数中国人旅行时随身带着的被褥也没有。然而，就是这样一间冷冰冰的木板房被称作"特等客舱"，下层甲板上贴着一张收费明细，上面只写着中文，结尾处加了一句："外国人价格双倍"。我们几个人蜷着身子，一同挤在木头架子上，等着船上的管事和船长给我们解释。毫无疑问，没人认为我们能看懂牌子上的字，而且很可能大多数外国人都希望拥有一间属于自己的"特等舱"，因此最后那句话也就有了合理解释。

我们过了甬江^①河口的镇海。杭州还是大宋国都时修建的镇海海塘经历了一场台风的破坏，不久前刚刚修复。我们这艘可怜巴巴的小船以"定海"为名，也不知这样做到底是为了彰显荣耀，还是出于讽刺，总之我们正在向舟山群岛全速进发。在古代，这里的海岸与海岛都修筑有工事碉堡，照中国人的标准看，简直固若金汤。时至今日，那些遗迹依旧随处可见，小小的碉堡无助地矗立着，废弃的大炮早已毫无用处。我们一整天都在海中的岛屿之间穿行。岛上全是石头，见不到一棵大树，不过有的岛上有大型集镇，各种各样的帆船在岛间往来。中国各地的帆船样式不同，这里的帆船船尾很高，上面用亮丽鲜艳的油彩，尤其是醒目的红色涂画着各种神魔鬼怪。船头画着两只大眼睛——当然，要是没有眼睛，船怎么能认清方向？要是那

---

① 甬江，古称大浃江，中国东海独流入海河流，浙江省八大水系之一。上游源头有姚江、奉化江两支，于宁波镇海口流入东海。

些紧随其后的妖魔鬼怪没能看见船尾上那些骇人的图案，又怎么能把它们吓得逃之夭夭呢？

我们总算到了普陀岛，不过不是坐的"特等舱"。可能是因为我们的举动过于兴奋，或者有些得意忘形，不过也有可能是因为我们的船没有在船头画上眼睛，反正"定海"号很难顺顺利利地开行。海面上遍布帆船，还有水上人家的小舟。在华中和华南的港口，这些船就像地铁高峰时段的乘客，总是挤得水泄不通。我们的船先是和这些船迎面撞上了好几回，接着又在救援一艘抛锚的帆船时搁浅了。虽然我们试图让船重新浮起来，但一切努力均告失败，船长只能极不情愿地叫来几条舢板，把乘客送往目的地，甚至还帮自己船上那三位怒不可遏的外国乘客付了船费。旅程的最后一段，我们穿过一片公开水域。海风刮得正劲，笨拙的小帆船排成一列贯穿海面，像沙漠边缘的一排排电线杆。这时要是有几艘船被浪头打翻了，我们也丝毫不觉奇怪。

普陀岛或许可以被称作"没有女人的岛"，至少照理说，这座岛全都属于僧庙寺院，只有男人才能住在这里，或者前来拜佛朝圣。这里不受欢迎的可不仅只有女人。岛上虽然有公猫，却找不到母猫在午夜时分和它们共唱摇篮曲；公鸡也有，但因培根而沾光的那一类①却找不到；狗也只能找到受人尊敬的那一类。据我的调查所知，动物界的情况就是这样，也许就连植物界也是如此。然而，随着我行我素的洋人进入自己的国界，中国也不得不在许多重大问题上睁一只眼闭一只眼。这里原本是地处偏远、饱受海水冲刷的静修之地，本该属于修行之人；可到了夏天，几乎没有哪个周末没有一船又一船的外国女人前来观光。这些洋女人穿着最时髦的冲浪紧身泳衣，在岛上风景优美的海滩上嬉戏玩耍。当然，睡觉的时候她们还是会回到船上，这样便省去了和尚们的不少麻烦，他们最怕听到闲言碎语。然而，海滩的清净终究是被打扰了。归隐之士们面对如此境遇，除了耸耸肩膀，拨弄念珠以示抗议之外，

---

① 所谓"因培根而沾光的那一类"指的是母鸡，据说大作家、哲学家弗朗西斯·培根（Francis Bacon，1561—1626）在一个寒冷的风雪之夜，为了试验用白雪保存食物，找来了一只母鸡，不料就此感染风寒，一病不起，撒手人寰。

也别无他法。

不仅如此，就算女人消失得一干二净，也无法营造出一个人们期望的乌托邦。我们向岛上的腹地进发，脚下星星点点的泥土变得渐趋开阔，形成一个又一个的小山丘。虽然不时能够看见肥沃的溪谷，但这些山丘多是石头，陡峭难行，鲜有树木。前头已经有人通风报信，说来了三个外国人，要知道十一月可不是上岛拜佛的季节。我们同行三人中那位富豪一路上还带了个杂役，后者正和一群又一群陆续赶来的和尚交涉有关住宿的问题。和尚们穿着蓝灰色的长袍，把手拢在宽大的袍袖里。他们虽然早就宣誓要将世俗欲望抛诸脑后，终日等待涅槃转生，进入再也没有贪欲的极乐世界，但是在他们看来，在庙里借住一晚的合适补偿最少还得五块银元。如果说中国人在和钱有关的事情上还需要他人教诲，那么这些结伴而来的夏日游客，包括上海周围发生的一切，无疑让和尚们学到了佛经上没有的东西。虽然五块价值低廉的中国银元对于一个连自家海边都未见识过的美国人来说算不上坐地起价，何况还能够享受到三张折叠床的优越待遇。卧房的地上没有地毯，铺着木地板，屋里供奉着神龛和色彩鲜艳的神像，一尘不染，和尚们在跟前诵经念佛，敲打木鱼，到了夜深人静的时候偶尔还会发出怪响。即便如此，这个价钱相比在中国合理的价格来说，已经高出百倍有余。如果我们对此妥协，那么一定是神志不清了。带路的和尚娴熟地耍起伎俩，丝毫看不出半点佛门弟子的模样，害得我们爬上爬下走了足足一个小时的弯路，才进到山顶的庙里。山顶的和尚显然还不了解山下已经达成默契，试图洗劫我们的钱包，愚弄我们的常识。不过，即便到了这里，住宿费用也体现不出自由公开竞争的意味。

这次我们到普陀岛求神拜佛显然来得不是时候。第二天整天都在下雨，寺庙一座座变得灰头土脸，周遭的山石显得更加灰暗。站在这座神岛的最高峰，在毛毛细雨中向海面四下极目远眺，可以见到大概十来座也许更多的小岛，大多数形似一座座尖尖的山峰。赶上如此天气，就连海水也不再湛蓝。若是换成晴天艳阳的好天气，舟山群岛可谓美不胜收。不过即使是雨天，漫步在百年古寺与参天古树之中，依旧令人感到心情舒畅。顺着溪涧和平缓山坡上的小路蜿蜒而上，信步走进寺庙，庙里静谧安宁，与上海大都市的喧嚣嘈杂完全不同，就像许下誓愿静心修佛的和尚与普通中国人的不同。在普陀岛，人们尽量不去打扰大自然的宁静，岛上的每一座庙宇都给人一种宗教肃穆的感觉。圆石上刻着神圣的经文。虔诚的朝拜者在其他时节来到岛上，在巨石下方摆上用竹子劈成的小棍。巨石看似摇摇欲坠，实则巍然不动，大自然的鬼斧神工令人称奇。石头上写着"西天"两个大字，也许写字的人真的觉得每一个字都能帮助巨石保持平衡。刻有文字的石头数不胜数，有的连成巨大的石阶，从一座寺庙通向另一座寺庙。最显眼的一块上工整地刻着"我佛不灭"。

对于一个宗教信仰多元化的民族来说，普陀岛已是尽可能地专属于佛教了。这座小岛得到了观世音菩萨的特殊庇佑，这位菩萨被住在中国的外国人视为大慈大悲的女神。近来，中国又开始大兴佛教，普陀岛上的许多庙宇正在翻修。礼佛的淡季自然是和尚们为来年旺季做准备的时候。在这个冬雨绵绵的周日，工匠们正在雕刻更多巨大的木质佛像，用油灰或者其他常用的抹灰填满裂缝，遮住瑕疵，以免有损神的尊严。然后在这些神圣之物上贴一层用稻草秆做成的薄纸，防止褪色，再给神像镀上金粉，涂上颜料，用最艳丽的色彩为这些古老的神佛修补润色，再在跟前毕恭毕敬地鞠躬跪拜。工匠们也可能会将屈膝下跪这种事情留给和尚和香客们去做，因为他们在工作时往往一边抽烟、闲聊或者吃饭。

有些神像的嘴巴上还需要钻孔，以便装上胡须。说来真是奇怪，一个面部毛发稀少的民族却喜欢让自己的神佛留着漂亮的胡子，反倒是西方人却总是将之去掉。不少寺庙的大门旁都能见到熟悉的四大门神，得意地坐在花岗岩上，与那些把它们创造出来的工匠一样，一副对生活享受毫不在意的模样。初来中国的人往往惊诧于这些"艺术家"竟然如此神情木讷。不少人还只是孩子，从估算大小、表情、动作、姿态，到着色粉刷，全凭记忆工作，人人脑子里都有一个模板，做出来的佛像简直与用模具制作的一样。虽然我们难以弄清这些面色凝重之人的性情禀赋，只知道这些人深居于这小小的静修之所，四周大海围绕，任由岁月流逝，犹如海岛四周的礁石任凭海浪冲刷一般。

这些古庙庭院是如此安宁静谧，与外面的尘世喧嚣形成鲜明对比，虽然我们是外国人，也足以感到慰藉，至少让人拥有了一份平和。屋顶上铺的黄色砖瓦从树冠中露了出来，瓦片因年代久远早已变得松脆。一棵棵大树或许还在回想着孔夫子的时代吧，那时的它们还是小树苗呢。一汪碧绿的池水上架着典型的中国式拱桥，假以时日，这里定然会是一派荷花盛开的美景。小路蜿蜒，移步换景，每一个拐角处都会见到人工对大自然的精巧安排。松鼠——毫无疑问，它们也全都是公的——则在林间石上嬉戏玩耍。

中国的大多数寺庙里，和尚们通常会有一间类似会客室的禅房。若是"贵客"屈尊降驾，通常会被敬上一杯热茶，受到主持或者级别相对较高僧人的款待。所有的外国人也包括在"贵宾"之内。不过，或许是因为现在正值淡季，游人太少，无须谨守客套，或许因为这里靠近海轮的必经之路，人们对外国人太过熟悉，没必要待若上宾，总之在普陀岛却完全见不到这一套。或许这些和尚为了迎接下一个旺季的到来太过忙碌，就算在翻新工作的间隙也腾不出手来，也极可能是因为——这样想起来还真叫人痛心——我们这些只交了十倍而不是一百倍房钱的人，根本就不值得他们尊敬。无论如何，我们在雨中围着普陀岛攀上爬下一整天，也没遇见有人强留我们喝一杯热茶，哪怕装装样子也好。

住在普陀岛上都是吃素的，要想真正得道成佛理应如此。这样一来，也就意味着和尚们不仅不能吃猪肉禽蛋，置身于这个渔场中心还得回避鱼虾。在山头之间的峡谷里或许藏着菜园子。庙在山顶上，僧侣厨子经验丰富，完全能够用素菜将那些严禁食用的美味佳肴模仿得惟妙惟肖，准保能让大多数人吃得心满意足。和中国的其他朝圣之地不同，可能是由于礼佛时节乞丐们会有上岛的名额限制，普陀岛上没有乞丐，只有一些渔民，三五成群地在十来座小岛间打鱼。这些小岛风景秀丽，从普陀山上的寺庙旁一眼便能望见。渔民们穿的衣服类似于古代的荷兰人，有的也是穿着同样鲜艳的红棕色衣服。数以百计的白帆点缀着黄色的海面。听渔民们说，如果不是西风把长江带来的泥沙搅动起来，这里海水也会是蓝的，天上映着的颜色也不会雾蒙蒙的像铅灰一般。

下午晚些时候，我们终于盼来了"定海"号。大大小小十来个和尚戴着尖顶帽子下山，暂时远离这个"没有女人的岛"上的安宁与静谧。我们还在担心船长会不会因为我们没有交双倍船费就故意绕开小岛，惩罚我们。不过，船长好像把底下的注释又再看了一遍，虽然没有对我们露出一丝欢迎的笑容，但还是接过了我们每个人递给他的 19 个小小的一毛硬币，仿佛我们的面孔也是黄黄的，眼睛也是眯缝着。船长或许最终还是得偿所愿，成功复仇，因为他在入夜靠岸前抄近路去了沈家门。我们几乎整晚都只能在狭窄的床板上翻来覆去，只为换一个舒适点的姿势安稳入眠。

第二天将近中午的时候，宁波的冰窖又三三两两地出现在地平线上。我还有大把时间把朋友送上下午开回上海的客轮，要知道他们可是离开轮子就寸步难行的那类人。

从宁波出发的铁路是支线，或许有朝一日还是有希望与杭州到上海的主干线连起来。沿线的小城慈溪，以做缸闻名。缸就是大土坛子，在车站附近总是一堆堆垒得老高。到了这里，这座古老的港口城市开始慢慢变成华东一带典型的开阔乡野。火车从这里出发，慢悠悠地驶过一大片墓地，看上去肥沃而平整，只是到处点缀着这些令人抑郁的土堆。这里的坟堆比北方的高一些，覆盖着茅草，每个前面都立着块石头，上头写着一两个汉字。有一部分在中国最有年头的外国人墓就在宁波，它们让人回想起美国人早年驾驶着快速帆船大行其道的年代；不过由于没有后人祭扫，都早已被人遗忘。成堆的土包遍布整个山坡和大片田野，低矮的灌木在其间生长。这一带有上百具尸体还没有下葬，放在破旧的棺材里，有的上面盖着草席，在风雨侵袭下早已褪色破烂，有的则压着石板，全都在等着后人在某个黄道吉日使其入土为安。农民们倒是懂得如何勤俭，因为家里又多了几张嘴等着吃饭，只能在坟间地头种上庄稼。石板路窄得像山道，在连片的稻田里蜿蜒。田里的土壤潮湿而肥沃，两旁不远处便是高高的小山。不时可以望见一座座小镇，外围是古老的城墙。运河如同沟渠一般密布，船夫们穿着棉布衣衫，用篙撑着船在河上来来往往。

铁路已经走到尽头，旅客从杭州湾南岸去往杭州还得继续步行走上约莫半英里。列车上的服务员可不会把赚钱的大好机会留给搬运工，一个个紧随其后，直到河边。又长又细的运河船排成长长的一整列，正在等着接运行李。虽然我们只不过刚刚从上海过了道海湾，这里的生活习俗却大相径庭。我们沿着运河步行到中午时分。玉米不但在运河沿岸被大量种植，而且还在结穗的时候就成了当地人的盘中餐。这东西被我们的英国表亲称为"玉米"（maize），或者"饲料"。我有好几个星期没有如此强烈的身在美国的错觉了。人们把玉米堆放在一起，至少把玉米秆扎成一捆捆，要么垒成墙壁，要么铺上屋顶，然后在地面上挖出不少洞来，这是中国农民在欢迎过路人随时为他们过度耕种的田地增加点土壤肥力。我们经过了一两处简陋的船闸，它们跟运河河道一样狭窄，加上船又很矮，排成了长长的一线。坐在这样的船上像从地面上掠过，令人愉悦；虽然不能近距离接触，却能把这个地方的民生百态看得一清二楚。

然而，对某人来说却并非如此。这个自命不凡的家伙看上去像是商人，在我们这些船中间挑了一艘，正准备登船。从开闸的地方走到登船的甲板上看起来并不难。他的仆役拿着大部分行李，先跨了一步，稳稳当当地上了船。不过那些平时好逸恶劳的中国老爷，身体运动技能却极其低下；他们哪怕出于自己身体健康考虑，也会觉得运动是件蠢事。我们的这位朋友在他的仆役后面踱着步子，趾高气扬，不料一脚踏空，谁也想不到他竟然会在这样的地方踩空了。插一句，我再次见到此君时，只见他正忙不迭地吐出满嘴的烂菜叶和更加恶心的东西，要知道中国的运河上漂着的全是这些污秽之物。大家七手八脚把这家伙拉上了船，他喋喋不休地大骂着还要几个小时才能上岸。由于他穿的是冬装，每件衣服都像塞满了棉花的被子，因此问题相当严重。幸亏运气还算不错，太阳出来了，他只好脱得赤条条的，只剩一条底裤，愁眉苦脸地站在船顶，身旁的其他人帮着把他湿透了的衣服拧干。

运河水道交错，我们一直沿着较窄的河道前行，速度跟在田间漫步差不多，就像坐在一块魔毯上欣赏四周的景色。一艘艘坐满劳工的船跟我们的小船拥挤着前进，他们兴高采烈的模样好似孩子一般，比有些富庶地区的中国人招人喜欢。每一条沿运河而上的船都有一个人负责拉纤。纤夫沿着石子路吃力地走着，翻过一座座小拱桥，到侧渠的另一头，不时穿过一堆堆积肥，这样的肥堆在这平坦的乡村地带一望无边。

我们隔一会儿便进入开阔的池塘，有的水面宽广得简直就是一个湖，因此只能依靠水上交通工具才能行动。池塘大都被渔栅分割开来，这些拦鱼的枝条由芦苇秆做成，长长的如同河坝。在其他地方，土地再一次聚拢到运河边上的一小片区域，沿河好长一段都是城镇，房屋挤得密密麻麻。婴儿被放在一个古怪的用稻草密密编成的东西里，有人管它叫"背篓"，有点像意大利农民在葡萄园里摘葡萄时用的桶，只是大头向下，而小孩可从朝上的小口里探出头来。虽然已是十二月，有些农民还在打谷子，手抓着一捆稻穗在硕大的木箱里敲打着。鸡群在还没被坟头覆盖的地上啄着谷粒。

华中和华南地区的渔民习惯使用剪刀形渔网，在这里一目了然。通常是一个上了年纪的男人，或者是女人、孩子这类无法完全从事体力工作的人，划着船慢慢沿河而行，力气大一些的人则站在船头撒网。那张网就像一个张开的钱包，两边是一对 10 英尺 [①] 长的大筷子，再用两个细长的竹把手将网合拢起来，拉到水面上。我见到中国渔民每隔几分钟便重复这样机械的动作，有条不紊，一连好几个小时，木讷的脸上看不出半点不耐烦的情绪，哪怕连一条鱼儿的影子都没见着，也不会打乱规律的动作，像时钟一样周而复始。这些人能否免于饥饿全靠这一网能够打到多少鱼。不知道究竟是这样的生计练就了中国人的好耐性，还是有了这代代相传的耐心才能干好这份活儿？

在运河的浙江流域，打鱼的收获会更有保障，因为渔民们好像连河底的水草也一并打了上来，这些或许是用来当作饲料或者积肥吧。不少人从河里掏出一大堆黑黢黢的污泥，堆在船中央，把一个大隔舱装得满满的，而隔舱只是用简陋的板子与船的其他部分隔开。之后这些人会划到岸边，把这些污泥和其他积肥放在一起。总之在中国，没有任何东西不会得到充分利用。

这里最有意思的当数"脚划船"，为数不多到过绍兴的外国人这么叫它；这种划船的方法独一无二，恐怕世界上其他任何地方都难以见到。我们现在正要前往这座城市的船夫们以其划船的方式而声名远扬——他们会用脚划船。这些船虽然又长又细，不过重量可不轻，像独木舟一样摇摇晃晃。船夫们坐在船尾的最末端，光脚踩在船桨上朝里的有木头棱的一头，桨还是像往常一样固定在舷边，然后把膝盖弯曲到胸前，接着伸直，就这样一伸一弯地划起来，毫无差错，镇定自若，就像经验丰富的水手挥臂划桨一样。更加值得称道的是，船夫们竟然还能同时操纵方向，某些时候为了加快速度甚至可以加上手桨，手脚并用，丝毫不会乱了方寸，脚上一个节奏，手上又是一个节奏，一面平静地欣赏着沿途风景，一面还能与两旁其他船上同行的伙伴聊天。这些用脚划船的船夫要么天生定力非凡，要么就是这种划法比那些更为常见的要省力不少。在绍兴的外国人虽然不多，可他们不时会在天色将暗的时候才招呼船家过来，然后在弧形的船篷底下睡上一晚，而他的船夫就坐在篷子后面的船尾上，用脚一路划到杭州去，帮他及时赶上第二天一早去往上海的火车。据

[①] 英尺，英制单位，1 英尺约为 0.3048 米。

说有的船夫能够这样优哉游哉地连续划上一整天。

这条水道上的细长的船都在船身涂着格子图案，从吃水线一直到船顶，两侧用最鲜艳的油彩画上各种稀奇古怪的风景或者神话人物。那些其臭难闻的装着满满粪肥的船也是如此。它们为了增加载货量，有时会在船舷上用泥巴围上一圈，堆得像个护栏。每条船的船头又是不一样的奇怪图案，两侧各伸出一根长杆，涂成眼睛的模样。很少有女人划船，即便有，也只用手划。论原因要么是因为裹脚太小，踩不住桨，要么就是用脚划桨的姿势不大雅观。

我们好不容易到了山边，停船靠岸。当年修凿运河的匠人只能在矮山中开山凿石，挖出河道。近旁青峦叠嶂，运河在山间弯弯扭扭，找寻着最直接的出路。天近黄昏，我们进了绍兴城，这里是沿河乘船旅行之人的合适歇脚处。城墙古老而坚固，我们穿过狭窄的水门进了城。小船随后被划到船棚或者船库，只要能够停得下一艘汽油艇就行，反正都在城墙外面。不过，大的驳船就必须靠人撑篙，一艘接一艘地穿过一道小小的拱门。门非常窄，船只有斜着一侧才能穿过，再宽两英寸①恐怕都难以通行。刚进城眼前便是一条水街，向前延伸穿过这座中国城市，城里的房子一如往常地紧挨在一起。船有大有小，都能在水街通行，数量比威尼斯最热闹运河上的船还要多好几倍。

不过，绍兴也有真正的街道，就跟威尼斯一样。我来得正是时候，上岸后沿着狭窄的石子路前行。这些路紧紧挨着运河河岸，不时会通过石拱桥从另一条路的上方越过去。这些拱桥一看便知历经了不少岁月，让人不由得想起遥远的宋朝。石子路如迷宫一般弯来绕去，我上上下下走了半个小时，来到一所外国医院前。我在上海时曾跟人提起过打算路过绍兴这座与上海近在咫尺却又隔着海湾、路途遥远的城市。当时便有人建议我去拜访 B 大夫。虽然我连 B 大夫是谁、是哪国人都一无所知，但在需要帮助的情况下能在绍兴找到个外国人就已经足够了，毕竟绍兴不是对外开放的通商口岸，在这里能找到外国人的概率恐怕只有百分之一。就算姓名前不加上

———————————

① 英寸，英制单位，1 英寸约为 2.54 厘米。

"大夫"两个字表明身份，B大夫肯定也是个传教士。我走进医院大门，叫人把名片递了进去，不一会儿只见一个男人张着双臂，从楼上三步并作两步地跑了下来。在我还是大学新生穷困潦倒的时候，可是和这家伙一起在宿舍食堂里端过盘子、当过服务员的。当然，以他的性格是不会说出"人生何处不相逢"这样的话的。

　　自从大一那段清苦的岁月以来，我已经有25年没有见过B了。他在绍兴待了十年，住在杭州湾这头的外国人就那么两三个，他算其中之一。既然我来了，B自然得放假一天，第二天一早被我拉进城里转转。卷心菜被四处晾晒着，跟前一天在运河两岸看到的场景一样。桥上也是如此，让人连找条道抬脚走路都不容易。有的则被放在坟头和墓碑上，或者是地里那些还没来得及入土的棺材上头，就连禹王庙里也晒得满处都是。这座庙依山而建，我们颇有兴致地走了个把小时才到那里。

　　中国的历史可以追溯至大禹时代，那是个说不清道不明、真真假假的年代。在这个中央王国几乎所有的史前典籍中，大禹的名字可以说是无人不知无人不晓。相传大禹生活在大约公元前2200年，由于忙于开挖运河，治理洪水，八年过家门而不入，跟今天某些出租车司机有得一比。他是在父亲治水不力被杀头的情况下接手这项工作的，所以这么竭尽全力治水可能也并非完全出于责任心吧。大禹极其努力，所以国王死后传位于他。不过，这个传统好像到大禹这儿就打住了，因为他去世的时候俨然是皇帝了，当时他正在远离家乡、周游巡察的途中。按照听来最为可信的传说记载，他被葬在了去世的地方，陪葬的还有100名人殉。那个地方现在叫禹陵村，是个十分破败的村子，离绍兴约十里地。

　　我们走到哪里都会有孩子围着。一群顽童跟着我们进了大禹庙，中间有几个无论年龄还是体态都已经接近成人了。不仅是外面的院子，就连内院的不少地方都晒着卷心菜和谷子。既然据说大禹当年因爱民如子而闻名，把一生都献给了农业，想必不会介意这些不谙世事的孩子成群结队跟在我们后头，寸步不离。院子里立着一根巨大的"石针"①，若是隔着一定距离能将石头投进上头的圆孔，准保能得个大胖小子。禹陵乡的村民们住得近，显然占了不少便宜。我没有这方面的愿望，而B的运气显然也没有比以前几次好。走进庙里，几乎全是废墟，到处都是蝙蝠屎，就

---

① 此处所言为禹庙窆石，呈圆锥状，高2米，上有圆孔，人们可朝孔中扔石头或钱币。

连灵位和刻着"大禹陵"的石碑上的字迹都已经褪色，神龛前摆放供品的桌上铺着厚毯。这座庙的管理者要求一万元的拨款以重新修缮，十有八九得等到这里摇摇欲坠时这笔钱才会下来，这或许是中国人做事的习惯。不过这个时候，禹陵村赋闲的人也会不时来这里清洁打扫。

我们坐了艘脚划船离开村子，花了约一个小时回到镇上，走路大概也要这么长时间，船费是一角钱。回家的路上，我们见到一个女孩蹲在棕色的坟堆之间，看着一群大鹅和浅黄色的小鹅玩耍。小女孩一定很冷，刚刚裹过脚疼得不行，脏兮兮的小脸上挂着逆来顺受的表情。中国虽然有长城，但农田里却没有篱笆或者其他障碍物，因此这里没有擅闯私人地界之类的罪名，就算打猎也无妨。不过，这一带的田野被犁沟或沟渠分隔成细条，每一条宽约六英尺，长度不等。我们到水门耗费的时间和走水门进城的差不多，农民和自己的妻子驾着或空或满的小船，和其他载着货物的小船拥挤着，一幅典型的中国式的繁忙场景。无奈之下我们只能在这些各行其道的船之间，挤出一条小道，勉强地前往码头登岸。

划船一路行来，其中有一段经过城墙外的护城河。狭窄的坡道两旁，摊放着成千上万张棕黄色的纸，等着晒干，再做成"灵钱"。这是绍兴的一项主要手工艺。B虽然在绍兴住了不少年，但没怎么去过中国的其他地方，他一直以为中国人烧的这些东西几乎都是这里生产的；不过我后来发现这一行原来在其他城市也是大买卖，才知道是他搞错了。在这个已经没有了皇帝的中央帝国，从事"灵钱"业的城镇和地区遍布全国，百分之七八十的绍兴人都以此为生。中国各地都有这样的习俗，在下葬或者之后的某个特定情境，要在先人的坟前焚烧金锭银锭，这样逝去的人在阴间就不会缺钱花。不过，尽管中国人在不少方面有些愚昧，却也不乏常识，几百年前就不再用真金白银来祭奠，正如他们用纸糊的牛马、奴隶或者小妾，而不是杀掉活的奴仆和牲口来陪伴死者。人们用粗糙的黄纸，先折成金银元宝的样子，再在上面粘一层锡箔。人们为了尽孝，需要消耗大量这种纸钱，绍兴因此也有了一门非常赚钱的生意。

锡矿从云南一路运来，然后被灌进铸模，或者切成锡条，每条差不多半英寸厚。在美国，我们用大型卷压机完成这项工作只消几分钟，但在中国，人们需要在铁砧上不停敲击，日复一日，用上十天乃至十五天才能使锡条变成锡箔，然后贴在竹浆纸上，这最后一道工序通常由女人和小孩完成。涂刷好的纸片被劳工们成捆成捆地运往千家万户。中国人发明了一种聪明的称重方法，因此工匠必须对自己做的锡箔是否足秤负责。劳工和农民的老婆显得有些邋遢，她们把这些纸片折成元宝的形状，一天能够挣5—10分钱。有的纸片会用一种奇特的竹刷涂上黄色，这就成了"金元宝"，比银的卖价要贵一些。

通常一年到头都能在绍兴听到敲打锡片的声音，不过这会儿正好赶上工匠们闹罢工，照中国人的说法，这叫"谈工钱"，因此我错过了最能体现这座古镇生活特点的一幕，要知道这可是与"脚划船"和运河并称的。做这些纸钱的工匠有着复杂的行会组织，也就是工会。想学的人首先得做三年学徒，还必须交纳学费；不过干这一行的比起中国的其他职业来，不用太低声下气。敲锡工匠一天只需工作六个小时，以免肌肉僵硬。和大多数中国人不一样，这些工匠的胆子大得很，且相当好斗，因为他们懂得如何"捏成一个拳头"，然后一起发力。总能见到运送纸钱成品的人排成长龙，每一小包80磅①，在大街小巷川流不息，尤其是到了下午和傍晚时分，不过这阵子一天下来也只有几百人。中国各地的人为了购买、制造、运输这些用处不大的东西，得花多大的功夫啊！不过话说回来，美国不也有以生产口香糖发家的百万富翁么？就算在中国，那些嚼着口香糖的年轻子弟，不也大摇大摆地觉得自己是个大人物么？

午后，我们爬上了一座低矮的小山，就在 B 的房子和医院后面。从那里可以望见城墙，墙内密密麻麻一大片全是屋顶上的青瓦，还有水道和废塔、周围的山，甚至连大禹陵都能看见。不过我们这样做并不是为了欣赏绍兴城的全貌，而是为了看一看当地专门装弃婴的容器。之前虽然我听说过中国人有这种习俗，可还是第一次亲眼见到。这个容器的高度与我的头相当，宽五英尺，用几块花岗岩石板拼成，石板差不多也有那么高，宽 20 余英寸。容器的上半截朝天敞着，鸟和其他动物可以钻进去。恶臭几乎立时扑鼻而来，可我并没有被传闻吓倒。B 推了我一把，我爬到顶上，观察着周围的景象，定了定神，再低头往那东西里瞧个究竟。里面已经装了差不多一半，全是死婴，大多身长不超过 18 英寸，歪七扭八地挤在一起。

―――――――――

① 磅（pound），美英国家使用的质量单位，一磅约合 453.59 克。

小小的尸体共有十来具，他们多少穿了点衣服，已经腐烂的手脚从里面伸出来。其中一个装在一个棺材里，棺材非常单薄，好像临时拼凑的，跟装橘子的箱子没什么区别。其他有的用草席裹着，有的丢在旧篓子里，有的缠着破被或者类似的织物。这些容器的存在，不仅省下了埋葬死婴的花销，还被用来丢弃活婴。我后来在南方亲眼见到，也听人说起过更多这样的箱子。毫无疑问，女婴就是这样被处理掉的。遗弃男婴虽然是违法的，不过据说里面偶尔也会有男婴。

绍兴城外的山上有座宝塔，俯瞰着这座城市。几乎中国所有城市都会有这样的塔，这种布局是从风水的角度考虑，据说可以带来吉祥，不过这座塔好几年前却遭了雷击。直到最近，B才找到有人敢告诉他，塔的名字及来历。还有一次，B对着一个正在给猪梳理鬃毛的人拍照，那人竟然勃然大怒，而不是像其他人那样露出笑容。对此B颇为诧异。"我可不是为了猪才给它梳毛，"这个人对自己的行为被永久记录下来大为不满，抱怨了半天，最后才解释道，"我给猪梳毛是因为我要和它睡在一起。"不少过于挑剔的中国人都是因为这同样的原因才给猪剃毛，这么做显然是觉得未经梳理修整的猪鬃容易扎人，至于猪皮肤上寄生的那些小东西，他们肯定不会为此烦恼的。

乞丐们坐着残旧的破船，在绍兴城四周游荡，不管多么肮脏的东西，他们都会欣然接受。有个年轻的乞丐，看上去还挺结实的，不过有条胳膊好像已经全部坏死。B很早之前就跟他提过几回，让他去自己的医院治治，可那家伙都坚定地拒绝了。B最后起了疑心，有天早晨趁那个年轻的乞丐从身边经过，一把拽住他的胳膊拉了一下，胳膊竟然被拉了下来！假臂是用面团做的，颜色涂得相当高明，简直算得上是艺术品，这么有经验的外科医生居然都被蒙骗了好几个星期。而那条真胳膊完好无缺，紧紧绑在衣服里面。这让我们想起了大学时的一个同学，他宁可浪费更多时间和精力，把考题的答案写在袖口和小纸条上，也不愿把课本完完整整地学一遍。

不过，B这位我昔日大学同窗的更大兴趣在于吸虫，这种小虫在当地横行肆虐，要比其他地区的钩虫病害严重得多。与其他生活在租界之外的人一样，B多年以来已经对此了如指掌。不论是水浅的鱼塘，还是运河或护城河，这些地方船来船往，运送着潮湿的粪肥，还有不拘小节的乘客；而当地人也在同样的地点洗菜、淘米、洗刷粪桶、清洗衣物，甚至连饮用水也来自同一个地方。当然，当地人吃的鱼也是从这些地方捕的。这个民族对现代社会的"卫生"完全没有概念，生活中充满了感染疾病的可能。即便如此，B还是没弄清楚吸虫的秘密所在，直到他开始将注意力转向菱角。后者生长在这些足以让人拉肚子的水域，而且是当地人的主食之一。B发现这些水生植物上生活着一种很小的蜗牛，携带病菌或病虫卵，跟长着吸嘴的小比目鱼颇为相似。这些病虫在绍兴地区猖獗肆虐，从一个手术患者体内取出的病虫有时竟然能装满整整一夸脱①的瓶子。美国法律禁止将这种生物携带入境，即便以学术研究为目的也不允许。然而，B可不会被这些小麻烦难倒，他竟然让自己染上吸虫病，以抱病之躯回到美国，为医学做出真正的贡献。虽然我对传教士并不认同，却在心里暗自比较：一边是为了人类满怀热情、无私奉献的同窗旧友，而另一边却是我在其他地方总能遇见的脑满肠肥、自命不凡的"成功人士"。

　　拥挤狭窄的街道上又响起了敲打锡箔的声音。仆役穿过街巷，越过石拱桥，沿着运河岸边一路小跑，半个小时之后把我的行李扔在一家昏暗肮脏的小店前。这里是个售票点，能够买到去往杭州的船票。这趟旅行得花上六个小时，而所谓"头等舱"，也就是说可以坐在汽船上，而不是后面又长又细的拖船上。船票约一块鹰洋。我们从另一座水门出了城，沿途经过的河道更多，不时会看到开阔的鱼塘、湖泊或者稻田。河道在山间绕行，构成一副新的水网，交叉纵横。一座座低矮的石板桥横跨在河道上，只能平躺在甲板上才能通过。沿途岸上的成年男子和少年爬到树上采摘石栗，远远望去他们的身影好像一只只大鸟。当地家家户户都用石栗来点灯。我们偶尔也会和脚划船擦肩而过，船夫还是那样目无表情地用脚摇着桨，一路回家。中国一地有一地的习俗，各不相同。无论脚划船，还是那些船身涂得花花绿绿的船，都是转瞬即逝的。虽然这样的船有时也会在杭州出现，但我此后确实再也没有见过了。

　　我们从汽船登岸的地方距浙江省城还有一段距离，它就在这条大江的对岸，江

---

① 夸脱（quart），容积单位，一夸脱等于946.35毫升。

上会涌起大潮，逆流而上，景象之壮观堪比芬迪湾①大潮。前路的交通被欺行霸市的家伙垄断了，这类人在中国为数不少，他们开出的价格足够找好几个仆役把行李挑进城里。作为外国人，我可以选择对此不予理睬，直接把行李提到外面，叫辆人力车。外面虽然有几十辆人力车等着拉生意，但却被拦着不让靠近小艇码头。那些简陋的往来两岸的渡船是免费的，而生意人一心想着和乡下人做买卖，河对岸也不乏人力车。不过，虽然雇两个仆役花的银子要比从绍兴坐六个小时的船还要多，但至少他们可以一路跑到市中心，而我的家人正在那里等我。

杭州在中国历史中可大有名气，在天朝子民的心中地位颇高。这里曾经是国都，赢得过马可·波罗的盛赞，现在又是浙江省城。他曾在邻近的城市做了三年县令，而且从他游记的字里行间，显然可以看出他还跑到杭州好好享受了一番美景春色，品尝了美酒佳肴，这些可都是他自己地盘上没有的好东西。这位威尼斯人的赞誉极有说服力，他曾把杭州称为"毫无争议的世界上最美好高贵的城市"，如此评价想必也深深打动了那些中世纪的欧洲人。

1138年，南宋将都城定在了这座马可·波罗记载为"行在"②的城市，这里在一个世纪之内保持了宋朝的全部荣耀，直至劫数难逃，在忽必烈大军的打击下土崩瓦解。杭州在宋朝的全盛时期想必是一座伟大的都市，纵使在太平天国运动中几乎毁灭，但仅残存下来的庙宇殿堂便足以证明这一点。

那位造访中国的西方旅行家的鼻祖对"行在"的描述，要比其一生坎坷旅程中的任何地方都要详尽细致。他怀着非比寻常的热情，描绘了这座城市的面积是何等辽阔，奢靡的商人们在这里享受着国王般的生活，妻妾成群，一个个都是慵懒华贵的天生尤物，就住在这湖畔。湖水平静如镜，方圆数英里，宫殿庙宇、亭台楼阁密布其间。湖中有二岛，各建有一所巨大宅邸，装饰富丽堂皇，专供达官贵人结交朋友、大宴宾客，或者为娶妻纳妾大肆庆祝。宾朋满座时，竟可同时款待百人。让马可·波

---

① 芬迪湾（the Bay of Fundy），位于加拿大新不伦瑞克省和新斯科舍省之间，为大西洋西岸主要海湾之一，以世界上最大潮差而闻名。

② 行在（Kinsay），字面意义为古代天子"行銮驻跸的所在"，指名义上并非帝都、实际却是皇帝和朝廷所在之地，含有政治中心的意思。南宋时升"杭州"为"临安府"，称之为"行在"，而将北宋亡都"东京汴梁"依旧称为"京师"。

罗尤为感触的是那"一万两千座"石桥，与其家乡威尼斯运河上的拱背桥颇有几分相似。他统计出的石拱桥的数量，或者说他所认为的数量，比任何在这里的人找到的都要多。街道上铺的石板同样赢得了威尼斯人的溢美之词，还有多得数不清的衙役捕快。（这一点在这里想必绝不搭调！）300座公共浴场一年四季流淌着热水；十个集市里人声鼎沸，叫卖着鲜活的河鱼、各种肉类蔬菜和千奇百怪的水果；一艘艘雕梁画栋的画舫泊于湖面之上、河道之中，华丽的马车在街头川流不息。凡此种种，不胜枚举，令马可·波罗赞不绝口。

　　住在这里的人从不携带武器，也不会在家中私藏兵刃，争斗之事闻所未闻。居民温文尔雅，热情好客，对待外人如同乡邻一般和善友好、彬彬有礼。御花园景色宜人，遍植果树，绿荫之下隐藏着喷泉。巨大的宫殿里随处装点着精美绝伦的画卷，描绘着飞禽走兽、英雄美人，而往来宫中的文人墨客、谋士优伶更是不胜枚举。后宫嫔妃之多，就连马可·波罗也不敢道出实情，深恐无人相信——当然，在这一点上我们完全可以相信这位意大利绅士的话！佳丽们个个珠光宝气，魅惑迷人，让"行在"成为一座人人——无疑马可·波罗本人也包括在内——叹为观止的人间天堂。

　　不知道马可·波罗是否对自己故乡的气息怀有一份思念，这座臣服在蒙古主子脚下的"南蛮"都城让他回想起家乡，也不知道"行在"是否拥有无与伦比的胸怀，足以包容天下宾客，能让这位异乡人在城内一醉方休。然而，当我按照马可·波罗的描述，想象着这个国家饱受争议的形象，确信无疑没有任何一座中国的城市能够像杭州这般接近天堂。

　　毋庸讳言，马可·波罗那个年代的威尼斯至少在某些方面绝对算不上现代范例，这一点从今天的威尼斯仍然能够闻到的气味便可判断。这位四处游荡的威尼斯人，是否会出于对以往蒙古主子的礼貌而有意忽略掉某些事实；他的助手是否用肥皂和碱液抹去了他游记中的某段文字；或者在那个遥远的年代，写实的手法不合时宜；还是当时的威尼斯过于污浊，以至于他完全没有注意到中国人不讲卫生的习惯？无论如何，除非按照假设推断——可这种假设绝无可能——七个世纪之前的中国人对清洁的重视程度，与今天他们的后人对干净卫生的漠不关心完全一致，否则这位大旅行家留给我们的只能是一幅虚幻的场景，就像普雷斯科特笔下描述的印加古国一般①。除非我对马可·波罗笔下的文字理解有误，否则他从未如此明显地暗示，正是中国打动了他，让他养成了不修边幅的个人习惯。

每一个国家都有自己的优点与缺点，我承认，只要天气宜人，那么杭州就是迄今为止中国最美丽的城市之一。虽然在我停留的一个星期里，雨几乎没有停歇，天色大多数时候总是阴沉灰暗，但仍然有不少地方能让人想象出，若是换成阳光明媚的夏日，该是怎样美好的景致。连绵的小山挤在河流与西湖之间，城市顺着山势伸展开来。

当地人对外国人刚刚开始熟悉，虽然已经过了群起围观的阶段，却还未达到放下种族之见的程度。即便如此，"行在"依然值得不远千里来一睹风采。主要的商业街上铺着巨大的石板，一如赢得马可·波罗倾心敬仰的那个年代的模样。走在街上，除了能买到琳琅满目的商品，还有极为精美的丝绸。外国的太太小姐们会在不知不觉中走进小小的清真寺，里面的装饰并非汉字，而是浮华绚丽的阿拉伯文字。也可以去丝绸厂一探究竟。这些丝厂介于家庭作坊与机器化生产的现代工厂之间，前者仍然在中国的丝绸行业中占据主流，而后者则和中国人的脾性依旧格格不入。

城里原先的满人居住区大部分在中国更名为"中华民国"时被毁掉了，浙江省内大权独揽的统治者在这里修起了现代化的道路，还拓宽了路面，以便汽车通行。虽然还达不到兴致勃勃的威尼斯人笔下那令人称奇的数字，山腰之上依旧点缀着许多寺庙，船来船往、熙熙攘攘的河道之上横跨着几座拱桥。毫无魅力的商铺民居的墙壁笔直地竖立在运河水面两边，一堵堵连成长长的一片。还有众多商家的镀金招牌，放眼望去，看不到头。

杭州有家学校曾经宣布罢课。事件的起因是一位外籍教师对学生在作文中将西湖描绘成世界上最美的景点产生了质疑。如果真是发生这种事情，那么你可能很难得找到一个中国陪审团会站在这位小学老师一边，借用法国人的话说，在中国人的观念里杭州之美早就是"固有观念"了（*idée fixe*），是不计其数的诗词中赞美歌颂的主题。

---

① 作者这里所说的"普雷斯科特"指的是美国历史学家、西班牙文化研究学者威廉·希克林·普雷斯科特（William Hickling Prescott，1796—1859），他在著作《秘鲁征服史》（*History of Conquest of Peru, 1847*）一书中，用生动的笔触描写了印加古国昔日的辉煌，刻画了西班牙征服者勇敢、残忍而骄傲的形象。

　　西湖是中国独一无二的美景，一侧湖岸的山上立着保俶塔。这座近乎鲜红的宝塔在形状上与雷峰塔形成鲜明对比，后者与之隔湖相望，在群山映衬之下隐约可见。风和日丽之时，宝塔倒映水中，湖面平静如镜，被大大小小的岛屿与堤道分割开来，游船泛舟于上，星星点点。我们见到雷峰塔时，这座闻名的古塔已是风烛残年，几成废墟，纵是莽夫也不敢贸然登塔；不过即使这样，却依旧堪称中国佛塔中的一座丰碑。最近，上海地区战事正起，有敌对军阀某一天欲从邻省攻打杭州，这座古老地标于当天轰然坍塌，恰如一位上了年纪的老者，再也无法忍受现代的人心不古一般[1]。中国人自然将此视为大凶之兆，进攻暂停。南宋历代帝王皆以西湖附近为寝宫所在，尤以湖中皇家岛屿为最爱，清时康乾二帝又在岛上兴建了更多行宫。时至今日，岛上庙宇、洞室、茶馆遍地可寻，成为人们休闲游乐的好去处。堤道则由石头堆砌而成，将绿树成荫、繁花似锦的各处连在一起。这里倒是有条现代化车道通往第一座小岛，公路是一位犹太人出资修建的，此人在华经商致富，以修路作为回报，感谢许其特权在岛上修建别墅[2]。即使是在阴冷多云的秋日，我们也常常忍不住坐上小船，泛舟湖上。小船就停泊在湖畔建有现代设施的一边。中国人更喜欢结伴出游，这样符合中国人群居的特性。赶上气候宜人的季节，名副其实的水上茶馆游弋在西湖上，直至深夜。正对着西湖有不少旅馆，中国人觉得这里的旅馆比其他地方的更为现代舒适，毕竟杭州是中国颇具盛名的水乡。

　　在浙江省城的周边旅行，无论陆上还是水上都有多条线路可供选择，我们最终发现，西湖那头的山里是最令人惬意的选择。无论是走在古老的堤岸上横穿西湖，还是绕着湖畔漫步，几乎都会碰上坐轿子的人。一队队有十多顶，都是从湖那边的庙里回来的，因为人力车无法进到山里。那里未经开采的山岩上雕刻着佛像，寺庙有的散布于山谷之间，有的修建在山坡之上，成为天地间的朝圣之地。不时能看见一些泥塑的菩萨，因为供奉佛像的建筑已经垮塌，经过日晒风雨的摧残，原本涂抹

---

① 此处所言战事为"江浙战争"，1924年江苏督军齐燮元与浙江督军卢永祥之间的一场战争，故又名"甲子兵灾""齐卢战争"。战事于1924年9月3日爆发，而文中所述雷峰塔的倒掉则是9月25日。10月12日，卢永祥在隶属直系的孙传芳和齐燮元的南北夹击下，通电下野，逃往日本，江浙战争遂告结束。这场战争实际上是直系军阀与反对势力之间的一次重大较量，也是第二次直奉战争的导火索。
② 此处所言犹太商人名为哈同（Sileh Hardoon，1851—1931），20世纪初上海的一位犹太地产大亨，与其妻罗迦陵（Lisa Roos，1864—1941）在西湖平山秋月附近购置大片土地，修建园林。

得亮丽鲜艳的油彩早已斑驳褪色。善男信女们把纸片糊在菩萨的眼睛上，这样神佛们就不会看见人们竟然让他们落得如此下场。这里有时也会见到一些令人兴奋的场景，比如说一人多高的光彩夺目的铜灯，跟在北京见到的一样。佛教复兴的迹象也能在这里见到。虽然那帮当兵的依旧霸占着不少寺庙，加速了庙宇的破败，然而不少地方也在修缮，为佛像重塑金身，新修佛坛，有的其至建起了新的庙宇。

在马可·波罗的年代，杭州的驻军可不少，虽然也有部分汉人，但绝大多数都是"大汗"的同胞。清朝统治期间，这里的军营屯兵近万人，其中包括三千汉人。现在的士兵恐怕是更多了，不过他们既不是蒙古人也不是满族人，而是由军阀亲自下令在当地招募的。这位将军将自己治下的浙江视为独立王国，无视与外国签订的条约，而对西方各国开设的公司征税，洋人们除了抗议别无他法。这位浙江的统治者同时也领有上海，不过后者却在别人的地盘上，因此这一地区近来战事频发。在这个督军你争我夺、斗得不可开交的年代，龙华的军械库和杭州的铸币厂更是令人垂涎三尺。铸币厂是这座南宋古都供人参观的景点之一。这里每天能够铸造四万个鹰洋，多得就像用铁条打成的垫圈或者油壶盖。传言这些银元正在逐渐失去原来的配比，尽管袁世凯脑满肠肥的半身像仍然在银元的一面闪闪发亮，可这些钱已不再由 89% 的银与铜混合铸造而成。这些被中国人称为"一块钱"的笨重硬币胡乱地散布在地上，有的只是毛坯，有的上面还留着铸币机的印痕。用来在铸币机上切割银元的打孔板躺在满是油污的地面上，形同废铁。劳工们不停地穿梭忙碌，将打孔板和从国外进口的银条抬进抬出，但能够胡乱挥霍这些产品的显然不是他们。

有一天我们从城里坐船到大运河去，这显然不是个令人愉悦的好主意。那帮人为了抢着让我们上自己的船，闹成一团，吵得比车站外面的人力车夫还要厉害，我们最终上了一条又大又笨的船。船上没有篷子，和其他湿漉漉的装满垃圾的船挤在一起，排了整整好几英里，只能慢慢往前挪动。待到我们好不容易从城墙里划出来，感觉人都变老了许多。即使这样，也没有什么能让船夫的动作快一点，磨蹭了半天才到土坡，船从那里滑进大运河，再被绞盘重新吊起来。那个绞盘非常古怪，或许只有特洛伊时代才能发明出那样的东西。

一提起杭州的运河，我就忍不住要拿手帕捂住鼻子。杭州的运河并未与湖水相连——真是幸运，要不然得一路臭到下一个省去——而且要比大运河高出约四英尺，这是因为康熙皇帝不想失去水源供给。在古代，人们可以经过这条伟大的由人工开凿的水道以及延伸修筑的海河与通州运河，从南宋故都一直抵达忽必烈大汗的脚下，也就是说从杭州直通北京。这是一段超过一千英里的旅程，这并没有像今天的铁路那样拐个岔道到上海，要知道上海在开凿大运河的年代还只是个无足轻重的小地方。从杭州到镇江的这一段长江水路早在七世纪南宋时期已经开始开凿①；利用长江和一些湖泊便能够直通 19 世纪中叶的黄河流域，虽然今天黄河已经向北改道。然而，北方的一段航道开凿更加困难，直到 13 世纪末才由蒙古人完成，因为山东境内的崇山峻岭之中有一些原始岩层，必须穿山凿石。时至今日，大运河的多数河段已被淤泥堵塞，其他部分也落入匪徒之手。遥想当年，只要坐上一艘游船，便能沿着运送贡米的路线，从"南蛮"之都一路北上抵达"契丹"都城；只是如今这样的好日子已经一去不返，或许将是永别。

我们回上海的路上坐了很久的火车，沿途经过的土地一马平川，上面遍植桑树林，正处在冬季剪枝的状态；树枝上光秃秃的，只剩下一个树节，跟爱尔兰橡树棍一样，在地面上只留出五六英尺。车厢里冷得要命，让人叫苦不迭，冻得双脚冰凉，口里呵出白雾。不过，菜园里依旧有人在劳作。在灰暗阴沉的天幕之下，上了年纪的女人和几个男人在园子里瑟瑟发抖，不时把冻得开裂的手缩进长长的袖子里。桑树林几乎在一瞬间便消失不见。

虽然这个时候地里没有水，只覆盖着一簇簇棕黄色的草茬，不过眼前出现的显然是水稻田。人们已经开始为明年的收成而劳作。放眼望去，只见平坦的田地被新铲出来的沟渠分成一道一道，宽 6—10 英尺不等，通常都比较细长。铲出来的大块泥土被一行行地堆放在沟渠两旁，挨得很紧，比士兵的队列可整齐多了——他们成天只知道在铁路沿线的校场和车站一带无所事事，手也是成天拢在袖子里。这里的圆形稻草棚子多得数不清，跟棺材的数量差不多；那些棺材虽然历经风吹雨打，却

---

① 作者此处有误，这一段指的应该是隋朝开挖的江南运河。

依旧在耐心地等待着入土为安。到了种植稻谷的季节，水牛就在这些草棚底下一遍又一遍地绕着圈子，为中国广袤的灌溉系统贡献自己的一份力量。现在正值冬季，水车被立起来放在一旁。泄水的闸道上盖着稻草，若是不抱回家去保养，就放进没有墙壁的水车棚子里收起来。

虽然很少有人这样做，但只要是美国人，在经过松江时就应该停下来。这座小小的古城距离上海不到 25 英里，紧临通往杭州的铁路线。在距离孔庙不远的城墙之内——现在的城里可比城外的郊区要热闹——矗立着腓特烈·华尔[1]的祠庙。华尔是对抗太平天国的"常胜军"的组织者，不过人们现在提起这支军队，常常记起的反而是其英国继任者"中国的戈登"[2]。

差不多一个世纪之前，华尔出生在马萨诸塞州的塞勒姆，那可是一座因女巫而闻名的城市。华尔从高中生顺利成为水手，并在克里米亚战争期间加入法军，之后虽然想当船舶经纪人，却未能成功，直到后来成了一名真正的雇佣兵，将人生的兴趣集中在内心深处渴望的刺激之上，从此"名扬天下"。

华尔向上海的地方官绅毛遂自荐，打算从一万太平军手中夺回松江。当时松江还是上海地区的一个县城，至今还说着当地的一种古老的原始方言。几乎让清王朝摇摇欲坠的太平军的胜利日子就此走到了尽头。华尔在愿意出钱的商人们的资助下，挑选了百来个洋人，有曾经的水手、流浪汉，还有各种远征军的残余部队，总之人人都精通火器。华尔任命他们为军官，开始招募训练中国新兵。

就这样一次次与上海地区的太平军交战，每次胜利会获得一笔犒赏。华尔一度突然失踪，待到再次现身时，手下已经有了三个团，约 8000 名中国士兵，全部接受过西式军事训练，配备洋枪洋炮，利用松江的军事校场进行训练——这个校场就在

---

① 腓特烈·华尔，即弗雷德里克·汤森德·华尔（Frederick Townsend Ward，1831—1862），美国麻省人，1859 年来到中国，成为清朝外国佣兵"常胜军"创始人兼首任队长，屡挫太平军，名噪一时，曾娶上海华商杨坊之女为妻，1862 年 9 月 20 日在慈溪与太平军作战时身受重伤，于翌日在宁波不治而亡，卒年 31 岁。清廷曾为其立碑建祠，以示纪念，今祠碑尽毁。下文提到的纪念石碑由美国退伍军人协会于 1923 年 5 月 29 日竖立。

② "中国的戈登"，即查理·乔治·戈登（Charles George Gordon，1833—1885），在英国维多利亚时代活跃于各殖民地。华尔阵亡后，其后继者白齐文因过失被撤职，改由戈登任队长。1863—1864 年，太平军在天京（今南京）外围的堡垒苏州、常州相继被清军与常胜军合力攻下。常胜军的声望也达到最高峰。战争结束后，清朝同治皇帝封戈登为提督。

今天的华尔墓附近。1861 年秋，华尔率兵攻占宁波，英法军队不再把他看作目无纪律的雇佣兵，而开始对他的帮助表示欢迎。然而，外国公使们对于让本国公民加入这样一支军队却提出了强烈抗议，华尔于是决定不再招募外国佣兵（那个年代的所谓"马尼拉人"①），改为培养军官。华尔和另外几个美国人耍了个小聪明，将国籍改成中国，在领事面前蒙混过关。他甚至接受了中国人的生活方式，娶了一位中国大户人家的女儿为妻，受到清朝皇帝封赏，统领水陆两军，这对于任何中国人来说都是极高的权势了。若不是因为少了文书助手，华尔甚至可能成为第二个马可·波罗。在此之前，他的军队已经被皇帝下旨封为"常胜军"。不过，这样的名字更多的是代表一种希望，而非实实在在的战绩。

华尔虽然骁勇，却也非不败。1862 年 9 月，他在慈溪，就是那个以大土缸闻名的地方只身一人探察敌情时受到袭击，身受重伤。由于既无人照料，又缺乏现代外科手术条件，不久便在宁波伤重不治，离世时刚刚三十出头。传说华尔深受士兵爱戴，他的一些部下至今依旧住在当地，而其继任者戈登虽然军纪更为严明，但只会让人敬而远之。华尔原本打算一旦"特伦特号事件"② 引起美英开战，就扣押中国水域的英国军舰和商船。他还支援了北方联邦 1 万美元，提出回国参加内战——当然不是作为下士；谁知还未等到驻华公使的答复，便命丧宁波。华尔生前曾将大批财产兑换成现金和证券，但这些财产却在其死后不翼而飞。有人指控是最后跟他在一起的一名英国军官窃取了这笔财产，不过这桩案子在美国驻上海领事法庭打了很久，一直悬而未决。

遵照其本人遗愿，华尔被安葬在孔庙附近的旧校场，就在松江城墙内不远的地方。不过，华尔倘若在世，恐怕会对墓冢的风格大吃一惊，至少他的美国朋友会感到惊讶。华尔的墓被修成了祠堂的模样，完全由中国人自己建造，没有得到任何外

---

① 马尼拉人（Manila men），即洋枪队中的菲律宾佣兵。

② "特伦特号事件"（Trent Affair），发生于美国南北战争期间的一起美英外交事件。1861 年 11 月 8 日，美国海军战舰圣哈辛托号（San Jacinto）截获了载有战争违禁品的英国邮轮特伦特号（Trent），并将两名南方邦联的外交人员詹姆斯·梅森（James Mason）与约翰·斯莱德尔（John Slidell）扣押。二人当时正启程前往英法，为邦联寻求外交承认与财政支持。此事在美英国内都引发了轩然大波，两国交恶。经过持续数周的紧张局势与外交斡旋，美方释放了两名外交人员，事态得以平息。梅森与斯莱德尔虽然继续前往英国，但最终未能获得英国的外交承认。

国人的帮助或指点，就像中国人几百年来给自己人修墓一样。松江的孔庙就在一旁，屋顶上黄色的琉璃瓦熠熠生辉。不管是和孔庙，还是和那些为其他中国历史名人修建的庞大墓冢相比，华尔的祠堂都不起眼。它位于西城门内的一块空地上，周围散布着坟头与还没下葬的棺材。祠堂最外是一道灰色的砖墙，屋顶上铺着普通的瓦片；院内安安静静，而院外郊区的长街上店铺林立，人群熙熙攘攘，形成鲜明对比。不过话说回来，这位雇佣兵要是葬在马萨诸塞州，这样的反差可能还要强烈好几倍。整座祠庙不过只有一间房，供桌上摆着华尔的灵位，但其他中国庙宇的特点还是一应俱全，依旧会有中国人偶尔来此烧上一炷香，向这位太平天国时代的大人物作个揖，就跟祭拜其他中国人一样。以前在特定的日子会有官方的祭祀活动，本地区的士绅都会参加，这样的习俗直到最近才渐渐衰落。这里还有块牌匾，红黑两色，甚是醒目，懂汉字的人会看到上面写着：

> 功勋卓著之人，漂洋过海，不远六千里来到此地，抛洒热血，成就壮举，以至英名不朽，保我松江乐土，千秋万代。

这样的文字，典型地反映出中国人对外部世界的看法。虽然他们写这类话时总喜欢夸大，但看得出他们严重低估了这位"功勋卓著之人"来此"成就壮举"的路途遥远——从塞勒姆到松江少说也有两万五千里[①]。除此之外，这座普普通通的中国小城只有几条显得脏乱的运河，劳苦大众过着艰难的生活，除了享有几分优美的自然风光之外，实在看不出半点"乐土"景象。

照中国普遍的情况看，华尔的祠庙保存得还不算太坏。院子里栽种着草木，正当时令。整个建筑刚刚修整过，粉刷一新。除了神龛之外，其他地方到处都晒着稻草和卷心菜。负责看管祠庙的女人大了集市"买东西"，把小儿子一个人反锁在里面，我只好踩着院墙的砖瓦爬进去。不过，在西方人看来，这里的情况并不比大禹庙好太多。这女人的丈夫是个漆匠，两口子就住在庙门口的一间小屋里，也不用交房钱。早年人们对这座庙还有兴趣的时候，看庙人每月还可以领到两块鹰洋。然而，世道

---

① 里，旧时长度单位，1 里约合 500 米。

早在革命爆发之前就已经变了，美国人来这里参观时虽然会给些小费，但来的人太少，住得又远。两口子住的房子的泥巴墙上糊着好多广告纸，都是同一份美国周刊上的，也不知道这种杂志怎么会如此受人欢迎。除了这个，这里唯一能让人看出点外国味道的只有一块石碑。石碑是不久前由上海的"美国退伍军人协会腓特烈·华尔分会"立在这里的，虽然尚未完工，看上去却已相当破旧。给我指路的那位传教士朋友叫我来这儿亲眼看看这座祠庙，谁知庙已经被公共墓地取代，周围拉着铁链，里面也只有一块刻有文字的石碑，看来他的计划显然还是不大恰当。不过，传教士们当然还是只要一发现偶像崇拜的痕迹就要大肆攻击。

就某种程度而言，整个纪念地最令人感动的地方却是一座土丘。那里和普通中国人的墓没什么区别，在庙的后面，同样在院子里，埋的是华尔的那条大狗。流传着这样的故事：华尔的大狗在主人死后不吃不喝，四处寻找主人的下落，最后饿死。中国人并不怎么喜欢狗，很少养来做宠物。他们喜欢养鸟、斗蟋蟀、养猫。虽然狗在中国也数量不少，可都是饱受折磨的野狗，过着凄惨的日子，也没人关心照料，成天满地找东西吃。即便如此，中国人到底还是认可了这个番邦洋人对这条大狗的喜爱。想当年，这条大狗跟在华尔身后，跑遍松江城大街小巷，守护着主人不受伤害。

华尔死后，本该由手下的二号人物接任队长。此君名叫白齐文①，1836 年出生在北卡罗来纳州。然而，这个南方佬为人跋扈，不仅说一套做一套，还藏有反叛之心，很快便被出钱资助的上海商人撤了职。奥伦上尉临时接替带队，紧接着的就是英国人"中国的戈登"。后者虽然做的事情最少，却靠着"常胜军"赢得了最多的名望。世道就是这样。戈登由此声名显赫，最终在喀土穆死于阿拉伯人之手，不过名气反而更大了。白齐文后来投靠太平军，还想拉戈登入伙，建议二人联手创立一个新王朝。中国的皇帝变成了英国人和北卡罗来纳人，真是令人浮想联翩；不过英国人毕竟古板，不仅对白齐文的连篇鬼话毫无兴趣，反而举报了他。美国领事把他遣送到横滨，谁知他又返回厦门，另起炉灶，试图重新加入太平军。

---

① 白齐文（Henry Andres Burgevine, 1836—1865），常胜军副统领，1862 年华尔阵亡后继任统领，因与清廷有隙，后改投太平军，不为所用，于是向戈登投降。有传言，由于他反复无常，清廷对之又恨又怕，最终设法在浙江兰溪将其溺毙，对外称落水身亡。

白齐文后来被清朝官军抓住。由于他当年为了留在中国军队，曾宣称自己是中国人，因此中美两国政府为了究竟该哪一方对其加以审判吵得不可开交。就在此时，白齐文却在乘坐渡船时遭遇倾覆，溺水而亡。不消说，中国人当然是不会为这个来自北卡罗来纳的家伙修庙建祠了。

沿长江
逆流而上

　　虽然围着杭州湾绕上一圈的路程要短一些，可从上海到南京，然后再向西去往内陆的大型口岸城市汉口，走这条线路旅行的人更多。你可以先坐火车走这第一段行程，再借助渡船，可以就这样一直走到北京、东北、俄罗斯、欧洲，甚至连去日本也不成问题；也可以在那些舒适的客轮中挑上一艘，这些轮船归属不同国家，其中也包括中国，定期往返于长江下游各城市，跟横跨太平洋的海轮一样，当然船票价格同样不菲。

　　总之，不管哪一种走法，都会错过一些风景，当然也会看到其他的景致。若是乘船旅行，最值得一看的地方也许在于那一座拥有中国人自己修建的大型现代化棉纺厂的模范城市。不过，纯粹旅行者到中国来可不是为了看这个国家如何引进西方工业的生产模式。

　　对于走沪宁铁路 [①] 的普通旅客而言，沿途会看见一道城墙，沿着城墙有一条护城河，河面很宽，足以行船，这便是他们能够见到的关于苏州的全部印象。然而，对于那些坐轮船往返于长江的人来说，甚至连这点风景也看不到。

　　人多数身处中国的外国人对苏州的了解或许主要来自"苏州浴锅"。它看起来很像巨型的蛋糕碗。在这个国家，洗澡水往往需要烧热，还得靠人力提着，或者得找个仆役挑回来才行；而这东西简直就是正儿八经的浴缸的绝佳替代品。人在里面

---

① 沪宁铁路（Shanghai-Nanking Railway），连接上海与南京的铁路干线，民国时期因南京为首都，故又名"京沪铁路"，1908 年全线通车。

得把身子蜷得紧紧的，像印加干尸一样蹲坐着，所以这样只要一两桶水就足够没到鼻子。不过，我和妻子之前对照中国史籍做了不少笔记，这样一座历史名城可不能就这样随随便便地走马观花。于是，我们决定与其绕城一周随便看看城门，不如花上一个铜板，坐船渡过护城河，从摇摇欲坠的旧城墙上的一处口子进城。

中国有句老话，"上有天堂，下有苏杭"，只有看过这一切才值得，有点"得见那不勒斯，死而无憾"（See Naples and Die）的意思，不过后者常常被过于挑剔的旅行者误解。不妨这么说，人们提起这些地方的语气是一样的，因为它们有很多东西，实际上有太多东西存在着相似之处。苏州一直以来都被称作"中国的威尼斯"，虽然这样说近乎毁谤，却也并非全无道理。苏州的运河和浙江的运河一样，看起来没有闻上去那么令人痛苦。你可能会因此认为在苏州的运河旅行是一场感受恶臭的体验，不过并不是全无愉悦，因为正是这些水道赋予了苏州城无可否认的优美景致。

苏州也有一座引人注目的佛塔，连同塔底下的寺庙刚刚被修葺一新。中国各地的地平线上都能见到这些古老佛教建筑高耸的身影。一道极其狭窄的石头阶梯在佛塔内蜿蜒向上。千百年来，数百万人拾级而上，台阶早已被踩得凹陷了下去。佛塔的第九、十一、十三层都有向外伸出的平台，从那里放眼望去，远处的景色尽收眼底。佛塔下是狭窄的街道，街上人头攒动，一派繁忙的生活景象；民居屋顶上黑瓦连成一片，平整而宽阔——这番场景也在中国其他数以千计的城市中重复着。

然而，使古苏州真正声名显赫的是运河。随处可见河道上横跨着年代久远的石拱桥，高高的桥拱足以通过百舸千帆。民宅就在运河两边，房屋的后墙直立在水面上，各种各样的生活垃圾被直接扔进河道，而一家人淘米做饭，饮用之水同样从运河里打上来。总之，一切都进入了运河之中：轳辘吊着水桶上上下下，里面装着准备淘洗的大米；猪发出凄厉的尖叫，被滑轮送进饭馆后院，等着被店家分切成小块，大小刚好够筷子夹住，然后摆上食客们的餐桌。顾客们都是从前门进来的，因为店铺的正门总是对着内街，街上狭窄背阴，人头涌动。运河实在是太窄了，以致房子背后的台阶都只能侧着修建，以节省空间。裹着小脚的女人们就蹲在最下层台阶上洗刷衣物。游船随处可见，有的布置得舒适自在，专门用来吸引外国人光顾；有的则摆着茶几，装饰得喜气洋洋，只为招揽那些有钱的中国人。此外，还有其他各式各样的船只，甚至还有船屋，全家人都住在那里，在船上出生、结婚，甚至终老，一辈子可能都没在岸上度过一个晚上。

行程末段，你可以去往风景别致的假山庙宇，在错综复杂的河道里穿行，水面上荷花盛开，正当时令。最后还能及时坐船返回护城河，赶上夜班火车。

镇江是铁路、大运河与长江的交汇之处。这条大江又被称作"洋之子"，如此称呼可谓恰如其分①。可以看见两座建于岛上的佛塔，船上人家的生活百态，还有等着拉生意的独轮手推车，推车人把车子竖起来靠在街边的墙上，坐在车梁上耐心等待着，显得悠然自得。这些无一不在吸引着艺术家们光顾。

穿梭于长江下游的外国游客其实并不知道售票点就设在茶馆里，从那里便可以开始一次短途旅行，前往下游拥挤的滨水码头，乘坐当地人的游船横渡大江，再坐上一辆不搭调的汽车，向北方的城市进发，那里可是马可·波罗为官三载的地方②。坐车去那里无疑要比那位威尼斯绅士当年走的路危险得多。他乘坐的很可能是皇家大游艇，走的是大运河；而今天轻率的游客们被游船丢在泥泞的岸边，又被疯狂的司机捎上，沿着一条高出地面的泥巴路，一路风驰电掣地向内陆狂奔而去，让人时刻以为这辆不堪重负的汽车会一头扎进田里，或者与一头耕地的水牛撞在一起。

到了车站，你模仿着马可·波罗式的步点，慢慢地走着，头发保持着造型。待上了那艘笨重的大船，仿佛回到了很久以前的中国。大船作为渡轮，从护城河的一岸开到另一岸，船上装满了芦苇，就像一个缓缓移动的干草堆，船家用篙撑船，划向刚刚整修一新的城门。马可·波罗当年作为忽必烈大汗任命的官员抵达扬州时，乘坐的或许不是同一种渡船，但船夫毫无疑问是一样的性格，用力撑起船来的速度依旧慢得像只蜗牛。

这座今天名为"扬州府"的城市看上去和马可·波罗的年代好像没有什么太大变化。城里的街道和中国其他城市的一样狭窄，家家户户的砖墙都显得灰暗潮湿，不少地方墙与墙之间距离非常近，人们只能侧着身子通过。阳光被高墙遮挡，照不到石板路上。由于水桶上用来稳住水面的小棍子没有发挥作用，挑水的人总会把水

---

① 作者在这里误把"扬子江"理解为"洋子江"（Son of the Sea）
② 即扬州。有研究提出，马可·波罗留居扬州的时间应该在 1282—1285 年。

泼出来，弄得石板路面湿漉黏滑。随处可见谢顶的人和有眼疾的人；眼盲的说书人口中发出阵阵怪声，一副中国人抑扬顿挫的腔调。

昔日从杭州北上北京的船只在大运河上来来往往，川流不息；可如今却在城市的边缘失去了生机。在今天这个有了铁路、汽轮和汽车的时代，运河已经不再有以前繁忙的交通景象。想当年，那位来自威尼斯的官员时常乘船而下，跑到人间天堂去声色犬马一番，那里不久前还是堂堂大宋帝都，而如今的扬州恐怕也已不复当年的风采。扬州人对待外国人并无附近长江沿岸一带居民那种普遍的轻蔑态度。今天抵达此处的现代交通手段与当地古意犹存的运输方式反差如此鲜明，让人不虚此行——只要你不怕回来的路难走，恐怕确实如此。

江苏的人口密度估算为每平方英里 620 人，在中国仅次于山东，后者据称有680 人。大运河一路向北，沿岸的城市和集镇总是人来人往，摩肩接踵。河上原始老旧的交通方式速度迟缓，坐上"蓝钢皮快车"[①]往返北京一趟耗费的时间，也许比去距大运河百来英里的市镇还要少一些。"蓝钢皮"上配有软席，必须预订才有座位。自从临城劫案发生之后，这趟车便改变了发车时间，避免夜间经过匪患猖獗的地区；车上还新增了不少警卫，而且每到一个车站都能见到一排排懒散的士兵。这趟快车每日一班，短途旅客若是预订不到，就只能去南京对面的车站，和那些吆喝声震天的劳工们在售票窗前恶斗一场。售票的窗口高不过腰，窗口小得像个老鼠洞。按照老规矩，卖票人每卖出一张票都要赚几个铜板的回扣。买票人一旦完成这项任务，又得从人群中再次挤出一条路来，为在老旧的火车上抢得一个落脚的地方开始新的战斗。只要军阀们严禁自己的手下上车，这群当兵的就不敢如此胡作非为，旁若无人地霸占了全部座位，完全不把检票员放在眼里。

沿途的水坑和池塘里三五成群地游着鸭子，山坡上也到处是鸭子，赶鸭人就守在附近。早晚时分都会见到他们用一根顶端带着鞭子的长杆驱赶着鸭群。到了白天，赶鸭人通常会和同伴一起把鸭子赶过小河和湿地，寻找鸭子能够觅食的地方，毕竟中国是一个养鸭和养猪同样普遍的国家。

---

① "蓝钢皮快车"（the "Blue Express"），即前述临城大劫案中的特快列车，该车由美国制造，设备华丽，钢质蓝漆，故得此名。

淮河向东横穿我们刚刚进入的这个省份，流入洪泽湖。虽然名字叫湖，其实不过是一个大水塘。有位参与开凿巴拿马运河的工程师曾经研究过一个项目，试图让湖水流入长江或大海，因为这一带夏季洪涝一直相当严重，每年高涨的潮水是否会将尚未成熟的麦田淹没都是令人头疼的大问题。既然这个湖本来就不是真正的湖，那么如果把水放干，还能够增加不少土地，供人们继续繁衍。然而，和中国其他不少问题一样，这件事情最后还是不了了之。

蚌埠坐落在淮河之畔，是座开阔的城镇。虽然位于更上游的安庆依旧保留着某些政治优势地位，可蚌埠现在已经成为安徽省的军事中心。从蚌埠往北，景色开始转变为中国北方的样子。大地一片荒凉，土地渐成棕黄，很难见到树，这样的景象我已经见得够多了。大运河作为盐商的必经之地，独轮手推车与水牛拉的车子竞相出现。牛车后面带着两个结实的大木头轮子，前面还有一个小轮子，这恐怕就是三轮车的鼻祖吧。这里正是中国南北稻谷与小麦种植区的分界线，种着两种不同作物的田地毗连在一起。北京的马车，甚至骆驼也会南下，出现在淮河一带。而在淮河以南，独轮手推车和挑担子的仆役更适合田间弯弯曲曲的狭窄石头路，他们承担起了淮河以南地区交通运输的重任。

我坐着汽船沿淮河西行，一路上耳边只听见马达扑哧扑哧地响个不停。河上的帆船不计其数。人们就算不坐在船上也能捕鱼，大部分用的还是渔网。有的人穿着用软牛皮制成的连靴裤，里子上有毛，高度齐腰，在恶臭刺鼻的水塘和小河里蹚着水，捞上来的东西什么都有，从小虾到蜗牛，再到水生植物的球茎。这些球茎只能从淤泥中吸取养分，这片浑浊的水域中像这样的东西可不少。

怀远虽然算不上大镇子，却有一个规模较大的传教站。来自美国的男女教士在这里开办了一所孤儿院，里面住满了被遗弃的女婴，有些甚至真的是从垃圾堆里捡回来的。教士们还开了家医院，为居民做手术摘除胆结石，这里得胆结石的人很多，就连很小的孩子也不能幸免。镇上还有一家颇有声望的学校和一家作坊。作坊里坐着的都是些上了年纪的女人，裹着小脚，患有眼疾，身上的衣服打着补丁，看上去难得洗一回。她们在描绘着一些与中国历史和孝道有关的故事和传说的布上绣着复杂的人物图案，而图案则是从纽约的报纸复印件上剪下来的，真没想到这些报纸居然会出现在离家这么远的地方。教堂的塔楼至少修建于义和团活跃的年代，抬头就能望见，可当地人依旧相当迷信，一看见照相机转身就跑，唯恐避之不及。当地的制香业倒是兴隆。就在离这家外国教堂门口不远的地方，穷人们烧着一沓沓纸片，从城里到刑场的路上边走边烧，祭祀那些死囚的灵魂。他们这样做并非仅仅为了发慈悲心，而是害怕那些冤魂野鬼不得安息，会来祸害自己。

　　既然"南京"的意思是"南方之都"，正如"北京"意味着"北方之都"，那么这座城市必然会在一本关于中国南方的书中拥有自己的一席之地。不过，南京其实更像一座北方城市，这里气候干燥多尘，还有毛驴和轮车；比起这个古老帝国的南方地区，反而与那一大片气候干燥、树木稀少的北方地区有更多相似之处。

　　南京虽然闻名遐迩，可南京城却并非轻易能够找到。事实上，有些外国人到过南京之后，认为这里根本就没什么东西值得一看。之所以如此，那是因为他们并未深入城市腹地，去真正的南京城一探究竟，只是看了看郊区的下关车站码头而已。即便如此，如果只是为了看看环绕城市的城墙，也是值得来南京走一遭。这里有中国最原始，也是最长的城市城墙，足以成为两国交兵时的楚河汉界，至少能够将两个州或者两个省分隔得泾渭分明，论气势仅次于万里长城。一座城墙如此翻山越岭，一定有什么传奇之处。从来没有哪座城墙如此蜿蜒曲折，背后又有如此道不尽的故事。那位长着长下巴的大明开国皇帝似乎一时一个主意，每隔几百码①就要求改变城墙的走向，因此城墙弯弯扭扭地拐了差不多 25 英里，绕着另一座山头，把远处一座山脉也圈了进来。尽管今天南京城的人口并不算多，但城墙围住的土地面积却比中国其他任何城区都要开阔。附带说一句，正是这些山尖组成了巨龙的爪子。即便现实并非总能如人所愿，可人们还是相信南京就位于龙爪之间，能够带来吉祥好运。

　　我与家人在他处一别已有两月，到达南京团聚时，城里正处于军事管制之下。虽然警察对上流社会的中国人也会严加盘查，可只要有张外国人的证件就能畅行无阻，而单凭一张洋面孔就足以带着行李通过城门。城门外就是下关，一直通向长江。

---

① 码（yard），英制长度单位，1 码约为 0.914 米。

图 6 南京全城戒严，警察全副武装，在每一处外国人的院子前站岗

图 5 由于南京正处于军事管制之下，除了外国人，所有人都要在城门接受严格检查

我们待在南京的时候风声四起，传言战祸将近。不时见到军警荷枪实弹，驻守在每一处外国人院子的大门口。虽然不少中国人直到后来才搞清事情的严重性，可那些来自西方的人们仍然一如既往地享受着属于自己的治外法权。

南京的城门并不宽阔，之间相距较远，因此进城总免不了推推搡搡，吵吵闹闹，对于带着大包小包的中国人来说更是如此。车站也好，码头也好，都能见到不少马车，此番景象即便在北方也不多见。不过，赶路的人很快便会明白马车为何要在这里和人力车抢生意。进了城墙，村落一个接着一个。村与村之间隔着大片的菜园，空地上建着洋房，有一些住着中国人。城墙里的土地被一座座坟墓弄得支离破碎，虽然城墙外的坟冢已经很密了，可人们还要在坚硬的石头地上挖更多的墓穴。有的坟前竖着石碑，细细长长，在南方相当常见；有的则简单许多，只有一个土堆，跟北京的一样。南京的植被要比北京丰富，后者毕竟要往北八个纬度。城里有不少树，草也多了起来。城墙里里外外，就连顶上也长着茂密的树丛。城里以前还有狼和鹿，现在还有不少土狗，弄得当地人没法种花生。雉鸡、山鹑、鹬还有其他一些鸟类不时在墙内的树丛里飞来飞去，也在吸引着小型捕食者前来。

我们的车沿着长长的村道一直向前开，穿过一片片农田，田间劳作的男男女女数以百计，你会发现无论车子怎么开，这一切都被包围在城墙里，不禁好奇这里到底有没有城市。据说南京城里有上千亩池塘，当地人在水塘里淘米、洗衣，更加糟糕的是淘米的人和洗衣的人紧挨在一起。鱼塘归属私人所有，里头有鱼——当然还有各种各样的污物，所以塘里插着一排排用芦苇编成的围篱，防止有人在晚上用围网偷鱼。堆积的污物在发酵到一定程度之后被用来给菜园施肥。正因为如此，我的鼻子不会轻易忘记这段南京城内的长途旅行。

城市终于出现在眼前了，这里距离车站所在的郊区有四英里远。郊区的面积相当大，从南面的几座城门一点点辐散开去，在这块巨大围地的最南端铺展开，就像一个半满的背包，里面装的东西从几个破洞里零零散散掉了出去。这片土地如此广阔，却只住了大约20万人，过着穷困的日子。这一大片地方已被大自然重新占领，不免显得荒芜，残垣断壁成堆连片。

城北也有大片的开阔地带，水泊点点，小山连绵，山头上矗立着寺庙，还有几个大型练兵场和飞机场，为配备并不完善的南京航空队临时修建的机库，再加上占地广阔的大学校园和其他带有教会背景的大型机构。虽然如此，当地人依旧挤在被城墙围起来广阔土地的南部，将每一寸土地都塞得满满的，让人不禁猜想，莫非他们还在指望着依靠抱团来躲避劫掠与屠杀，要知道这样的悲剧写满了这座城市的历史。土地在当地变得极为珍贵，运河的石桥两岸都是连片的房屋与店铺，其他的民宅商铺在每座城门内外更是挨得密密麻麻。此外，城门的朝向必须讲求角度合适，这样才能骗过妖魔鬼怪，免得它们进到城里来，谁叫这些妖怪只知道走直线呢。

说真的，今天的南京与其说是座中国城市，倒不如说更像一座教会城市。自从被太平军闹得人口锐减、地广人稀之后，南京一直没有经历大的政治动荡与经济浩劫，成了传教布道的好去处。这里建有大批教会中学、大学和医院。除了不少常驻于此的传教士之外，还有数百名美国传教士学生，他们会在南京语言学校待上一年，这跟他们如果去北方就要去北京的语言学校是一回事，因为中国南北官话的口音差异实在太大了。

这片被城墙包围的土地北部较为开阔，建有十来栋洋房和外国人的房产，外国势力在那里影响较广。你可能会遇到一支送葬队伍，走在前头的一群中国人穿着一模一样的鲜红衣服，边走边奏着音乐，就像在夏时制的时候演奏"蒂珀雷里"进行曲一般①。男人们按照中国的传统方式，将棺材扛在肩上，可后面送葬的人坐的却是西式马车，这样的场景在南京并不稀奇。根据红白喜事不同，马车顶上会配上红色或白色的装饰。虽然只要有一支送葬队伍出现在南京城里，就会把经过的所有道路堵得水泄不通，围观者人头攒动，但这对劳工们来说也算不上坏事。不管是抬棺材还是帮着拿随身物品，他们都能挣到第二天的饭钱。中国人讲求入土为安，把棺材埋到土里后再开始修坟盖墓。外来的影响不仅无法完全改变南京，而且离达到这个目标还差得很远。离教会语言学校几步之遥的地方，放着一个专门收容弃婴死婴

---

① "蒂珀雷里"（Tipperary）为爱尔兰的一个郡。所谓"蒂珀雷里进行曲"应该是《漫漫长路往蒂珀雷里》，是"一战"期间一首英国脍炙人口的军歌，一般认为由英国作曲家杰克·贾奇（Jack Judge）与哈利·威廉（Harry Williams）在1912年共同创作完成。1914年8月13日，《每日邮报》记者乔治·克纳克（George Curnock）首次听到由爱尔兰士兵组成的"康诺特游骑兵团"在行军中唱这首歌，并于18日进行了报道。这首歌曲不胫而走，在英国军队中广为流传，其中最熟悉的一句就是"漫漫长路往蒂珀雷里"。（It's a long long way to Tipperary.）作者在此之所以将二者相提并论，主要原因在于"一战"期间的爱尔兰士兵同样穿着鲜红的军装，二者不免产生联想。

的箱子。而在那些离外国商业区以及教会学生平日活动范围较远的人多的地方，只要有白人从街上走过，便会很快聚拢大批围观者。

即便是习惯了长途跋涉的人，在城墙顶上走上一圈也得耗费一整天的时间，不过这比我在中国经历的任何一次徒步旅行都要令人愉悦。这些巨大的屏障蜿蜒伸展，高低起伏，绝大多数山顶长满了棕黄的杂草。放眼望去，只见墙内辽阔的田野上散布着各式中西民居，林木茂密的山头与积聚成堆的废墟散布其间；墙外则是一望无际的另一片天地。站在南面的城墙上向下俯视，屋顶上依旧是一片平整的黑灰色屋瓦，中间偶尔冒出烟囱，和低矮的城门一般高。在这里难以让人想起街道上熙熙攘攘、人声鼎沸的生活场景，也很难一眼望见城墙下的景象。不过，黑瓦铺成的屋顶上用厚玻璃做成的小天窗倒是随处可见，这或许是为了让在屋里居住工作的人能感受到那么一点点天光吧。

南京有不少地方专门做纺织，尤其是织丝和织锦，这些活计几乎全部依靠家中屋里或棚子里的老式织机完成。这些织机放在私人家中，几乎占据了整个房间，住在屋里的人只好把草席垫在织机底下，从上面爬着进出，睡觉就躺在地上。虽然这些杂乱的小屋门朝着狭窄繁忙的街道敞开着，可屋外的人来人往丝毫不会影响屋里的工人们干活。他们在手织机上每天一干就是至少 14 个小时。休息的时候工人们便在各自的机器下垫上一些破布或者稻草，放上块木板，蜷身睡着上面；吃饭的时候就捧着饭碗，蹲在机器旁，一天两顿。不管织的是布、丝还是锦缎——后者在这个"南方之都"算得上相对较新的一门手艺——都会有一个人站在织机的上头，每当织匠用手把木梭穿过去一次，他就拉动各种颜色的丝线。在旁观者看来，每次拉到正确的线简直是一项不可能完成的任务，可事实显然并非如此。这毫无疑问得归功于中国人的心灵手巧，因为就连小孩和男人看上去也能从事这项工作。工人站在那里从早到晚周而复始地拉着，不知疲倦，充满耐心，比西方的织布机感觉要亲切多了；而更熟练的工人则会坐在下面，使梭子不停地往返。

染布人把长长的布匹摊开，铺在宽阔的城垛上晾干。每隔两天就能赶上南京城里卖鸭子的日子。大批乡民从南门进城，肩上的扁担挑着两个沉沉的箩筐，鸭子被关在里头嘎嘎大叫。这些日子对于鸭子来说，就算有人挑着，也过得难受，得在讨价还价的转手过程中被不停地提来抓去，而且每次都抓着脖子，一把可能会有五六只，直到鸭脖子好像天鹅或者长颈鹿的一般长。众多鸭子虽然放声大叫，集体抗议遭受如此虐待，但受害者显然无法同心协力地改善处境。对于中国人来说，鸭肉和猪肉同样令人垂涎，可我从未在中国的其他地区见过如此一行行挂起来的油黄发亮的烤鸭，有时会被压扁，用棍子串上，摆在南京城内成百上千家店铺的柜台上。

南京是一座经历过生灵涂炭的城市，至少是颠沛流离。这里从317—589年是中国的国都所在，1368—1420年也是如此，1911年辛亥革命之后又当了不长一段时间的首都，以后可能还有能力再次承担这样的地位①。这座大城市永远都是文人墨客云集之地，堪比中华帝国的雅典与罗马，从某种程度上可以说是中国最负盛名的城市。这座成为今天江苏省会的城市，总是因其辉煌的过去而受人瞩目。南京城的绝大部分建筑都在太平天国期间遭到破坏，不过其他内战冲突同样让它饱受摧残，令不少帝国的荣耀毁于一旦。城内遍布遗迹，足以证明这座历史名城的昔日荣光。

城墙内有座旧皇城，也就是曾经的满族人居住区，修有自己的城门、城墙和建筑，直到1911年之前，这群中国的少数民族统治者还居住于此，可现在一切都成了断瓦残垣。这简直是绝佳的范例，让人想起古老圣经故事中城市毁灭的场景——唯一留下的只有被人犁过的农田和杂乱破败的石堆。清朝的贵族们荣华风光的居所早已荡然无存，完全沦为废墟，满目疮痍的景象让人不由得想起所多玛的凄凉晚景。这座建于城内的皇城有单独的城门，由巨大的花岗岩石块砌成。由于不易毁坏，有些石块至今依然矗立。然而，除了菜园之间堆着的废石，余下一无所剩。这些石头有时会被乞丐或穷人垒起来，作为遮风挡雨的容身之处。

统治者留下的其他遗迹远远地散布在紧紧环抱的城墙之外。年代久远的石龟已经被草木遮去了大半，肯定还有更多已经被完全掩盖。石武将虽然因岁月流逝早已面目全非，却依旧彻夜无眠地守卫着古老的陵墓。石马、石骆驼和石象都是很久以前的工匠们用一大块花岗岩雕凿而成的，与实物大小无异，而石武将要比有血有肉的大活人高大威猛不少。这些石像生一如往昔地齐齐排列道旁，诉说着东墙之外明朝开国皇帝陵寝的威严壮美。据说这位皇帝以前不过是个小混混，后来却成为推翻

① 东晋（317—420）、南朝（宋［420—479］、齐［479—502］、梁［502—557］、陈［557—589］）、明朝开国至明成祖朱棣迁都北京（1368—1420），这些时段内，中国均以南京为都城。

蒙元王朝的征服者，似乎与克伦威尔有着不止一处共同点。传言朱元璋相貌之丑陋令人咂舌，不过他的画像却在中国随处可见，如果真的画如其人，那显然他并没有因为自己相貌难看而自惭形秽。这些明朝早年统治者的宫殿早已被废弃。明朝此后不久迁都北京，因此在北京西北郊也有众多明陵。这一座陵墓就算规模无法与其他相提并论，依旧值得一看。有的石碑由石龟驮着，上面雕有屋檐，其中一座高约20英尺，比我在中国见过的其他石碑都要高。这些建筑物如今大都坍塌毁损，令人遗憾，毕竟自它们修建之日起已经过去了六个世纪。

南京城几英里开外的地面上依旧留有不少纪念碑，述说着先朝的沉重。这些朝代因年代过于久远，以至于几乎被人遗忘。巨大的狮首兽用花岗岩雕成，表情如小狗一般憨态可掬，如果仅凭这样的表情来推断，那么那些古老的先王即便用活人殉葬，而不是纸扎的奴仆、士卒和嫔妃，也并非没有温情的一面。石像生中最引人注目的那个已经被掩埋了一半，旁边堆着稻草和垃圾，都是周边的村民丢弃的。村庄里平静安详，人们在其他石像生附近犁田耕作，他们也许对这些石头的来历一无所知，只知道属于某位逝去的先人，这就够了。男人，有时会是女人在污浊的池塘里划着笨重的船，在布满淤泥的塘底挖着什么，他们这是在采菱角。外国人都知道这种东西会传染疾病[①]，可在南京城周围，这样的场景司空见惯。

得益于一位出生在中国的美国朋友的父亲，我们待在南京还有在牯岭的日子——牯岭地处长江更上游，是一座避暑消夏的小镇——变得更有意义。这位父亲将其在华行医传教四十年来的体会，提炼为点滴智慧向我解囊相授。我与他在这两个地方同行了很久，大多数经验之谈都是在这段旅途中学到的。这位父亲比普通中国人更具观察力，事实上他也在中国生活了很久，不仅比当地人更了解中国历史，还说得一口地道的中文，就连中国人也对他如此精通汉语感到吃惊。

最有意思的经历之一莫过于和他一起走访僧院寺庙，听他与僧人一边饮茶，一边侃侃而谈。他引用的那些中国古谚总是恰到好处，就连僧人也自愧不如。如此天赋异禀的人物对我这种凡事总爱刨根究底的旅行者来说简直是天赐的礼物，因为——我这样说并不是为了在东方人与西方人智力孰高孰低的问题上引起争论——

---

① 菱角等水生植物易寄生 "姜片虫"，学名 "布氏姜片吸虫"，俗称 "赤虫"。人如果生吃菱角，极有可能被感染，出现消化功能紊乱、营养不良的症状，还可能导致儿童发育障碍、智力减退等。

图 7 南京城附近，一个男人划着自己的小船在挖菱角，喜欢这种植物的不单有中国人，还有病菌

图 8 某些早已被人遗忘的朝代依旧在用自己的纪念碑占据着南京附近的土地。这座神情仿似哈巴狗的石雕让人联想到几百年前那个时代统治者的宽厚仁慈

中国人往往不求甚解，大多数人喜欢对平素生活所见之外的东西轻易信以为真，因此就算他们略知一二并且愿意开口，自己也无法对事实真伪加以明辨。总之，只要想法子让这位医生绕开有关单一税制如何了得的话题，让他继续大谈特谈中国、而不是美国的奇闻异事，毕竟美国的那点事对于我们这些生活在美国的人来说不算稀奇，而他真算得上一块取之不尽的宝矿，能够将有关中国的真实消息源源不断地传递给我。

关于医生的故事，最精彩的部分是我从别人那里听来，而不是这位谦虚的人亲口说的。中国人在运用各种语调及变着法子骂人方面堪称才华横溢。他们最喜欢用来戏弄外国人的方法就是装出一副无辜的表情，问你"先生鬼（贵）姓？"除非这个外国人对中文了如指掌，否则绝不会对问话人的语调变化产生怀疑，不知道对方问的其实不是"先生您的尊姓"，而是"你这个洋鬼子姓什么？"这位足智多谋的老传教士有一天在火车站被一群机灵的学生围住，先回答了一连串的问题，但没有叫人看出他明白"贵"和"鬼"这两个音的区别。接着他便用这个与发音有关的问题来考那帮学生，不仅赢得围观者的连连叫好，也让这群自作聪明的学生一个个颜面扫地，或许只有成为一位基督徒，才能用如此谦恭平和的心态面对这样的场合。

有一次，医生正在咏唱赞美诗，宣扬禁吸鸦片及烟草，传诵基督美德，一如他每个礼拜日早上都会在南京城最热闹街区的茶馆里传教布道。恰好碰上村里的一个才子前来找茬，此人把医生唤作"洋鬼子"。这个故事是我过了很久才从另一位朋友那里听来的，那位朋友对医生可是爱戴备至。事情的来龙去脉其实很简单，不过要和那些不熟悉中国人说话语调的人讲清楚却也不容易。有人曾经说过，翻译诗歌好比将一幅画卷的内涵表现出来，讲笑话同样如此。在这一点上，吾虽不才，仍当尽力而为。

话说医生坐在一间嘈杂的乡下茶馆歇脚，那位村里的才子以前也曾玩弄文字游戏侮辱别人，常常使遭到嘲弄的人无言以对，因此变得胆大妄为，想借机好好嘲弄医生一番，于是坐到医生对面，装出一副谄媚的语调。以下的问话方式在中国结交朋友时非常普遍，并且颇有礼貌：

"先生贵姓？"才子这回想玩一些更加隐秘的花招，所以在发"贵"这个字的时候用的是正常的语调。

"敝姓杨。"医生谦虚地答道。不过,他真正的中文姓氏很可能是"马"。

"啊,那先生叫什么名字?"

"我的名字嘛!"医生语气谦恭,眼帘低垂,一副率真的表情,仍然在小口抿着滚烫的红茶——这是一种为中国人认可的喝茶方式,先吸一点热气进去,以免烫坏舌头和口腔——一边回答道,"我的名字叫鬼子。"

茶馆里的人哄笑起来,这个原本打算引诱外国人上钩的家伙只好灰溜溜地走了。医生首先说自己姓"杨",这在中国是一个很普通的姓氏,但医生当天的高明之处在于他亲口说出的名字并不常见,甚至相当罕见,因为把姓名拼在一起就成了"杨(洋)鬼子",就是中国人所说的"外国魔鬼"。才子一开始正是想用这个名字来称呼医生,并认为医生不明白其中的含义。

这正是中国人最讨人喜欢的地方之一——顺便说一句,这也是日本人最缺乏的一点——他们并不在意被开玩笑,不管针对谁,哪怕是个外国人在对付自己的同胞,不,甚至可以说就算被开玩笑的是自己也无所谓,只要不是像之前的例子那么过分,使被嘲弄的人颜面扫地就没有问题。碰到这种情况,遭到捉弄的人最明智、最简单也最常见的做法,便是赶紧从同伴面前溜走,躲得远远的,直到大家笑够为止。把笑话反过来用来作弄自己人,无疑是赢得中国人好感的最稳妥方法。若是对他们的语言略知一二,就更会让他们刮目相看,对中文越是通晓,就越发让人尊重。

还有一次,医生正是凭着随机应变的能力与深厚的中文学识才得以摆脱窘境。要是没记错的话,那还是义和团起义爆发之前。当时的洋人可要比今时今日更加容易落入中国的暴民之手。这位医生又一次出门唱诗布道,在一间乡下茶馆里坐下来时已是满身尘土,大汗淋漓,疲乏困倦。医生正在喝茶,而一个怒气冲冲的女人扯着破锣般的嗓音叫喊了起来,着实少见;对比那帮做苦工的男人却总是始终如一地和善友好。也不知这个女人为何如此疯狂,莫不是因为裹着的小脚痛得难受?

"快来啊,快来瞧瞧这个丧尽天良的洋鬼子!这帮洋鬼子挖我们小孩的眼睛做药,吃我们中国人的心脏来给自己壮胆,还吃我们的眼珠子好让他们看得更清楚。我们只能看清水里有什么,他们都能看清楚地底下的……"

在义和团运动爆发之前,数以百万计的中国人对这些无稽之谈深信不疑,据传不少外国人惨遭屠杀,死于非命。这个女人对着正在喝茶的医生破口大骂,围观的人看上去也向着她。正在此时，人群里挤进来一个男人，毫无顾忌地哈哈大笑起来。这个人竟然没有鼻子！男人热情地摇着双手，似乎要告诉每一个人他见到医生有多么开心。然而，眼看医生完全记不起自己，男人急了："您一定记得我吧！难道您不记得是您把我的鼻子割掉的么？"医生这才回想起来，原来这个人以前得了鼻癌，到南京的医院就诊，医生把他的鼻子切了才保全性命。

"太谢谢您了，是您让我又活了一次啊。"男人满怀感激地大声说道，笑起来嘴咧得更大，脸上的缺陷愈发显眼。谁知那个女人却不甘错失良机，想抓住机会证明自己说得没错，叫喊得比之前更凶了。

"终于把你找到了！我刚才说的没错吧，你们这些丧尽天良的洋鬼子……"

不过，看着这个没鼻子男人的那副高兴的模样，大伙儿很快就站到了医生这边。

"你看，"医生开口插话，"我们是会切掉人的鼻子，我们有时还要把人的眼睛挖掉，但那样做都是为了治病，要不然就治不好别人的病。现在，"医生转过身来，对着四面八方紧紧围拢过来的村民们说道，"要是你们大家帮我把这个女人送到医院，我会帮大伙儿把她的舌头切掉，这样你们村就会更加太平了。"

不消说，周围的人全都哄堂大笑，那个女人只能溜之大吉。从此以后，医生在这个村子里就跟回到自己家乡一样安全。

既然这位传教士更感兴趣的是如何减轻朝夕相处的人们的生活疾苦，而非引导他们进入天堂，况且后一项任务能否成功还存在疑问，因此我觉得他与宣教委员会应该有些联系。该委员会曾经针对南京的人力车问题做过研究，得出的报告也许并非完全无趣。

人力车的问题在南京当地尤为严重，一是因为路途遥远，二是要与马车甚至汽车抢客。委员会发现，拉红色车、也就是装备较差的人力车的车夫，每半天得缴纳30个铜板——这个半天当然指的是中国人认定的真正意义上的半天，而不是西方工会定义的四个小时工作时间——拉那些更加舒适的黑色人力车的车夫，就要多付5—15个铜板。这样工作半天下来，平均收入80个铜板，约合22美分。而饮食、衣服和草鞋上的开销，连同其他杂费，一天下来至少得要30个铜板，养家糊口的费用与此相当，毕竟没有家小的少之又少。然而，一个车夫只有生意好的日子才能达到这个平均收入水平。生病的情况时有发生。一旦生病，不单生病的人，就连家属也不可避免地营养不良。加之有太多许可限制，都是上级机构在变相搜刮民财，因此每个车夫平均下来只能工作一半时间。

于是委员会认定，一个身体健康的车夫一天应该可以跑 16 英里，每英里不超过 10 分钟；如果再快一点，就要耗费更多体力，也需要获得更高的报酬。一趟生意连续不断跑下来，合理的收入应该是每分钟一个铜板。如果跑跑停停，中间还要等客，收入差不多只有半个铜板。然而，委员会发现，这样的待遇甚至比外国人在南京给车夫的钱还要多出 20%。中国人在付车钱的时候当然总是能抠就抠，车夫一边跑得累死累活，一边还得回头讨价还价。

委员会又建议坐车的人通过车子轮毂上的油阀来判断车夫到底是在正常拉车还是在消极怠工。如果阀门每分钟转 50 圈，那么车夫 1 英里差不多要花 11 分钟；如果是 56 圈，就意味着车夫已经竭尽全力，跑得跟参加越野比赛一样卖力；如果是 62 圈，那么 1 英里只要跑 9 分钟；70 圈——如果有谁发现有哪个车夫跑到这个水平——意味着 1 英里只需 8 分钟。我虽然不想越俎代庖，超出委员会提出的建议，可还是想说，这样的车夫不仅应该得到额外的赏钱，还应该获得一枚华南冠军的皮制奖牌。当然，若是换成在北京，这个速度也不是罕见的稀世技艺。我相信今后到中国的游客不会把这一切铭记在心，把观光旅行看风景变成一门心思盯着油阀到底转了几圈，因为人力车夫如果拉的是外国游客，既不能让步伐慢下来，又无法让报酬涨上去，至少达到这个标准，那就只能要么跑死，要么饿死。

从南京没有火车去往内地，但可以走长江。大江的上游随着纬度降低而转向南方，因此就算你原本一心打算看看江南的风景，却有可能沿着江水去了西南。可供选择的船只满足你关于舒适度的一切想象，既有装饰豪华的如同美制的外国轮船，也有中国人沾满油污的小艇，还有依赖风力的帆船。当然，从上海到汉口一路 600 多英里，外国轮船认为值得一看的地方也就只有为数不多的几个口岸城市，不免有一种走马观花的感觉。不过，如果你有意一睹长江地区的真容，而不仅仅是像路过一个国家时远远地望一眼海滩，那就只能忍受中国人的小艇，甚至其他更难受的水上交通工具，而且会不时停靠沙洲。从一座长江之上的水上宫殿一下子到一艘又脏又小的筏子上，要找到比这更为壮观的反差兴许还得花上不少时间。只有那些成员众多、不讲卫生的家庭才会挤在这样的筏子上，可如果要去小一些港口城市旅行，就只能接受这样的条件。尽管我从不认为中国劳工们七嘴八舌的聊天要比在普尔曼式客车的吸烟车厢里听到的那些谈话更加无聊，但对于一艘小艇而言，甲板上的每一英尺都会被坐船的人和货物挤得满满的，船上的气味和噪音同样令人不悦。然而，这样聚在一起的人们虽然没有半点舒适可言，也绝不会担心未来，总是一派兴高采烈的气氛。几乎每一个来自衣食无忧的西方国家的人都值得来好好看一看。

在长江上旅行的外国人受到了某种程度的不公对待，因为除了日本船以外，其他客轮都对白人有所限制，他们就连选择"中国人的头等舱"也不行。所谓"中国人的头等舱"，就是那种里面摆着硬邦邦的木板铺，提供中式食品的头等客舱。日本人的船要便宜不少，很多乘客是传教士，更不用说那些四处游走的流浪者，这些人之所以对太阳旗情有独钟，纯粹是为了省钱，那些手头钱多得花不完的商人对此总是嗤之以鼻。事实上，就连中国的服务员对此也有所不满，因为从外国游客赌博或者吸食鸦片上拿到的回扣几乎为零。坐头等舱的中国人给的小费通常是五块钱，而出来旅行的白人只给一块。

沿长江下游溯流而上，一路平淡无趣。平整的河岸被高高的芦苇远远挡住，不时看见连绵的矮山横卧在稻田之上。我们不时见到一些船由于判断失误而进入歧途。就拿这条河上最好的那艘日本船来说，有天晚上打算抄近道，从一块突出河道的水田里穿过去，不料却陷了进去，唯有等到开春河水高涨时才能脱身。

长江上的帆船就跟船帆上的补丁一样数不胜数。这些船帆每隔一小段就用竹竿横着固定起来，还有一些摊开放在岸边，女人带着孩子们帮男人修修补补。不少帆船都是用原木做成的，木头粗细跟电线杆差不多，在这个林木被过度砍伐的国家，这已算是能够找到最大的了。木头被修整成圆柱形，在适当的地方装上尖刺，搭起来，再涂上漆，叫人想起了隔板房子。

在长江上，凡是能够浮起来的东西都能被当成船。澡盆里垫上碎布条子，不仅可以当作水上摇篮，还能住下几个乞丐。还有的坐在脏兮兮的船里，破烂的船帆被风吹得"呼啦啦"直响，向着客轮甚至是中国人的小船靠拢，一边讨要残羹剩饭，一边在水面上捞着，从一小片木头到烂白菜帮子，凡是浮在水面上的都要。虽然看不出这帮人为何要这样做，却也能维持生计。偶遇一个仆役，身体强健，坐在一条船上打我们身边经过，正用一把木梳梳理着自己油黑发亮的头发，举动如妇人一般。大江水面宽近一英里，我们在江心遇见两条船，每一条上面都站着一个人，拿着根长杆，杆子顶头有套索，二人正赶着一大群鸭子，一看便知是要把鸭群赶到河对岸去。

　　长江及其大小支流上渔网遍布。人们从小小的茅屋里把网拉起放下，就像两手交替拉着绳梯一样。茅屋有的盖在岸边，有的就搭在木筏的一头。这里也有剪刀形渔网，还有手抛网。虽然人们并非不懂用鱼钩和钓线捕鱼，却用得极少。在中国，难得看见渔民打上来真正值钱的东西，但从这条浑浊平静的大江里显然能捞上来不少活鱼；日复一日，几百年来一直这样，正如在中国各地不计其数的水塘里一样，虽然西方的鱼在那样的池水里仿佛没法存活。这有点类似于"面包和鱼的奇迹"[①]，或者上天更眷顾弱者吧。中国江河里的鱼似乎怎么捞也捞不完，只要有足够耐心就能再抓到一两条，让人免于忍饥挨饿。在长江沿岸一带，人们的辛勤努力得到了丰厚回报，填饱肚子之后还能剩下不少鱼，一条条被开膛破肚放在太阳底下晒干。

　　芜湖是个口岸城市，当地有十来家外国公司，现代化的大楼很是壮观。过了芜湖，继续往前便到了大通[②]，那里没有受到西洋的影响，景色也漂亮不少。镇子的一部分建在一座岛上，有一条最近新修的公路一直通到废旧船舶停靠的码头。几辆人力车跟着我们，这些车装着铁轮箍，是那种没有橡皮车胎的真正老式人力车。拉车的虽然是生手，却口口声声"为您服务"。切记，经验对于拉人力车和做银行投资来说，同样重要。你要是听信了他们的甜言蜜语，那恐怕到死都会回想起奔驰在大通的街道上是什么滋味。那里的路面铺的全是卵石或者石板，经历百年，早已磨得沟壑纵横。好在老天有眼，要不就是先祖吃苦耐劳，给了我一双健壮的腿脚，虽然在其他方面

---

① 即耶稣所行"五饼二鱼"的神迹。耶稣讲道至黄昏时，他以五个大麦饼和两条鱼，望着天祝谢，递给门徒，再分给众人。众人都按着所需要的分吃，竟让五千余人吃饱。吃饱之后，耶稣吩咐门徒收拾零碎的，以免浪费，竟装满了十二个篮子。该神迹在四卷福音书中均有记载。
② 大通（Tatung），此处所指为安徽省铜陵市大通镇。

有些懒惰。所以，除非那个城市比南京和汉口还大，否则我可不会让人拉着满城转悠。

正是靠着这两条腿，我去了九华山拜佛朝圣，从九华山到大通的回程要比去程好走一些。于是我选了一个下午，坐了条当地人的船，在池州府 ① 上了岸。同行的还有位传教士，他正要开始为期一个月的行程。池州府作为一个城镇，实在没什么值得大书特书的，不过只要你不是守着那几条破旧的街道，盯着那些被猪和鸡糟蹋得不成样子的泥巴房子，肯花同样多的时间去看看那些纪念性的牌楼，其实还是有些看头。这里的牌楼有十来座，兴许更多，用大理石或者类似的石头建成，雕饰精美，横跨在狭窄的街道上，紧紧挨在一起，几乎伸手就能碰到下一座牌楼。石头牌楼看起来在这一地区相当流行，每一座都是雕梁画栋，造价不菲，而所在的村镇却一派废弃凋敝的景象。

我们的晚饭是中餐，是镇上的信徒做的，然后在礼拜堂的两间破屋子中选了一间，摊开行军床，睡了个觉。第二天，天蒙蒙亮我便出发了，还带了个仆役。他身板结实，个头比一般人都高，答应不单帮我提行李，还与我一路同行，当然得多给几个铜板，还有专门的小费，因为不晓得谁在乱说，就连当地人好像也知道我走起路来没完没了。

我们计划着打破常人的纪录，争取一天之内到达山顶。具体说来，这里有好几座山峰，九华山正是因为"九座山峰形似莲花"而得名。群峰山势雄伟，参差嶙峋，就连意大利莱科城（Lecco）犬牙交错的山峰也相形见绌。山中坐落着不少僧院寺庙。我们离开长江岸边不久，便看到山峦显现在地平线上。一天走下来，景色愈发美丽，远在泰山之上。后者位于孔圣之乡山东，虽然几乎被中国人视为众山之中最为神圣的一座，却植被稀少，且地处偏僻。九华山的主干由一条漫长的山脊组成，座座奇峰排列成行，从地平线上远远望去，犹如一块块破碎的镜面散落在山顶，变化莫测。山麓下方的一连串丘陵如同一道屏障护卫于前，而远处的山脉则相对低矮。

但凡圣地，必然多少令人难以接近，这样方可显现其神圣之处。高山之巅，或是像普陀岛这样偏远的岛屿都是不错的选择。僧侣需要隐居之地，这样才能冥想坐禅，修炼法术，而且若是把中国几大圣地中的任何一处放在长江两岸，人们便能轻

---

① 池州府（Tzuchowfu），即安徽省池州市。

易到达，这样做显然行不通。究其原因，在于会有大群劳工在朝拜期间涌来，这帮人可不会大笔花钱，而且竞争力十足，任意形式的垄断都将不复存在。

我们拖着沉重的步伐，用了大半天时间穿过一片几乎一马平川的原野。脚下踩着南方的石板路，灼热炙人。这些路总在不停地弯来扭去，不仅沿着田间沟渠，每一次改变方向似乎都有理由，当然不少时候也会让人觉得晕头转向。现在已是十一月，大地一片秋色，叫人不由得想起十月的康涅狄格州。一排排木头杆子紧挨着道路两旁，上头挂着红色的灯笼，虔诚的香客会在里面点上蜡烛，这些灯笼的模样可能是依据美国某些郊区煤气灯的不完整的描述仿制的。

现在正值进香的时节，我每次造访中国的圣地时运气总是不差。朝山的香客排成一列列长龙，有的是整队人马，有的三五成群，更多时候像长途行军的士兵一样，在狭窄的石路上鱼贯而行，望不到头。最初映入眼帘的是几个女人，在田野上对着太阳升起来的地方哭号，她们这是在呼唤刚刚逝去的男性亲人的灵魂归来。当地也会见到一些山轿，只用两根竹竿拼起来，中间的横杆用来坐人和放脚。上面坐着的大都是和尚，总是一副心满意足的模样。不过，这一带更为常见的运输工具是一种浅浅的大箩筐，同样架在竹竿上。人可以随心所欲坐在上面，或者伸直身体躺着。然而，人们最初使用箩筐的原因并不在此。殊不知在民国之前，轿夫家的孩子是不能参加科举入仕的。于是人们使用一些伎俩来逃避禁令，就算禁令解除了也一直保持下来，这是中国人典型的性格。有些残疾人会坐上这种像箩筐一样的轿子，希望上山求神拜佛能够治好自己的病；有的则是乞丐，状况叫人心惊肉跳、过目不忘，所以你会不时地从某个经过身边的箩筐里，看见人间悲剧。

下午时分，我们沿着一条大的山脊开始往上爬，脚下走的依旧是石板路，只不过路旁换成了一排排茅草棚子。这些茅棚极其简陋，里面住着众多乞丐。离山路不远处是连片的梯田，种着稻子和茶树。夕阳西下，投下的影子不断变化，移步换景，美得让人不忍破坏。

拜山的香客三五成行，沿着山脊走着，沿途总有乞丐上前纠缠索要施舍。这些人有的肢体不全，有的身上流脓长疮——毫无疑问，其中有些肯定是人为的假象——不过也有的与登山拜佛的一样身体结实，行动自如。香客们也不管这些人到底是身体健全还是疾病缠身，都会向每个浅浅的篓子里丢上几文钱，然后开始准备爬最后也是最艰难的一段山路。讨钱要饭的成群结队，其中不少人相当健壮，精力充沛，感觉要抢劫我简直轻而易举，毕竟我是这方圆数英里之内唯一的外国人。不过，他们倒是非常友好，尤其是脸上喜气洋洋，只是对于那些不愿给钱的却没有这副笑脸了。有的乞丐相当有钱，手里拿着好几吊钱，用草绳串着，凭这个可以勉强生活。这些人一天乞讨得来的钱大都是一文一文的铜板，中间有孔，大多数人把这些钱都赌掉了，而在吃的方面则随遇而安，应付了事。不过这群人的整体健康状况不容乐观，比不上登泰山时见到的那些人，毕竟泰山在北方，要凉快一点。这里的不少人一看就知道是生病了。癞痢头在中国非常普遍，南方更加明显。得病的多是小孩，往往整个脑袋上一根头发都没有，全都长满了白癣。这些乞丐全赖香客施舍为生，有些就守在九华山坡度较为平缓的一段山路两旁，拿着些石头泥巴做成的小佛像，从众多单纯的善男信女那里骗取施舍，对香客们谎称必须给佛像供品，否则千辛万苦赶来求神拜佛也讨不到吉利。

山路七拐八弯，不知不觉便通往寺庙或僧院。几乎在每一座庙院都会见到僧人在敲钟，或者站在一些巨大而粗糙的佛像面前，背着淡黄色的口袋，类似木匠或报童的背包，上面绣着两三个汉字，香火钱就装在里头。香客们排作一队队，每支队伍前头都会有人举着旗子开路，敲锣打鼓；有的人则点着印着字的纸糊灯笼；人们在一尘不染的佛像面前双手合十，躬身拜祭。不时会有人在匆忙搭建起来的神龛面前驻足，为先人烧香，常常要跪下来拜上几拜才会继续往前走。然而，大多数人只是朝着佛像扔铜板，仿佛并不比扔给叫花子多一丝敬意。

中国的不少地方都有"天门"，九华山的也是其中之一，它的一部分是一座庙宇，山路从庙中间穿过。出了天门，一条完整的石头阶梯出现在眼前，要上到尽头得花一个小时，每一级石阶的两端都被密密的草木掩盖。身后群山矗立，山谷中竹林密布。我沿着细细的山间小溪前行，沿途植被茂密。小溪在远处的山脚下汇聚成一条小河，河里的水足够让船夫撑着篙，驾着小货船来到这座圣山脚下。

日薄西山，我继续沿山而上。红日落入群山背后，其景美轮美奂，仿佛触手可及。我穿行在林间巨石之间，只剩下我一个人，因为这里已经见不到乞丐，至少天这么晚的时候一个都没有。对于大多数朝山的人来说，一般第一天只计划走到山脚下的寺庙。待到一天快要过去的时候，我遇见一个挑夫，天黑了还在赶路，挑着四罐、也就是 20 加仑①美国产的煤油，正沿着这条壮观的山道向山顶的寺庙村子赶路——不信？要不你也挑一下试试！从长江岸边到这座华中第一神山的佛城，我可爬了足足一整天。不过，待到我躺下休息时，那个结实的仆役也把行李送到了我的床边。

第二天一大早，我在山里四处闲逛，毕竟到九华山并不是为了仅在这个佛城的中心区域到此一游。城里的店铺与街上的摊贩叫卖着各色商品。纯粹来拜佛的人对这些小玩意倒有兴趣，销量最好的是那些廉价的木雕首饰。这些东西除了做纪念品或是给孩子做玩具之外，好像没有其他实用价值。

进了庙里，香客们熙熙攘攘，把香烛纸钱，还有那些唬人的金锭银锭扔进一个巨大的铁瓮，那里面早已堆满了被烧成灰烬的供品。朝山拜佛的人会给和尚香油钱。和尚们似乎都是一副志得意满、目中无人的样子。香客们会请他们写个纸符，或者解签卜卦，预测吉凶。求签问卦的人抓着一个装满竹签的筒子摇来摇去，第一支掉出来的签代表着预言；或者将一把奇形怪状的木片抛向空中，落下来最上面的一面便会指明自己的运气。九华山上的寺庙有的矗立在险峰峻岭之上，人迹罕至，犹如欧洲中世纪的城堡一般。这里林深幽静，成吨的木材堆在一起，为即将到来的冬季做准备。身居此地的和尚似乎对我这个洋人的闯入感到不满——他们凭什么不呢？从高山峻岭向下望去，村里的空地上的人如同老鼠一般大小，在一块块五颜六色的东西周围挤来挤去，一看便知是那些毫无用处的廉价首饰。四周的山上随处可见大片的庙宇。穿过这片参差交错的山林，看着山下的世界，仅此一番风光便让这趟九华山之旅不虚此行。

从九华山上下来又回到江边，自然比上山快了许多。然而，如果说还有其他收获，那便是腿脚疲累了许多，也少了爬山时的动力与激情。大自然有时如此安排，正是为了让人无须重走来时路。好在红叶与其他美丽的秋色犹在，对于那些辛辛苦苦的劳工与农民来说，在每年春秋两季能有机会如此远行，让自己的思绪从繁重的劳作中解脱出来，如果这是对这样一个生活节奏缓慢、从不抱怨的民族的某种奖赐，那么这些朝圣之地的存在或许也就有了意义。

---

① 加仑（gallon），容量单位，分英制加仑与美制加仑。1 加仑（美）=3.785 升，1 加仑（英）=4.546 升。

如果客轮恰好在白天经过安庆，那么在长江下游旅行的外国人或许能看见这个城市一眼，但大多数人不会选择在此上岸。他们没有这样做确实值得恭喜，因为安庆本来就不是通商口岸，大船在这里只作短暂停留，而且在主航线行驶时几乎不会停船靠岸。沿岸的小船满载着旅客和各式各样的行李，摇着桨，穿过湍急的水流，奋力靠近大船。要从小船到大船上去的，被连人带货一起抛到肮脏的轮船下层甲板，要从大船到小船的同样一片狼藉，连拉带拽地被揪下来。人人大呼小叫，混乱不堪，还没缓过神来把包袱行李在甲板上安置妥当，那些小船便又一路杀回岸边，一下子消失得无影无踪。

虽然这座安徽省的政治省会在地图上依旧保留着自己的一席之地①，但蚌埠已经分走了不少权力。安庆看上去像一座微缩的城市，毫无疑问是中国十八个行省省会中最不起眼的一个，人口据说只有十万，可这对于中国人拥挤嘈杂的生活又意味着什么呢？安庆面朝长江，或者按照中国人的传统应该叫作"背倚长江"。

城里最引人注目的当数那座著名的宝塔②。宝塔刚刚修缮过，现已面貌一新。虽然城墙里还有不少空地长满了杂草，大片地方被不同的教会机构占用，但绕着城墙走上一圈也不会超过一个小时。坟丘多得数不清，墙外起伏不平的地面好像布满了从地心射出的弹孔，或者说像一张长满了麻子的脸。猪在坟堆间刨来拱去。有的坟堆上盖着一床草席，历经风雨早就破烂不堪。有的坟上盖了泥堆的小房子，一些还涂上了水泥或石膏，像涂成白色的坟墓。染布匠在上面牵了根细绳，晾晒着蓝色和黑色的布。装着尸体的棺材散布在墙内墙外，有的被孤零零地丢在那儿，有的歪歪扭扭地排成一行行。这些棺材之所以被丢弃于此，是因为死者的后人没有足够的钱请风水先生挑一处下葬的宝地，或者是因为月相还不到入土的良辰吉日，也可能仅仅只是因为本地人的纯孝之心变得越来越淡薄。

因此，一个人若是不希望死后被丢在冰冷黑暗的地底下，大可选择就这样"坐"在山坡上。陪伴身边的也许是自己一辈子最爱的风景，就像永远在郊游一样，时而听着织布工的闲言碎语——这些织布工不时会把棺材当成板凳，坐在上头，这样做

---

① 自清乾隆二十五年（1760）至民国二十六年（1937），安庆是安徽承宣布政使司和安徽最早的省会所在地。
② 即安庆振风塔。位于长江之畔，被誉为"万里长江第一塔"，为楼阁式砖石结构，八角七层。始建于宋代，明代隆庆四年（1570）重建。

完全不代表对死者不敬；时而闻着水牛放牧吃草的气味；时而听见孩童们嬉闹玩乐的笑声——玩游戏的当然都是男孩。既然人死后往往看问题会更加明白，或许他们还会同情一下女孩，因为缠足的痛苦让她们只能在一旁观看。然而，不管是后人太穷，还是太吝啬小气，有的棺材实在太不结实，野狗可能会到这里来觅食。

安庆人将死者露天安置，展现了他们的一种智慧，他们同样不会联想到其他不洁之处。整座城市的饮用水都来自长江，其实它也是黄色的，和北方那条被称为"黄河"的大河相差无几。经常有人挑着两个水桶，一路摇来晃去，脚下一刻不停地跑着，在人群中挤过运水的城门，大街小巷也被水泼成了又湿又滑又脏的运河。任何人路经此处，一不留神，膝盖以下都会被弄得透湿。

然而，这样的一幕几乎在中国的每一座城市都在上演，而安庆的脏之所以格外让人触目惊心，可能在于随处可见的猪、鸡、鸭，还有野狗。野狗在当地多不胜数，靠吃腐肉为生。屋顶上大都盖着布满霉菌的干草，使屋顶显得杂色斑驳，倒与大多数中国城市熟悉的蓝灰色多少有些不同。垃圾与污物四处堆放，就连城墙顶上也是如此，任由野狗觅食。然而，这一切似乎根本就不会让安庆人为此担心，一如这丝毫不会影响这个昔日天朝帝国各处的芸芸众生一样。

在让人觉得稍微干净一点的场所，人们在出门一眼便能看见的地方，写上一个大大的"福"字，代表"幸福"，就像西方人在公司办公室挂上个"微笑"的标记一样。中国人看上去好像比西方人更需要经常提醒自己生活在幸福之中，因为我们只有一个"微笑"而已，可事实好像并非如此。中国人特有的开朗乐观在安庆与其他地方一目了然。或许是因为自己的家乡不是通商口岸，因此安庆人比起长江一带其他城市的人，对在此旅行的外国人表现得没有那么粗鲁生硬。

除了清洁卫生，还有一个故事和重修佛塔有关。在中国人的诸多奇思妙想中有这么一桩，说安庆是一艘大船，停泊在长江之中，由两个铁锚固定，一个是佛塔，另一个则是朝阳升起时佛塔映在江中的倒影；而安徽的崇山峻岭正是由此拔地而起，屹立在遥远的北方天际。一个有钱人做了个梦，没有依照计划乘船渡河，结果船起了大火，沉没在江中。此人为了报恩，于是重修了佛塔——他事实上差不多重建了一座佛塔。佛塔虽然对于安庆非常重要，毕竟这座城市是传说中的一艘抛锚之舟，不过安庆人在这方面已经越来越不大关心。或许他们私底下也希望自己某天晚上随江水漂走，去一个更好的地方吧。

　　虽然这在中国并非特别罕见，不过正是在安庆，是我在中国游历了一年半之后，第一次见到了久负盛名的真正保存完好的肉身坐佛。在这个奇妙的国度，得道僧人圆寂后，将其肉体放进大缸，并在缸里的其他地方填满烧成木炭的柳枝，将肉身放上三四年，如果出坛时依旧完好——也就是说闻不到臭味——就全身涂满金粉，仿佛陷入冥想的菩萨一般，当作偶像供奉起来，既可接受善男信女们的虔诚跪拜，也能为那些还活着的和尚带来物质好处。据说安庆有一个僧人在活着的时候就叫人把自己关进密室，只留下方寸大小的空间方便探视，递送食物。此人虽然在里面待了好几年，可看上去依旧体形富态，心满意足，还会一直待在里面直到有朝一日涅槃成佛。

　　安庆当地的口音和北京颇为相似，就连孩子也会站在坍塌的墙脚，对着在城里闲逛的外国人大叫着"一毛钱"，让人有些心烦意乱。当地有一座清真寺，还有一所中国人自己开办的寡妇养老院，后者算是为数不多的中国人自己经营的慈善事业。

　　往长江上游再走一段，便到了九江。这里的江滨完全没有学习上海外滩的经验。回想上海外滩，绿树成荫，平整的人行道，使这片租界成了散步的好去处，凉爽宜人；而九江的江滨则与中国几乎所有的沿江城市一样，成堆的垃圾和嘈杂肮脏的棚屋紧挨着江边。

　　九江与安庆的最大区别，也许在于二者对待外国人的态度有所不同。这再一次证明了我的感受，看来越是了解西方的中国人，至少在表面上就对西方人越加随意。虽然这座江西的主要港口城市经常因其脏乱被提起，但它在知名度与宣传度上的确更具优势。一是因为这里是通商口岸，沿江马路上有不少外国人的房屋，二来这里是成千上万西方人登岸的地方，正是他们使九江背后的牯岭成为中国最大的外国人避暑胜地。虽然我们也要去那儿消夏避暑，不过还是准备先把长江下游一带彻底游遍，毕竟现在的气温还能忍受，更何况一旦现在离开，我们就只有到很远很远的上游才能再次一睹大江的风采。到了那里，大江会从青藏高原的群山之间滚滚而下，依旧让人晕头转向。

当然，汉江河口的三座城镇①一般被认为是长江上下游的交汇之处，如果不去这些人头攒动的地方看看是十分可惜的。对于任何一个对中国大体熟悉的人来说，这么做倒不是因为那里有多么非同寻常，而是因为那里拥有中国内地最大的外国租界，居住着成百上千的外国人。如果把这个中国重要的城市抛在一边，不去拜访，恐怕是会遭人怪罪的。

我到过汉口两次，两次走的路线各不相同，前后相隔一年有余。第一次是从北方坐火车，由于当时脑海里还想着北京，所以感觉这里并没有特别吸引人的地方。一年之后，从中国西部沿江而下，故地重游的我却震撼不已。我当时已经四个多月没有见过一辆汽车，当地人的女式短发让我想起了南非的霍屯督人②，平整宽大的街道早已在记忆中变得模糊，浆硬的衬衣领子让人觉得肤浅。哪怕周围的一切依旧是中国式的，可突然一下子掉进如此喧嚣繁华的城市之中，看着身边完全西式的建筑与城市布局，一栋栋高楼大厦直指蓝天，还有好几家电影院，不过里头放的只有美国电影；汽车在沿江大道和与之平行的道路上横冲直撞，甚至还有一家美国人开的汽车修理厂，老板很自信并且高效，这一切让人感觉，有点像死后重回人间。喝下午茶，打网球，玩高尔夫，游泳，打棒球和板球——后者就像前者80多岁的亲戚；苏格兰人掷冰壶，女士们打桥牌，孩子们做游戏，从赛马到品鸡尾酒，凡此种种消遣娱乐，那群耽于享乐的红男绿女们哪一样没有玩过？待到黄昏时分，气温渐凉，汉口乡村俱乐部里的人开始多了起来，女士们的脂粉略重，绅士们彬彬有礼，在乐队的伴奏之下，一派歌舞升平。

虽然这些事实很少被提起，但这里才是无可否认的"中国最伟大俱乐部"。一切是那样的安逸舒适，却引人深思。美国人，甚至包括英国人——他们有自己古怪的娱乐方式——难道不是过于注重物质享受了吗？他们一个个衣冠楚楚，虽然正在随心所欲地享受着各式消遣娱乐，在这温暖安逸的小小绿洲中品味着人类文明的全

---

① 这里作者所指应是武汉三镇，即武昌、汉口、汉阳。1927 年年初，武汉国民政府将武昌与汉口（辖汉阳县）合并作为首都，定名"武汉"。

② 霍屯督人（Hottentots），非洲西南部民族的一支，又称科伊科伊人（Khoikhoi），尚武好斗，留有短粗而卷缩的螺旋形发型。

部精华，却仍然看起来每个人牢骚满腹，身体状况甚至连我都不如，精神状态或许同样如此，要知道我刚刚结束为期几个月的艰辛历程，去的是他们口中"尚未开化"的内陆。我原本觉得他们理应身体更好，因为他们有更多楼梯要爬，要睡在更加坚硬的床板上，不时还有机会自己整理床铺，可这种感觉看来是错的。电梯——在这里被称作"lift"，就连往日自视甚高的美国人也如此称呼——会把他们送到位于十层大楼顶层的花园草坪，在那里视线能够穿过租界，投向外面属于中国人的城市。虽然华界将租界团团包围，但这些人却很少涉足其中。将视线下移，长江就在底下；江面是如此宽阔，足够海轮往来其上。

不过我的这些同胞们似乎完全没有意识到，自己与被关押在迷人城堡中的囚徒是何等相似。他们的仆人们兴许多少了解一点外国人的生活习性和行为方式，可这些久住汉口的西方人却对身旁的中国人一无所知，这确实有点荒唐。有些人从未离开过西化的沿江地带，对中国人的"了解"要么来自畅销小说，要么是外国的荧屏舞台，都对中国人抱着不少偏见。即便如此，他们依旧不惜一切代价与中国人保持距离。他们到底希望等级的界限划在哪里，有时很难用一句话说清楚。汉口的电梯门口可以见到这样的告示牌——"凡身着用人或劳工服装者，一律不得使用电梯"，这是为了避免直接受到冒犯。这样的措辞似乎写得不错。因为衣着体面的中国人很少有机会来这些地方，因为他们从未被邀请过；至于仆人和送货的劳工，大可自己爬十楼，因为他们早已习惯了这样艰辛的工作。只是，如果有白人刚刚被绑匪释放，穿着绑匪们丢弃的破旧衣服，又该怎么办？我们能做的当然只有陷入这种近乎幼稚的蠢事之中，我们总在试图遮掩自己的愚蠢，却怎么也遮不住。

住在汉口的人只需沿着狭窄拥挤的街道走上一小会儿——这些街巷连接着租界的沿江大道，从那些宽阔平整、秩序井然的道路一直延伸出来，出一个铜板，在众多老式橹船中挑一艘坐上去，渡过这条繁忙拥挤的大河，要知道正是这条河道从内地带了许多货物来到下游，位于其河口的汉口亦因此而得名。

从远处的山头四下望去，便会明白外国人生活的汉口对于广袤辽阔的中国而言，不过是一块绿洲，是那样渺小，那样无足轻重。山顶上的那座寺庙每天都在呼吸着炼铁厂高耸的烟囱里飘出来的浓烟。工厂是靠贷款建起来的，可中国老板没能按时偿还贷款，已经有一部分被日本人霸占了去。庙里住满了士兵，奉命严禁外人进入。

不过，这些当兵的看上去像是从内陆调来的，所以外国人很容易就能分散他们的注意力，得偿所愿。

汉阳城被城墙围绕，比相邻的汉口要老旧得多，后者现在早已举世闻名。城里有不少宽阔的荷塘。船只往来于汉江之上，划船的多是女人。一眼望去，城里的屋顶依旧是一副单调平整的熟悉景象。汉阳与汉口有一段距离，城里只有一条街，一边是滔滔江水，一边是城墙，一路延伸到远处的贮木场，因此从高处望去，整个城市就像是一条长绳子上打的大大的结。渡过长江去往对岸——只要我们打算回汉口，六个铜板足以让我们坐上蒸汽船，再爬上长长的山脊，上面岩石嶙峋，被视为龙背上凸起的脊骨，将这座城市分为大致平均的两块。倘若没了这条山脊，整座城市就是一马平川；只有站在山脊上，我们才能更好地看一看武昌。

从塔顶上看过去，视野中的武汉三镇尤为清晰，包括周边的河流，甚至还有一些湖泊及其间所有人口稠密的地区，还能看见北上通往北京的铁路。而在长江南岸的这一头，火车正慢吞吞地准备开往广州。不少城市都标榜自己才是反清革命的发源地，武昌是其中之一。这座城市本应更有看头，也更具传奇色彩；或许是因为过于靠近汉口，武昌也承建了一些外国设施，以取代旧中国的方式，结果反而让自己失去了价值与本色。当然，这座湖北省城在政治方面还是占有一席之地的。这里是长江中游的枢纽，差不多位于中国的地理中心。然而，虽然黎元洪待过的衙门也被重新整修了一番，却变得索然无味。黎在成为湖北省革命领袖之前曾经是清朝的武将；他不久前刚刚从中华民国大总统的位置上被踢了下来，这已是他第二次担任大总统了①。

武昌的城墙长满了杂草灌木，根本无法通行，这在中国倒是件稀罕事，似乎在暗示汉江河口上的这三座城镇一定做了不少工作，要不然仅仅是那些睡在城墙上的叫花子，都能把墙头睡平。当地还有一条筷子街。街上的竹子多到能够堆满整个贮木场，全都被削成筷子长短。男人和小孩坐在又小又浅、临街而设的铺子里，把竹

---

① 1916年袁世凯死后，黎元洪第一次出任大总统。而国务总理段祺瑞独断专行，造成"府院之争"。翌年6月，黎元洪引长江巡阅使张勋入京斡旋，7月1日张勋复辟，黎元洪被迫弃职。1922年6月，直系军阀曹锟、吴佩孚赶走皖系总统徐世昌，黎元洪第二次就任大总统。次年，曹锟贿选，迫黎下野。6月，黎元洪辞职赴天津。

棍在地上劈开，拿着成把的筷子在台子上摩擦，蘸上红色的颜料，最后将一头浸在绿色的染料中，给筷子上色。工匠们从手掌到手肘，还有脸上被手摸过的地方，都被染成了同样的颜色。顺便补充一句，中国人好像从来不用刷子，哪怕漆屋子也不用。他们会把碎布连同自己的手全部浸到染料里，然后在表面上涂抹。我觉得这里的筷子多到足够全中国人都用不完，不过四万万人一年也得用去不少。人们将筷子先扎成小捆，再绑成大捆，用扁担一担担地挑走。做得考究一点的长筷子是黄色的，更加高贵气派一点的是骨质的，有的甚至用的是真正的象牙，专供中国的文人雅士，式样是在别处设计的。

　　有不少关于这种夹取食物的奇特方式是如何出现的传说。有一个版本是这样的，在秦始皇，也就是中国第一个皇帝的时候，人们不能私藏任何武器，甚至连烹饪饮食所用的小刀都不行。别看中华儿女现在如此温顺，可在那个时代该是多么好斗啊！或许这"第一个皇帝"的确标志着与过去的决裂，除非我当年上课没有认真听讲，否则正是这位皇帝建立了一支大型常备军，除了医学和农业书籍，把其他所有历史典籍统统焚毁，这样一来过去的历史就会被人遗忘，而他就将被后人当成世间万物的发明者。我们不也希望美国有朝一日也能颁布一条宪法修正案，起到同样的效果么？这样的传说还有好几个，或许正是这些传说中的某一个，道出了筷子的真正起源。不过，很可能正是从这一点上，我们野蛮的祖先开始进化，毕竟在西方世界，人们一直到很晚的时候还在用手抓取食物；而中国人由于竹子比铁更多，反倒止步不前，正如他们曾经有那么多领先之处，却终究没有更进一步，让自己的文明臻于完美。

在很早以前，或者说，在义和团起义和汽车发明之前，有一位年轻的英国传教士①——虽然听起来难以置信，但这个传教士现在还活着，享受着自己当年深谋远虑带来的好处，抄了近道，越过九江背后的庐山，回到传教站，心中就此点燃了新的激情。这位传教士站在这高山之巅，看着群峰自长江边拔地而起，孤独的矗立着，就像在南方的地平线上放了个用蓝色薄纸板做成的木偶剧院。他在山谷之中找到了一处绝佳的避暑胜地，远离潮湿闷热的平原。对那些传教士的妻儿来说，他们白皙的脸孔上流露出的不快，表明整年待在平原上使他们感觉到身体不适。虽然后面的故事说来话长，但还是长话短说。这群番邦蛮夷面对清朝政府、地方官员、遍布神山各处古庙里的僧侣，还有那些朝山求佛的信众们，历经千辛万苦，最终得到了一小片土地。那里临近一条小溪，溪畔山势陡然升高，周围巨石摇摇欲坠，两岸草木青青，林木茂密。此后又过去了四分之一个世纪，牯岭已经成为一个庞大的外国人社区，不少外国家庭常年居住于此。这些人早已适应了中国的生活，很难重回故土。每当长江一带盛夏来临酷暑难耐时，大批西方人便会成群结队来到此地，住上三四个月。

对于喜欢徒步远足的人来说，自庐山脚下拾级而上会是一段美妙的经历。山脚距离九江约莫半个小时的路程，每年六至九月，由外国人补贴的汽车会将成千上万

---

① 即李德立，1886 年来到中国，在庐山成立教会，建造教堂，举办讨论会，开办培训班，基督教开始了大规模的社会服务工作，福音遍及庐山一带。

的外国人带来此地。然而，绝大多数登山前往牯岭的人并非不知疲倦的徒步旅行者。到了上山的季节，几乎每天都能见到数十个、甚至更多白人被仆役们高高地抬在肩上，沿阶而上。这些仆役也得益于这片繁荣的景象。石阶就在林深树密之处，利用一处山间峡谷修建而成。大量山泉自峡谷奔泻而下，从庐山一直到山下的平原。牯岭街[①] 海拔 3500 英尺，时至今日，夏季住在牯岭避暑的外国人数量有数千人。这些外国人坐着轿子穿过当地人的集镇，接着徒步前往各自的住处。他们的房子巨大而坚固，就在密林深处的陡峭山谷之中。上海和汉口的洋行在此处拥有不少小屋，占地广阔，专供疲乏辛劳的职员轮流来此疗养休假。法国人、意大利人、西班牙人、挪威人，甚至还有德国人，全都混杂居住在这个国际化的社区里。当地的俄国人非常多，牯岭有一整块地区就被称作"俄国山谷"。他们有的在中国积累了财富，虽然不见得盆满钵满；有的则是带着家当逃离祖国，来这里继续生活，日子过得也算富足。

虽然能够在牯岭找到几乎每个欧洲国家或者在华外国企业的代表，可在这里占据统治地位的却是传教士。如今美国传教士的人数已经超过了英国，正是这样一群人塑造了牯岭的独特氛围。首先，拯救灵魂不需要像赚钱那样持之以恒，也没那么紧要。就连教会学校也要放假，既然信徒少不了，那么改变宗教信仰或许没那么兴盛。只要为了拯救教徒——与之相关的专业事项包括批改审查问卷、制定新的课程安排、为医院补充新的药品、视察中国牧师等，如果条件允许，远近各地的传教士就会把家人送来此地，自己也会尽可能频繁地来到这里。在牯岭能够见到不计其数的"教会大会"，所有的清教徒派别都会聚居于此。这些教派在中国彼此争斗，其实之间并无多少大的区别。

如果说中国人大量涌入会完全改变牯岭，那么外国人自己对此难辞其咎。鉴于租界经常成为那群残害同胞、作恶多端的中国人的庇护所，天朝的子民们从痛苦的经历中吸取教训，在割让牯岭的条文中，坚持明文规定中国人不得在此购买或租赁土地。然而，女佣家仆自然不可缺少。除非晚上关门歇业，否则同样无法禁止牯岭街的店老板们穿过密林，正是这道屏障把他们的地盘和租界分隔开来。还有传教士

---

① 牯岭街（the Gap），牯岭的中心地区。

们，带来了大批中国学生和教师，因为他们认为这里的环境能够真正起到感化作用，指望趁着夏天拯救迷途的灵魂。传教士中很多人已经对中国心生好感，甚至连自己都没有意识到；身边若是没有一大群中国人围着，他们就会感到不自在。

我并不是站在那些身在中国却与中国人保持距离的外国人一边；不过，如果说生活在中国的普通外国人有一样东西必不可少，那便是能够偶尔脱离中国的人群，有机会在自己的空间里呼吸，无须依照东方人的习惯调整自己，仿佛自己仍在家乡，却又不必为了获得这份轻松愉悦而长途奔波。如此一来，在经过一段休整之后，就能重返工作岗位——不论什么工作，再次充满热情，更加从容地用恰到好处的幽默或者类似情绪面对中国人。

其实，中国人在很多方面十分优秀，只是在一些细节上令人感到烦恼。然而，正是传教士的这份热情，或者说他们的善心，在某种程度上造成了现在的局面。为了让热情达到顶点，牯岭的政务会怀着对增加收入的急切渴望，当然这样的心情值得嘉奖，向该地的各类商贩和生意人颁发许可证。除非这里的外国人过于缺乏传教士一般的博爱精神，操起椅子，照着第一波上门推销的家伙扔过去，否则他们一定会把居住在这里的每一个外国人当作推销对象，把每一户外国家庭的门廊都变成自己的商品陈列室和大卖场，成天吆喝叫卖不断，连哄带骗地兜售那些品质并不好的商品，往往还毫无用处。正因为如此，原本世外桃源一般令人感到舒适的牯岭，却变成了另一番模样。无论是铺着砾石的小道，还是绿荫下的长椅，这些外国人原本为自己修建的这些东西早已被商贩占据。

牯岭的房子大多坐落在密林深处，沿着陡峭的山坡修建，就在那条溪流两旁，一直延伸到其他的山谷；比起中国城市中心嘈杂喧嚣的生活来说，怎么说都已是清幽了许多。此地的百合花和那些花园里无人照看却开得繁茂的第二代百合比起来，足足高了一倍。树木葱葱郁郁，将石头房子遮蔽起来。数百座这样的房子散布在山间，屋里并不缺少家的温馨舒适，突然有点同情捐赠者对教会的慷慨。山间小路吸引着远足的旅者走进每一处山石参差、风景宜人的角落。

在地势较高处，足可俯瞰长江和千尺之下的绿色平原。大江的颜色犹如加了奶的咖啡，平静地蜿蜒流淌，穿过稻田。稻田一望无垠，如同铺了一张巨大的地毯，只有在依稀可辨的远处才被兀然独立的矮山分隔开来。每逢入夏时节，大江几乎总会淹没两岸。待到大水退去，不少地方留下大片清澈的水洼，歪歪扭扭地散落在朦胧的亚热带地平线上。画面的近角处便是九江一带，犹如一堆燕子窝，毫无规律地零散粘在这条黄色的奔腾的"道路"边。汽轮是一个个小点，散落在"路"上各处，几乎一动不动。渔船的风帆明显也处于静止状态。

若是恰好选了个合适的地点，就能够见到自己一路登山的石阶，见到挑夫们排成的长龙一眼望不到头。这些人或者两个一起，挑着大行李箱，吃力地往上爬，或者四个一组，肩上担着一桶水泥，摇来晃去。目光所及之处，也常见腿脚无力的游客们坐着轿子。在那些不怎么西化的地方，一般两三个仆役抬一顶轿子，可在这里却要四个，甚至六个。登山的人像丛林蚁行军一样往上爬，树林将正下方的山脚一分为二，队伍的尾巴就从山脚下的树林里不断伸出来，而领头的则不断向前，一直通向牯岭街拥挤的集市。白天的集市上全是劳工，这个国际聚居地与一切所需物资的天然来源地的距离如此遥远，把这一切背来此地的正是这帮劳工。无论是近在身旁的某处，还是从山谷里依稀传来，总能听到"嘿呵！嘿呵！"的声音。整个长江流域，劳工们都会喊着这样富有节奏的号子，肩上背着沉重的货物，迈步前行——这里主要背的建筑石材，都是从山中开采的，因为牯岭和里约热内卢一样，有着俯拾皆是、取之不尽的花岗岩矿石。

赶上其他时节，来自热带的暴雨会日复一日，有时甚至一周接一周地倾泻在庐山之上。雨势异常凶猛，几乎每年都会把辛苦搭建起来的桥梁和石堤冲毁。散布各处的房屋被浸泡在一片泽国之中，我们住的房子也没能幸免。水流浑浊泛黄，往往深达数英寸，在屋前的台阶上形成急流，卷起白沫。水退之后淤泥满地，只有用铲子才能清理干净，连片的大树也被连根拔起，让那些在斜坡上修建花园的人心疼不已。中国北方雨水稀少，人们见到如此场景往往感到恐惧；即便是绵绵细雨，你若能让一群劳工走上那么一英里，就算你真有发号施令的能耐了。但在长江流域和南方一带，雨一连下好几个星期是年年都有的常事，当地人不像北方人，有如此强烈的恐惧心理，害怕被雨水浸湿。上一场洪水形成的薄雾尚未褪去，还没有等到牯岭重新变得清晰可见，就再次响起了爆破山石的轰鸣巨响，还有数百凿石工开采石头的单调声响和挑石者"嘿呵！嘿呵！"的号子声，形成了一场交织着各种音响的山野大合唱，整个夏天都在牯岭上空回荡。然而，一周能够听到这些声音的日子其实只有六天；因为传教士们的影响实在太大，就连那些不算虔诚的劳工也会大着胆子，去网球场上度过一个礼拜日的上午。

　　牯岭是唯一一处能让我体会到定居生活快乐的地方。无政府主义在这里大行其道，合法又合理。外国人控制着这片地区，其中的大多数拥有治外法权，中国人在这里和在上海或汉口的租界一样没有管辖权。没有任何一个国家对这块地方拥有司法权。牯岭有一个选举产生的政务会，成员全部是传教士。尽管如此，如果我得到的消息千真万确，这些传教士之间的意见分歧还真不小，这一点随便参加一次政务会议便一目了然。政务会主要负责与牯岭建设和发展有关的事务，其下设有捕房，清一色都是中国人，有权对中国人实施逮捕或者将其驱逐出租借地。外国人若是拒不遵守政务会颁布的法令，除非经民意投票，否则不得强制拘捕或驱逐出境。有些常住居民一直拒绝纳税，原因主要在于对社区资金的用途存在异议。这个业余管理机构对此无计可施，只能禁止发布反基督教的言论，放弃那一部分财政收入。

　　假如我按捺不住冲动，一时激愤，失手杀了纠缠不休的小贩，或者因外国邻居将破烂得早应该扔到废品站的留声机开得太响而开枪打死他，即使这样，政务会也不能对我采取任何法律措施，只能等待美国驻汉口的领事得到正式照会，亲自前来或者委派代表传唤我前去解释。之所以如此，是因为庐山的治外法管辖权归汉口所有。然而，这种无法无天的生活虽然听起来恐怖，却并未让牯岭变得不宜居住。恰恰相反，牯岭证明了人是能够通过协商谈判而非强制暴力生活在一起的，尤其是在这样一个由文明人组成的聚居区里。那些粗暴的举止仿佛没有被带到如此遥远的海外，或者如此深入内陆和海拔如此之高的地方。这里的居民在一定程度上是按照教会的标准筛选过。只要商贩的骚扰能够减少，便会相安无事地过很多年；毕竟此前牯岭只发生过一起白人杀人的案件。

　　虽然情况是这个样子，可牯岭无法代表中国。虽然已经实现了一大目标，但内心深处的不安分依旧催促着我趁着夏天尚未结束时，继续上路。幸运的是，因为还不到时候把妻儿从这块嵌在东方的神圣绿洲上接走，我自然要再次回到牯岭，因此这趟旅行值得一走。

　　几个月以来，我一直听人说江西有个地方不该错过，那里有座古老的城镇，名叫景德镇。过去几个世纪以来，"瓷器"（china）虽然在西方世界已经成为"中国"

（China）的代称，但听过景德镇这个名字的西方人却少之又少。事实上，即便中国人自己，也有许多人在听到这个地名时没有表现出丝毫了解。然而，景德镇成为中国的瓷都已有千年历史，那里制造的高档瓷器比中国其他任何地方都要多，也唯有那里出产的瓷器才为行家里手所称道。

旅行，与不少其他词一样，因为在中国与西方的理解有所不同而变得妙不可言。景德镇与我们消夏避暑的牯岭正好隔着鄱阳湖对望，方向东偏南，坐飞机直接去或许不到一百英里，可来回一趟很可能比从纽约往返盐湖城耗费的时间更长，也要辛苦好几倍，这一切都是为了享受在目的地待上一两天的特权，就像个行色匆匆的推销员。当然，除非你指望按里程算钱，否则二者在开销上完全无法相提并论；若是那样，我接下来的旅程就比从百老汇走到摩门教徒居住区要贵上两倍。

一个仆役如果是由在中国出生的外国人找来并且担保的——通常还得提前预约——一天下来的酬劳据说是 70 个铜板，约 25 美分。想想他不单要帮我提行李、烧水煮鸡蛋、计算"房钱"，一般说来还得为我带路，聊聊人生的大道理，保护我的人身安危，这样一来报酬倒也算合适。当然，他为我做每一件事情自然都少不了拿几个铜板或者几文钱作为回扣，至于数量多少，取决于我是否对他怀有戒心，有多少经验，是不是容易上当，不过怎么说也不会是复杂交易。无论如何，这些事情我们欣然接受，就像谈论一个人尽皆知的事实；这位新助手会把一部分预付工资交到办事的用人手上，因为对用人负责的是他，而不是别人。

对于一个中国的劳工来说，我的那点行头根本不算什么，不过一张行军床，一些被褥，三两个碗碟，几听可可、牛奶和燕麦，一个装着个人用品的小行李箱，一个水壶，里面盛着开水，可以在沿途的旅店和茶馆随时加满，全部加在一起还不到 80 磅。因此，出发后感觉好像反倒是我自己落在了后头，而不是我挑担子的同伴。

我们穿过牯岭街，一路向前。路就像一块搁板，沿着庐山的山头穿进穿出。虽说从牯岭通往山下世界的小路有三条，可住在牯岭的最大胆的人也只熟悉其中的一条。几条直接下山路线沿着垂直的山溪，从铺满卵石的河床一下跳到摇摇欲坠的巨石堆上，兴许只有那些身手敏捷、头脑灵活、不怕头晕的人敢走。最早来到庐山的外国人走的就是这样的羊肠小道。从上面下来，有时只能手脚并用。

　　随着通往九江平原与外面世界的巨大阶梯分岔开来，一路通往大姑塘[①]，我们就在这里把西方世界一下子抛在了身后。山的这一头，劳工们同样排成长龙，沿着山路辛苦地慢慢挪动着，一如沿着巨大的后山阶梯去往牯岭一样。山脚下，南康[②]这座小小的县城就坐落在鄱阳湖畔，它的历史可比恺撒发现高卢三大地区[③]久远得多。

　　劳工们挑着一筐筐硕大的窝瓜，还有山顶所需的其他农产品。筐子在富有弹性的扁担两头晃来荡去。大多劳工扛着木材，大小和电线杆差不多，采自远处山下的鄱阳湖，用于牯岭修房建屋，用量相当大。十几岁的少年一边肩膀扛着原木，肩头早已布满了磨出的老茧，另一边则挑着结实的棍子，帮着撑起木头。成年人除非上了岁数和青少年挑一样的担子，否则一般都得同时扛两根木头，把木头尖的一头绑在一起，形成"V"字形。他们身上被太阳晒得棕黄，裹着一块腰布，还在山脚下刚刚起步便已汗流浃背；即便做着如此辛苦的工作，人置身于山中浓密的晨雾中还是容易打冷战。你要是哪天发现路边放着两根等待安装的电线杆，可以试试扛着两根杆子在氧气充足的平地上走上一两个街区，就会明白这些人尽管祖祖辈辈早就习惯了这项工作，为什么还会在望不到尽头的阶梯上不时发出痛苦的呻吟，为什么还会走上那么一会儿就得停下来，把肩上的重担一头顶在山坡上歇息片刻，有时甚至每隔一小时还会在卖米饭茶水的小屋前把担子全部放下来。

　　山路时而拐进深深的溪谷，时而越过山间小溪，溪水在巨大的卵石上激起层层白沫，路在绕了一圈之后又回到几乎一模一样的原点。走到山路与天地的交汇点，极目远眺，便能在东南两面看到浩瀚的鄱阳湖。水深处明净如镜，水浅处则呈黄色，后方远处是一段段蓝紫色的低矮山地。每个便于眺望的地点都开着一间茶馆，用茅草、竹片、泥巴和砖块垒起的，简陋脏乱得很。屋檐向外伸出，仿佛门廊一般，下面摆着破旧的茶桌。茶馆老板穿得破破烂烂，会为你端上一杯茶水，有时还有煮好的米饭，再加上屋檐下能够乘凉避暑，凉风习习，对那些过路的劳工就更有吸引力了。

---

① 大姑塘（Ta-ku-t'ang），即九江历史名镇姑塘镇，位于鄱阳湖西岸，因正对大孤山，故又名大孤塘。
② 南康镇（Nankang），即江西省九江市星子县南康镇，为历代星子县与南康军、路、府治所所在。
③ 此处所指为公元前58—前52年间由罗马共和国执政官恺撒领导的、对高卢各部族发动的一系列战争，史称"高卢战争"。高卢为古代西欧历史地名，包括今法国、比利时的部分地区；所谓"高卢三大地区"以阿尔卑斯山为界，分别为山南高卢、山北高卢与纳尔波高卢。

虽然这里的美景浑然天成，看一眼便让人倍感欣慰，可即便我一身轻装，也很快意识到已是八月中旬，不过这在高山之上似乎没有多大意义。山路不再如刚开始上路时曲折难行，渐渐平缓起来，越过一个又一个圆圆的小山包，在连片奇形怪状的稻田里穿梭。此时的太阳晒在身上颇有威力。小路被一簇簇低矮的竹子遮蔽了起来。山上的竹子细得只能做钓鱼竿，而这里的却粗得像棵小树，足以使人从低地的暑热中获得一丝解脱，虽然只是片刻，却聊胜于无。暑气此时已经开始展现真实的威力。继续往山下走，半干旱的丘陵挡住了山风，把炙热的阳光反射回来，像敌人的攻城器一样，我开始为没编个理由在牯岭再待上一两个月感到后悔。

十来头水牛让我们好生嫉妒，除了鼻子，整个身子都浸在水里，眼睛露在水面上，好奇的打量着我们沿着光秃秃的湖岸上上下下。湖边没有任何农作物，只有那些快要塌掉的石头坟墓。一艘渡船张着帆，左拐右拐地开往湖的上游，船上每一寸地方都挤满了劳工装扮的乘客。这里是中国最大的淡水湖，从海拔一英里的高度遥望下方，给人的印象远不如亲临其境深刻。湖面波光粼粼，放眼望去，在抵达岸边之前根本看不到东面的地平线。

大姑塘是我们第一天的目的地。这个小镇挤在一小块陆地的一端，几乎成了一个小岛。人们好像从来不满足于老天赐予自己的土地，为了确保村子不会成为孤岛，很久以前便用石块和砾石修建了堤道，否则我们进出的路只能被湖水淹没。镇上的房子密密麻麻，屋后的山坡上孤零零矗立着三四栋大房子，看上去带着点外国风格，不过现在已经人去楼空。此时的我早就满头大汗，眼睛被汗水迷得睁不开，浑身上下湿透了，让人觉得我真的和那几头逍遥自在的水牛一起下到了水塘里。我突然想起那个帮我找挑夫的英国人正好出生在大姑塘，他的父母都是传教士，很早以前便离开这里去了更有发展前途的地方。在这个像极了孤岛的镇子，最高处立着一块被庙宇环绕的石头，被远近的人称为"小孤儿"，而眼前的这座镇子则得名于另一块较大一点的礁石。长江一带地势较高的岛屿通常都在最高处修有一两座寺庙，会有一道花岗岩凿成的石阶，从难以立足的上岸点沿岩壁一直向上。按照中国人的传统观念，越神圣的地方就越难行。

堤道的尽头一直通往镇上的大街，实际上这也是镇上唯一的街道。到处都散发着令人不悦的气味，和那些狭窄的南方小巷里的没多大区别，不过八月的暑热使它们变得更加难闻，而且掺杂着更为浓烈的鱼腥味。从不可追溯时间的年代起，大姑塘的居民就开始每天在鄱阳湖里打鱼。街上空荡荡的，如此不自然的一幕让人觉得不同寻常。我脚上的软底鞋和挑夫的草鞋发出轻轻的声音，噼噼啪啪，成了这潮湿的石板路上唯一的回响。这些滑溜的石板被人踩踏几百年，形状早已变得不规则。烈日当头，劳工和小商贩不愿出外活动。生意人脱光了膀子，躲在自己铺子的阴影里懒洋洋地乘凉。铺面很小，都是用泥巴砌的。女人、孩子，还有中国大街小巷随处可见的野狗，就连那些黑猪——汉人不可缺少的食材——全都在打盹或者酣然大睡。有的躺在锯木架上，有的睡在竹板床上，还有的就窝在沿街的臭水坑或者垃圾堆里。八月里，人们和他们四条腿的伙伴平时都舍不得忙里偷闲，迫于生计，天一亮就得开始忙碌，一直忙到天黑。

镇子里来了个外国人，还是步行，自然让小镇上本来就难得的午休时间一下子缩短了。光着膀子的生意人、孩子、女人，就连野狗——看得到的活物里，不为所动的就只剩下那些猪了——忙不迭地全都跑到店铺前面，目不转睛地盯着我们。有的指指点点，有的则在一路小跑的挑夫身后大声问话，而他只能不时从没有挑担子的一边回过头，胡乱答上两句。生命复苏的阵阵涟漪很快传播开来，就连街角卖小吃的都在柜台前再度活跃起来，还没等我们停下脚步开口向他们打听，就扯着嗓子，开始推销自己货物如何如何地好。

对于到中国任何一个内陆城市的外国人来说，等待着他的到底是些许慰藉还是希望完全落空取决于以下问题的答案：

"有外国人没有？"

"有！"几个人异口同声地回答，我又惊又喜。好几个人努了努嘴——中国人指路的方式就是这样——我们顺着方向，向上走到了沟渠与小巷的交汇处。一位英国海关专员就住在这栋两层楼高的房子里。房子看不出是哪个国家的建筑风格，四周照例砌着高高的砖墙。他家的男仆说，专员现在还在海关。身为一名中国用人，这位男仆对我已经算是尊敬有加了，他或许觉得眼前的这个白人在主人面前会有一些分量。当然，这也是按常理推断的。要知道这个镇子一年到头也很少有外国面孔出现，这次突然来了西方人，一定是这位独居于此的外国人请来的朋友。男仆打了水让我洗脸，我的脸上早就又红又热，接着又端来了水——他向我保证水是烧开过的——请我在靠椅上休息，又让挑夫找个地方卸下行李，安顿歇息，然后便消失在主人办公室那一头的山脊后面。

　　房主人略带惊奇地大步走进屋里，把遮阳帽随手挂在了一个极窄的架子上——我这样说毫无半点奉承的意味，只是这种欢迎架势，从一个外国人而非我个人的角度来说，还挺招人喜欢的。尽管听起来或许有点不可思议，毕竟这里离牯岭徒步不过六个小时，住在那里的外国人成千上万，而这位独居于此的海关专员却已经好几个星期没有见到一个外国人了。等喝完给我接风的混合酒，太阳已经失去了高高在上的狠劲，于是我们走出门外，翻过山头，懒洋洋地向海关大楼走去。

　　离岸不远的水面上，仿佛有一座座漂浮的村庄，远处的湖面上还有两三个，正慢慢靠近岸边，却又让人觉得纹丝不动，好像从另一个方向看过去的"小孤儿"。这些其实都是用木头扎成的筏子，木头是在上游地区砍伐的，和我们在牯岭见到的木料一样，那里的人整个夏天都在搬运这些木头。吴城区①位于鄱阳湖及其支流的最南端，现在依旧林木茂密，能够提供大量木材，这在中国可算得上是珍贵资源。木筏并非按照传统方法将同样大小的木头捆绑起来，而是一根根堆垒在一起。海关站的检查人员会用一种特殊的设备测量原木的深度，水下深度可达 17 英尺，水面上的高度也相差无几。每一个这样的水上贮木场都有一个完整的村落，住着船夫筏夫以及他们的家人，还有看守者、随行人员、乘客，再加上不少无害的闲杂人员，他们会聚集在任何能够混口饭吃的地方。

　　这些水上村庄必须在大姑塘停泊靠岸，运气好的话能够在一两天之内离岸——当然，如果时间对于中国人来说有价值，那么应该算得上好运吧。因为由外国人控制的中国海关对路经此地的一切进出口货物都要课税，一筏子木头可能要 2000 两银子。所谓"两"，就是中国的盎司②，一两银子换成美元，大约 75 美分。如此一来，问题就出现了，平均下来比中国的实际购买价格要高出好多倍。可这绝不是全

---

① 吴城（Wucheng），即江西省吴城镇，位于鄱阳湖、赣江与修水交汇处，自古便为商贸水运的重镇，清代设分府衙门于此。

② 盎司（ounce），旧称英两，约为 28.39 克，与中国传统的一两（约 31.25 克）大致相当。

部，这点钱比起一船货物的全部税金，不过是小巫见大巫。商品过界时征收的关税，其实就是一种合法的抢劫。虽然与列强被迫签订协定，不过中国的关税与今天大多数国家相比并不算过分。然而，另一方面，中国还有一种厘金，类似于不少欧洲国家的入市税。从一个省到另一个省，一个区到另一个区，进城，甚至过路都要收税，这就是厘金。今天的中国被数以百计的军阀割据，各自为政，四分五裂，这也意味着只要有权，货物凡经过一地都要被强征税。厘金站从某种角度看是合法的，但却又让人联想到明目张胆抢钱的土匪，中国的平民在内地运输国内产品时，税和厘金几乎没有区别。理论上不得对外国商品征收厘金，但具体如何还得看地头蛇的态度。他们想收多少就得交多少，外国商人与领事就算抱怨抗议，也无济于事。

还是把话题转回大姑塘的这些木筏子上吧。仅是这里收取的厘金，就往往能够达到关税的两倍。将与之相关的种种繁琐手续办完，木筏上的小村就能够再次出发，虽然已经耽搁了好几天时间。不过木筏还是无法平安、不受骚扰地一路畅行。不管是在鄱阳湖注入长江的湖口，还是沿江而下的每一个地图上标得出名字来的地方，这些船都要一次次遭受盘剥，即便到了目的地也是如此。一路上至少得停下来十几回，每次停留等待的时间长短取决于当地的税官们能否发发善心。这些人背后总有兵痞在撑腰，他们吊儿郎当地穿着军装，手里拿着武器，人越多，收的钱也越多。从山里一路到南京或者上海，这笔高昂的费用除了那些资本雄厚的财团或公司，恐怕无人能够承担得起。如果中国的这套制度移植到美国政客的权力范围之内，被纳入法律体系中，那么一船货物从纽约运到新奥尔良恐怕得花上好几个月，沿途经过每一道州界、每一座城市，只要当地的权贵想要任意收税，这些新的费用最终都会被转嫁到消费者头上。即便如此，从中国南方的这些地区出口木材，据说仍然有"大钱"可赚，毕竟只有这些地方还有半长成的树木，这也解释了为什么有些木材不远万里地横渡太平洋而来，在上海和其他口岸城市的卖价反而比中国本地的木材便宜。

无论是出于个人的民主精神，哪怕这种精神与自己所在的这个国家和从事的职业并不相符，还是只是因为孤独寂寞，迫使他寻找能够找到的一切伙伴，款待我的这位主人每隔几天便会和他的中国高层同僚共进晚餐。那天晚上正好赶上他应下属之邀赴宴。我要不是忘了带上好几个月食物，恐怕会对用筷子进餐感到更加不安，因为已经习惯了在牯岭时中国用人为我们提供的尽可能接近美国式的食物。补充一句，如果有人能让天朝子民们明白什么是真正的干净卫生，那么除了法国人之外，没有几个民族做菜比中国人更好吃。我这样说并不只是为了表达我个人的口味，几乎所有在中国内地旅行的外国人都愿意不辞辛劳、不计成本，虽然这样做的成本并不算高，也要带上自己的厨子、炊具和本国的食物。他们这样做不是因为无法忍受中餐的味道，而是因为中国人做菜和上菜的方法往往会让人产生某种立时暴毙或者死期不远的错觉。在这个昔日帝国历时 18 个月的旅行途中，我陆陆续续学了不少洋泾浜中文，用筷子的本事至少和我的中文相当。如此一来，也就不用担心在享受一顿中式大餐时，同桌的美食家们已经把盘里的东西一扫而光，而我却抢不到属于自己的那一份，只能面对空空如也的圆桌。我甚至已经练到就算听到"干杯"的声音也不会不适。中国人的"干杯"讲究一饮而净，然后得把酒杯倒过来，让人看到杯底。简而言之，我们在大姑塘的晚餐从各个方面来说都是成功的，确保我至少在接下来的 24 小时里不会忍受饥饿的折磨。

舒适的夜晚需要的是不被打扰的睡眠；而中国的旅舍恰恰相反，通常只会带给你连续不断的噩梦，因此一夜好眠就像天赐的意外，只要有一次就会永久留在记忆深处。可惜的是，大姑塘可不是能够留下如此美好回忆的地方！在离开山顶的这几个星期里，最初几天的长途跋涉使我的皮肤被阳光灼伤，还引发了高烧。更何况，除非我信誓旦旦地声称要遵守传教士们的清规戒律——你知道这完全是一派谎言——否则总会不可避免地喝几口酒。不论是中国酒还是外国酒，它们的效力从来不对我的胃口。再加上还有件事简直令人难以置信，款待我的房主居然早就把家乡的生活方式抛在了脑后，在这里的几天里，他竟然从未向我提过"浴缸"这个充满魔力的字眼，这一切让情况变得更加糟糕。在我的全部旅行生涯中，还从未在一张简简单单的行军床上受到过如此炙烤。入夜时分，房间里的空气犹如死水一潭，令人窒息，就像在一个超级强劲的火炉里，纵使大开着窗户也无济于事。直到窗外传来大姑塘的守夜人敲响的第一轮更鼓，我才脱去衣裳躺下。

这是奇特的文明古国遗留下来的一个习俗，也曾让我在其他夜晚痛苦难眠，然而从来没有哪一次像住在鄱阳湖畔时那样糟糕透顶，让我如此难受，其他的不眠之夜与之相比，简直不值一提。如果中国的更夫不每隔一段时间制造声音来报时，那就无法证明他没有躲在某个角落里舒舒服服地睡大觉。美国国内也有类似的办法，但不同之处在于我们消除了噪音。然而，我总是会想起这些更夫，哪怕是无意识的；他们宁愿对暗杀行窃之徒一而再、再而三地警告，并给予充足的时间，也不会冒险去与他们搏斗一番。总之，他们会用一种更为温和的表达方式去达到目的，要么用一对拍板相互撞击，要么连续击打一节竹筒、一块响木、一个锡盘或者其他能够折磨听觉的简单玩意。诸如此类的普通用具中，有一些常常会让人感觉神经崩溃，甚至还有每一次履行责任时所点缀的短暂沉寂，而你的神经早就因为这些没完没了的打扰而疲乏厌倦。然而，大姑塘人的骄傲之心无疑会将这些短暂的沉寂视为偷懒怠工，对此绝对不能容忍。凭我彻夜不眠地听了整整一夜而做出的判断，这个更夫用的工具包括六个铧头、十来节砍木头用的铁链、四个大小各异且音调不同的盘子、一种木质的大小如雪橇铃铛一般的工具，中国人用它来代替鼓，发出的响声比任何东西都更能直冲神经中枢，还有其他一些难以形容的声响，再加上一副大嗓门，声音之大堪称亚洲第一。强烈的责任感让他绝对不知疲倦，与责任心配套的则是无限的耐性。

　　大姑塘毕竟地方不大，没有任何一个角落会听不清这位夜间守护者嘹亮的嗓音。他就这样整晚一刻不停地或者在我的窗前，或者在扔块石头便能打到的地方——如果我躺的地方有足够的石头——把铧头撞在一起锵锵作响，上下来回晃荡着铁链，时而同时敲着四个盘子，时而合着无可挑剔的拍子连续击打空心木头，发出回响，时而把那堆杂七杂八的玩意抖来抖去。无论何时，更夫都会扯着喉咙大声吆喝，嗓门之大就算不用任何辅助装备，也足以让江西省内所有昼伏夜出的作恶犯科之徒逃之夭夭。与他的声音相比，僧人们在驱魔捉妖时发出的声音简直就是喃喃细语。他会用上整整十分钟，像蜗牛一样从英国人的屋前慢悠悠地走过，然后迈着同样缓慢的步子绕着并不漫长的巡逻路线走上一圈，整个晚上都能够分毫不差地发出这种令人难以置信的杂乱声响。听起来镇上的几个朋友或者一些热情洋溢的夜间工作者也会不时加入其中，亮一亮由于喝酒而变得沙哑刺耳的嗓子，再摆弄摆弄那些能够制造噪音的随身物品，助他一臂之力。

　　话说回来，这家伙的声音至少是连续不断的，比起那些工作没这么卖力的守夜人来说好歹已经算得上是一种进步。绝大多数更夫会突然陷入一段沉寂，待到饱受折磨的旅行者昏昏欲睡，又再次响起噪音。比起彻夜难眠，一次次从睡梦的边缘被拉回来，这种折磨人的方式更加讲究技巧。在大姑塘度过的这个夜晚无疑是命运的安排，意味深长，让我为接下来在中国南方为期一年的旅行做好准备。在今后的12个月里，我要在侧耳倾听守夜人的声音中，度过不少不眠之夜。这些专门吓跑夜盗的美德守护者与他们在大姑塘的同行根本不可同日而语，只要想到这一点就能让我承受的折磨得到些许缓解。

天色微明，更夫突然停止了工作，随后的沉寂令人诧异。我几乎已经开始习惯，若不是房主人从隔壁房间的床上一跃而起，连蹦带跳地出现在面前，我原本都要昏昏睡去了。房东慈祥的面容和亲切的问候让我想起了仙境中的教母。

"早上好，昨晚睡得好么？"

"你睡得好么？"我反问道，脸上勉强挤出一丝笑容。

"好极了，从来没有睡得这么舒服过。"

"看来他们对你的保护倒挺周到。"

"此话怎讲？"

"你的守夜人看来很努力，很称职啊。"

"哦，你是说那个家伙！知道吗？刚调来这里的时候，那家伙吵得要命，害得我根本睡不了。不过，现在早就习惯了，根本就听不见。要是没了他可能还睡不着呢。"

人的适应能力真是奇妙，真的！

八月的晴空万里无云，趁着太阳尚未开始新一轮的酷晒，我已经大步流星下山，赶往码头。挑夫挑着行李，一路小跑地跟在后头。房东天一亮便派了个地位最低的仆人去喊船夫。船夫把船停在镇上靠内陆的水道后面，此时自然还没吃过早饭，也只能动身出发。我们足足过了一个小时才经过英国人住的巷子，那里本是前一天晚上商量好的出发地点。船不过是一条舢板，上头没有篷子，沿着湖边慢慢向上游划去，借着载着村子的木筏遮一下阴，然后绕过一个岬角，阳光此时已经从头顶毫不留情地直射下来。虽然我们雇这艘笨重的木船是为了直接到湖对岸去，可中国人却有些迷信，非得往上游划上好几英里再开始渡湖。船家先是吹着口哨，后来改为大声嚷嚷，祈求老天起风，可当神灵千呼万唤终于现身，风一阵阵开始刮起来的时候却又不知该如何利用。说到工作辛苦，很难有人能和中国的船夫相比，可在乘风扬帆这方面，他们只能算胆子最小的那一类人。当然，正是这样的性格使中国人在自己国家的北部砌起了一道雄伟的高墙，他们宁愿动用数量巨大的劳力去修长城，也不愿冒险与长城外的敌人大战几场。

整个上午，庐山一直矗立在我们身后的迷雾之中，呈现出一片淡蓝色。我不时看一眼五老峰的侧影，在牯岭旅行的时候我曾经认真地观察过它的正面。现在的侧影看上去就像一组五座花岗岩山峰被一分为二，丢掉了一半——它们的确被丢掉了一半，只不过这一丢就丢了千百万年。湖对岸群峰耸立的地平线仿佛在不知不觉向我们靠近，因为没有任何标识能让人觉察到是我们在向岸边靠拢，刚刚还在远离湖岸的水中央，不经意间却到了东岸的小镇。只是我们并非如船家前天晚上保证的那样，吃过早饭两个小时便可以到达，此时早已过了正午。

夏天的洪水刚刚退去，村里弥漫着刺鼻的气味。这里只有一条街，半是卵石铺成，黏糊湿漉。街道是岸上小路的一段，虽然已经露出水面，但继续往前走，会有好几英里要穿过偶尔出现的泥塘与小溪，有些地方甚至水深齐胸。幸运的是，只要给一点酬劳，就随时随地有人愿意提供服务。我的挑夫正抱着一大碗米饭狼吞虎咽，饭堆得老高，配着些切好的蔬菜，基本上都是红红的辣椒。我从他挑着的担子里也拿出干粮，这些东西更合我的胃口。这时，一个小伙子已经站在街道滨水的一头，划着舢板。小伙子划了约一个小时或许更长的时间，方法跟划贡多拉 ① 一样，这种划船的方式在中国南方非常普遍。被洪水浸泡过的原野越来越小，只剩下一条小溪水满满地还在不停往外溢。泥泞的地面上河岸渐渐露了出来，上面满是杂草，像是小型的丛林。小伙子终于停船靠岸，把我们送到一条露出水面的石板路上，我们又可以按照自己的速度继续进发了。

离太阳下山还有不到三个小时，我们在路旁，离一个急弯不远的地方看到六七间房子，都是客栈和商店。没有其他选择，我们只能找间最大的将就着住下。房间一如既往地十分通透，地面就是"大地母亲"，硬邦邦、坑坑洼洼的，屋里胡乱地

---

① 贡多拉（Gondola），又译为"冈贡拉"或"刚多拉"，是意大利威尼斯一种特殊的小船。每条贡多拉由一名船夫驾驶，船夫站在船尾靠行驶方向的左侧一边，面向船头，用单只船桨在船的右侧水中推水。

摆放着几张脏兮兮的四方木桌，桌子旁摆着几条锯木架，有八英寸宽，中国人习惯称之为条凳。到处都是猪、骨瘦如柴的野狗、鸡，还有流着鼻涕的小孩——他们还穿着开裆裤，省得妈妈们洗那么多衣服。

正对着没有墙的街道的角落，是摆放炉灶的地方。灶是用泥巴砖头垒起来的，还有其他各种各样的坛坛罐罐，足够维持一个最简陋的中餐馆。女人和她们的男人们轮流来此生火做饭。那些女人总是身上汗得透湿，脸上的灰尘好像都结成了一层硬壳，蓬头垢面的样子超出西方人的想象，而她们的男人恐怕更没怎么洗过脸。

太阳即将落山，屋里连一扇窗户也没有，变得更加阴暗。本来能够看出屋里靠后的地方开着几扇门，通往三四间简陋的小房间，每扇门上好像都挂了副敲门的漫画。屋里布置着不少"床铺"，其实就是几块并不平整的木板，搭在锯木架上，木板上铺着草席，像纸板一样又薄又破、肮脏不堪，就这样沿着房间四边紧紧挨着摆放。通常情况下，我会在这些简陋的房间里挑一间最不招人讨厌的住下，如果非得给我的行军床腾个地方，或许还需要把一些这样的"床铺"挪出门外，可八月的酷热实在让人难受，我需要想想办法。

顺着路再走上几码便是一个水塘，水质多少有些浑浊，这样的池塘在中国种植稻谷的地方比比皆是，这只是其中之一。眼看天色黑得差不多了，我估摸着不会对当地品行端正的少女构成冒犯，于是脱了个精光，泡进了塘里，水还微微带着热气。待到回房换上睡衣，和我一起赶路的伙伴已经擦完桌子，开始为我布置简单的晚餐了。在中国南方旅行的途中，这样的程序迟早将成为我的习惯，所幸我的睡衣和中国人夏天穿的衣服没有太大区别，穿出来也没什么不妥。人们围在我的身旁观察着，越聚越拢；这种事情无法避免，所幸住在这里的人不多，过夜的游客也相隔很远，这才让我脑海里那个大胆的念头变得有可能实现。

这个大胆的念头其实只是睡在屋子外头而已！

除了身边永远围绕着中国人，以及有时一个人会觉得孤独以外，在中国旅行最大的困难就在于，根本没有办法选择自己中意的地方落脚歇息。白天，你的挑夫更愿意撒开双腿一路飞奔，而不是在开阔的原野上找个有草有树、能够遮阳的地方坐下来歇一会儿，他们仿佛宁愿忍受任何折磨，也不愿在路过一个村子时把肩头的担子放下，到村里小憩片刻。靠自己的双腿、而不是坐着轿子赶路的最大好处，就在于你可以选择在白天找个地方喘一口气，而不是你的挑夫。不过到了晚上，无论自己走路，还是坐轿子旅行，都一样无能为力。奖励也罢，惩罚也罢，哪怕好话说尽，似乎都没有任何东西能够诱惑这些挑夫停下来。晚上唯一可能歇脚的地方，总是一天行程中能够找到的人最多、最吵、气味最难闻、猪狗最肆无忌惮的地方。很少有人会在中国旅行的时候带上帐篷，因为十有八九找不到一块不被人占用、而且大小合适的地方来露营。况且在现代化的今天，几乎每条路上都有强人土匪出没，等着你留下买路财。就算最不挑剔讲究的外国人也很少在离开汽轮和火车线路旅行的时候不带自己的行军床和被褥，不过那些中国旅店里所谓"客房"，就算带上了自己的行头也实在让人望而却步。在这个仲夏季节，这些屋子都会把大门关得死死的，屋子前的活动门板也都回归原位——不管天气如何，中国人一到晚上就会这样——我知道等待我的，又将是一整晚酷热难耐的煎熬。

我的晚餐差不多吃完了，只剩下劳烦挑夫去洗洗盘子这类简单工作，而他正在吃着和另外两三个客人一样的晚饭。我见此情形，不动声色地拎起行军床，慢悠悠地向街上走去。床还包在一捆被褥里，上面盖着帆布。有那么一段时间我以为我的计策起了作用，想来已经摆脱了人们的好奇心，然而希望却在走到小路拐弯的地方破灭了。我还没来得及解开被子，那个挑夫就已经站在了身旁。路的两旁挨得紧紧的全是稻田，稻子已经成熟，只等着收割了。屋子外边唯一一块宽敞的没有被垃圾覆盖的空地就只有这条路的拐角，而且宽度正合我意，而且还长着草，真是相当难得。

"先生需要我帮您在这里开铺么？"和我一起赶路的挑夫问道，话语里带着一丝敬意，而非谄媚。只有那些与外国人打交道不多的中国人才能如此完整地保留这份纯真。他一边说着一边开始帮我铺床。

我简单地答了一声："要。"

"先生要是想搬进去睡就喊我。"挑夫对我说道。我已经爬进了蚊帐里，帐子是我用一个很简单的装置支起来的。

"不用麻烦了，"我回答道，"你可以去睡觉了。"

跟我想的一样，挑夫并没有走远。显然，我必须对他有话直说，除非我希望他站着，或者躺下来整晚等着听我使唤；可他和我同样需要休息，虽然出于作为中国人的礼貌和职业习惯，他可能不会承认这一点。

"你看好屋里的东西，"我又说了一句，"我今晚就睡在这儿。"

"先生打算整晚都睡在外面？"挑夫一声不响地在那儿站了足足一分钟，接着又问了一遍，尽量想要除去疑问的语气，他可能觉得这样的语气有些失礼。

"是的。"我又回答了一遍。

挑夫在那里一动不动地站了很久。一个人如果突然遇到意料之外的危机，需要的是赶快采取行动，而对他这样的人来说，却无法决定该如何是好。他过了好一会儿，终于向前迈了一步，说话的语调还是一如既往地带着敬意：

"今天的月亮好亮啊。"

"那就更好了。"我把一床薄薄的被子扯住盖上。

我在中国待了这么久，完全明白挑夫的脑袋里在想什么。他肯定在回忆从哪里听说过一个人晚上睡在屋子外面的，还是在满月的夜里。就算我没有神经错乱，还有恶鬼幽灵、晚间令人窒息的空气、抢劫犯、杀人狂、强盗土匪，就这样还敢睡在外面路上！当然，虽然外国人多少有些不正常，可这也……

让挑夫对我的精神状况产生过于强烈的怀疑可不行。我是通过别人雇到这个挑夫的，对他没什么约束力，没准一大早我就会发现他不见了踪影。再说，挑夫认为把我完好无损地送回去是自己应尽的责任，所以让他过于担心也太不厚道了。

"我们美国人经常这样，"我于是对他说，"没什么好担心的。"

挑夫并不情愿地慢慢走开了，在月影下站了一会儿，直到店门还剩一块板子没被插上时，才慢慢地进了屋。顶多又过了两分钟，另一个人出现在我身旁，也是个仆役，不是过路住店的，就是这里的村民。

"洋先生打算睡在外面，睡在月亮下头吗？"他问我，话里带着些许嘲弄和好奇，我雇的挑夫是不会用这样的语气当面问我的。我证实了他的猜想，而他却一动不动地站着，过了好一阵子没有一点声响。于是，我抬头看看他到底怎么样了。只见他的三个同伴已经悄无声息地围了过来，就站在他的身后。

"洋先生要睡在外面，睡在月亮底下吗？"其中一个问道。我含糊地回答，人群中发出窃笑声。有两个路人经过这里，这两个人不知什么原因天黑了一个小时才出门，这个时候还在赶路，也轻手轻脚地走了过来，加入到人群中，一动不动地围观着。

"洋人，是个外国人，"最开始的那群人中有一个跟他们解释道，"他要睡在屋子外头。"

"睡在屋外头？！"新来的那个说话的口气好像听见孔夫子转世成人一样。

"是啊，月亮还这么亮。"另一个说道，声音还有点气喘吁吁。

又过了几分钟，围观的人群不时地低声嘀咕。我重新抬起头来，发现人已经多了好几倍。全村的人还有在这里住宿过夜的人显然都来了。有些女人在这群人的外围徘徊，有年轻的也有年长的，有两三个背上还背着小孩。其中一个把三四岁的娃儿从背上解开，放到胸前，高举起来好让他隔着蚊帐看见我。

"那是个外国人，"女人说话的样子仿佛我的母亲叫我看某种稀奇的动物一样；这种动物她可能听说过，但长得和听到的不大一样，要是孩子错过这次，下次就没机会再看到了，"是个洋人，他要睡到屋子外头，睡在月亮底下。"

我从人群中认出了我的挑夫，他站在边上，脸上的表情又像丢脸，又像担心没有尽到责任，还带着点滑稽，又好像因为认识这样一个奇怪的家伙而有点沾沾自喜。

"看在老天的分上，刘！"我对他大喊。我就会那么几句中文，这类意思的话可不算在内，我也不想说更重的话，毕竟在一个讲究礼仪的社会里，中国人也不会用那样的词，"叫他们回家睡觉去！"

最后的那句话是我说过的最标准的中文，有了刘的帮助才让别人听懂，显然是刘让我享有了这份光荣。刘慢慢地走开，人群也一个接一个跟着散开。大多数人从客栈门口上还开着的窄缝里挤进去。他们肯定要问我的同伴关于洋人的问题。屋里传来的说话声和不时发出的阵阵笑声，说明刘正在给他们解惑答疑。对于在牯岭待过的人来说，我的挑夫当然算得上是权威专家，对番邦蛮夷了如指掌。还有三四个人在离我一码远的地方转悠，不时小声地嘀咕着什么，一边偷笑。这几个人慢吞吞地往回走着，我听到他们在说"月亮底下"。

接下来的至少一个小时里，差不多每隔几分钟便会有一两个人走过来，站在一旁一声不吭地看着我，有时小声地交流两句，然后再悄无声息地慢慢走开。我开始怀疑，是否睡在屋里受累，也要比现在要好受一点；不过我还是决定坚持下去，为我的挑夫定个先例。另外，如果我就这样放弃，还真是有点丢脸。

店面上最后那块板子终于"哐当"一声关上了，里面原本露出一丝微弱的灯光，横着投射在月光下屋子正面的影子上，现在也被切断了。屋里的声音也渐渐平静了下来。我也睡着了，晚上醒过来三四回，总感觉好像有人站在我边上。至少有一次来的是刘，看见我动了两下，还活着，就又蹑手蹑脚地悄悄走了。至于刘到底是怎么从已经关了门的客栈里进出的，这个我就不大清楚了。

不过，破晓时分当我睁开双眼时，我知道自己睡得比想象的要好得多。这个村子实在太小所以都没有更夫，就连狗也不知道什么原因而没有叫，让我睡了好几个小时的安稳觉。我看见刘换了双新草鞋，正在扎紧带子，脸上的表情告诉我我赢了，我终于让他相信，外国人对月亮的免疫力，这样在接下来的旅途中，只要他和他的影响力还在，我也许就能在外头放心大胆地睡个好觉了。整整一天，我都能听见路人们，还有经过的每一处村庄或茶馆里的过客，都在用同一种语调谈论着这件奇事，总能听见"屋子外头""月亮底下"这样的词。

我们一整天都在赶路，从旭日初升走到日落黄昏，脚下是一条典型的中国南方的道路——每块石板长不到三英尺，宽平均一英尺，十字交叉铺成路面，经过一代又一代，或许已经是几个世纪的人来人往，早就被鞋底磨得又光又滑，如同打磨过的大理石。石头上留下的车辙深度足有两英寸，都是独轮手推车留下的，那些巨大的、纵向架起被当作桥梁的石头尤其如此。石路蜿蜒曲折，经常会有急弯，以便沿着稻田之间的土堤一直延伸，并没有为了让出门远行的人走起来更顺当而改变一点轮廓。如果这条弯曲的难以改道的石路两边还有地方落脚，那艰辛的旅程走起来可能会轻松大半；然而，路的两旁紧挨着稻田。田里的稻子已经熟了，石路在其间大概一英尺多深的地方延伸着，走在这样的道上根本容不得你停下脚步，休息片刻。我的挑夫也好，还有那成千上万中国人也好，脚上都结着厚厚的老茧。这些人大部分是劳工和农民，有时几个人排成一列，有时连成的长龙绵延四分之一英里，弄得我们只能一直侧着身子赶路。几个世纪以来，中国人都按照这样的方式徒步远行，他们似乎更喜欢踩在石头上，就算有时石板断开，或者赶上某年夏天雨水反常地丰沛，石板被大水冲歪，露出泥土，他们也不会在上面走上两三步。我虽然也已东奔西走二十多年，但两条腿还远未修炼到如此境界。

　　八月中旬的太阳炙热如火，天上一丝云也没有，让人无从遮蔽。一边是脚下啪啪作响的石板路，一边是炙热的阳光从头顶直晒下来，我觉得就像被夹在两块磨石之间碾磨一般。唯一的慰藉之处，只剩下那些盖着厚瓦的屋顶，底下用几根砖头柱子撑着，柱子间有几张椅子能够落座，像公园里粗糙的长椅一样，用木头或泥巴砖头做成。类似的建筑我们在这趟旅程不时能在路旁见到，尤其是在山头上，不，说得更准确一些，应该是在那些土坡顶上。这些亭子不但能够遮阴，没有围墙还能享受舒适的轻风，要知道这样的习习凉风在阳光炙烤时可完全感受不到。在炎炎烈日下奔波后到在这些避阴之处小坐片刻，反差之大简直好比正统基督教描绘的从地狱到天堂一般。这些地方对于劳工，尤其是手推车夫，还有所有赶路的行人来说，都是一种奖励。其中一些是地方政府修建的，但大多数是那些虔诚的信徒出资的，年代有近有远。他们希望能用这种佛家的方式积累功德。赶路的中国人千千万万，几乎没有谁不会在这些地方停下来歇歇脚，这里也因此成为人们的聚会之地。各色人等一应俱全，大家都去往同一个方向，在这里交流着南来北往的传闻轶事。

　　茶馆和饭店虽然也能让人从地狱一般的长途跋涉中找到慰藉，可比起凉亭，还是差了一些，因为那些茶馆饭店总是让人担心卫生问题，一排排简陋的屋子紧紧地挨着路旁，唯一的区别只在于大小不一而已。破旧的草席或者毡子从一个屋檐搭到另一个屋檐。屋檐横跨在路上，几乎把路完全遮起来。这些地方的女人显得有些邋遢，裹着小脚，男人光着上半身，孩子一个个看上去也有些脏兮兮的。野狗的皮毛满是尘土，猪靠着剩菜剩饭为生，瘦得只剩皮包骨头。一切都是中国农村的生活场景，混杂着当地店铺饭馆的特点，那里无一例外的既是人们居住之所，也是做买卖的地方。

　　我的挑夫一旦把担子在这样的一间铺子里放下，就很难催着再次上路。就算不花上几个铜板，吃点饭菜，至少也会喝杯茶，抽筒水烟。这些地方除了热茶什么都能提供。每家铺子为了招待过路的客人，都会准备一个大木桶，上面盖着盖子，还带有喷嘴，放在一眼便能看到的角落里。初来乍到的路人，会从一张方木桌上拿一个做工粗劣的瓷碗，自己倒茶喝。由于这里的人从来没有加冰块的习惯，因此茶水总是保持温热。即便如此，人们也为了这位冰茶的亲戚花了数不清的铜板，可见天气有多么炎热，要知道这些靠腿脚赶路谋生的中国人通常不会把口渴当回事，就算渴了，对兜里的铜板也总是能省则省。

　　每到一处有人住着的歇脚地，我的挑夫都会停下来抽一管水烟。可他没有自己的水烟筒，不过每家茶馆饭铺的桌子上都会放着这种中国式的水烟筒。烟筒一般用黄铜做成，有的会以瓷边作为装饰。我的挑夫每次吃过饭或者喝完茶，都会拿起烟筒，取出一小撮细如马鬃的烟丝，再用一个尖尖的小工具——有点像我们夹方糖用的镊子，也是烟筒的一部分——把烟丝塞进烟斗。接着，他用当地出产的一种引火的黄纸点燃烟丝，将经过水冷却的烟深深吸进肺里，再慢慢吐出来，如同雪白的云朵，然后吹去固定烟斗的烟托上的烟灰，如是这般反复数次。随后，他会将烟筒放回桌上，要么就递给其他的过客，然后往扁担下一蹲，两个箩筐还放在地上。在整理了扁担下约三英尺长连着箩筐的绳子之后，他直起腰，噌地一下站起来，先慢慢走上几步，这几步中国的挑夫在平地上很少有走不稳的。抽水烟的费用看来已经包含在茶钱或饭钱里了，就像过去那些美好日子美国酒馆提供的"免费"午餐一样。

　　现在正是打谷的季节。四下望去，田间尽是一片稻浪。田里的水已经放干，只剩下收割后留下的谷茬，光秃秃的，就像满头金色长发被剪去了一般。每到收割季节，中国南方的稻田看上去和同一季节美国西部的小麦田的景象并无多大区别，只不过这里种植、收割、打谷等一切环节都完全依靠手工完成。在中国，只要是种植水稻的地方，人们打谷的时候都会将割下的作物一捆捆扎紧，抓住较粗的一头，将谷穗在一个又大又重的方形木箱子里反复敲打十几次，直到谷粒掉落。木箱看上去像一艘笨重的划艇，锯掉两头，用木板封死，顶上再盖上芦席挡住风来的方向，防止风把这些宝贝谷子吹到容器外面。每年的这个时候，整个中国南方都会支起这种笨重的打谷箱，从一块稻田搬到另一块稻田。有的箱子有一对支脚，有的是两对，搬动的时候人在内侧顶着，外头很难看见。而同一季节的美国，也可以看见由马达牵引的大型脱粒机和大量的车厢在麦田之间穿梭。打谷箱旁边站着两三个人，有时会有四个人，把谷穗打进箱子里。因此，在去景德镇的一路上，我们几乎每时每刻都会听到砰砰的单调声响，直到最后一丝天光退去才会平静下来。很多打谷箱上写着两三个汉字，看上去像是箱子主人的名字，有些好像是给箱子起的名字，半带着昵称的意味，就像美国有些偏僻的乡村，司机会给自己爱车命名一样。

　　男孩有时也会参加打谷，但女人很少干这个，她们的小脚无法胜任如此长时间的劳动。即便如此，女人仍然会参加田间劳作，但通常干的都是类似除草和拔花生这类的事。花生是这里最常见的农作物，种在土丘上。那里的地势稍高，难以灌水栽种稻谷。女人要是在土丘上站得太久导致小脚难以承受时，便会坐在木头小板凳上歇一会。这些板凳像小型锯木架，女人们总会随身携带。家里的女性和青少年成员负责在打谷箱抬走之后清扫场地，捡拾遗漏的每一颗谷粒。有时会在风中扬谷，然后把谷粒摊在席子上晒干。一部分谷子被拿去交租，剩下的留着以维持种稻农民的生计，待到来年开春可以种植更多的水稻，维持生活，直到度过下一个冬天。手工脱粒的稻草秆会被运送回家，方法比用叉子送上几人拉的大车还要简单，通常是将二十来捆草秆已经脱粒的一头扎好，分成两大捆，用长长的扁担挑起来，挑夫从中间扛着便走。由于打下的谷子要比草秆重要得多，人们不会立刻关注后者，因此几乎所有脱了粒的稻秆会被先捆扎起来，堆放在已经收割完的田里。

随处都能听见鸟儿的鸣叫。红蜻蜓飞来飞去，常常飞到耳朵近旁，听起来就像飞机从高空掠过。挑夫和农民都是一副兴高采烈的模样，完全不像在牯岭做劳工的那些人。石板路面反射起来的热浪在阳光下看得清清楚楚，如同尼亚加拉大瀑布冬天冒出的蒸汽一般。如果实在没有任何东西能够让人从这辛苦的跋涉中暂时解脱一下思绪，那么看着这些石板路弯曲着不知通往何方，倒是能够勉强拿来作为消遣。路上过往的行人川流不息，其中绝大多数都是走路的。许多人看起来营养不良，光着上半身，肋骨都看得一清二楚。要知道平原虽然富饶肥沃，可住在平原上的人依旧贫穷困苦，如果这块土地的物产变成现在的两倍丰饶，那么很快就会有两倍的人口需要养活。这些事和让人脚底发烫的小路同样能够引起人的兴趣。

我渐渐习惯了在箱子上敲打谷穗的声音，此时偶尔传来的几声巨响暗示着远处的雷声。一想到这令人无法忍受、万里无云的酷热马上会缓解，一股令人兴奋的快感传遍全身，哪怕浑身被雨水淋湿，就算行李会被浸透也在所不惜。虽然雨水还没有到来，但正是怀着这份半是宽慰、半是失望的心情，我们走进了曾经洪水泛滥的地方。

雨在我们离开牯岭的三天后出现了。下大雨的地方离我们住的小屋有一段距离，应该是在远方地平线的那些山上，我们不时越过的小河就是从那边流过来的。早在几个星期前，雨水就已经让这些河流满溢了。也许当我们屋前的台阶变成尼亚加拉

图 9 栽种水稻的第一道工序对农民们来说或许十分辛苦，可是水牛乐得其所，馋嘴的鸭子也能在犁田的过程中翻出一点美味佳肴来

图 10 难以想象整个中国南方，乃至整个亚洲南部，每一株水稻都依靠人工插进灌满水的稻田里。人们会从密密麻麻的苗床中将秧苗拔出，扎成一捆捆，背往稻田

图 11 水稻直到收割的那一天都需要大量的水，因此人们设计出不少方法，从水量并不丰富的溪流或者塘里辛苦地将水抽到田里来

图 12 中国只要种植稻谷的地方，人们都会打谷，将成捆的稻谷在一个木箱子上敲打，直到把稻穗打出来。箱子上会遮上一床席子挡风，因此一到收割季节，便会听到"砰砰砰"的声音，跟美国大草原上的脱粒机发出的声响一样

大瀑布时，牯岭的不少道路与桥梁早已被冲毁。水漫出来的面积很大，像一个个宽阔的浅湖散布在平整的稻田上。虽然水还有一点微热，但能够从湖里蹚过确实有几分惬意。我们就这样一刻不停地走了整整50里，也就是足足15英里的路。有的地方水没过脚踝，有的地方则深可及膝。这个非自然形成的湖泊中心有一条河，水很深，只有那里才有笨重的渡船帮你渡过这几百码。我们在水里走了不止一天，剩下的路还是弯弯扭扭的石板；难就难在路不好找，而且要走准更难，一脚踏空便会陷到田里的泥里，那里的水可有齐腰深。更何况，这些路忽左忽右地蜿蜒着，难以捉摸，隐藏在昏黄灰褐色的泥水下，让人更加举步维艰。

我们的大腿已经因为蹚水累得酸疼，就连把双脚在水中向前拖动哪怕一码也几乎不可能，就算这样也找不到任何方法解决。在水里坐下更不可能，但就这样站着也无法缓解双腿的疲累。只有一次我们偶然见到一个土丘上长着一簇树木，在中国，树下通常会有一些石头坟墓，这是方圆数英里能够见到的唯一高于水面的地方，于是我们坐在那上面，和其他劳工闲聊起来。这些劳工在烈日炎炎下涉水前行，也和我们一样已经筋疲力尽了。这些微温的浅水反射着阳光，中国农民那棕色的脸也被烤得难受。

中国南方的房子和院墙都是用薄砖砌的，砖的大小和半个茶几桌面相仿，像泥塑的小盒子，一层接一层垒上去。这些房子和院墙都被泡在了水里，洪水是从底下渗进去的。有些地方的稻谷还来不及收割就遭了洪水，一场小小的饥荒或许在所难免了。一路上，农民都在努力抢救能够挽回的一切东西。有些地方，虽然狭窄的小路成了方圆几英里内唯一露出水面的陆地，却几乎无法通行，因为成捆的稻秆已被水泡湿，有的甚至还在结穗，从两旁紧紧地挤向小路，中间只留下一条极窄的小道，挑担子的只能侧着身子挤过去，虽然得费上好大工夫，却没有一句怨言。

正如所预料的，过了湖的第二个晚上我睡得很好。这一回我们到达目的地时已是天近黄昏。这个村子比之前的村落更大一些，也更脏乱，位置并不在路的拐弯处，而是在一个"Z"字形弯路上。虽然跋山涉水走了百来里路，双腿早就疲软无力，可我还是宁愿整晚就这样站着，也不愿在十来个布置得好像饭铺茶馆的屋子里过夜。

然而路边上地方不够大，也不够干净，放不下行军床。幸好我还是找到了一块空地，面对着一条小河和一个水塘。河里的水是从几个不同地方的汇聚起来的，而水塘里依然是一潭死水，镇上的人就在这些地方取水饮用。土地刚刚经历了稻收，还没来得及犁田施肥，接着种下一季的作物。

我的挑夫已经完全恢复了镇定，不但亲自帮我把行军床铺好，还主动嘘走那些围过来看稀奇的人。他具备这份责任感，并且已经明白了外国人和他们的奇特生活方式，这两样东西加在一起给了他充分的自信，能够把自己的观点传达给村里人。不时有人从一旁的小道路过，经过我休息的地方时便停下脚步。可能是某个大胆的村民，偶尔也会有夜晚游荡的野狗或者四处觅食的猪，走过刚刚修好的桥，绕着我转一圈。水塘另一头的小屋门窗紧闭，里面传来人们说话嬉笑的声音，似乎我又成了他们谈论的话题。经过一夜的休息，第二天一早当我们再次出发上路时，我已经精力充沛了。

天变得更加炎热。蹚水前行实在是折磨人，唯一能让我稍稍感到解脱的是，我趁着挑夫还在吃饭时，提前走了几步，在一处小溪边休息了近一个小时。溪水潺潺，清洌凉爽。我等着挑夫用从别处借来的烟筒抽完烟，然后赶上我。此时的我已经把身体好好地洗了一遍，清清爽爽，而他的皮肤却被晒得通红，汗水浸透了衣服滴落下来。看着两个人境况迥异，我问他想不想也洗个澡。我之所以这样问，其实是暗示愿意给他时间洗一洗，没想到他却回答"不"，似乎只有外国人才会这么干。每次晚上到了客栈，挑夫都会拿上一个浅木盆，倒一盆温水，清洗头、手和脚，有时也会全身洗一洗，不过恐怕没有任何东西能让他进到冷水里去洗个澡，尤其是在一条四周开阔、流水潺潺的小溪里。

我第四天晚上的"下榻之地"，比起前两个晚上要好得多。我原本计划在当天赶到景德镇。不过，洪水刚退，路面断断续续，湿滑不堪。我们时而蹚水，时而沿着小路往前走。可就算再怎么努力，天黑的时候仍距景德镇有一个小时的路程。一想起住在中国的城里往往要比在城外的路边过夜更让人难受，尤其是天黑之后再进城，又很难找到当地的外国人借宿，于是我决定在罗家桥①停了下来。这里距离我

---

① 罗家桥（Lo-kan-chow），今江西省景德镇市浮梁县下辖的一个乡镇。

们的目的地只有不到八里地。

　　大半个镇子都是前店后居的房屋，排列在昌江上一座古老的石拱桥两侧，取代了桥栏杆。这样的石桥不禁让人想起佛罗伦萨。其余十来栋房子破旧地立在岸上，背靠桥东面高高的河岸。我们在桥上的一家店铺吃了饭。虽说在这里吃饭就可以住店，可我还是把铺盖开在了一个长着草的小土丘上。桥西那一侧没有人住，土丘就在河面到桥西靠中间的地方。身旁和头顶上方是斜斜的河岸，岸上有几座坟堆，坟前的草长得老高，一看便知埋了不少年头。下面是一条小河滩，满是砂石。我在河里痛痛快快地游了好一阵子，镇上的人和晚上借宿在这里的人都跑过来看，女人们只是站在最外围。刘在岸上目不转睛地盯着我，站在人群中显得很打眼；还一边向旁人滔滔不绝地解释为什么外国人会有这些奇怪的生活习惯。加上我在土丘上睡觉的地方一眼便能看见，所以大多数当地人的好奇心已经得到了满足，因为只有那么一两次有人走下来看我，问的那些别人早就问过多次、毫无意义的问题。

　　然而，这个晚上注定不适合只做这些事情。天上一轮满月，渔民们打着火把，忙着在河里撒网，经过时手中的火把照亮了我的脸，撒网时溅起阵阵水声，还在不停地聊天闲谈——中国人只要醒着，就很难不聊上几句。这动静持续了也许有一个小时，可都无法阻止我酣然入眠，一觉睡到大天光。待到破晓时分我起床的时候，这些都已经记不分明了。

中华瓷都
景德镇

　　进入八月，这已是第五个没有云的日子。虽然从我们在山顶的避暑小屋看过去，太阳爬得还不算高，可头顶和脚底早已是一样的炙热灼人。郊区一副破败惨淡的模样，从郊区通向景德镇的河上泊着几条简陋的渡船，供人免费渡河。岸边已经排起了长龙，一眼望不到头，徒步的行人与劳工混在一起，凡是周围地区的特产几乎都能在他们的货担里见到。我和我的挑夫连同这些人上了一条船，船上能装多少就装多少，已经塞得满满的。

　　这座古老的瓷城坐落在一道河湾处，沿着凹形的河滩向四面八方伸展开来，看不出边界在哪里。景德镇一如中国的其他城市，房屋排列密密麻麻。前排的房子顶多只有两层楼高，垃圾直接倒在水边。石阶又大又宽，到处都是挑水工弄洒的水，加上垃圾里渗出来的脏水，又湿又滑。有些地方的石阶是侧着修的，沿着长长的斜坡通向高耸的河岸上。坡岸似乎是由破碎毁坏的瓷器铺成，既有大块尚未烧好的陶片，也有大小不一的瓷碗瓷盘，能够依稀分辨昔日艳丽的釉彩，甚至还能见到造价不菲的瓷瓶。河岸下方，数百条船紧紧停靠在一起，有的是只容一人的舢板，有的大如拖船，船篷圆圆的看上去好像草原上的大篷车，全都没有涂颜色，和载我们过河的渡船一样简陋。许多船上满满地装着松木，木头被砍劈成柴火大小。有几十条船被压得吃水极深，载着稻谷或者还未去壳的谷粒、硕大的南瓜和江西的各种农产品。

　　这里住在水上的人可不少，这些船就是他们的家。大部分船现在还没有开始卸货，有的正在等着装新货，有的在一边卸货一边装货。船上的人吃喝震天；川流不息的劳工在石阶上摩肩接踵；警察身上的制服又脏又旧，只要见到这帮劳工稍有一点不规矩便会大声斥责，甚至拳脚相向；小贩们在镇子上大声兜售着自己的商品；孩子们有的嬉闹不止，有的在大声哭叫；一群群男人在敲敲打打，修补船只；还未完全长成的木材成堆斜放在河岸上，不停地有新料堆上去，旧料被搬走；野狗沿着河岸寻找能够果腹的垃圾，边走边吠，就连觅食的猪也在发出哼哼和尖叫。种种声响混合在一起，组成了一曲极具中国特色的大合唱，叫人一刻也无法清净。

主要的商业街上前店后居的房屋排成一行，一眼望不到头，一直伸到水面上，如同一群马被关进了过于短小的马厩里。街道就夹在这排房子中间，跟我在中国其他地方所见的街道一样狭窄，街上挤满了高声交谈的人，还有劳工们背着的各种东西。对于没睡好的我来说，需要打起精神，才能在推搡拥挤、匆忙杂乱的人群中穿行，不时还得侧着身子躲避嘎吱作响的独轮手推车，扁担挑的货物一不小心就会打到我的肋部、腰腹和腿上。

为了生存而努力，连一刻喘息的机会都没有，这不仅集中体现在声音嘈杂、行色匆匆却本性敦厚的人流之上，还反映在店家摊主扯着嘶哑的嗓子沿街叫卖的吆喝声里。街道两边全是店铺，一弗隆①接着一弗隆。铺子前面没有隔屋，直接当街敞着。中国所有的瓷器都摆放在这里，每一种都有上百家店在争相竞卖。如果要说景德镇狭窄湿滑的石板街上反复叫卖的货品与中国成千上万其他城市的有什么区别，那么可能在于这里贩卖瓷器的店铺要更加普遍。但凡中国人使用的各色瓷器，店里一应俱全，堆得极高，一直到天花板。这是一个各色人等鱼龙混杂的地方，人人满身大汗，非得光着膀子才痛快，而向西不过一百英里的山顶小城牯岭，却充满了西方情趣，平静而安宁，二者简直有着天壤之别。

接待我住宿的是美国圣公会的岑牧师。他在教堂的住所正对着主街，店铺就开在前面低矮的隔屋里，与街道两旁鳞次栉比的其他店铺完全看不出任何区别。景德镇上的居民只有一个外国人，是一位法国神父，来自其他竞争教派，正好赶上出门远行，去乡下教区了。岑牧师说起英语来，感觉不仅在上海还在国外受过教育。我的那封介绍信为我赢得了主人的衷心欢迎，就算碰上美国老乡恐怕也不过如此。毋庸讳言，岑牧师和占绝大多数的华人传教士一样，生活方式完全依照中国人的习惯，

---

① 弗隆（furlong），亦称"浪"，长度单位，等于1/8英里或201.17米。

用筷子吃饭，不过从不喝酒，有男性客人来家里的时候也不会要求妻子和几个女儿回避。

我的行军床和被褥在这里跟住在其他路边客栈一样必不可少。岑牧师的床是用竹板做的，下面支着四根竹床脚。床漆成红褐色，颜色很深，看来已经用了不少时日。这种竹床在整个长江下游地区都很流行。牧师教堂小屋的几个角落平时使用不多，所以积的灰尘比起他依旧沉迷于偶像崇拜的同胞们的店铺和家里，少不了多少。就算西方的传教士们向这些皈依者的领袖们灌输自己的宗教仪式、个人道德以及信仰——至少表面上能够做到这一点——有时甚至包括语言，却很难甚至根本无法让他们接受西方的物质生活观念。

虽然我的双腿曾经成功走过不少更加遥远的路途，没有遭遇任何不幸，可在江西炙热的石板路上连续长途跋涉了四天，还是让我不胜夏热的双脚长满了水泡，至少有12个，大小不一。我和牧师很快开始了对这座瓷城的探索，不过由于城里有禁令，每天下午四点之前禁止人力车在街上通行——禁令发布的原因很快就会揭晓——轿子又很难找到，我在这座铺着石板路的城里走街串巷时显然缺少某种体面与舒适。这里的每条街道都和主街一样狭窄，手推车发出刺耳的尖声，劳工扯着嗓子大声吆喝着，到处都是行人，一片混乱。挑夫们背着木头、烧坯、已经烧制成型的瓷器以及当地生产消费的其他东西，每前进一步都像是一场无休无止的战斗。

看了这里，似乎也可以理解美国上海领事馆会要求凡产自景德镇的运往美国的瓷器一律必须具备消毒证明了。整个镇子就像我在中国其他地方见到的，没有任何人、任何东西能够真正称得上"干净"。到处都能闻到粪尿散发出的臭气，还有那些很少洗澡的人身上的阵阵酸味。这些人住在破烂小屋里，皮肤上长着疥癣和烂疮，浑身是病，可能就是由于中国尤其是南方地区的不洁引起的。当地人除了过了缠足年龄的女孩，几乎个个都光着上身，患病概率当然要比西方社会高得多。人们完全无视最基本的卫生要求，住在热烘烘的小屋里。简陋的棚屋一间挨着一间，排在狭窄的街道两旁，就算白天也完全没有呼吸的空间。一到晚上，不管什么季节，家家户户都把门窗关得严严实实，将自己闷在泥瓦砖墙与粗糙的木板包围之中。

即便如此，就中国城市的情况而言，景德镇已经算相当不错了，照中国人的标准来看，也确实没有多少穷人，至少连一个乞丐都找不到。究其原因，在于这座城市是一座巨大的瓷器工厂，人们就算不以制瓷为生，也能够直接或者间接依靠瓷器来谋生。这座古镇沿河而建，长五英里，宽三英里。听岑牧师说，这里的30万居民中至少有80%从事这项当地的主要产业。即便"工厂"这个词在这里表达的意思和西方理解的不大一样，仍然有大约2000个瓷器工厂。中国依旧处于手工和家庭生产的阶段，许多这样的"工厂"不过是家庭作坊，就设在自己家中，条件极其简陋。每条街上都摆着各种陶器，处于不同的烧制阶段。就连最大的陶瓷作坊也完全见不到现代化机器生产的影子，哪怕极少的资本都可以参与竞争。按照西方标准能够称得上是"工厂"的只有屈指可数的几座，在辛亥革命之前以御窑厂为最高规格，现在成了瓷业公司，相当一部分股份被督军、省长和其他军政实权人物控制。大多数商号或者家庭专于制瓷流程中的某一步骤，或者专门制造某一类瓷制品；而这里的工厂可以完成全部工序，这样调查起来省事许多，不用在拥挤吵闹的城里来回折腾，跑得满身大汗。

虽然外面的世界甚至就连中国人自己，知道景德镇名字的也不多，但景德镇出产的瓷器数量确实比昔日中华帝国其他所有地区加起来都要多。湖南有一个小镇也生产陶瓷，其他地方也有一些，但都无法产生大影响。真正的鉴赏家只要一提起中国瓷器，哪怕他或许并不清楚景德镇究竟在中国的哪个位置，但想到的必定是这座城市。按照当地人的说法，景德镇早在10—12个世纪之前就开始生产瓷器，那还是唐朝以前，一开始多少是出于意外。中国人最初做的是普通陶器，这种陶器在许多失落文明的墓葬中都有发现，因为机缘巧合才制成了瓷器，就此发展至今。中国各地至今仍然有人在使用某种介于陶器与瓷器之间的容器。这门手艺在相当长一段时间内一直集中在直隶省的定州[①]，随着12世纪初契丹人来袭，宋朝皇帝南逃，陶工们也跟着逃亡，在今天的景德镇开始建窑。这里当时被称为昌南镇[②]，不过在中国更改地名是相当常见的事情。中国人认为制瓷艺术达到巅峰要从康熙统治后期开始，经雍正一代，至乾隆前期，也就是从1690年至1770年。景德镇御窑烧制的御

---

① 定州（Tingchow），今河北省定州市，以定窑白瓷而出名。

② 昌南镇（Changnanchen），即景德镇，最早名为新平镇，因位于昌水之南又称昌南镇。北宋景德元年（1004），宋真宗以自己的年号赐名于此，设官窑，烧御瓷，故更名为景德镇。昌南镇自汉代便以优质陶瓷闻名，其名气远播海外，所产瓷器亦成为中国之代名词，此为中国之英文译名"China"由来一说。

瓷成了不少大收藏家眼中的珍品。

这座古代皇家窑厂的经理颇有教养，一面张罗着十几个下属忙活工作，一面向我展示窑厂最为大气磅礴的产品。那些瓷瓶光彩夺目，几乎跟他一般高。店铺和仓库里还有更多珍贵的藏品，一件件巧夺天工、精妙绝伦，就算这些在中国的卖价一般不算高，可像我这样四处闲逛的三流作家也根本无力将景德镇工厂的这些传世之作买下带走。中国自 1860 年遭到掳掠以及义和团运动之后，大批精美瓷器流落世界各地。这些瓷器几乎全部出自这家御瓷厂，库房中不少最为精美的珍品上依旧印着"钦定御制"的字样。自清朝以降，满族贵族从富甲一方沦落到一贫如洗，再也无人有足够的钱财购买这些瓷器。

宋、明、清三代瓷器全都出自昌江之上这座略显邋遢的小城，当时工艺之高超足以令今天的制瓷人望尘莫及。这里不仅有建窑生产的明代酒壶，也有雍正时期的花瓶。前者用德化白瓷制成，壶嘴和壶柄形如蜥蜴，尾部分叉，而后者绘有清朝著名画家王时敏[①]的微缩彩画。彩绘上的老子正坐在一棵松树下，背倚墨绿色的岩石，身着黄色长袍，轻灵飘逸，画工精细。"宫瓷"上画有巨龙，长有五趾，而非民间一般的四趾，以与皇家尊贵威严相匹配；另有装饰皇家龙纹的梨形花瓶，闪烁着迷人的孔雀绿的光泽。硕大的乾隆瓷盘上绘有千花图案，大小各异，葫芦形花瓶底色为墨绿色，中国人管这种颜色叫"茶末色"，上面画着一长串葫芦，带着叶子，并用金线勾勒出蝙蝠图样。乾隆粉彩宝瓶底色是豆绿，瓶上刻有叶状图案。而另一只乾隆时期的球状花瓶上绘着一轮红日，间蓝白两色，配以胭脂红云，瓶底图案碧浪滔天，白沫翻腾，一条五爪巨龙自波涛间腾跃而起，另一条则自云端降下。康熙年间的一口瓷坛以高浮雕手法绘有白龙一条，于碧波之上光彩夺目，外面镀上一层翡翠瓷釉，让人回想起景德镇昔日的历史荣光。18 世纪早期，在督陶官唐英的管理下，一位名叫月轩的御窑下级官员烧制出一种瓷器。这种瓷器由玻化瓷釉制成，不仅可确保色泽透明，还能增加底色光亮。可惜，雍正皇帝虽然欣赏玻化瓷釉，却更为偏

[①]　王时敏（1592—1680），字逊之，晚号西庐老人，明末清初重要画家，娄东派鼻祖，与王鉴、王翚、王原祁并称"四王"。

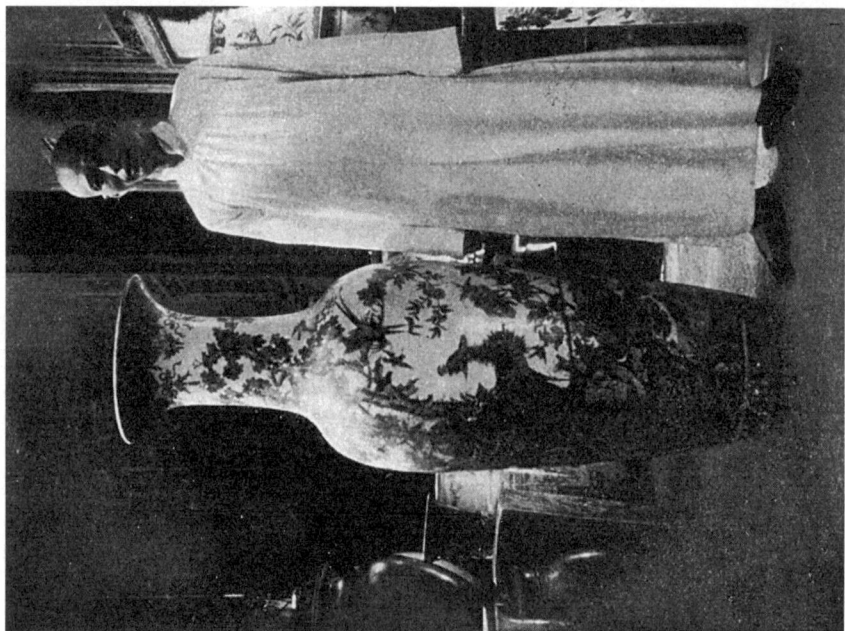

图 14 这位昔日御瓷窑厂的经理衣着考究，身旁摆着的是他最为得意的产品

图 13 若是在中国的行家看来有一些不对称或者其他瑕疵，这些坛坛罐罐就会以极其低廉的价格被卖出去，这样的店铺在熙熙攘攘的景德镇有很多

好白瓷的光洁，因此月轩并没有像自己期待的那样赢得盛名①。无论是宝石蓝，还是令人难以置信的牛血红，或是那些令人啧啧称道的奇辉异色，这些珍品只能在昔日的紫禁城，也就是今日的故宫博物院以及最为精美的外国藏品中方可见到——无一例外，全都出自景德镇。

　　然而，我说这么多可不是要写一篇有关瓷器的论文，只想描绘一幅当地民风生活的草图，正是景德镇的人们为中国对世界做出了最引以为傲的物质贡献。这门手艺之所以在景德镇如此繁荣，在于制瓷的原料随手可见。一般使用的陶土有两种——祁门土与高岭土。借用中国人的话来说，二者好比瓷器的"骨"与"肉"。"骨"是因年代久远而脱落的岩石，见于地表，而"肉"则是能够用手捏磨的泥土。另有一种陶土用于上釉，还有其他一些必不可少的东西，例如取之不尽的松木。景德镇周边地区便有大量松木可用，鄱阳湖畔南康附近现在还能开采到高岭土。从高耸的五老峰向下眺望，只见红色的地表上露出一个个浅红色的圆点，那便是开采高岭土的地方；还能看见一艘艘船满载着高岭土，在湖中穿行。然而，这些原料的开采地点已经越来越远，现在有的要从远在四百里外的地方才能采到。"直到不久前我们还可以从附近采到所有的材料。"这位原御窑经理如是感叹道。不过，他口中的"不久前"三个字可是中国人的表达方式，指的可能是大概两个世纪前的事了。

　　陶土运到景德镇时被做成砖头的形状，纯白色或乳白色。人们将陶土弄湿，放进一个大缸里混合，手脚并用将这些被称作"肉"的陶土揉踩成面团状，然后放入铁皮桶内。陶工按照制作瓷器所需的分量从桶里取出一块黏土，拍在转轮上，再将一根棍子插进一个小洞，转动转轮，然后把棍子放在一旁，开始拉坯。拉坯的台子又平又圆，旋转起来产生巨大的离心力。台子就放在窑坑底下，陶工光着双脚，垂在坑里，通常用手来拉坯定型，用一根小棍或者其他简单的器具将边缘修刮光整。待到轮子停止转动，瓷坯就等着入窑烧造了。看着陶工用双手熟练地拉出想要的形状，让人觉得或许陶土也有了生命，却不曾料想这些陶工也不过是劳工，成日打着赤膊，拿着和普通体力劳动者一样的待遇。我曾经拍摄过一位老陶工，就这样坐在

① 作者此处所言当为瓷胎画珐琅工艺。唐英（1682—1756），字俊公，号蜗寄居士，为清朝雍乾时期景德镇御窑厂督陶官，对中国瓷器发展做出巨大贡献，其在任时御窑厂制品又称"唐窑"，闻名天下。彼时制作的珍贵瓷器中有署名"月轩"的，一说以乾隆宫中"古月轩"命名，另一说为制瓷工匠名，取谐音而成。

昔日御窑的转轮前。不单他在那里坐了整整一辈子，就连他的祖辈也是这样世世代代工作，因为制瓷业的每一个环节都讲究父子相传。虽然这位老陶工拉坯时轮子转起来的速度非常快，但我用了定时曝光，因此转动拍得一清二楚，从照片上看来仿佛纹丝不动。虽然用一根带子便能同时拉动好几个"轮子"，从而减轻工作负担，加快进度，可拉坯的方法自唐代以来基本上就没怎么变过。

在大一点的窑厂里，这种工作主要是在院子里露天的工棚之内进行的。由于瓷盘拉坯通常由手工完成，因此会被摆放在木板上——大的板子上放大的盘子，又长又窄的板子就放一长列普通瓷碗和类似的瓷器——在阳光下晾晒。待泥坯稍硬一点，这些"素坯"，也就是还未经烧制的白色盘子便可以上釉了。小盘子在釉水中浸一下，大的就用一个简易的锡制吹盘将釉吹上去。接下来恐怕是全部工序中最有意思的一个环节，将这些上了釉的松软"素坯"送入烧窑。这样的烧窑在景德镇有一百多个，以前的御窑和其他一些较大的窑厂都有自己的烧窑，其他的主要服务于那些家庭作坊，因为后者没有条件自己烧。

神情木然的劳工们拿上两片又长又窄的板子，光光的膀子上一边扛着一块，转身就走。那些器皿已经被太阳晒得发干，在板子上的摆放间隔较宽，大一点的坯体还会从板子边缘冒出来。劳工们有时得挑着这些半成品碗碟穿过人潮拥挤的街道，走上老远一段路。在景德镇穿街走巷，这样的活儿换成容易紧张的人可干不来。比起这里的街道来，西方市中心最拥挤的地段也只能算行人稀少。我们大可推测，这成百的光着膀子的劳工，自祖辈起就干着挑素坯去烧窑的活儿，正是这个行当让他们变得沉默木讷。

夏天是制瓷业的旺季，中国几乎没有哪座城市看起来会比景德镇更加忙碌。狭窄的巷道里人潮汹涌，街旁是无尽的店铺和窑厂。劳工们有的扛着木头，有的担着木炭，有的挑着圆形的大缸，里面装着等待烧制的陶器，有的背着要送给陶工们的饭菜。他们就这样挑着形形色色的担子，不停地跑着。最后，大多数人会在窑前碰头，正是这样一群人让这些事真真正正成了一份活计。运送素坯的劳工世世代代都干这个，早就练得手脚麻利，机敏灵活，每每遇到危险总能凭借丰富的经验化解。有时眼看两边的货物都要遭殃，他会将一边板子的前头翘起，同时迅速降低另一边的木板，逢凶化吉，如有神助。运素坯的劳工以前还流行玩一个把戏，故意往有钱人身上撞，比如外国人。在景德镇，当然所有人都会同情做瓷器的一方，陌生人如果碰上这种事情，只能自认倒霉，赔钱了事。这些还未烧制的素坯其实价值并不高，全部烧成的概率也很低，赔偿的时候却要依照已经烧好了的成品价格，绝对是狠赚一笔。然而，中国现在好歹在某些方面还是进步了一些，虽然真正的意外仍然时有发生，可这样的把戏现在已经很少能够见到。可能正是因为对运送素坯会造成障碍，因此景德镇只在下午四点以后才允许人力车通行。当然，从舒服和高速的角度来看，这些人力车确实也没有必要出现。

数以百计的劳工每人肩上挑着两捆被扎成三角形的木头，所有人都在"嘿呵！哈呵！"地喊着，和长江流域各省劳工喊号子的方式一模一样。这些人与数百同行，聚集在瓷窑门前。运送一次烧窑耗费的木头需要一千名挑夫，一个大窑一天要烧掉15万磅木料——一切都按照重量计算，就连瓷器的搬运与税收也不例外，而木头必须是松木。方圆一百英里之内的木材在不断消耗，随着森林遭到砍伐，木料的来源地也开始变得越来越远，直至今日要靠船从很远很远的地方运来，因而变得极其珍贵。如果景德镇的居民烧松木来生火做饭，那会被罚款。事实上，人们在附近的山上轮流种植木材，因此尽管整个城市里已经完全看不到绿色，却依旧坐落在青山环抱之中。可见，中国人也有先见之明，懂得对森林的毁灭性破坏做出弥补，这样的例子着实寥寥无几。

周围不远处其实蕴藏着大量的煤，但一方面人们自古反对在地上开挖，这种思想在这个内陆地区依然十分盛行，另一方面烧煤也会使瓷器变黄。因此，每天晨曦初露时，都会看见成百上千背木头的劳工从岸边辛苦走上来，背着用竹制的三角形架子前往窑炉，里面装满了砍成柴火长短的松木，每一捆上都插着根小木片，上面写着字符，作为标记，计算有多少根木头。直至日落黄昏，这些人仍然在喊着号子，穿行在人头攒动的街巷间。

大多数瓷窑长50英尺，宽12英尺，中间有一个拱形的窑顶，高约八英尺。这些建筑修得相当随意，只是用土砖垒起，没有使用灰泥砂浆加固。所有物件在烧制之前都要先放进一个容器里，即匣钵，呈圆柱形，耐火烧，上面有孔，里面的空间足够让摆放在一起的瓷器不会粘连。趁着瓷窑还冰冷，数百劳工把这些匣钵运到窑炉口并堆放起来，一个叠着一个，从泥土地面一直堆到窑顶，将整个窑室堆满，差不多有 600 列，只剩下一小块地方烧木生火。窑门上只留下一个小孔，两英尺长，三英尺宽。木材就从小孔里投入窑内，消耗之大远非外人能知。松木燃烧旺盛，能够产生骇人的高温，一次烧窑轻易便可烧掉一片树林。烧窑通常持续 36 个小时，一年大概烧 60 次，之后便要重修瓷窑。运送柴火的都是普通的劳工，但瓷窑老板在这一行中却地位颇高，像船上的领江一样，当班时绝不盯盹，待到烧窑结束后才能回家，好好休息上几天。这几天时间是用来清窑的，待到窑内冷却，又可重新装填烧造。和中国的不少事情一样，烧窑人的方法虽然原始，却十分管用。比方说，烧窑人为了检测窑温是否合适，会向投柴口吐唾沫，如果唾沫像一簇棉花一样弹回来，那么就没有问题了。

烧窑人的方法或许并不像专家预测的那样有效，一般说来，会有三分之一的产品在烧制过程中出现问题。一年下来，景德镇各个瓷窑中因出现粘连而被迫丢弃的瓷器形形色色，多达数百万件。有时整个烧制过程出现了偏差，这就意味着将损失 3000—4000 鹰洋，这对于当时的中国来说，是相当巨大的。顺便说一句，中国人似乎不太擅长烧制带把手的瓷杯。因为把手需要做得非常轻巧，不然就会在烧制过程中把杯子压弯变形，破坏对称性。如果你非得买带把手的瓷器，那就不可能买到景德镇最好的瓷器。

由于没有任何预先的准备措施来处理残片次品，因此大批烧坏的瓷器被随地丢弃，残片在整个镇上和河岸堆积如山。高耸的河岸就像一幅镶嵌画，全是过去几百年来的次品与残品。用土做成的匣钵顶多用上两三回就得扔掉。每一个盘子都必须放在一个用黏土做成的小圆碟子上，城里烧制的器件多达数百万。到处都是摔碎的或者没有做好的陶器，就像未能付诸实现的点子一样弃之遍地。河滨长长的一线几乎全都由毁坏的陶瓦罐子组成，像一座座小山，一般高在 20 英尺左右。有的做工其实相当不错，只不过某个点与匣钵粘在了一块，要么就是掉了点色。每次遇到洪水，瓦罐陶片都会被冲进河里，以至于枯水期难以行船。此处的河床一直延伸到下游鄱阳湖的入口，全都覆盖着来自瓷窑的碎瓷片。黏土圆碟因为更容易被水冲走，尤为多见。

事实上，今天的景德镇是在成片的瓷片废墟上建起来的，埋藏的是多少世纪以来制瓷工匠们留下的残品。一个人在这里若想干出点名堂来，就非得从前人留下的失败遗迹中掘地数尺才行。房子、院墙，就连地基，也都由破损的陶器做成，总是可以见到中间露出来的碗勺残片。景德镇虽然作为江西的第二大城市，仅次于省会南昌，却没有城墙，原因也许在于城墙会极大妨碍人们的行动自由。不过，就算景德镇真的需要，那么这道城墙即便不是全部，也很可能大部分会由那些已经破损的、无法挽回的瓷器组成。

与这个昔日中华帝国的其他地方不同，景德镇找不到修补瓷器的人。若是在其他地方，就算是碎了的碗碟或者灯罩，也会有人修补。这些人走街串巷，发出特有的吆喝声，然后选一处城门前的空地，坐等着人们去那里找他。补瓷人在碎片的两面钻出一串小孔，用的钻头还是用绳子牵动的，年代之久远颇带点史前文明的遗风，接着，他在小孔中分别按入几颗小小的铜铆钉，这样只有一面能看出瓷器有裂缝。干这一行的收费低得离谱，不过只有在传教士或者其他外国人家里，才会见到补过的碗碟多于完好无缺的。这是因为这些人在中国住了大半辈子，条件有限，尤其是那些从国外带来的瓷器很难买到新的，有些补得就像用铆钉做的拼图一样。

而在景德镇，补瓷匠是没法谋生的。且不说烧窑时损坏的大量瓷器，其实还有不少烧好的瓷器出窑以后发现有瑕疵。有的是不对称，拼接不紧密，或者是在行家的眼中有其他问题。这样的瓷器在景德镇主街两旁的店铺里成列堆放着，一直顶到天花板。这些奇形怪状的瓷器就这样摆放在店里，数不胜数。当地人都知道这些是便宜货，真正的上品会好好收在里头，从不轻易示人，以防不测，只有碰到那些明显懂得辨别好坏的行家才会拿出来见识见识。外国人在牯岭的建设对景德镇来说是个天赐良机，给了那些小商小贩一个巨大且便利的市场，使蜂拥到山顶的避暑胜地的商贩们能够将这些带有瑕疵的产品以正品的价钱卖出去——当然，对象都是外国人。位于鄱阳湖口的这座长江港口城市，就连路边的小贩都在向那些粗心大意、不明真伪的游客兜售这些广为人知的"九江瓷" ①。

瓷器从窑内取出之后，还有一道非常重要的工序，那便是上彩。景德镇之所以

---

① 九江瓷（Kiukiang Ware），即景德镇瓷器的统称，因景德镇所产瓷器大都经九江贩运各地。清乾隆以后，唐英于九江关监管景德镇官窑，凡官窑瓷器一律先运至九江，再北上赴京。

相对富庶，没有乞丐，原因之一就在于制瓷业需要各种工匠，老幼妇孺各司其职；不管是盲人还是瘸子，一天都能挣上几个铜板，已经出师的工匠拿到的钱更可观。

"研磨颜料"这道工序能够消除不少瑕疵。干活的人坐成一排，通常四到五个人坐在开阔的店铺一角，店里同时还要张罗其他生意。人们将石英浸泡在水里，用研钵将其碾磨成粉。研钵大如石盆，顶上系着一根重重的捣杵。干这种事显然既不用讲究眼力也不需要跑腿，只要抡起膀子，从早到晚终年做着同一件单调枯燥的动作，直到颜料像揉过的面团一样。

上彩涉及许多化学物质，不过绝大多数颜料来自磨好的矿物，有时会被混在一起产生化学反应。这里面当然少不了砷，镀金的器皿还要用到金。著名的牛血红主要来自铜，这种金属还能调出绿色。有一种云南蓝瓷，颜色源于苗族人发现的一种岩石。铁矿调出来的颜色又不一样，锡镴可调黄色，而铅则呈白色。绝大多数颜料好像都来自西南地区的岩石和矿物，因此"研磨颜料"在景德镇是一项非常重要的工作。

彩工会在前两轮烧窑之间给瓷器涂上釉彩。他们从小就做这些，小小年纪便已驾轻就熟，虽然算不上能够自己创作的艺术家，却有着非凡的记忆力，能够凭着记忆模仿作画，在没有模板的情况下，一遍又一遍重复绘制那些复杂的图案，其逼真程度简直如同机器做出来的，而且显然更为出色。

整体来说，中国文明在很多方面都有这样的特点。它早在数百年前便已臻于顶峰，而在今天却趋于停滞。艺人工匠们在耐心、勤奋以及引以为傲的技艺方面保持了传统，甚至有所长进，可创意天赋却因几个世纪以来的墨守成规而退化萎缩。每每在画工笔下看到那些重现的古老图案，就算青年画师也描绘得栩栩如生，总会让人赞不绝口。这里有些人真的算得上具有艺术才华，他们一天本应该挣十块鹰洋，不过普通瓷器画工的酬劳却只有55美分，包一日三餐。虽然那些艺人工匠看上去比码头运煤工人生活条件更差，可话说回来，现在西方世界的艺术家不也是如此么？这些人从孩童时代便开始这样的生活，常常一辈子就坐在同一个地方，就连吃饭也离不开干活的板凳，没准睡觉也就躺在板凳旁边的地上，这样又怎么可能成为真正具有创造力的艺术家呢？

上色通常用毛笔完成，类似于中国书法使用的，但有名的"米通瓷"却是例外。

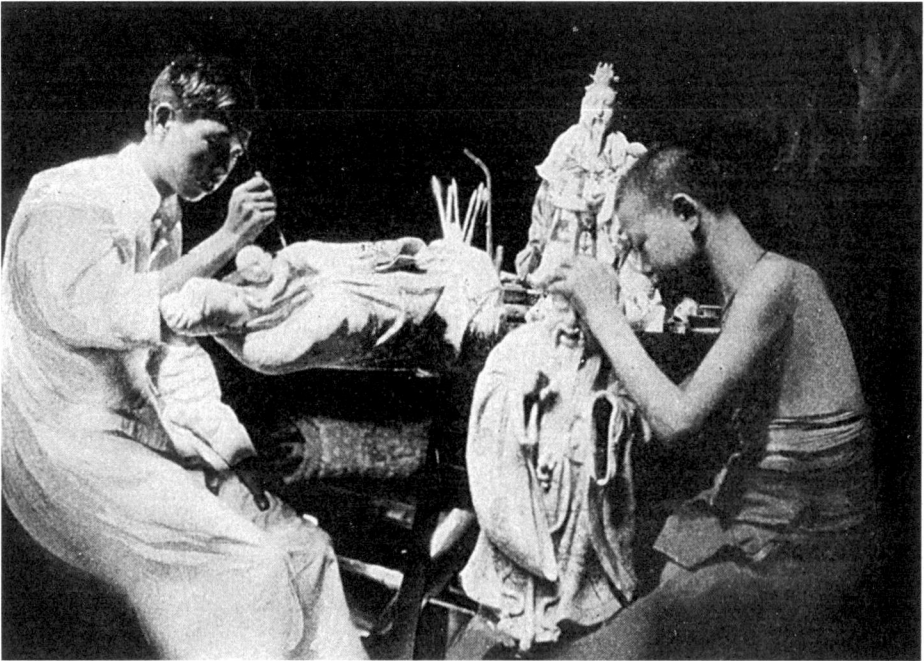

图 15 景德镇给瓷器上色的工匠自小便学习这门手艺，一辈子就这样坐在一个地方干着自己的活儿

图 16 这位给瓷器上色的工匠也许能够成为一位真正的艺术家，可他一天的收入往往还不到一美元

这种瓷的上色方法是首先在瓷坯上扎满如米粒大小的小孔，组成不同的图案，然后通体敷釉，再入窑烧制，或经二次烧造而成，因为所有瓷器都要在上色之后再次送入窑。大的瓷瓶或者瓷像需要两个成年男子或少年合力方可完成，比如"三圣像"，这种东西经常能在有钱人家的睡榻架子上见到。要是哪个头脑简单的外行人想触碰还未经烤制的釉彩，一定会遭到大声呵斥。那声音震耳欲聋，因为这镇上人人都知道这样做会毁了瓷器。

我曾见过一个人，年轻的时候从四川来到此地，现在和儿子都成了最好的工匠，以描绘复杂精细的宗教人像而出名，例如中国人尊重的达摩祖师。然而，景德镇基本上还是像一个封闭的大作坊。一个人若是没有一定的艺术造诣、长远的眼光和勤奋努力，根本无法进入这个圈子。外来的人在这里举目无亲，连容身之所都没有，加之行会之间的门户之见根深蒂固，很难获得成功。中国的城市没有诸如扶轮社①或者同济会②这样的组织，毕竟这些城市已经不再需要更多的人。你在景德镇能够看到中国各个社会阶层的人，可要想成为地地道道的当地人，或许得经过数代人的奋斗才行。

清朝的旧有规则最近发生改变之后，外来者也可以在留居十年之后，将自己的名字上报衙门，那里是以前御窑的一部分，登记注册成为一个"本地人"。学徒经历六年的学艺期，甚至更久，工钱一天最多 40 个铜板，在这个就连内地都物价飞涨的时代，换成鹰洋不过一天几分钱，勉强糊口而已。

睡觉在这里倒是完全不成问题，因为在长江下游地区，不论走到哪里都能摆得下一张竹板床，就算狭窄拥挤的街上也没问题。我给自己买了张新床，900 文钱，大概 35 美分。生来是个中国人倒有一件事挺不错，你可以趴在妈妈的背上，随时随地想睡就睡，根本不用担心床铺太硬或是身边有人大声说话。对于一个从小就在睡觉方面没有被宠坏的民族来说，睡椅不一定要有柔软的绒毛，也不需要能够折起来塞进一个隐蔽的角落。

---

① 扶轮社（Rotary Club），以提供社会服务为主旨的国际组织，1905 年由保罗·哈里斯（Paul Harris，1868—1947）在美国芝加哥发起成立，现已分布全球 168 个国家和地区。
② 同济会（Kiwanis），以"关怀儿童，无远弗届"为目标的服务性组织，旨在促进成员间商业交流，消除贫困，1915 年 1 月成立于美国底特律。

　　八月的景德镇，成百上千的大人小孩就这样光着膀子，睡在街头的竹板床上，任凭周围人来人往也不为所动，完全体现了中国人天生敦厚的秉性。有的人也会躺在白天坐着的条凳上睡觉，天大的事情也不能阻止他们酣然入梦，更不会有工厂监工或者检查卫生的人前来打扰。

　　制瓷业的大多数行当，和其他传统一样，都是子承父业，而且从挑木工到带点艺术家风范的上釉工，不同工序的各个阶段都成立了行会或者工会组织。如果说在这个充满了家长里短的国家也有秘密可言，那么这些工序或多或少便带着神秘感，而每个组织或行会也会有某种属于自己的专利。

　　虽然工作时间由工人自己设定，但这些人的工作极有规律。一方面是因为竞争带来的压力，另一方面则在于粮食价格远在那点微薄的工资之上，就算老板不在场，没有人安排工期进度，工人们也根本不会磨洋工。当然，大多数人依然迷信。虽然有岑牧师和以前御窑的一位代表出面帮忙，我还是花了足足半小时才找到一位搬木头的工人愿意在通往窑室入口的木制斜坡前，和一个防火匣钵里装的素坯一起拍张照片。我起初以为是这些人自视太高，不愿和他人合影，直到后来一群人一见到我要给他们拍照，便忙不迭地躲进阴影里，我才知道实情。原来是没人敢冒险面对照相机，因为两年前有个劳工让外国人拍了照片，结果得了疟疾，至今未愈。

　　由于缺少现代运输工具，再加上无数收厘金和税钱的站点，这些都在制约景德镇的发展，不然这里会更加繁荣。现在欧洲也在大量生产瓷器，更别说世界各地都在仿造古瓷，日本和其他国家也制造了不少劣质瓷器，和真品一样供不应求，所以不管你是何等天才，只要还待在这座古老的瓷都，就得面临生计的艰难。那些用来堆货的屋子阴暗无光，庆幸八月中旬还算凉爽舒适。屋里，人们将景德镇生产的瓷器用稻草秆包裹起来，装进箱内，再搬运上船，一路颠簸运往美国和欧洲。在瓷都的这几天正好赶上包装行会罢工，我只好软磨硬泡，才求得一个仓库老板和一个负责其他环节的劳工的同意，在照相机前为我演示如何打包瓷器。

　　我抵达景德镇的当天本来就腰酸腿疼，加上又和岑牧师逛了一整天，即便对我这样一个在中国游历甚广的人来说，也无法将景德镇的点点滴滴完整地看个明白。傍晚时分，岑牧师一家带着我来到临水郊区的公园的一处饭店吃中餐，那里还有一些年轻人和几个靠瓷器发家的人在庆祝着什么。牧师这样做，显然是觉得自己生活方式过于简朴，担心不适合招待一位稀客，毕竟这位客人来自美国，专程前来他移居的这座城市，而且还带了一份特殊的介绍信。

餐馆里的店小二和不少客人都光着膀子，这些人可不是脱衣舞娘，这里和美国那些花里胡哨的饭店不大一样，在牧师的妻子进门之前，餐馆里没有任何女性。中国女人若是出现在公共就餐场所，要么装扮十分时髦，要么就是街边拉客的。不少男人胸部丰满得像个女人，不过他们看起来还觉得挺骄傲的。当然，这里也不会有人从我们手里接过帽子，帮着挂好，等着领小费，中国人即使再有耐心，也接受不了这么做，觉得这是一种挑衅。

整顿饭都是按照中国人的用餐习惯进行的，一开始摆上来的是炒西瓜子和去了壳的花生，最后端上来的是热气腾腾的湿毛巾。不过，我坚决没有喝酒，倒不是为了顺应当代美国人的思路，而是因为在经历了白天的炙烤之后，晚上的暑气依旧令人窒息，而冰块在景德镇就像棕榈树在北极一样，是罕见之物，因此来上一杯热茶或者至少微温的茶，是和牧师待在一起的最好选择。说到这一点，餐馆储藏室里密密麻麻摆放的瓶装啤酒在这样的气温之下，实在是更加不受人欢迎。这家餐馆分成了好几个小包厢，这在中国的上流社会很时兴，包厢里不断传来嬉笑喧闹声，热闹非凡。

我们回家时坐了人力车，看来即便有了禁令，规定在傍晚之前不准人力车出现在景德镇坑洼不平的道路上，也难不倒我们这帮坐车的人。尽管已近午夜，仍然有许多工匠和少年借着闪烁的微弱烛光在给瓷器上色。理发师在为光着膀子的客人掏耳朵，修眉毛。瘦骨嶙峋的劳工还在行色匆匆地赶路，肩上挑着的若不是木头，就是放着素坯的板子。不少人酣睡正香，看来只有中国人，或者那些已经累到完全没有一点力气的人才能在用竹板凳搭成的床上睡着。这些床就摆在屋外，周围不时有人走动。

我在昏昏欲睡之际，想起了那些排着一列列望不到头的队伍的劳工，他们日复一日、年复一年、一个世纪接一个世纪地挑着令人难以置信的重担，浑身是汗地不停奔忙，只为将瓷器送向世界；他们为了一顿粗茶淡饭、为了一块睡觉的木板而拼命努力，在这里过着无尽的苦日子。而在距此飞行距离不过一百英里的牯岭，数以千计的人在那儿享受着西方的物质文明，度过一段闲暇时光，考虑着如何使世界变得更加舒适，如何使人们如置身天堂。二者的反差何其之大！

　　第二天一早太阳刚刚升起，我已经沿着用瓷片垒起的高高河岸悠闲地散步了。这个时候还算凉快，让人感觉舒服，可该死的热气很快又压了下来。孩子们在河边用泥巴捏碗和瓶子，就像塞维利亚的孩子从小便玩斗牛、德国的孩子从小练习走正步一样。一辆中国的救护车从邻村飞一般地开过来。有个男人被毯子裹得严严实实，躺在竹板床上。床是倒着的，那个人就躺在床脚之间；而床被另一张毯子系着，固定在一根竹竿上，由两个壮汉抬着。他们走得多少还显轻松，两人步调几乎完全一致，快慢跟挑着木头或者素坯差不多。

　　我又用了半天时间，把有关景德镇以及瓷器制作想了解的一切都问了一遍；而我给他们讲了一些关于外国的事，牧师为我们当翻译，他把这看成他热情好客得到的奖赏。之后，我们走到河边，准备乘船离开。与其沿着通往鄱阳湖的小路，顶着炎炎烈日一路走回去，我还是更愿意让刘满意地笑一笑，因为他这一天可以不用做任何事便能挣到那 70 个铜板了。

　　河边停着不少小船，我们从中选了一条，顺流直下去饶州①。路上大概要走 24 小时，中途不停，船费就一块鹰洋，还包括"卧铺"，要想吃饭，花 20 文钱就能有一日三餐。由于同行的中国仆人吃饭总是"自理"，至少理论上是这样，因此刘出了自己的饭钱。坐船的十几个中国人，都光着上半身。这一带的男人看来夏天都是这副装扮，虽然不是在每个场合都合适，但也并非说不过去。所谓"卧铺"，就是几块窄窄的平整光滑的木板，盖在底舱上头，对一般个头的人来说长宽都不太够。

　　开船前照旧是闹哄哄地乱成一团，我趁机找了个地方铺开行军床，地方不大不小，正好够我躺下，行李全都塞到了床底下。船家一会儿划桨，一会儿张帆；有时蹚着水在后面推着；有时用篙撑船；有时吹起哨子，吆喝着求老天起风，如果赶上没有风、划桨困难的地方，只能拉着纤绳沿着河岸一步一步辛苦地往前走。

　　即使在很远的地方，也能看见瓷窑烟囱里冒出的黑烟，笼罩在这座城市的上空。

———————————

① 饶州（Jaochow），旧地名，此处所指当为今江西波阳县。

到了夜里，窑里的火光照亮夜空，景象如同美国的炼钢厂一般。船夫不知疲倦地忙着，这看来也表达了他对人生的态度。晚上也好，白天也好，他要么撑着船篙，要么蹚着水在后面推着，难得有一刻闲下来，不时还得快速穿过一段段浅浅的急流。不过，虽然船夫又是撑篙，又是蹚水推船前进，忙了整整一个晚上，待到我们抵达饶州时，也已经是下午三点了。

饶州岸边的泊船一眼望不到头，可却没有一条愿意第二天一早渡湖，因为这些船都要去南昌，那里是省会；我计划先回到牯岭，等到天气凉快下来再走陆路去那里。令我高兴的是，饶州城里有一所教会的房子，而且岸边也不是景致全无。女人们跪在搓衣板的一端，对着河岸，刷洗着衣物。一双双小脚穿着三角形的鞋，从身后露出一点，排成长长的一列。往城里送水的男人肩上的扁担挑着两个水桶，来来往往，忙个不停。他们宁愿将水桶径直投入女人洗衣的水里，也舍不得多走上一两步，打一些稍微干净一点的水。

一艘船在湖里打了一天鱼，正向岸边驶来。一根竿子伸在船舷外面，远远地架在水面上，十来只鸬鹚蹲坐在上头。这些呆头呆脑的水鸟一副正襟危坐的样子，时而扇动着羽毛，喉咙松松垮垮像个大袋子，仿佛年老昏聩的国王，不过一旦有鱼进入视野中，便会一头扎进水里，将鱼装进喙里带出水面，绝无半点闪失。船夫一把抓住这些水鸟的脖子，粗暴地把它们拎出水面，或者用抄网连鸟带鱼一起捞上来，把鱼丢到已经捉到的鱼堆中。鸬鹚重新回到船舷外的栖身之处，又开始扇动羽毛，带给渔夫好运。这些水鸟的脖颈上都套着绳圈，如果捉到的鱼够大，船家认为不应该让它们吃掉，那鱼就无法被完全吞咽下去。这些鸟儿就这样整天为主人不停地工作，完全没有休息时间，待到一天结束时，再从主人那里得到几条小鱼作为犒赏。

在中国这样一个人满为患的国家，人们为求生想出来的方法不胜枚举。一个男人坐在圆形的大木盆里，拿着两块像小扇子的板子沿河岸划来划去，从浑浊的河水里找寻着能够漂起来的木头和其他物品，对施舍来者不拒，哪怕是船上人家故意扔给他的剩饭剩菜。

中国人讲究一地有一地的特产，河上游不远处便是中国的主要产墨区。人们通过焚烧一种樟木科的木头，收集煤烟制墨。当地曾经林木茂密，现在已经只剩下这些樟木科的参天巨木，树龄都在百年以上，栽种在寺庙周围，因其年代久远，传言里面住着树精而被人视为圣物。如果这些大树被景德镇用来烧窑，恐怕就不复存在了。烟草也是饶州地区的主要特产，不久前就有一个女人因为偷卖烟草被杀了头。

相信中国人的时间观念永远不是明智的。第二天上午十点，我再次来到了河边。有艘船答应下午出发去九江，我想抢在几十个劳工之前，在船的中间先占个位置。他们还是像往常一样认为外国人占的地方肯定要比他们多，于是让我把行军床支起来——中国人总是这样古道热肠。中午时分，船离开岸边向河中心开去。暑热炙烤使我们汗如雨下。船上极为拥挤，恐怕伸手给别人擦一把脸都要比给自己抹汗来得容易。

下午四点左右，来了一个当官的，一副蛮横霸道的模样，穿着件白色长衫，手里拿着把折扇，身后跟着几个随从，个个一脸媚态。他们是过来查船的，摆明了要收取厘金。到了五点，我们已经驶进湖心，后面拖了三艘帆船，很快又加了两艘，每艘都比我们的船要大好几倍。我们的蒸汽小艇就拖着这些大船，气喘吁吁地艰难前行。

还有一次耽搁同样莫名其妙。有个人提了桶石灰水，爬到高处遮盖货物的席子上。那席子被烟熏过，乌漆漆的，那个人就在上头涂了几个大字。这些旧船上的货物能堆多高就堆多高，就连翘起的船尾和船头也堆得满满的。我们船上装的几乎全是一箱箱的瓷器，最大的几个箱子是发往纽约唐人街的一家挺著名的公司的。身后的五艘帆船上货物堆得老高，随着船的开动，每条船上都放起了爆竹，敲锣打鼓。待到吃饭的时候，我们已经到了河的下游。中国人有这么个习惯，喜欢坐小艇胜过那些平底帆船，所以小艇上也坐满了人，或许是因为那里有更多平坦的地方可以让人躺下来。不过事实是人们只能蜷着身子，躺在杂乱无章的箱子上。还有另一种可能，坐在小艇上旅行，船上肯定会熙熙攘攘，中国人要是少了这些喧哗吵闹可能就会感觉不自在。

湖水清浅，满月高悬，别有一番景致。看着身后拖着的五艘帆船，你尽可展开想象，让思绪回到哥伦布或者比他更早的航海先驱们的时代。在这个月明之夜，我们的船就这样突突地一路走走停停。偶尔弄断一根用竹条编成的拖绳，小艇和帆船上的人一下子炸开了锅，在换上新的拖绳之前却又只能忍耐。

　　没有任何方面比渡河时害怕起风更能清楚地体现出中国人民族性格里的谨小慎微。天明时分有点起风，我们的船便拐进了河湾，就这样又耽搁掉大半个上午。对此我无可奈何，只能怀着天朝子民般的耐性继续等待。同船的乘客和船员都在叽叽喳喳地聊天，从我能听懂的部分推测，大家似乎都在谈笑风生。如果是西方人遇到类似的情境，也是这么一大群人，大概会一起想方设法摆脱困境，可见骨子里的坚韧好斗。

　　刘为我做好了一顿简单的饭菜，主菜是水煮鸭蛋——在这种天气里，我发现鸡蛋总让我想起亲爱的家乡的冷藏库。他帮我烧好开水，放在一旁晾凉，还把从牯岭带来的没吃完的干粮摆了出来。其他乘客和船员的饭菜是统一做的，送饭的男孩看起来十一二岁，脸上总是挂着一副不逊的笑容，鼻子上穿着一个用三股铜丝缠绕拧成的圆环。可能是宠爱他的父母把他当作动物，借此分散妖魔鬼怪的注意力，免得被抓走。

　　将近中午，我们重新出发，但很快又在一处看似小岛的地方再次抛锚。我们在这个小河湾耗费了一个小时，为了等一个上了年纪的人。他肥胖臃肿、衣冠不整，看架势像个当官的，最后一刻才带着零乱的包裹匆匆赶到。船绕着岬角行驶，这块突出的陆地恰好位于湖中间，形状如同少女的纤纤细腰。

　　人们在小艇的船头宰杀了一只鹅，后面每条船也如此行事，一边把鹅血滴进水里，一边放起爆竹，还点起了纸钱和香烛，这样是为了祈求神灵庇佑，不然这里的水神常常会把船掀翻。当然，纵使神仙显灵也无法保佑这只鹅避免被船员和乘客吃掉的命运。

　　我终于再一次见到了庐山，此时距离我下山刚刚过去一个星期。依旧山峦巍然矗立，山顶云雾缭绕。我们很快路过了南康，却没有停下来。这也算是个遗憾，我总是希望能走一条新的路线，本来还可以当晚从那里爬山回家。这一长串船队好不容易进入了大姑塘的木筏村庄中，这才把速度放缓了下来。船队就地停留一晚，也许会待更久一点，等着交应付的税和厘金，之后就将继续前往鄱阳湖口的九江，到了那里还得再交一次厘金，而且有可能把货物转运到大一点的帆船或者外国汽轮上，再运往长江下游。

　　我还清楚地记得那个孤身一人住在大姑塘的外国人，他极其热情好客，坚持邀请我在回来的路上到他那里再住一晚。对这么晚还要挑担子，刘似乎有一丝不大情愿，或许他是不想太快把活儿干完，担心会损失一天工钱吧。我虽然大致能感觉到这一点，可依旧要刘带齐行装，务必全速赶路。

这是一个更夫尽职尽责的小镇，我们匆匆走在镇上唯一的街道上，街上一片狼藉，一路延伸穿过堤道，径直进了山里。我已经下定决心不管什么时辰，都要把路上坐船耽搁的时间给补回来，在当晚赶回在山顶的家。谁料好运气却没站在我这边。天刚黑不久，我们就迷路了两回，好不容易找对了路却又无法继续往前走了。我们到了一处山间小屋，我告诉刘他就留在这里过夜，第二天一早再带着我的行李赶上来，接着我便独自出发了。

夜色漆黑，黑云沉沉，山路分成条条小道，通往一间间小屋。小屋全都孤零零地修在人迹难至的山边，只有翻越岩沟、跨过溪谷才能到达。可能是上天为了让困难达到顶点，居然下起雨来。其实，淋点雨也没什么大不了，只要我不是整晚就这样睡在山边，连一点遮蔽都没有；可既然做不到就只能打道回府，哪怕再次回到那间小屋，颜面扫地也没办法。小屋早已木门紧锁，好在屋檐很长，我能在下头睡上一觉，既不用担心浑身湿透，也不用和刘还有屋主人共度一宿了。

天刚破晓，我就从床上爬了起来，再次向山里进发，把床留给刘，让他连同其他行李一起背过来。透过头顶的树丛和山石，我终于看见了那些用岩石砌成的西式别墅。那里住着中国的有钱人，这帮人三十年前还极力反对洋人的到来，现在却在享受着洋人们创造的舒适条件。还有中国的将军们，他们深知自己的同胞不可能对这里发起进攻，以免对外国人的生命财产造成威胁，于是在牯岭租界外围不远的地方修建起风格相近的住所，一到夏天就来这里养上一两房姨太太，就像在火车座位上放上一顶帽子或者一把伞，告诉别人此处已有人坐。我沿着牯岭街大踏步地往前走去，街上依然是一派完完全全的中国风。等我走进家门时，家人刚好坐下，正准备享用早餐。

经
陆
路
到
福
建

　　九月初的一个早晨，我又一次从牯岭下山。这一次我向家人保证两个月之内在别处和他们再次碰头——当然前提是路上的强人们答应。我健步如飞，只用了两个小时便下到山脚，路上还发生了一段值得一提的插曲。正经过一个石阶山路的拐角时，我突然听到有人发出阵阵哭嚎，于是朝一间小屋望去，那间屋子每年夏天都有成百上千外国人从门前路过。只见屋里一位母亲正在给一个小姑娘缠足，小女孩约十岁，缠足显然已有一两年了，虽然泣不成声，却没有丝毫反抗。我原本打算像堂吉诃德一样勇敢地冲进去，把那个老妇人一脚踹下山去，可见此情景只能立时打消了这不切实际的念头。

　　中国有不少铁路都是单独修筑的，东一段西一段地散布各地，有条线路的总站就坐落在九江的某个地方，夹在几条水道的中间①。第二天一早，我在那里与我的旅伴会合，把牯岭抛在身后。能够与这样两位美国女士同行，我的运气真是好得出奇。二人虽然都是传教士，却不完全拘泥于这个身份。单说她们出众才华中最引人注目的一点，一位是大厨，厨艺精湛，另一位则是医生，有着多年经验，见多识广。二人此次前去福建教区可算正是时候，能够得到我的保护——要不，能说我有幸得到她们的保护么？不管如何，读者们可不要妄下结论，以为女士们就不敢冒险，这一路上没有机会经历异乎寻常的事情；要知道现代新潮的美国女传教士们在中国做起事来，可比任何经验老道的职业探险家的胆子都要大。

---

① 此处所指当为南浔铁路，自九江至南昌，全长 128 千米，1907 年 1 月开工，1916 年 5 月竣工。

正赶上十多个传教士正要回南昌，还带着孩子、仆人、行李，这样看来最好是租一节私人包厢。这趟八个小时的旅程之所以花了我两块鹰洋，只是因为收钱的女士找不开零钱。需要补充说明的是，虽然两边围着硬邦邦的木头板凳，分配给我们的三等车厢也绝对不比我曾经坐过的货车舒服，要知道那个时候的我还少不更事，过着居无定所的放荡生活。为了改善一下条件，我们请用人给车厢消毒。他把一整瓶足以要人老命的液体喷在了地板、墙壁、座位甚至天花板上，虽然可以肯定绝无半点浪费，但对我们的衣服和行李来说，却没有丝毫好处。

在中国是不存在隐私这回事的，即便私人车厢也是如此。不仅乘务员在我们的车厢里不时穿梭，我还得时刻准备着阻止其他乘客进来一窥究竟，更不受欢迎的是那些在车站从车窗爬上来的家伙，他们这样做只是为了满足那永远旺盛的好奇心。考虑到周围全是传教士，我作为车上唯一的外国男人，若是动手解决问题，在这样的氛围下肯定显然是不合时宜的。

夏天的洪水几乎将平原变成了一个大湖，站在山顶都看得见。铁轨铺设在凸起的堤坝上，像一条线从湖中穿过。现在洪水已经基本退去，人们又开始忙碌起来，栽种更多的水稻，好养活自己，一直撑到下一次播种水稻的季节。我们一路穿行在这片肥沃富饶的土地上，整整一天时刻都能见到庐山雄伟的身姿，此时的山显得更青了。有一段火车带我们爬上山顶，居高临下地俯视牯岭。河水从峡谷中飞流直下，直入谷底，我还知道那条河的名字。从那里看牯岭，显得小而模糊。

我们途经的地区在中国似乎不算人口稠密，现在已是初秋，一派黄绿相间的景象。远近各处水塘点点，荷花盛开，染得一片粉红，分外好看。远处的田间种着棉花，水牛随处可见，不少牛身上还驮着孩子。看来中国人也有同感，同一种动物，西方人叫"water-buffalo"，中国人叫"水牛"。这条铁路长85英里，是江西省内唯一的一条铁路。火车慢吞吞地走了几乎一整天，还是没把我们送到南昌。终点站就在宽阔的赣江松软的沙岸上，与省会隔江相对。火车上所有的东西都得搬下来，一股脑儿全扔到简陋的渡船上。上岸的地方显得更加寒酸，船就在岸边争抢地盘、拉生意。一阵微风从北面上游刮来，我们的小船虽然风帆上打着补丁，临时将就着用起来却也十分管用，很快便过了河。虽然速度没问题，遗憾的是无法继续往南走了。

南昌与中国其他城市相比有点不一样，它几百年来从未失守，遭人掳掠。按照天朝的观点来看，此地定然藏富不少。既如此，各路军阀纷纷将贪婪的目光投向了这座城市和整个江西。南昌之所以能有如此好运气，部分应该归功于城墙。城墙的历史可以追溯至基督诞生前两个世纪，虽然此后一直修修补补，但成为今天这般模样已有六百余年的历史。根据方志记载，南昌城宽 10 里，城墙长 20 700 英尺并几步有余，共有城门六座，门高 30 英尺、宽 20 英尺，护城河宽 10 英尺、深 15 英尺①。

南昌城有史以来最伟大的事件或许当数成功阻止太平军入城。时值 1853 年，太平军沿鄱阳湖一路杀来，所到之处，城池无不尽毁。太平军虽然使出撒手锏向南昌城发射火炮，可大多数都掉进了城里的水塘中，只引起零星的火灾。中国的历史学家告诉我们，当时围城的太平军船只多达 800 多艘，停泊在下游七里处。不过，这在中国南方算不得什么惊天动地的大数字，而且很可能没几艘称得上战船。一位姓江的按察使②负责领兵守城，他的士卒一到夜间就会翻城而出，斩杀叛匪。然而，这些杀敌的动力似乎并非出于爱国守土之心，而是为了赚取钱财。凡攀爬出城与敌交战者，每斩杀一人可得赏银 500 两——不消说，给的都是纸币。当然，若是无法成功，结果如何自然不必多说。再说了，谁要从城墙上纵身跃下还能活着，想必那个年代中国的武器也没法伤得了他。于是城外的太平军在城墙下开挖地道。江按察使下令将城墙附近的房屋夷为平地，用拆下来的材料筑起一道内墙。他后来又发明了一种仪器，能够探测出敌人挖地道的地点。照我的理解，此人似乎对于侦听探测造诣颇深。

有一次有一段城墙被敌人攻破，幸得他迅速调集兵力和大炮堵住缺口，令敌人无法入城。张巡抚③奖励修城者每搬巨石一块，赏银一两。当夜，全城男女老少都去了万寿宫，也就是火神庙，把两尊大神像抬到城墙上，顶礼膜拜。城里的人在城墙的每一处垛口都挂上大大的纸灯笼，上面用红墨写上一个"寿"字，挂在显眼的地方让敌人一眼就能看到。寿真人是南昌当地最主要的保护神。太平军中多是迷信

---

① 汉高祖五年（前 202），刘邦为"昌大南疆"，派御史大夫灌婴率兵"渡江定郡地"，进驻南昌，以为平定南越。为了建立永久的根据地，灌婴在镇守南昌的同时便开始修筑城池。在方圆仅十里八十步的城池周围筑起了六座城门，其分别为南门、松阳门、皋门、昌门、东门以及北门。六门互相连接，长 4000 多米，城区面积 4 平方千米；连接六门的城墙用夯土筑成。这也是有史料记载最早的南昌城墙。

② 此处所言当为湘军大将、时任湖北按察使江忠源（1812—1854）。

③ 即时任江西巡抚张芾（1814—1862）。

之辈，抓来的俘虏说看到神仙坐在墙头，在护城河里洗脚。对于那些了解中国的人来说，这样的说法倒也合情合理，毕竟中国的神仙对于洗脚用什么水和他们的信徒一样毫不讲究。

中国人打仗时的招数可不止这些。有一回，巡抚派了一群人带着巨大的草鞋出城。所谓"草鞋"，就是用稻草编成的凉鞋，在中国南方要是不穿这个就没法走路。巡抚要他们把草鞋卖给敌人。太平军早就累得脚酸腿疼，看见有草鞋当然大喜过望，只是奇怪为什么这些鞋竟然这么大。

"哦，你们要是不买，"卖鞋的说道，"城里可有大把人等着买呢。哪有人像你们个头这么小，不是么？"

"你是想告诉我，"太平军听了大吃一惊，高声嚷道，"城里有人能穿这么大的鞋？"

"当然了，"卖鞋的回答道，"你们不要，城里可有好几百人能穿这么大的鞋。"

当天，城头上便出现了巨大的纸人，做得栩栩如生，足以欺骗敌军。消息很快在太平军军营中传开，和这样高大的巨人打仗根本就不可能取胜。今天的南昌城里草鞋成堆，要是能有几双这么大的留下来，我接下来的旅行该会多轻松啊！

南昌城被围困了整整 99 天，虽然有几处城墙被攻破，敌人几次利用烟幕掩护，差点爬上城头，但城池始终未被攻陷。时至今日，江按察使和张巡抚仍然为后人所津津乐道。人们为表感激，修起庙宇，纪念二人。

南昌城里有五座湖泊——至于传教士的院落就不必多言了，有几处修得颇为别致，学校、医院和现代房舍一应俱全，连成一片，高耸于城墙内外。有的湖虽然湖底满是淤泥，湖面上却浮着荷叶，碧绿连天。现在正值初秋，荷花盛开，处处粉红点缀，我们一边喝茶一边泛舟其上。只要是没有荷叶遮蔽的地方，无论多么狭小的空间，人们都在木筏上的小屋里用渔网捕鱼，一上一下地拉动渔网，就像中国各处的人们在其他水塘里做的那样，任季节变迁岁月流逝，亦不曾改变。不过，南昌有一大特别之处，城市用水并非完全取自池塘和河流。城里有一口非常有名的水井，就在一条狭窄旧街的拐角处。几百年来，挑夫们在这里一遍又一遍地装满肩上的水桶，川流不息，花岗岩井栏早已被打水的井绳磨出了凹槽，足有三英寸深。

鞋带街、筷子街、老银匠，南昌城的大街小巷地如其名，其中最重要的当数洗马池。虽然有关洗马池由来的典故不少，但据说是因为古代一个专门给官员洗马的人而得名。那还是汉代的事，这个洗马官姓李，这是个中国的常见姓氏，每天都在这里为灌婴洗马①。这位洗马官从未想过南昌最出名的街道会以自己为名，事实上这也是整个江西省最有名的一条街。

九月中旬的南昌天气炎热，上流社会的有钱人只要一走出背阴的小巷，便会拿起扇子遮住油光发亮的脑袋。中国人也真奇怪，辫子已经过时，可看来又开始流行把头发彻底剃光。其实他们很少有人真是秃子，反倒是西方人虽然讨厌头上没毛，却经常谢顶。中国的女人虽然缠着小脚行走不便，却有头发保护，能在万里无云的时候抵挡阳光，安安静静地坐在人力车上，或者跟在自家男人的后头。

南昌有座石桥，两旁有几根石栏杆，传言女人要是敢趁着夜深人静，只披上一件轻易就能解开的长衫，独自一人跑来此处，抱一下其中的任何一根，准保能生个大胖小子。诸如此类的流言在中国各地的不少僧庙寺院中大行其道。木制长矛和刀剑摆在店铺前作为摆设，这些东西年代之久远足以追溯到古代。现如今店里卖的主要是美英生产的卷烟。如此反差令人忍俊不禁，类似的场景在这座江西的省会城市还有不少。露天的饭馆里坐满了食客，一个个吃得不亦乐乎。做爆竹的就坐在那些临街而立的店里——附带说一句，爆竹之所以是红的，是因为红色在中国人看来代表了喜庆——就在你等在一旁的时间里，劳工便会在小小的竹管一端挖一个洞，这样就做成了一个烟筒。街道不单狭窄难行，还经常拐着直角，里头永远都是人挤人，这些都是南昌给我留下的主要印象。

南昌的财富尽管从未遭到劫掠，但穷人却一点也不见少。一个几辈人之前修建的发放救济粮的站点，现在一到冬天仍从公共粮仓发放食品。领米的人排成长龙，饥肠辘辘地经过围栏，仿佛围场里关着的动物。虽然慈善事业的确也在中国存在，但从历史上来看，多数不过是巧立名目、中饱私囊罢了。离筷子街不远的一家孤儿院似乎是个例外。这家孤儿院由一笔捐款资助，不足的资金由公共税收填补。以前，南昌城里的每家店铺每年都要缴纳 6 个铜板，作为税钱补贴给这家孤儿院。孤儿院每接收一个孩子，便会在孩子的一侧耳朵做上两个记号，同时仔细记录孩子的出生

---

① 洗马池（Si Ma Chi），位于今南昌胜利路中段，相传汉初开国大将灌婴在此洗马、饮马，故得此名。

日期以及父母的身份，并在一条棉布带子上盖章，标上号码，然后剪成两半，一半挂在孩子的脖子上，另一半保存起来。如果有女人愿意领养孤儿，必须找人担保，证明有能力抚养孩子。孤儿院会派人对领养人的陈述，尤其是居住地和祖籍加以核实，因为曾经出现过有人把孩子从孤儿院抱走以后，就在自己亲生孩子的耳朵上做上同样的标记，然后把领养的孤儿遗弃，以骗取资助。抱养的孩子每个月必须带回孤儿院接受体检，如果一切正常，那么养母就可以得到一笔费用。一个贫穷的母亲也可以把自己的亲生孩子带到孤儿院，登记注册，在耳朵上做好记号，按照惯例宣誓并且提供保证书，之后将孩子重新带回家，通过抚养孩子得到报酬。如果有的父母家境宽裕，却假装贫穷，将亲生孩子丢到孤儿院弃之不顾，那么对这种行为的惩罚措施和用自己的孩子调包孤儿几乎是同样严厉的。

谈到孤儿，美国人可能会对南昌的某些地方特别感兴趣，因为康爱德①就生活在这里。半个世纪以前，一位美国女传教士从垃圾堆里捡回了两个女婴，康爱德便是其中的一个。康爱德管这位女教士叫"妈妈"，现在还和她生活在一起。这两个女孩后来都被送往密歇根大学，成为那所大学首批获得医学学位的中国女学生。现在，她们其中一个在上海开了家医院，另一位姐妹则以其高效的办事能力成为南昌一所医院的创立者与带头人。任何人若是见到上海和南昌的这两家医院，都会坚定地相信丢弃女婴是多么地不明智。那位受人尊敬的女教士也收养教育男童，可单从表面来看，她在对男童的选择与调教上未能做到如对女童般出色。也许是因为在中国，男孩有更多东西需要为之奋斗，而女孩则不用担心失去什么，反而能够赢得更多。

我在南昌和江西省游历的时候，当地掌权的是一个蔡姓军阀②。此人老奸巨猾，作为督军，不仅要负责将南方革命军拒于江西门外，还得为曹锟和自己敛财。钱就存在租界某家声名显赫的英国银行里，越多越好。正是该军阀1917年担任绥远都

---

① 康爱德（Ida Khan，1873—1931），出生于九江，原名康成，是家中的第六个女孩，因遭父母遗弃，被美国基督教美以美会女布道会（Women's Foreign Mission Society of the Methodist Episcopal Church）女宣教士昊格矩（Gertrude Howe，1847—1928）收养，改名康爱德。她自小学习英文，受养母影响加入女布道会，19岁时赴美学医，学成后回到中国，先后在九江、南昌行医，并在南昌创立南昌妇女儿童医院，1931年因胃癌病逝于上海。文中提到的另一名女婴名叫石美玉（Stone Mary，1873—1954）。二人同为昊格矩收养，同就读于密歇根大学，是中国最早的留美女学生之一，也是最早接受西式教育学成归国的女医生。
② 即蔡成勋（1873—1946），1922年6月接替陈光远任江西督军，1924年12月被方本仁逼迫下台。

统期间，在当地重开罂粟种植，彼时距全面禁烟刚刚过去两年，他也借着给北京提供廉价鸦片发了一笔横财。南昌大学的校园，以及其他公众迫切需要的学校和公共大楼里到处都是蔡的部下。此时，两名学生和一个银匠挺身而出，前二者都是反基督教的领军人物，后一个则是名基督徒，或者至少他的妻子信仰上帝。三人试图结成党派，誓要驱除一切督军军阀，他们的行为在中国毫无疑问是一大进步。不料东窗事发，几位主谋全都不幸被捕，并被判处死刑。恰在此时，一位美国基督教青年会的代表求见蔡督军。此君说话口气虽委婉却颇有技巧，表明自己绝无参与地方政治的意思，只是……还是长话短说吧，总之，这个美国人让当局知道他对事情发展了如指掌，救了那三个人一命。

北京也曾派过不少文职督军前来南昌，可他们一走到九江或者周边地区，便会被所谓的"欢迎委员会"半道拦下来，而且无一例外决定不再继续前行。对于熟悉中国为人处世之道的人来说，不难猜测发生了什么——来的一方也罢，"欢迎"的一方也好，双方都极尽客套，"欢迎人员"孝敬美食佳肴，而新来的文职督军则表现得颇为节制，宾主双方把官场那套排场规矩演绎得淋漓尽致，彬彬有礼地绕着圈子，给对方暗示：既然蔡督军把南昌治理得如此井井有条，鄙人初来乍到，根本就不在乎能否上任，只是不知自己倘若没了工作该靠什么谋生？既然好不容易谋得这样一个职位，千里迢迢前来赴任，这笔花销又该如何着落？结果当然是另一方拍着胸脯向对方保证，完全没必要为这点小事担心，直接给点现金让对方放心——有了这笔钱，阁下大可告老还乡，要不在上海或者其他水土宜人的地方找个住处，拿着这笔"收入"颐养天年。于是乎，给钱的迟早不再给钱，而新的"文职长官"也会再次驾到，这样的日子循环往复，如此生动的情景剧也一遍又一遍地上演。

在南昌的时候，老天还算待我不薄，我在那里待了一整天，不仅正好赶上祭祀寿真人的庆典达到高潮，最后一晚还见到了到中国以来见过最为壮观的一场大火。南昌火神庙里的这位真人相当受人尊崇，不过这座有名的古老圣殿除了临街一侧的几处人工雕刻的石像以外，剩下的部分已经不多了。这里刚刚经历了一场——事实上应该是两场大火，被前一场火烧毁的部分还没来得及修复，就又被这股由真人控制的自然力量再一次摧毁。道士们给出的解释倒是聪明，他们说神仙们认为人们罪孽深重，当然其中头等大罪就是给道士们的香火钱太少，因此决定要把南昌城一把火烧掉。不过，神仙们随后又问万寿真人，该如何才能使南昌城免于浩劫？真人是当地的保护神，曾做过江西省巡抚，名叫寿旌阳，现在的人把各种神乎其神的转世投胎和消灾祛病的一切奇迹统统归功于他。真人于是提出用自己的道观代替南昌城遭受火焚。因此，人们在未被完全烧毁的道观里举行盛大的祭典，感谢真人。成群结队的乡民在被烧毁的神殿里起舞，个个披头散发、带着惊讶的眼神，不少人还扎着辫子。虽然人已经到连附近的街上都无法行走，还是有人如潮水般从山上涌下来，从四面八方坐着船赶过来。火神庙里，或者是附近有口水井，据说那里的井水会随着河水涨落——这话是个道士说的，要相信倒也不难——于是寿巡抚在井里放了一根铁柱，镇住想要摧毁城市的妖怪。只要铁柱不开花，那妖怪就永远无法逃脱。现在，真人像已经修缮一新，官员模样，装饰不少，大小犹如活人一般，脸上涂着油彩，有点像唱戏的人物，泥塑的身体上敷着一层金粉，颜色鲜艳夸张。

　　我差不多快到午夜才上床睡觉，第二天一早向南进发的准备工作全都已经做好。就在此时，天上一片火光，街上变得人声鼎沸，我的注意力也被吸引了过去。南昌最近经常起火，这一次又起了大火。北方地区常用泥巴砖头砌房子，一般来说很少看见消防队的影子，可南方建筑多用木材，发生火灾的概率很大。南昌紧临鄱阳湖，沿岸一带，或者至少几条支流的流域还未像其他中国城市常见的那样，森林被完全破坏，因此这里建筑所用的木料或许更多，甚至比一般的南方城市还要多。有的人赌钱时可能在点完烟后把火柴或者棕黄色的纸捻随手一扔，有的则把水烟筒的灰渣吹得到处都是，那些横梁和椽条都是用干燥的竹子做的，很容易就噼里啪啦地燃烧起来。

　　整座城市都用马头墙①分隔开来，一些小型的拱顶门楼跨街而立，结果却起了通风的作用，因此南昌城一旦起火就会火势凶猛。男人们受到惊吓，从狭窄的街巷中慌不择路地跑出来，怀里抱着装钱的箱子和孩子——更加金贵的男孩至少是得抱上的；女人们一步一拐地紧随其后；孩子们从睡梦中惊醒，哭闹着，被大人拖着一路狂奔；挑夫们悠闲地慢慢跑开，身上还背着生意人的担子，后者则焦急地大声催

---

① 马头墙（firewall），即防火墙，亦称封火墙，中国古代赣派、徽派建筑代表特征之一，为高于山墙的墙垣，起到防止火势蔓延的作用，因形似马头而得名。

促他们尽快赶路，这一切汇成一股名副其实的"洪流"，挡住我们的去路，连过去围观这火光冲天的场面都感觉困难。

消防队为了接近现场，也和我们一起拼命地挤向同一个方向。他们带来的行头着实古怪，比如用木头做的大桶，看起来极易散架，上面覆着防水的帆布。挑夫们跑到五六排房屋开外的荷塘里挑水，把大桶灌满，动作像浇灌稻田一样。水用手工泵从桶里抽上来，这些水足够把所有东西冲毁，却偏偏灭不了熊熊燃烧的大火。有些人站在相邻的建筑物上，高声叫喊着，急着要把起火的房子拉倒，因为南昌城一旦起火，马头墙之间的全部东西绝无希望能够救出，所以人们要尽量防止火势蔓延到其他地方。消防员们排成好几条长龙，哇啦哇啦地叫嚷着，头上凑合地戴着临时找来的头盔，手里提着纸灯笼，看这架势好像还嫌火光不够亮似的。人们放起爆竹，希望平息火神的愤怒。狭窄的街道上人头攒动，挤得水泄不通。士兵们一副稚气未脱的模样，和当地的警察一起端着明晃晃的刺刀，站在人最多的地方维持秩序。这股兴奋劲一直持续到深夜。不过，南昌在过去千百年来已经经历过太多次火灾，因此救火的场面虽然看上去混乱不堪，却非常有效。待到翌日天明，市中心一片炭黑，空空如也，空气中弥漫着一股刺鼻的烧焦气味。

挑夫之前向我们郑重保证一大早就来拿行李，送我们在抚河上船，现在经过一番跋涉，他终于穿过狭窄拥挤的街道，来跟我们会合。抚河是赣江的东部支流，由江西省边界的十几条支流汇聚而成，注入鄱阳湖。这里在古代是景德镇瓷器陆上运输线极为重要的一段，数百年来，还未上色的瓷器经由这一路线运往广州，再由广州人按照他们的南国风味自行上色。

船夫们早就做好准备，只待动身了。然而，只有等我们这些人和随身行李到了才算得上真正意义的出发，不然船夫们会先上岸去买点米、木炭还有菜——我指的是蔬菜，红辣椒也包括在内——然后再走亲访友，哪怕他们在过去一个星期闲来无事也从没去探望，而是做些杂事，再找出一堆借口来为自己耽搁了时间做解释。不管怎样，我们总算在中午之前解开了缆绳，撑起船篙，向着浑浊的小河深处慢慢划去。

我与另外两个相当值得尊敬的船夫同坐一条船，这条船比我从景德镇来时坐的那条大了不止一倍，那条船当时坐了 12 个中国人。船上用席子搭了个拱形的顶棚，能够拉动，相当于在船的尾部做了个"舱房"，我可以把它当作宽敞的客厅或者任何其他我喜欢的地方。甲板的木板拼得很松，下面的空间足够放得下 12 根制作衣橱柜子的木头，现在却只放了我的一点行李，那点行头都不需要两个挑夫来搬运。

我确定这么宽敞的地方没有夹带私货，因为在中国，船夫或者车夫经常会玩一点名堂，把一些珍贵的货物，比如鸦片藏起来，然后在过关的时候说这些东西是洋人的，这样就能躲避盘查，不用交纳厘金。随后，我在船尾的"舱房"里把行军床支开，找了张折叠帆布躺椅坐了下来。椅子坐起来非常舒服，这可是船上唯一的陈设。当然，除此之外船头还摆了个土罐子用来做饭。

这两条船已经等了一个星期，每天都有两块鹰洋的额外收入。每一艘的船头都挂了中英文对照的告示，上面盖着官印，说明这是洋人的雇船，当兵的不得征用。这趟行程大概要走四到十天，得花去我十块鹰洋，饭钱也包括在里头，因为所有的船都要为乘客提供食物，不过事实上我们很少提出如此要求，这也是为何中国的船家更喜欢搭载外国人的原因。考虑到条件如此奢侈，简直就像一艘私人游艇，这个价钱似乎并不过分，只是船篷矮了一点，我每次着急起身时总会撞到头。

要不是顾及面子，我们本来应该坐同一条船。可是，细长眯缝眼的格伦迪太太比她的西方姐妹们可要口齿厉害得多。传教士们要是想保持自己的声誉，起到感化中国人的效果，就必须凡事三思而后行，千万不能给那些喜欢嚼舌根的人留下任何把柄大做文章。因此，两位女士坐了另一条差不多的船，同船的还有她们的男仆，再加上三个船夫，即便这样，那条船上仍然有大片地方空着。看来，让女士们和四个中国男人共处一船是天经地义的，谁叫外国人总是干见不得人的丑事呢。

两位女士都很年轻，为了体现出自己的勇敢与坚强，坚持要像中国人一样，于是选择了睡在船尾"舱房"的地板上。她们睡的那一头光线还算柔和，而且把自己带的帘子也挂了起来。然而，我毕竟走南闯北的经验更丰富，当然知道带上折叠床是多么明智，何况在中国随身带着折叠床其实是非常简单的。两位女士在她们的船桅上拴了一面大大的美国国旗。旗子是在中国做的，上面的星星总要少很多。我的船紧紧跟在她们后面，至少我的艄公在尽力做到这一点，他们认为在这个兵匪横行的年代——其实二者很多时候同出一家——这样的保护相当重要。

开餐的时候到了，我们把两条船暂时拼到一起，我也加入了女士们的队伍。她们的男仆做得一手好饭菜，不过这是与那位来自达科他州的年轻女士相比而言，她在南京语言学校已经待了一年，这是第一次去自己的教区。她正一门心思地准备为中国人做牺牲，我必须得抑制自己的热情，因为把给教会的捐赠品邮寄过去可能会不大受人欢迎。我想起了自己在其他地方度过的那些凄凉岁月，当年无依无靠，一个人背着全副家当，一路风餐露宿，只要能够填饱肚子就毫不挑剔，哪怕路边只有一堆乱石，也能躺在上面酣然入睡，和现在比起来反差真是巨大啊！

北风还在继续刮着，不过势头已经减弱了不少。凭我以往的经验，在我需要的时候，风总不会刮太久。然而，在前两三个小时里，风力还是相当大的，船只沿河而下必须努力撑着船篙才能向前移动；而在风平浪静的上游，我们一个小时能走6—7英里。

岸边路上的行人还真不少。我们看到两个女人穿着白衣，边走边不停地哭泣。一个男人走在前头，不时发出饥饿的野狼般的长啸，还有一个人走在后头，晃着长矛，上面挂着不少铁圈。女人们一直这样单调地哭嚷着，直到走出我们的视线，声音也听不见了。这一家应该是最近有男性亲属去世，正在召唤死者的灵魂归来，不过这样做恐怕也无济于事。

我们沿途经过一大片平坦的田野，田间地头一片葱绿，树木茂盛，景色与草木稀疏的北方完全是两个样子。水牛迈着中国人习惯的步子，绕着水车懒洋洋地走着，一圈又一圈。巨大的木头轮子架在水槽上，上面的木齿水平排列，转动着一串垂直放置的小木板，把水运上来，送到每一块需要灌溉的稻田里。能听见靠近岸边的水车发出吱吱嘎嘎的响声，而远处地平线上的看上去更像袖珍玩具。

我们的船开得又稳又快，每个人都兴致高涨，直到夜色降临方才系紧缆绳，停船过夜。虽然没有传说中乌鸦飞得那么快，却也走了差不多12英里。我实在看不出我待在另一条船上有什么意义，只要两条船紧紧停在一起，那些嚼舌头的又怎么会停止闲言碎语？光是两条船挨着就足够某些人浮想联翩整整一晚了。不过据我所知，没有谁能够让中国船夫用另外一种方式停船，或者阻止他们把船与其他船停在一起，当然前提是他们能够在天黑之前赶上那一群船。这些人尤其喜欢停在城市周边，这样他们就能打水做饭或者忙些别的活计。幸好我们的行程并不紧凑，待到夜幕降临时莫说城市，就连别的船的影子也没见着。

第二天的风也还不错，可我敢肯定这只是河流走向使然，使我们的航道要么向东，要么向西或者向北，总之就是不向南。北风本来吹得正劲，只要河流走向一变，就一下子变得绵软无力，甚至完全平静下来，而每当河流引导我们朝着指南针上的其他位置前进，风又会猛然变得狂暴起来。因此，我们大部分时间只能靠撑船和拉纤才能前进，待到夜幕再次降临也没能往南走多远。关于风向如此多变原因，我并不坚持自己的观点，会坦然承认自己判断有误。行船无疑是一门颇有讲究的娱乐，可作为到达某个地方的手段，至少当我在船上时，似乎并没有什么值得记的。诚然，不少时候风会吹向你希望的方向，我也从小说和航海故事里知道了什么是"顺风"，可无论是在 20 世纪初横渡太平洋时度过的 57 个日日夜夜，还是此时此刻，但凡每次我想坐船去某个地方，风平浪静已经不坏了，更多情况都是在逆风而行。

我们什么也做不了，无论从西方人暴躁冲动的性情中能够提炼出多少东方人的耐性，我们都只能让灵魂满足于此。想想这可能是我一生中唯一一段能够独享私人游艇的奢华时光，还有无忧无虑地尽情读书、写作——如果我是女传教士，或者会玩打发时间的纸牌游戏——并且把这些日子加入与"时间老人"已经不短的交情中去，又有何妨？难道纷繁烦乱不是西方世界的通病么？然而，要想根除这样的病症谈何容易，我发现自己在第二天还没过完时就已经陷入了苦恼，并且毫不怀疑这份苦恼会在未来的几天里持续下去。只要能够抛开这种毫无道理的焦虑，不赶着去某个地方，换成适宜的速度，那么这趟旅程将会变得超乎想象地愉快。如果愿意，我们大可沿着岸上的小路走上一程。还有一个方法能更开心地打发时间，那便是各自穿上泳衣，越过船舷，纵身一跃，到河里游泳。这里的河水清澈见底，深度大概刚到膝盖，很少有地方水位没过脖子。我们可以找个地方游上个把小时，然后不用花太大力气便能赶上我们的船；或者继续蹚水往前走，直到走累了，在水边休息一两个小时，等着船从后面慢慢赶到我们坐的沙洲；或者帮着撑篙、拉纤，也可以干脆帮艄公一起推船。船家们从没见过女人下河干这种事情，一个个可是看得目瞪口呆，不亦乐乎。

第三天，我和女医生一身夏装，走进了一座破败惨淡的小村庄，像这样的村子沿河一线可有不少。我们见到的第一个村民几乎双眼失明，这引起了医生的注意。

她告诉这个村民，只要船赶上来，就为他治疗眼疾。消息迅速传开。小村里住着百余人，还有数量相当的骨瘦如柴的黄毛狗和猪。我们很快被患有各种眼疾的人围了起来，有的只是眼皮发炎，不过这里卫生条件差又没有医生，病情迟早会加重；有的是自出生就双目失明；有的是因为沙眼和类似的眼病导致了穿孔。所有人都在央求医生为他们医治，脸上笑呵呵地耐心等着，毫无怨言，完全是中国人相信命运的模样。

脏兮兮的店铺里，男人们在阴凉的地方用脚踩着重重的木横杆的一头，另一头是一个木锤。这是在给稻谷脱壳，从早到晚，年复一年就这样踩着，做事时都不需要眼睛盯着。然而，这些人也跑到店外来，和其他人一起兴高采烈地请我们给他们看看。在中国农村，只要出现外国人，一定会有一大群人围过来。你若是提出给他们看病，那这个地方所有能来的人都会来，把你围得里三层外三层，瞪大着眼睛盯着你。对于有些人，医生只能实话实说，告诉他们治不好。即便如此，他们也会笑着答谢。

等船到了，医生就把带着的少量药剂拿了出来，一个星期的药收 4 个铜板，这个价钱比药本身的价值要少得多，但以往的经验让熟悉中国的传教士医生明白，把某样东西毫无保留地送给中国人不啻于让他们把这些东西白白丢掉。因为中国人总是怀有戒心，很难理解为何一个陌生人，尤其是一个漂洋过海从外国来的野蛮人会愿意帮助自己，却不想从他们身上捞点好处。也许有的外国人骗过他们。给中国人治疗，就算耐心地解释，他们也对医生"要注意用水洁净，避免感染"的叮嘱到底是什么意思毫无概念，只能乞求老天保佑了。这是一项毫无完成希望的任务，因为每个村子都足以让一个医生连续不断地忙活一辈子。就算我们把所有的药都带上船，也只需在河边随便走上一天，便可以轻易地全部派发。因此，这位怀着恻隐之心的女医生宁愿待在船上，或者顶多在河边走走，也不愿进城去，因为在城里她会感到更加无能为力。

有时候，如果日子过得无聊，我们会讲一些遇到过的危险或者好笑的事情，要不就聊聊医生和她的布道站的情况，靠这个打发时光。大概两三年前，三个美国女孩在福建偏远的腹地新开了一处布道站，还成立了一所女子学校。对于地球上的这个国家来说，女子学校简直闻所未闻。当地人一口咬定这就是间妓院，只不过打着冠冕堂皇的招牌而已，加之听说学校命令女孩晚上睡觉时必须打开窗户，对此更加深信不疑。三位女传教士如果与男性，哪怕是男学生一同上街，都会遭人指指点点，怀疑她们品行不端，有伤风化。有个家境小康的女生突然不辞而别，离开女校，逢人便说自己在那里遭遇到了三大"不幸"——晚上必须开窗睡觉、自己铺床、不能再缠小脚。

说起这位女医生，不仅年轻而且充满魅力，她说自己在福建待了两年，从未遭到男性的骚扰，连一丁点儿都没有。如此看来，女性在西方经常受到这种折磨，在中国反倒安然无事。然而，困难隐藏在其他方面。这位医生内外科都看，虽然她极具女性魅力，却常常很难让中国妇女相信她也是女人，唯有一遍又一遍地解释请她们放心，这样才能为她们做哪怕最简单的身体检查。女医生平时穿着裙子，天生一双大脚——当然，她的大脚是与中国女人的裹脚相对而言——留着一头长发，绾了个结，就像许多中国男人对待自己的辫子那样。她为人做事雷厉风行、独立大胆，甚至她的体形，都是普通美国女性的模样。总之，除了嗓音之外——其实不少中国男人的声音也像尖利的假声——医生的一切都让中国的女人们认为她其实是个男人。

女教士的布道站设在一座古城，周围人烟稀少，是南北兵家必争之地，曾经在一个星期之内换了七个地方官。最后总算有一个留了下来，可他和其他当官的一样，抛弃了妻子，就像丢弃不穿的旧衣服。有个朋友给他推荐了一个姑娘，姑娘家就住在地方官的新地盘上。没料到等到姑娘被带到衙门时，却被发现脸上长了雀斑。当官的大失所望，虽然允许她留下，却"不能娶她为妻"，反正当官的是这么说的。

不仅如此，这个地方官还打定主意，一定要娶一个受过良好教育的女人，不仅能够帮他料理生活，还能协助公务。这肯定多少受到了传教士的影响，真是奇迹！于是，他开始光顾教堂，每个礼拜天教会仪式开始时都会带着全部随从，大摇大摆地坐在第一排。全体会众必须集体起立，这是他们责无旁贷的义务。虽然这位地方官对基督教的规矩一无所知，也缺乏敬意，中国的寺庙里也不乏这样的人，却偶尔也会参加祷告，因此人们只有等到他落座才能全体坐下。这个官员虽然试图掩人耳目，可大家对他来教堂的真正意图心知肚明，这让唱诗班和教会里的女孩们感到很尴尬。经过一番折腾，这个地方官最后宣布要娶风琴手为妻。在中国大部分地区，一个女孩若是能被选中服侍某位将军或者高官，不管是娶作正室还是纳为偏房，都是三生有幸，女孩的母亲通常也会跟着一起搬过去当用人。因此，不少位高权重的男人都会在公办的学校里挑选女生，就像从工厂里订货一样。没想到这个弹管风琴的女孩得到了三位外国女教士的道义支持，竟敢抗婚不从，哪怕当官的告诉她可以让那个脸上有雀斑的女孩做奴婢也不答应。地方官没办法，只能放过她们。难以理解的是，他后来选中了一个寡妇，更让人惊讶的是这个寡妇也没答应他。最后，地方官只能给自己打圆场，声称像他这样有宏才大略的人，要娶的女子不单要身材高挑，还得有皇家血统，这种破破烂烂的小地方是找不到这样的女子的。

另一个地方官，不知是挑老婆时看走了眼，还是后来长成了那样，总之他的妻子也是一脸雀斑。地方官早就把她当成负担，于是派人捎话给传教士，愿意出钱请传教士在医院为他妻子讲点医学知识，这样她就能够自食其力，不再拖累自己。想想我的妻子在日本只不过一不小心晒了一天太阳就带回一脸雀斑，中国人竟然能想出这些法子，真是令人羡慕啊。

后来，这个地方官派了他的"护士"去医院开进口药以治疗脚趾发炎。所谓"护士"，其实就是卖药的，只是穿了件军装而已。医生回话，开药之前得先看看病人的"宝贝"脚丫子才行。于是，这位官老爷不经预约就大摇大摆地进了医院。说是医院，其实只是用泥巴砖头砌成的几间小屋，里面到处是人，就连那两三间"私人病房"也挤得满满的。医生没办法，只能在众目睽睽之下给他看脚，围观的全是这位官老爷治下卑微的子民。地方官一边接受检查，一边不由得发出感慨——看来中国人也有精神紧张的时候，只不过比我们更会控制一些——"这么多人，真是太可怕了。没想到这里会是这个样子，我一定要给你个大医院！租一个或者修一个好一点的得多少钱？"

如果照实说，得要一万或者两万美元吧，但医生担心把这位官老爷给一下子吓跑了，于是一边专心致志地看诊，一边含蓄地说："大概四千块吧。"

"哦，我倒不是说那么大的楼！"当官的倒吸了一口凉气，话一出口连检查都没法进行下去了。待临行之前，地方官已经把传教士的开价成功压了下去，降到了一千块，似乎中国人个个都有讨价还价的天赋。临别之际，他保证开一场大会，让当地的头面人物集资。地方乡绅们的确筹到了这笔钱，不过这区区一千块只是杯水车薪，只能暂时存在那里，等到有更多钱时才能派上用场。

我们很快遭遇了比顶风逆流走得更慢的情况。随着上游河水越来越浅，我们的船开始越来越频繁地搁浅。艄公撑着船篙喊着口号，所有人都帮着轮流出力，只有那个男仆没有帮手，这小子对长幼尊卑的规矩可是一清二楚。船篙虽然不重，可要想使船动起来却十分费力，因此需要不时跳下水去拖船。湍急的河水从船两侧流过，让人误以为我们还走得飞快，直到低头看看水底下的白石头，才明白就算撑了十几下，这些石头也不过移动了一个船身的距离。只要北面有一点起风的迹象，船夫便会大声叫喊。白天就这样忙了一天，晚上也折腾了大半宿。不过，一旦发现风向不对头，船夫就会一声不吭地待着，生怕风吹得更猛。船夫撑船的时候一定会扯着嗓子高声喊些什么，虽然叫喊的力气和撑船花去的精力估计差不多，可要让他们改掉这种习惯，恐怕就跟让纽约商店里的促销小姐不要浓妆艳抹一样不容易。中国南方的船夫们坚信只有大声喊叫，喊到声嘶力竭，"才能把肺里的毒气喷出来"。当然，我们每次听到这个也会忍不住"喷"出来，只是喷的原因不同罢了。

周围的山水风景依旧，一望无际地延伸着，慢慢向后退去。赶路的人一群接着一群，沿着河堤上的小路徒步前行，间隔地出现在左右两岸。莫说"吱吱呀呀"的独轮手推车，就连一步一拐的女人都比我们速度快多了。土丘上立着栋房子，很是惹眼，我们赶到那里花去了好几个小时的时间，走的距离也不比扔块石头远多少。我们只好一次次灰心丧气地下船涉水步行，走在船的前头，要么在沙丘上晃荡一会儿，要么就在水里蹚来蹚去，河水感觉有点微温，不过有时流得挺快。就这样直到我们的船慢吞吞地赶上来，又到了该吃晚饭的时间。

随处都可以看见粗壮的樟树，这让沉闷乏味的景致显得没那么单调。最受人尊敬的大树下还修了座小庙，善男信女们在那里点上香，摆上祭品，供奉住在树上的神仙。田野上遍布人工水渠，拉动水闸的不仅有水牛、黄牛，偶尔还会见到蒙住眼睛的驴子。小男孩坐在简陋的木齿水车轮上，有时没准是个小女孩，带着一脸惺忪的倦意，用棍子戳着这些无精打采的动物，叫它们绕着水车转个不停。这些水渠不仅从抚河里抽走大量的水来灌溉稻田，还会从水塘里抽水，毕竟中国凡是种植稻谷的地方肯定少不了水塘。田野里到处都是茅草棚子，像蘑菇一样，棚子下的水车一刻不停地转着。青色的山峦逐渐隆起，前方除了笔直而低矮的天际线，什么都没有，只有这条宽阔平静清浅的河流依旧在狭长的沙洲间延伸着。我们就这样穿行在沙洲之间，在抵达目的地之前永远不知道河水将流向何方。

旅行刚开始的那几天，我们沿途见到不少木桶，大小和酒桶差不多，沿着低矮的河岸摆成一行行，人们围着桶子不停地忙活。后来打听了才知道，这些桶里装的是某种灌木的叶子和枝条。我们开船经过的地方就生长着大片这种灌木，就像漫山遍野的柳树枝条一样。这些灌木能够变成一种靛蓝染料，劳工们的粗布衣衫就是用这种染料制成的，难怪蓝色是中国劳苦大众最流行的色彩。

据说只要把这种灌木泡在"某种城里药店可以买到的东西"里，就能得到这种颜色。得趁这种灌木长叶子的时候把它砍下来，泡在缸里，直到叶子变软脱落，再去除茎秆，在水中加入石灰。石灰在加入之前，要先用石臼在水里反复研磨，直到形成黏稠的乳状。至于要加多少石灰，尝一下混合液的味道便可知道。如果只是家庭所用，将布浸泡至所需的蓝色即可。若是要在市场上贩卖的靛蓝，就将这些混合液倒在一个地上的窑坑里，让水分被吸收或者蒸发，剩下的糊状物用叶子编成的筐子装着运进城里去。那些在桶子周围忙活的人，他们的手掌和手肘以下的部分都被染成了深蓝色。

几乎在每一个村庄都能买到鸡蛋，大概两美分一打。在西方的发达城市，那些冷藏的鸡蛋总是打着"绝对新鲜"的招牌，可和这块古老土地上的比起来，还是中国的味道更好一些。有一次，我在一张报纸上偶然发现了一件事情，那还是我上一回在南昌买鸡蛋的时候，报纸是用来包鸡蛋的。报上说，日本这一年从青岛进口了大概 2320 万枚中国鸡蛋，平均算下来是每一千枚是 7.30 美金。看来我只能得出这样的结论，不仅在中国居住的人类工作十分努力，就连中国的母鸡，不对，应该说就连经常在夜半扰人美梦的母鸡的配偶们都很努力，不仅给四处游历的外国人提供了他们消费的全部鸡肉，还在其他方面做出了贡献。中国的老百姓好像不怎么吃鸡蛋，部分原因在于即便一打鸡蛋只卖两美分，对中国人来说也太过昂贵。美国和欧洲过去也曾进口数以百万计的中国鸡蛋。我不止一次在吃酒店早餐时觉察到，从而更加坚定了我的想法，原来我们的国家直到现在还在进口中国鸡蛋。如果这张包鸡蛋的报纸上的消息靠得住，那么美国也好，欧洲也好，在经历了几次长途运输食物出现腐败恶臭之后，便决定只进口鸡蛋粉。于是，大批鸡蛋就这样被做成粉再漂洋过海。虽然这样做会增加工厂花在鸡蛋上的成本，但既然中国的母鸡下蛋下得如此勤快，看来也不会对整个国家造成什么影响。

我们绝不是这浅浅抚河之上唯一奋力前行的人，身后还有一长串货船也在缓慢行驶着。纤夫们排成长长的队列，弓着腰拖着纤绳的一头，另一头则挂桅杆上。纤夫们要么全身赤裸，要么在腰间遮块破布，踩在沙子和高低不平的河滩上，拼尽全力地往前拉，几乎是手脚并用、匍匐前进，身后拖着的永远是那条缓慢移动的笨重木船。一连几天，我们一共看见了13艘木船，船上装的是来自美国的汽油。拉纤的有百来号人，全都光着身子。有的正在吃力地拉着纤绳，那绳子上又系着带子，紧紧地勒在纤夫们被阳光晒得黝黑的胸膛上，就像法国荣誉军团勋章的绶带一样；有的站在齐腰深的水里，用手顶住从船尾笔直伸出来的竹桩，推着庞大而笨重的木船前行，越过凹凸起伏的岩石滩，穿过垃圾遍布的泥坑，从早上露出第一缕晨光直到夜幕降临许久，一点一点向上游艰难地走着。这些人走得如此辛苦，可比美国人想象的发动福特公司的拖拉机要难多了，更加不用说那些耕地的动物。即便如此，每当晚上有那么片刻歇息时间，他们依然会在岸边生起篝火，围坐在一旁，像露营的旅人一样快乐满足。

第四天是礼拜天，太阳刚一出来我们便下河游了泳。正前方有座古老的佛塔，虽然离得不够近，看得不甚清楚，却也吸引了我们足足两个小时。随后我们三个人都上了岸，结果发现，比起坐在船上浪费时间，走路不但要快得多，还没那么令人心烦，谁叫那些船只要起不起风就寸步难行呢。

于是，我们步行穿过田野，向前进线路上的第一个重要地点抚州进发，那是一座被城墙包围的古城。赶鸭人时而走在前面，时而从后面赶着那群嘎嘎叫的家伙，穿过田野，蹚过溪流，就这样一往无前，有时还会发出奇怪的声音哄鸭子，有时又会舞动鞭子驱赶。那鞭子和我以前见过的一样，像根钓鱼竿，顶头有条皮鞭。你或许会以为这帮嘎嘎叫的家伙一定会吵得赶鸭人心烦意乱，就像孤独的牧羊人常常被咩咩叫的羊群弄得思绪不宁一样，不过普通中国人既没那么容易喊烦，也不会轻易叫累。

连片的稻田广阔无边，两旁零散种着些樟树，长得枝繁叶茂。农民的村舍三五成群，彼此之间可以照应。每个村子中心都有一间大屋子，像兵营一样，屋外黑色的横梁间立着陡峭的山墙和涂着石灰水的篱笆，让人依稀想到了纽伦堡。到处都能看见蘑菇状的稻草棚，水车在棚子下的水道里吱吱呀呀地转个不停。我们还经过了一处磨坊，从外面看与草棚子形状大致相同，也是一个用稻草铺成的屋顶，下面用几根细细的木头柱子支着。在屋顶的阴影里，一个磨粉的工人光着上身，盘腿坐在横木上，赶着一头黄牛，也可能是它擅长下水的亲戚水牛。牛一圈一圈绕行，带动一个直立的石头轮子在一个环形的石头槽里转起来。磨粉工人不时还往里面撒上一小把稻谷。

我们一连走了四个小时，其间还搭上笨重的渡船，划着渡过了一两条小河，又费了好一阵工夫才把医生从那群生病或者受伤的人们身旁拖走。那些人的情况真叫人触目惊心，就连医生也帮不了他们。我们很快来到抚州传教团的所在地。住所位于城墙的拐角处，地方很小，显得有点挤。在今天的中国，不论城市大小，总会留下外国传教士的足迹。住在这里的是个瑞士传教士，同住的还有他的妻子和两个有着乱蓬蓬头发的男孩。看得出这家人和当地中国人的来往并不多，见到我们无比高兴，都不好意思让医生到医务室做事，毕竟那里地方又小，堆得又乱。

虽然是礼拜天下午，可前来看病的人还是络绎不绝，守门人只好限量放行。有个中国人牧师的妻子得了一种病，这种病本应该在应召女郎中间更加普遍。通常情况下，这样的结果是令人灰心丧气的，可身为一名教士医生，面对着中国内地的劳苦大众，在这里人们对"有病不医"与"不讲卫生"同样习以为常，而这本身对于年轻的美国女子来说却是非比寻常的事情。若单单因为这些就对世间的真善失去信任，变得意志消沉，那可就真的犯了致命的错误。

我们船上的一个舫公赶在天黑之前来报信，说船已经到了城里，和运木头的筏子停在一起。正在此时，我的那位外国朋友也坐着轿子赶到了，他比我要早一天离开南昌，正是他在我去景德镇的时候为我找的挑夫。换句话说，走陆路从省会到抚州只有 180 里，比从这里到建昌府 ① 要近，而后者正是我们此行乘船的目的地。要

① 建昌府（Kienchangfu），古地名，此处所指当为江西省南城县。

是步行去那里，原本可以轻松许多，而且到达的时间跟坐船也差不多。不过，坐船可以窝在躺椅里看书的快乐又该如何取舍，晚上还有聚餐，不管是否需要动脑筋，至少能和一群聊得投机的朋友待在一起，何况下午还能够穿上泳衣，痛痛快快玩上好一阵子……我徒劳地列举着这些好处，真的，西方人是经得住东方人那种安静从容的考验的。

我们收拾起耐心，再次上了船。然而，尽管艄公天还没亮就起了，一路上不停撑篙，可直到日上三竿，到了该吃午饭的时间，我们也前进了还不到一英里。抚州的城墙多少个世纪以来早已历经沧桑，变得乌黑。宏伟的天主教教堂矗立在城中，犹如一个巨人站在一群小矮人中间，甚是突兀，这一切还只是画面的前景。风迎面吹来，船底磕碰着河床上的石头，发出的声音最熟悉，也最容易叫人动怒。

斜阳西沉，下午开始凉爽起来，我从船上跳到水里，蹚着水在船的前头走了一刻钟，没想到竟然等了足足一个半小时，他们才赶上我！总之，经过一整天的辛劳焦躁，待到夜幕完全降临，我们再次停船靠岸时，才走到距离抚州25里远的地方。水道难行，这短短一段路好似远隔千山万水。中途，有一位老人上了我们的船。他的儿子被严重烧伤，被介绍来让医生看看。这位老父亲为了表达谢意，尽自己的一份绵薄之力，帮我们撑篙忙活了一个晚上。后来又赶来了足足两船士兵，有好几人急需医疗救助，因此医生就算待在船上也没有一刻工夫得闲。

次日一早，迎面吹来的风势头更猛了，我们决定不能再这样干等下去，得换一个简单的办法，于是打点了行李，去找车夫或者挑夫继续赶路，直到船赶上我们。我和医生吃过早饭便下船上岸，向15里外的一座小镇进发，在那里兴许能够找到一些陆上交通工具，毕竟到建昌府还有百余里地，路途不短。艄公看到我们就这样走了，连声抱怨，一直向我们保证北风随时都会刮起来。这几天他们为了北风，可是一路叽叽喳喳地说个没停，我们一听到这个就会气不打一处来。

我们发现已经到了一个叫浒湾①的地方。这是一个狭长潮湿的小镇，往内陆纵深不远，顺着河岸延伸两英里。我们在镇上找到了挑夫，后者很快发现了我们的真实意图，别看我们这帮外国人表面上走得悠闲，其实不知道因为什么原因在赶时间，

---

① 浒湾（His-wan），即江西省抚州市金溪县浒湾镇。

于是开始坐地起价。独轮车夫的人数要多一些，开的价钱自然也厚道一点。不到一个小时，我们就找到了足够的人手，答应只要船一来就跟我们一起走，在第二天晚上到达建昌府。谁料刚一谈妥，这些人马上就开始提条件，要求先付三分之二的订金，而且不到明天绝不动身。这样就和坐船几乎没什么区别了。

于是，我们只能匆匆赶往镇长衙门。不曾料想这位镇长和他的几个死党竟然都来自直隶省的保定府，指挥来自北方的军队占据着镇子。如此一来，我那几句结结巴巴的京腔京调反倒比医生流利的南方口音更加管用。我俩都被请进了镇长的会客室，坐在铺着红色垫子的长椅上喝茶，这地方还从来没有哪个中国女人被请进来过。镇长对我们相当客气，尤其是听我胡乱说上几句他熟悉的家乡话，还以为我来自他的老家，表现得更加彬彬有礼。他很熟悉外国人的那一套，知道外国人总是喜欢莫名其妙着急地赶时间，于是向我们保证要多少人都没问题，马上就能找到，只要那些人吃过饭就行。在吃饭这一点上，挑夫比车夫手脚更加麻利。镇长让我们只等了一个小时，问我们要了三块银元，当作订金，去跟劳工们谈价。这样一来，我们没准就能安心吃顿晚餐了。

我们的船好不容易慢吞吞地赶到了，停在一个水塘里。类似这样的水塘数量不少，就夹在岸边的那些房子之间。我们三口两口凑合吃完了这顿迟来的中饭，吃得浑身上下每个毛孔都在冒汗——不知道如此直白的语言是否适合描述那些迷人的年轻女士——最后安排妥当，准备下船。衙门已经先后派了四个差人过来，告诉我们一切都已准备停当，于是我们让雇来的挑夫把行李拿上。他们把行李放在街角商店的泥地上，那里紧挨着送货上船的倾斜滑道，我们正是从那里上的岸。

一个小时过去了，周围乱哄哄的，我们完全不明白这些人扯着嗓子到底在叫喊些什么。我们一再提出应该立刻起程，一个衙役摆出一脸乖巧的模样，向我们保证那些人吃完饭"马上"就走。只是为了再吃一碗饭，整个镇子就喧闹地折腾了这么久。接着又有一个衙役跑过来，用平静的语调告诉我们——你知道，中国人要是记不起自己郑重许下的承诺，说起话来都是这个腔调——要到明天才能动身。什么是"明天"？是"明亮的一天""天明时分""第二天"，还是南美人的"mañana"①——是的，

---

① mañana，西班牙语的"明天"。

后者和天朝子民确实有不少地方十分相像。

于是，我们只能让他们把行李重新搬回船上，说话的语气透露出西方人对东方人的懒散是如何地窘困，随后撑船离开，也没有提起那三块订金。还是风可怜我们，真的从北面刮了起来，风力还不小，在天黑之前的一个小时里一直呼呼作响。然而，第二天一大早刚刚从浒湾拐了个弯，迎接我们的竟然又是强劲的南风了！

时髦体贴的绅士一定会指责我，怪我不该第二天把两位女士抛下，独自一人走完那剩下的 60 里路。可是，我这样做并非出于自私，而是因为先走一步就能把行程中需要的交通工具提前安排妥当。如果这样，船一到建昌府就能继续赶路，而如果所有人都跟船走，那么至少得耗掉一整天时间做准备工作。

虽然九月已过大半，正午的暑热依旧令人难受，我的汗珠大颗大颗滴在石板路上。路面有时会断开，露出沙地，形成小路。田野间小丘起伏，绿意盎然，四处栽种着棉花、木蓝、大豆、花生和稻谷，种类繁多、琳琅满目。灌溉稻田的水车在蘑菇状的稻草棚子下转着，零零散散地分布在田间地头，此外，水道里还有踏车在操控着水闸，成年男子和男孩在上面用脚踩着。田里种满了蔬菜，树木成荫，郁郁葱葱，一切景象完全不像干燥荒芜的中国北方，很难让人相信这里竟然和土色棕黄的山东以及沙漠连片的陕西同属一个国度。

女人坐在木头小凳上，带着孩子们一起挖花生。花生被放在沙漏状的小篓子里，再被倒进更大的筐子里。那些大筐足够装下超过一蒲式耳①的东西，劳工用扁担挑起两个大筐快步运走。从长城塞外到南国滨海，从山东半岛到西藏边疆，这种作物在中国各地均有种植，这也解释了为什么它在中国的产量要比在我们国家高出数倍。中国每年出产成千上万加仑花生油，更不用提那些去了壳甚至还没加工的花生在市场上随处可见。就在几十年前，中国土生土长的花生还个头很小，看上去十分干瘪，现在有些地区仍在种植这种花生，直到后来美国传教士引进了佐治亚州的花生品种；

---

① 蒲式耳（bushel），英制容量单位，主要用于称量谷物等干货及农产品，其具体重量在英联邦国家和美国略有差异，英制标准等于 36.368 升，美国标准为 35.238 升。

后者颗粒饱满，如今几乎各省都有种植。男人们在已经收割完的花生地里把顶端的茎叶剪掉，而钻入地下的往往有好几英寸深；女人们虽然裹着脚，走起路来不方便，但也会不时帮忙。紧接着，男人们会用筛子把土筛一遍，好像淘沙金一样。筛下来的土被堆成长长的土墩，散布在田间地头，这样做据说和施肥的安排有关。

这里的村民非常友善。我走一段路便停下来讨要一杯凉茶解渴，在清澈的小溪里洗洗脚，不急不忙，因为我敢肯定，不管走得多慢，船都不可能比我先到。我沿着一条土堤大步流星地赶路，两旁绿树成行，凉风习习，虽然才是午后，却已经忘记了刚才汗湿衣衫的情形。远远望见前面的山脊上有座佛塔，可以知道那里肯定有座重要的城市。山脚下有一座古老的石桥，抚河上有两座石桥，我经过的是第一座。桥上共有 23 个圆拱，石缝里长着灌木，让人些许感觉到古风犹存的味道。道路逐渐变得宽阔笔直，来往的人也多了起来，沿着河岸一直通向另一座石桥和县城。我离那里还有十里路。终于，我到了城墙下，而我们八天前高高兴兴地离开省会，往东南方向走了足有一百英里，而我此刻孤身一人，身边既没有行李，也没有同伴。

迎接我的是位德国传教士，他和妻子是生活在这里的唯一外国家庭。由于德国马克贬值，加之国内信徒穷困潦倒，夫妻二人面临的压力可不小，除了城里的布道站，还有几个城外分站要打理，一年的预算却只有区区二十块鹰洋！传教站建在一处遗址上，底下埋着的是一座年代更加久远的城市。传教士夫妻在挖掘过程中发现了古代的运河、街道和其他一些证据，表明这里早在公元前已经是一座都城，现在全都埋在了 15 米深的地下。

能够去德国人的果园参观的确令人兴奋，不过院墙外面又是同样一番旧中国的景象。一群母猪在黏糊潮湿、高低不平的石子路上拖着肚皮，虽然体型消瘦，可肚子却圆滚滚的，东摇西摆地走在街上，看着荒唐可笑，让人想起北方的兵匪在当地打家劫舍的丑态。野狗在行人的两腿之间穿梭，搜寻着残羹剩肉，不小心挨上一脚，便发出乞怜的哀叫。城墙残破零乱，覆盖着厚厚的植被，朝南的一面长得尤其茂密。墙内的山丘上到处都是猪狗兵匪践踏的痕迹，牛羊在山头上吃着草；墙外照例有条小道绕城一圈，紧挨着城墙，从这里走就能避开城门口例行公事的盘问与搜刮，也不用在狭窄拥挤的街巷里穿行。和不少中国城市一样，墙内的角落里是几块牧场和庄稼地，虽说让人回想起太平天国时期造成的巨大破坏，可在围城的时候用来反击敌军或者土匪倒也管用。墙外四处一派美丽的山地景象，群山错落有致，山坡上一眼望去都是墓碑，大都年代久远。

第二天上午虽然天灰蒙蒙的，倒也暖和。医生在十点钟露面，吃过早饭就赶了过来，船还在下游30里的地方。我们等了一整天，看着德国人读着从上海寄来的报纸，上面的消息都是一个星期之前的，真是令人无语。雨淅淅沥沥地下了起来，我们更加担心，前头的路就算能走，看来也困难重重。建昌府有不少劳工本来乐意给外国人干活，可当地的军阀控制了他们，以备不时之需。城里的船全都躲得远远的，生怕被强行征用。我到达的当晚，德国人便派人去山里找劳工了，要找一个不抽鸦片，也不耍赖的。天黑之前消息传来，一早能够动身的有25个人。虽然我们没人把"一早"两个字当回事，但只要船能够按时到达，至少还是有希望能够在中午之前出发。夜幕降临，我们三个人沿着河岸慢慢往回走，突然听见喊声。顺着声音望去，只见我们的船正在河中航行，在下游距城一英里远的地方。我们的另一位同伴被老板，也就是船主背上岸，后者的块头可还不及她的一半。船主信誓旦旦地向我们保证，天亮之前一定能够把剩下的这一英里路走完。

只要船家信守承诺，那么你就会在太阳出来后不久看到一大群人浩浩荡荡地走在桥上，不仅有我们几个人、招待我们的房东、几个从山上下来的劳工，还有不少城里的人，其中包括好几个当兵的，穿得破破烂烂，举止粗鲁。这座多拱的石桥是连接建昌府与郊区的必经之路①。其实中国也有交通规则，独轮手推车过桥时必须抬起来走，哪怕桥足够坚固，能走卡车也不行。这种规矩显然和驱鬼辟邪有关。

几个人七手八脚地把货物搬下船。我向男仆和船家付了工钱，船家当然会嚷嚷着多给点"茶钱"。可是，除了起劲地吹口哨祈求老天起风，他们又多干了多少事情呢？分行李是件苦差，因为必须让每个挑夫的扁担两头各装上50磅重的行李；周围已经围满了人，虽然没什么恶意却过于好奇，不时会来打扰一下，总之又吵又闹，一片混乱。25个劳工，每一顶女士乘坐的轿子都需要三个人，一个立式大衣柜需要另外三个人搬。如果最后赶来的那位同伴的第一个七年休假述职结束后要回内地更加偏远的教区，那么这个大衣柜就不和她一起挑回去。余下的行李中，我的那

---

① 此处所指为江西省南城县万年桥，桥共有23拱，始建于南宋，为中国最长的连拱石桥。

部分只要一个半劳工就足够对付了，不过两位女士还有半担子窗户玻璃要带回传教站，这总不能只让半个劳工挑吧。我们就这样在激流汹涌的岸边忙活了大半个上午，好不容易才安排妥当，能够出发了。

接下来的四天之内，我们要翻山越岭走完 360 里路，既可以坐轿子，也可以坐独轮手推车，还可以下地自己走，反正哪种方法都要比等着起风更靠谱。只要天气够好，我们完全有希望按时赶到。事实上，我们准备出发已经不下十回，可每次都有新的状况发生，结果迟迟不能动身。比方说，有个劳工的扁担断了，得去换根新的；又比如说抬轿子的三个劳工要么有人没从山上下来，要么一看见活儿这么累就掉头跑掉了。为首的工头想让手下的三个人背衣柜，结果争执了起来，僵持不下。还有三个劳工凑在镇上的一家轿行门前，毫不避讳地抽着大烟，讨价还价闹了半天，最后当然是一拿到预付的工钱便找个借口，说要留一些工钱给家里人，一去就是一两个小时。当然，所有人都知道这帮家伙其实是抽鸦片去了。

几个当兵的过来检查我的通行证，却不看护照，对两位女士也丝毫没有盘问，在他们看来，我带着这些古怪的外国被褥就跟中国人娶两个老婆一样，是很正常的。琐碎的事情导致行程一拖再拖，等到种种问题一一解决，整个队伍却在一条脏兮兮的街头又把行李放了下来。所有的劳工打定主意，拍拍屁股走开，"吃米饭"去了。就这样，虽然天蒙蒙亮就来了不少人，但直到正午，我们这一队人马才起程上路。到了郊区，河两岸狭窄的街巷里的行人都在围观我们，顽皮的小孩、讨饭的乞丐，还有野狗在后面跟着追着。比起叫一群劳工动身赶路，使一艘战列舰下水启航也不过是小事一桩。

不过话说回来，中国的劳工一旦开始上路走起来，只要出了他住的那座城里的饭铺，过了他最后一个亲戚家的院子，可真是没什么可抱怨的，除了他坚持要很早起床赶路。从江西到福建的这条小路在中国历史上可是一条年代久远、有着光荣历史的线路，加上现在传言路上匪患猖獗，因此变得更加充满魅力。不管是缓步走着的挑夫，还是一路疾行的轿夫，还是那些抬东西的劳工，他们走得快也好，慢也好，对我来说都没问题。他们若是不时停下来歇息片刻，正好让我一天之内能有一两次机会泡进清澈的小河里凉快凉快，惹得两位女士好不羡慕。

我们一路前行，只见四周青山环抱，田野上绿意盎然，丘陵起伏，连绵不绝，古树参天，枝繁叶茂，让人不禁想象满族人入关之前，不，可能是明朝之前的那些日子。石板路弯弯扭扭，蜿蜒不断，走在上头与走直道的感觉完全不同，别有一番滋味。这一切再次证明了我的看法，对一个天生喜欢漂泊的人来说，从一个未知的地方漫游到另一块陌生的土地，而人们对后者的了解从来都只来自那些错误的想象，这样的旅行才是人生最大的乐趣所在。

我们当晚在一座教堂里过夜。说是教堂，可你要是让一个一直生活在本国的西方人在这里住下，他不一定认得出这是座教堂。那是座普通的房子，里面有几间卧室，都是用泥巴砖头砌的；所有的门都通往一间主室，那里既是谷仓、杂物间、猪圈，又是礼拜室，全都挤在一起。如果我没听错语调，当地人管这个地方叫"小室"。说来也怪，中国人对宗教场所总是缺乏敬意，把教堂变成了住人放东西的地方，就跟他们的寺庙一样。虽说这些地方比起人满为患的客栈旅店还是有些差距，可想一想中国的基督信徒是些什么人也就不难理解，毕竟他们的出身可能比那些负责打理寺庙的人更低。

走一趟远路往往会让一帮中国劳工萌发出某种集体精神，平时争吵或拌嘴时常用的粗口都很少听见，就连不友好的举动也不多见。城里的那三个鸦片鬼抬轿子比从山上来的人更有经验，这样一来就算还有其他缺点，也让我们不再计较。他们和牯岭那些被外国人惯坏了的劳工比起来，完全看不到那种堂而皇之的傲慢无礼。有一个挑夫专门负责我的那点行李。他身体结实，吃苦耐劳，头上的辫子盘在脑后，两条腿走起来不知疲倦，因此晚上停下来歇息的时候，我从来不用担心行军床没有运到。

每个劳工身上的全部行头由四个部分组成：一条褪了色的蓝色棉布裤子，裆部宽大，中国无论男女、各色人等都这样穿；一块长长的细布条，材质和裤子一样，像夏天的领巾一样横着搭在满是汗水的肩上，一来防止扁担滑落，二来也可以抹把脸；一双草鞋；再加上一顶蘑菇形的帽子，帽檐用竹篾编成，里面填满了大片的干叶，大小各异，小的有如碟子，大的足可与阳伞相媲美。即便是不下雨的天气，草鞋走起来也基本穿不了两天，不过路边每家店里都可以买到。四个铜板一双，帽子得要六个，其余衣物一百个铜板就能轻易置办齐全了。这身衣服若是穿不了至少一年，他们肯定会非常恼火，但很快就会消气。一个劳工花上相当于十美分，就能在这个充满自然美景的角落里享用平日里常见的饭菜，喝点茶解解渴，到了晚上把席子铺在路边客栈的架子上，底下是裂着大缝的木头板子，就这样睡上一觉，一天也就过去了。除非沾染上了抽鸦片的恶习，否则一个劳工一天的其他常规开销也就三四个铜板。他可能会买一点玉米穗丝般细小的烟草，拿着小小的简陋的竹烟筒，抽上那么几口。因为没有穿上衣，没法把烟筒插在脖子后面，因此一般就系在腰带上。一个劳工挑着担子四天走下来也能赚得不少鹰洋，每块大洋可以换成差不多 200 个铜板，就算最后还是可能"囊中空空"地回到老家，但不管怎样，这会让他在接下来的一段时间里当一回有钱的闲人。

每天清晨，一轮红日出现在地平线上，仿佛一个巨大的火球正要碾过整个地球，我们就已经开始了一天的行程，有时直到天黑还在拖着沉重的步伐赶路。脚下的路弯弯曲曲，路面铺着的石板有时断裂开来，露出一段泥地。我脚上穿的鞋纵使轻巧，也已走得两腿发硬。一路上穿过了几座危桥，摇摇欲坠；也遇见了水浅的小溪，不用渡桥便可蹚水而过；偶尔出现一条大河，水面宽阔，河上又没有架桥，只好乘坐笨重的渡船。25 个劳工连同行李，需要往返三四趟才能全部运送过河，每趟得花上一两个铜板。这条河沿着要道分布，原本应该修桥，却成了渡口，历史已有好几百年。大队人马渡河虽然花费的银两不多，耗费的时间却不少。有时队伍走得散了，拖得好几里地长，几个人一群，中间有的隔得远，有的隔得近，速度快慢视各人肩上的担子轻重而定。

途中三四个年轻人也加入了我们的队伍，他们正要赶回教会学校，和我们一起走是为了防止引起劫匪强盗的注意。这几个人一身白衫，打扮像是有闲阶级出身，和劳工穿的蓝衫显然不同。要是一群美国人从匹兹堡到芝加哥旅行，路上为了安全起见，停下来等着一群赶路的中国人同行，那该是多么不可思议的一番景象！诚然，东方和西方毕竟观念有别。

当我们走到江西省界附近时，城镇渐趋稀少，当地人自然不会在这里修路，这在中国南方不难理解。此时脚下的路变得难行起来，路面坑坑洼洼，不少地方铺着的卵石早已不见了踪影，走上两步都会踉踉跄跄。水从水渠流到路面的坑洼之中，这些水渠要么已经坏了，要么就是故意弄成这样，作为最简单的方法把水引入田里，而整条"路"也在进入稻田之后两边都出现了塌陷。

稻田像阶梯一样沿着山坡一级级排列上去，原先的翠绿已经染上了些许秋黄。走上一段便能看见一座新修的塔楼，这些都是瞭望塔，为了防范土匪专门修建的。要知道这些年匪患日益猖獗，比中国历朝历代都有过之而无不及。虽然还能看见几个脱粒用的箱子，却已听不到"砰砰"的打谷声，看来打谷的季节已经结束。虽然我在北方很少看见松柏类树木，到了这里却数不胜数。成百上千的松木被用来支撑稻草垛。秸秆扎成几英尺高的一捆，围着那些纤细的常青植物，既能防止动物偷吃，又可用来驱邪。

纵使稻田一马平川，田间小路还是一如既往地弯弯扭扭，两旁立着用树枝支起来的稻草垛。鸟儿的鸣叫随处都能听见，树下阴凉宜人，我们的劳工虽然几乎都是乡下人，却没有这份闲情逸致去亲近大自然，行色匆匆地将这些迷人风景抛在身后，急切地赶往城里。如果离市镇还很远，那就只有隔一段时间便在路旁柱子撑起的凉亭下歇脚时才会感到满足。亭子里都会架上一块木板，供人休息。亭子通常都修在山顶，那里的风倒是经常刮得呼呼作响。虽然我们现在已经不再需要这些风，不过这正是一年当中北风盛行的季节，日复一日不停地刮着。

即使是在百老汇成日厮混的浪荡哥儿，也不会比中国的劳工更害怕在僻静之处一个人待着，也没有人会比他们更迫切地盼望着重新回到城市的喧嚣中去，享受那份凡事皆不为所动的感觉。我们一行人只要一到城镇，便会自然而然停下脚步，就像一匹老马拖着送奶车，每经过一户顾客的门前都会驻足停留。若是催着劳工们继续赶路，他们便像受到了伤害一样，露出一副目瞪口呆的神情。午餐还是由同行的人里后面赶来的那队人做的，有个人的筐子里装着马上就能吃的食物，还背着炊具，有时也会要他帮一点小忙。

我们总是在一大群村民和路人面前吃午饭，他们像潮水一样涌到我们吃饭的方桌前，见我们摆手要他们走开，微笑中带着几分严肃，就又友好地全都退了回去。我觉得中国人的眼睛好像没有余光，因为每个人都在直勾勾地盯着我们看。在宇宙中我们居住的这个无足轻重的小黑点上，就我遇见过的人而言，仿佛没有哪里人在毫不掩饰地展现好奇心方面能跟中国人相提并论。在中国内陆，只要看见一个外国人，中国人就会把他团团围住，关注他生活中每一个能够见到的瞬间。

让中国人感兴趣的地方很多，比如外国人眼睛的形状和颜色和他们的不同；脸上肤色稍微偏淡一点，头发的颜色更浅了几倍；不知什么原因总是闭着嘴巴，不大开口说话；外国人习惯用手帕擦鼻涕，而不是抹在手指和就近的柱子、桌腿或者干脆揩在袖子上；吃饭时用的餐具很古怪，随身带的食品哪怕用的都是中国的原料，只是做法不一样，也很稀奇；外国人多少能说两句中文，但说起来怪腔怪调；举手投足、穿着打扮都很奇特，头上戴着遮阳帽，脚上穿的是皮鞋，也可能是布鞋，而不像中国人穿稻草编的凉拖鞋；外国人习惯反复强调要讲卫生。总之，有太多的不同，哪怕这些不同之处只有一丁点儿与中国人自己的做法不一样，即便这些差别你自己可能完全注意不到，都会引起他们的兴趣。中国人尤其关心你到底付给下人多少钱，或者其他鸡毛蒜皮的小钱，他们用这个来衡量财富的多少。在中国人看来，即便是一个衣着破烂、走路走到腰酸腿疼的外来蛮夷也肯定是个富甲一方的财主。给你做事的下人如果不把自己知道的各种一星半点的小道消息说与其他中国人听，那他一定不大正常。他总能成功找到自己想要知道的信息，实在不行就编出一大堆来。你若是跟下人说不喜欢一大群人围着自己问长问短，他肯定会露出不相信的表情，要知道其他人对他感兴趣是给了很大的"面子"，你怎么就会没有这种感觉呢？每次在乡下被人团团围住，他们提出的问题常常令我难以置信。不止一次有人用极其诚恳的语气问我是不是日本人，还有人见到我的眼睛和医生一样都是蓝色，问我能看清地底下多少英尺的地方。

两位年轻的女士们安安静静地坐在她们的轿子上，读书、休憩，还可以写写信，时而对轿夫报以几句同情，要不就顾影自怜一番，有时也自己走上几里路，锻炼锻炼身体。整整一个星期，医生恐怕走过的每一英里路都在给病人看病。只要我们一停下来，就会有人把孩子抱来。年纪大一点的孩子也会凑过来，兴高采烈地向医生展示自己得的病。就算医生已经没有药和时间，极力隐藏自己的身份，可我们的挑夫，还有那些经过身边、没有挑担子的路人，个个都会奔走相告，说来了一位外国神医。

有一天早晨，我和医生慢悠悠地走在大队人马的前头，突然注意到有个男人蹲在路旁的花生地里，穿着一件褪了色的蓝灰色衣裳，有点像军装；他用手指在地里刨着，把那些还没长好的果实挖出来吃掉。医生大声叫他不要这样做，这家伙头也没回，就开始述说起自己的悲惨遭遇来。他来自河南，是个当兵的，说话带着北方口音，边说边挖，大口大口地吃着还是绿色的花生。他说话的语气像个孩子。他说自己因为不服管教，结果被人用鞭子狠狠抽了一顿，现在病了，一天只能走几里路。虽然身上一个铜板都没有，但还是得想办法走回几百英里外的老家去。于是，医生把他带回我们的队伍，叫来给她背药品的劳工，为他治疗被鞭子抽伤的背。那个男人的背上伤痕累累，触目惊心。可是，除了给他一点钱，叫他慢慢走去建昌府，到德国传教士在那里开的简陋诊所，我们又能为他做些什么呢？中国有太多这样的事情发生，凭借个人的力量实在爱莫能助。

　　和我一同旅行过的人里，没有谁比我们这位女医生胆子更大。她会毫无顾忌地走到一大群劳工中去，就跟去喝一杯下午茶一样轻松；坐在轿子上通过最危险的桥梁，走过最深的峡谷，她连眼皮也不会眨一下；无论黑夜白天，她都敢在自己居住的地方门口转悠，即便那里强盗土匪、散兵游勇时常出没；她还可以毫无惧色地面对各种疾病，无论这些病状有多么恶心、多么凶险。然而，只有一点例外，只要有奶牛或者水牛出现，这位来自芝加哥的女医生就会立刻爬到树上，爬上墙头，哪怕是座摇摇欲坠的废塔，但凡能够攀爬的地方她都会爬上去。假设遥远的地平线上传来几声"哞哞"的牛叫，或者一头水牛在道路尽头的水塘里露出鼻子，医生便会立刻从轿子上一跃而起，速度之快甚至都来不及看清身影，她想尽一切办法绕来绕去，只为摆脱那头牲口。它可是既能下河、又能上岸的动物，扑闪着一对大眼睛，一副懒洋洋的模样，却不会对你造成伤害。然而，通常情况下是没有迂回余地的。由于这位布道者的骄傲总是因此遭到嘲弄，才从达科他大草原又派来一位新同事。这位女医生的事比起亲眼看到拿破仑被一只奥地利野兔吓得脸色发白[①]，同样令人匪夷所思。

　　一天早晨，我们恰好赶上了这样一群喜欢踱着悠闲的步子、泡进水塘洗澡的动物。我敢肯定，女医生宁愿从两军交战的阵地之间穿过，也不愿从这群家伙中间找

---

① 拿破仑被野兔惊吓的事发生在1812年进攻俄国时。拿破仑深知在广袤的俄国作战，法军后防补给吃紧，兵员难以补充，于是力求以快制胜，速胜俄国。法军当时已经推进至涅曼河畔。1812年6月23日傍晚，拿破仑在侦察渡河地点之后，返回营地的途中经过一处麦田。田间突然窜出一只野兔，拿破仑从受惊的战马上跌落在地，虽然只是轻微跌伤，却让本来就信心不足的法国人感到了一丝不祥之兆。法军最终兵败莫斯科，拿破仑政权也就此垮台，此事亦成为西方军事史上一段脍炙人口的小插曲。

图 17 医生通过这座最危险的桥不费吹灰之力，连眼皮都不眨一下，可一旦迎面碰上一头水牛恐怕就不会是这副神情了

图 18 我和医生带到中国内地的行李比医生自己还要重，这个不明智的决定令与我们同行的挑夫印象深刻

条出路。附带说一句，这些牲口脚上都套着厚厚的草鞋，放牛人也背了满满的一筐东西——换作西方人，恐怕还会以为他会将这些负担全都压在水牛的身上吧——这是因为这些牲口的蹄子很柔软，走在坚硬的石板路上很容易损伤。牛群边走边吃草，一见到河塘便下水泡着，只露出个鼻子和一双大眼睛，好不快活。不管放牛人在一旁又赶又哄，折腾老长时间就是不肯上岸，前进的速度慢得堪比安第斯山脉上的羊驼，一个小时恐怕也就走了一英里。经过与女医生的这段旅行，我总是想起东方人关于水牛好斗的故事，菲律宾人也有这样的传说，这些莫不成都是从芝加哥传过去的？我还从没见过一个人只不过看见水牛瞪圆的大眼睛，就会吓得如此失魂落魄。

差不多一年前，南方的军队——要么就是北方的军队，反正二者也没有什么区别——先从这里进攻，后来又撤了回来，把我们经过的这块地方变成了一片废墟。不管民房、商铺还是旅店，都变成了一堆断瓦残垣。墙壁和屋顶上的木头有的被当兵的拆走生火烧了，有的则被肆虐的大火吞噬，就连昔日路边旅馆的泥砖灶台也被那些穷极无聊的人捣毁。给稻谷脱壳的木箱和风磨都被砸坏，这些风磨和西方的十分相像，只不过在这偏远的内陆地区是用手工制作的。沿途的庙宇祠堂里，但凡值钱的东西全被抢夺一空。那些涂得花里胡哨的泥菩萨依旧摆在破败的庙屋内，有的站着，有的坐着，待在自己的位置上，活像一个个被人遗弃的孤儿。内战在中国极为残酷，一个人若是来自别的省份就可能被视为外人，哪怕相邻的城市之间也势成水火，恶斗不止。

小一点的乡村几乎完全沦为废墟，已经空无一人；大一点的城镇之所以能够幸免，要么是因为地盘太大，足以唬住那些士兵，要知道那群当兵的鱼龙混杂，既有懦弱无能之辈，也有穷凶极恶之徒；要么就是因为这条路人来人往，交通频繁，需要有地方住宿，因此城镇不到一年就得以重建。茶馆饭铺又变得宾客盈门，熙熙攘攘。店家起劲地吆喝着，招呼客人进里面坐坐，店里备有简单的饭菜。铜钱在中国南方的"收银机"里哗哗作响——其实就是一节竹筒，几英尺长，上头开了个狭槽，底部是一个整体，上面竖着挂着把锁，使顺手牵羊之徒无法得逞。不少城镇至今依然塞满了士兵，只是这一回换成了北方的兵。就连一位从直隶派来的地方官也对我们说，自己很同情南方人必须忍气吞声，和这群凶暴的走卒待在一起。很多士兵从流浪汉摇身一变就成了土匪，一个个趾高气扬、不可一世，强行霸占每一处稍微宽裕点的地方，在那些破败的村子里找间当街的房子，躺在偷来的稻草堆上睡觉。

我们一方面对这帮乌合之众有所忌惮，另一方面又急着赶往下一个省份，有天晚上我们一直赶路，休息的时间比平时要晚了许多；当然也由于医生的软磨硬泡，她做起这种事情来就跟她讲起当地土话来一样，都是行家。负责大衣柜的挑夫通常走在队伍的最后面，待到衣柜放下来时，天色已经黑了两个多小时。我们走的这条路，即便放在两省交界的地方也算得上路况最差的一条。想到这一点，就算背衣柜的三个人对着村子大骂着脏话抱怨，也没法过多责怪他们。然而，中国的劳工有点孩子气，说话做事叫人又好气又好笑。还没等第一轮茶喝完，这一大群人似乎就把一天的辛劳苦累完全抛在脑后，重新恢复了中国人特有的高兴模样，看着我们给行李解包，笑嘻嘻地上前帮忙。虽然他们的腿脚应该比我们累得多，可还没等吩咐就赶忙给我们打来了热水，拿来了其他需要的东西。即便是历尽沧桑、对人性早已失去信任的人，看到这些人表现出来的真性情，也不会不为之所动，至少是暂时的。

我决定也做点什么，让大伙在这样的情形下高兴高兴，于是给每个人发了根美国香烟。这个可比劳工们平时抽的烟筒带劲多了。他们习惯将烟草切成细丝，和花生油混在一起，抽的时候就放在自己带着的小竹筒下面的一个小碗里，通常被称作"大烟"，也是鸦片最通俗的叫法。有的不够机灵，还以为是自己平日里抽的那种，猛地吸上一大口，结果呛得咳个不停，有的干脆趁人不备，把烟偷偷丢在一旁。比起烟盒里的东西来，想要那个锡制烟盒的人反而更多。

没想到在江西的最后一晚我竟然睡得如此舒适。当地的客栈一副破败不堪的模样，不过村子还要更显破烂。客栈里只有一间类似单间的屋子。他们让我把行军床摆在那个房间里，那儿和人造洞穴差不多，权当是间卧室。我要真睡在那里，准保会有十几个劳工偷偷围过来，看看这个和他们一路同行的外国人是如何睡觉的，肯定会不时把我吵醒。

我依稀记得曾经路过一栋房子，就在往后几码那条几乎已成废墟的路上。我在房前踱来踱去，走了两三趟，以免引起村民注意。待到吃完晚餐，一支烟抽完，所有人的注意力此时似乎都集中在了其他地方，我便一把抓起折好的行军床和被褥，挡在身前，尽量装出一副若无其事的样子，向观察已久的那栋房子慢悠悠地走了过去。我在房内待了几分钟，除非某个家伙机智过人地耐心等待，否则看来没有任何人察觉到我玩的把戏。眼前的一切让我意识到运气看起来要比想象的好多了。

　　这是一间大房子，面朝街巷，铺着木地板，竟然没被乞丐、兵匪和四条腿的动物们弄得污秽遍地，真叫人难以置信。不仅如此，房子里还有一间小室，感觉有些古怪。小室比地面高出近三英尺，用的全是新木，修得还不错，有一扇门能够关上。这到底是某个商人宅子里藏东西的密室，还是某座庙里供奉偶像牌位的圣所内室，我无从得知，也并不在意，只要这里距离人满为患的客栈足够远，能够避开嘈杂的声音，让这一晚和我在路上睡的那几晚一样安稳就行。街对面有人正热火朝天地玩着番摊①。这里兴许还是离得不够远，我没准还能听见那两位女士的抱怨。我把床摆在了那间高出地面的小室里，一切都做得悄无声息，就连村里的狗都没有察觉。我一边躺着，一边想着恐怕没有任何地方比这里更适合那些兵匪找一个孤身一人、手无寸铁的外国人来试试运气，抑或让一个疯狂的中国人放心大胆地干掉这可恨的洋鬼子吧。管他如何，反正第二天一早我唯一知道的只有大片的阳光正洒在我身上。

　　我们前一天走的路地势已经越来越高，虽然一路慢慢走来并未意识到这一点，可这一天上午地势抬升的感觉更加明显了。有好长一段路铺着又矮又平的石阶。上午十点钟左右，我们好像看到了城墙，上面长满了杂草和灌木，沿着陡峭的山坡延伸开去，这些山便是江西与福建两省的交界之处。我们回过头来，最后再看上一眼江西的梯田，我已经在这个省住了好几个月。接着我们通过一扇巨大的拱门，穿过那道破旧的古墙，进了一座小镇。镇上同样破破烂烂，早就被士兵糟蹋得不成样子。医生变得兴奋起来，谁叫福建是她的第二故乡呢——别忘了，第一故乡是芝加哥——或许也是她最想安家落户的地方。虽然据说中国的十八行省中至少有一半景色优美，可眼前的这片山岭兴许能让福建在任何一个不带成见的旁人眼中，排到一个靠前的好位置。

　　翻越这道边界的山岭需要走上整整一天。一座佛塔几乎已成废墟，从沿路的林木中伸出细细的尖顶来。塔尖后面便是有名的大拇指山②，直指天际，其后群山连绵，层峦叠嶂，染着一片青绿，越向远处越显紫色。中国是个肢体语言丰富的民族，跷

---

① 番摊（fan-tan），一种赌博游戏。

② 大拇指山（Thumb Mountain），又名白岩山、大模山，位于三明市尤溪县汤川乡，距福州104千米。

起大拇指就是"挺好！一流，太棒了！"的意思。只要是福建人，不管土生土长还是生在芝加哥，都一口咬定这座山峰之所以如此惟妙惟肖，像一个竖起的大拇指，就连老天爷也在夸奖福建省风光秀美，无与伦比。

如果眼前的这条路能够作为某种标准，我想福建省在头把交椅的位置上肯定会坐得更稳一些，这里据说拥有昔日天朝帝国最糟糕的路况。我之前还说江西省的路一无是处，可我们在这里沿着一条沟渠与狭窄土塘交叉的小路走了六七里，满地都是石块，稻田里的水也满溢出来，简直就是对双脚的一场折磨；不过除去这些，这一路走来还真是让人心情愉悦——不过，好吧，至少在福建走一里路感觉要短一些。

我们很快走到一条河的源头，它最终将汇入闽江，也是福建最大的河流。即便是如此遥远的上游，也有竹筏在河上航行。这些筏子看起来很奇怪，十来根竹竿并排扎起，细的一头用火烤得向上翘起，形成一个弧形的船头，和孩子们玩的雪橇一样，还有几根横向的竹竿。有时中间会用竹子搭起的平台，堆放那些容易损坏的货物。这种船极为轻巧，便于操控，让人啧啧称奇。这里的河水实在太浅，就连独木舟都很难浮起来，因此大批货物就放在这样的竹筏上，顺流而下。

我们赶在天黑之前赶到了一座福音堂，也就是新教教会的教堂。镇子还算大，名字里有个字是用三横写成的，位于闽江上游。当地的牧师和他的一群好友比我们期望的还要热情。这位牧师以前曾经接待过医生，知道像医生这样的人可不会带上家人，多个累赘，因此我和另一位来自达科他的女士被郑重其事地带到了各自的房间。对于这些简陋的房子来说，房间算是精挑细选过的了，并且已经布置停当，适合外国人的居住习惯。

四天，每天80里路，我们最后一天的这段路要沿着河岸往南走，就在大拇指山的山脊之下。此时的闽江水已经开始越聚越多。接下来的最后三个小时，我们穿过一片平坦多沙的区域，有点像森林。这里很久以前有个湖，湖水早已退去，就在河湾留下了这么一个地方。等到我们再次见到那条河的时候，天色还早。水面已经变得更加宽广，对岸便是邵武城饱经风霜的古城墙。还记得曾经有人不抱希望地说我们永远都无法到达这里。

城墙里的那座城市看上去与其他城市别无二致。几条笨重的旧船组成了一座浮桥，用铁索连着，铁链足以体现中国古代能工巧匠的精湛手艺。恰有一条船刚刚驶往下游；浮桥一合上，我们就从桥上过了河，迈着大步，穿过一座颇有年代的城门，进入城内。城里依旧是一片喧闹，处处散发着中国城市那令人难以忘却的气息。一条杂草丛生的街道通向一处院落，被高墙隔开的庭院内绿草遍地，树木花草经过精心栽培，长得枝繁叶茂，宽敞的大屋充满现代气派，屋里的布置可以让人过上最舒适的美式生活，加上旁边还有一所新式的女子学校，这一切都会让我们感觉从中国的中心一下子掉到了美国。这与四面八方紧紧包围的中国人的世界反差实在太过强烈，而我们已在这个世界里连续不断地奔走了好几个星期。

顺着闽江
下福州

　　我终于来到了南方政治势力庇护下的中国，这是我第一次来到由南方军阀控制的地盘，后者与地理概念上的中国南方完全不是一回事。从军事角度来说，虽然这里是南方省份的北部县城，隔上一段时间也会落入北方军队的手里。眼下城里大概驻扎着一百多名北方士兵，他们为当地人所深恶痛绝。去年圣诞节前后，南方士兵也来到邵武城，一个个稚气未脱，军容不整，给他们带路的是一个默默无闻的小毛贼，就住在城门外，北方兵只能逃之夭夭。城里的邵武人说："我们不介意给他们送吃的，因为他们是自己人。"于是，新来的征服者受到了邀请，与当地人同吃共住，而以前的北方兵只能靠威胁和武力才能得到这样的待遇。然而，这些其实并没有什么太大的区别，一切改变只不过持续了很短的一段时间。春节期间，北方人又打了回来，把剩下的东西洗劫一空、破坏殆尽。北方兵在南方其实并不好过。他们年纪不大，满面愁容，身形枯槁，装束邋遢，有的还得了痢疾，平时在城门上找个鸡窝，里面垫上枯草破布，和那些同样骨瘦如柴的野狗睡在一起，要么就在凋敝破败的城里找间简陋的破屋子住下。然而，这帮家伙却依旧保持着那副恃强凌弱的神情。他们本是劳苦出身，天性开朗，但只要换上这身灰色棉布衣服，肩上背了火器，不管有用没用，似乎就会立刻换上另一副面孔。当兵的对当地人蛮横粗暴，不过当地人对他们也好不到哪里去。他们虽然把教会开阔的院子外的一座破庙据为己有，却还从未骚扰过传教士。

　　邵武跟我在中国见过的其他城墙包围的城市一样，也是一副满目疮痍、几乎毁尽的模样。这里在太平天国时期就受损严重，自那之后更是屡次遭到土匪和士兵的焚烧和劫掠。这对剩下的人来说，似乎既是好事又是灾难。说是好事，是因为这里每个人占有的土地是其他地方人均面积的两倍，加上当地气候适宜庄稼生长，当地人谋生并非难事；这也导致了外国人在这里很难找到木匠、厨子，只好派人去江西那边请人过来修屋做饭。

过去几百年里，从邵武进京做官的人实在是太多了。这座城虽然看起来无足轻重，却在北京有个行会——行会就是一个介于共济会、俱乐部、会所、工会和商会之间的组织。邵武城的山顶还立有一座碑，纪念当地一位早已去世的女诗人。由此看来，即便是在中国，女性也并非总是无法光宗耀祖的。当地的美国女教士的队伍因为与我同行两位女士的到来得以壮大，再加上还有一位耶鲁大学的医学生[①]在这里呕心沥血，为抗击牛瘟而奋斗，正是这种病导致当地的家畜大量死亡。

邵武城中心是一大片房屋，日晒雨淋之下早已灰头土脸，周围的城墙并不规则，随处可见残垣断壁，上面被野草、藤蔓和灌木遮去了大半。这些灌木有点像热带植物，生长速度极快。小块田地散布在废墟之间，人们只是漫不经心地照料着田里的庄稼。当地唯一的景致在于四周的群山环抱，城墙内外皆林木茂密、绿意盎然，加上闽江流过，江水宽阔清澈，如同绶带一般。大江发源于北面的群山之中，又消失在南面的山峦之间。我看着大江的流向尤为欣喜，因为这样就能顺流而下，轻轻松松去往福州和外面的世界了。

我们一到邵武就派人悄悄打听，说有个外国人需要一条船去省城。当晚，我直到得到消息说次日天明即可出发，方才安心睡去。不过，第二天的出发时间还是比预计的晚了一些。来的是个福州的船夫，五短身材，论粗壮结实，简直和那不勒斯的水手有得一比，说话的口音我完全听不明白。船夫说他随时都能出发，我出什么价钱都行，只要能让他离开这里，哪怕不给钱也可以。军队已经把管辖区里的每一条船都扣了下来，就连劳工的货船也不放过，以防有朝一日用得着，这是他们的一贯伎俩。城下游还有一条浮桥，但只对持有许可证的船开放，因此这些船夫被困在

---

① 此处所述为美国公理会传教士福益华（Edward Bliss, 1865—1960），出生于美国马萨诸塞州，获耶鲁大学文学与医学双学士学位，1892年派遣来华，于福建邵武行医传教。邵武地区多发牛瘟，福益华为此不辞辛劳专程前往上海、南京等地进修，并从美国引进牛羊品种与现代化农具，以求改善当地农业状况。1932年因时局所迫离华，1960年辞世，享年95岁。

这里无法脱身。

去衙门拜访时，传教站里的年轻美国女教士中只有一位能为我们翻译。这是我第一次和老式做派的地方官打交道，这样的官员我只在古代旅行者的游记中见过，那个年代外国派来中国宫廷的使臣们还得在天子脚下叩头呢。这位地方官让我们在衙门的候客室里等了很久，按照中国的礼数来说，如此久等显然不大礼貌。不单他手下的士兵，就连上茶的仆人都流露出轻蔑的神情。

县太爷好不容易匆匆赶来，很生气地把两个长袖子放了下来，恰到好处地遮住双手。那双手估计很少用肥皂洗过，满是污垢，指甲足有几英寸长，指缝里藏污纳垢。身为地方官，他本应说一口官话，也就是北京的官方语言，我们所说的"mandarin"。不过在几句敷衍的寒暄问候之后，我知道他说起官话来和我一样困难，邵武城虽然在北方军队的手里，但这位县太爷却是当地人。我们只好请女教士为我们翻译。地方官的脸色清楚表明，他认为我们找一个女人来做中介是有失体统的，很快便收起了那副装出来的友好表情。

"他没有答应第二天给传教士十来条船么？"

"根本没有，"翻译回答我的语气带着传教士的礼貌，"他只是叫传教士从避暑地带来的船统都回福州去，因为这是各国领事坚持要求中国官员必须做到的。"

这段谈话过去了很久，内容我就不一一复述了，只把结果说一说。因为如果让船家或者轿夫载着外国人自由通行，却在他们返回出发地之前将船只或轿子强行征用，就违反了条约的规定。如果无法确保外国人安全返回他们雇用的劳工身边，就等于遭到了扣押拦劫，这和中国官员一开始拒绝给予外国人交通自由其实是一回事。

县太爷把长袖子狠狠地抖了抖，看来我们的要求正中他的要害，不过在下人面前丢脸可不是老派中国人的行为方式。下人们像小虫子一样在衙门的每个角落转悠，竖起耳朵打探着每一条小道消息，然后你一句我一句地传给院子里的其他用人听，这似乎是中国人的习惯。当官的狡猾地把口气一转继续聊着，好像他一开始说的话依旧千真万确，就是不给我们答复。他说，他最近已经给了外国人十几条船，每次放船离开的时候都被军队弄得左右为难；而且话中有话，暗示我们这帮外国人旅行时总希望前呼后拥，像皇帝一样。我向他保证，我们其实只需要一条船，哪怕借一条船，有个落脚的地方就够了。然而这样说或许并不明智。县太爷早就因为女教士充任翻译而盛气凌人，听我这样一说，变得更加有恃无恐。他说现在不能再放任何一条船走，士兵因为这个已经跟他翻脸了。我们后来才知道，一帮北方士兵当天早上刚好把他家的厨房和灶台砸了个稀巴烂。这么说来，他其实也是因为有些心有余悸才会如此大动肝火。

看来我要永远待在邵武了。我之所以急着上船动身，并非仅仅因为这个小城没有东西让人提神，而在于还有其他更加紧迫的原因。我们提出的一切请求都无济于事，县太爷看样子就要起身离去，如此一来这次见面就将以彻底失败而告终。正在此时，一个衙门里的差人在他耳边咕哝了几句，县太爷一屁股坐了下来，坐得更踏实了，开口说话时还带着几分笑意，语气也变得客气了许多。

"听说和你一起来的还有那位有名的外国女医生，这是真的么？"

哦，原来这位县太爷在等那位女医生给他的儿子治病啊。给我翻译的女教士好不容易才插上一句嘴，用英语告诉我，县太爷的儿子是个癫痫病人，还得了好几种其他病，难以医治。不过，他儿子毕竟才二十来岁，这些病并不妨碍他儿子成为三个孩子的父亲，延续他们家宝贵的香火。女医生常驻的传教站虽然远在这里的西南方向，得翻山越岭走上三天，却因医术高明在福建北部远近闻名。

"最近我儿子的病又发作了，不知医生现在能否马上过来看看？还有，我孙子似乎也有些不大对劲。"

现在该轮到女教士占据主动了，她用温和而平静的语调说道："医生当然能来，她总是愿意帮助任何需要帮助的人。不过，医生可是您眼前这位旅行者的朋友，非常希望他能够尽快动身出发，去闽江下游。"

中国人虽然向来善于隐藏自己的情感，可县太爷的脸上明显看得出带着一丝被激怒的愠色。他巧妙地扯开话题，开始谈一些无关痛痒的事，以免更丢面子，然后故作不经意地向身旁的下人问起，是否有船到闽江下游去，就像在问不相关的事情一样。下人很快出去了，没等我们谈完下一个话题又跑了进来说，明天一早衙门里有人要去下游紧邻的一座大镇子。

"要是贵国的诸位朋友不需要一整艘船，觉得方便的话……"县太爷若有所思地嘟囔着，好像自言自语。

我再次强调，只要船上有地方能容我躺下就行。于是，我们就此话别，临别时还是中国人讲话那一套彬彬有礼的老规矩老排场。这位地方官说的最后一句话表明，他希望医生能够尽快前来。

医生在午后不久如约而至，给县太爷的儿子和孙子都做了检查。医生告诉这位父亲，她明天一早会带药过来。中国人总是对外国人开的药深信不疑，只是刚做完第一次检查，这位县太爷或许就以为能够药到病除，就开始向人们透露他在这次讨价还价中的秘诀了。

可怜的医生！她为了拯救天朝的子民如此无私奉献，不久之后的结局却令人遗憾。就在几个星期后，医生在治疗一个得了坏疽病的士兵时，不慎被针头扎破了橡胶手套。由于医院此前在大火中化为乌有，她竟然无法挽救自己的生命，而这本是轻而易举的事情。人们抬着医生的遗体翻山越岭，运回邵武安葬，世间留下的唯有她不变的音容笑貌。

外国人习惯把闽江上的船称为"拖鞋船"，因为这种船又细又长，形状真的很像一只中国人穿的拖鞋。船之所以要做成这样的形状，是为了便于连续好几天在急流险滩中航行。我的行李不多，一个劳工第二天一早把它们放到一条拖鞋船上，船就停在东门外城墙靠南的一角，旁边还停着其他十几艘拖鞋船，都插着土制的旗子，表明已被军队征用。我的这艘是新船，尤其适合传教士旅行。船上的棚子不高，和一般船上的弧形顶棚不一样，因为经常被福州传教团使用，所以按照要求在两边都加高了侧壁，做得像个隔间，两边写着"美国传教团"几个大字。里面的墙上挂着一些中文的彩色印刷品作为装饰，介绍在中国做生意的一些公司。其中主要的四幅是西方某家石油巨头的广告，虽然幽默可笑，但至少也向中国家庭展示了煤油灯与中国人土法炮制的油灯相比，有着怎样的优越之处，尤其是无须面对灯芯太长的困扰。墙上还贴着几页纸，已经有好几年的历史，上面印着些文字和广告，看起来都是从某份销路最广的美国周刊上撕下来的。还有一张海报，上面画了一只红色的大公鸡和一个跷起的大拇指，这是另外一家重要的在华外国贸易公司在吹嘘自己的香烟如何了得，正是这家公司把这片土地弄得和美国一样乌烟瘴气。最后，最显眼的地方摆着一张嵌在相框里的图片，其实就一页纸，是从某份著名时装杂志上撕下来的，上面共有七位女士，有几位穿着某款令西方世界反感的晚礼服，还有几位穿得更少。

我等了一个又一个小时，依旧毫无动静。我差点就要冲回传教站央求医生，除非我的船动身了才带药去衙门看诊。正在这时，两个人突然从一堆行李后面蹿上船，一个是衙门的差人，另一个是他的同伴，看上去经过一晚的鸦片、豪饮、放纵之后，状态明显差了不少。两个船夫吃完饭也过来了，一个是昨天早上来找我的那个敦实男人，还带了个男孩，模样大概十一二岁。

我们终于开船起航。船夫升起了一面美国国旗，一看就知道这面旗子是中国做的。看来那些当官的很高兴这面旗子能够帮他们吓跑土匪。在看过我们的通关文书之后——文书不过是一张薄纸，上面盖了个红色的印章——城墙下的一处狭窄水道上的浮桥打开了，我们很快通过，还交了通行费，我终于自由了。顺带说一句，管理浮桥的人递给我们一个长柄木头勺子，要我们把过桥费放在里面，尽管这一次给的是铜板，但一般情况下给的都是盐。

不知怎么回事，有一条同路的船跟在我们后面溜了过去，好像是听我们这位壮实的船家吩咐才这么做的，也就是说这两条船都是他的。我们经过的一些河段水流湍急，速度约每小时20英里，沿河疾速而下，河面变得愈加开阔起来。船家站在船尾，像划贡多拉的人一样，只需控制方向。遇上急流时，两个人会因为掌舵忙得不可开交，但在其他时间就能腾出一个人在船尾生火做饭。做饭时不过是把一个浅底大铁锅架在一个小小的陶土炭火盆上，但摆放的位置明显受到了强烈的外来影响。虽然中国人对于走后门办事非常在行，但一般习惯在船头做饭，这样就算不起风，只要一开船，船上的人也得整天在烟雾缭绕中度过。他们这样做莫不成是为了让船上的人胃口不要那么好，少吃点米？毕竟上船管饱是船家的义务。就算你把整条船都包下来，要想让船员把花盆和饭锅搬到船尾去，也得实打实地打上一架，从这一点你就应该想到，这样做"不吉利"。

尽管邵武所处的位置只是我从长江经陆路到福建省会旅程的一半，可看来我将要创造一项纪录，在三天之内顺流而下，直到福州。然而，令我郁闷的是，船家不管沿途经过的地方是大是小，总之刚到第一个镇子就把我们放了下来。上岸的时候，太阳正高高悬在头顶，时间还不到下午三点。说下游有"土匪"——这位福州的船家好像管土匪叫"tu pi"，船上的其他人用接近官话的调子向我解释，如果到了晚上还没有赶到下一座县城，恐怕会不安全。不过我猜他们之所以在这个地方停船靠岸，更像是从昨晚的花天酒地中刚刚缓过劲来，想在这里的风月场子里再好好享受享受。

我什么也做不了，只好四下看看拿口①的风景——这个地方的名字好像就是这么个叫法。和不少中国南方的河边小镇一样，整个拿口镇只有一条街，又窄又长，从江边一直通向镇子后面紧挨着的青山。街上有些阴暗脏乱，拥挤程度超乎西方人的想象。简陋的阳台高高悬在上方，底下是石头垒起的河堤，那里是人们集中倾倒垃圾污水的地方，猪狗到处乱跑，女人们在河边洗刷衣物。当地的女人大都没有裹脚，不少成年女子和女孩打着赤脚，要不就没穿袜子，只套着双草鞋。过去 18 个月里，我见到的女人几乎都是裹着小脚的，现在看到这番场景反倒感觉怪异。毕竟我现在已经身在福建，有三个沿海省份不怎么流行这种令人讨厌的风俗，福建算是其中一个。只有在中国南方的沿海地区才能见到女人结实的光脚，我迟早会习惯这些。

我们的船和其他百余条船挤在一块儿，因为拿口其实是个避难所，从邵武来的船一般都会停在这里。船与船之间挨得非常近，有人在隔了 20 条船之外的地方上船，我们的船都会感到摇晃。只要一条船上有人走动，或者河水起伏，所有的船就全都唧唧嘎嘎整晚响个不停。喧嚣声和炊烟从不停歇，我们要是再往前挪那么一点儿，或者划到对岸去，都能找到一个清静的地方睡个好觉。当然，这些东西可能只对我构成困扰，那位身板结实的船夫还有他带来的男孩，早就摊开手脚，底下什么都不铺，直接躺在了船篷顶的木板上；其中一人脑袋底下垫了根船桨，另一人枕着土罐子，两个人都酣然入睡，像健康的婴孩一般。

上午的大部分时间，我们都在拿口四处闲逛。一开始，衙门的差人好像要跟我们一起逛，按着某个代理商也想加入。岸边人来人往，人们在喋喋不休地闲聊着，在中国做任何生意都得会耍嘴皮子。我主张大家继续赶路，建议看来最终得到了认可，就连船主人也开始不耐烦地嚷嚷起来，终于撑船离开。河水把我们的船送出去老远，一会儿便拐过一道湾，拿口镇就不见了踪影。

---

① 拿口（Gna-k'ao），即拿口镇，位于邵武市东部。

　　今天天气不错，不过风景看烦了，书也看腻了，我们失去了唯一的消遣方式；到处都是急流，这让我们连帮着划船的机会都没有了。青翠的山岭连绵不断，山上的石头巨大，树木在天际划出一条浅浅的轮廓线。当地人在山坡上的树还低矮的时候就开始砍伐，不等它们长成。在那个好像叫顺昌[①]的地方，原来曾有桥架在闽江两岸，现在却只剩下码头了。码头是用开凿的巨石砌起来的，上面的杂草灌木已经长得老高。

　　我们这条脆弱的小船在激流险滩之间穿梭，飞一般直冲下去，有时落差将近1英尺，一级级如同长长的阶梯，每次下降船尾都会撞上河床的石头。每每遇见大的急流，满船的人都会惊呼尖叫，而急流与急流之间则更容易遭受土匪的袭击，这一路也因此平添了不少刺激。船员中时刻有人用船桨和尾舵在掌控方向，其他人要么在做饭，要么就在吃饭，好像完全不在意水流的湍急。我一开始也没有意识到这些急流有多危险，直到看见紧随身后的另一条小船在激流中溅起的巨大浪花。这里的礁石多不胜数，好在我们的船主人一边大声提醒，一边挥手指明航道，那条船才没有一头撞上礁石，四分五裂。不仅穿越急流，这个福州壮汉在其他方面也比一般中国人胆大，他并未很早在另一座县城停下来，直到天色渐暗仍在继续赶路，最后来到一处荒无人烟的河滩。虽然这里据说常有强人出没，可我们还是停船靠岸。

　　这些传闻绝非危言耸听。第三天一大早，我们赶到一个大一点的县城时，正巧那里有大约十来艘挂着美国国旗的船，准备离开满是石块的河滩。这是一个庞大的传教团，从避暑地出发，正在前往邵武的路上，同行的不仅有大批仆人、儿童、中国学生、信徒和新来禾场布道的传教士，还有成吨行李和货物，好为来年做准备。他们之前便遭遇匪徒，被抢走了好几船补给，他们在到达目的地之前可能还会再次遭到抢劫。毕竟一大群人更容易招惹麻烦，而单身一人，不带什么惹眼的行李反倒不会。不仅如此，像闽江这样的河流，顺流而下要比逆流而上风险小得多，因为如果船速太慢，任何人都能沿着河岸追上你。这些船离开福州，在路上已经走了两个多星期，到邵武可能还得再花两个星期。看来我从北往南的行程安排是明智的，得好好感谢感谢自己。

---

① 顺昌（Sun Ch'ong），即福建省顺昌县，北接邵武县。

虽然其他几天过得也很开心，但第三天大体说来，算是沿闽江而下的这段行程中最精彩的一天。险滩一段接着一段，几乎没有间断。峡谷里虽然风景优美，却也是匪徒守株待兔之地。虽然船家的方言我听不懂，但从他们连比带画的样子可以猜出匪徒经常出没。船家几乎时刻都要打着十二分精神，因为河道蜿蜒曲折，沿岸灰黑色的巨石嶙峋兀立，加上湍滩密布，而狭窄处水流更是汹涌，有时会拐上个像发夹一样的急弯，江水滚滚，白浪滔滔，卷起旋涡看起来深不可测。就算看似风平浪静的时候，可能也暗藏危机。不少峡谷景色宜人，船家指着那黑暗幽深之处说着"tu pi"①，这些人可不是在危言耸听。

与中国大多数地方不同，福建腹地的森林尚未完全遭到破坏。此番沿闽江而下，路上的一大快乐就在于欣赏林木茂密的绵绵群山。各个阶段的常绿植被覆盖着一个又一个山头，有的山坡刚刚经历了林火，为新植物的生长腾出了空间，有的栽种着树苗，一行行十分紧密。

在中国看到此番景象确实让人颇为震惊，或许你会期待此景出现在日本或德国这样的发达国家，因为这些国家具有远见卓识，懂得保护自然资源，不料却会在中国和美国这种习惯浪费破坏的国家。后来有人信誓旦旦地对我说，栽培植物方面主要仿效的是日本，而在破坏植被方面则主要受到了美国的影响。有一家美国公司正在中国的腹地砍伐林木，巨大的木材顺河而下漂流到沿海地区。中国人自己自然也参与其中，拉低了这个国家的植被覆盖的平均水平，可惜只有几个省的树木还没有被砍伐殆尽。树木一旦长到电线杆粗细，就会被砍来当作木材，中国人早就习惯了这种做法。他们将尚未长成的树木滚到河里，扎成木筏，然后顺流直下，运往福州。多少个世纪以来，中国人习以为常地利用地面上的一切资源，让树木长大成林，反倒不像他们的作风了。中国人似乎没有耐心等待事物成熟，就连婚姻也是如此。他们可能觉得这些细细的木料更适合用来搭盖泥巴砖头砌起来的屋子，就像他们更喜欢吃青皮的豆子和绿色蔬菜，只有笨重的棺材才会用上硕大的原木。即便时至今日，他们依旧在制造新的木筏。除非这种了不起的新种植法的成林速度能够超过砍伐的速度，否则闽江沿岸那些自然长成、林木茂密的山头很快就只能存在于穿越急流的

---

① 近似福州方言中"土匪"一词的发音。

旅行者们的想象之中了。现如今中国大多数森林遭到破坏的地区，已经只剩下一条光秃秃的地平线。

美国人的伐木营地深入中国腹地，那里的巨大原木只有在水位较高的时候才能够顺流运往下游。即便如此，仍有不少木头会被突出的岩角卡住，毕竟河里遍布石块，只有很短的一段时节会被水淹没；随着水面下降，木头就会被迫停下来，唯有等待来年。数以百计的原木就这样漂流在现在的水面上，有的在尖尖的礁石上堆垒起来，有的则陷在岩石间低洼处，形成一幅奇妙的画面。那些在六月被水淹没的木头颜色更深，这表明闽江在那个时候算得上一条真真正正的大江。

整个第三天，我们在尖锐突兀的礁石中穿行了好几英里。礁石顶部参差不平，不但会卡住木头，不时还能看见船只的残骸，高高露出水面，船上装货的柳条箩筐已经腐烂，里面依稀可辨之前装着的货物，有点像石灰。

凡是在中国南方坐过船的旅行者一定不会对纤夫感到陌生，哪怕只是远远看过，这些人堪称人类家族中最辛苦的一员。在那些湍急的河段，一条船若是顺流而下自然轻而易举，若是逆流而上，则往往需要十几个人才能拉动。纤夫弓着腰，像折叠的小刀，用尽全身力气，几乎已经达到人的极限，全凭坚强的意志在支撑，其辛劳与执着非其他任何自然界的生物所能及。纤夫们就这样日复一日、一英里一英里地在变幻莫测、深可齐腰的水里努力向前，任凭湍急的水流冲刷着自己的身体，脚下踩着的乱石足以扎破鞋底，手里牢牢地拽着纤绳，绝不松手。纤绳的另一头拴在船桅的顶端，笨重的船体缓缓地滑动，慢得如同滚柱上向前滚动的房屋。夜晚抛锚泊船时，遗忘的一切都能够在第二天行将结束的一个小时之内被很快记起。悬崖与溪谷中回响着纤夫们颇有节奏的号子："哟嗨！哟嗬！"喊声与船夫的号子混在一起，后者像古代摇桨的奴隶一样拼命划着船。有些河段的沙滩上根本没有立足之处，沿河而上的唯一方法只有挥动船桨，奋力划行。闽江上的纤夫与美国人早上起床时为之服务的黑奴颇有几分相似，可在许多方面还是大不相同。比方说，没有哪个黑人，至少没有哪个美国黑人会如此勤快，更不会在如此艰难的条件下还能这般快活。

闽江水流湍急，变幻莫测。若是较大的货船或大木筏子，掌舵的人都会站在一个高台上，就像轮船上的舰桥，只是位于船的后部而非前部。巨大的船橹全靠手动操纵，通常有船身两倍长，硕大无比，用整根木料做成，向外的一头被刨平，稍微

图 19　福建闽江水流湍急，在大一点的货船上，掌舵的船夫站在高高的平台上。硕大的桨舵上要么放着块石头，要么就放上一部分货物，以保持平衡

翘起一点，到了下游可能会和其他木材一起被卖掉；朝里的一头压上重物，保持重心，用到的重物通常是大石头，有时也可能是船上装的某些货物，例如一捆当地生产的纸、一包大米，或者是其他闽北特产，装上满满沉甸甸的一袋子，中国人就是这么懂得利用资源。

　　闽江上险滩密布，行船艰难，我们第三天经过的河段更是如此，不少船只曾在那里失事遇险。看着一艘大型货船用巨大的橹舵划开湍急的水流，在错综复杂、怪石嶙峋的水道中前行，感觉真是妙不可言。这番场景甚至要比我们船家的行船方式更让人印象深刻。我们的船家更多依靠智慧与力气，凭借巧劲带领我们穿越一处处急流，稍微不慎随时都有可能翻船溺水，或者一头撞上岩石，伤得神志不清。

　　毋庸讳言，纤夫每次从一块凹凸不平的的岩石上跨上更加尖锐的另一块时，随时都有可能被水流冲走，一命呜呼；船夫也常常面临着被大浪卷走，葬身水底的危险。这样的印象一天之内得到了好几次验证。午后刚过不久，我们便看见一具劳工的尸体，就在船舷下面，脸朝下漂在水面上。两块布缝成的棉布衣服此时此刻正挂在一块石头的尖角上。他比生前已经胖了不少，像中国的银行家，或者偷拿税款、中饱私囊的督军。他的后背早已浮肿，上面爬满了苍蝇。好像没有人特别注意他，甚至没有多看一眼，因为湍急的水流容不得你有任何分神，唯一考虑的只有如何保全自己。该如何处置遗体只能是那个劳工家人的事情，不过他的后人还不知身在何方。他们也许会多烧几炷香，好让死者的灵魂安息，莫给家人带去厄运。

一整天下来，岸边有人向我们打了好几次招呼。他们身穿军装，拿着步枪，到底是兵是匪我一直没搞明白。不过，搞清楚这个显然也没太大的意义，因为兵也好，匪也罢，在今天的中国没有本质区别。直到天色渐晚，这样的场景变得更加危险。河里的一块石头上拴着条小船，上面插着白旗，旗子上写着两个大字。那里再往前走就是峡谷，谷中有座小城。两个男人穿着军装，拿着枪从船舱里走了出来，大声喊着要我们靠近。船家见状，问我要不要照他们的话做。我正躺在船舱里的行军床上，四仰八叉地睡着。由于船家的口音和官话差得太多，我弄不明白那帮人的命令到底是不是合法。不过，就算真是当兵的，也不能拿我怎么样，毕竟外国人不是他们能够随意处置或者榨取厘金的对象。于是我走出低矮的船舱，站在甲板上，指着船尾的美国国旗，要对方明白不要耍什么花招。我认为这个帝国虽然早已盛景不再，可在这偏远之地人们还是有一点害怕外国人，这样就能阻止他们朝外国人开枪射击，要是不让他们看见我，反而会给他们借口，说不知道船上有外国人。他们还在不断地要求我们停船靠岸。船家用疑惑的眼神看着我，并未听从命令。要是他们说话的态度好一点，没那么颐指气使，或许我会下令停船，哪怕只是出于好奇心，不巧我偏偏是个吃软不吃硬的倔脾气。于是我告诉船家保持航线不变。兵匪们开始掏身上的子弹带，做出拔枪的样子，嚷嚷得更凶了。

此时，湍急的水流已经把我们的船带到了和他们平行的位置，他们开始沿着河岸追赶我们，用枪瞄准我们，大声喊着，显得越发凶神恶煞。我对中国人的枪法有十足的信心，就算他们不怕外国人，只要我们的船开得飞快，他们照样打不中，便依旧一动不动地站在船尾。显然，要么是外国人的身份发挥了作用，要么是弹药不足了，这种事情对中国的兵匪来说绝对不算稀奇，他们擅长虚张声势，好让手中的武器更有威慑力。这帮人就这样一直沿着河岸追着，直到在一处突出的岩石旁被滚滚旋涡切断了去路，只能站在那里端着枪瞄准，除了他们的威胁叫骂声，我们没有听到任何其他声响。伴随着河水的咆哮，这些声音越来越小。湍急的水流很快把我们送出去老远，纵使神枪手也无计可施了。

后来我才知道，这个地方正如传闻中所说的，可不是让人有闲情逸致瞎逛的。当地匪徒猖獗已有八年之久。就某种程度而言，不管从政治还是军事角度来说，这里正是强势的北方和弱势的南方的分界线所在。更何况此地山势险要，又是交通必经之路，一座座峡谷像回廊一样七拐八弯，加之福建除了闽江和其他水路之外，几乎没有真正意义上的交通可言，凡此种种让这里成了土匪们藏身的天然去处。就在几天前，一位来自美国的女教士就在一条支流上遭遇劫匪，连鞋子都被人抢走，而我们当晚便驶入了那条支流。几个星期之后，听说伐木公司的美国经理也遭人暗杀。两起暴行中，情节较轻的那一起是几个衣衫褴褛的娃娃兵干的，他们手上有三杆生锈的滑膛枪，还有把小刀，但就是没有吃的。另一件事也颇具中国特色，由于抢劫案恰好发生在延平 ① 地方官的辖区之内，这位地方官还没等受害人提出赔偿要求就已经把钱备齐了。由于当地的传教士人数依旧相当稀少，这位女教士身为其中一员，认为自己应该碰碰运气，而不是诉诸武力或是借助其他外来帮助，所以最后没有把这件事写进报告中。

不论险滩急流，还是匪徒猖獗，都绝对比不上一件事令人恼火。与前两种危险相比，这种骚扰更是让人想逃也逃不掉。整个第三天，我们几乎每隔五到十英里就得停下来，交上几块大洋的厘金，算作我们船上装的那点大米的税钱。船家显然不愿靠外国人的面子过关，每次都会到收厘金的船上去出示他带着的通关文书。收钱的船就停在河边，上面飘着临时挂起来的旗子。

无论地方大小，船夫每经过一个城镇就会停下来买东西，因为不管这个地方有什么出名的土产，都要比其他地方便宜一些，比方说经过熏烤被弄得笔直的撑船竹篙、奇形怪状的箩筐篓子、用竹丝搓成的绳子，还有枕头。不过，这跟西方人理解的枕头并不是一码事。这里的枕头大概15英寸长，涂得鲜红，装饰艳丽，四四方方，硬邦邦的，上面盖着块花里胡哨的木片，有那么一丁点儿弹性，和那一整块粗粗削成的木头中间留着一点空隙方便透气。其实这基本就是一大块木头，我之前从未见

---

① 延平（Yenping），即福建省南平市。

过。闽江下游沿岸城市生产的这种"枕头"在中国各地都很出名。

第三天下午，我们早早便到了一座县城。船夫们上岸去了很久，我实在按捺不住，也下船去找他们，可在大大小小的茶馆里转了一圈也没找着，索性站上堤岸眺望。岸边的泊船可不少，我便向其他船家打听走完到福州剩下的路要多少价钱。能够再次把主动权握在自己手里真是件高兴的事，因为按照通行的一般规矩，我本应在开船之前先支付三分之二的船钱，要么就在路上付更多的钱，这样一来就只能听凭船家的使唤，他们就算划得再慢我也没有办法。然而，由于我的这位船家太想逃离邵武，因此答应待到行程结束再结账，我想给什么作为酬劳都行。这样一来，当他们得知我四处打听的消息后便风风火火地赶了回来。我们很快重新解缆出发，一刻不停地直下延平；那里是闽江上游的一座大城，我们抵达的时候天刚刚黑，那些急流险滩也正好消失不见了，省得我们要中途停下来泊船过夜。

延平是闽江上游最大最重要的城市，也是地理位置最好的城市，不过等我发现这一点时已是翌日清晨。更让我高兴的是，船夫带我去了一处传教士的宅子，就在城里地势较高的地方，城里一共有七处类似的传教站，这样我就能和我的同胞们住上一夜了。他们的热情的确令人感动，可我还是一次又一次感到遗憾，后悔船夫为什么没带我去其他传教士住的地方，那些地方或许会远离军号手，正是这些人让我在中国南方大大小小的城市里的生活变得痛苦万分。无论走到哪里，都会有一个最没经验、最没出息的年轻人穿着军装，每天一到凌晨两点左右就爬上城墙，发出最让人难以忍受的噪音，一直吹个不停，直到天光泛白。他这样做或许是为了给上司提神，不过长官们可能早已被鸦片烟熏得神志不清，沉醉梦中，远远传来勇敢的尚武之声，或许能为他们带来一丝安全感；要么这就是中国人的习俗，相信凌晨时分清新冷冽的空气最适合初学吹喇叭的人锻炼肺活量。我极力在南方的传教士医生中掀起一场革命，央求他们告诉当地大权在握的当政者们，不能因为喇叭小夜曲导致晚上没有睡好、白天神经衰弱，就对士兵大发雷霆了。然而，碰到一群总被教育着被打了左脸还会把右脸伸过去让人打的人，你又能指望做些什么呢？

延平城建在山坳里，像一只天然的大雪橇，紧挨着河边，因此城墙一路往上，从一个山口跳到另一个山口，活像一只阿尔卑斯山的岩羚羊蹦上蹦下。号兵正是站在这样的城墙上用尖厉刺耳的小号声让你的下半夜变得痛苦不堪。那么一块不大的坡地，夹在城墙和奔涌的河水之间，地上一片黏糊，走到哪里都是热热闹闹，要么换个说法，至少是忙忙碌碌的。

从延平继续往下游走，还得经历一天的急流险滩，不过河面已经变得宽阔起来。虽然只要太阳不下山，这里的群山就能保持那种不大符合中国特征的美丽，但山势已经不如之前陡峭，树木也少了不少。不时有当兵的从岸边的石头后面闪出来，招呼我们停下，类似的事情发生了不下十回。他们中有的带着枪，有的看不清是否拿了武器，显然要么是想要我们顺路送他们一程，到河下游去，要么就是想把我们叫过去盘查一番，趁机动用私权，捞点好处。若不是船上有个外国人，船夫肯定会停下船来，接受这帮武装分子的检查，然后就得装上满满一船身着军装、不给船费的大爷们。

比起这帮家伙来，我宁愿将注意力更多放在如何应对急流旋涡上。船无时无刻不在惊涛激流中穿行，逼得船夫拿出十二分的气力与经验，带我们全力以赴渡过重重难关。闽江的这段河道在政治地位上说来有些奇怪，虽然北方佬刚刚控制了延平，就连福州也抢了过去，可南方人在这里有一条"走廊"，通过闽江能够把更靠东部的据点与其他南方军阀在沿海一带的地盘连通起来。北南双方似乎达成了某种默契，这倒也符合中国人以和为贵的精神。

到了下午三四点钟，河面已经变得相当平静。风从船后刮了起来，我们扬起了风帆，这可是这趟旅行中我们头一回这么做。虽然这艘船的其他地方崭新干净，但待到风帆挂上，我才发现船帆竟然是用六个面粉袋子拼成的，不但破旧，而且打满了补丁，中间用几根竹竿架起来。由于我们船上张着的面粉口袋要多一些，同行的另一条船只好一边起帆，一边划桨，才能跟上我们。随着这一点微风开始变得管用，中国人再次表现出骨子里的谨小慎微来，就连身材健硕的福州船老大也不例外。四块面粉袋子被放了下来，平摊在船板上，用绳子拴着贡多拉式的船桨又吱吱嘎嘎地响了起来。

　　我们好不容易赶在日落之前到了水口 ①，当地有小型渡轮往返福州。有一艘轮船已经准备停当，明天一早就向下游出发，但我还是坚持坐我的"私人小艇"继续赶路。船是小了点，可自己的空间更大，也舒服很多，好过和一帮人挤在一起，那些人打鼾的打鼾，吹口哨的吹口哨，地上还铺着厚厚一层烟灰煤渣。特别是我的船夫一开始就答应连夜赶路，之后的下游河段不再会有险滩急流，这样第二天一早就能把我送到福州。

　　虽然从地图上看，从延平到省城还有相当长一段距离，但顺流而下感觉并没有那么远。船家向我解释，前面峡谷里很可能藏有"tu pi"，夜间行船尤其危险，到时候就连美国国旗也保护不了。从他说这番话的神情来看，他并非因为胆小，或者出于自己安全考虑，而是为了事先跟我说清楚，这样我就不会怪他没有提前警告。考虑再三，我决定让他不管任何危险都要连夜赶路。

　　一路上，我们既没见到土匪的影子，也没听到土匪的声音，却遇上了其他麻烦。通常我整晚都能听见船桨发出的吱吱嘎嘎的单调声响，不料当晚不知何时却突然起了大风，这是台风的先兆。当时恰逢九月底十月初，我后来才知道这场台风袭击了中国的整个南部沿海地区，那里平时就饱受台风袭扰，从上海到香港的全部船只都被迫延误，要不就只能转道公海。我从睡梦中惊醒，发现船快被吹成底朝天了；我还躺在行军床上，船舱侧壁上的彩色广告艺术画和其他东西都掉了下来，砸在我的身上。一船人尖叫着把船划向水浅的地方，这才避免船的彻底倾覆。我紧紧抓住船上的棚子，直到棚子重新竖起来。船倾斜得十分厉害，大风已经不再从侧面吹来，而是从中间呼呼地直接刮过去。由于另一条船的船篷是常见的圆弧形顶，没有加装侧墙，因此远没有这般危险。毫无疑问，福州的船老板早就在骂骂咧咧，后悔自己为什么偏偏听从了洋人想出来的馊主意。

　　等我们在一块沙洲后面找到藏身之处，稍稍转危为安时，已是凌晨两点。无数沙砾吹打在脸上，几乎出血。当晚剩下的时间绝无半点让人开心之处。待到破晓时分，河面已是异常宽广，足以与下游远处的海湾媲美；不过天色仍阴沉昏暗，风似乎更大了。船根本无法继续前行，我们若是在这样的条件下航行，肯定会被全部浸湿，

———————————

① 水口（Jewy-cow），今福建省古田县水口镇，与延平相接，为闽江航运要道。

完全无法生火。于是，我胡乱塞了几口早餐，脱光了外衣捆好，连同其他不能丢掉的东西一起顶在头上，从船上纵身跳进水里。水已经没到了脖子，我拼尽全力向岸边游去。风卷着沙砾，打得人发疼，视线也变得模糊，如同被一支装满了岩盐的老式大口径短枪打中一般。我在岸上找到一处凹洞躲了起来，那里好歹能够勉强遮挡风雨，然后穿好衣服，东一步西一步，深一脚浅一脚地向福州方向走去。我要徒步走完这剩下的 30 里地，而我的船和行李到达目的地时已是第二天傍晚。

福州的乡间土壤肥沃，间有丘陵，散布着不少村寨，一眼就能见到当地著名的"种田的女人"，人数还不少。这些女人和男人一样有力气，小腿发育良好，和中国大多数地方的女人完全不同。其他地方的女人裹着小脚，小腿又瘦又细，像木棍一样。能够见到这样的女人，实在是令人非常高兴。对中国历史有所了解的人想必知道，中国的统治者最早是从北方地区南下而来，一步步打败了南方和西南地区的少数民族。这些原住民被打败已经是在较晚的时期，而且从未被完全征服，因此在南方沿海地区还能找到这些民族的后裔。这也解释了为什么方圆百来英里的地方会有那么多方言，和官话几乎完全不同。

传说福州这些"种田的女人"就是这些民族中的一支，是他们的后人。这些女人的男人都被杀了，她们准备逃离此地，汉人——要么就是蒙古人——的指挥官对她们说休想逃跑，因为在这里只有女人才是真正干耕田种菜这些农活儿的人，她们要是跑掉了，就没有人来养活自己的军队。反正当地的传说是这样的，我只是复述而已，至于真假可不敢保证。于是，这些女人每人得到了三把匕首，保护自己免受士兵的欺辱。借用某个爱尔兰人的话来说，这个故事的真实性关键在于这些女人至今还保留着这三把匕首。匕首大多数是用白镴做的，也有的用银制成，被女人们插在头发上。不管是我此次徒步前往福州的路上，还是之后在福州周边一带远足，见到的女人几乎个个身材高大，身板结实，没有裹脚，双腿有力，盘着的发髻中插着三把匕首，非常醒目；其中一把从上往下垂直地插着，另外两把呈对角线斜插着，做工精细的刀柄各自朝着不同的方向，露在发髻外面。

尽管这些女人和她们的汉人姐妹一样，不因姿容美貌而常常被人提及——至少在西方人眼中如此，但这些福州的亚马孙女战士 ① 却是中国最具独立特质的女子。她们在体力上足够与男子相媲美，因此绝不任由男人摆布。田间地头到处都能见到她们劳作的身影。她们走起路来像劳工一样风风火火，完全不像大多数中国女人那样扭捏地迈着碎步，腰身足有职业拳手的大腿一般粗细，从不对此加以掩饰。在这里，踩在踏车上抽水灌溉稻田的不是男人和男孩，而是女人和女孩。你总能见到她们手里要么拿着镰刀，要么举着锄头。比起不少女人流行缠脚的地方，这块土地的农作物看上去似乎长得更加苗壮。这些"种田的女人"就算怀孕了，到了孕期的最后几个月还在用扁担挑着货物，跟着旅客穿行于闽江下游及其支流地区。就在前年的那场战争中，这些女人把保护性的头饰藏了起来，免得那些北方士兵将她们抓去做船夫和挑夫。即便如此，不少人还是未能逃过一劫。

远处，下游的河面十分宽阔，虽然太阳已经升起，但风仍然刮得起劲，这样的天气没有哪个船家敢贸然渡河。我又见到了石板路，在稻田里蜿蜒，像迷路的灵魂找不到出路，不过最后一段又变得笔直起来。城镇沿着高高的河岸一路延伸。我每经过一座村子，都会遇到一群调皮的孩童，跟在我的身后，看来这里的乡下一般不会有外国人游历行走。不单孩子，大人们也十分友善。这样的态度一直到我进了城才有所改变，因为城里的外国人很多，自然不招人喜欢，这种事情毕竟也不稀奇了。

稻田之间的田埂是我脚下的路。沿途树木成行，一路阴凉。路旁摆着十几具木头棺材，又大又重，里面装着尸体，封得死死的，由于日晒雨淋，上面覆盖的芦席或者草席早就破烂不堪。这些棺材都在等着良辰吉日入土为安，有些看上去好像已经等了好几代人的时间。村里人照旧过着自己的日子，对此毫不在意，就像纤夫艄公，见到昔日同伴的尸体漂在闽江上游岩石嶙峋的峡谷间也无动于衷。

风水先生负责预测一个合适的时辰，挑一块好地，按照中国人的正统规矩把下葬的事给办了。如果发现某人出生时的星相与他死的时候不合，那么尸体就只能暂时放在地面，或者至少不能一埋了事，只有等到符合天象时才能入土为安。这些迟迟无法下葬的尸体有时会被放在寺庙里保存，但在长江以南的地区多留在户外。因

---

① 亚马孙女战士（Amazons），古希腊神话中的女战士部族，以矫健尚武著称。

此，孩子们也不会因为在死去的祖辈身旁又唱又跳感到内疚，山羊也会吃棺材上长的草，它们就扎根在棺材上的小撮泥土中。

请风水先生看地形、卜时辰、挑选下葬的坟地，这些开销虽然和天意没什么关系，可也成了推迟安葬的原因，至于办丧事的费用就更不用提了。中国的孝子们为了让过世的长辈风光大葬，总会请来一帮和尚道士，烧香焚钱，烧的不仅有纸钱，还有纸扎的妻妾奴仆、八抬大轿，然后再折腾出一些音乐，连同其他东西，七七八八一大堆。那天早上我恰好碰上这样一场葬礼。一行人各色打扮，敲锣打鼓，哭哭啼啼地一路走着。小路淹没在灌了水的稻田中，弯弯曲曲，望不到头，送葬的队伍看起来像是要去找寻那扇看不见的阴间大门。

马可·波罗提到中国人有火葬的传统，难道是他或者给他誊写文章的助手记录有误？要么他说的是蒙古人？因为当时统治中国的是蒙古人，正是在蒙古人的帝国，马可·波罗度过了他人生最好的一段时光；要么就是中国人在马可·波罗离开之后，真的改变了这方面的旧习？对于今天的天朝子民来说，很少有其他毁灭死者尸体的方法比火化更让他们感到恐惧。这其实是一种遗憾，如果中国人能够在火葬方面跟他们的不少邻居学一学，就会有成千上万亩耕地免于沦为坟地。这些土坟遍布乡野，就像天花病人脸上的脓包一样。虽然中国的坟墓大体相似，但各地的坟墓都带有明显不同的地方特色。北方大部分地方和中部某些地区的坟墓不过是一抔黄土堆起的土包，到了这里却大相径庭。马蹄形的坟墓颇为讲究，多用石料和水泥修建，小的宽不过数英尺，大的堪比豪宅，高高矗立在闽江两岸陡峭的山坡之上，是达官贵人们梦寐以求的来生好去处。

如果那位威尼斯人的话靠得住——当然，他写的大部分内容还是信得过的——那么是蒙古人采用了，或者至少沿袭了前朝活人陪葬的习俗，在达官贵人下葬时用奴隶和嫔妃作为人殉。明朝又继承了这种制度，直到1450年明英宗驾崩才予以废止。因此，时至今天，即便死的是督军和总督大人，人们在坟前也只会烧一些简单的纸质复制品去阴间伺候他们。

对欧洲人来说，忽必烈是一位让人颇有好感的君王。看完有关他的记述，我至少找到一个理由庆幸自己能够在更晚近的年代来中国旅行。"这是成吉思汗子民们的习俗，"那个出生在亚德里亚海的游子如此写道，"他们的首领将被安葬在一座

图 20 中国北方的墓不过是一堆土丘，与之相比，这些马蹄形墓显得精雕细琢，用石头或者水泥砌成，在南方不少山坡上都能看到

名叫阿尔泰山的神山之中，无论在哪里去世，即使路途相距百日之遥，也要运往这座神山。蒙古人还有一个习俗，卫队在护送王公贵族遗体的途中，要将沿途遇见的人抓来生祭，并且告诉他们：'去另一个世界吧，去那里服侍我们逝去的主人吧！'他们相信按照这种习俗斩杀的人将真正成为自己主人来世的奴仆。蒙古人用同样的方式对待马匹。他们宰杀最好的种马，这样自己的主人来世就能策马扬鞭。当大汗的遗体运抵神山，一路护送灵柩的骑士们在这种盲目而恐怖的信念驱使之下，已经屠戮了超过两万生灵。"

　　直到我来到一个镇子，才对脚下一直延伸的石板路有了些许感觉。镇上的屋子挨得紧紧的，害得我以为已经到了福州。由于不懂当地的土话，费了好一番功夫，我才弄明白这里原来只是邻近福州的一个镇子。这里也有人力车，这是我从离开南昌以来头一回见到人力车。我叫了个车夫，跑了一个小时，才把我在镇中心放了下来。

自打从长江踏上这条陆路旅程以来，正好过去了三个星期，耗去的时间不多也不少，后半程的速度基本上已经把在抚河上因为逆风耽误的时间给补回来了。回过头来看此行的经过，我感觉这应该是我在中国翻山越岭的旅行中最开心、也是最舒服的一段行程。

经过多方打听，几经周折，我才知道已经到了福州城。这是一座被城墙围绕的古城，距离江边有三英里远。之所以建在腹地，是因为当地人害怕被江上的强人所扰，至少早年是因为这个原因，因此要想去往位于江边的郊区和外国租界还得再坐人力车，这要花上好一段时间。途中得穿过一条狭窄的长街，长街一眼望不到头，两旁店铺林立，其中好长一段街边只有一排房子，屋后紧挨着的就是稻田。这条三英里的长街将福州的老城与"新城"连在一起，其中一段被福州人叫作"臭街"，看来指责中国人对臭味没感觉显然是不对的。福州现在还新修了条公路，能够通汽车，绕上很大一个弯把新老城区连在一起，不过路上常有刺客劫犯出没，不太安全。

我及时赶到了另一座镇子，还算有点规模，位于河边的低地上。接着，我看到一座古老的石桥，它连接了镇子和一座小岛。岛上的人可不少，就连屋檐底下也挤满了人，屋子就垂直地修在江面上。我穿过集市，那里一派繁荣，水产生意十分兴旺，尽头是另一座石桥。它的跨度比刚才那座要短一些，年代也没那么久远，桥的另一头通往城市的另一个区域，那里地势低洼，就在山脚下，被当地人唤作南台岛，外国人的租界就在那里。

我受到了传教士们的热情欢迎。接待我的是一位年轻的美国传教士，担任教会预备学校的教务长。我住的楼下便是华界城区，人声鼎沸，一幅喧闹的景象。由于过去几天一直没有睡好，我期盼能在这里补上一个好觉；不曾料想这所学校的校长经过多年努力，终于从国内的信徒那里得到了一笔捐赠，最近刚刚实现了人生的一大愿望，用这笔钱盖了一座宏伟的钟楼。由」实在天热难耐，我只能开窗透气，因此这座高高矗立的钟楼就像紧挨我的枕旁。在福州的这一个星期里，每隔一刻钟便会有钟声提醒我反思曾经犯下的罪过。

从窗户向外望去，就能看到这座福建的省会城市以及周边地区的全貌，足以让人了解这里不愧是中国最为风景如画的城市之一。外国租界位于南台岛山顶，那里松林茂密。从山顶向紧靠闽江右岸的山脊望去——说得更准确一点，那应该是闽江的一条支流才对，因为闽江在上游开始分岔，在绕过一座 12 英里长的小岛之后才重新合流——视线突然往下一转，便可看到位于下方江边的华界集市。集市上街道狭窄，人流拥挤，阶梯上黏黏糊糊，鱼腥气一年到头挥之不去。小岛上房屋店铺挤得密密麻麻，简直看不到一寸裸露的土地，让人很难判断岛的尽头在哪，更看不出把岛的四周围得水泄不通的船上人家又是从哪里开始的。

　　我对于中国南方住在水上的人们已经有所了解，可只有此时此刻才意识到，这种生活究竟能够夸张到什么程度。盖着苇席的船多不胜数，里面生活着无数家庭。这些人在船上出生，在船上结婚，在船上终老。船只沿着河岸紧密排列，像没有街道隔开的房子。各式各样的船一排连着一排，有的是帆船，虽然体型笨重，不过船身的彩绘图案却颇好看；有的好像小木筏，船头两边各画着一只眼睛，渔人带着鸬鹚坐在船上，用桨划着船。从来没有人准确计算过究竟有多少福州人以船为家。有的船实在太挤了，不少人只能从百来家邻居的船前走过，才能到达自己的水上居所。这些人到底依靠什么谋生，我不得而知，因为人数如此之多，让他们实在难以找到一份划船的活儿。不少男人在岸上干活，女人和孩子们为了有可能得到一份划船的活儿争执不休；不过这里的船实在停得太密，就算好不容易找到一份划船的活儿，恐怕也很难脱身，把船划出去。

　　有人曾计划将古老的石桥连同那十几个简陋的石头桥墩一起拆掉，要重新修建一座美式风格的现代桥梁，如果这个歹毒的计划真的得以实施，那么中国将会失去一道古老的地标。正是这座古老的石桥将这个人满为患的小岛和南台岛，还有更远的大陆连在一起。不过也正因为如此，每逢洪水来临或台风时节，甚至只要赶上涨潮，人们就很难顺畅地过河，或者沿闽江而下。桥上人来人往，上面铺着的巨大石板早已被千百万双脚磨成镜面一般光滑，而这些脚大部分早已踏上了那条通往阴间的道路。如织的人流让石桥看上去就像一条中国的街道，只是完全找不到墙壁的痕迹。

　　福州是个沿河而建的城市，左岸有一座小镇，呈丁字形分布，那里是福州城的港口。放眼望去只有一条街道，狭窄而拥挤，一路腥气扑鼻，向北通向三英里外被城墙包围的福州城。虽然按照中国人的标准，这里的城墙算不得历史悠久，却也有近五个世纪的来头，早已因岁月沧桑变得黝黑，即便在远处也能一眼看见。福州

图 21 福州依江而建，很难分得出哪里的人住在岸上，哪里的又是水上人家

图 22 人们正在制订计划，要用现代桥梁取代福州这些古老的石桥，以便洪水、潮汐和船只都能畅通无阻

图 23 这位父亲今天下午挑的担子比平日里要轻一些，往常同样的箩筐里装的全是大米。没有哪个地方比中国的乡间小路上更能让人感受到有一对双胞胎的好处

城建在三个山丘之上，四周群山环抱。从南台岛放眼望去，城区是这幅画面中最显眼的部分。闽江从四面八方的山地中蜿蜒流出，汇入遥不可见的大海之中。城市人口估计在百万左右，有一半住在城墙外围，而北边的一半位于三座山丘中最大的一座上。山上有座瞭望塔，有北京城楼的两倍高，被刷成了白色，在起伏的山势映衬之下显得更加引人注目。这座瞭望塔之所以修在这里，据说不仅有风水的原因，还被用作灯塔——不过只在白天发挥作用，这里到了晚上很少有船走动；沿河而上的渔船在瞭望塔的指引之下便可找到福州，在此休憩整顿，躲避来自江上的劫掠者。

我去过城墙里的老城好几次，要么赶上下雨，要么起着雾。即便是在如此遥远的南方，十月初的天气也让人感到一丝寒意，就连人力车夫也穿上了雨衣。雨衣是用椰壳丝编成的，中国人用它做了不少东西，棕黑的颜色让人觉得周围的一切更加阴郁。狭窄街道两旁的店铺敞着大门，做着各种买卖：有的卖银器，工匠光着上半身，用厚厚的纸把金锭夹在中间，然后用大木槌捶打成薄薄的金箔；有的卖油绸；有的卖纸伞；还有的卖那种鲜红色的"枕头"。福州所有知名特产中，最值得一提的恐怕就是漆器了，其制作工艺至今仍有一部分不被外人所知。

在精美的漆器艺术品中，我见过最令人称道的当数一扇四面屏风。屏风刚刚由漆器街上的一家老字号制作完成，背景用的是纯黑漆，美轮美奂。上面装饰着一组浮雕，造型各异，有胆瓶、鲜花和其他不少深得中国人喜爱的元素，全部由黄杨木雕刻而成，色泽白净，坚硬无比。

这件艺术品制作者耗费了八年心血方才完成，可他的名字对于这件作品来说，就像一个劳工挖了一条沟渠一样。借用店老板的话说，"下雨也好，天晴也好，放假也罢，闹革命也罢"，此人一天下来的工钱是 80 文"小钱"，而且食宿全包，也就是说负责一天的饭菜，还有 块木板让他在店铺里睡觉。中国的工匠一般每天工作 12 个小时，此人同样如此，只是每隔一小时必须休息一会，因为视力与精神的专注都难以坚持长久，一刀刻错恐怕导致更大的浪费，甚至有可能毁掉整件作品。这位工匠穷其一生也只能做出两扇这样的屏风，因为一个人只有到了三十来岁才能完全掌握如何制作这样的屏风，而等到第二件作品完成时，工匠的视力就再也无法胜任这样精细的工作了。他要么成为一个纯粹依靠出卖体力谋生的劳工，要么被扫地出门，和乞丐连同那些没有价值的牲口一道流落街头。

我不由得感叹美国工人与中国劳工反差何其之大。他们拿到的工资比中国一般富人的收入都高，却对自己的本职工作既无艺术造诣，也缺乏劳动热情。我不禁想问，不知何时我们也能成为像中国这样的国家，或者能在与一个古老文明的竞争中活得更加长久一点，因为这个文明虽然古老，却仍然能够孕育出如此天赋彪炳的人才，创造出如此巧夺天工的杰作。

考虑到制作这样一件艺术品所要耗费的时间，店主人为这扇屏风开出两千鹰洋的价钱也不算离谱。希望拥有如此稀世珍品的只有中国人，或者那些专注于收藏东方奇异玩意的收藏者。对于这些人来说，这样一件艺术品足以在价钱不菲却毫无实用价值的物品排行榜上名列前茅，人们一掷千金只为一睹精湛的技艺。昔日的皇亲国戚、王侯将相、达官贵人总是喜欢在手里滚动两个玛瑙或者玉石做成的圆球，有时还会放进水里拨弄，这样做的目的是为了让自己的触觉更加敏感，能够更好地感受诸如釉陶或瓷器等某些物体的表面。这位店主人正指望着这些藏家能为他的最新杰作开个好价钱，已经请人把照片放大了，送给认识的每一位有钱人，希望有人对此产生兴趣。因此，他一边坚持中国人传统的待客之道，款待我们茶水，一边没有忽视现代方法，今天中国这样的生意人还是不多见的。我想这位店家倘若能在一两年之内找到买家，一定会是心满意足的。

距离福州不远有三座山，生活在这座城市的人将它们看成一群狮子。为了保护自己免受伤害，福州人很久以前就在城墙内选了一处转角的急弯作为风水宝地，立起了三只石头"老虎"，大小宛如真虎一般。这几头石虎现在也和城墙一样，因日晒雨淋变得色泽黯淡。事实上，老虎似乎是福建民间信仰图饰中的主要形象之一。福州的寺庙内外总是能够看见老虎装饰，色彩鲜艳，形如实物——当然不可能都和真的一模一样。有的是全身像，有的是浅浮雕，数量之多，非比寻常。究其原因，无疑和真虎的存在有关。这些老虎属于孟加拉虎亚种，生活在福建南部地区。某些人或许已经记不得对老虎最早的印象了，可他们无疑希望通过崇拜老虎，或者对老虎表示某种特别的敬意，好让这些大猫不要伤害自己，他们也用同样的方法安抚了为数众多的妖魔鬼怪，就连阴魂不散的先人也不例外。许多中国人至今仍然生活在对鬼魂的恐惧之中，至死也怀着这份畏惧之心。

古代曾有不少人在南方的丛林中命丧虎口，后来这块地方成了猎人们口口相传的乐土。这些人以狩猎大型动物为乐，他们在找寻一只"蓝虎"。不仅是许多中国人，就连一个美国人也曾经声称见过这头异兽。此人虽然是传教士，却以猎手之名著称，这两个头衔在他身上看来一点也不矛盾。显然，这头异兽是一头马耳他怪兽，要比其他大猫体形更大。它要么真的凶猛异常，食人成性，要么就是被容易轻信的当地人赋予了超乎寻常的凶残狂暴。然而，即便我们最大胆的猎人来了，也用上了最现代先进的方法，可还是无法捕获这头令乡邻谈之色变的怪兽。不论它到底是不是蓝色的，如果这头福建的老虎真像寺庙墙上或者其他类似地方画的那副模样，倒真算得上是只怪物了。

中国南方沿海一带，几乎每一座城市都有属于自己的方言。且不说福州话与厦门话不同，后者虽然同在一省，毕竟还要往南再走一百多英里，就算是一些相距不算太远的县城，彼此之间也不太能沟通，而这些地方相隔的距离可能只有一门现代大炮的射程。不包括官话，所有我听过的中国方言中，福州话可能是听上去最不像中文的。有些中国人游历颇丰，每次跟我说自己哪里的话都能听懂的时候，总是不忘赶紧加上一句"只有福州话除外"。这种方言很可能是某个被征服民族留下来的。福建省大部分地区说的官话，虽然和北京的官话有所不同，但还不至于让人绝望。即便日后到了广东，我也不时能听懂一两个词，可在这里，我就算竖起耳朵，却也听不出一两个和官话相近的音来。说福州方言的地方只有福州城和邻近的几个地区，人口大约在300万。分配到这些地方的传教士不仅没法参加南京或者北京的语言培训学校，而且只能局限在一个小地方传教布道。在南方沿海一带，就算你会说某个地方的方言，到了另一个城市也会张口结舌，开不了口。我认识一些美国人，他们有着丰富的传教经历，能够用福州话长时间布道宣讲，流利程度堪比英语。不过这些人只要一到中国的其他地方，说的话就没人能够听懂，好像他们从没横渡太平洋到过中国一样。然而，由于自身语言使用范围过于狭窄，受过良好教育的福州人会有意识地学习一些其他地方的方言，这种情况和丹麦、瑞士这类国家颇为相似。因此，我用不着跑两三家大的店铺就能够找到个会说官话的人。

有个美国人出了份报纸，用的是福州方言，不过我想《纽约时报》的编辑是不会承认这家伙是同行的。传教士们用罗马字母对福州话进行注音，已经多少取得了一些成功；他们不仅把咏唱的赞美诗，就连圣歌、圣约书和读本都做成了标注发音的形式。虽然如此，但这份报纸依旧坚持使用汉字，一周出版六天，发行量在1100份左右。订报人每月交5块"一毫银币"（约合22美分），预先付款的一年只需55块，后期交钱的就要60块，打广告的费用同样低廉。然而，没有多少中国人会提前交一年的钱，哪怕他们都是报纸的忠实读者，习惯将真相和新闻混为一谈，因为在中国一份报纸总能在转眼之间消失得无影无踪。出版商同样要承担风险。因为福州主要流通的货币是一种纸券，由当地钱商或者中国人开办的小银行发行，很像洗衣凭单，多为手写。由于发行银行券的机构可能一夜之间倒闭关门，因此你必须一有空就尽可能多跑几趟，把纸券兑换成真金白银的现钱。这种事情非得有点数学天赋才能办得好。这年头银元稀缺，纸券泛滥，一块银元可以兑换1056文"铜钱"，而一张纸券只能换1000文，当地人管这叫"一元"，不懂内情的人往往要被额外多敲诈一笔。比"一元"面值低的有"二毫银币"，据说是银做的，还有铜元、铜板和邮票，12个一毫银币相当于一块鹰洋，却抵不上"一元"的银行券，还有……算了算了，还是让我们不要谈这些乱七八糟的中国货币了，那会让人疯掉的！

还是把话题转回到报纸上来。在中国，排字工这门活儿可不是坐在那里一动不动就能完成的，得来回走个不停。排一份报纸，要用四五千个铅字，一本书大概得3万个。有经验的排字工会把所有铅字默记在心，然后从房间的一头走到另一头，来来回回地走，把铅字拼在一起排版。假如换成美国的印刷工，从字母"t"到"h"，必须走上40英尺，然后还得再走回到"e"，我想印刷工肯定连一分钱都不会给作者留下。我相信没有任何人会想发明一台汉字整行铸排机，从天朝排字工的嘴里抢饭吃。福州，乃至整个中国的排字工，一年赚的钱还不如美国熟练技术工人一个星期的薪水多。是的，我这样说绝对没有夸大其词。我提到的那家报馆，最好的排字工每个月能拿到1万文钱，用银行券支付，约合4.20美金。诚然，福州的米价确实要比纽约便宜，可中国的报商给员工的钱也少得多，这样就能让他们处于入不敷出的状态，不敢贸然辞职。让这些人用罗马字母给他们自己的方言排版真算得上一项创举，而对于那些在中国出版的英文和其他西文报纸来说，把他们令人称道的工作付梓就更了不起，因为这些报社的排版工对这些字母到底是什么意思又该如何发音完全一无所知。

　　一天早上，我走进了一间审判室——当然，我可不是被抓进去的。法官虽说是福州本地人，可既然担任公职，理论上应该也是由北京任命的，因此得说官话，也就是"官方的语言"，我们管这个叫"mandarin"。这个词可能来自葡萄牙语的"mandare"，意思是"命令"，或者就源自"满人"，因为西方人最初接触中国的时候正赶上清朝。虽然说官话对这位法官来说相当困难，但官场的那一套规矩更加烦琐，逼得他不得不从。法官只好通过上头安排的"口译"来断案。他用半生不熟的官话对证人问话，由本地的口译者将问题用福州话传达给证人，而证人说的正是法官的家乡话——这种土话出了审判室人人都讲，口译者再把证人的证词翻译成蹩脚的官话。我要是没理解错，这位法官应该是另一位级别更高的法官的秘书，就像翻译是这位法官的秘书一样。在这位法官上头，还有省高级法院和北京的最高法院，后者专门负责上诉案件的终审。虽然理论上是这么规定的，可在中国，终审权实际上都握在各地的军阀手里。

　　福州就好比一个钟摆，在北南双方的争夺下摇摆不定，控制权常常易主，各路将军如走马灯般来来去去，就连记住他们的名字也不是一件容易的事情。这些将军没有几个值得详述，硬要说有什么值得记，除了重兵在握以外似乎也没有别的。不过，海军名将萨将军①另当别论。这位福州人民的好儿子深孚众望，此时正好担任福建省省长，看来打算在福州整顿吏治，推行勤政，当然前提是他拥有这一职位理论上赋予的权力。除非有人故意深藏不露，否则萨将军算得上我遇见的第一位中国高级官员，能够讲一口不错的英语，至少能用英语交流。大多数接待过我的督军和省长不仅一句洋文不会，就连握手的礼仪也一无所知。每次我伸出手来，他们总会先犹豫片刻，然后一把握住我跷起的大拇指——或许中国人习惯用这个姿势来表示挺好，也就是"very good"的意思——抓得紧紧的，死死不放，以示对我的热情欢迎。

① 即萨镇冰（1859—1952），字鼎铭，中国海军名将，1859年出生在福州澳桥，1869年经沈葆桢举荐，考入福州船政学堂，1876年作为船政学堂首批留学生赴英留学，1880年学成归国，翌年分配至南洋水师，后参加1895年中日甲午之战，1911年袁世凯组阁后出任海军大臣，1922年任福建省省长，1926年卸任，1952年病逝于福州。

萨将军曾在英国接受教育，在那里他学会了不少东西，其中之一就是说话坦诚，而不是出于礼节说一些不着边际的空话。如果要我下评语，不管萨将军是否拥有实权，他都会为自己治理的地区创建一个廉洁有为的政府，这样的善政过去几十年里从未在中国的其他地区有过。萨将军的水兵无论行为举止还是衣着穿扮，都与陆军士兵形成强烈反差。他手下的水兵穿着黄褐色的卡其布军服，而陆军士兵就像一帮披着灰色棉布军装的流氓混混。即便如此，这位海军大将也和袁世凯垮台之后中国的大多数省长一样毫无实权，令人同情。相比之下，其他军阀武夫则大权在握，拥兵自重，与之截然不同。

福建省的监狱虽然条件简陋，倒也透气宽敞，光线充足，院子里满是鲜花、竹子和其他树木。最近这里被士兵当成了兵营，原本的犯人大部分都已经跑光了。省长在允许我去参观之前对那里的条件不佳表达了歉意。监狱长左一杯右一杯地向我敬茶，想方设法消耗我参观的时间。我们就这样守着茶杯坐了约一个小时，实在不知道他们到底还要在访客面前掩饰多久，才能带我进去走上一遭。虽然如果治外法权被撤销，我可能就会被中国驱逐出境，但事情或许要比这糟糕得多。我或许也会被关进这样的地方，直到当地的法官觉得时间合适，把我释放，再也无须向南台岛的美国领事打招呼。

拥有崇高政治理想的人在今天的中国，似乎根本找不到容身之地。我和一位教会高中老师曾经谈起钟楼敲个不停的问题。此人是一个毕业生，一位基督徒，之前当过教员，还接受过任命，在闽江上游自己的老家做过地方官。他所在的地方被军队逼着每个月上缴8万元，这帮当兵的自己也通过不法手段弄钱。此外，还得向福州上缴3万块。他管辖的县城不过巴掌大小，这么大一笔钱意味着单凭苛捐杂税这种中国官员最常用的手段已经远远不够，唯有强取豪夺、抄家充公才能解决问题。因此，只要军队有令，他就得强行征兵，征用民船。劳工船夫们不仅得不到报酬，就连肚子也填不饱，不少人因此暴毙街头。此人的前任曾经将城门紧锁，不准他进城，而等到他厌倦了自己的所作所为时，他的人民虽然同样将城门紧闭，却是不愿他就此离开。就连省长也拒绝放他离去，直到他回到学校，重操旧业，外国传教士的影响力使得省长无法继续留他。毫无疑问，那位级别更高的官员只能嘟哝着那句保全颜面的老话："好吧，谁叫我们不能挡住你的发财路呢。"

　　福州有一个很大的"弃婴塔"，就在城边。通往那里的道路几乎已被杂草荒木掩盖，可只要去了那个地方，你的鼻子很快就会告诉你，现在还有人在往那里丢弃婴儿，看上一眼都令人难受。那是一个花岗岩做成的容器，形状像个大瓮，跟绍兴见到的一个模样，上面的图案设计得很精巧。里面有被丢弃的婴儿，也有尸体，都用破布或者苇席裹着，随意地从侧面的口子扔进去。至少十来具婴孩尸体早就腐烂，已经快粘在了一起。这里成了绿头苍蝇和野狗的伊甸园，它们常住在这里，要么躲在洞里。那些洞是临时埋小孩的地方，有的带着可怜巴巴的小棺材，有的没有。看得出来，有些人到这里匆匆丢下婴儿便走了，他们这样做要么是因为懒惰，要么是出于恐惧，毕竟周围杂草丛生，长得很高。沿途散落着不少碎布，里面的尸体已经被野狗叼走，让人看着难过。那些虔诚的善男信女为了"积功德"才修了弃婴塔，也有人出工钱，叫人定期来这里清理，不过很明显，这帮人在偷懒，就跟中国不少公职人员玩忽职守是一码事。

　　在中国，有许多人相信如果一个小孩还没长牙就夭折了——有的权威人士说最迟要等到四五岁——那么这就不是一个孩子，而是恶鬼。小孩在那么大之前是没有灵魂的，因此必须时时提防，小心他现出原形。让孩子死在自己怀里是十分危险的，就像有人死在自家门前一样，因为冤魂会缠着你和你的孩子永世不放。正因为如此，你必须在孩子死掉之前把它弄走丢掉。虽然西方人也有类似的迷信，认为一个孩子在接受洗礼之前会因为原罪遭到诅咒，二者同样荒唐无稽，可中国的习俗似乎要比西方的更缺乏温情。

　　丢在"弃婴塔"里的可能是正在死去的男婴，也可能是被人遗弃的女婴。至少在中国南方，这样的"弃婴塔"依然大量存在。虽然埋葬一个孩子所花的钱和为一个成人办场丧事的费用无法相提并论，但这点费用肯定也是需要考虑在内的，因此对于那些穷困潦倒的人来说，把死了的或者快要死的婴儿丢在这种地方至少能省下一笔钱，也省得操心张罗一场正式的葬礼。附带说一句，有报道说福建南部每个月有八百多个孩子被人偷走，然后卖到厦门，绝大多数钱被用来换军火。价码标准是女孩每大一岁就多三元钱，至于男孩多少钱倒没有提及。

　　福州有不少教会学校，其中美国循道宗①（Methodist）开办的学校从幼儿园到大学一应俱全。这让我想起了循道宗的教士们指着一座小小的教堂不无自豪地介绍，虽然它的造型简朴却保存完好，带着浓郁的拉丁风格，这对于此类建筑来说的确有些奇特。教士们会告诉你，这就是中国最早修建的教会建筑。美国人的确喜欢用"最"这样的字眼，即使是这些品行端正的道德楷模也难以免俗，继续无意地滥用那些夸张的词汇，但毫无疑问，他们指的是最早的新教建筑。这些学校对普通人生活的触及程度要比想象的更为紧密。有一个美国人很勤奋，在福州传教已经多年，开办了一所专门面向男童的工业学校，校内开设的手工专业为学员提供半工半读的机会以支付学费，这种做法在中国还很少见。在校一年的费用是二十五块鹰洋，有些学生凭借工读完全凑齐了学费。传教士之间根本没有工会的意识，他们不仅一听到开工的哨音就开始埋头工作，而且允许学生去外面和工人竞争揽活，不要一心只想着吃饭或者读书。

　　不过，我在这里接着要说的是那些用羽毛杆做成的牙签，想必不少美国人还记得。这种牙签在火车餐车的每顿饭上都会见到，以前负责制作这些牙签的正是福州这所美国教会学校的中国男童。他们把从市场上买来的鸭毛杆切细，做成牙签，每做一千支能够拿到五个半"一毫硬币"，也就是说每做二十二支牙签就能赚到一美分。孩子们手脚最麻利地工作，一天八小时最多能切八千多根羽毛，一般情况也能完成六七千根。可惜啊，朝气蓬勃的福州城再也没有这样的教育资源了。或者是因为追求美观的时髦风潮席卷了铁路的餐饮服务，就像乡下的店铺里已经买不到放在炉边的锯木屑箱一样；或者是因为某项新出台的宪法修正案将这件增加旅途情趣的小玩意视为罪大恶极，以致现在有权享用牙签的只有那些知道通行口令或者握手接头暗号的人；又或者是因为现在的美国餐车为了伺候那帮挑三拣四的旅客，苦于菜价过低，入不敷出，才被迫取消这笔不菲的开支。总之，一个不争的事实是，福州的穷孩子们只能另寻其他方法赚钱来交学费了。

---

① 循道宗，也称卫斯理宗（Wesleyans）。由英国布道家约翰·卫斯理（John Wesley，1703—1791）与其弟查尔斯·卫斯理（Charles Wesley，1707—1788）于18世纪30年代共同创立。基督教新教七大宗派之一，原为英圣公会宗的一派，现为世界上最有影响的新教主要教派之一。主张认真研读圣经，严格宗教生活，建立严密的组织，提高每个基督徒的灵性修养与道德水平。该宗派最广泛流传的国家是美国，20世纪已成为该宗的中心。

福建协和大学①坐落在闽江岸边，从位于江边的福州还要往下游走四英里。这所大学之所以值得一看，不仅在于其作为一所大型的美国教育机构正在不断发展壮大，还因为从这里出发，沿着学校后面的鼓山好好走上一天，能够欣赏到绝美的风景。这堆低矮的小山就矗立在福州城面前的平原之上。第一座圆顶小山上土路交错纵横，要想找对上山方向或许得请个挑夫带路，同时帮你提提行李。不过，一旦走到石头路上，如果你觉得挑夫打扰了你的诗情雅兴，大可打发他走人，当然前提是只要你不觉得把行李转到自己肩头会更加碍手碍脚。石头路比城里的任何一条路都要宽阔许多，台阶不高，每年都有成千上万的香客从这里拾级而上，去往山上那座享有盛名的寺庙。

在中国的城市里待久了，人体的五感实在遭罪，能有这样一场旅行总是让人惬意舒心。说起朝山拜佛，我和中国最虔诚的善男信女一样，对释道儒三教怀有无限热情，因为那些圣地总是那样清净安宁，至少能在通往圣地的路上找到这样一份宁静，而这正是内心深处所需要的。习习凉风拂过山坡，到处绿树成荫，山花烂漫，飞鸟静栖，闽江水自罗星塔②前滔滔流过，这里距福州城有九英里远——狭长的岛屿将江水分为两股，福州城位于小岛的下游，因此远洋轮船途经此地都会抛锚停泊——只要看一眼这闽江上上下下的风光，都会让人觉得登山不虚此行。

经过一连好几天的阴雨连绵、天色晦暗之后，阳光终于重新露头。这里的山路算不上陡峭，爬了不到两个小时也算是在这明媚夏日里活动活动筋骨。我来到了鼓山上的一座古庙前③，这可是福建最为神圣的庙宇。庙内建筑沿山势依次而建，错落有致，雕梁画栋；由于中国的佛家寺庙是生灵的庇护之地，连树木也得到保护，因此不时可以看见小动物的身影。

门外有一亩大的方塘养着鱼，池水浑浊，四周用琢石围砌。和尚们养鱼当然不是用来画饼充饥的，他们通过保护这些鱼积累功德，朝着转世投胎更进一步。有个挑夫坐在塘边的一处树荫下，手里拿着饼干，投进水里。不知为何，中国的鱼似乎

---

① 福建协和大学（Fukien Christian University），又称福建基督教大学，1915年创建于福州。1927年，校董事会改组，校长辞职回美，校务收回国人自办。是今天福建师范大学和福建农林大学的主要前身。
② 罗星塔，又名"塔锚地"（Pagoda Anchorage）。
③ 作者所言古庙当为涌泉寺，又名"国师馆"，全国佛教名寺之一。始建于783年，初名华严寺，唐武宗灭佛时被毁。908年，闽王王审知修建新寺"国师馆"。1407年改称涌泉寺。

更喜欢人们喂食面包，而不是米饭。虔诚的中国香客和好奇的外国人往往会花一个铜元买两三块饼干——这里饼干的价钱可比城里要贵上好几倍，不过在此就暂不追究了。庙里养的大部分是鲤鱼，有的看起来有二三十磅重。第一块饼干扔下去，也许只有一条鱼上来，不过这些鱼早已摸清初来乍到的香客们的喂食习惯，它们马上成群结队蜂拥过来，就像一群人对一个刚刚竞选获胜的政客前呼后拥。鱼群会跟着新来的喂食者，沿着塘边人们经常喂食的一带游走，但不会游过塘角。养尊处优的生活让这些鱼变得又懒又肥。它们几乎被视作神明，要是你不在鱼群熟悉的地方喂食，就得不到庇佑。丢了三四块饼干之后，鱼群就已经聚得密密麻麻，如同浮在水面一样。要是饼干丢得更快些，满池塘的鱼就会像开了锅的水一样翻滚起来。

虽然刚刚接近正午，但已经快到和尚们的正餐时间了，我在庙院里漫无目的地闲逛。庭院位于池塘上方的山坡上，铺着石阶，栽种着各式花草和灌木，还挂着几件衣服，虽然都是蓝灰色，类似于佛家僧人和士兵的衣着，但颜色有深有浅，四下里随便晾着，显得极不庄重。

我走进一间厨房，里面很宽敞，几个新来的和尚正在做饭，有几个可能并不是僧人。热气腾腾的米饭盛在几个大桶里，桶大到足能容下一豪格海①的东西，菜装在小一点的桶里。隔壁是间大屋，房门很厚重的样子，门框上糊着纸，上面戳满了洞眼。房门大敞着，弄得屋前没剩下多少空间。屋子里几个人围坐着一张简陋的木桌。这些人看起来都已经上了年纪，更像是一帮等着领施舍救济的人，而不是那种终其一生都在思索物质存在的虚空与世俗事物的意义的思想者。或许那些出身更好、级别更高的和尚会在自己的住所吃饭吧。仆人把盛着米饭的木桶提了过来，用铲子分饭的样子好像在说"饭准备好了，快来吃吧"，让人不禁想起了军队里的生活，区别在于那个人是在敲木板而不是吹军号。这里的人与军队里炊事兵有着相似的人生态度与等级观念，所以这些和尚只能眼巴巴地盯着面前的饭菜干等着，在饭前仪式结束前连碰都不能碰一下。在我看来，他们中不少人就像一群聚集在某个宗教避难所的流浪汉，在等着那些"该死的废话"早点结束，不管是祷告、说教、赞美诗还是其他什么，总之为了得到慈善的恩惠就得耐心忍受，只有这样才能得到自己到

---

① 豪格海（hogshead），容量单位，1 豪格海相当于 63 美制加仑，约为 238.48 升。

这里真正想要的东西。

主持仪式的是一个年轻的僧人，刚刚受戒，脑门上留着 12 个圆疤，排成三行，看得出来是新烧上去的。这些新人的脑袋上只要用香烧上了这些神圣的印记，从今往后就成了真正的佛门弟子。他们要是不想在其他僧人和来此求神拜佛的善男信女们面前丢人，就绝不能退缩躲让。烧戒疤的日子是在第四或者第六个月的第八天，显然刚过不久，因此这个年轻的和尚主持仪式时十分严肃。

屋里所有的人一个接一个挨着桌子坐好——不少座位是空着的，像缺了的牙齿，看来有人已经偷偷跑到城里解馋去了——每个人面前都摆着一碗米饭和一小碗青菜。所有的人都在等着，脸上半是无聊，半带着饿相，一副等着慈善施舍的模样。那个年轻和尚拿了碗米饭，大踏步走到外面的阳台上，站在一根单独的石柱跟前。柱子大概五英尺高，看不清顶上有什么东西。他的身后紧跟着另一个刚入庙门不久的小和尚，后者头上还没有烧戒疤。年轻和尚先是口中念念有词，三叩九拜，接着舀了一勺煮好的米饭撒在柱子上，向头上盘旋的鸟儿做了一个邀请的姿势，然后转身回房。在中国最富盛名的佛教寺庙中，喂鸟跟严格吃素禁食荤腥、从中午到次日早上绝不进食一样，早已成为一道固定的规矩。这无疑让人明白了，为什么这些坐在桌旁、等待施舍的和尚会在狼吞虎咽般吃光碗里的饭菜之后，流露出交织着渴望与遗憾的眼神，仿佛在问，自己热情的目光能否再次将饭碗盛满——这样的幻想与他们在这里住了这么多年经历的现实截然相反。只可惜这样的奇迹从未发生过。

和尚们一个接一个鱼贯而出，将碗留在桌上，筷子胡乱丢在一旁，这传递了"我已经吃饱了"的意思，可如果要他们实话实说——这一点从神情与举止便能一眼看出——他们就会将筷子交叉放在碗上，中国人在表达奥利弗·特维斯特的大胆请求①时都会习惯这么做。接下来，炊事兵一样的年轻和尚会从已经吃空的米桶后冲出来，迅速把筷子收拾干净，就像没有拿到小费的西方侍者，不等食客放下餐刀与叉子，就将盘子一把抢走——只要中国的劳力资源还像今天这般廉价，那么自助

---

① 奥利弗·特维斯特（Oliver Twist）是英国大文豪狄更斯名著《雾都孤儿》的主人公，他是孤儿，从一出生便在孤儿院里过着饥寒交迫的日子。奥利弗 9 岁时与一群饿极了的孩子们抽签，抽中的可以再要一勺稀粥。结果抽中的是奥利弗，于是他提出了那个著名的请求"对不起，先生，我还要一点"。文中提到的"奥利弗·特维斯特的大胆请求"意指"饭没吃饱，能否再要"。

餐馆里节省服务员的方法就不大可能在中国流行。

寺庙里的金佛已经修缮一新。虽然当天到庙里的只有我一个人，但其他种种迹象表明，虔诚的香客们对鼓山的关照还算不错。我开心地在山上游荡，到处绿树成荫，郁郁葱葱。这些树长期以来得到良好保护，早已长成参天巨木，在中国着实难得一见。通往寺庙的山路旁巨石嶙峋，巉岩壁立，上面刻着佛像与经文。中国人认为书写的文字有股神圣的力量，而对于在中国游历的西方人来说，这些不过是最简单的表意文字，和其他装饰图案其实并没有太大区别，只是看上去更加漂亮愉悦。

远处的僧房里，一个年纪稍大一点的僧人带着一个出家不久的和尚，一间房一间房地转悠，看上去不像在打扫，更像在进行什么必要的宗教仪式。除非这两个人脸上的表情在说谎，否则我可以清楚地看出他们对干这个实在没什么兴趣，只想着能够吃饱了，图一份悠闲自在。和尚们每天只需按部就班干一点活儿，加上一些制作精巧的装置，让这些活计变得更加轻松。有些小庙位置偏僻，其中一座里吊着一个大大的木鱼。鱼鼻子下是一口大钟，山泉落在上面撞击出声响，就像西藏的转经筒，不用人动手费力也能膜拜菩萨，还能满足中国人时时刻刻对噪音的偏爱。

寺庙周围便是山谷。鼓山的山谷不大，被开垦成了梯田，种着稻谷，四周青山连绵。翻过山头再走一个小时便到了鼓岭，沿途树木更加葱郁，山石硕大黝黑。这里是住在福州的外国人避暑消夏的好去处，以传教士居多，与牯岭相比，无论地方大小还是海拔高度都逊色不少，只能算个小地方。

鼓岭坐落在群山环抱之中，风景优美，一路行至山顶，只见随处山花盛开，林木茂密，不时还能看见梯田台地。自山顶放眼望去，一侧可见大海，另一侧能够看见闽江自罗星塔流过，十来艘小小的客轮就停泊在那里，好像一群瑟瑟发抖的孩子紧紧地搂在一起。江水自那座大岛流过，外国人的居留之地就在岛上最远端的山中。放眼江上，只见帆影点点，水面愈加宽广，有如海湾一般，台风之夜我正是从那里登陆上岸的。

巨大的山脊向四面伸展开来，近旁的山岭怪石嶙峋，陡坡壁立。山泉自上奔流而下，在岩石中形成的水道有如雕刻的汉字一般，妙不可言。避暑的小屋就坐落在一级一级高低有致的稻田之中；每年一到这个时候，小屋总会人去楼空。附近还有一座小村子，住着中国人，那些一心想让人皈依的居住者便能在酷暑难耐的月份仍然与当地人保持接触。这些低矮的房屋全部由凿石砌成，高度仅有一层，朝海的一面砌有巨大的石墙，地基牢牢地打在山坡之上。这些"防风墙"在鼓岭必不可少，将房屋紧紧环抱起来；尤其到了夏季，风暴自海滩席卷而来，风势迅猛，倘若没有这些遮挡之物，山坡上的房屋即便是用石头砌成的，也会被吹得七零八落。

此处有一条石子路，保养完好，足以证明住在山顶的外国人功不可没。顺着石子路拾级而下，便来到山脚下的福州平原；福州古城连同江边一线几处新开发的城区，在整个下山途中全都看得清清楚楚。辽阔的平原从山脚下一路向远方延伸开来，形成一大片田地，田里的稻子尚未成熟。石板路弯弯曲曲，与浅浅的溪流在田里交错，仿佛景德镇出产的青瓷大浅盘上裂开的几道缝隙。田野上零散分布着几个村落，村里的屋子密密地挤在一起，附近经常能看到从平原上拔地而起的小石丘。村子看起来是棕红色的，而福州城墙内则是黑压压的一大片，房屋排成长长的细细一线，把福州城与闽江之滨的郊区连接起来，二者色差鲜明。

在这里居高临下望去，一切出人意料地清晰简单，好比我们在某个高处看待生活，可当你下到山脚，进到城里，试图在蜿蜒的石板路间，从千头万绪的生活方式与动机欲念之中找到方向，却又感觉那样不同。每每看到那些头上插着匕首的"种田女人"挑着沉重的担子爬山，我总会想起她们结实有力的小腿，绝大多数中国女人可没有这样的优势。如果这些女人也缠着小脚，那么我就不会遇见那些奶奶辈的女人们扛着电线杆子，沿着陡峭的山路一级一级往上走了。

下午五点，我又走回了南台岛，由于我是当天离开南台去的协和大学，看来这让我在当地出了名，人人都知道我有好腿力。

由于轮船迟迟未到，我在福州待的时间可不算短。之所以会耽搁这么久，是为了躲避台风，正是因为那场台风，我才头一回徒步走到了福州，这也让我见识了秋季的祭孔大典。猪年的这场祭典在10月7日，也就是礼拜天举行的。游行队伍自古城的主要街道经过，沿街挂起了数不清的彩色布条，就像市中心的遮阳篷一样。这个星期的早些时候，我还去了一趟孔庙。那里当时还很清静，就跟周中某个日子去基督教堂一样，如此安静的地方在中国你很难找到。

对于任何一个中国城市来说，不管地方大小、地位如何，这一天都是大日子，全城上下都在纪念这位古代的圣人。祭典当天，不少地方的头面人物都会出席，大部分学校的男生也会参加，还有不少市民前来表达对这位先贤的崇敬之意，以示纪念。学生们身着特殊的服饰，像极了古代名士，这些衣着显示他们在宗庙中的地位。随着大典进入高潮，学生们拱手举起一块笏板，挡在眼前，这样就不能直视他们尊崇的对象，以免犯上不敬。人们聚集在大殿门廊下，个个都身着所代表阶层最隆重的服饰，有些甚至完全是丝制的，衣上还有褶皱。中国的受教育群体和社会精英更信奉儒家学说，而非道教与佛教，道教显得没那么严谨，而佛教早已汉化。出现在现场的女人很少，也没有见到女学生。人群安静泰然，完全见不到中国寺庙里普通民众热情洋溢的场面。既没有算命先生，也没有僧人兜售写在纸上的经文，除了一些烟火之外，几乎见不到中国人惯用的那一套糊弄人的把戏。

一个人在起劲地擂鼓，鼓声显得并不协调，还用奇怪的乐器演奏着。此人虽然并非孔家后人，但安排春秋大祭是他代代相传的职责，因此要把仪式办得红红火火。好不容易终于轮到地方官员亮相，职位最高的官员在引导下头一个出场，诸位官员依次列队走到院子中心，待到袅袅香烟升起之后，向着正殿三鞠躬。院子里栽种着绿树鲜花，还铺着石板，杂草从石板缝里生长出来。地方上的主要官员今年均未到场，前一年虽然来了却没有像以往一样下跪，如此看来，即使在中国这种习惯固守的国家，旧有的秩序也在改变。接下来轮到男学生列队登场了。学生们队伍的长度正好与院子同宽，每一列都有一名教师负责带队，主持司仪站在门廊下大声喊着号令。教师和学生们听从口令，集体三鞠躬。学生们虽然在典礼时神情肃穆，不过集合和解散的时候却有说有笑，嬉戏打闹。没有任何人真正地叩头，也就是跪下来，把前额挨到地上，而不久以前这还是人人都必须做到的，看来连学生们也从高官缺席的事上得到了暗示。

兴许是因为我没什么眼光，不懂得欣赏宗教仪式的精妙之处，整个仪式从西方人的视角看来，最令人瞩目的部分或许在于向孔子，或者说是向孔子的灵魂献上祭品。祭品就摆放在孔庙正殿色彩鲜艳的孔像与牌位之前。正殿内粉饰一新，打扫得一尘不染，由此可见这是中国人最为重视的场合。显眼的地方摆着四件乐器，两大两小，看上去像是日本人的三弦琴。祭坛前摆着一张结实的红木方桌，上面放着羊、牛、猪各一只，都已宰杀干净，去除内脏，全身毛皮如同喜庆节日和尚的脑门一样，早已刮得光亮干净，只剩下头部没有处理。人们认为，圣贤的灵魂闻到三牲的"芳香"便会前来饱餐一顿，这跟一般人家里列祖列宗享用更为平常的食品是同一个道理。无论祭孔还是祭祖，人们都会在完成这一仪式之后，将供奉的祭品中更加世俗的部分各自分走。

子曰："君子矜而不争，群而不党。"又曰："君子不以言举人，不以人废言。"[①]庄子云："狗不以善吠为良，人不以善言为贤。"[②]后者的话让前者的思想更加通俗，广为人知。

"人不知而不愠，不亦君子乎？""学而不思则罔，思而不学则殆。"[③]"唯天下至圣，为能聪明睿知，足以有临也；宽裕温柔，足以有容也；发强刚毅，足以有执也；齐庄中正，足以有敬也；文理密察，足以有别也。"[④]诸如此类的话你根本不用听太久便会明白，为什么这位伟大的中国圣贤会成为三教九流最为尊崇的人而位居芸芸众生之上。

---

① 以上两句，语出《论语·卫灵公》。

② 语出《庄子·徐无鬼》。

③ 语出《论语·为政》。

④ 语出《中庸》。

对于从罗星塔乘坐客轮、沿着海岸西行的外国人来说，厦门是他们口中常常提到的下一站。厦门临海而建，号称拥有中国最好的良港，至今尚未落入西方列强之手。外国人在这里将岩石遍布的鼓浪屿据为己有，岛后即是停泊船只的码头。这座孤零零的公共租界同样设有工部局，由纳税人选举产生，其创始成员是三个美国人、两个英国人和一个日本人。不过，真正的管理权依旧归美、英、日三国领事所有，岛上的外籍人口绝大多数亦是三国公民，人数多寡按照如上顺序递增。上岛的各处码头都有中国警察把守，共60人，主要来自山东，一个个警容齐整，荷枪实弹，纪律严明，凡见到白人均行礼致敬。这些警察可不是有名无实的傀儡。某位将军在厦门位高权重，有一回渡海到鼓浪屿，打算对当地的轿夫征税——对于行动不便的人来说，乘轿出行可是这岛上唯一的交通方式，结果他一上岛，就被警察解除了武装。不少骑在大陆同胞头上作威作福的中国人，闻听此事，无不大吃一惊。

鼓浪屿由许多大块花岗岩构成。由于这种岩石在这里遍地可寻，因此厦门与里约热内卢颇有几分相似，只是地势不如后者险峻，在自然风光上也没有与之比肩的热带植被。鼓浪屿长一英里有余，宽半英里左右，在某些角落看，仿佛一头骆驼半没在水里。岛上的化岗岩硕大无比，甚至比洋人的住宅、商店、教会建筑都要大。这些住宅形如盒子，教会的房屋也毫无特色可言，多为三层或三层以上。想当年，这块租借地正是因为满地石头，毫无价值可言，才被让于外人。

很久以前，这些巨石形成的石峰山洞还是人们的朝拜之地，不少石头上刻有巨大的文字，其历史可以远溯至落入外人之手以前。岛上建筑或倚着巨石修建，或就在众石环抱中，或立于山石之上，错落有致，弥补了自身的平淡无奇。即便在岛上，大部分居民依旧是中国人。一条狭窄的长街从上岛的码头一路穿过中国人的市镇，唯一的区别在于，这里的人对卫生似乎有所重视。有钱的中国人在当地拥有更大的宅地，沿着海滩盖起自己府邸，其豪华程度甚至连那些靠石油和香烟发家的外国大亨都比不上。

厦门自身其实也在一个岛上，只是这个岛实在太大，让人很难察觉。厦门与鼓浪屿之间隔着一条深蓝色的海湾，约半英里之遥。住在鼓浪屿的外国人乘坐舢板往返两地。小小的舢板多不胜数，尾部分叉，形如燕尾；船身装饰华丽，多数漆以红色，借着刮过海湾的风，一群群轻快地穿梭着。船夫虽然有时也会像撑着贡多拉一样挥桨划行，但通常不管去往何方都会支起风帆。曾几何时，税务部门宣布要对舢板依照中国的法律课税，于是船夫们一连数日拒绝离开这座由洋人管理的岛屿，结果使那些自厦门渡海的人苦不堪言。在厦门，同样随处可见成堆的圆形花岗岩巨石，不仅是房前屋后，还有树木冲开石缝，从罅隙中长出来。厦门和里约同样石材丰富，足够为世代建设所用。凿石者手中的锤子几乎一刻不停，这些人早就精于此道，仿佛在任何地方都能取得石材，轻而易举就将整块或半块圆石凿开，而那些破烂工棚就像燕子窝一样聚集在成堆的巨石之间，完全不受半点影响。

由于厦门建在坚硬的岩石之上，因此如何处置尸体并非易事。城墙在连绵的石山间起伏蜿蜒，墙外躺着成千上万座用水泥封盖的坟墓。墓冢平平整整，排得密密麻麻，就连山羊也难以立足其间。山坡上漫山遍野都是这些看似石头的墓冢，连绵起伏，与厦门城的花岗岩基色融为一体。我从未在任何地方见过把死人埋得如此紧密，除非像西班牙人那样埋得像鸽子笼一般。这些山坡有的已被收回。当人们需要新的土地时，就得将遗骨从埋葬的地方挖出来，要么由各家后人重新收殓，装入土坛之中，改葬他处，要么由政府过后另行处置。有些地方的尸体竟然已经埋了四层，一堆坛坛罐罐就这样丢弃在那里，长期无人问津，有的棺木早已腐烂，破碎的头骨和散落的骸骨常常被狗和路人踢得遍地都是。

厦门不仅没有人力车，就连带轮子的车都难觅踪迹。与其他南方沿海城市相比，这里的缠足现象并不少，就连年轻女孩之中也有。我几乎已经忘了留辫子这回事，没想到竟然在山东劳工的头上见着了。他们依靠在街边卖艺为生，说话的口音我很熟悉。一些士兵衣着褴褛，又脏又吵，一副吊儿郎当的样子，不过背的枪倒是很先进，在街头巷尾懒洋洋地闲逛着，但凡有个容身之处便可以倒头就睡。

福建南部山区出产的茶叶通过厦门运往海外。城市的一侧有条浅湾，湾内的花岗岩巨石数以百计，每逢低潮时便会露出水面，像西式墓碑一样笔直地矗立在淤泥之中，石头上面便是养殖牡蛎的地方。不过，做面塑玩具看来才是厦门及其附属岛屿唯一独特的产业，不仅是猫猫狗狗、狮子老虎，甚至还有更吓人的动物，头和尾巴尤其活灵活现，甚至能够前后晃动。

我在厦门见到过一个匠人，祖上世代以制作这些小玩意为生，手艺巧夺天工，其造型取材于中国神话传说和市面随处可见的剧院里的戏曲节目。每个面团都用米粉做成，涂着绿、红、蓝等各色德国颜料，显得栩栩如生。面塑长约四英寸，每一个都用一根小棍叉着，用拇指与食指那么一捻，腿脚就踢了上去，手也挥动了起来，好似旋转狂舞的托钵僧一般。由于身体各个部分必须做得能够活动，再加上胡子、眼睛、手，还有脸部和衣物的十来个细节，都得用不同颜色的面团来做；我不知道如果每个面塑只卖区区五分毫银，这个人靠手艺该如何发财，尤其现在的米价简直如同灾年的行情一样居高不下。

此人带着儿子在一间简陋的小屋里工作，这里也是他父亲与爷爷当年干活的地方。连续不停地干一天，能捏约 40 个面塑，做好的会放在一个有眼的板子上晾干。由于这里只有他的手艺最好，所以面塑的销路还算稳定；虽然也有人模仿他，可那些人做的常常还没晒干就已经开裂了。

有人推测他应该一天能做更多，但身为一个真正的手艺人，即便他自己并未意识到这一点，还是坚持要做到精益求精。正如他自己所说，这门手艺全凭信手而成，他只做心里想的。说话的时候他的脸上始终带着微笑，不时动一下双手。那是双工匠才有的粗糙的手，但手指却让人觉得自如艺术家一般轻柔。

在中国，真正的艺术家既不身居宫殿豪邸之中，也不身穿丝缎华服。我不止一次见过那位真正的艺术家，外表看上去衣着破烂，形同仆役，坐在某个穷街僻巷临时支起的板凳或桌子上，用染了色的面团在一根旋转的棍子上创造一个个栩栩如生的舞台形象，精巧别致，充满了生活情趣。他的身旁总是围着一大群人，孩子们推来搡去，不时伸出手指摸一摸，大人们则在叽叽喳喳地议论着。他灵巧的手指一刻不停地将记忆深处祖辈相传的艺术灵感复原在这些小玩意儿上，每个不过卖上一到两个铜板。

这不失为一个例子，告诉我们中国人为了这些价值并不相称的材料耗费了多少劳力，不过厦门街头的这些小玩意儿倒是出人意料地耐玩。在西方，我们将此视为对劳力的极大浪费，但在中国，真正值钱的并非劳力，而是材料。这显然解释了为什么中国人做出来的几乎每样东西，万里长城也好，皇宫殿堂也罢，都不太持久耐用；精美复杂的刺绣却绣在粗制滥造的夏布上，表面抛光得铮亮的木头内里却材质疏松、长满节疤。在中国，物质存在似乎都经不起时间的考验，这在将中国视为现存最古老文明的人看来，无疑是这个国家一大令人费解之处。中国的工匠宁愿不辞辛劳地做一张桌子或椅子，仔仔细细地打光上漆，或者做一尊佛像，涂上鲜艳的色彩，可所用的木材甚至都不是一块好燃料。他们会用中间带着节疤的木头制作车轴，稍一用力就有可能折为两段。中国人永远都在辛辛苦苦地弥补材料上的瑕疵，这并不是因为他们天生要比其他民族狡猾，仅仅只是因为过去多少世纪以来好材料的稀缺，而人工一文不值，因此自然而然地出现了这样的一种工作方式，好像在为下一代打算。

只要人类制度在这个世界上继续下去，中国的文明就是永恒的，而他们创造的物质财富却难以持久。二者之间莫非互为因果么？好材料价格不菲，而人工廉价便宜，使得历朝历代都在大兴土木，重修再建。难道是因为每一代人都必须学会这样的技艺，以挽救摇摇欲坠的纪念碑于将倾，这个文明才得以存续么？在盛产花岗岩的地方，物质的一切能够长久存在，待到需要修缮或重建之日早已没有人记得该如何去做了。

至于其他民族，例如高棉人曾在柬埔寨的吴哥修建起宏伟的殿堂，这些建筑如今早已湮没在密林之中，他们失去了重建先人留下来的伟大丰碑所需的全部知识和技艺，而中国人因为使用的材料无法持久耐用，却使得这些知识代代传承。法国也好，意大利也罢，甚至包括日本，这些国家比古老的中国拥有更多令人追忆过去的建筑，有更多能够将我们带回遥远古代的物件。之所以会这样，可能还是在于所用材料的不同。假设中国遭受了更为频繁无情的破坏，例如血腥残忍的内战、宗教迫害、蛮族长期入侵或是遇到天灾导致人们意志消沉，令他们的劳动成果前功尽弃，又或者中国人的粗心大意也发挥了作用，那么情况就会不同。如果欧洲的大教堂每隔二十年就要沦为一片断瓦残垣，那么他们还会去研究如何让自己的教堂屹立不倒，而不是无力地抄写临摹、修修补补吗？他们或许还会保留一份进取心，去创造新的建筑奇迹，即便在中国那也不是最终的结果。

与台湾隔海相望是厦门面临的种种难题之一。我们习惯把移居台湾岛的中国人称做"台湾人"，这其实是一种误称，因为这些人大多是几代之前从厦门移居过去的，他们会说厦门话，而从北方来的中国人却不能。这些"台湾人"拥有作为日本公民的全部权利。这又是一个活生生的例子，足以体现治外法权是何等不公。从台湾回来定居的厦门人拥有日本人一般的强势社会地位。最近，厦门人多路窄的老城区新修了几条宽阔的街道，不过却修得歪歪扭扭，就是为了避开这帮"台湾人"的房产。当地的官员再怎样大权独揽，也不敢动这些人的房子一个指头。邻近的另一个岛就在日本人的控制之下，从那里来的中国流氓在厦门的地方官员面前指手画脚，俨然以主人自居。这些人私藏武器，抢劫杀人，肆无忌惮，如果被逮捕只能送交日本领事，往往很快就会释放。有些犯了重罪的最近刚刚被遣返台湾，可时间居然只有短短的一个月！不少人已经坐着下一班轮船回到厦门。据说，日本人早就试图染指这片与自己手中的南方大岛隔海相望的大陆，至今还为无法得逞耿耿于怀。

厦门人民最终将局势把握在了自己手中，为几个"台湾人"举办的葬礼最为引人关注。当日本领事威胁派遣军队登陆时，厦门地方官随即枪毙了五个天皇陛下的中国臣民，并且传话给日本领事，要他尽管放马过来。虽然有六艘军舰进抵厦门，但日本人当时尚且无力全面侵华。就在我抵达厦门的当天，双方已经达成谅解，气氛也变得没那么剑拔弩张，日本军舰业已返航。

厦门有不少菲律宾人，主要是出生在菲律宾的华裔，听说美国领事对他们管教更为严厉。钱庄里经常会碰上这些人在兑换马尼拉的纸币比索。码头上和街头大排档的小贩们兜售着美军用的"巴拉克拉法帽"①，帽子上还留有订单号码、生产商的名称和诸如"U.S. 1918"的字样。虽然这些帽子的价格比美国要便宜得多，但买

---

① 巴拉克拉法帽，发源于克里米亚地区的巴拉克拉瓦，这种羊毛兜帽几乎可以完全遮住头和脖子，仅露双眼，有的也露鼻子。英军在克里米亚战争期间将这种帽子带回欧洲。由于这种帽子可以掩盖脸部、隐藏身份，被特种部队、恐怖分子、劫匪等广泛使用。

的人好像还是寥寥无几。

据说每年会有 6000 名劳工离开厦门，坐船前往马尼拉、爪哇和海峡殖民地①，而回国的只有 4000 人。有些人没有大事就不打算回来了，其他人不愿回国是因为发现海外生活要比国内好很多，这足以打消中国人落叶归根的思乡之情，还有一些人之所以没回来，大概只是因为他们和我们不少人一样，做事总是一拖再拖。

那些在海外发了财的人衣锦还乡，总要在族人面前炫耀一番。有个理发师在爪哇靠种蔗糖赚了好几百万。在今天的中国，理发师生活在社会最底层，他们的女性搭档也是如此，后者都是些上了年纪的女人，用两根绷得紧紧的线拔去女人额头上的细毛。这些人几乎都是社会弃儿，地位与卖唱的戏子和街边的风尘女子别无二致。如此境遇似乎很不公平，因为这些理发师傅往往多才多艺，手脚勤快，专门负责为客人剃头、挖耳朵、修眉。客人一边享受着服务，一边坐在简陋的理发屋或树荫下的街角，气定神闲地观察着街上的一举一动。不仅如此，这些理发师还是整骨医生，懂得用膝头顶着被按摩者的腰，把身体的病痛挤压出来，手法之高明足以让整个西方的按摩师转业改行，去种土豆养家糊口。不过，理发师做的事情虽多，收费却奇低。住在内地的外国人会请当地的理发师到家里，先将工具泡在来苏儿②里消毒——理发师自己就不必放进去消毒了——接着便任凭理发师摆布了。单单理个头发，外国人付的酬劳就相当于理发师给一个中国客人全套服务费用的 14 倍。即便如此，外国人也丝毫不认为自己挨宰了。在中国，理发师仍然是一个叫人看不起的职业，这样的事实至今没有改变。即便那个幸运的理发师为自己在当地盖了一座富丽堂皇的大宅子，也很少离开鼓浪屿的别墅，这不仅是因为他的老邻居们瞧不起他，还在于他知道，只有这座岛屿才是躲避中国"法律"的藏身之地，要知道中国的独裁者们在没收财产这方面可比西方政府做得还要出格。

然而，此人归根结底不过是一个有钱的老头罢了，成日沉溺于女色、赌博和鸦片之中，这是那帮归国移民的生存常态。与之相反的例子虽然并不多见，却也有个人年纪不大，在新加坡拥有一家大公司，靠一己之力创造财富，但按照中国人的古

---

① 海峡殖民地（the Straits Settlement），1826—1946 年英国对位于马来半岛的三个重要港口和马来群岛各殖民地的管理建制。最初由新加坡、槟城和马六甲三个英属港口组成，因此被当时当地华人称为三州府。
② 来苏儿，即甲酚皂溶液，用于对器械和环境的消毒，对皮肤有一定刺激性和腐蚀性。

老传统，这笔财产同样属于他的弟弟。此人老家离厦门不远，一心打算做点事情回报家乡，于是叫来了在世的家族成员，提出在将计划付诸实施之前平分财产。弟弟坚持也要参与哥哥的计划，他现在在新加坡打理产业，而哥哥则在老家"砍"他的开支。按照中国人的宗族制度，老家就像家族的一部分，人们有更多情感寄托，不像某些西方人只是把出生地看作简单的落脚处。村里的长者建议这个从新加坡回来的人把钱投资在宗教方面。于是他选了座颇受当地人尊崇的旧庙，修缮一新，谁知未能等到预期的结果。在得知宗教无法带来自己想要的效果之后，他又将注意力转向教育。社会名流与村里的长辈当年看着此人背井离乡，那时的他还只是个普普通通的长工。他们对他说，这里不需要教育，大部分村民从未念过书，现在也不用读书，没有人会卖地给他建学校，就算利润丰厚也不会有人这样做。最后，村里人为了让他死心，把一块颇有年头的水塘卖给了他，在他年轻时那里是村民抓鱼的地方，他后来把水塘填平，现在已经盖起了一座现代化校舍。

这个人不知从哪里获得这样的念头，认为对于下一代来说，不仅只有父亲，母亲也应该上学读书。村民说，女孩读书就算谈不上有失体统，也是件蠢事。女儿都是替别人家养的，她们迟早要嫁人。父母希望女儿出嫁之前能够帮着家里挣钱，多少贴补点抚养她长大成人的成本。这位海外归侨问女孩能挣多少钱。女孩的父母回答道："每个月能挣两块单毫。"接着他毫不犹豫地给了这些女孩的父母那么多钱，叫他们送女儿去他的学校读书。他后来又意识到，教育孩子必须趁年龄还小时，于是又建了一所幼儿园，还聘请了一位女教师。这位女教师原本工作之余在一家英国教会做事，每个月能拿6块银元。他付给她30块，让她来教书，从上午9点到下午4点。这个归侨其实不信教，但只能从教会学校招聘女教师，因为别处根本找不到。

我前去拜访时，他的一项新工程马上就要竣工了，就在城门外他老家镇子的尽头，是一座宽敞的大学校园，现代化校舍林立，全是用厦门的花岗岩建造的，里面已有不少年轻人在读书，几乎所有教职员工都在国外接受过培训，其中还包括好几位外籍教师。这个人所做的一切全都自掏腰包。那些真正关注中国未来的人都在谈论"他是如何做到这一点的"，好让其他国人也能够效仿。

然而，中国人并未站在他这一边。各种传闻满天飞：有人说承包商在修建大学校舍时私吞了不少钱，有人说学校装修过于奢华，也有人说三楼被修得像个和尚庙，是为了让学生在那里精心策划举办中国式的庆祝活动……诸如此类的事情在外国人眼里也是一种浪费，这些可能都是出于他的个人品味。当地的官员找他又是收税，又是"借钱"，却不提供任何保护，这让他的日子很不好过。并非所有中国人都缺乏无私助人的精神，只是在目前群龙无首的局面下，这就像一个闪光的信号，会把那些看到光亮的恶棍无赖全都吸引过来。最近我听说学生们已经从新修的大学里被赶了出来，大部分校舍都被当兵的霸占。

在南方沿海的通商口岸中，下一个西方人熟悉的城市就是汕头了。这个城市给人的整体印象相当现代。1922 年夏天的那场台风和海啸[①]使城市附近低矮的平原上尸横遍野，纵使行船半日，亦可见浮尸漂于海面。毫无疑问，正是这场劫难造就了汕头这样一座新城。不过，汕头本来也不算老城。当英国人从汕头辽阔的腹地窥出良机，强行打开对外通商的大门时，这里还只是一个小渔村。随着新修的宽阔街道无情地穿过老城区，那场惨痛灾害留下的伤痕，现在大体上已经愈合。德国领事馆隐藏在随处可见的破败房子之间，至今依旧一片狼藉。一艘巨大的摩托艇仍然斜靠在大街上。

最能让人回想起那场灾难并触景生情的，或许还是一座座坟墓。虽然成千上万人在短短一小时之内死于非命，但中国人很快振作起精神忙碌起来，把尸体清理干净，毕竟当时正值八月，而汕头和广州同样位于北回归线以南。市郊不远处能见到长长的一列列军人坟墓，如此景象在中国着实少见。这些坟墓排得十分紧密，很难想象一具完整的尸体是怎样塞进去的。

正因为如此，尽管汕头与厦门同位于岩石环绕的滨海地带，却与后者截然不同。汕头的街道更宽阔，也更干净；这里有很多人力车，有点泛滥成灾，是中国南方常见的样子，没有橡皮轮胎，硬邦邦的，破破烂烂。路上很少见到女人缠小脚，男人扎辫子。尽管台风让整个街区的房子变得摇摇欲坠，必须用柱子撑着，防止围墙倒塌，但沿海一带常见的散发着臭气的窄巷倒也确实不多。偶尔看到女人为了掉在船埠上

---

① 即 1922 年 8 月 2 日的"八二风灾"，其人员损失虽无确切统计，但当为民国时期死亡人数最多的风灾之一。

图 24 台风与海潮袭击了汕头，不仅冲毁了不少房屋，令成千上万人流离失所，还让街道上的建筑变得摇摇欲坠，只能用支柱横撑着

的花生吵得不可开交，一旁的乞丐饥寒交迫、奄奄一息，但这里显得比中国大多数城市更加繁忙兴旺。

为了拓宽道路，不得不把崭新的尚未完工的房子从中间拆掉，废弃在路边。失去了房子的人没有得到赔偿，有些人就此变得一贫如洗。大多数房子经过重建，条件比以前有了改善。很多房子临街的一面被装饰得富丽堂皇，上面写着"高级赌场"几个大字。虽然这里绝不是唯一允许这类场所公开营业的地区，赌场得到了地方官员的保护，甚至支持，可除了葡萄牙人治下的澳门，我从未在中国其他任何地方见到如此明目张胆的宣传。陈炯明现在控制了广东东部，和他之前的顶头上司孙中山分庭抗礼，后者以广州为大本营。街上不少新的房屋都是陈炯明盖的或者买下来的。他还扬言要如法炮制，拿洋人的房产开刀。迄今为止，各国领事已经多次警告他不要轻举妄动。然而，各国政府一般拿中国人针对本国公民的犯罪行为没有什么办法，这也让那些往日谨小慎微的地方军阀感觉好像有了保护，变得愈加有恃无恐。

汕头的外国租界就在宽阔港湾的另一头，坐落在花岗石山的环抱之中。那是一个惬意舒适的好去处，草木茂盛，鸟语花香，仙人掌都开花了，不过见得最多的还是石头。公墓里有几处墓碑年代久远，几乎早已被人遗忘，讲述着那些安息于此的美国人和英国人的故事。碑文读来令人动容，从墓志铭上"从桅顶坠落"的字样来看，可以推测墓主人主要是当年航海来此的，最早能够追溯到 1866 年。

有钱的中国人当然是和西方官员和公司巨头们一起住在这里。地势稍高的一处地方，美北浸礼会正在扩建一处宅地。这些设施对"异教徒"免费开放，比起许多与汕头一般大小的美国城市的教育机构，这里的条件已经很不错了。其现代化的建筑全部由花岗岩砌成，显得宏伟庄严，矗立在成堆巨石之上，相得益彰。石山之间的峡谷中有一块梯田，土壤肥沃，几代中国人在这里精耕细作，养活着这些美国人。接下来的几年，这里要建一座体育场，周围还会建造露天剧场，峡谷里到时候一定会噪音不断，回声四起。

每天挂着各国国旗到汕头的远洋客轮不下 18 艘，让这里看上去更加繁荣。整船装满了从北方运来的棕黄的豆粕饼，被用作稻田的肥料；豆粕是东北大豆榨油处理后剩下的渣滓，这种油中国人每顿饭都要用到。

挑夫排着长队，背着石磨，川流不息地从身边走过，从那一块块石磨的大小、形状、坚硬程度与重量，就知道一个劳力一趟顶多背两块这样的石磨。每背一趟都会从一个开口的盒子里抓上一根木签，办事的文员就坐在盒子边。猪在尖叫着表示抗议，将重量压在挑夫肩上的担子上，要知道这些人全靠肩头的力气才能谋得一份生计。进出口货品往来频繁，这样的场面永无停息，让人一眼就能看出为什么汕头的劳工和船夫赚的工钱更多，也会提出更高的工资要求。如果那场台风让这座城市变得更清新，那么看看住在这里的人们，虽然灾难刚刚过去两天，但很难察觉到人口减少的迹象。对于中国这样人满为患的国家来说，人就像空气一样，不论哪里有真空，都会很快把它填补上。

较之粤东的大片地区而言，汕头的地位算不上举足轻重，因为这里只是广东省对外开放的门户之一。粤东的大城市是潮州府，那里才是通商口岸。坐上火车往内陆继续走上 25 英里，铁路的尽头便是潮州府。这一小段铁路修得着实简陋，走这样一段路你需要具备在中国应对大多数事情时的闲情与耐心。在中国坐早班火车——中国的又有哪个地方的火车不早呢？——总会让人感到无名火起。为了确保万无一失，你的男仆肯定会提前定好闹钟，叫起的时间至少比你要求的时间要提前一个小时。如果要赶不上火车了，拉车的师傅一定会比平日跑得快上两倍。如此一来，等你赶到车站时，大概还有一个小时的闲工夫，却看不到半点机车或火车的影子，能够找到车站和铁轨就算运气不错了。也许还没有人去喊火车司机吧。

就算已经聚集了一大群人，大部分都是劳工，可售票处里依旧毫无动静。中国的售票员如果不扯着嗓子对窗口外推搡喧闹的人群吼上一两句，大概会心情不悦吧。他会以人太多太吵作为拿回扣的借口，每卖一张票就能赚一点，几乎从不失手。此外，他还不找零，拿到的每一个铜板都要敲了又敲，判断到底是真是假。还没等到你开始上车，原本空荡荡的火车就已经塞满了。在这一长串老旧的车厢发出刺耳的尖叫并最终起程之前，你可能还会被拖拖拉拉地再耗去个把小时。

汕头很快从眼前消失不见，换成了开阔的田野。尽管还没看见房地产的招牌，却感觉一座美国式的城市正在郊区蓬勃兴起。一辆苦力驾驶的推车正沿着一条微型铁路行驶，铁路类似于我在台湾见到的，有一段是高出地面的宽阔泥路。铁路的设计者正是在汕头城中心"砍"出两条对角线一样的大街的人，他希望能够借此让当地通上汽车。然而，还没等到路修好，军队就把钱全部塞进了自己的腰包。粤东铁路沿线有不少大的城镇，有一些看上去还挺新，这在中国倒是少见，可能也是由于台风和海啸，很容易想象出那场突如其来的致命灾难是如何横扫平原、席卷内陆的，毕竟这里一马平川，只比海平面高出一点。那之后汕头地区还发生过一次严重的地震，还有几次小一点的余震，导致重大人员伤亡的危险挥之不去，可人们仍旧一窝蜂地涌进城里。

火车沿途经过好几条现代公路，这在中国南方并不多见，虽然窄了一点，但路面平整，有点像水泥人行道。这些路沿着稻田里的水堤修建，弯弯扭扭地从火车站通往各个镇子。到了这个季节，广阔的平原上到处都是泥和水。无论走到哪里，都能见到农民站在齐大腿深的水里，跟在水牛后头，在一望无际的泥浆里慢吞吞地走着。

田野上散布着数十条水道，都在用踏车取水，从每一个可能的地方把水抽进田里，灌溉着好像永远浇不完的稻田。浇灌农田是一种锻炼身体的好方法，难怪在华南农村地区见到的人的小腿肚子和大腿都结实有力，就连干农活儿的女性也双腿匀称。踩水车往往得全家老小齐上阵，每台灌溉机的踏杆约六英尺长，人们在上头踩，虽然效率不高，但手脚倒挺快，很难想象年幼的孩子怎么能跟得上。踩上一小会儿，便能从小溪或小河里抽上水来。每座水塘边上都会有好几处人造水道，由引水道和不停转动的桨链组成，塘里的水就这样被抽到水道里。鱼儿在抽干了的塘底淤泥里活蹦乱跳，男人和孩子们纷纷跳下去抢着抓鱼。

　　风刮得呼呼作响，无边的稻田翻着绿油油的波浪，仿佛大海一般。别的地方常见的是鸭子，可到了这里似乎换成了一群群鹅。宝贵的粮田被坟墓占去了大半。这里墓的样式与别处不同，像炸面圈一样，中间高出一块，几乎成为这饱受洪水侵袭的平原上唯一隆起的东西。接下来映入眼帘的是一些小树，一排排绵延着，这便是有名的汕头橘树，结出的果实皮软味甘。然而，这番场景很快便不见了踪影，适合栽种橘树的土地看来只有那么有限的一小块儿。取而代之的是罂粟，种植的面积虽然不大，却照料得很仔细，几乎有点呵护备至的感觉，开着白色、红色、粉色的花，显得生机勃勃。不过，如此公然种植罂粟的情景我此前在中国还从未见过。

　　潮州府曾是广东的省会，现在已经换成了广州。这又是一座典型的中国城市，像汕头那般受外国影响的新鲜事物难得一见，城里还留有以前开科取士的贡院。刻有花纹的牌坊横跨在街道上，这在偏北的地区更为常见，换作其他地方，如果当权者更喜欢兴修街道，就难以保存下来了。石头路又湿又窄，只见涌动的人流和挑着的担子上上下下，却看不到黏糊糊的路面。

　　有些女人虽然没有裹脚，走起路却也晃晃悠悠。她们就算还保留着旧习，也比不裹脚的乡下姐妹们过得舒适，因为她们可以在阴凉的街道上闲逛，而其他女人就只能在炎炎烈日下辛苦地踩着踏车。潮州府看上去像"摩登女人城"。几乎所有女人都穿着黑色长裤，上身一件天蓝色罩衣，头发油光发亮，插着花和红色的头饰，就算没到逢年过节的喜庆日子也把脸蛋涂抹得像戏曲演员一样。一些年轻女子留着齐耳短发，有的胆子更大，甚至穿上了短裙，不过后者应该是受到了传教士的影响。虽然大多数男人已经剪掉了辫子，可不少人还留着长发，扎成一束，长度在六英寸到一英尺不等，有的则放任地披散着。

沉重的铁锤敲击锡矿石的声音响遍这座昔日广东省会的大街小巷，单调乏味一刻不停。制作金银锭纸钱是当地的一门产业，跟绍兴类似。掀开脏兮兮的门帘，透过简陋的门栏向里望去——那些做栅栏的树枝有时甚至连皮都没有剥掉——只见男人们坐成一排，身上唯一的穿着就是一条长裤，挥动着手中六磅重的大锤，锻打着一叠叠纸牌薄厚的锡片，一下一下，周而复始，得这样辛苦好几天才能把锡片打成锡箔，做成纸钱，孝敬死人。政府原本打算对此征收奢侈税，或者叫作迷信税。这个点子其实不赖，毕竟在潮州府和南方不少城镇，这都是重要的商品，不料军队很快就剽窃了这个主意，以此作为他们增加收入的主要来源。

对于一个工作机会远低于嗷嗷待哺的人数的国家来说，人们为了混一口饭吃，想出来的招数肯定不计其数。我在潮州曾经见过这么一类人，之前只在早期来华旅行者的游记中见过，看书的时候我也是半信半疑，当时还想这种人应该已经在现代的生活方式中绝迹了。然而，某个晴朗周日发生的事情让我意识到，潮州还算不上现代的中国。

两个年轻人在街上闲逛，手里都拿着一把切肉的斧子。他们看上去很健康，也很结实，足以胜任更有意义的工作。这两个人每走到一家店铺门口就会停下来，不成调地哀号着索要施舍。为了引起人们的注意，他们用斧子朝头上砍了几下，血流得满脸都是，顺着赤裸的上身淌了下来。我观察这两个人很久，确认应该不是在演戏。二人头上有十几条横着的伤口，深深地裂开，还有其他累累伤痕，足以证明他们之前是如何虐待自己的。一些美国女教士就住在这座老式的县城里，诸如此类的事情是她们日常救济工作的一部分。几天前，她们中的一位在路上看到一个按照上头的命令被枪决的人，虽然已经被打了一枪，却突然转过头来，好像在看着女传教士。一个当兵的立刻拿着枪跑过来，照着那人又补了一枪。

除了最穷的仆役，这里好像人人都带着武器。今天的中国人将绝大部分财富花在购买军火武器之上，从最土气的到最新式的，应有尽有。当地的军阀已经娶了九房太太，没有一个裹着小脚。这九位太太有时也会和当地传教站的女士们一起外出郊游。

图 25 潮州府这座有名的桥梁中间部分是用船只组成的，上游下游的船来往时便会划到一边

　　潮州府的一大看点在于当地的一座古桥①。这座桥由不少石拱构成，两旁的商铺连成一排，直接悬在桥的外面，别有一番景致。人群在桥上来来往往，熙熙攘攘。桥的中间部分没有修完，恐怕是因为江上船只来往频繁，桥若合龙，桥下难以通行，因此改用一长列梭船连接而成，需要通行时梭船则转至一旁。沿着一长串狭窄湿滑的台阶便能走到梭船连接处，台阶顶上有一头铜牛，大小形如真牛，是这座半浮桥的守护神，善男信女们常常在此焚香祭拜。桥拱之间的通路由巨大的石板铺成，有的石板长达 25 英尺。也许就像人们建造金字塔时一样，当我看到 25 个劳工挑着一块同样硕大的花岗岩石板时，便知道这些石板是怎么搬上去的了。12 根整竹制成的扁担两端各有一个人，还有一个在指挥方向，一步一步慢慢穿过狭窄曲折的街道。有时为了找一个宽一点的街角好调方向，甚至得多走一英里的弯路。

---

① 此处所指当为潮州广济桥，位于潮州古城东门外，横跨韩江，为古代广东通向闽浙的交通要津，也是潮州八景之一。始建于宋代，与赵州桥、洛阳桥、卢沟桥并称为中国四大古桥，被茅以升誉为"世界上最早的启闭式桥梁"。

　　潮州府的江边停着不少客家船只。这些船比南方大多数河流上的航船都要大一些，船头很高，涂绘着艳丽的色彩，船尾像燕尾一样分叉，船帆形状奇特，好似两个巨大的三角形，中间连在一起，拉满风帆溯江而上时，这样的外形相当引人注目。这种古怪的客家船只也能在汕头和厦门见到，不过有个奇怪的规矩：女人绝对不准上船，以免带来噩运。汕头和潮州的后方腹地基本上都是客家人的地盘。客家人多为山民，或者住在丘陵地带，这里从海岸到内陆的所有山脉都能见到他们的影子。

　　人们曾经普遍相信客家人是土人、"野蛮人"，是被汉人征服部落中的一支，这种看法甚至被写进了西方的百科全书中。然而，客家人和那些深入客家聚居地的英美传教士们却在努力证明，客家人是真正的汉人，正是他们数百年前南迁而来，赶跑了原住民。按照客家人的说法，正是因为广东人对他们世世代代的厌恶，才让大家认为他们是"蛮子"，或者是个杂交的民族，只比那些土生土长的原住民开化一点，但很难有资格算得上汉人。

　　对这一问题进行研究的人会告诉你，在每一个客家人的聚居地都能找到记录，记载着历代先人的姓名，以及是怎样迁移而来的。不少先人留下来的书籍清楚地说明，大部分客家人来自河南，有一部分来自山东。南迁的高峰看来有两个时期，其一早在公元四世纪，另一个较晚，在九世纪左右。公元 317 年，匈奴人俘虏了晋朝皇帝，对其百般凌辱。这似乎挫伤了人民的斗志，因此当东晋王朝的创立者定都南京之际，不少人举家搬迁，南渡"大江"（长江）；[①] 对于眷恋家乡的人来说，此举堪比清教徒前辈移民[②] 横渡大西洋。自东晋王朝建立后的 130 年里，社会动荡，民不聊生。这些动乱主要是由外族军事将领引发的，他们骗得了中国皇帝的好感，待到觉得自己羽翼丰满时却又倒戈相向[③]。因此，汉人——当时汉人只见于北方，即马可·波罗所说的"契丹"——自然希望找到一块容身之地，摆脱社会动乱与外

① 匈奴攻陷洛阳，前赵皇帝刘聪掳晋怀帝北去是在公元 311 年，史称"永嘉之乱"。313 年，司马邺在长安即位，是为晋愍帝。316 年，匈奴陷长安，愍帝出降，被掳至平阳。317 年，愍帝被匈奴处死，西晋亡。怀帝、愍帝被俘后，备受羞辱，被迫在宴饮之时身着青衣，为匈奴王公贵族们行酒洗盏，这便是"青衣侑酒"的出处。在此期间，大量人口为避战乱从中原迁往长江中下游，在建康（今南京）建立东晋，史称"衣冠南渡"。一般认为，现代闽南人的始祖，大多是来自此时期汉人大规模南迁入闽的中原人。
② 清教徒前辈移民（Pilgrim Fathers），指 1620 年到达北美创立普利茅斯殖民地的一批英国清教徒。
③ 作者在这里想要表达"五胡乱华"的历史事实，但与史实有所出入。

族奴役。1127 年，由于蒙古入侵，宋高宗流亡①。大批汉人直到那时仍然将"大江"视为天堑，认为它足以抵挡外敌入侵，于是跟随皇帝逃亡。看来他们再次选择了南方作为逃亡目的地，这一次在福建西南部安顿下来。这些人起初并不打算南迁太远，只是希望能够逃离战争肆虐的地区，待到战事平静之时，也许还能重返故土。不曾料想，新一代的移民接踵而至，外族入侵者向南步步进逼。于是，"这些真正的汉人，深爱着自由，不愿遭受异族统治的侮辱"，足迹不断向南延伸。最后一场移民潮始于 14 世纪，也终于 14 世纪。

在汉人移民大潮刚刚兴起的时候，中国南方的原住民是"蛮子"，也就是南蛮。一群来自中原地区的移民在此定居，与习俗多少有所差异的原住民族生活在一起，这些人也就被他人称为——也有可能是自称——客家，即"客居他乡的人"。最早的移民似乎已经被与之共同生活的民族同化，但是在大的客家聚居区，人们仍然完整地保存着旧有传统，甚至南方沿海的山林之中亦是如此。②

客家人躲藏在极其偏远的地方，有的甚至藏身于深山老林之中。由于多在人迹罕至之处，蒙古军队要么难以寻觅，要么认为根本不值得发兵征讨。据估计中国目前说客家方言的人口约 1500 万，占粤北人口的大部分，此外也居住在江西、福建与广西山区，看上去似乎是在迁移路上散居下来的。粤东的客家人十有八九会告诉你，自己的祖先来自福建宁化，他们在那里生活了约四个世纪之久。越往粤北走，见到的客家人越多，这表明客家人并非海外移民，也不是如某些人所言来自新疆。考察种种观点，之所以说客家人是来自河洛的真正汉人，关键在于二者的婚丧习俗非常相近。客家土话据说就是中原的古代口音。学者们从古诗词的韵律中发现，现代客家话与古汉语有不少相似之处。客家话属于典型的北方方言，保留着古汉语的许多音调，在华南汉人的各种方言之中与官话最为接近。

现如今，客家人意识最为强烈的当数嘉应③。嘉应位于汕头以北，全县各区都住着客家人，移居此地似乎已有五六百年的历史。虽然在客家人中传教的外国人声

---

① 此处有误。1127 年灭北宋的是女真创立的金朝，而非蒙古。宋钦宗与宋徽宗被俘，宋徽宗第九子赵构在南京应天府继位，即宋高宗。为了延续宋朝皇统和法统，定国号仍为宋，史称南宋，后迁都临安。

② 客家人主要聚居于广东、江西、福建等地，梅州、惠州、赣州、汀州被称为"客家四州"。

③ 嘉应（Kaying），即今广东省梅州市。

称，自己不用听他们说话便能从面相上加以区分，但就体貌外形而言，客家人与其他广东人并无明显区别。他们和全世界其他地方的山民一样，比城里人更加勇敢无畏、自立自足，也更热爱自由。客家人非常吃苦耐劳，一旦在某个地方站稳了脚跟，便很容易把其他人慢慢排挤出去。从汕头到潮州府的铁路是由客家承包商修筑的，现在的所有方与大部分管理者也是客家人；客家人和爱尔兰人一样善于从政为官。

几个世纪在山岭野地中的生活并未让客家人变得懒惰，尽管重活累活似乎女性也要承担一部分。她们从不缠足，除非这种残忍的习俗是在汉人开始移民之后才出现的，不然可能会被人视为一大论据，用于反驳"客家人源于汉人"的说法。客家女性多身材矮小，小小年龄便负担过多重活也许也是部分原因。即便如此，客家女子依然坚强挺拔。从劳工挑夫到市贾商贩，再到治学大家，客家人的身影见诸各个社会阶层。嘉应号称客家的文化中心，因为那里几乎所有的男人都识字，而挑担子和其他重活一概由女人承担。"男人就连提水也不会"——或许也不会要求女人教他们怎样提水。

嘉应人还有一个特点更加引人注目，虽然嘉应劳工的住处与一般中国人没有区别，但他们每天晚上都会洗个热水澡，而在汕头和其他港口城市，嘉应劳工人数较少，也没有了这种好习惯。客家地区据说是广东省教育水平最高的地方——如果所有的活儿都是女人干，这也不足为奇——仅嘉应一地便据称拥有男女学校 600 所。除了为数不多的几个大城市之外，这样的教育水平恐怕早已远在中国其他地方之上。

客家人鲜与一般汉人通婚。他们习惯先将死者埋葬一段时间，然后开棺挖出，举办一场盛大的仪式，将"金骨"放入一个"金色的坛子"中，重新入土。有些传教士与客家人朝夕相处，声称客家地区几乎没有抢劫犯罪，乞讨被认为是奇耻大辱，客家女子也从不出卖肉体。在客家地区传教的美国教士现在仍然发现江上不时会有弃婴漂下，不过在嘉应，至少弑婴的行为现在已不多见。

客家人背井离乡的习惯似乎并未消亡，他们近来大批迁居海外，成为分布最广的中国人，仅次于广东人。不仅许多台湾和海南早期先民来自客家，还有成千上万客家人散居在荷属东印度群岛 ①、文莱、海峡殖民地、马来半岛、暹罗 ②、缅

---

① 即今印尼。
② 即泰国。

甸乃至毛里求斯等地。不少海外归国的客家人为辛亥革命的胜利捐献了大量资金，提供了非常有用的情报。太平天国起义的那位客家领袖正是从广西的客家人中招募到第一批追随者，从而揭竿而起；客家人一直以来也以反对清朝人的统治而闻名。无论客家人是否与汉人同出一源，他们都是今天中国人里特点鲜明、充满活力的部分。无论中国将来能够取得怎样的进步与成就，客家人很可能都会在其中扮演更为重要的角色。

这已是我在中国的第二个年头，透过十二月下旬的晨雾，香港隐约出现在眼前。在离开东方之前，我预计要经过这里不下十回。第一次见到香港是在差不多20年前。和上海一样，这里和我初次见到时已经发生了不少变化。不过，人们照样可以乘坐缆车到达太平山顶——现在也能开车前往山顶了——从那里向下俯瞰，景致纵使稍微柔和了一些，却与里约一样让人过目难忘。山下，城里的房屋一间间紧挨着，街巷窄窄的，好像衬衣下摆的针脚一样密密麻麻。放眼望去，深蓝色的港湾里星星点点地停泊着几十艘船只。海港两岸的码头实在是太挤了，其他的船早已将岸边一线全部占满，简直和岛屿融为一体，从岸上望去还以为是停在蓝色的大海之上。港湾里来自世界各地的轮船昼夜不停地来来往往。渡船驶过，将人们带到九龙的各个地方，那里是位于大陆的交界地，再过去一点，你就能看见那些依旧属于中国的山头。

很多人会把香港误当作一座中国城市，这种想法其实并不奇怪，虽然香港现在不归中国管辖。随着约一个世纪前第一次鸦片战争结束，英国人占领了这座小岛，开始兴建他们的维多利亚城。然而，英国人并不安于现状，直到中国人将大陆上的一大块土地再度割让给他们。现在，英国人又对中国人给予的一切感到不满。于是，大陆上的小山包，连同香港本岛的山头被一座座炸掉削平，用来填海改造，扩大九龙及其周边郊区。

山上到处都能见到用竹子搭起的精巧的脚手架。正在消失的这些山包几乎完全依靠人工清理运走。人们在陡峭的山坡上凿出长长的阶梯，像刻有凹口的杆子，丛林里的野人正是顺着这样的杆子爬进藏身的小屋里。开凿这些阶梯是为了给干搬运活的华工一个地方落脚，这群人中有男有女。女人们有着一套奇怪的装束，将帽子与遮阳罩组合在一起，像磨盘一般大小，形状也差不多，帽檐上垂下来一圈流苏，用黑布做成，长度刚好及肩。这些女人即便到了十一二月也会戴这种帽子。她们有时背着一筐筐石头泥巴，有时就带着孩子坐在砾石碎岩上，孩子多的就看着孩子在一旁玩耍嬉戏。

香港街头的有轨电车和智利一样是双层的，不过这里的等级规定恰恰相反，高贵的白人得坐到上层去。电车从这座狭窄岛城的一头开到另一头，途中经过"快活谷"①。那里以前是一片坟场，现在经过重新改建，已经成了跑马场。电车还会经过坚尼地城②和其他由英国人命名的地段。再往前走，你如果有钱坐车，大可坐上汽车把这个狭长的小岛完完整整地绕一圈。

海港的另一头坐车要便宜一些，坐船上岸的地方时刻都有汽车排着长龙，抢着拉客，把你带往市郊的各个地方。人力车在这里的活动范围比维多利亚港中心商业区那巴掌大的地方可大多了。维港商业区后面有一家公司，名字叫作"Do Be Chairful Company"——没想到英国人到了中国人的地盘，竟然搞了个这么古怪滑稽的名字。这家公司专门销售运输工具，很干净也很舒服，虽然不一定是轿子，但你也可以坐在上面，叫人抬着走。

香港真是一个自由的港口。我前后一共路过香港六次，有两三次是一家五口一起去的，随身带着的行李大大小小十几件，却没有一次被拦下检查护照或行李。这对于我这种习惯走南闯北、环游世界的人是好事，对香港来说似乎也利大于弊。每每回想起这个，我便想知道这种自由乐土的感觉是否真如我想象般真实，抑或只是一个标记，说明没有任何一个体面的香港人愿意屈尊和陌生人说话，仅此而已。

势利谄媚的风气与高低贵贱的等级制度跟着移民从之前的居住地来到了这座封闭的弹丸小岛，在当地经过一代又一代融合生长，自然而然达到登峰造极的地步，

---

① 快活谷（Happy Valley），即跑马地。19世纪40年代初，英军曾于此地设立军营，后因很多军人感染热病身亡，并葬在这里，于是形成一处坟场区，英人将之称为"Happy Valley"，含有"极乐世界"的意思。1846年，这里建起香港第一个赛马场。

② 坚尼地城（Kennedy Town），亦作"坚利德城"和"坚弥地城"，位于香港岛中西区西北端，是最早被开发的地区之一，原维多利亚城的一部分。

进一步展示出人性的渺小。我认识一个熟人，有一次停下来向人问路。那个路人属于香港的上流阶层。结果我的朋友遭到痛斥，被批评没有自我介绍便跟人搭讪。我虽然没有这样的经历，但也见过一些事情，相信他的故事并不是无中生有。当与自己眼中的下等人长期生活在一起时，就连最优秀的人也会有一些无法摆脱的人性弱点。这些弱点在这个狭小封闭的社会圈子里像鲜花一样绽放。住在中国大型港口城市的英国人的所作所为，就连来自加拿大或澳大利亚的人都往往难以忍受。那群年轻人一个个养尊处优，将近十点才从太平山上的住所吊儿郎当地下来，比公司规定的上班时间晚了半个小时，甚至更多。一个客人如果没有自我介绍，通常只会得到冷冰冰的一句"需要帮忙吗？"哪怕进来的是位女士，也会让她在接下来的谈话中一直在对面站着，这几乎已经成为英治香港的习惯，而轮船公司的人会安安稳稳坐在椅子上，就算看见一位女士进来也不会挪挪屁股。

即便是在这个狭小拥挤的英国殖民地，欧洲人也会受到中国人及其风俗习惯的影响。那些三层楼的房子有的经过拉毛粉饰，有的用水泥砌成，厚重的阳台突出屋外，悬在半空中，上面挂满了各式各样的衣服。从有轨电车摇摇晃晃的顶层向外望去，一眼就能把中国人的家里看得一清二楚，这可比在纽约的高架公路上看透爱尔兰人和意大利人的家里要清楚得多。原先在香港，出租车和私家车神气活现地横冲直撞，让人以为里面坐着英王的总督，其实根本就没有什么大人物，不过是几个模仿欧洲的中国年轻人，或者就是一帮连国家都搞不清、种族观念混乱的家伙，好比有些人一到东方就开口问道："亚欧大陆在哪里？"

与中国内地相比，香港总给人一种富有的印象。有钱的中国人来到此地，安心住下来，有的甚至在当地发展壮大，从海外贸易的丰厚利润中分得一杯羹，盖起摩登商店，打破英国商人的半垄断状态，摇身一变成为大英帝国的优秀臣民，就连英王都要隔一段时间便为他们封侯授爵。即便这一切都是真的，即便香港是如此现代，或许正是因为这是一个现代的城市，贫穷在这里与其他地方一样，仍然是社会顽疾，劳苦大众依旧在为求得一席生存之地而挣扎奋斗。劳工和乞丐光着双脚——在香港，即便到了圣诞节也不会因为光着脚没有穿鞋袜感到难受——这番景象和内地任何一个地方同样引人注目。女人们要开凿石头，还得背着沉重的担子。子夜时分，轮船纷纷进港靠岸，这些船有的来自广州，有的来自澳门或者其他邻近的地方。待到这个时候，劳工便会用一块脏兮兮的草席或者几块破布，把自己一裹，什么也不垫，就这样露宿码头。

哪怕你对赌博毫无兴趣，或者根本就不想参与其他依赖博彩业而发展的罪恶行当，但身为一个在中国旅行的人，完全不该错过机会去澳门看一看。在中国由欧洲人管理的口岸城市与外国租界中，澳门归外人管治的历史最为悠久，长期以来地位也最为显赫。不论上午还是下午，只要坐上一艘舒适的客轮，从香港出发穿过海湾，四个小时之后就到了澳门；但凡充斥着酒精、赌博、声色之地的交通条件总是快捷便利、按时准点。

说起葡萄牙人把澳门抢走是在明朝①，准保会让你大吃一惊，那时距离满族从他们寒冷荒凉的西北老家②破壳而出只有不到半个世纪的时间，这些满族人后来和几乎所有西方国家打过仗。随着英国人的"洋行"被逐出广州，他们向葡萄牙人提出，希望共同拥有澳门，可心高气傲的卢西塔尼亚人拒绝和一个充满小商贩气息的民族打交道。于是，英国人开始在另外一个岛上兴建商港，与之竞争。那个岛当时几乎还是一片不毛之地，无人居住。中国人至今把那里称为"香江"，意思是"甘甜的溪水"③。当年那帮水手耳朵不好使，结果给听成了"香港"。时至今日，澳门与之相比简直就是破落的小村寨。当地的墓地的许多细节都反映了澳门曾经是商贸发达之地，融合了几个不同的种族，不过之后便沉沦为赌窟，不仅被称为中国沿海的蒙特卡洛④，也成了西方人在远东犯下诸多恶行中最典型的例子，因为这里的罪恶简直一目了然。

就自然条件而言，澳门算得上风景秀丽。它位于大陆之岬，沿海岸边贫瘠多石，周围航船来往众多。因为当时尚未建造码头，船只首先会绕南湾而行。当地的葡式

① 1553 年，葡萄牙人开始在澳门居住。1557 年，葡萄牙人向明朝要求在澳门的居住权，不过明朝政府仍在此设有官府。1623 年，葡萄牙政府开始委任澳门总督。
② 应该是东北地区，作者原文为"西北"（northwest）。
③ 此为香港地名来历的一种说法，传说清朝时香港村中有一条溪水，清冽甘甜，供当地居民及海上过往船员取作淡水饮用，故名"香江"，其入海口即称作"香港"。香港今天亦被称为"香江"。
④ 蒙特卡洛（Monte Carlo），摩纳哥公国城市名，因 19 世纪中期建立赌场而兴旺发达，是世界著名赌城之一。

风格与中国特色早已融为一体，还有不少遗迹体现出其他民族的影响，你尽可想象这样一个中国沿海的殖民地在 400 年前是怎样一番风貌。这里的石子路既不像辛特拉 [1]，也和里斯本的后街不同，与中国内地的相差无几，人力车硬邦邦的橡胶轮胎就在这路上颠来颠去。

城市临海的地方有一条步道，景色宜人，道旁的遮阳树由一道海塘保护着，免受台风的时刻侵袭。南湾的街上偶尔有中国人的送葬队伍经过，某些改动的仪式已经明显带有葡国影响的痕迹。傍晚时分，凉风习习，当地的达官要人带着明媒正娶的妻子，或者自己挑选的私房小妾，坐着轿子出行。海滨一线全是拱廊，分上下两层。房屋是中世纪欧洲的古老样式，刷成粉、红、蓝等各种颜色，鲜明生动，沿街一路排开，街道尽为欧式风格，路面坚实。一眼望去，大炮台早已破败老旧；古教堂遗风犹存；这里有中国沿海最古老的灯塔；帆船形状各异，扬起风帆，被落日的余晖映衬成土黄色。鱼干浓烈的腥味扑鼻而来，几十家店铺门前挂着摆着鱼翅和各种咸鱼。渔民将鱼开膛破肚，里面撒上盐，女人们随即将鱼腹缝好。

澳门地势多山，爬上山头便能欣赏到美丽的海景。白鸽巢前地 [2] 的小片皇室棕榈林向人们展示出澳门与巴西的关系，园内随处可见巨石危垒，树木自石间长出。石洞内正是那位著名诗人昔日端坐之处，如今洞前有人立石纪念，以葡英双语颂扬诗人的伟大，吸引游人来到城市的这一头。另一头不远处则有一座中国庙宇 [3]。庙宇沿山坡而建，坡上山石累累，下面院内的巨石上刻有古帆船浮雕，据说此处供奉的神灵能够听到水手和即将出海之人的祈祷。一座巨大的门道从澳门通向中国的地界，门旁有肤色黝黑的葡国士兵时刻守卫。走出门外，穿过平原再往前走上几里又能见一座庙宇 [4]，前方的山丘在远处隐约可见。凯莱布·顾盛与丹尼尔·韦伯斯特

---

① 辛特拉（Cintra），葡萄牙里斯本大区的一个市镇。

② 白鸽巢前地（Camões' Gardens），亦可称为白鸽巢公园，澳门历史最为古老、面积最大的现存公园，位于澳门西北端，原为葡萄牙富商佩雷拉（又译俾利喇）的花园别墅，初建于 18 世纪 70 年代，曾被英国东印度公司租用，后转手另一葡国富商马葵士。马氏喜欢喂养白鸽，因大量白鸽寄居于屋檐房顶，远观如白鸽之巢，故得此名。下文提及的"名诗人"为葡萄牙爱国诗人路易·德·卡莫埃斯（Luís Vaz de Camões，？—1580）。其生年不详。相传诗人正是在公园的石洞中完成了葡萄牙史诗《葡国魂》的一部分。

③ 即妈阁庙，亦称妈祖阁，始建于 1488 年，为澳门半岛西南方的地标之一。

④ 此处所指为普济禅院，又称观音堂，澳门最大的禅院寺庙，位于澳门望厦山，1844 年《中美望厦条约》正是在此禅院中签订。

的一个孩子当年正是在这里签订了中美两国之间的第一份条约①。凡此种种，最能代表澳门的或许当属一座古老的教堂②。教堂是早年虔诚的葡萄牙人留下的遗迹，如今矗立在山顶，除了前壁之外早已空空如也，仿如一具前人留下的骨架。

澳门理所当然是个种族混杂之地。面容姣好的白人女子有时会抱着棕色皮肤的婴孩从色彩艳丽的房屋里向外张望，或者在落日西沉之际走出屋门。有时一张面孔上能够看出五个不同种族的印记。当地驻军主要是 300 名葡国白人士兵，余下则为莫桑比克的黑人士兵，后者来自葡萄牙的另一个殖民地。我平生从未见过有人肤色如此之黑，他们都是些身材高大却稚气未泯的家伙，笑起来露出一口雪白发亮的牙齿，像孩子般天真，身上土黄色的军装配上黝黑的皮肤，反倒比白人更显相衬；膝盖以下腿脚光溜溜的，你能想象得出最好的绑腿恐怕也莫过于此。这里以前也曾驻扎过来自东帝汶的士兵，他们来自帝汶岛归葡萄牙人管辖的一半，和文莱的迪雅克人③长得很像，却最终无法适应当地的气候。

对于一个拥有像澳门这样风俗的地方，大把警察同样必不可少。当地的警察也是人种各异，有皮肤深棕色、来自果阿④的雅利安人，也有中国人。印度教徒和锡克教徒的头上没有戴头盔，而是包着头巾。此外，还有更多其他混血种族，甚至也包括日本基督徒的后代，后者类似于东方雨格诺派⑤，几代人之前便流亡至此。总之，就是这一大群各色人种轮替着上街巡逻。

在世人眼中，澳门就是"赌博"的同义词。大大小小的店铺前摆放着各式各样

---

① 凯莱布·顾盛（Caleb Cushing，1800—1879），美国政治家、外交家，1844 年作为美方代表与中国签订《中美望厦条约》。丹尼尔·韦伯斯特（Daniel Webster，1782—1852），美国政治家，1841—1843 年和 1850—1852 年先后两次出任美国国务卿。文中所述"丹尼尔·韦伯斯特的一个孩子"指的是基督教美国公理会传教士伯驾（Peter Parker，1804—1888）。伯驾是首位来华美国基督教医生，1841 年与丹尼尔·韦伯斯特的侄女哈列特·韦伯斯特（Harriet Webster）小姐结婚，1842 年携新婚妻子返回中国，两年后作为顾盛的助手兼翻译，参与了《望厦条约》的签订。
② 此处所指为澳门最著名的"大三巴牌坊"，即圣保禄大教堂的遗址，大教堂始建于 1580 年，为远东最大的天主教教堂，其后多次失火，最终在 1835 年的一次大火中几乎全部烧毁，仅剩前壁，因形似中国传统建筑牌坊，故得此名。
③ 迪雅克人（Dyak），加里曼丹或沙捞越的土著居民。
④ 果阿（Goa），位于印度西岸，16 世纪开始成为葡萄牙殖民地，直至 1961 年被印度用武力夺回主权。
⑤ 雨格诺派（Huguenot），又译胡格诺派，为 16—17 世纪的法国新教派别，历史上长期遭受宗教迫害与屠杀，作者借用"东方的雨格诺派"寓意在此。

的奖券，奖券在醒目的位置上写着"仁慈堂"的字样，让人以为买这些奖券是为了给"公益事业"作贡献。白天的澳门让人感觉慵懒乏味，待到夜幕临临，狭窄拥挤、嘈杂喧闹的石子路两侧便会变得灯红酒绿。这些地方和中国内地的街道并无多少区别，唯一的不同在于，这里的赌场与"藏污纳垢之所"要比内地的任何地方要多得多。木屐走起路来啪嗒啪嗒，麻将馆里传来哗啦哗啦的响声，歌女们在灯火通明的宾馆和妓院里——和巴西一样，二者根本就不存在什么明确的界线——发出刺耳的叫声，这些声音会一直不停持续下去，直到那些猎奇的观光客上床睡觉方才平息。

有一处房子是著名的轮盘赌场所，这家赌场在马尼拉被驱逐后随即改换国籍，另起炉灶。闪闪发亮的招牌就算没有上百个，至少也有几十处之多，每一个都在做着同样的自我宣传——"一流赌场"。那些不敢自称一流的赌场藏身在大赌场之间的房子里，比起更爱自我标榜的对手，条件谈不上有多少好坏区别。

赌场一律三层楼高，一楼摆着条长桌子，用苇席盖着，大群劳工围在桌旁；从楼上看，只见楼下人头攒动。三楼则是供住在赌场的人白天休息的生活区。二楼用栏杆围出一块区域，正对着下面的赌桌，这是留给那些囊中阔绰之人的。这些人有椅子坐，或许还有电扇吹风降温，每赌一把就算输掉一块广东毫银也无所谓。这里的男人都是足不出户的类型，一个个瘦得皮包骨头，有的穿着内衣，有的则光着上身，手指像猫爪子一样，不少人戴着玉镯或者仿制的手镯，风尘女子也能见到几个。总之，除了偶尔见到面相古怪的外国人，其余全是中国人，人人都从座椅或者板凳上向前倾着身子，倚在栏杆上。这些地方纵然灯红酒绿，但绝对算不上富丽堂皇，反而显得有些破旧。不管是中国人还是葡国人的规矩，都丝毫谈不上干净。每一位新来的客人面前的桌子上都会摆上茶水、炒瓜子、花生仁、甜食和一些水果。再看看楼下，一场赌局就算输赢只有几个铜板也不会遭人嫌弃。赌客们全都齐齐站着，没有任何茶点供应。纸被裁得四四方方的一叠叠，铅笔用长绳子拴在栏杆上，方便赌客计算。

楼下的赌桌长约 20 英尺，那些想试试手气的人把钱放在桌子四边的方格里，每边有十几个方格，每个一英寸见方，中间的托盘上堆得满满的全是赌资——有铜板、广东省发行的二角银行毫券、银元、五元十元的银票，甚至面值更大的。赌徒们忙着下注，庄家坐在赌桌的另一头抽着烟，一脸不耐烦，要不就是一副面无表情的样子，反正全世界的庄家都这副德性。一堆铮亮的"铜钱"堆在庄家眼前，被一个带把手的铜盘半罩起来。中国的番摊常客都是行家，据说在下注结束之前便能准确计算出那一堆到底有多少筹码。终于轮到庄家动手了。只见庄家拿出一根细长的木棒，用棒尖把已经打开盖子的那堆"铜钱"拨到自己面前，每次拨四个，动作像熟练的外科医生，输赢取决于最后剩下的筹码数量。有些庄家据说十分了得，能把一枚"铜钱"藏在另一枚下面，这样就可以改变数目，为赌场赢钱。铜盘后面围着六七个人，全都一副百无聊赖的模样，忙不迭地掏钱给赢家，动作驾轻就熟。有些人拿出从二楼垂下来的小篮子里的赌资，那是楼上雅座的精英专享的，那帮享用茶水和南瓜子的家伙在上头同样早就等得不耐烦。只听见有人喊着"一文三桌"，那声音总是一个调子，以我的粤语听力水平，应该是"三号买一块钱"的意思。赢家每赢 20 文钱似乎就要被抽走一个铜板，当作税钱交给政府或赌场。从年头到年尾，这样的场景在市中心每一条街道的几十个赌场里整晚整晚地上演。这样的游戏除了耐性和运气，不需要动任何脑筋。啊，算了吧，生活不也是场赌博么？只是，这样输钱不觉得像个傻子吗，即便赢了又如何？

贪污受贿在澳门可谓家常便饭。对于一个葡萄牙治下的中国城市，你大可想象腐败该有多么猖獗。人人都在拿回扣，就连在石子路上巡逻的警察也不例外。赌博、鸦片、卖淫，这一切成为这个城市存在的唯一理由。葡国的政府官员们每个月拿着一百鹰洋的薪金，住着富丽堂皇的豪宅，由十几个佣人轮番伺候着，开着豪华的名车，包养的情妇们个个穿金戴银。据说澳门是葡萄牙各个殖民地中唯一一个上缴红利的。葡澳官员前不久刚刚和母国政客约定，让后者投资六百万修一条防波堤。然而，澳门当地毫无贸易可言，根本就不需要防波堤，这样的工程恐怕永远也无法完工。换句话说，这些人希望钱能留在澳门，收进自己的腰包，而不是花在首都或者其他殖民地。

澳门官员私底下多少鼓励那些中国海盗来此。澳门沿海一带海盗猖獗，他们希望海盗们能将劫掠来的钱财花在赌钱、抽大烟和玩女人上，没准还能为下一次行动做好准备。有位常年在沿海一带的麻风病人中传教的传教士曾经在澳门的街上遇见几十个海盗，只见这帮人一个个穿戴打扮得俨然一副中产阶级商人模样。不少大酒店还会举办盛大的庆典，好好地补偿一下海盗们工作的艰险与辛苦。

「南都」的短冬

我待在中国的最后一年里，先后四次从东南西北四个不同的方向去了广州。第一次是从香港坐轮船，这条路线游客和商人们很熟悉，也很舒适。船的班次白天和夜间一样频繁。装饰得稍微豪华一点的船票价要贵一倍，不过能够享受额外礼遇，得到英国国旗的庇护。

白天，船只驶过香港蓝色的港湾，海面上岛屿星星点点，接着进入一条河流。说是河，可乍看之下感觉更像海湾，被茶褐色的丘陵渐渐环抱起来，山头上还留着暴雨冲刷后的条条沟壑。江水如大海一般蔚蓝，一直延伸到山谷之中。群山很快变得低矮，不一会儿便消失不见。河口三角州渐渐开阔起来，成为一块肥沃的平原。这是世界上最为富饶的平原之一，四面八方绵延无尽。长长的水渠将稻田分成一大块一大块，田里泛着橄榄绿，渠岸上杨柳低拂。村子四周砌着一圈泥巴墙，墙边种着竹子与香蕉树，村村之间相距不远，翘首便可望见。这里的土地早已开垦殆尽。

水道航行起来并非总是那么顺利，一艘巨大的客轮就在一处狭窄的河道搁浅了，船体断成两截。船长是个英国人，走这条航线已有几十年经验。黄埔以及河南岛 ①上的两座古塔终于先后出现在视野中。从右舷望过去，眼前渐渐出现了一堆矮山，这便是人们常说的白云山了。此时太阳尚未落山，远方的地平线上一派东方风情，沿岸山势愈加起伏，河道也变得拥挤起来。我们已经到了广州，虽然戴着现代的面具，背后藏着的却是一座古城。

---

① 河南岛（Honam Island），广州城珠江南岸地区，即今海珠区，自明清以降逐渐成为富商聚居之地。

　　或许更多人喜欢另一种方式，他们选择在晚上看完戏，曲终人散之后离开香港，一边渡海一边欣赏海上生明月的美景，远观朦胧的岛影与岸景，直至进入海岸环抱之中。待到一觉醒来，你会发现外面已是一片喧嚣，轮船已被拖曳进一处码头。沿江堤岸有好几处类似的码头，虽然不过清晨时分，却已是热闹非凡。

　　这里便是珠江，也就是"珍珠之河"，广州人习惯用这个名字来称呼这条大江。放眼望去，江上船满为患。船只布满江面，形形色色，大小各异。船屋——我是说名副其实的船上房屋——停在拥挤的岸边，排成直角，长长的一列犹如整条街道。船屋挨得十分紧密，每当汽轮靠岸，总会有那么几条被压坏，或者被锚链切成两段。船上的人发出尖声惊叫，徒劳地试图划船逃离。不过，这些人似乎从未因此遭到灭顶之灾，下次好像也不记得让道躲开。

　　很久以前有一位旅行者的描述很准确，"除了人口众多之外，中国南方河流上的船只之多，算得上这个帝国最为鲜明的特色了"。成千上万广州市民在这些船上出生、结婚、离世、下葬，几乎成了一个独特的群体，比那些在岸上低声下气谋生的人更有活力，也更为独立。要是美国也有几百万人愿意住在水上，或许这倒是个解决"住房危机"的办法。家里的祖宗牌位几乎占据了每条船上最中间、也是最干净的地方。船上这一块地方总是出奇地干净，仿佛珠江水真的能够涤荡一切污垢。

　　无论是这里，还是福州或其他地方，每每见到此番景象，我都会想到同一个问题——这些船上人家究竟靠什么为生？男人一般会离开船屋，上岸去拉人力车或者做其他工作。男孩等到年纪足够大，有了本事，能够在乱糟糟的广州打拼谋生时也会离开。因此，通常是女人站在船尾来来回回地划着桨，小一点的孩子就在一旁帮忙。这些船的桨都很大，用绳子固定在甲板上，绳子是用当地的草秆搓成的。她们用自家的水上房屋载着乘客或者货物，沿着河道航行，或者穿过人工河，后者太窄了无法划船。男人如果在家，一般会坐在船头指挥，时而用竹篙撑上一两下，还管收取船费。因此，广州众多的水上人家里的女性对于划桨相当在行，孩子们也懂得如何在母亲划桨时趴在她背上睡觉。总之，这些人摆弄船只就像鸭子游水一样熟练。

　　几条脏兮兮的河汊把城市分割成小块，人们在船与船之间搭上旧木板，便成了一座收费的桥梁。有时干脆就把旧船当作桥，向从"桥"上经过的人收那么一两文钱，要是其他船从河上来往驶过，家里的女人和孩子便会划船让开道路。这里有排成整行的"拖鞋船"，还有成群结队的货船随时准备接活儿，船上拥有居家生活的一切必备器具。各式帆船大小不一，不时开往上游的乡村，不知哪天又会返回原地。还有各种仿造的炮艇，外形奇特，船上飘着孙中山政府的旗帜；帆船尾部高耸，上面涂描的图案千奇百怪。有的装着大炮，年头估计已有两个世纪，当年人们正是用这些大炮来对付海盗；有的帆船抛锚泊在江中；有的则满载着货物进进出出，船被货物压得吃水极深，感觉不知还能不能浮起来。

市里运营的轮渡外形像一艘老旧的划艇，定期往返于江上，把人们送往河南岛上的某处，一个人只需几文钱就够了——当然前提是你有那么几文钱。外国客轮在这里也能见到，船上悬挂着各国旗帜，从英国到葡萄牙的都有。有的船上配有锡克教警卫，装着形同虚设的护栏，船尾巨大的明轮并非引擎驱动，而是依靠十几个或者几十个劳工在船舱里脚踩踏车提供动力。

"花船"成群结队，上面的女子从事着古老行业，供男人们享乐。这些船主要出现在晚上，花枝招展地停在河岸边，集中在这些女人居住的城区附近的河段。到了早上——其实时间已经不算太早——你会看见姑娘们在梳洗打扮，妆饰着因放纵而憔悴的面容，衣着不整的老鸨在给祖宗牌位打扫上香之后，便忙着收拾整理，好迎接晚上客人们的到来。和劳工一样，"花船"女子的脸上也挂着一副天生乐观的表情，好像她们是真正相信宿命的人，不会因为命运受到上天如此安排而有一丝一毫的故作痛苦。

或许正是因为看到的临江一段是广州最具西方风情的地方，所以它给我的第一印象是这里的楼房鳞次栉比，外国租界之外的现代建筑要比中国任何一个城市都多。沿江马路上的楼房排成长长一列，延伸至少一英里甚至更远，建筑多为五六层，最显眼的当数大新百货公司①。不少游客专程来此为家人购买纪念品。不过，这家百货公司并非如人所想归孙中山拥有，他只是对商店饰以重金罢了。整栋大楼如高塔一般凌驾于其他建筑之上。商店向有意登上楼顶眺望广州及周边地区的客人

① 大新百货公司（the Sun Department Store），即南方大厦，始建于 1918 年，1922 年竣工，楼高 50 米，共 12 层，其中 10 层以上为塔楼，为广州首座钢筋混凝土结构高层建筑，在 1937 年爱群大酒店建成前为广州最高楼宇，是民国时期广州最为出名的地标，其英文名"the Sun"既是"新"，也是"孙"的广州话谐音，作者在这里有一语双关之意。下文提到的亚洲酒店（Asia Hotel）是南方大厦的酒店部分，位于大厦的高层，在当时名噪一时。

收取费用。

街上人流如织，嘈杂喧闹，一刻不停。车夫拉着人力车一路吆喝着，车子装着轻便的轮子，跑起来格格作响。挑夫挑着沉重的担子，小贩、乞丐和船夫们大呼小叫，招揽过路的客人。划船的多半是女人，身板结实，谋生的能力丝毫不逊男人。公共汽车没有打润滑油，扑哧扑哧地往返于东山。车上的木头座椅真是要命，完全不适合外国人的坐姿，司机也是个新手，一路颠簸，仿佛不弄出人命绝不罢休。官家的汽车里总是懒洋洋地坐着某位要人，一脸菜色，车外的踏板上站着四五个士兵，有时甚至更多。他们一个个身穿土黄色军服，手里拿着步枪，扳机已经扣上，风驰电掣般地开往亚洲酒店。达官要员紧随身着法兰绒长裤的年轻侍者，在后者的带领下一路走向电梯，一段时间之后又会和侍者一道下楼，重新爬进车内，扬长而去。这群人手里拿着上膛的武器，招摇过市的场面堪称广州一景。

狭窄的街巷和沿江路上人来人往，熙熙攘攘，中间夹杂着身着制服的职员。这些人平日里就在花岗岩砌成的海关或邮局大楼里工作。站在大马路上放眼望去，宽敞的大道上三教九流的众生万相，混乱嘈杂的市井百态一览无余，这可比耳朵听、鼻子闻形象得多。街道的一边是一座多多少少戴着副洋面孔的城市，另一边则是滚滚大江，江上的船只比街上的人流还要更加拥挤。

在这一派嘈杂的景象中，唯一的宁静之地只剩下一座小岛了。小岛距离沿江路不远，因早年被中国人割让给荷兰又被称为"荷兰呆子"[①]。中国人当年觉得此地一无所用，头脑迟钝的荷兰人也怀着同样的看法，结果大错特错。伍廷芳当年就在岛上凌乱的房子里生活办公。这些房屋临江而立，屋旁栽有两棵菩提树，古木参天，荫蔽其下。屋子占据了岛的西部，现在已是杂草丛生，和城里其他空地一样，早就被兵痞糟蹋得不成样子。岛的另一头建有一座铜像，是一位中国海军将领，西式装扮，挺拔屹立，凝视江面[②]。据说他是在应邀参加一次庆典时在此遇刺，邀请他的正是他的对头。杀他的人后来修了这座雕像，以纪念自己的手下败将，这种做法与

---

① 荷兰呆子（Dutch Folly），即海珠石，又名海珠岛。在今沿江西路爱群大酒店附近，20 世纪 20 年代曾有浮桥与陆地相连，后因扩筑新堤，沉埋地下，与陆地连成一片，不可复见。

② 文中所指海军将领为程璧光（1861—1918），广东香山人，清末民初中国海军将领。1931 年，程璧光像被移至永安堂（即今广州少年儿童图书馆）东侧。

中国人性格特点中独有的微妙之处颇为相符。[1] 看来如果能够找到办法把西方刺客的水平也提高到跟中国人一样，或者这样才能让我们的刺客也学会礼节，做出补偿。虽然港务长持反对意见，可这座小岛不久就要和陆地连成一片，这样南方党人就能通过卖地筹得部分资金，他们对钱财比中国其他地方的军阀还要渴望。

你若是错过了游船，还可以从珠江下游的某处坐舢板前往岭南学堂[2]，这是当地难得的能够自在方便出游的方法之一。沿江路在那里通往一处建筑群后就到了尽头。这些建筑均为四层结构，之前是专门为那些立誓深居简出的女子所建，现在已经沦为了佣兵的居所。这群兵痞霸占这里却不付租金，弄得到处乌烟瘴气，与周围环境格格不入。曾几何时，游客从车站下车，翻过前面的桥即可到达此处，从九龙，也就是香港位于华界的地段乘坐快车来此也只消四个小时。旅游局虽然至今仍然在对外推荐这条线路，但自打广东省内战爆发以来，这条路早已不再畅通无阻。

不过，新来的外国人更喜欢另外一条线路。他们会沿着拥挤的沿江路朝树林的方向步行，经过客轮码头往前再信步走上几码，眼前的一切会让你明白什么是绿树成荫、青草满地，什么是秩序井然、干净清洁，以及种种在中国通常难以见到的景象。路的尽头有一座小桥，桥上有闸门，门边站着东方面孔的警卫，穿着一身法国军服，对你彬彬有礼地微笑，然后让你通过，不过对于那些身形瘦弱、想从这里通过的东方老乡则会严加盘查。

过了桥，你会发现已到了沙面[3]。虽然葡萄牙人是最早接触中国人的欧洲人——当然，马可·波罗和他那些没那么能说会道的同伴除外——不过广州很快成为通商口岸，并且迅速将澳门三百年的优势一扫而光，这可比厦门、福州、宁波、上海，

---

[1] 1918年2月26日晚，时任海军总长程璧光在广州海珠岛遭枪击身亡。而行凶者的身份至今没有定论，该案与数年前的审教们遇刺案一样扑朔迷离，对政局也有很大的影响，从此海军力量退出了护法舞台，孙中山显得更为势单力薄。作者在此处提到的是当时的流行说法之一。

[2] 岭南学堂（Canton Christian College），即格致书院，今之岭南大学（Lingnan University）。1888年由美国美北长老会创建，为中国最古老的基督教大学之一，民国时期13所基督教大学之一。校址初设于广州沙基，1904年迁回广州后定址于海珠岛，辛亥革命后改称"岭南学堂"。1927年学校收归中国人自办，更名为岭南大学。1952年在院系调整中拆分，与中山大学、华南理工大学等院校的相关专业合并。1967年于香港复校，称"岭南书院"。1999年复称岭南大学，现为香港八所著名公立大学之一。

[3] 沙面，曾称拾翠洲，位于广州市区西侧，因为是珠江冲积而成的沙洲，故名沙面。清咸丰十一年（1861年）后沦为英、法租界，这里是广州的重要商埠。

甚至是香港升起米字旗的时间要早得多。几十年后，英国人和法国人的广州"十三行"——在当时叫作贸易站——遭到破坏，一些商人被杀害，英法两国政府于是向北京的朝廷提出照会，声明必须拥有自己的据点以管理保护本国公民。

"很好，"清朝官员半开玩笑半当真地答道，"那就把沙面拿去吧。"——天朝官员与番邦蛮夷打交道时从来都是这副口气。沙面原本只是小小一块沙洲，在"荷兰呆子"的上游不远，后者涨潮时会被水淹没。其实这座岛本来是一个垃圾场，附近的那座中国城市脏得令人无法形容。然而，令中国人感到惊讶的是，这些愚蠢的外国人竟然表示接受。当时他们可谓耗费巨资，将环绕沙面的石堤内的海域填平，然后在填筑而成的44英亩①土地上兴建一个外国人居住区，至今每年仍在交付地租，每亩几吊钱。

现在，已有三条宽阔的大道②纵贯这座橄榄形的小岛，道旁古树荫庇，中间修有相应的横街。三条大道中有两条分别毗邻河滨与背后的人工运河，横穿岛中的大道尤为宽阔，两侧的步道之间建有网球场。走在这里，犹如置身保存完好的新英格兰乡村一般。路旁建有外资银行、领事馆，有一栋古宅据说至今仍然是广州唯一的外国酒店③。几乎所有年代久远的洋行皆设于此地，大多数位于这些建筑的上层，另有不少是外国人的私宅府邸。

沙面给人最初也是最持久的印象——至少对于刚刚从中国内地出来透透气的人来说确实如此——恐怕在于该岛虽然大小尚不足以赛车跑马，但建于其上的这座微型西洋小城却如此干净整洁。岛上绿树成荫，鲜花锦簇，房屋庄重别致，间有绿地，并列成行，一切井然有序，给人以开阔宁静之感。虽然寸土寸金，上岸的码头前方依旧修有一块大型足球场。连接沙面与广州的只有两座带门的小桥，到了夜间便会关闭。一条窄窄的人工河将这个小小的外国天地与中国分隔开来，中国人的船只不得停泊在靠近沙面的一侧，而靠广州一侧的河岸距此不过20英尺，船只却已排得密密麻麻，犹如草原小镇上一到周六夜晚便会出现一长队紧靠在路边的车头。

把一个如此小巧别致的地方与做生意联系起来似乎有点难，不过让那些在沙面

---

① 英亩（acre），英制面积单位，1英亩约合4047平方米。

② 三条道路依次分别为芬道（Front Avenue）、坚拿街（Canal Street）、中央道（Central Avenue）。

③ 即今之广州沙面胜利宾馆，其前身为维多利亚大酒店（Victoria Hotel），由英国人于20世纪初建立。

岛忙着生意的家伙们丢下账簿与代码，出来无拘无束地玩上一把并不难。这里鲜有上海的拥挤与喧闹，让人不禁想象起遥远的从前。当这块小小的沙洲刚刚被转交给这帮令人鄙夷的野蛮人时，那个年代的西方商业生活就是这样的。沙面没有汽车，就连马车的嘎嘎声也听不到。刻耳柏洛斯①警觉地把守着臭水河上的两座闸门，人力车要想通过可没那么容易。当然，总有那么两三个外国人与工部局或者某个沙面的管理机构之间有些"特殊门路"。毕竟，特权群体无论在哪里都不会消失。这里唯一叫人提心吊胆的交通工具只有婴儿车和几辆自行车，倘若等上更长时间，没准还能偶尔看见一台轿子，这是为那些老年居民准备的，他们已经告别了用双腿走路的阶段。

沙面岛五分之一的地区归法国人管，余下是英国人的地盘，因此岛东面入口附近几英亩范围内的建筑样式与风格全是一派法国格调。往西经过几番变化，在最西端最终演变为日式风格。不难看出，这个野心勃勃的小小岛国懂得充分利用与英国的同盟关系。或许如同其他西方国家的在华租界一样，住在沙面的华人要多过外国人，不过这些人并非房产的拥有者。而在广州，情况完全相反，是外国人躲进中国人中间寻求庇护。沙面实在太小，就算是外国人，初来乍到的也没法在这里找到房子，这与西方城市里贵族阶级的居住区有几分相似，他们的老祖宗当年买地的时候算计得可准了，一切都掌握在那些古老家族的手里。

提起人性中的农村根性，倒跟上海的市民习气有所不同，就像某个住在沙面的人所说的："在沙面绝对不会有什么风言风语，也不可能发生丑闻，因为我们都生活在别人的口袋里，从我们乃至父辈到中国的那一天起，就对对方知根知底，了如指掌。"而这种状况也许还将继续下去。虽然除了家佣，任何中国人都不得在沙面居住，但每一家办事处都有自己的中国雇员；住在沙面的每一个外国家庭，哪怕户主是独居的鳏夫，也会养着一帮中国用人。数以千计的中国人会以各种借口进入沙面，有的只是为了把外国人稀奇古怪的生活方式说给老乡听。不少人依旧把两扇闸门之间宽阔的水泥人行道当成了过路通道，不管是否违反规矩，只要能从广州的一个地方通向另一个地方就行。幸亏沙面的路面够宽，道路够多——考虑到小岛的

---

① 刻耳柏洛斯（Cerberus），古希腊神话中守卫冥府的三头猛犬，用于比喻凶暴而警觉的守卫。

面积，这里的路不算少——不然这里也会像牯岭的山路一样拥挤了。

时至今日，不可能所有身在广州的外国人都住在沙面，就连做生意的也不可能都待在那里，这种情况好比北京的使馆区。有人在极力维持假象，声称除了传教士，所有外国人都在沙面生活经商，可实际上你会发现他们散布在六七个大的聚居区，还有同样为数众多的小社区，有的在城东，有的在城西，有的分布在珠江上游、下游和对岸，还有的得从人口稠密的河南岛再过一次河，到前面的华界城区去。

对外国人来说，他们知道的中国通商口岸和重要城市的名字，难得有几个跟生活在当地的中国人理解的是同一个意思。"广州"，也就是英语中"Canton"这个词，来自广东省的音译。译名虽然文雅，却是发音错误，抑或像是口齿不清、耳朵不灵的产物。这里其实是广东省的省会，而对中国人来说，广州就是广州府，相传傣族曾生活在这里，后来迁移到西南边陲的山林中。虽然其他省份的人一口咬定广东人依旧属于异族，但这种说法更像是一种蓄意诋毁。

广东省的女人从不缠足——正因为如此，她们要承担重体力劳动，简直和男人无异——这在某种程度上可能受到了这片沿海地区的原始居民的影响。当地的船民据说就是这些人的后裔，从无缠足的习俗。生活在广东的真正汉人保留了缠足的旧习，直到一代人之前才开始废止，就连孙中山的母亲也有一双"三寸金莲"。鉴于缠足这一现象在广东已经不多见，看来这个国家在下个世纪让女性完全解放还是大有希望的。

今天广州的中国味与北京的一样浓，虽然这两座伟大的城市说的并非同一种语言，不少生活细节也大相径庭。虽然瓜子、花生、"干杯"和热毛巾这些在两个城市同样常见，但广州的食物和北京的并不相同——提到这一点，美国那些中餐馆里的"炒面"和"杂碎"在广州和北京似乎没人知道。北京话据说由四个声调、420个单音节发音组成，掌握了这些，不论说什么都很利索，不，应该说很多时候实在是说得太多。而广州人说话有九个声调，如果你想说粤语又不愿犯错让自己没面子，就必须掌握这些音调。我们认识一个美国人，在广州住了很多年，有一次去一个地方，那里说的是官话，结果他把调子搞混了。他想说"一封信"，想让仆人把信带到邮局，结果仆人给他带回来一个"风琴"。有件事我至今记忆犹新，那还是我刚到中国不久，请一个住在北京的广东医生帮我给人力车夫传话，让他六点钟回来接我，医生面对请求，竟然无可奈何地举起双手表示拒绝。我在中国旅行的途中至少有两次为中国人当翻译，有一次一方是广东人，会说英语却不会说官话。这让我想起了在内地某个城镇遇见俄国人的情景。那个俄国人看上去跟我很像，常被人误当成我的兄弟，但我跟他之间除了中国语言，根本就连一个字也没法交流。依我自己的经验来看，哪怕全国大部分地区都说官话，可在广州找个会说英语的人比会说官话的容易得多。不过，广州和北京使用的都是同一种书面文字，在这一点上，印度支那^①和朝鲜也是如此。因此可以这么说，将中国的文明——从东北到海南，毫无疑问都属于同一种文明——联系在一起的主要载体可能不是语言，而是文字。

大体而言，中国八分之七的地方说的是官话，只是口音有所不同，官话里的字以元音结尾，而在粤语里很多以辅音结尾，因此在北方听到的那些名词没有在南方那么有意思。这里每天都能见到一些别有韵味的名字，比如"展翅高飞"（Wing On），这应该是美国航空公司开设的一家发展迅猛的百货公司；"夹肥肉"（Tuck Fat）让人想起忙着用筷子的样子；"看上去很胖"（Luk Fat）这个可能有些损人了；"猫咪唱歌"（Kat Sing）应该是某家中国戏班里的名角。有时还能看见带着好寓意的名字，比如"避免肥胖"（Shun Fat）。有艘大帆船我在珠江的不同航段见过好几回，名字叫作"被吊死的李胖子"（Hung Fat Lee），一见就让人联想起私刑。而名为"抓住不放公司"（Hang On Company）的建筑承包商毫无疑问擅长不用脚手架，这家公司在香港可有好多大生意^②。

有一次我们在北京看了一部电影，结束之后的感受是这部电影要么是多年以前的老片子，要么就是"洛杉矶影城广州分公司"拍的。电影里的人力车笨重难看，装着木头轮子，跑起来笨拙缓慢。遥想当年，人力车的先祖是何等美观人气，配

---

① 印度支那（英文 Indochina，法语 Indochine）：亦称"法属印度支那"，包括今日越南、柬埔寨、老挝三国，因位于印度与中国之间，而被近代欧洲人方便记忆式命名。

② 作者在这里将粤语罗马化拼音用英语直译，以取得幽默的效果。文中的"Wing On"为粤语"永安"的发音，即永安百货公司，为当时广州四大百货公司之一；"Tuck Fat"为"德发"，"Luk Fat"应为"六发"，"Kat Sing"为"吉星"，"Shun Fa"或为"顺发"，"Hung Fat Lee"或为"鸿发李"，"Hang On Company"或为"恒安"。

有钢丝轮和充气轮胎，坐在上面如同乘坐魔毯一样，轻巧无声地穿行在忽必烈大汗的京城和其他北方城市里，眼前的这番形象简直让人无法认出这居然也叫人力车。但等我们到了广州才发现，原来电影是对的，看来我们对南方的期望要比当地的发展超前了。南方在某些方面的确更加进步，更为现代，却没有体现在日常交通工具上。这里的人力车正是我们在电影里看到的那种。笨重的木头轮子绕着简陋的车轴喀嚓喀嚓地转着，硬邦邦的轮胎让人坐着十分痛苦，感觉像坐在北京的马车上。新修的街道虽然路面宽阔，却到处坑坑洼洼，轮子不时陷进去，像是穿了双没有鞋底的鞋子，路上的每一处车辙、每一块石头都能感觉到。速度实在是慢，你要是想通了，就会明白别看广州人表面风风火火，但缓慢的生活节奏其实还是因为人力车夫太懒。北方的车夫跑起来快得像汽车，相比之下这里的简直就是老牛拉破车。

广州的人力车夫毫无疑问更贵，哪怕按里程来算也是如此。你根本就没机会"讲价"，价钱都按照地段定好了，只要到达就容不得你讨价还价。在广州坐一趟人力车的价钱要比北京贵上好几倍，而且绝大多数东西的价钱似乎都高得离谱，这对劳工来说似乎更加公平。即便如此，广州的劳工到头来也丝毫不比北京的同行生活得好。高额的税收堪称广州的灾难，每个车夫都要交税，人力车行也不例外，服务大众的人力车几乎全部归这些车行所有。一个车夫每天得为他的车子交七角钱，还得孝敬带头的大哥，向类似工会的组织交钱，加上这样那样一大堆的税，就算按已经贬值了的广东省币来算，一天下来也挣不到一块半毫银。

广州的巡捕对待人力车夫可不比纽约警察对出租车司机温柔。码头和沙面闸门前总是排着长队，喧哗不止。两个人力车夫为了抢占地方赚眼前银子斗了起来。当然，这里说的"斗"并不是西方式的拳脚相加，东方人一般不会"抱以老拳"，动手揍人，他们习惯互掴耳光，发出尖叫，牙齿呲在外面，跟愤怒的猴子似的。一个警察走上前来，挥舞马鞭，抽在两个人的背上——广州的警察用的是鞭子而不是棍子——然后从车上各拿走一个靠垫。这一招要放在百老汇，就算拿走整个汽车垫子也不管用，可在中国却省去了费嘴皮子的功夫，解决纠纷相当管用。这帮人要是不去警局缴纳罚款，那么这垫子就会不知道被哪位拿去充公。这就是广州的法律法规，要是有人不愿遵守这种形式的非直接传唤，那帮法律的捍卫者们更会乐得自在。

如果脚下的路就在水边，就像在广州经常见到的那样，那么乘船无疑是一种简单的出行方式。如果还有什么和北方的同行不一样，那么这里的船夫，抑或是划船的女人报酬会更加微薄。你若是住得远一点，住在东山——所谓"东山"，就是"东边的山岗"，其实就是一个小土墩，四周分布着不少洋房、教会学校，还有一片住宅区，居民都是公司里级别较高的职员，可惜那家负责连接九龙的铁路公司早已名存实亡——坐巴士班车算是个靠得住的选择，虽然也不便宜。你若是有钱人，或者任职于某家财大气粗的外国公司，或者是某国政府的代表，那只要有一辆私家快艇或汽车，一切自然不成问题。如果以上方法都不行，那就最好步行。当然也可以通过轿行找到轿子，不少狭窄的巷道里都有开设轿行，就一个简简单单脏兮兮的棚屋，一群男人躺在里面抽大烟，留一个数钱。不过坐轿并不划算，而且轿夫们常常抽得昏昏沉沉，做起事来我行我素，傲慢无礼。我从西关的住处走到另一头的东山只需一个小时，这段距离在任何一座美国城市坐有轨电车只需花 5—10 美分。可是，利用广州现有的交通方式得换两三种不同的交通工具，花上一块广东毫银。除此之外，如果你想避免有人到自家门前，或者你前去拜访的客人门口闹事，就得再给小费，否则他们很快会让左邻右舍知道你有多么小气抠门，等到一切钱款付清你会发现已经磨蹭了一个小时。不过话说回来，据说在美国的殖民地马尼拉，虽然那里就在广州往南不太远，一没轿子，二没有船，三没有人力车，就连找辆马车都很困难，不拿出五个比索休想从车库里开走一辆汽车。虽然不少东亚人的工资低得离谱，让那些没有去过中国的人误以为当地的生活成本相当便宜，但事实绝对不是这么一回事。

这个国家的那些古老城墙虽然在我们这帮西方人看来显得不合时宜，甚至在中国的现代军事将领们眼中也早已落伍过时，但绝大多数不仅保存完好，而且在几乎任何一座拥有尊严的城市都得到了很好地修缮维护，就像中国人一般都会把东西妥善保存一样，当然他们祖宗的坟墓可能是个例外。中国人这么做可能和某种迷信有关，当然也是一种习惯。我前一年在西北长途旅行时，见到不少城市重修了城墙，用来防备土匪、兵贼、不好对付的乡邻，还有妖魔鬼怪。

　　然而，广州著名的古城墙却已经消失不见。在这个已经成为"共和国"的地方，这座"南方之都"和其他所有城市几乎都不一样。除了一个角落，昔日宏伟的城墙已经全被改造成宽阔的大道。即便是残留下来的那最后的角落，劳工们也在一块接一块地搬走那些蓝灰色的墙砖。这里原本有着中国最为壮观的城墙之一，在所有关于古代广州的记述中都有提及——城墙高 25 英尺，城门多达 17 座。随着淤泥在河岸堆积，一座拥有数百年历史的"新城"又有了另外一堵独立的城墙。眼下最流行的段子说，孙中山早年策划革命时曾经乔装打扮，从清兵眼皮底下翻墙而出，才逃脱了清朝刽子手的追杀，难怪他会如此乐此不疲地把这些城墙一一推倒。

　　不论曾经是否修有城墙，现在很多地方都改成林荫大道，今天的老广州被叫作西关 ①，意思是"西面的郊区"，那里可是广州最新发展的区域。和中国的许多城市一样，城里最好的地段慢慢移到了城墙外头，不过现在有了新修的宽阔街道，高级的楼房也在昔日被城墙包围的内城拔地而起了。军队在修建林荫大道时毫不留情，一切挡在奔向未来的大道上的阻碍要么被摧毁，要么逼着屋主自行拆除。还剩下的那么一丁点地皮，主人可能重新再建，也可能卷铺盖走人，一切取决于自己的意愿或经济状况。顶多会给你一份书面承诺，有朝一日对屋主或空地的主人给予补偿。说是这么说，可无论是做出承诺的人还是收到承诺的人，都不会把这样的话当真。就连市长本人，也就是那位"伟大改革者"的儿子——这位伟大的改革者现在仍然领导着"南方革命政府"——也亲口承认这些承诺毫无意义 ②。这种中国式的做法简单粗暴，但对于一个国民精神处于低潮的国家而言，恐怕是唯一可行的方法，否则便会陷入没完没了的讨价还价之中。宽阔的大街上只见三三两两的残垣断壁，形状有点像熨斗，有的只留下一副单薄的框架，有的被拆到只剩两层楼高，楼梯悬空吊在人行道上。我想正是这种"除旧布新"的现代化狂热才让广州的大街小巷只剩下了一座牌楼，也就是纪念拱门，形单影只地立在那里。好歹这也是座伟大的中国城市，要是连个牌楼都见不着，岂不是看着奇怪么？

　　新修的街道铺的其实并不是沥青，所以总是尘土飞扬，而且对于一个几乎太阳

---

① 西关，广州城西门外一带地方的统称，明清时期由南海县县府直辖，是著名的商贸区，为今荔湾区大部分地域。

② 文中所说的广州市长即孙科（1891—1973），孙中山之子，自 1921 年起三次担任广州市长。

终年炙烤的地方来说，路也许实在是太宽了。广州的"马路"——虽然按照中国人的叫法，"马路"应该是"马走的路"，可在广州恐怕没什么东西比马更稀奇罕见了——也许挺高级的，可即便是在一月温和的阳光下，逃离这些马路也算是一件乐事。大道又宽又热，满是灰尘；街上车来车往，喇叭响个不停，再加上其他种种不快，还不如拐进一旁狭窄的旧街古巷里。

街巷里铺着巨大的石板，早已被千百万双软底鞋摩得光滑如镜，顶上遮着明瓦窗。这些便是老广州的街道，在对西方的模仿狂潮没有波及之前，这些景象可谓无处不在。中国人在修建自家房子和城市规划方面简直绝顶聪明，知道如何在烈日炎炎的地方遮蔽阳光。当然，他们要是对应该怎样保持清洁也如此在行就好了！广州的这些街巷年代久远，阳光很少能够照进来，新修的大街从中拦腰穿过，就像犁沟翻开了鼹鼠洞，脏自然难免，但只要没有劳工挑夫挤来撞去，走在里头倒也并非令人不悦。至少这里还保留着这座昔日古城的人们在阴凉状态下的万千生态，一眼便能看透家家户户。

街巷里不仅凉爽，而且总有一些新奇的东西，还能看见各种各样的老字号。这些商家店铺仿佛从孔老夫子的时代起就不曾改变。金字招牌招摇惹眼地立着，一眼望不到头，底下一片人山人海，吵吵闹闹，要是见不到这些，那中国就不像中国了。待到你重新回到宽阔的马路上，发现这里人人都有充足的空间，既不挤，也用不着喊叫，随着拥挤这一最能代表中国的特点消失得不见踪影，生活原来竟然如此倦怠乏味，了无生趣。

这些地地道道的中国古街究竟如何打动来自西方的游客，关键取决于游人自身的心境。有时你会觉得正是嘈杂的喧嚣与奇怪的气味让人感觉开心，而有时看着汹涌的人潮在狭窄、黏糊、湿滑的巷道里川流不息，正如某位敏感的罗马天主教徒所说，"和下水道里的老鼠一样"，你可能又会感觉如同坠入地狱一般。不论是北风劲吹，还是南风和煦，走到哪里都是人满为患，让你总是无法相信自己的眼睛，简直比印度的人口繁殖更加令人印象深刻，也比热带地区的植物疯长更能让人过目不忘。这个国度遭受着一代又一代不计其数的贪婪之辈的不断盘剥消耗，就连下层土壤也被侵蚀，林木几乎砍伐殆尽，过度农耕甚至连最后一块土地也不肯放过，哪怕最后一丝养分也要汲取干净。

我们在沙面没有找到住的地方，于是就在西关的西面找了间公寓。"南都"市府当局宣布，要把西关的道路也拓宽，就像改造被城墙包围的内城那样。设计图上有六条宽阔的马路交错纵横。我们的运气不错，能够在这一切发生之前来到广州；正如我们赶在有轨电车出现前不久到了北京[①]，我相信现在的北京城早已面目全非。

对于那些不喜欢步行的人来说，去趟西关并不容易。你可以搭乘从沙面开出的小船，开船的时间并不固定，穿过"花船"和各式各样的水上人家与交通工具，经过几座矮桥，有时岸上的人家会直接从门前往人工河里倒下一桶潲水，这样做虽然绝非故意，可怎么说都让人觉得难受。有些水上人家的孩子就用绳子拴在船上，还有的背着竹梆子，权当救生圈。

除非涨潮——当你真心想要旅行时就不太可能碰到这样的情况——否则你可以选择一台脏兮兮的轿子，叫几个轿夫抬你过去，不过他们可没什么好脸色，或者就自己走着去。西关尚未开发，依旧保留着古老的街巷，巷子窄到连人力车也难以通行。只要步行穿过沙面英国滨的桥梁，就能一头扎进迷宫一般的窄巷之中。巷道覆盖了整个广阔的西关地区，好似抛下一张大网，把你从现在带回马可·波罗那个时代的中国。

我们一路走着，沿途经过一个竹塔。竹塔修得跟艾菲尔铁塔差不多，警察站在塔顶观察是否发生火情或者其他突发状况。再往前是一座桥。我们在西关住了好几个月，可却从未在桥底见过一滴水。有条船陷在桥旁的淤泥里，船上那家人还是一样平静地过着自己的日子。一路上我们又经过了其他好几座桥，每一座都只有几步长，拱起来的桥背我们跨过人工河。若是赶上涨水，就能坐船漂过去，可现在河里只有几艘船搁浅着，装着诸如木材、大米的东西。水位低时，河里更加臭气扑鼻。

西关的街道简直如同迷宫，陌生人恐怕得耗掉一辈子才能找到出路，不过我们日夜穿梭其间，现在已经如同盲人凭借直觉认路一样轻松。老式街道上铺着巨大的石板，光滑平整；小贩在街边摆上桌子和货品，街道变得更加拥堵。到处都能见到有身份的贵人，粗着大嗓门，一副不知疲倦的样子。街角本来就十分拥挤，可不时

---

① 北京最早的有轨电车出现在1899年，连接郊区的马家堡火车站与永定门，但北京市内的有轨电车开通是在1924年。通车典礼于同年12月17日在天安门举行，翌日正式通车，从前门至西直门，全长9千米。作者在此之前曾经游历中国北方。

图 26　水道交叉纵横，通往我们在广州西关的家。从这最后一座桥上望去，眼前的景象让人想起了水城威尼斯，涨潮时要比低潮时让人感觉更舒服

图 27　广州小偷众多，暑热难耐，装有结实栅栏的拉门保护着大多数富裕人家和店铺

还会摆着神像，惹得大批路人停下脚步，烧炷高香，求个吉利。放西洋镜的，变魔术的，各种小把戏小玩意儿就这样沿着街边一路排开，尤其到了农历新年这样的节庆日子，更是如此。路上有几处地方有牡蛎壳做成的明瓦窗，这样能进一步过滤掉照在广州街巷里的阳光。不少地方用栅栏隔开，中间留出的门洞宽窄只容一人通过，这些栅栏可以防火防暴或者还有其他用处。最后我们经过的那座桥看上去让人想起了威尼斯，水位低的时候看起来更像。下了桥是一块无人打理的开阔地，再往前就到家了。

广州盗贼猖獗，沿街经常有乞讨者的行踪。这里常年湿热，依旧能见到像屏风一样的拉门，装在竖着的杆子上 ①，这样强盗就无法破门盗窃，家里人也可以舒舒服服地坐在里面，吹着风，干活的干活，抽烟的抽烟，打麻将的打麻将，就算家庭

---

① 此处所述为西关大屋的标志——趟栊门。

生活被路人一览无余，屋内的人也全然不在意。

我们所在的住宅区颇有名气，回家路上会经过多宝大街，那里依旧住着不少广州富户。有一次，我们偶然从一户人家门前路过，大敞着门，屋内正中央摆着一具棺木，一侧门旁直直地立着祖宗的牌位，前面有张放着祭品的供桌，人们穿着白衣跪着磕头。那间屋子实际上应该比看上去的大一点，因为里面烛光昏暗。僧人穿着诵经时的袈裟，僧袍由两种颜色组成，有点像主教的法衣。众僧站成一排，在法器的伴奏下唱诵经文。屋外的街道上挂着蓝白两种颜色的布，门旁两侧还有纸糊的灯笼，一到晚上就会点亮。这些用来致哀的物件有时会挂上整整一百天，有时一两个星期就会取下，待到百日将尽时再重新挂起来。毕竟葬礼上的这些东西大部分都是租来的，婚礼上的许多布置也是如此。

我们在广州只停留了不长的一个冬天，但见到的葬礼数量之多却令人咋舌。天花并不少见，有个住在我们附近的外国人甚至还被天花夺去了生命。可能这些匆忙举办的葬礼之前曾被拖延，现在如此着急是为了让晦气同猪年一并过去，以迎接吉祥如意的鼠年到来，开始一个新的甲子。葬礼上全家人都会穿上白衣，女人甚至还要在头上戴白。然而，拜祭死者和列祖列宗有时只会让一个小男孩去做，因为女人虽然能够祭拜供奉死者，但单靠她们无法安抚逝者的亡灵。在这座昔日被城墙包围的城市里，若是在宽广的马路沿途见到这样一场中式葬礼，那些嘈杂的声音与夸张的色调会让人觉得格格不入，可若放在那些狭窄的古老街巷里，就显得相得益彰了。这如同一个农民在庙里烧香，下跪磕头显得很自然，而我曾经见过一个人穿着一身洋装，明显在西方受过教育，在自家后院对着父亲的遗照磕头，还装了一碗美国苹果进献给这位已经过世的老先生，让他的灵魂吃好吃饱，这样的一幕就显得不那么协调了。古老与现代文明的碰撞在广州时时都能见到，轿夫们抬着红色的婚轿和一大堆嫁妆聘礼，身上穿着红褂子，套着条破破烂烂的裤子，依稀还能看出蓝色底色，头上戴的却是顶卡其色颇具热带风情的头盔，上面还扎着红带子。

有天晚上，我们去住所附近的一家著名的餐馆吃了顿中式晚餐，回家路上看见路边出现了一长串杂乱的东西，这些都要赶在晚上十二点前运到一个刚刚去世没多久的有钱人的坟前烧掉。其中有一辆汽车，虽然看上去和其他祭品一样，都是在木框上用纸糊的，但样式却从未见过，昏暗中看上去简直跟真的一样。要不是我们这群人里有好多传教士，没准哪个家伙会直接坐到车里，用粤语说一句："詹姆斯，送我回家吧。"①汽车前排座位上有一个司机和一个高级用人，坐得端端正正的，后排有一位可爱的美人，穿得雍容华贵，手里拿着色彩艳丽的洋伞，一身珠光宝气。按照中国人的习俗，男人到了阴间不单需要仆人、食物和交通工具，身边同样少不了女人。这一切都将被付之一炬，成为中国人旧习的牺牲品——千万别怕，这些其实都是纸扎的。最具广州特色的，可能是汽车前插着的一面意大利国旗，也是纸糊的。负责看管这些祭品的家伙倒挺友好，带着我们参观这摆了一整条街的东西，却解释不清这面旗子到底是哪个国家的。对他来说，人嘛无非就是中国人和外国的野蛮人罢了。不过，这家伙认为，有了一面外国旗子，这样下辈子也能派上用场，就跟这辈子一样，可以防止那些将军督军们没收财产。之所以选了意大利的旗子，可能是配色符合他的审美，也可能是手头只有这些材料。

我们在广州待的这几个月，看起来也是一年中结婚的高峰，总能听见放爆竹的欢呼声，回家路上也常常见到街上的一些建筑上加盖了席子。这样的棚子——当然也是租的——表明那户人家刚刚娶了新娘，延续了家族的古老香火，有时会摆上一个星期甚至更长时间，里面日复一日地奏乐庆贺。不过，中国的婚礼要比西方的更多，这一点倒是自然。首先是因为人人都要结婚，大多数中国人结婚早，不少人还要结上好几回，也没有人会把自己的终身大事交给治安法官或者地方政府职员去打理，那样实在太过无趣了。其次，统计学家们告诉我们，这个天朝帝国居然有四万万人。

我们的住处离荔枝湾不远，那里是座公园，以广州特产的一种主要水果命名。虽然作为公园来说实在过于破败，不过在那里却能看见一些穿得体面庄重的老人，从小商人到大银行家都有，提着鸟笼散步。这些人把罩在鸟笼上的布拿开，再把笼子挂上枝头，让里面的鸟儿叽叽喳喳叫上一两个小时，自己就在一旁闭目养神，要不就抽上几口烟。中国人虽然不怎么养狗，却偏爱带羽毛的宠物。不时能够见到有钱人的鸟仆大军，六七个下人站成一列，有一次我见到甚至有十个之多，人人手里提着鸟笼。笼子是广州本地做的，非常高，这样能够尽量给鸟儿空间飞一飞。这些

---

① "詹姆斯，送我回家吧"（"Home, James"）是一句英谚，用于告诉司机开车送自己回家，其确切来源已不可考，一说源于英维多利亚女王时代，当时为女王驾马车的车夫大名叫詹姆斯·达尔铃（James Darling），完整的说法为"Home, James, and don't spare the horses"，后在 20 世纪初因电影歌曲开始流行。

图 29 对中国的乡绅贵人来说，每天带着自己的鸟儿出来透透气是他们的一大消遣，也是责任

图 28 这可不是住在美国棉花地带的居民，而是一个中国工匠，手里拿着的是最原始的水烟筒

人不管如何有钱有势，只要有时间都会亲自把鸟儿带出来透透气，放放风。有些中国人喜欢笼养画眉，他们说这种鸟不错，倒不是因为叫声好听，而是因为斗得够凶。不过，我们在广州的邻居绝大多数有更高的艺术品位。

　　说起笼子养鸟这件事情，让我想到了一个有钱的买办[①]，此人在中国名气最大的那家英国银行工作，拥有多处私宅，其中一处离我们很近，站在我家三楼窗户边上喊一声那边都能听见。那是一间大宅子，四周围着护城河一般的人工河。他为他最宠爱的太太修了一所房子，临人工河而立。虽然其他房子都是意大利式和中国式的融合体，可这里风格就完全不一样了。那是我在中国其他地方还从未见过的"木板"房，不仅完全用木头搭建，还用了护墙楔形板和木瓦、木质的"门廊"、百叶窗，这些东西组合在一起简直是广州最不搭调的东西。照这位先生的说法，这间房子属于"美国样式"，显然其早年在美国的游历仅限于乡村地区。此君由于害怕遭到绑架和家族内乱的骚扰，现在住在香港，孙中山治下的广州不少有钱人都住在香港。

　　我们的屋门外住着一户船上人家，两个女人带着两个女儿，还有一个儿子。她们不时划船送我们进城里去，一家人都在努力干活挣钱，好让儿子早点娶亲。两个女儿一个叫"十八"，一个叫"二十"，这代表了她们刚生下来时身上疖子的数目。有家美国教会医院叫柔济医院[②]，距离我们仅一墙之隔。这家医院也有一些趣事。街角有个破烂轿行，里头有个轿夫的老婆生了孩子。后来护士去她住的屋子里看诊探望，女人为此每个月得交五块毫银。她对护士说，自己以前从来没觉得住的地方不好，直到在干净明亮的医院里待了一个星期，才彻底改变了看法。附带还说件事，住在医院里的病人不能躺在病床上平静地去世，必须在大限将至的时候转移到药房或者停尸房去，要不然以后就没人愿意住死过人的病房。家境富有的女病人脚气的发病率很高，尤其是刚刚生完孩子的。这种病虽然并非无药可治，但往往导致行动困难。条件不错的家庭长期只吃精米，被认为是得病的原因，那些没钱只能吃糙米的人家就很少得这种病。

---

① 此处所言买办当为陈廉伯（1884—1944），民国时期巨富，买办资本家，广东南海西樵人，12 岁入英籍，16 岁入汇丰银行沙面分行工作，后组织成立广州商团，1919 年任商团团长，1924 年因商团事变失败，流亡香港，1944 年乘日船逃往澳洲途中被美军机炸沉溺亡。文中所述建筑为陈廉伯公馆，位于广州荔湾区西关逢源路，为欧式别墅与中式庭院的混合建筑，现为荔湾博物馆所在，广州市文物保护单位。
② 柔济医院由美北长老会差会创建于 19 世纪末，即今之广州医科大学第三附属医院。

窗外正下方是一亩荷塘。我们是过年的时候搬到这里的，不久就有不少男男女女在塘里忙活起来。虽然黑黢黢的淤泥沾在他们的大腿上，就连手臂上都是，不过他们看上去一点也不在乎。那段日子雨下得十分频繁，弄得我们差点想添置冬装，而这些人身上穿的雨衣不过是一片又大又硬的棕榈叶，除了背上哪里也遮不住。即便如此，每个人仍然一副兴高采烈的模样。他们在挖一些根茎，有的形如大槌，有的好似一串硕大的黄色念珠或坚硬的小洋葱，它们好像被当作食物，大量堆放在人工河沿岸，装在硕大的箩筐里，堆得满满的，摆在市场里叫卖，削下来的皮则被用来喂猪。池塘和水塘交叉的路口附近有一个破烂棚屋，上面盖着席子，里面传来赌钱的喧哗声，晚上一般要闹个通宵。

从另一扇窗户低头望去，也有一排棚屋，里面摆满了长长的桌子，每个月都会有百十来号劳工模样的人来来往往，好像在参加某种抽奖游戏，感觉很复杂。前方不远处偶尔会驶过一辆美国制造的火车头，汽笛长鸣，虽说它没办法把我们带回家乡，但终归在精神上一下子又有了回家的感觉。这条北上的铁路早在20年前就计划通往北京，却在修了不到140英里时突然停工了，那个地方在当时还挺神秘，我在一年之后才去了那里①。这条铁路虽然由美国人修建，不过在完工之前便由中国人接管了。沿着铁路信步闲游，踩在枕木上，仿佛回到了自己的国家，尽管周围田野的景致并不相同，村庄密布，人们把铁路当成公路。总之，除了铁路本身和火车车厢，沿途的一切都是不同的。

或许广州最让我们感到意外的地方就在于——需要指出的是，广州地处热带，和加尔各答②几乎位于同一纬度——这绝不是一座以羽毛洁白的鸭子和清凉解暑的冷饮闻名的城市。就算天空明媚，这里的阳光也会让人感到冷冰冰的。广州的气候变化无常。我们度过了一个拥有完美六月天气的圣诞节，天空上找不到一片云彩。绿油油的蔬菜依旧源源不断运进城来，可不久便刮起了北风，为我们的新年带来了一丝十一月的气息。一月到三月期间暖和得让人不舒服，可一旦下起滂沱大雨，那

---

① 文中所指为粤汉铁路，即京广铁路的南段，原设计从湖北武昌到广东广州，于1900年动工，但因资金不足、工程艰巨、外国干预等种种原因修修停停。文中提到"挺神秘"的地方当为韶关，粤汉铁路广州至韶关段全长140英里，约合224千米，于1916年修通，然而韶关至株洲段始终不见进展，直至20年后的1936年方才竣工，宣告粤汉铁路全线贯通。
② 加尔各答（Calcutta），印度西孟加拉邦首府。

可真让人心情抑郁。我刚刚南下的时候还是一派盛夏景象，等到我的家人到来时就倒霉地遇上阴雨连绵，一下就是好几天，甚至好几个星期。一艘炮艇刚刚从马尼拉北上而来，一位美国水手站在甲板护栏边，冻得双手冰凉，牙齿格格发抖，这才是"南都"短冬的真实写照。有经验的旅行者已经发现，在广州天气持续放晴之前，切莫把冬天的内衣与皮外套束之高阁。有时雨会一直下个不停，直到整个广州变成一片泽国。这样的场景更有可能出现在夏天。碰上这样的日子，就算是低潮期，在西关走到哪里都得坐船。有一个事件能够作为确凿的证据，一位在当地教书的美国女士，住在一栋砖砌的三层现代校舍里，我们的公寓也在那栋楼里。有一回赶上发大水，这位女士只能潜水通过门楣，游到地势较高的餐厅里，寻找放在里面的值钱物品，结果发现水已经涨到天花板了，只剩下一小块空间供她换气，身边还有一条六英尺长的蛇。她坚称那是条眼镜蛇。

　　虽然很少有中国城市是色彩缤纷的，但每个地方都有丰富的地方特色。广州的街头巷尾有着数不清的看点。中国人有个怪习惯，哪怕这个城市住了成百上千外国人，一年到头几乎每天都有外国游客光临，外国人在当地居住的历史也有一个世纪了，可只要有外国人停下来系鞋带，仍然会有大把大把的人围拢过来，张着嘴巴，带着一脸狐疑的神情，用并无恶意的目光直勾勾地看着你。当地的药铺，尤其是有些药店老板受过西方培训，喜欢在橱窗里摆上泡在药水里的婴孩标本，展示胚胎在九个月里的发育过程。有一家店铺大敞着店门，柜台上摆着遭受天花折磨的婴儿标本，孩子的脸上和光光的屁股上长满了脓包，早已溃烂。至于有的人脸上像煮熟了的龙虾一样，头上缠着一根带颜色的箍带，则表示需要隔离，这类人随处可见。

　　如果你能天蒙蒙亮就动身出门，就会知道我们住的这一片城区因活鱼出名。事实上，我曾经一大早在回家路上见到了这样的场景，那是在我去西部旅行了两个月刚好回到广州的时候——挑夫们用扁担挑着装鱼的大桶，一路小跑，水溅到每一个过往的路人身上。如果是女人和小孩，便会一边吆喝着"鱼肥肉鲜"，一边慢慢地走在街上。此时街上的人已经多了起来。卖鱼人的篓子上垂下来的花儿依旧新鲜，低廉的价钱足以让纽约人嫉妒地倒抽一口凉气。

有种类似意大利通心粉的食物在中国南方很流行，我们住的西关周边就有出产，有的挂着，有的摊开晾在高高支起的竹条上，放在阳光下晒干，零零散散地点缀着乡间地头，乍一眼看上去还以为是散布的雪原。

要做这种食物，首先得将大米浸泡在水里，然后用石磨磨浆，再装进布袋把水滤干，用石钵再次碾碎，面团就这样做好了。用一种类似过滤器的土制简易工具把水挤出来，再放进一锅开水中复蒸，接着捞出来丢进冷水中，然后拿出来晾干，再盘成小份，放进用竹篾编成的篓子里，送往集市。也不知道到底是马可·波罗把意大利粉和意大利面带到了中国，还是他把这些中国的奇怪创意带回了威尼斯。

让到广州旅行的人感到不解的还有一种简单的打赌游戏，有点像意大利人玩的"mora"。两个人各伸出一只手，手指比画一个数，嘴里同时喊一个数，看谁喊出的是两个人的手指所代表数字的总和。中国的劳工玩起这个来，跟意大利的工匠一样乐此不疲。

离广州城不远有一组村落。顺便说一句，这些村子的名字仿佛为了纪念那位威尼斯的旅行家，因为名字拼在一起就叫"波罗"。村里的主庙①在古代是用来祭祀南海海神的，不过马可·波罗在1290年左右来过此地，不管有心还是无意，反正在当地留下了一名随从。据传说，这个可怜的家伙以前常常手搭凉棚，远眺大海，当地虔诚的人们因此在他死后为他立了一座雕像，取代海神。村里人这样做当然不仅是为了纪念此人，也是为了安抚他的灵魂。雕像也是一手搭着凉棚，满面愁容。雕像至今还立在那里，周围远近的人都管它叫"洋鬼子望波罗"，中文里"洋鬼子"的"洋"和"海洋"的"洋"是同一个字。雕像一眼就能看出是以白人为原型做的，不过不知道是匠人所为，还是几个世纪以来香火的熏烤，让它看上去更像是个摩尔

---

① 文中所指庙宇应为今广州黄埔区的波罗庙，即南海神庙。隋开皇十四年（594），为祭祀南海神祝融而建神庙，为中国现存最大最古老的海神庙，波罗诞庙会是当地最负盛名的传统民俗庆典活动。关于神庙名称"波罗"一词的来历，今已无可考，一说为唐贞观年间，波罗国官员达奚来华朝贡，上岸拜谒南海神庙，因故忘归，于是举手望海，化石海边，后人加以厚葬并于庙东立达奚司空像，当地人称之为"番鬼望波罗"，"番鬼"即粤语中"外国人""洋人"之意。作者在下文中将其与马可·波罗联系在一起不免有道听途说、牵强附会之嫌。

人 ①——没准波罗自己，还有他那些浪迹天涯的先辈们也有摩尔人的血统，谁知道呢？时至今日，这些淳朴简单、依靠打鱼为生的村民或许早已记不得当初为何要虔诚祭拜，将这原始初衷连同成百上千种其他迷信统统遗忘在了模糊记忆的深处。即便如此，他们在塑像前焚烧的香烛也已数以吨计。好几年前，一位美国传教士来到此地，告诉这些淳朴的波罗村村民，他们祭祀了几个世纪的其实是人，和他们自己并无不同，建议他们不如崇拜波罗神——这个波罗神应该和 12 世纪清教徒的上帝不是一回事。于是村民们答应传教士，帮他盖了一座礼拜堂。然而，这并不代表村民们不再对那个凝望大海的白人焚香祭拜。

既然城墙都被拆了，我们步行便能够从居住的郊区直接去往广州的各处商业街。街道又长又挤，上头盖着东西遮挡阳光，街上能够见到数以千计的手工制品和中古时代的商品。有些人窝在墙角的小洞里，他们把厚厚的椰子棕壳敲开，撕碎，切细，再做成不少工艺品。更多东西是用竹子做的，不仅广东省，整个中国南方，甚至包括东半球所有热带地区都是如此。竹子被劈成又长又细的竹篾——干这个的多是女人和孩子——用来搓绳子、织篓子或者编家具，借以取代藤条，后者要从太平洋岛屿上的丛林中成捆成捆地运来。此外，竹子还可另作十余种其他用途。

按照中国人的习惯，每条街上做的买卖各不相同。有的长街全是卖绣品的店铺，男人、男孩和一些女人坐在精美的布匹前。布匹被平整摊开，放在架子上，不仅被用来做衣服，那些刺绣的图案也被中国人视为珍品，用于礼尚往来。"艺术家"就坐在其他店铺里，在简易的画架前涂抹创作，看似悠闲却一刻不停，任凭屋外如潮的人流向内张望。但凡中国人知道的家具，都能在"檀木家具街"找到，从红木家具到哪怕一个抛了光的松木节疤，从大户人家家中雕梁画栋的隔板屏风到只需半美元就能送到你家门口的婴儿车，一应俱全，无所不有。另一条街上放眼望去全是草鞋。广州城用来遮蔽阳光的明瓦窗，还有伸出的房檐全都用真正的巨大蛤壳做成。蛤壳被切削得如同薄薄的白云母片一般，即便不是完全透光，至少也是半透明的。再往前走，还有卖刀把、汤勺的，还有一大堆廉价饰品，全都用贝壳做成，牛角灯笼也有，

---

① 摩尔人（Moor），历史名词，指原居住于北非和西北非的阿拉伯人。公元 8 世纪皈依伊斯兰教。欧洲人多用这一词语指代中世纪伊比利亚半岛的伊斯兰征服者。

只是不知是黄牛还是水牛的角。还有玻璃镯子和仿制的玉镯、假发、假胡子、珠子，这些毫无疑问是给唱戏的准备的。各种各样的商品琳琅满目，令人眼花缭乱。有段一百码长的路，两边堆放着铜锉，锉子上的锯齿一般都朝上竖着，表明这里做的是中国式的铜挂锁，要打开这种锁，需要将钥匙推进去而不是拧一圈。丝绸、古玩和一些旧物密密麻麻摆放在路的两旁，望不到头。一切东西都被充分利用：旧灯泡变成了小碗，养着金鱼；破布糊了一层又一层，代替皮革。或许中国工艺品的两大显著特点在于这些物品都是家庭制作，或者是在开阔场所手工完成的；大量劳力被浪费在无法耐久以体现价值的材料上。

我们住的郊区有一整条街都是丝绸铺子，里面坐着十来个人，衣着考究，等着为您服务——中国类似这样的地方，店员总要比顾客多上好几倍。有的店铺卖檀香木，有些零碎的毛坯材料被人们拿回去，烧了祭拜灶王爷；有些被做成箱子，上面饰以图案；还有的被做成孔雀扇的扇骨。再往前走，还有卖鹅毛扇或者纸扇的，扇面上画着精美的图案，或者是写着龙飞凤舞的几个汉字。任何材质的扇子都能在这里找到，应有尽有。你可以随意挑选各式各样的便宜货品，新的也好，二手的也罢，中国人对各类饰品情有独钟。

正对着法国天主教堂院墙是一条阴森森的小巷，那里算得上是中国的象牙中心。象牙球多达六层、十层，甚至整整十二层，每一层都精雕细刻，最外层的象牙球大小如同台球。几个男孩从容不迫地雕刻着，好像只是在摆弄一件玩具，此情景总能让外国人啧啧称奇，叹为观止。完整的象牙有时也能见到，只是很稀有，不过一根象牙也许能造出两百磅的牙雕制品。即便是这些牙雕作坊，也布置在肮脏简陋的工棚里，就在街边敞着门。年轻的工匠在店铺旁用凿子在这些珍贵的材料上雕刻着。虽然牛胫骨有时也会被拿来冒充"象牙"，但你很快就能学会如何通过独特纹理分辨真象牙，再说象牙一条街上有几家店铺的口碑信誉还是不错的。念珠、梳子、手镯、化妆盒，还有更加精巧的物件——敞开的店铺后面有专门零售的房间，地方不大，不过里面的货品简直完美无瑕。要是你没福气，讨了个不知道替你省钱的老婆，可千万不要在手头拮据的时候把她带到这里来。

女人闲来无事逛街，怎么都不会错过发夹、胸针，还有其他各种用翠鸟羽毛做成的饰品。这些点翠饰品在蒙古人统治时期被当作忠诚的象征，平民百姓不得佩戴。

我见过这些小巧灵活的蓝色鸟儿掠过稻田，可如今它们亮丽的羽毛被取了下来，经过处理，看上去犹如镶上了翡翠一般碧绿。善于观察的人会注意到，某些地方的门边放着一个个粗布袋子，里面装着牛骨和成堆的猪鬃，好像刚刚从肉铺出来，这些店铺是做牙刷的。上了年纪的女人负责清洗猪鬃，称重，然后把猪鬃扎成小束，将鬃头剪齐。男人和少年负责把牛骨锯成小段，抛光打磨，在上面穿上一行小孔，女人和女孩把捆成一束的鬃毛用牙咬住挤紧，然后塞进孔里缝合起来。

不管是这条街，还是一旁更窄的巷子，都有铺子做麻将牌。北方官话叫"麻将"或者"马将"，按印度支那的法语发音得读成"matchang"，粤语又叫"麻雀"，反正想叫什么你自己看着办吧。上海和其他城市要比广州更时兴做这个；即便如此，麻将在广州也很流行。无论今天麻将在追逐时尚的西方国家地位如何，中国各地的民宅酒店里都能听到这些骨牌整晚响个不停。如同几十年前一样，麻将在今天的中国不会遭到禁止，几十年后也照样不会。

很多所谓"象牙"，其实不过是把牛骨切成小段伪造的，中国对骨头的市场需求极大。家里的帮佣为了增加点微薄的收入，总会绞尽脑汁想办法，其中有一个便是把这些骨头转手卖掉，连同罐头盒、水瓶和其他厨房里的副产品，反正西方的主妇对这些东西也看不上眼。和其他不少同行艺人一样，做麻将也是完全徒手制作，先将骨头和竹子锯好，这些竹子是从更南边运来的，锯子是小型双手锯，上面装着简陋的木头框，锯到深处时就往缝里洒点水。接下来会换成一帮少年，干这个的小孩一般要比成人多，一个个面朝着熙熙攘攘的街道或站或坐，往麻将毛坯上印数字，还有东、南、西、北四个字及其他图案，然后用一把带着竹柄的三角尖凿，把这些图饰刻出来。这种凿子只有一个钻头，简简单单，上面有一根横棍，用绳子扯着旋转，在中国专门用来干这类事情。孩子们虽然动作娴熟，可成天面对这些简单的毛坯不免一副百无聊赖、郁郁寡欢的样子。

这里的工匠有好几百人，相貌平凡，一年的大部分时节只穿一条蓝色的棉布裤子。这些人做出不计其数的木雕小玩意儿，有的只有大略的图案，有的什么也没有，看起来得完全留待自己发挥奇思妙想。不过他们也能做出精美绝伦的稀世珍品，对于被孔老夫子的教条禁锢的想象力来说，已是其所能达到的艺术高峰。七十二行中居然还有一行专门经营梨木制品，广州各行各业分类之细，足可窥见一斑。

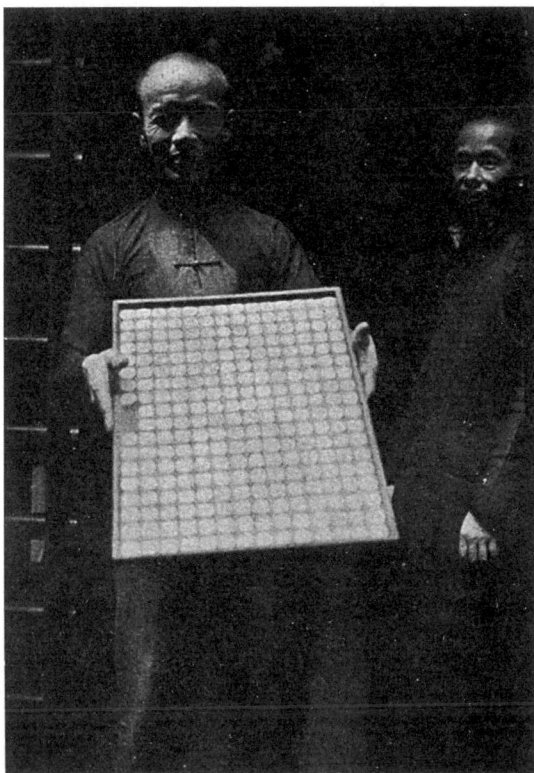

图 30 广州清点钱币的工具由一块木板组成，带有凹格，可将钱币放入其中晃动，面值最大的为双毫银币

广州街头的风景永远看不完，声音怎么也听不够，其中有一样你应该不会很快忘记，那便是换钱。不管中国人还是外国人，大宗交易时的主要媒介都是香港发行的银行券。银元在"南都"很少见，除了随处可见的铜元，在广州做生意一般用的是手工制造的双毫①。由于经常贬值，所以需要将近甚至整整 6 个双毫才能兑换一块鹰洋，你可能在广州住上好多年也见不到大面额的硬币。

零售商人发明了一种数钱的工具，这样就不用人工清点。那是一个四四方方的盘子，长宽都是两英尺，里面有许多不太深的凹孔，大小正好放下一枚双毫。大的商行有时得要一个或者好几个伙计忙上一整天，把一把把钱币扔进盘子里，摇晃抖动直到每个凹孔里都落进一枚毫银，再把多余的斜着倒出来，然后把这一盘子算好的银币倒进容器里。这个容器类似能装下一蒲式耳东西的大筐。硬币碰撞发出的响

---

① 双毫，即二角的毫银，毫银是民国时期广东的主币，广东话管一角（一毛）钱叫一毫，一角为单毫。

声成了这些最早的开埠港口城市最具代表性的声音。中国人的耳朵对这种声音尤为敏感，要知道假币在这里极为常见；哪怕只要有一枚假币，一摇就能听出来，然后再通过某种方法筛选出来。

　　中国各地的货币之所以价值千差万别，主要是因为这些钱币实在太重，运输起来很不方便。外国银行发行的银行券只能兑换一种当地货币。要把价值1000元的银元从一个地方带到另一个地方，需要动用好几个劳工，往往得背着走上好几天。如果是铜板和价值更低的钱币将会更加耗时费力。我曾经见过40个人浩浩荡荡穿过月台，登上一辆开往北京的火车。每个人提着两个大箱子，箱子封得死死的，里面装的全是银元。这些人如此兴师动众，而如果换成在西方，我们只需填一张支票，放进信封就够了。旅行者从上海出发时，一块鹰洋能够兑换190个铜板，到了广州却发现一枚双毫只值24个同样的铜板。在四川，广州的双毫有时需要将近甚至整整6个才能兑换面值一块的大洋。以此类推，整个国家就这样算来算去，陷入一场噩梦。如此一来，从一地到另一地的钱币"走私"自然层出不穷。中国大部分省份都被独夫民贼割据霸占，各自为政，他们制定的法律更加令这种状况雪上加霜。从事钱币"走私"的尤以轮船和火车司乘人员为多。如果一美元在芝加哥是一美元，到了纽约却能兑换12个面值10美分的硬币，那么就算列车长或者旅行推销员不亲自上阵，也会有某位普尔曼列车的卧车服务生禁不住诱惑，隔一段时间便夹带着一大堆硬币一路东行，能带多少就带多少。

　　既然钱里暗藏猫腻，苛捐杂税又多如牛毛，到了令人匪夷所思的程度，那么广州的物价高过中国其他地方也就不足为奇了。看看那些居民区人满为患，里面的居民多数一贫如洗，只能买得起那么一丁点儿东西。常常可以见到小孩，或者女人，甚至是男人提着个鱼头或者巴掌大的一块肉，用草绳拴着，郑重其事地往家赶。广州之所以物价高腾，还有个原因是因为这里行会活跃。有位美国建筑师谈起住房不足，这个问题不管对中国人还是外国人，在广州还是西方的任何一座城市都一样严重。他把这一切归咎于劳工的"非分"要求。按照他的说法，泥瓦匠每天能赚1.2元毫银，"只要你斜眼瞟他们，他们说不干就不干了"。在这一点上，北方的劳工要比中国其他大多数地方的明显更加喜欢单干。广州连茶馆里的女服务员也组织了行会。这样的行会收起会费来更加厉害。女服务员们必须向那帮晚上游手好闲的混混交固定的保护费，这样天黑以后在下班回家的路上才不会受到骚扰。还有一次，我让一个劳工把行李从轮船码头扛到沙面，刚出门就被一个坐在门口的人拦了下来，问他要1角钱。他虽然身无分文，却把自己佩戴的徽章交出去，等我付给他酬劳之后再把徽章赎回来。就算面对艰难度日的工人，相信这些人也能找到办法收到会费，只是这样的费用和明目张胆的敲骨吸髓之间的界限并不明显。

罢工在这些年是常事。前一阵子香港海员工会对港英政府取得的那场胜利令广州各大工会深受鼓舞。前不久，槀米船的搬运工也闹起了罢工。以前，每运一船米都要拿出一袋作为回扣，由米商和卸货工人共享。现在，搬运工人要求独占整袋米。不仅如此，清扫掉出来的米粒也成了问题。

我们运气还不错，赶在沙面大罢工爆发之前离开了广州，可这并不妨碍我们猜到接下来发生了什么。印度支那的法国总督带着大批随从去了日本，表面上是去授勋，结果每个人都戴了一堆勋章回来。一行人在回程的路上转道去了广州，在沙面唯一的酒店里大摆宴席，受到盛情款待。宴会正酣时，有人扔进来一枚炸弹。那可不是餐后助兴的烟火礼花，而是真材实料的爆炸装置。炸弹从近旁的一扇窗户扔进人群，总督当然毫发无伤，全体随行人员也都安然无恙。然而，来自法国永久殖民地的几位工作人员，连同站在庆祝人群外围几个无关紧要的人非死即伤。几天之后，一个安南人的尸体被发现浮在江面上，当为肇事者无疑①。这样的推测很容易理解，就像不管在哪里，只要有人策划袭击日本官员，那肯定是朝鲜人干的。

总督大人次日一早便匆匆离去，甚至都没有等那十几个受伤的法国居民出院，也没有参加被炸死三男两女的葬礼，让人觉得对此事并不重视，至少在英美人士看来如此。据说总督是因为紧急事务，才不得不立即回了河内。英国领事一如既往地赶紧出面，解释自己是何等义不容辞。沙面当局深感震惊，终于意识到虽然明文规定，非正当理由闲杂人等不得上岛，执行起来却是纲纪松弛，这一点其实早就显露无遗。于是下令，从今往后凡"外地居住者"如无外国政府机关颁发的通行证，夜间9点30分之后一律禁止上岛。我相信这样的规定还会要求对通行证持有者核验照片，才

---

① 死者为越南人范鸿泰(1892—1924)，1924年6月19日刺杀法属印度支那总督麦兰(Martial Merlin)一事，事发广州沙面维多利亚酒店，范投弹后投白鹅潭自尽，其遗骸后迁葬于黄花岗。

能做到行之有效。

而中国人早就习惯了一到晚上就去沙面的江滨小坐休憩，聊天乘凉。于是，沙面岛上的全体中国人集体罢工，领头的是一家大型美国企业驻穗分公司的买办。除了邮差、银行簿记、公司文员、警察差人、挑夫劳工、厨子伙夫、男仆用人、保姆奶妈，各行各业的中国人都拒绝上岛。

英美两国的商人可从未见过这副架势。他们一双手细皮嫩肉，之前无非是挪挪办公椅，举举鸡尾酒杯或者挥挥网球拍，现在却要硬着头皮穿上卡其布工作裤，亲自动手搬运从香港运来的食品补给。城里的商贩拒绝向沙面居民出售任何东西，就算有人卖，也没有人肯帮他们把货品运到岛上。有人指责孙中山煽动民众，反对外国人，毫无人道精神。

罢工者声称绝不针对广州其他地方的外国人，可问题在于，无法证明到底哪个外国人才是住在沙面的。就算东山或者对岸白鹤洞及下游的岭南学堂有人愿意伸出援手，邀请岛上那帮养尊处优的贵族到家里吃饭，家里的用人也会以罢工相要挟。人力车夫只要见到外国人，无论家住何处一律拒载。美国领事馆只能从停在港口的炮艇上获取食品。碰上重要任务，只好借用外国炮艇充当运输工具。

所有英国商人都受到罢工的影响。从香港发出的外国轮船被迫停运，因为没有华工肯帮他们在广州卸货，也没有哪个中国人愿意乘船旅行，就靠区区几个外国乘客，连油钱都赚不回来。中国人的船也不允许外国人搭乘，至于通往九龙的铁路，几年前早就弃之不用。罢工持续了七个星期，华人全面大罢工确实不是闹着玩的。随着事态最终平息，沙面当局终于明白放下傲慢的架子是什么滋味了。

住在广州得注意安全，我们对此深有体会，特别是在去广州之前，还没等我们从上海出发的船抵达香港，就收到了一封信，告诫我在去当地考察一番之前切莫带家人同往，否则一旦有所闪失，写信的人可担待不起。于是我到了广州，亲眼一看，付诸一笑，然后带着一家人在这里安顿下来，度过了一个短短的冬天。

然而，每每提起广州，外面的人还是会流露出几分心存恐惧的神色。这里时常能见到浩浩荡荡周游世界的旅行团。美国驻香港领事只会放其中一小部分人到珠江上游，生怕一旦让几百人同时沿江北上，会对广州造成影响。其实要控制游客人数并不难，因为这帮人并无经验，大都担心自己的宝贝性命受到威胁。那些胆子够大的旅行者会乘坐客轮前往。客轮每天按时出发，下午3点30分抵达广州，然后和另一条英国的轮船达成专门安排，后者通常5点离开，可他们能争取待到5点30分，这样游客可以有更多时间充分了解广州。有一半人会坐汽车匆匆赶往花塔[1]，其余人坐轿子走得慢一些。两拨人到了花塔就换过来，坐车来的看完之后就坐轿子打道回府，这样也能分享一下这生动独特的东方体验，而乘轿子来的则在看完相同的景点之后，乘车返回江边，准时上船。有一回，我陪着拉结一起出门——我妻子的教名翻译成中文就这么个叫法[2]——正好碰上这样一大群人，被挤在中间，误以为是旅行团中的一员，当地的导游把我们拼命往汽车里塞，或者往轿子上赶，我们拔腿就跑，导游在后面高声尖叫，追了好长一段路。我有时也会趁着船还没开时溜进去待一会儿。

我听过许多故事，讲述生活在广州是如何恐怖，好像这些人短短两个小时亲眼目睹了所有的一切；不过，实话告诉你，我听到更多的是不同于穷乡僻壤的堪称完美的城市生活。随着汽笛一声长鸣，我得与那些游客告别了。他们看着我上岸时那副漫不经心却又把握十足的样子，早已惊得一个个大张着嘴巴，目瞪口呆。要知道正是凭借着这份随意与勇气，我才在这座城市更具中国特色的地方住了下来，那里就连导游也不敢带他们去见识见识。

接下来要说的这桩事件虽然并非我亲眼所见，却是从一个住在当地的美国传教士那里直接听来的。此人是事情的目击者，说有一天来了一群游客，坐的是夜班航船，或者是专门的客轮。不管怎样，这些人准时到达，然后乘车的乘车，坐轿子的坐轿子，经过一番短途旅行，回到沙面那家年代久远的外国酒店，按时吃了午饭。负责接待的旅游局虽然精心制订了计划，看上去却在午饭之后出现了一个非比寻常的问题——他们找不到导游了！这下他们不但有足够时间喘口气歇一会儿，甚至还有闲工夫在酒店门前的路堤上走来走去。

---

[1] 花塔（Flowery Pagoda），即广州六榕寺的六榕塔，位于今广州市越秀区。
[2] 作者妻子名为雷切尔·拉塔（Rachel Latta），1892年出生于费城，1919年在法国巴黎一所美军陆军医院做文书时与作者相识。"雷切尔"又可译为"拉结"，为《圣经·创世记》中人名。

有个大个子男人随身带了一台新照相机，铮亮铮亮的，可不便宜，急着想拍几张街景照片。他抱怨不管去哪里都不准单独行动，什么都不让碰，真的很想去河对岸拍上几张。一个住在沙面的女人恰好路过，跟大个子说，到河对岸去其实再简单不过。女人说话的口气很友好，那些背井离乡来到东方的人说话都是这样。她告诉大个子，要是过了桥就一直往右走，这样就能从另一座桥再走回岛上来。大个子有那么一刻看上去好像真要鼓起勇气，不过还是犹豫了，想了一会，又一屁股重重地坐回到椅子上。然而，他并未就此打消这个大胆的念头，开始在路堤上来来回回地踱步子，一边小心翼翼地摸着自己的宝贝相机，一边眼巴巴地盯着对岸，看着河道里停满了船屋，首尾连成长长的一串，河面窄得好像稍微助跑一下就能跳到对岸去。

大个子终于按捺不住，开始求助同行的另一个大个子："亨利，能不能陪我过去一下，只拍几张照片就好了？不会走很远，而且……"

"亨……利！"那个男人的老婆尖叫了起来，正好帮他省去了麻烦，不用绞尽脑汁思考如何摆脱这危险莫测、出乎意料的困境，"不行！你又不是不知道布克和斯利肯在我们离开旧金山之前警告过，这些鬼地方没有导游，有时也只有一个，去哪里都很危险。"

眼看就连亨利也丢下自己离去，带照相机的这位老兄又开始沿着路堤上上下下地踱起步来。这个身高超过六英尺的大汉在理性常识与冒险精神的抉择中痛苦挣扎。终于，他在人工河堤的边上停下了脚步，朝着对岸当地人住的那座城市微微摇了摇拳头。殊不知我的妻子和母亲，还有那些美国教师和学校女生们，每天都会在这座城市里穿行，有时自己走路，有时坐轿，很多时候哪怕夜深人静，孤身一人，也是如此。

最终，大个子大叫着："老天作证，要不是家里还有老婆和四个孩子，我一定会自己一个人过去。"

旅游局害怕糟糕的名声会影响到自己的宝贵收入，而香港一心只想做自己的生意，给那帮谨小慎微的家伙灌输种种匪夷所思的故事，告诉他们广州是如何如何危险。其实，真的大可不必如此，因为广州的店家老板们从这些人身上赚不到多少钱。这些游客不仅不敢走进窄街深巷里——而好的店铺偏偏就在那些地方，而且也没时间去享受没有导游陪伴的服务。无论如何，一座新的酒店已经在沙面的法国辖区破土动工，如果管理混乱能够得以制止，那么广州的商人们或许有朝一日会比香港享有更多旅游业带来的商机。

一大群游客在中国沿海城市的商铺里购物的场景可不容错过。大多数游客会走进店铺，问一问价钱，就像在国内时一样，然后气定神闲地拿出比店家的心理价多出三四倍的钱。而当面对了解如何讨价还价的顾客时，中国商人通常开口会说："价钱最低二十，你能出多少？"接着双方就这样心平气和地谈下去，直到友好达成一致。最后的价钱还算公道，五六块左右。虽然在广州我们的半吊子官话毫无用处，可游客们看我妻子谈价时只用一句"几多银"（粤语的"多少钱"），还有打起算盘来手指飞快的本事，个个惊讶得不知所措。不过这些生意人如果会那么一点英语就会迅速改变策略，只不过一般不针对当地人，只有旅行团光临时才使出招数。

赶上逢年过节，专门做那些外来客生意的商家可不希望受本地顾客的打扰，哪怕是久住此地的外国老主顾也不行。我认识一位美国女士，有一天很难得赶上游客在广州大事购物的日子，她在付账时很快便被告知一分钱都不用付。的确，她需要支付的钱换算成广州的货币也只有区区五块，可中国人往常绝不会让钱财轻易从指缝间溜走，他们之所以这样做，是为了让她赶紧离开，不要在店家敲诈那帮头脑简单的游客时暗示他们真相。

这让我想起了一群美国游客，最不讨人喜欢的那种，在某个重要的南方港口城市走进一家当地著名的古玩店，恰好遇上一位久居当地的美国女同乡，硬拉着她给他们当翻译。这帮人最后买了价值好几千元的东西，过程中无论对店主还是这位硬拉进来的中间人，都毫无礼貌可言，付钱时啪地掏出一大把货真价实的美钞。当然店家心里想要收到的是鹰洋，就算没有，至少也是廉价一点的本地毫银，见此情景，只能不知所措地望着翻译。翻译终于找到了机会报仇，直勾勾地与店家对视，连眼皮眨都不眨一下，直到看着店老板把钱慢慢放进身下的钱柜里。这位中国老板想从自己最宝贵的藏品中拿出一件，作为"小礼物"送给这位女士，不过她不但拒绝了这份好意，就连以后也不再来此购物，因为店老板总说给她开的价比最低价还低。

对普通美国人来说，东方人总是习惯要你接受超出预期的东西，这被认为是某种形式的口是心非。不过，美国人又是从什么时候开始"一口价"的呢？不仅如此，西方的普通商人也经常一开口便漫天要价，好像本该开这么高的价钱，这跟中国商人所谓的"成本价"其实是一码事。美国的药店商人也好，肉铺老板也罢，只要咬定价钱不让步，准能赚到 40% 的利润，那是因为顾客放不下面子，要么就是确实有钱，或者太墨守成规，总之是不愿还价。中国的商人则会从一个价位开始讨价还价，只要守得住，也能和西方商人赚同样多的钱。二者的区别在于竞争在中国太过激烈，这个国家人太多，无法互相配合，哄抬价格，中国人只要能够讨价还价赚一点微薄的利润就会心满意足，而西方人对那一丁点蝇头小利完全不屑一顾。

还是回到胆小怕事的游客身上来吧，危险隐患在广州当然是存在的。这方面的传闻我们早已听了不少，夜深人静放爆竹总会有扰民之嫌，一串鞭炮噼噼啪啪放起来像开机关枪一样，我们经常想象，要是换成大的爆竹炸起来可能就像开炮。虽然广州兵祸不断，士兵里三教九流、各色人等都有，常常闹得不可开交，广州人民遭殃不少，不过对外国人构成实质性危险的事情其实并不多。然而，这对中国人来说就完全不一样了：绑架撕票、杀人越货、私刑泛滥、财物强遭军队充公、大肆破坏的现象比比皆是。报纸上每天都能看见诸如此类的报道：

> 万君乃一家大型造纸厂老板，家有一子，年方六岁，遭人绑架，绑匪索要赎金五千大洋。其父一时无法如数筹得钱财，绑匪遂寄来其子小指一只，扬言若赎金延误一日，定当有更多送上。

虽说在今天的中国绑票勒索之事频发，却没见到明目张胆地偷外国小孩的，倒还真是稀奇，要知道干这个怎么说都有机会发大财。有些犯罪手段看起来像是受了西方城市的传染，据说有两个人扮成电路检修工，进得一户有钱人家的屋内，然后大肆抢劫。这家的小孩正好回家，一看苗头不对，连忙拔腿就跑，喊来警察。不过接下来发生的就和纽约的情形完全不同了。一不得出钱保释，二没有律师辩护，三没有专门的精神病医师出庭作证，也不会拖拖拉拉审上好几个月，更谈不上因证据不足无罪释放或者因犯罪事实不清被高级法院驳回重审。两个人一被逮住就赶紧把所犯罪行在白纸黑字上写清楚，贴在背后，几个小时后被抓着游街示众，然后拉到我们门前正对着的那块空地上就地枪决，尸首在接下来一整天就扔在那里，旁边还丢着那张判决书，直到天黑才被装进棺材草草拉走了事。

假如有人偷了某个歌女的金镯子，除非他恰好和军队有什么特殊关系，否则不是在天黑时，肯定也会在天亮之前被一枪打死。广州市市长孙科在报上公开撰文，通过官方渠道向"大元帅"，也就是他赫赫有名的父亲上书请愿，希望不要再让士兵当街枪决犯人。然而，正如我们看到的那样，这位老先生已是日渐式微，无力管住自己的手下。然而，当年正是他领着这群人开创了危险的事业。不过，就算这些景象令人不快，各国领事花了不少功夫频频警告，却也于事无补；不过外国人真的大可不必因此而担心妻儿的安危，无论他们身在广州任何一处街头巷尾，都不如在美国城市那样令人提心吊胆。

或许是因为脑海里还留着对北京和南京的印象，因此觉得广州怎么看也没有预想的那么大，至少在面积上是这样。我们只须一个小时就能从西郊最西面步行到最北角的"五层楼"①，那里在过去几个世纪一直是城墙所在。我和妻子以前常去那儿散步，不仅因为那是古城墙的唯一遗迹，城墙的面积现在仍然在不断缩水，古老的墙砖也常常被人挪作他用，而且那里还能够远眺广州全景，甚至看到更远的地方。那里残存的乱石残壁曾是宏伟坚固的炮台，两三年前孙中山与昔日好友还在此地浴血奋战。虽然今日的这幅景象主要是由于多次城市改造运动中的人工作业和炸药爆破，却也有当年炮火的威力。山脚下一座大型西式公园业已完工，计划将这座古塔也包括进来。古塔作为广州最著名的旧地标，与其说是佛塔，倒不如说更像是一座五层塔楼，如今只剩下断壁残垣，随时都有垮塌的危险。人们一直传言这座古塔也会像广州众多古代纪念物一样被夷为平地。孙中山曾经亲口保证，古塔将得到保存、修缮，并且成为新公园的一部分，可除非工程加快进度——按照近几年的政治形势来看，这似乎不大可能——否则古塔要么将因年久失修很快坍塌，要么就会被炸掉。

从"五层楼"所在的山头与古城墙的最后遗迹向远处眺望，视线越过广州城内密密麻麻的房屋，第一眼看见的便是花塔。花塔一旁青葱翠绿的一大片是"英国衙

---

① "五层楼"（Five-Story Pagoda），即镇海楼，又名望海楼，俗称五层楼，位于越秀山。明朝时扩建开拓北城，城墙横跨越秀山，上建有五层高楼，有雄镇海疆之意，故得此名。民初被毁，后于1928年重建。登上顶楼可远眺广州全城，甚至远及珠江。

门"。法国天主大教堂①的两个尖顶矗立在天际线上。向右再望远一点，"南都"的江边最近新建了不少天线塔，塔后的大百货商店就在江边最为繁忙的地段。典当行的高房子随处可见，看上去仿佛已经远到河南了。

就在美国南北战争爆发之前的几年里，广州驻有一个英法联军的兵营，那是第二次鸦片战争的遗留产物。英法两国当时认为，这对于巩固在广州地位大有裨益。法国人把一些办公楼没收，将住在里面的人赶了出来，然后盖起大教堂，直到近来纷纷兴建百货商店之前，一直是城里最高的建筑。照风水先生的话说，这个教堂不仅风水不好，而且带着典型的法国式的傲慢。

英国人当然不会袖手旁观，他们占据另外一大片办公楼，正对着通往花塔的狭窄街道，那里至今依旧被称作"英国衙门"。衙门地处土地稀缺的广州城中心，一大片参天古树遮掩着几栋旧宅，虽然几成废墟，可中国人依旧不得入内，房子也显得有那么一点土气过时。不过这里并没有得到英国人的重用。房子虽然归英国外交部所有，却被租给了港英政府，作为香港派来的实习译员的住所，结果双方都不负责保养维护。面积虽然相当于沙面大小的一半，却只有几间房子能够住人，香港方面只好为他们的青年才俊另租他处，好让他们学习语言。不过，这些人一旦回到香港，当上"公仆"，很快便把学的话忘得一干二净，因为他们不可能与"当地人"交流沟通，就算费了那么大功夫、花了那么多钱学了几句话，连保持不忘都做不到。

距离花塔不远便是人们常说的"光塔"②。古塔形如大型工厂的烟囱，越往顶端越尖。这其实是一座清真寺旁的光塔，有些住在广州的穆斯林至今每逢礼拜五下午依旧在此聚会。阿拉伯商人看来早在马可·波罗之前便已经知道如何来到这座大港。广州以前的小北门③外有一处来华穆斯林的墓地，我们到广州的时候，那里仍然立有一座大的圆顶墓冢——嘘，在南方军阀的势力范围之内，凡是提到能够被捣毁的东西时都要小声——和大马士革的墓碑很像，据说是先知穆罕默德舅舅的墓。根据穆斯林的传说，他在穆罕默德从麦加逃往麦地那之后不久便来到了中国。

---

① 即石室圣心大教堂，位于广州一德路，落成于1888年，为中国最大的全石砌哥特式大教堂。
② "光塔"（Smooth Pagoda），即怀圣寺，又名光塔寺，位于广州越秀区，始建于唐代，为中国现存最早的清真寺。因入夜后塔顶悬灯为沿江船只导航，故人称"光塔"。
③ 小北门，宋代至明清两代的广州古城门，位于广州城北越秀区，今之小北花圈附近，1918年因修筑马路被拆除。

再往前走就是死人城，以前挺出名的，现在基本上只剩下了一些棺材板子，有的盖成了棚子，有的被搭在沟渠上当桥用。孙中山治下的广州对破除迷信旧习毫不留情。即便如此，全城的田间地头、橘园、荔枝树和桑叶林间，那些劳苦大众从早到晚忙碌的地方依旧到处遍布坟冢。白云山尤其如此，它位于城东，名字虽然好听，却并非总是白云缭绕之处。山里上上下下，远至天边，近至周围环抱的山脊，凡目之所及总能见到坟墓。墓冢用水泥砌成，呈马蹄形，为典型的南方式样，大小各不相同。有的白亮光洁，有的因饱经风霜早就黯淡无光，一切取决于墓主人财富的多寡与下葬时间的久远。白云山是人们远足郊游的好去处，即便外国女士走在这里也一样安全，回程路上多半能碰上一大队送葬的人，一路哭哭啼啼，从园圃穿过来。死的若是个孩子，或者是个当兵的，那用的肯定是最薄的棺材板，叫两个面黄肌瘦的劳工抬着，运到山脚下埋掉。

典当行的货仓是广州与周边地区景致的一大特色。这些随处可见的高耸货仓形如尖塔，比周围的房子要高出一大截，多由硕大坚固的方砖砌成，大部分因年久失修已变得晦暗，窗户很小，有的甚至安上了栏杆，时刻提醒着财产安全在当地受到的威胁。赶上时局动荡——其实正是当下——有钱人家会把值钱的物品典当出去，与其说是急需现钱，倒不如说是为了安全起见。典当行在河对岸尤其多见，叫我不由得想起广州之所以可能比人们预想的要小，一部分原因也许在于广州城横跨珠江，我们平日里见到的只是这座城市紧临江畔的那一片拥挤城区罢了。

河南岛（珠江南岸）是位于珠江中的一座大岛，北面的尖岬是广州城重要的部分，最南端在黄埔，坐轮船往下游要开一个小时才能到。江上舢板川流不息，载着人们往返两岸，来自香港和其他地方的轮船则在岛的另一侧来来往往。水位足够低时，离"荷兰呆子"不远的水面会露出两块礁石，上面各修有一座红色的灯塔[1]。顺带说一句，珠江是一条壮阔的大河。虽然沿岸居民众多，几百年来一直靠打鱼为生，但江里的鱼尚未捕捞殆尽。江滨一带人头攒动，人们就在不远处撒网打鱼，就像巴

---

[1] 这两块礁石分别叫作大浪石与三浪石，位于航道北面，上各建有红色圆形石质灯塔一座，建于清咸丰年间。另外，航道南面另有一石，名二浪石，建有绿色灯塔一座，三者皆为中国最早的灯塔。

黎塞纳河的码头的垂钓者，不同之处在于广州在辛劳之后偶尔能够得点回报。

　　广州市政府一直宣传要修五条马路，把我们住的西关郊区好好改造一番，等这五条马路竣工，河南岛也要开始新修马路。不过，现在这里的路还是一些羊肠小道组成的迷宫，和中国常见的小路一样，走起来令人摸不着方向。河南岛盛产草席，确切地说，这里专门负责为从农村郊区运来的草席印上各式各样的花色。只需一副简简单单的架子，几个线轴，在架子上来回不停穿梭，就把芦苇编成了席子，中国人用这个来替代床垫和地毯。"广东瓷器"一向出名，大部分也来自这里。不过，其实不是在此处制作的，而是在中国瓷乡景德镇。瓷器被装在大筐里运到广州，用当地工人的话说，都是"江西来的"，在他们的地理知识里，这个省已经是所能知道的最远的地方了。这个国家如今究竟有多么动荡不安，看看这些瓷器便可知晓。过去的几个世纪，半成品瓷器都是途经内陆，由内河航船和挑夫沿着古老的官道运来，如今却只能走海路，从上海经香港绕上一大圈，成本自然要贵上好几倍。挑夫在河南岛上的大街小巷一路小跑，背的不是"素坯"，而是成筐成筐已经烧过的瓷坯，上面上了一层白釉。瓷坯将在这里上色，涂成最能代表广州装饰风格的艳丽式样。河南岛也做研磨颜料，只是一般不会雇用盲人，或许是因为这里即便身体健全的人都不一定人人能找到工作。烧釉的窑通常不大。有一些女人，还有不少年纪相当大的男人在小屋里给瓷器上色，屋内阴暗潮湿，工人吃住全在里头，这些血汗工厂条件之恶劣恐怕连景德镇也要自愧不如。

　　河南岛上有一条很重要的公路——"公路"这个词在这里得用中国南方的概念去理解——从广州人口稠密的郊区一直通往岭南学堂。这所学校和美国在中国创办的其他几所教会学校一样，在建筑设施、教学设备和师资人员方面都比美国本土的不少学校还要优越。那条路其实是一条石板路，弯弯曲曲，宽不足四英尺，有些地方就修在田野上。河南岛的园圃面积不大却数量众多，土壤肥沃，这得归功于那成百上千个坛子里装着的粪肥。在中国乡下这些东西常常让鼻子遭不少罪。然而，这里总能闻到一股强烈的大葱味，尤其到了早上，就连新年也不例外，足以抵消掉那难闻的粪臭。大葱、大蒜还有茎秆硕长的芥兰都是中国人广泛栽种的作物。农民挑着成捆的这些作物，运进城里。"公路"从一处戒备森严的水泥厂后面穿过，那里便是"大元帅"的帅府，位于一座小城的边缘。城里的不少房子都是由美国归侨盖起来的，里面有不少美式建筑，外形引人注目。人行道上虽然铺着水泥，中间的道路却杂草丛生。这个地方的名字常常让人想起《圣经》故事——基立①。

中国人为了灌溉农田，或者让作物更好地生长简直不辞辛劳。广州附近的农田时时刻刻都有人在挑水灌溉。农民用带着长喷嘴的木桶从附近的水塘里取水，从早到晚得忙活不停。然而，农民真正依靠的还是粪肥。在中国一切都不会被浪费。为了让贫瘠的土壤变得肥沃，人们将一切能够增加肥力的颗粒都小心翼翼地保存下来。正是因为中国人对此深信不疑——这不过是一种迫不得已的需要罢了——才使得他们必须把从神圣土地中获取的一切统统归还回去。如果有人不能将一件物质哪怕最细小的原子还回它本来的出处，就相当于犯了罪过。早在耶稣纪元一千年前便有一位皇帝为农祭订立了典章制度。事实上，摩西也声称从神那里得到神谕，向他的人民发出过同样的指令。

距离岭南学堂不远处有座古庙。庙修在山上，四周绿树掩映，里面住着一位僧人。他现在已75岁了，在20岁那年去过加州，在旧金山当过用人，在亚利桑那凤凰城干过酒吧服务员，回国后回忆起美国，首先想到的就是巧克力蛋糕怎么吃也吃不够。他存了几瓶中国好酒，每逢外国人来到自己的隐居之地，就会拿出来款待客人，不过从盛酒的杯子能够看出他在国外洗盘子的本事令人不敢恭维。他喜欢一边喝酒一边与客人聊天，英语虽然流利，发音却实在奇怪。在他看来，只有喝"二到三指宽深度的酒"的人才算得上有教养的君子。他回国后把全部钱财都捐给了现在的这家寺庙，条件是得有人为他养老送终，死后厚葬，为他烧香祈灵。不过就在此时，有人用粤语喊了一声"吃饭了，过来拿"，他便忙不迭地跟我们道了再见。

提起河南岛的历史，就不能不说到李福林②，他可是这里最鼎鼎有名的大人物。从岭南学堂往前再走上几英里有另外一条石板路，路旁就是李为自己建的城堡。城

---

① 基立（Cherith），《圣经》中以利亚在三年饥荒中藏身的一条河谷。
② 李福林（1872—1952），字登同，广州海珠区大塘乡人，民国时期广州大军阀，曾任广州市市长，文中所述别墅为李福林庄园，原名"厚德围"，四面环水，占地广阔，号称"二十亩"，如今仅剩主楼，又名永泰别墅、小红楼，位于今海珠区沙园街。

堡是封建时代的样式，修有护城河、吊桥、偲望孔，里面卫兵不少，可以从孔里开枪。李发家之初不过一介草寇，抢过不少赌场和一些来钱容易的场所，尤其是那些非法之地，除了一个乌黑的小灯筒之外什么武器都不拿，因此人送绰号"李灯筒"。传说李是一位罗宾汉式的人物，打劫之后把部分钱财分给穷人，慢慢成了河南岛的真正主人，管辖着岛上的七十二个村子和近三十万人，自清朝时就被任命为将军，至今依旧控制着河南岛。广州城自辛亥革命以来多次易主，李都能稳坐将军之位。他平日一身戎装，甚是惹眼，豢养着一群士兵，个个荷枪实弹，在身边寸步不离，还有一支人数相当可观的军队。他的衙门以前曾是一座庙，位于广州河南郊区最繁华的地带。李在那里私设公堂，铲除异己，简直就像坦慕尼社①如日中天时一个趋炎附势的老走卒。

李的卫兵站在城堡塔楼的顶端就能远眺平整的田野，纵使两边山头起伏也无碍视线，整个黄埔连同两座古塔和部分河段尽收眼底。李家庄园周围有一个大橘园，新年时熟透的橘子沉甸甸地挂在枝头。橘园主人吩咐，只要能够带得走吃得完，这些甘甜的橘子可以送给任何衣着体面的访客，外国人也不例外。

护城河大得像个湖，巨大的府邸用水泥砌成，被河围在中央，坚不可摧，除了重型火炮其他任何武器都奈何不得。凡有空地都能见到野花恣意绽放。会客室与其他房间被恰到好处地分隔开，可见这位将军不会贸然出来见客。不过，这里的岗哨并未配枪，只是时刻保持警觉，留心一切声响异动。我们在这块禁地随意闲逛也未遇到阻拦，就连李的几房姨太太也下得楼来，隔着小小的灌木丛窥探着我们的一举一动。按照中国人的习惯，李在凡是需要的地方都养了一两房姨太太，并没有带着她们东奔西走，这样省去了不少麻烦。整个河南可以说完全在李的一手掌控之中，就连岭南学堂也要仰仗他才能保持秩序，自然免不了对他感恩戴德。

从学校走到河南岛的另一头同样令人愉悦，只是需要在许多坟地之间穿梭，还要穿过好几个村子，就连最狡猾的妖魔鬼怪也休想追上我们。偶尔碰见孩童叫一声"番鬼佬"——粤语"洋鬼子"的意思——他们是在跟我这个闲游之人打招呼，多

---

① 坦慕尼派（Tammany），亦称坦慕尼协会，1789 年成立于纽约，最初为慈善团体，后发展为民主党实力派政治组织，19 世纪时因频频爆出贿赂、操控选举等丑闻而声名狼藉，最终于 1934 年垮台，后成为腐败政治的代名词。

少猜得出，要不是大人在一旁窃窃私语，这帮淘气鬼也没这么大的胆子。来到珠江支流的远端，对面就是白鹤洞。虽然意思是住着白色仙鹤的洞穴，不过我在这里从来没见过仙鹤。这里有另外几所教会学校，还有一个外国人聚居的郊区。在这个烽火不断的年代，住在此地的人把这里当成了最安全的地方。只要风不太大，就可以搭上小船到对岸去。这里的船确实小，祖宗牌位一放几乎就占满了。如果腿脚还有力气，不想就这样坐上游艇去沙面，那就干脆沿着弯弯曲曲的石头路信步闲游吧。穿过绿树成荫、鲜花飘香的园圃和几个村子就到了花地①，也有外国人住在那里。事实上，广州堪称来华外国商人与清教徒传教士最早的定居地，如果把散布广州各处的外国人居住地全部集中到一个城市，那么沙面作为外国人的活动中心，比起来真的只能算一座小岛了。

花地的花园不少，里面的树木和灌木被扎成低矮的一簇簇。虽然中国人在园艺方面不如日本人，但他们的确喜欢对这些装饰性植物修修剪剪，而对美国人来说，自然状态下的植物看上去会更加悦目，这一点或许跟缠足有些类似。有些开花灌木被安了一个彩色的头，还有泥塑的手，让人联想到菩萨或者某位古代名士。这里还能见到上了釉的陶座，涂成深蓝色或者其他颜色，有钱人的花园里经常摆着这样的东西。

继续往前走有一座车站，广州三条铁路中最短的一条就从这里发出②，通往三水，后者距此30英里，位于西江③之上。铁路沿途几乎每一英里都设有车站，却只经过两座城市，其中值得一提的是佛山，相当于华南的纽瓦克④，虽然它在国外不怎么出名，人口却仅次于广州。车站附近有上百条船在争抢生意，划船的几乎都是女人和孩子，搭上一条就能带你返回岛上游的对岸。整座岛将珠江分割开来，使得河面在起风的日子不会因为过于宽阔而出现危险。风从"澳门航道"⑤刮过，一直

---

① 花地（Fati），即广州荔湾区花地。
② 即广三铁路，自珠江南岸石围塘出发，经佛山至三水，全长49千米。当时广州的另外两条铁路分别为粤汉铁路（1096千米）、广九铁路（183千米）。
③ 西江，与东江、北江及珠江三角洲诸河合称珠江，是华南地区最长的河流，为中国第四大河流，航运量居中国第二位，仅次于长江。
④ 作者此处所说的纽瓦克（Newark）指的是美国新泽西州最大城市纽瓦克，以人口稠密而闻名。
⑤ "澳门航道"（Macao Passage），指民国时期广州城西南珠江后航道，因江阔水深，成为当时船只取道广州通往澳门的重要航道，故得其名。

吹往我们那条小河的河口，那里是"花船"群集之地，附近不远处便是第三条铁路的车站。人们希望这条北上的线路有朝一日能在长江与平汉铁路接通，可能的话甚至能够与通往九龙的铁路形成回路，这样我们的孙子辈们就能够在港口对面的香港坐上火车，待到下车时便已经抵达北京了。然而，等到那一天到来之前，这古老石拱桥下的河水估计还要流上很久很久，而且对于中国这个道路难行的国家来说，魅力也会逊色不少。

孙
中
山
治
下
的
广
州

　　待在广州你会觉得离北京无比遥远，甚至感觉要比身在加州距离华盛顿或者
纽约还要远。在广州的报纸上几乎找不到关于北京的只言片语，好像天子之都的一
举一动在这里都无关紧要。这种孤立隔绝的状态部分源于中国人根深蒂固的地方主
义思想，毕竟广州有自己独特的语言，众多不同的习俗，而且一直以来远离北方。
可造成今天这种分裂感的最大原因或许在于原本打算连接广州与北京的铁路有将近
300英里一直未能通车。人们如此迫切需要这样一条铁路，不仅从经济，同时也从
政治与社会的角度将这个国家团结在一起。这种孤立状态，连同所有的差异都因为
孙中山以及国民党的无所作为变得愈发明显。当然，孙本人会把这一切归咎为中国
其他地方对"南方立宪党人"的背叛。

　　我第一次到广州是在1923年的圣诞节前夕。当时，孙中山还把自己的住所和
元帅府设在那家水泥厂内。这家大型工厂是没收来的，往河的下游还得走上一段距
离，与主城区隔河相望，就在河南岛上。那里几乎成了孙唯一的住所。聚集在他身
边的军队鱼龙混杂，随时都有可能叛变，而他在那里能够得到"李灯筒"的保护，
后者身为河南岛的主人，说一不二。孙尤疑觉得这个时候的中国更需要另一种类型
的黏合剂——团结。孙最为中国人熟知的是他学生时代的名字，那时的他被人亲切
地称为孙文——"文理"的"文"，意味着文采飞扬——之所以后来被人习惯称为"大
元帅"，这是因为他不愿别人称他为"总统"，而且他确实也没有掌握多少实权。

　　孙中山几乎是唯一一位为全世界所熟知的中国当代名人，因为他常常开诚布公
地谈论"驱逐鞑虏"，当然也因为他将自己的一生献给了为中国人民谋幸福的事业。

然而，最核心的三大原因在于，首先孙大部分时间侨居海外，其次他说得一口地道的英语，如同母语一样流利，加之生活在海外的华人绝大部分来自孙的家乡，和他说着同样的语言，支持他的观点，长期以来一直在海外宣传他的主张。孙在伦敦被清廷公使馆绑架一事闹得沸沸扬扬，或许正因为如此，才为他在海外赢得了极为广泛的关注。孙中山的人格也许真如其流传于海外的盛名一样伟大，到了他的晚年，你却从中国人口中很少听到类似的赞美之词，更加不会有在华居住的外国人发表这样的评论，至少在广州不会如此。孙中山之所以在海外声名远扬，部分原因可能是人们对中国的实际情况并不了解，往往把孙与自己脑海中有关其就新中国发表过的豪言壮语联系在一起，然而，孙设想中的中国与实实在在的中国却是截然不同的两个世界。

孙家境贫寒，出生在珠三角的一个小村庄。13 岁那年，他启程前往火奴鲁鲁①，与之同行的还有一位兄长②。其兄在当地已经创下一番事业，回火奴鲁鲁时还带了一船老乡，因吸引中国移民有功，从夏威夷国王那里获得了一笔赏金。孙文后来回到广州，师从美国传教士医生学医，在香港一家英文学校③获得医学学位，毕业后先去澳门实习，被葡萄牙人排挤后又回了广州，因通晓外科与妇科医术在当地赢得口碑。不过，当时孙也已将真正的志趣转向了推翻清朝，终其一生，矢志不渝。1895—1911 年，孙组织了至少三次起义，试图将满族从统治中国的皇位上赶下去，资金实际上全部由来自他家乡的海外华侨承担。尽管武昌起义成功之际他不在国内，而是身在美国，直到两个半月之后才回到故土，正好赶上在南京当选民国首任临时大总统，但他的的确确推翻了清王朝，这一点毋庸置疑。

然而，孙的革命生涯绝没有就此结束，他这一辈子从未摆脱过政治宣传，这些动荡多少带着暴力，或许已经成为一种习惯。这些故事想必诸位早已耳熟能详，我还是长话短说吧。孙很快再次发动革命，争取他期望的中国人民能够获得独立自主，并且拒不承认袁世凯，后者乃一介独裁武夫，意图登基称帝，另立王朝。1913 年，

---

① 火奴鲁鲁（Honolulu），美国夏威夷州首府，又名檀香山。

② 即孙眉（1854—1915）。

③ 即香港西医书院，前身为创立于 1887 年的香港华人西医书院，1907 年更名为香港西医书院，孙中山为书院首届毕业生之一，2006 年医学院正式更名为香港大学李嘉诚医学院。

广东省终于宣布改弦易辙，这个"国父"的家乡至今依旧保持独立。孙虽然再次被南方党人选举为"民国总统"，但此时的他已无总统实权，这一点早已尽人皆知，也使得好几位与他最为紧密的"南方立宪事业"战友与之渐行渐远。

毋庸置疑，孙中山拥有一颗诚挚真切的爱国之心，其英名将因此而不朽。只要他愿意，本能不费吹灰之力地聚敛巨额钱财，然而他除了广为流传的著述、一点衣物与一处旧宅之外，别无其他物质财富留下。除了孙中山，试问今日中国的政治官僚们有哪一个不醉心于个人利益得失？然而，如同不少批评家与改革者所言，孙长于破旧，却无力立新。他身为理想主义者，其思想要比那些难有作为的国人先进好几十年，他虽然看得到现有制度的弊端，但在经世治国上却绝对算不上实干家。治理国家归根结底是一项不含个人感情色彩、讲求实际的事业，而孙中山早年从未有过如此经历，其个人脾性、天赋才智在这一方面皆不适合。孙太过缺乏耐心，易于冲动，可建立国民政府这样一项伟业其间关系错综复杂，讲求潜心隐忍、埋头苦干，他无力胜任。点燃人们的热情去推翻一个王朝、一个政权或者一个阶级也许并非难事，但要让一个民族为建设新生而努力却更为困难。孙接受的所有教育都让他成为一个善于鼓动民心的宣传者，而一个鼓动者往往难以成为一个好的管理者，这些都是老话。孙中山本人显然也意识到了这一点，于是选择下台将位置拱手让与袁世凯。然而，这个花言巧语、体态臃肿的无赖竟然背叛了孙的理想，逼着他重新肩负起自己并不胜任的事业。

和不少与之相仿的人一样，孙的身边也少不了追随者。这些人不仅来自他出生的广东省，也来自其他省份。从反清到反袁，再到反对西方列强，孙完全可以凭借这接二连三的民情激愤就此一直保持一己之盛名。然而，眼看那些拼死相助的人们竟然无法实现自己的期望，孙开始陷入苦闷怨愤。他的亲生儿子曾经在美国两所大学获得学位，在其父晚年出任广州市长，却遭人指控参与私售公地以及不加任何合理解释地没收私人财产。孙中山身为改革者，一生有着不少遗憾——试问又有哪位改革者不是壮志未酬呢？——他如果就此变得愤世嫉俗，那也不必奇怪。

孙到了晚年，越来越沉溺于那些令人失望的空想之中，执着地坚持自己的主张是如何如何重要，要么就认为自己从事的事业是无可替代的，将这些事业视为自己降临到这个世上的使命，将一生投入到煽动民心之中，试图将西方式的民主注入这个东方国家，有时做的事情不切实际导致无法实现，时而还会好心办了坏事。孙开始看重自己拥有的权力，对批评变得敏感，听不进那些观点不一的人提出的意见，凡事皆以一己之决断为准。

然而，无论孙文有怎样的缺点，多年以来他一直都是中国人民心目中的伟人。他拥有坚毅的决心，从容自信，精力过人，对自身理想的狂热信仰令人心生敬畏，这一切或许极大推动了中国民主事业的发展。诚然，海外华人因为孙一而再再而三的失败已经心生挫折，开始削减资助，而身在国内的广州人也对他的治理无方与政治高压感到恐惧。广州是孙一心一意为了人民谋福利奋斗时间最长的地方，然而这里的人们恐怕最终只会长久记得他是如何出售公地、查抄私产的，只为支持那些昏庸无能的政客和打家劫舍的军队，这样的命运何其讽刺。如果我们想寻找孙在建设性工作上的伟大之处，也许在很大程度上将一无所获。然而，有一点不容否认，孙中山毕竟为中国人民打开了新的视野，使他们有了新的信念，他的教诲将在今后相当长的时间里对中国人产生重大影响。

就个人生活而言，孙中山与大多数一生位高权重的中国人形成鲜明对比。他深居简出，不食鸦片，也不沾烟酒，一生节制有度，一有时间便会潜心阅读。孙说过自己是一位基督徒，可即便与传教士之间也有所疏离。他抛下原配，娶了一房新妻子。至少在外国人眼中，孙的妻子在中国人中算得上是标致的了。这位女士年轻而富有个性，举止端庄，曾在美国接受过大学教育，用英文无论谈吐书写都流利自如，总而言之对于孙这样的大人物来说，这种类型的太太正是他所需要的。然而，为孙育有三名子女的那位母亲却并非这样的女人 [①]，后者 18 岁那年在孙的家人包办下强行许配给了孙，二人之前从未谋面。不仅如此，说起来更像是这个女人抛弃了孙，她不愿跟随孙为了他选择的革命事业辗转各地。即便如此，按照西方人狭隘的观点来看，孙的原配依然是他的唯一合法妻子，至今仍然居住在澳门的旧宅，与传教士

---

① 即孙中山的原配卢慕贞（1867—1952）。1885 年，年仅 18 岁的卢因媒妁之言、奉家长之命与孙结婚，婚后育有孙科、孙娫及孙婉一儿二女，后因无意追随孙中山为革命四处奔波而聚少离多，最终于 1915 年与孙离婚，后定居澳门，1952 年病逝。

过从甚密。传教士们自然对她的丈夫不依不饶。孙中山坚持认为自己已与原配离婚，依照的是中国或者广州的法律。"你们国家不也有很多人按照你们的法律离婚么？"这位"大元帅"面对那些质问他的传教士老朋友反驳道，在生病的最后几年里甚至对此已经不胜其烦，"我为什么就不能有这个权利？就算是个基督徒，也有权按照我自己国家的法律离婚。"这件事情伴随着孙的去世不了了之。

孙晚年另一位如影随形的同伴是一位加拿大人。此人姓科恩①，据说曾是职业拳界的一位名人，在美国西部当过牛仔，是那种能够左右开弓、一手一支大口径手枪、又快又准的神枪手。我们在广东的几个月里，"大元帅"很少在没有第二任孙夫人陪伴或是身后少了科恩的情况下露面，即使在半公开场合也是如此。科恩先生的那张脸一看便是勇猛好斗的样子，至少给人感觉是高度防范，戒备有加。一个礼拜天上午，我们有幸去孙中山位于水泥厂的元帅府宅邸拜访，这个形影不离的加拿大人就坐在楼梯的角落里，那里正对着书房的门口。他仔仔细细地打量着我和我的太太，好像是在确认我们是不是来谋害他的主人。这位让清廷闻风丧胆的大人物在会客的时候并不希望其他任何人在场，也省去了不少麻烦，这与中国其他大官僚大军阀动辄一大帮卫兵、用人前呼后拥的场面完全不同，那些人仿佛没人传话就无法开口。

这个时候的孙最擅长的便是开罪于外国人，其中第一当数美国，第二便是英国，原因在于"关税事件"。有那么一段时间，孙中山政府曾要求将自己管辖区内收得的海关关税——别忘了，收关税的是外国人——转交给他，而不要理所当然地交给北京中央政府，结果徒劳无果。孙的要求并非不合情理，毕竟让广州市民把做进出口买卖而上缴的税钱用在发动内战打自己人，这样做太过不公。然而，这样的要求足以让列强颜面尽失，自然不会同意，因为各国只承认北京政府才是中国的代表，而且与孙的政府也没有建立任何合法联系。于是，孙威胁通过武力接管海关，收回税金，他可能甚至计划过让科恩先生担任海关关长，以取代拒不从命的现任英国关长。这样的举措原本并非完全没有道理，但却也算不上深谋远虑，而这恰恰是孙政治生涯的真实写照。

---

① 即莫里斯·亚伯拉罕·科恩（Morris Abraham Cohen，1887—1970），孙中山的加拿大籍犹太人保镖，孙曾为其取中文名字"马坤"，因后来改习双枪，人称"双枪马坤"。

于是乎，列强诸国，或者至少是那群在沙面岛上办公打网球的小代理们开始群情激愤起来，把炮舰开到了广州的江面上，排得密密麻麻。各国将炮舰恰到好处地停在江心，这样就不用担心船上的水兵随随便便上岸。这一次美国的船占了多数，至少有六艘船尾上飘着星条旗。这几艘破船像垃圾箱一样漂在水面上，都是 1898 年从西班牙人那里偷来的，还有一些是最近打完仗剩下的驱逐舰。英国人派来了五艘，看上去比美国船管用一些。法国有三到四艘，意大利有两三艘，日本人自然也会派差不多数量的船来，以证明他们和西方各国是平起平坐的。如果我没记错，就连葡萄牙人也折腾来了几艘船，在珠江的微风中摇着他们重新设计过的国旗 [①]。孙自己那几艘蓝灰色的船也挂起了旗子，竟然还有几艘能够到江里走上一遭，上面装着的古炮是不少老式帆船上专门用来对付海盗的。江上一眼望去，简直就是一个军械厂，跟岸边那座兵满为患的城市一模一样。

既然美国的破船多了那么几条，因此理所当然成了全体"帝国主义列强"中最坏的一个，妄想把南方"立宪政府"置于死地。于是人们终于有机会找到孙中山进行采访，而孙手下那位出生在英国的航空局与审查局局长对此却一无所知 [②]。孙在采访中说，美国从此不再是中国的朋友，至于英国，就算其本人最主要的宣传者与保镖都是英国人，也好不到哪里去，他要转投布尔什维克，与苏俄结盟，废除与其他列强缔结的不平等条约，从各国手中收回租界与治外法权，不再允许外国势力插手中国关税，严禁各国将中国的税钱屯在各自的港口借此限制中国进口，并且要清算列强对中国人民犯下的种种旧恶。从中国人的角度来看，人们不会对孙的上述主张加以责备；然而，这位老人空怀一腔理想主义，他甚至连脚下的城市都无法完全掌控，根本就无力实现自己的任何一项主张。

广州的关税依旧归洋人收取，这些人至少形式上是由北京任命的。这笔钱如果不被用来支付他们自己的工资，就会被按时转往北京，用于偿还外债。如果关余能够不进北方军阀的私人户头，没准真的会被拿来购买军火，以便来日与孙中山开战。

---

① 葡萄牙于 1911 年采用了以红绿二色为底色的共和国国旗，以取代之前蓝白背景色彩的王国国旗，以强调新的共和体制与旧有君主制的不同。

② 此处所指为陈友仁（Eugene Chen，1878—1944），出生于英属加勒比海殖民地特立尼达，1923 年任孙大元帅府航空局局长，1926 年接替胡汉民出任中华民国外交部长，以铁腕外交而为后世称道。

"南方政府"的英文机关报《广州时报》适时放出风声,让人不免议论,忧心忡忡。谁知事态渐趋平静,人们不再如以往一般,频繁见到外国海员在沙面宽敞的板球场上踢足球或者打棒球,也鲜有海员不等联运轮船来接,便擅自返回自己的舰上,江上少了飘着外国旗帜的炮艇军舰,珠江更像恢复了本来面目。就这样一直到下次"危机"再起,各国又忙不迭地把各自的炮艇从香港、菲律宾、长崎、印度支那、澳门和其他地方拉来这里。

毫无疑问,孙中山本人已经意识到,在没有领土的前提下,治理国家便只能是一句空话。你争我夺的北南两派将中国一分为二、划界而治的观念在海外早已广为流传。广州"南方政府"的势力范围虽然不时也会扩展至稍远一点的地方,但其事实控制区域比珠江三角洲大不了多少。就算在珠三角地区,就在广州城里,"南方政府"的权力也要受到种种限制。雇佣军难以管理,海盗水贼猖獗肆虐,再加上这个省那个省的将军频频插手,无一不是掣肘。孙晚年的地位与杰夫·戴维斯①颇有几分相似,后者躲在新奥尔良的老巢中,至死都守着路易斯安那州的那一小块地盘,虽然不时与勾心斗角的北方各派私下往来,有时也会孤注一掷,冒险进攻密西西比,但实际上就连整个路易斯安那也无力掌控。

我既无意支持,亦不反对这位已故的"中国立宪大总统",我对政治兴致缺缺,那不过是一盘车和卒是真人扮演的棋局罢了,唯一让我有兴趣的只是政治影响下的芸芸众生的生活。

首先要谈的这个话题有些敏感,在所有国家都是如此。可以肯定地说,晚年孙中山治下的广州人民几乎承受着地球上最为沉重的赋税。我不敢开列一份完整的税目清单,即使我拥有这样一份清单,也能找到充分的理由写上一百米页,甚至更多,可还是会担心像马可·波罗一样无人相信。不过,一些突出的细节应该还是可以看出端倪的。

所有的交通设施都要收税,数目至少相当于票价的20%,这笔钱由运输方负责

---

① 杰弗逊·戴维斯(Jefferson Davis,1808—1889),美国南北战争时期南部邦联"总统"。

收取，因此你如果买一张票，坐着公共汽车一路颠簸到东山，得花 3 角 6 分钱，而
3 角钱的车费本身就已经要比富庶的美国的任何地方都要高了。我们一直抱怨美国
火车票里含有 8% 的税，直到这项税收得以废除；而一张从广州开往外地的火车票
包括 46% 的税。无论坐火车汽车，还是住旅馆，用电灯或者自来水都属于奢侈服务，
要加收税款，虽然数目不一而足，却没有一项低于 20%。这笔钱会被加到所有旅馆
的房费里——当然，沙面的除外——这笔钱后来还翻了一番，因为两个将军互不买账，
两边都要收税，每天都会派人前来收取。人力车也要交税，就连"渡船"也不例外，
我指的是那种又烂又破的舢板，从岛上渡过珠江到沿江路每位乘客只需 5 文钱甚至
更少。

珠江以及人工河上的 5000 多艘渔船和帆船一律需要缴纳某种商业税，和岸上
店铺交的税有点类似。和尚化缘得来的钱也得交 30% 的税，此外每个和尚每年还得
先交 30 块钱才能保住化缘的资格。据官方公报显示，每年餐馆缴纳的税款达百万
之巨。尽管广州算不上一个时兴吃冷饮的城市，可仅汽水收取的税金，一年就预计
达到 1.5 万元。有一种房捐专门由警察收取，总计可达 70 万。广州人人都可以拥有
武器，也人人都需要，不过要想拿到许可就得缴纳高昂的费用。房产转让的每一个
阶段都少不了交钱，从登记、公证、盖章到归档，样样都要交税，每一份文件都有
印花税，租房还要交 7% 的警察费，还有卫生费——可在 1918 年引入现代市政管理
体制之前，每条街道的卫生工作都由居民自己管理，要远比现在成功。此外，还有
投资税、买地建屋税、自有物业装修税，我所知道的就有这么一大堆。虽然如此，
土地投机商如果要逃税，也比那些养猪的肉贩子容易得多，后者至少要交 15 种税。

由于生产与出口环节税收过重，作为广州主要产业的丝绸贸易几乎陷入瘫痪，
加之银行拒绝向缫丝厂预先贷款，导致成千上万捆生丝被弃置仓库。除此之外，丝
绸商人还得申请许可证，只要携带超过 50 元毫银的货品离开广州出港，就得缴纳
高额税金，而这些商人与产丝地区交易用的都是货真价实的银元，转账金额高达数
百万。创下税金记录的，恐怕非柴火莫属，从伐木场到集市，一路上要收取的厘金
超过 50 种，此外还得向军队和土匪进贡，因此一担柴火在山腰卖三角钱，到了广
州就能卖到两块五。

苛捐杂税多如牛毛，就连打"麻雀"也要许可费——还是按照官方公报的翻译，

称"麻将"多少更加规范——在宿舍住所里打麻将却要遭受重罚。在街上发传单或者竖个招牌都要收钱，有编号的轿子要收钱，挂个店铺牌匾也要收钱。有个军官想对每一艘运粪肥的船都收税，这即便对于隐忍的中国人来说也实在太过分，结果家家户户堆得满是粪肥，苦不堪言。后来，军队又找了法子收取回扣，连运污船也不放过。火柴厂一度抗议对自己的产品征收新的战争税，声称对进口原材料的税收已经让他们根本无利可图，最终抗议同样毫无作用。

　　凡是需要交税的行当，就把垄断经营权留给出价最高的一方，这是广州政府及其豢养的那帮寄生食利者一向喜欢的做法，因此除开预计要交的各项税收，人们还不得不向各大财团交纳高昂利润。于是，就连政府喉舌的英文报纸上也会几乎每天出现这样的文字：

　　古志（音译）公司出价每月 800 大洋垄断江门的妓院收入，所得收益将上缴省教育局。可塘的妓院经营权正在招标中。

　　将这样一笔财政收入用于这样的目的，西方改革派人士若是听见，想必定会大惊失色。可话说回来，教育在理论上难道不是助人从良的第一步么？不仅如此，公告虽然声明对这些那些有伤风化的行当征税是为了支持兴办学校，事实上纯属一派谎言，因为就算"大元帅"隔三差五颁布法令，抢得先机的却往往是军队。

　　此外，鸦片买卖也被转包给了某财团独占经营，确保政府能够得到一笔固定的财政收入，因此政府官报只好如此表述："杨蔚彬[①]将出任禁烟督办署署长"，"督办"二字在此意味着"最大程度的销售利润"。虽然清朝统治在孙的眼中一无是处，可早在世纪之初，鸦片就在清廷管治之下几乎禁绝，番摊赌钱也遭到禁止，广州还举行过盛大游行以示感谢，并将吸食鸦片与赌博的用具物品投入熊熊大火之中付之一炬。即便到了 1920 年，依然有人因为赌博或者交易、吸食鸦片在广州被枪决。

───────────

① 杨蔚彬（1868—1929），即杨西岩，字蔚彬，广东新会人，1923 年任广东省财政厅厅长，同年任全省禁烟督办，翌年辞任。

时至今日，这位伟大的理想主义改革家虽然推翻了清朝，可在他的治理之下，聚赌、售毒、贩黄的"公共场所"又重新开张，公然迎客，将流氓官吏养得脑满肠肥，使横行霸道、唯利是图的佣军兵痞们赚得盆满钵满。

走在广州的任何地方，只要推开一张帆布帘子——这些帘子以往洁白如新，现在却已肮脏不堪——就连沿江路上也能见到里面的番摊玩得热火朝天。不单广州的街头巷尾，但凡这帮南方兵匪肆虐之处，都能见到烟馆、赌场和妓院大行其道，它们的背后没有哪个缺少武夫军阀的公开张罗或暗中撑腰。有了军队保护，博彩赌钱的行当在广州可谓花样翻新，层出不穷。赌资赌注小到一块铜元，大到一掷千金，肆意挥霍都有可能，如是一来吸引的不仅有那些手头阔绰之辈，就连一贫如洗的女人与小孩也卷入其中。有些兵站甚至做得更出格，竟然挂起彩板招牌与纸糊的灯笼，公然宣称，凡入内"交流"的主顾一律得到严加保护。

不管是在广东省还是西部的邻省，只要入夜时分看见某处灯火异常明亮，那几乎可以确认是一处赌馆，里面站满了赌徒。还有不少赌场装潢更为考究，有钱人从楼上丢钱下注，跟澳门的一模一样。有人奇怪是否此类的投机游戏在热带地区最为

图 31 在广州，赌钱的特许经营权掌握在那些雇佣兵手里。走在任何一条街上，只要拨开一条脏兮兮的布帘，都会看见里头正在热火朝天地玩着番摊

兴旺发达，假如中国全国各地沉迷番摊的人不计其数，那么最为长盛不衰的非南方莫属。我记得1917年曾和好几百名年轻军校生一道去了法国，这些人来自美国南方，旅途中大部分时间都坐在翻过来的椅子上，高声大叫着玩双骰子游戏。中国人站着赌钱的姿势至少要显得更加体面一些。不过从某种意义上来说，这要比华尔街的赌博更坏，因为这会让成千上万劳工不务正业，而如果是华尔街的赌鬼，或许本来就干不了任何正事。另一方面，这些小小的白扣子或者闪闪发亮的铜板四个一组不停数来数去，可不是小麦期货从吃不饱饭的人嘴里抢走面包，更何况赌注的金额也不算太大。

苛捐杂税固然可恶，但与强制贷款和没收充公相比，又要温和了许多。凡是住在广州有那么一点家产的人都会有些惶惶不可终日。将私人财产一抄了之，不作任何补偿，拿去用于拓宽街道、新建公园，诸如此类的事情还都只是刚刚开始。广州虽然在1921年成功挫败了一支外地军队的入侵，却没能躲过接踵而至的劫难。由于地盘过小，人手不足，于是孙从邻省召来了"外地"军队。其中不少人以前是落草强寇，有些甚至拉来了全部人马，很快便喧宾夺主，弄得这位"大元帅"反而连自己地盘的事情都无权过问，为了满足这些欲壑难填的入侵者，每天都得研究新的对策，为了筹款想出种种离谱举措，其中包括将全部华人信徒的财产充公，公地公宅一律变卖出售，对所有具备缴税能力的人强行征税。诚然，其他国家也曾对宗教物业征收重税，有的甚至查抄充公，但只有孙氏政府把私人财产也堂而皇之地一并没收了。

一切都在按部就班进行，这种事情通常都是如此。在斗争的开始阶段，大元帅府要求各个区政府交纳特别战争税，数额自1000元到4000元不等；号召总商会在全城众多的行会中筹集50万款项。到了孙的统治后期，类似的要求每个星期都会强调两三回。九大慈善团体同样被要求募款50万。广州本地的350家银行会不时收到消息，必须在第二天天黑之前"借给"政府几十万银元。眼看这种事情变成家常便饭，银行家们宣布他们每年已经交过五万厘金，并且宣布停业，以示抗议强令使用邮戳纸。此举主要是由于这笔税款利润丰厚，承包的财团要求有权调查本地银行事务，从而强制推行这项规章，如此一来自然意味着银行商业机密的泄漏。中国银行广州分行为此被勒令停业清理，资产遭到没收，"以弥补政府损失"，就算当地的债权人与债务人大声疾呼也无济于事。

在土地分类与契约审查的幌子下，成千上万私地私宅被没收充公。虽然其中的确有不少人私自占有宅地，但更多家庭祖祖辈辈好几代人都是这些财产的合法拥有者。一切都要接受检查与登记，每一项都要收取高额费用。之前签订的房产契约一律被宣布作废，要想获得新的契约，不仅必须交纳重金，还要经过烦琐的手续。业主们到了最后会发现，所有租金都被战争基金与雇佣兵们一扫而光。土地要通过核实调查来决定其归属，业主会被突然传唤至某个市政部门，如果他们的契约数日之内得不到证实，就将被剥夺财产。成千上万的房产已被变卖出售，滥用职权与贪污腐化的勾当层出不穷，还有不少物产依旧在等待买主，甚至就连买家也无法确定他们自己是否会被很快逐出刚到手的房产。就在我们待在广州期间，房东就被强令向政府上交两个月租金，这已是过去十个月里第四次发生类似事情。接下来会有一个评估，专为征收战争税而进行，新建房屋将按照价值，以每千元收税四元的标准征收税款，并对广州及其下辖地区所有店铺收取 2% 的资本税。广州市民提出另外交纳 3% 的税款，以免去对财产的进一步调查与逐步没收。虽然建议得到采纳，可不管是为了明目张胆直接敛财还是给部队腾出容身之处，没收私人财产的行为仍然照常进行。

孙中山在世的最后两年里，担任广州市长的是他的儿子，而广东其他十几个地区则在来自其他省份的雇佣军的控制之下。广州民众经常可以看到贪官污吏们为了一己之私卖官鬻爵，军阀武夫们大打出手，只为抢夺地盘，搜刮更多的民脂民膏，征收更重的赋税，从船运、赌博、鸦片和其他合法不合法的买卖中抽取"保护费"。一个拥有财产的人，即使早年对孙的事业曾经表示过好感，现在也会习惯私下转移财产。这对于 14 个受惠国的国民来说当然只能产生间接打击，纵使这种打击会在长时间内变得相当严重，某些时候甚至趋于恶化，而那些不享有治外法权的外国人则和中国人境况一样。俄罗斯女人所在的舞厅要交纳一整套没收性税金，这些女人有不少就在广州长大，光顾她们的主要是那些停泊在港湾内的外国炮艇上的水手。

为了避免财产被抄，人们想出了不少滑稽可笑的法子。我前面曾经描述过纸汽车上插意大利国旗的事，那是烧给死人用的，免得下辈子还要被没收。这些旗子形形色色，有不少国家的国旗，其中日本的恐怕最为打眼，也有不少美国国旗，虽然上面的星星比起条纹来总是少得不成样子，但反正足够让掠夺者们敬而远之。随处可见告示牌上面用中英文写着："本房产已抵押给——英国商人"，还有可能是帕西人①、印度人、香港人。我们有一回在河南岛上见到一块牌子，在这些祈求外国保护的招牌里恐怕算是最天真的一个。那里只不过是巴掌大小的一块地，上面盖了个窝棚，一旁的树上钉着一块木板，上面郑重其事地写着：

This land is belong of America.（此地归美国所有。）

Anybody cant to be trouble.（任何人不得滋扰。）

　　除了财务上的问题，孙中山虽然常常以劳苦大众代言人和保护者的形象示人，可他理想中的政府却很难给人民带来安居乐业的生活。仅仅因为一个人一无所有，就推断这个人处境安全，这样的结论显然不能成立。在广州经常能看见强征劳工入伍。不管是在街上还是冲进家里，总之到处都在抓人，强迫为军队运送东西或者干其他差事。被抓的人常常因为走得匆忙，连跟家人道别的时间都没有。街上经常能见到百来个劳工排成一行，等着登记名字。这些人即便不被送上前线当"志愿兵"，也要去给那些懒惰的士兵白干活儿搬东西。贪婪的政客与军阀自然很快发现，不管是威逼绑架，还是强征入伍，这些法子都不错，用来对付那些还有一点钱财或者其他值钱东西的人管用得很。就连女性也难保不被抓去。某天在某份官方报纸上见到一篇文章，根据文中所述不难猜出会有怎样的命运在等待那些人：

女孩有待处理

　　警局教养所现有年轻女子数名，已到待嫁年龄（接下来写的是七个人的名字，包括出生日期与地点，没有一个是广州本地人，年龄在 15 到 20 岁之间）。

　　有意择偶者前来登记即可。

---

① 帕西人（Parsee），指来自印度次大陆的一个民族，信奉祆教，清末已有不少来粤港等地经商，当时被称作白头夷。

图 32　在广州，劳工被强征入伍，商人们横遭盘剥，当地人民被征收的苛捐杂税多如牛毛

　　我们有天见到一桩事情，足以让人更加深切体会广州在市政管理上常常吹嘘的委员会体制是怎样一副本来面目。该委员会虽然有不少人会说英文，却不过是对西方体制的东施效颦而已。一天午后，我和妻子在城北闲逛，那里和江边是完全相反的方向，城墙已被拆毁，而大道尚未完工。我们听见传来重重的击打声，有人在痛苦地号哭尖叫。我独自一人上前看个究竟，只见有个人手腕被紧紧绑在背后，一副小商贩模样。绑住手腕的那根长绳子被一个高官模样的人抓在手里。后者使劲拉着绳子，被绑者显然痛苦不堪。打人的抡起右臂，操着一根硬木棒一个劲地狠打。那木棒大约柴火长短，落在被绑者剃光的脑袋、突出的膝头、踝骨和手肘上，总之打的都是那些最怕痛的地方。十来个当兵的咧着嘴哈哈大笑，看得出是在保护那个打人的家伙，防止被绑的人反抗。几个平民胆子大一点，也在路旁看得津津有味。

　　身为一个外国人，我在中国还是能做一些事，毕竟这些事中国人自己永远都不敢做。我拿出相机，希望这样做能够让这场虐待赶紧收场。打人的那家伙停下了手，

图 33　有天下午我们遇见一个人被抓了起来。此人双手被反绑在身后，被当官的用木棍重重地打在脑袋和身上怕痛的地方，每打一下都发出一声惨叫

对我笑道："哈，有个外国人要给我们拍照！"接着叽里呱啦说了好一通，可能是想给自己辩白，可能就是在叙述被打者犯下的罪行，不过因为说的是粤语，我一句也没听懂。被绑的人此时半坐在地上，已经几乎不省人事。他看起来不像作奸犯科之徒，所谓罪行恐怕是没能给这帮当兵的捐钱，为他们提供战争资金。或许这是旧中国老一套做法，管他有没有罪，反正先打了再说，这样才好"合法"杀掉。等我合上相机，这个军官派了一个士兵过来，带着名片，要求送他一张照片，接着又继续施暴。被绑的人哀号连天，直到走远了才渐渐消失。后来我在市长办公室谈起这一幕，提出附上照片为证，得到的却是满不在乎的回答。答复我的人毕业于某美国大学，只是淡淡地说了句："啊，是吗？这样做的确违法。"中国人动用酷刑起来连女人也不放过。就在几天之后，警察总署又被爆出虐待事件，受害者后经查实竟然是一位美国公民的妻子。

清朝时，胆子够大的游客常常会去广州的刑场看海盗或其他犯人被砍头，那个年代用的是大刀，现在一般执行枪决，偶尔也会用刺刀。在中国南方，行刑是一件残忍的事情。判了死罪的囚犯有时会被戴上脚镣，一瘸一拐地被押到坟场，双手紧紧反绑在身后，跪倒在地。围观者此时会靠拢过来，刽子手一般能赚二角毫银，当兵的常常为了争抢机会吵吵闹闹，要不就打赌猜输赢。赢了的会为运气不错哈哈大笑，哪怕处死的犯人是自己以前的"同伴"，也会毫不犹豫地走到身后，照着后脑就是一枪。通常会在前面打出个洞来，直径有六英寸大。除非当兵的自己想要，否则乞丐们会一拥而上，抢夺死者身上的裤子作为战利品——死者就算之前穿着外套和衬衣，也早就烂得不成样子了——如果没有家属前来收尸，通常会任由尸体丢在原处，直到不收拾不行的程度。听住在广州的外国人说，被杀的有许多无辜的人，当然按照中国的判决程序来看这根本就不算大事。

广州的雇佣兵主要来自云南和湖南，必须要有钱，才能让这些兵留在这里守住地盘，和竞争对手对抗。我们不时可以看见广东的军官在练兵，一个连的士兵要么来自云南，要么就来自其他讲官话的地方。他们一个个面面相觑，完全听不懂军官在讲什么。这些来自西南的士兵，帽子上都系着红色的帽带，我们和他们交流起来要比广州人跟他们说话容易得多。大多数雇佣军都有自己的军官和编制，自己人管自己人。由于政府找不到新的办法筹钱维持这支队伍，这些请来的入侵者将越来越多岁入划归己有，而剩下的人被迫转为采取其他手段来对付这些善良的民众。正因为如此，孙临终前的最后一年，除了数百项新增税款，其他各项税费均翻了一番，许多甚至猛涨了四倍之多。

北河区就在那条北上线路的尽头，沦为滇系佣兵的地盘已有一年多时间。他们不仅强占铁路，将 40% 的日入揽入囊中，还将沿线城乡市镇全部控制在自己手里。佛山是座大城，距离广州乘车坐船不过一步之遥，乃兵家必争之地之一。各路人马打着孙的旗号你争我夺，在当地横征暴敛，无所不用其极，把在其他大城市惯用的伎俩一一使出，大肆查抄财产。佣兵们还控制了三水一线的铁路，将全部收入据为己有，只有一小笔被留作维护运营。广东省专员虽然手里仍然握有 15 个征收厘金的关卡，但这些搜刮来的钱财往往还没到广州便被"外地"军队半路截下。滇系不仅控制了征厘站，还掌握着广州城几乎全部固定财政收入。这群外来的强盗操着另一种语言，骑在人民头上作威作福，广州的百姓早就对他们恨之入骨，一心盼着有朝一日可以翻身赶跑他们，非得手刃逆贼方可解心头之恨，这一点人同此心，不言自明。

这帮当兵的不过是游手好闲的市井之徒，也有可能是之前的草寇，成日衣冠不整，好吃懒做，寻衅滋事，强取豪夺，用尽种种手段，把整个广州城变成任由自己胡作非为的地方。几乎每一座寺庙，每一处被没收的厂房，每一所遭到征用的民房，但凡与外国无关的地方，只要容得下两三个散兵游勇，全都成了他们安营扎寨的地盘。无论在沿江马路一带还是其他地方，被没收的房屋都成了这些人的军事总部，几乎每天都能在这些地方的大门入口看到旌旗招展，悬挂着各式横幅与鲜花，明晃晃的刺刀与上了膛的枪械甚为壮观，此番景象显然使西方那些喜欢大张旗鼓、彰显排场的政客们颇为满意。

这些兵勇多数道德败坏，纵情声色，欺行霸市，常常拿着现代化的武器，耀武扬威地走在广州的街头巷尾。他们不仅对黄赌毒大加纵容，从中渔利，自己也常常光顾这些有伤风化之地，极尽挥霍，肆意妄为。他们几乎从未受过专业训练，军纪废弛，毫无责任感可言——当然，谋取钱财除外。"大元帅"原本打算在留下足够维持城市治安的士兵之后，将其他人调往白云山，并且在那里建设兵营，结果却遭到了士兵们异口同声的反对。

无论本地兵还是"外地"兵，这些军队无时无刻不在制造麻烦。农历新年在中国各地都是发钱还债的日子，广州本地士兵拿到手的是银毫券。这些纸钞一文不值，是广州政府自己发行的。士兵们在商店里如果想用银毫券付账，很有可能会被店家一口回绝，有两三个店老板就因此被当兵的开枪打死，人们愤而反击。商家最终被迫按照一定比例接受这种毫无价值的钞票，数额从 1000 到 5000 元不等，按照各家生意规模大小而定。士兵们从城里蜂拥至乡下，霸占村舍庙宇。他们甚至私闯民宅，也不管屋里是否住满，强行与之同住，不少人无奈只好将家里的女眷送往邻村。

为了抗击兵匪作乱，商人们自发组织商团。商团主要由店员组成，轮流执勤，成员身着崭新的浅色卡其布军装，与那些士兵形成鲜明对比，后者一身蓝灰色衣衫，灰头土脸，形同乞丐，而商团装备精良，纪律严明，很快表现出与自己出身相匹配的素养。人们比以往任何时候更快学会如何团结起来，相互保护。村村之间结成同盟，不再像以往那样内斗，装备武器，一有需要便互相照应。待到我们离开中国之际，广东省各商人志愿军已经联合成为一个独立紧密的组织，武装人数接近十万，随时待命。商人们终于意识到自卫是他们唯一能够依靠的保护手段。

我们住在广州期间，孙中山一派一直在时断时续地打着游击，与之交战的一方并非难以对付的"反对立宪"的北方派系，而是好几位以前与孙共事过的南方党人，其中名头最响的当数陈炯明。此人曾深得孙中山重用，后因两人政见不合渐生嫌隙。陈的大本营设在汕头，在粤东与南部地区也拥兵自重。陈似乎从北方——当时吴佩孚的地盘——和自己掌握的地盘上同时捞钱，据说在日本已经存了 200 万美元，在香港也有 100 万。这两位昔日旧友时常兵戎相见，交战地点就在被双方称作"东线"的地方。这条战线沿石龙一线波动，后者距离广州约 50 英里，位于早已因故停运的广九铁路沿线。从沿江路东头原先的红灯区往前再走一点便到了广州府车站①。车站外经常能够见到月台上挤满了士兵，有些带着枪背着军用装备，正等着坐火车上"前线"。尽管有些外国人主张坐军队的火车去石龙碰碰运气，看能不能突破"警戒线"，再坐火车继续往前走上几天就能到达英国的管辖区，但这条铁路平民几乎不得使用。虽然间或能在车站看到几个伤兵，可这场战斗绝大多数时候似乎都在按照古人定下的金科玉律进行。定下这些规矩的是两位有名的将军，生活在公元 5 世纪，没准还是北方和南方领导人的祖先，因为他们也一个姓孙，一个姓吴。二人极力鼓吹，甚至身体力行"兵法之最高境界在于不战而屈人之兵"。我在前年曾遇到一个外国人，此人亲眼目睹了"东线"进行的一场"大战"。交战双方先是大肆挥霍弹药，到了大约下午五点，两边同时举起了白旗，所有人都停下来吃饭——广州这地方一天就吃两顿饭，这一顿可不能少。双方吃完之后重新开战，直到天上突然降下一阵急雨，所有人忙不迭地找地方躲雨，最后夜幕降临，双方偃旗息鼓，以免发生流血意外。这更像是乌合之众的杂牌军的游戏，变着法子从手无寸铁的平民百姓那里骗取钱财，绝不会有任何人毫无必要地去冒生命危险。

就在我们抵达广州之前的一两年，广州政府宣布所有寺庙僧院财产一律充公，

---

① 广州府车站（kwangchowfu Station），即历史上的旧广州站，亦称广九车站、大沙头火车站，是广九铁路华段的终点站，位于大沙头岛西侧对岸，始建于 1909 年，在 1974 年新广州站竣工启用之前是广州历史最为悠久的火车站，今已完全拆除。

归政府所有——这一次恐怕是从法国那里学的。几乎所有庙宇都被洗劫一空，其中不少被完全拆毁，腾出地方来修马路，还有的做好了标记等着拆除，只是"临时"留作兵营使用，有些寺庙被估价待售。政府没有任何契约凭据，只是承诺给买庙的人颁发新的地契。不消说，待到下一任政府上台，这些买庙的人就会发现，这些地契充其量只能用来当作纸捻，点一点水烟筒罢了，难怪会无人问津。因此，最好的方案还是把庙拆了，把原材料取走，腾出地方来修别的东西。

陈家祠离我们在西关的住处不远，是中国最负盛名的祠庙之一，在同类祠堂中的确算得上华美庄严。那里的艺术作品巧夺天工，极富中国特色，最近又全面翻新了一次，现如今不只士兵，就连他们的马也住到那里。古老的大理石栏杆雕梁画栋，现在竟然成了晾晒衣服的地方。住在里面的士兵成天靠赌钱消磨时光，完全不把这个古老家族的精神圣地放在眼里。祠堂里摆放着数百个"灵位"，上面写着陈氏家族过世的列祖列宗的名字，牌位紧紧挨着，排成一行行，从地板一直排到天花板，把这些造价不菲建筑中最里侧的一间塞得满满的。祠庙禁止普通人入内，就像差不多所有留下来的寺庙都不对外开放一样。即便我们拿到了入内的许可，可那些士兵

图34 不只士兵，就连他们的骡子也住进了鼎鼎有名的广州陈家祠和其他不少供奉拜祭的场所

睡觉的不雅姿势也让我们两口子无法好好欣赏祠庙内部。不过，一个外国人只要脸上挂点微笑，要不伸着下巴，装出一副高傲的样子，通常就能进去，因为这些中国士兵毕竟头脑简单。他们不久前还是些不谙世事的劳工，只是受政治权力压迫太过深重，没有交上好的朋友罢了。

广州有不少古老的寺庙，有的已被拆毁，有的正在拆除。我们来时恰好赶上亲眼目睹"五百魔怪庙"①被拆毁的经过。这样的庙里住着不少菩萨的弟子，外国人习惯这么称呼，在中国大多数大城市都能找到。此庙始建于公元503年，是"南都"最华贵的一座寺庙，不少大户人家以前都曾捐赠大笔钱财。拆除工作还没有进行到大殿。殿内灯光昏暗，五百尊佛像犹如真人大小，端坐成行，形象、表情、姿势皆栩栩如生，足够让人细细端详上好几个小时。其中一尊佛像被中国人称为"马可·波罗"，脸上贴有金粉，与其他佛像相比，不太像蒙古人种，看来艺术家原本就有意做得没那么明显，要不然肯定会在脸上多加上几笔毛发，这样才有"洋鬼子"的模样。七层塔位于另一栋楼内，用乾隆御赐白石砌成，如今依旧保存完好，只是里面挂满了滇系佣兵的破衣烂衫，显得乱七八糟。虽然这些当兵的同样邋遢，倒还友好，不时还会开个玩笑，尤其是听我们和他们同样说着官话更是如此。这座宏伟的建筑其余部分几乎都在拆除之中。

劳工们一边谈笑风生，一边把巨大的柱子推翻在地。这些柱子像铁一般沉，估计是用柚木做的。女人们跟男人一起把蓝黑色的砖块搬到外面。有个老和尚在庙内愁容满面地走来走去，活像一只老鸟看着自己的鸟窝被一群孩童无情摧毁。一间间殿房倒塌在铁镐和撬棍之下。有个老头站在正门入口处，面对着满地废墟的庭院，拿着一支驼毛笔在宣纸做成的笔记簿上草草记着什么，看上去像是在写一份运走物品的清单。每个搬运工都会递给老头一张纸，上面潦草地写着几个字，这显然是某种复杂的方法，记录他们一天挣得的工钱。

门口来了一群人，几个临时当差的穿得还比较考究，刚好走进院子里，那副神情就像西方政府里那群发号施令的家伙，悠闲自得地享受着这份闲差。我们注意到，

① 根据上下文所述，此处所指当为广州华林寺，位于荔湾区下九路，内有五百罗汉堂，其中一尊名为"善德尊者"的罗汉据说取材于马可·波罗。七层塔指的是舍利塔。

四周有不少士兵在监督是否有人停手怠工。说也奇怪，虽然大部分当地人仍然极为迷信，却似乎又能不费吹灰之力找来这么多工匠，把这些曾经神圣的庙宇拆毁搬走。毫无疑问，这些工匠这么做也是迫不得已。不过也可能是谤佛毁神的话说得多了，就连一般老百姓也开始不再相信藐视神佛真的会有什么危险。

孙在广州一带挖了不少坟，重新开垦出大片土地。虽然他在这件事情上的做法同样简单粗暴，但原则上并无可以批评之处。孙的解释无非是时不待人，中国人做事拖拉，倘若换成其他方法将一事无成。平坟的地方，遗骨按照指定方法放在一个土坛子里，虽然大部分都被谨守孝道的后人取走，可仍有一些无人照料，想想中国人如此多灾多难，这些人的家人没准早就死光了。有家公司背后在为"南方政府"办事，告知村民每迁坟一座，公司将补贴三块，但条件是必须马上动手。于是不少人毫不犹豫地立刻动手。人们将棺材撬开，把尸骨拿出来，头朝西摊开放在盖子上。

人们在地里漫无目的地走着，感觉心里正在痛苦地计划着什么，又好像在参加村子里的集会一样，嘴里喃喃自语："这是我老婆，这个是我奶奶。"有个老妇人哭哭啼啼，因为她拿到的三块钱里，有两块得用来请人帮她把丈夫的尸体挖出来，还要花八角钱买一个坛子，剩下的两角钱已经不够把丈夫的遗骨搬到别处下葬了。对于这个地区来说，这是一个艰难时刻，因为对于保守的中国人来说，照顾生者远不如安葬死者叫人操心。无论如何，不管孙中山做了多少好事坏事，这一点都应该记在他的功劳簿上。

四
邑
：
在
美
华
人
的
故
乡

　　虽然还是一月初，却有着六月的暖意。在某个阳光明媚的下午，你也许会看见我在西关交错纵横的窄轨铁路之间穿梭，身后跟着的是我的行军床和其他一些行头。这些东西就算一个人也能轻松背着在中国徒步旅行，不过现在已经全都由我的家仆挑着，在扁担上晃来荡去。虽说替外国人干活相对来说要安全，不用担心被当兵的绑架，但仆人走起路来还是有点畏缩。

　　我们告别了沙面绿树掩映下的宁静与安详，过了江，来到沿江路上。宽广的路面上尘土飞扬，人头涌动，熙攘喧嚣一刻也不停息。这一切都在提醒我从外国式的生活里走出来，真实的中国生活再一次展现在面前。这次出门远行，要围着广州绕上一大圈，不仅当天晚上回不了家，甚至一连好几个晚上都得住在外面。事实上，我最后一年在中国南方走过的旅程可以概括为两个大圈，都是以广州为圆心。第一个圈首先穿过广东省，包括广东省的大岛海南岛①，然后到达西部邻省广西，那里更为偏远蛮荒；第二个圈要长一些，先后穿过云南、贵州和四川几个边陲大省，再经湖南返回广州。

　　照理说每天都会有一班船到江门，据说是每天三点发船。唯一能够确定的是费用不会很高，不管定的是什么时间，开船的时间都要晚一点，只是究竟要晚多少，就没人说得准了。离三点还有几分钟，我同妻子还有神色紧张的家仆一一话别，踏上了那块窄窄的木板。板子一头搭在简陋的码头上，另一头则向下搁在一条当地人

---

① 海南在明清至民初一直归广东省管辖，作者成书时亦如此。

的货船上，两头随时都有可能滑落，脚下不断溅起算不上晶莹剔透的珠江水。十几个男人正从板子上推推搡搡往岸上挤，而我和我的行李此时已经在摇摇晃晃的船上挣扎了。我必须承认自己已经筋疲力尽，毫无力气去描述这样一条船，类似的船我之前手脚并用地爬上过好几条。

当我从这阵骚动中缓过神时，船早就出发前往江门了。船上满是各种各样的土产货物，基本上都装在用柳条编成的箩筐里，堆起的高度比那些有航海法规的国家规定的上限还要多上几倍，而且远远超出你能想象的范畴。即便如此，劳工们依旧在高声吆喝，把货物不停往船上扔，号子声此起彼伏。每当船上人家觉得自己的家要被这些缓缓移动的货船碾个粉碎时，你准保会听见更加响亮的叫声。

这艘船的形状有点复杂，令人吃惊，换成会画画的行家或许还能清楚地描绘一下，可我没那个本事。由于任何人，不管是河边岸上还是过往船上的，甚至连这条船的乘客，都有可能是海盗，因此船尾设有一道隔栏，用很厚的铁皮做成。里面坐着一群所谓士兵，不停挥舞着手里的武器。没有任何人指望就凭他们能够和海盗真刀真枪打一场，事实上只要这帮家伙自己不会为了一些值钱的东西而摇身一变成为海盗，我们就要谢天谢地了。

坐船的中国人一共十来个，不是一般地瘦，皮肤晒得黝黑。我和他们一样也有一间统舱。你可以想象一下，不知道用了多久的装干货的箱子，就像墙角的石头一样，堆在下层甲板的角落里。船舷两侧各有一条走道，又脏又窄，外侧没有栏杆，踩上去脚底黏糊糊的。过道实在太窄，但凡正常身高的人就算对面没有人挤过来，也得侧着身子才能过去。过道一侧满满地堆着货物，另一侧是三四间简陋的舱室，一模一样，一字排开。朝外的墙上开了门洞，长宽都在 18 英尺左右，却关不上，向外望，能够看见一架楼梯，极其简单却设计精巧，通往上层甲板，从那里往里看也能看见我。朝里墙上的门只有人在屋里时才能锁上；除非我愿意冒着被人抛下的危险，再回到岸上去买一把挂锁和一两根铁丝，才能把原来的锁修好。房间里真的只有一件家具，是个木头架子，被做成了一个老式的干货箱子，如同另一层地板，高出地面一英尺，架子和靠门一侧的墙壁之间只隔着一英尺的宽度。

虽说一月才刚刚开始，可天气已经有了仲夏的味道，船上变得闷热难耐。风吹皱了远处的珠江水，却吹不进船舱里。货物堆得满满的，仿佛没边没际，除非躲进完全无法居住的船舱里，否则常常感觉无路可走。要是这个下午待在西关的家里该有多好，至少去河边会让人开心，不但有机会舒展手脚，也不用待在一个满是汗臭的屋子里，时刻忍受着锅炉厂一般的喧闹，这样既不利于耐心等待，也没法让人安心睡觉。

虽然有人跟我保证三点一到准时开船，可既然这种事情从来就没有发生过，我因此有这个胆子，走过搭在那里的那块木板，到码头上去。我又看到了来自香港的轮船来来往往，沿江路上依旧一片喧闹，一刻也不停息，在跳动的灯光下显得有些怪诞。带上船的午饭虽然已经吃下肚，可还是觉得腹中空空。有人嚷着喊着要收缆绳，这样的话一个下午已经听了不止一百遍。大新百货顶楼上的大钟此时已经指向了八点。我们终于真正解开缆绳，船漂动了起来，在我们和周围船上船夫的吆喝声中驶入河道，向上游缓缓驶去。灯火将大新百货和整个沿江路的江滨轮廓勾勒出来，接下来看到的沙面显得漆黑而静谧，再往前开便是"花船"上闪烁的灯火，这些"花船"正从我们住的城区缓缓开出，将一切慢慢抛在身后，渐渐听见的便只剩下属于我们自己船上的喧闹了。

这是一个美妙的夜晚，一如六月的夏夜一般。平静的江水倒映着星星点点的灯光，很快便只剩下我们和其他船上的灯火。大部分船只都已抛锚，有的泊在江中，有的停在岸边。由于我们的船自身没有动力，因此一艘小艇被拴了了我们的一侧。艇上的煤烟和炭灰把我们的帆船整个罩了起来，耳边不停响着尖利刺耳的声音，刺激着神经。每当要让别的船看到我们靠近或者告知对方自己的方位时，船上就会有个人抢起一个铁匠用的大锤，敲打起一块铁条来。那铁条长约四分之三英寸，正挂在我们的头顶。

我们这条船的操舵装置是一个硕大无比的船桨，就在船尾，上面横着放了一块防滑木板。这里是船上唯一能够自由活动的地方，上面放着一排细细高高的竹椅，坐在上面不太舒服，因为巨大的桨舵前后摇摆，上面的人必须时而跳起，时而坐下。不过，其他地方实在是太让人难受，我们有六七个人都坐到凳子上面，每隔一两分钟就得从桨舵上翻过去，要么就走到舵的前面，又再走回来。

牵引的小艇好像有一阵子没有动静，接着便感到我们的船又开始缓缓移动起来。我发现不知何时已经有一根拖缆系在了我们的船上。看得出，另外两三条船尾高耸的船上也系上了缆绳。虽然见不到前面的拖船，却能感觉得出它正拖着我们向上游慢慢驶去。我沿着船舷踱着步子，那里刚刚高出水面，又没有栏杆，走起来提心吊胆；不过意外发现船上原来还装了至少一百个女人，她们全都挤在船前部的一间又热又臭的小舱里。男人挤在木头架子之类的地方，至少还能享受脱光上半身的优待，而这些女人没法像男人一样躺下，甚至都找不到地方放下哇哇大哭的孩子。不过，这样坐上一晚，对于劳累了一辈子的中国妇女来说，也完全算不上事。

不时会有人放个爆竹，以求好运。由于确实存在这种可能性，海盗借着夜色上船，洗劫我这个外国人，毕竟在港口停留五个小时已经给了他们足够的时间向同伙通风报信，因此每次放爆竹都会让我紧张。我终于还是调头进了船舱。船在水道复杂的三角洲里寻道航行。我应该睡着了，因为记得做了个梦，梦见海盗真的上了船，其实那不过是另一阵爆竹声，让我陷入了一连串梦境。

第二天一早，前方山势渐渐隆起，地平线上到处可见舒缓延绵的群山。木材垛堆得像村寨，顺着江水向下游的广州漂去。每当我们在简陋的木头码头停靠时，总能看见运鸭子的船和赶鸭人。赶鸭人总是用手抓着这些禽鸟的脖子，一抓就是好几只。上午十点左右，我们到了北街，这里距离广州不过 50 英里，从广州西部南下的快艇只需片刻即可到达。北街作为重镇江门的港口门户，位于西江河口，是四邑的主要对外出口。所谓四邑，是指江门、新会、新宁与香山四个地区，是很多海外华人的故乡，他们现在生活在美国、加拿大、澳大利亚和世界其他地区。如果你转过美国的街角，问一问某位靠洗衣谋生的华工，只要他在面对提问时敢说真话，你准保会发现，就算他不是直接来自香山，但祖籍肯定在那里；或者你在"杂碎"铺吃饭的时候，也发现这些人来自四邑，也就是广东省那四个人口众多地区中的某一个。同样，除了中国的外交官和留学生，美国国内来自中国的杂货店商人、古玩贩子和唐人街上的绝大多数华人，统统来自四邑。

如果你能让某位华人邻居承认他完全听得懂你在问什么，这意味着他对你的信任，知道你不是禁酒局的官员，跟税务或者警察部门也毫无瓜葛。这个时候你的邻居可能会说他来自广州，有的甚至会说来自香港。他之所以如此回答，是因为生活在国外不仅让他不愿透露过多个人信息，而且经过这么多年的海外生活，他也早已失望，不再指望能够找到有人听明白他家乡在哪里，因为西方人只听说过广州，或者英国人管理的那个港口。再说了，"广州"本身就是西方人对"广东"发音的误译，这么说来他也的的确确来自那个省。除非住在唐人街或者散布美国各地华人老街的人们能够听懂你的英语，否则即使你能说一口地道的汉语，唯一能够给这些人传教布道的还是只有在四邑及其周边乡村地区工作过的传教士们。

住在四邑的人恐怕比大多数中国人胆子都大，因为他们中不少人的确当过海盗，而且在海边住了这么几百年，也并不畏惧海洋。然而，这些地区之所以出了这么多移民，主要原因在于澳门和香港。从香港出国是很容易的，澳门以前也是如此，直到葡萄牙人让这个地方沦落成一个黄赌毒俱全的娱乐场所。这几个县都是人口众多的地方，一旦有人开了头，便会变成一种习惯，尤其是那些去了夏威夷和加利福尼亚的人带着大笔钱回来之后；而在中国的其他地方，却很少如此。倘若孙中山的大哥没有从香山的翠亨村走出去，去夏威夷碰碰运气，想来中国或许至今还是清朝统治。

我在北街拜访了当地的英国海关关长①，还和加拿大长老会教士共进午餐，他们的大院子里是一片草地。北街只有那么一条 L 形的街道，街上临时摆个集市就能把整个镇子几乎占满。我一忙完这些社交活动，就赶紧去了火车站。或许我应该用"railroad"而不是"railway"，②因为就算我不护短，这也千真万确是美国概念。车站上居然还有个小孩在卖东西，只是他卖得最多的不是口香糖而是甘蔗，全都切成一段段，两英尺长。小孩削皮用的刀子很奇怪，有点像刨子和刮刀的结合体，削下来的甘蔗皮和嚼过的渣滓就丢在地上，像厚厚的地毯一样铺在粗糙的地面上。

这里甚至还能见到用于维修路轨的四轮小车，不过干活儿的都是女人。她们清理火车头里的煤渣，再从平板车卜将砾石铲下来，边走边铺。成筐的大鱼和肥猪连同邮包被一起扔到车上，难怪都不用检查行李。所有车辆和设备都是一副年久失修的破败模样，这不仅在于中国人的习性使然，破烂之后再修补一番便好，而且因为

---

① 1902 年，江门被开辟为通商口岸，1904 年位于江门北街的江门关正式开关。

② railroad 为美式英语用法，railway 为英式英语。

过去这些年的政治动荡压抑了人们的热情和干劲，也没法继续进口新设备。虽然如此，这好歹是一条标准轨距的铁路，每天有三班客车开往各个方向。

难怪四邑地区的人想要移民，看看这里的平原，夹在山岭之间，面积十分有限，山头不少，到处都是墓地，坑坑洼洼。当地人死去的先辈们虽然极力反对移民，却正是他们逼得四邑人远走他乡，去海外混饭吃。即便如此，这个地区仍然人满为患，看一眼便会明白一代又一代四邑人并不是因为这里土壤贫瘠才远赴海外。

就算移民走了那么多人，中国恐怕也没有哪个地方的土地能像这个人口稠密的地区一般如此精耕细作。一月才刚刚出头，却已十分炎热，留下来的也好，回了国的也好，全都在田里耕作。男人和男孩光着上半身，在阳光的炙烤下劳作。水牛、棕榈树、香蕉种植园、木瓜，让人一看便明白为什么这里的人喜欢移民去夏威夷、加州和澳大利亚，而不是那些寒冷的地方。这里的人既不留辫子，也不缠足。不少男人穿着的衣服多少带点欧洲味道，女人却没有。四邑的女性强壮结实，要是移民海外的中国人习惯带上自己老婆，恐怕美国的四邑女人会更多。不过传教士们发现，有不少外国女人嫁给了中国人，尤以澳大利亚的居多。这些女人跟着老公回到中国，死后就葬在当地的村子里，各自述说着自己的故事。

从远处看四邑地区的村寨，像成串的货车车厢，叫人不由得猜想这些村子是否就是按照货车的模样建的，毕竟盖这些村子的人也在铁路建筑队工作过。抽个时间走进村子里，你会发现村里的房屋无论横向还是纵向，都排列得十分紧密，一排挨着一排，全都一模一样，深蓝色的墙，檐口向上稍微翘起，像大调度场里的汽车一样，这么一说又有点像戏院里的椅子。虽然周围还有大片空地，但都要留着种植稻谷，毕竟为了生活每一寸土地都不能白白浪费。

我们的火车每开一两英里便会停站一次，乘客下车各自去往这些像货车一样的村子。村子就在距离铁路线不远的地方，走过一条又长又细、弯弯扭扭的石板路，穿过连片的稻田就到了。村民们就在这样的路上来来往往，女人和女孩要多过男人，用扁担挑着产自这个土壤肥沃地区的农产品，有各种蔬菜、装得满满一筐的鸭子、咯咯叫的大红公鸡，还有狗崽，偶尔还能看见一两只猫。几乎所有村子看上去都很新，有的甚至像刚刚盖好的，但挨得很近，挤在一块，像被狼包围的羊群。哪怕最小的村子也能见到高高矗立的坚固碉楼，上面开着小小的窗户，和广州的当铺仓库简直如出一辙；有的年代久远，外墙早已发黑，有的还是崭新的，看来暴力劫掠在这些地方已经成了不变的惯例，当地人深受其害。时至今日，这些自卫藏身之处仍然十分必要。

去往内陆不远便到了江门。江门是一座大城市，同样有衣衫不整的兵痞到处横行霸道，却因为地理位置在商业贸易上占有重要的一席之地。新会更内陆一些，正好坐落在群山之间，有的山头上修着古墙，上面长满了植被，有些地方刚刚修补过。站在城墙最高处，视野开阔，能够见到更多更高的山头。目光所及之处，山上到处都是坟墓。墓冢呈新月形，属于典型的南方风格；有的用石头建成，有的用的是水泥，白色的一片片沿着山坡往上直至山顶。很多大型的墓都很新，看来墓主人要么有亲属在美国，要么就是在其他地方积攒了大笔财富。时而能够看到一座墓冢周围修着十几块白色石碑，像卫兵一样围成一圈，紧紧立在陡峭的山边。新会有不少房子和院墙都是用某种大型的蚌壳建成的，好像在告诉人们，在这个海盗猖獗的三角洲地区，附近水域里的海产有多么丰富。

新会是座古老的城市，多少拥有自己的骄傲，最值得一提的便是这里是制作葵

图 35 古城新会是葵扇之乡，城市周围的山上密密麻麻地布满了白色的水泥坟墓，一直伸向远方

扇的中心。城市两旁的道路沿途尽是山谷和低矮的田野，种植园就在那里。园子面积不大，一派深绿，与其说是蒲葵树，还不如说是灌木丛。通常到了一月，距离成熟还有一段时间，人们便将叶子剪下，堆在一起，像个圆锥形的干草堆。成百上千的妇女和孩子忙着剪叶子，每剪一百片大概能赚一两角银元。人们将绿色的蒲葵叶折成扇形，然后用一根略微弯曲的小棍系在最靠外的叶子上，把整片葵叶撑开摊平，放在阳光下晒干。晾晒的葵叶可以铺上好几英亩。男孩隔一会儿翻转叶子，换晒另一面。

到了收成的季节，树顶的叶子通常有一点熟了，没准都已经成了干叶，就被用来盖屋顶或船篷，要不就用来做那些铺着垫子的棚屋。这种棚屋在广州一带十分常见，既能解决房屋不足的问题，也可以省去高昂的建筑费用。待到扇叶变成我们熟悉的扇子颜色，就被堆在一起，再放上一段时间。然后男人们会用扁担把成捆的扇叶挑进城里，装着满船扇叶的船会沿江而下。剪下来的叶尖会被用来做雨衣。经过一番修剪之后，一把最简单的扇子也就做成了。这种扇子多为当地劳工和农民使用，而最精致的扇子连同那些留着出口的还得包边。在新会，到处都能见到妇女们在忙完基本的家务之余，用蒲葵丝将剪过的叶边缝起来。有些上了年纪的妇女做这个最为拿手，一天据说能挣到 40 美分。

为何适合制作扇子的棕榈叶只局限在新会地区，原因无人知晓。可能要归功于土壤与气候条件恰到好处的结合，因为只要出了这片东西 20 英里、南北 10 英里的弹丸之地，这门生意就无利可图。其他地方同样可以栽种扇叶葵，却做不了这么考究的扇子。因此，这片小小的地方专门出产葵叶扇，其他的几乎什么也不种。蒲葵树或者低矮的葵木需要种植七八年才能出产扇叶，每棵一年能做 5—15 把扇子。有的树龄显然已有百岁，那些正在剪叶子的人的祖父母一辈就在这些树上剪过叶子。平均算下来一英亩能够做 6000—10 000 把葵扇。如果要做更加精致的扇子，就得把树栽种得更紧密一些。一英亩种 6000 株蒲葵树时做出来的葵扇质量最为上乘，扇叶精巧透明，这是因为葵叶无法完全伸展，而那些有空间伸展的叶子则用草线绑住，以防完全展开。然而，密植技术讲求土质好，肥力足，而且需要付出大量辛劳，因此大多数种葵人更倾向于种比较粗糙的葵扇。

图 36 绿色的葵叶在快要成熟时被剪下，用小竹棍系在最靠外的叶脉上，撑开摊平，放在阳光下晾晒

图 37 待到葵叶晒干，上了年纪的新会妇女会利索地将叶子做成葵扇

　　午后不久，我又转回了车站，订了一班 11 点的火车。这个时间不算晚，可是时间在广东省的这个偏僻角落显然要走得更慢一些。以前从北街过来的客轮会等 4 点半到站的最后一班火车，现在不再等了，改成了 5 点准时起航。火车倒总是准时，只是四邑的钟好像变得越来越赶不上日头变化的节奏。铁轨在满是沙砾的山头上扭动着，有的地方几乎已是不毛之地，接着穿过广阔的原野一直延伸至远方青翠的山脊；虽然和北方的荒凉毫无可比之处，但这里的确是一块见不到树的南方土地。新宁①距此有 20 英里之遥。铁路在过了新宁之后分成两股，紧贴着东边的海，几乎绕着山的边缘在走。火车上的人已经少了许多。这里山上的土壤更加干燥贫瘠，一看就不适合灌溉，而前方不远的另一条山谷却土壤肥沃。不少城镇一眼看上去就是新建的，散布着同样新砌的碉楼，有些占地广阔、设计复杂，如同有钱人家的乡间别墅。碉楼后面全是高山，巍然耸立，寸草不生。这个地区一直盗匪猖獗，加之现在不少回国的移民财富殷实，因此情况更糟。

　　当天晚上我就住在新宁。新宁虽然位于这个移民地区的中心，把成千上万一代代子孙送往海外，但这座城市本身和中国其他千千万万城市相比，并无多少不同。男人们懒洋洋地靠在小店门口，见证着邻居们移民海外。不少人回来时不仅增长了年岁，还带回大笔财富和对世界的了解与认识。不过，他们脸上的神情依旧表明，最让自己舒心自在的还是这座老城。不少人仍然在抽老式的水烟。当地的不少女人穿着带木跟的小红鞋，尤其是上了年纪的妇女更是如此。不少乡下女人曾经裹过脚，现在还一瘸一拐，光着脚穿着草鞋，挑着沉重的担子进城去。十来岁的女孩快步走在人群之中，肩上扁担单调的响声说明有些吃力，或许在一头还会挑上一只小猪，这些担子若是换成美国的成年人来挑，恐怕就连一个街区也走不动。当地的手推车是另一种样式，在车站装卸火车运来送往的货物。

　　不过，这里还是能够找到新宁与外部世界接触的痕迹。这是一笔看不见的进口生意，每年会有上亿美元从海外的广东人那里流回国内的广东人聚居地。说到这一点，新宁人手头阔绰。不管走到哪里，有钱总能看得出来。这里每个人嘴里镶的金牙和日本人的一样多。牙医门口挂着大大的招牌，上面画着两三颗金牙，生动反映

---

① 新宁（Sunning），即广东台山的旧称。

了这个现实，再辅以文字和图表，告诉人们加上几颗假牙就能让自己的脸变得美丽动人。在需要的时候，你总能在这里找到会说英语的人。常听说归国移民非常排外，不过和我说话的那些人看上去却非常希望找个机会说说英语，让人觉得他们也在想念海外的家乡。

我见到了陈宜禧。他是新宁铁路的建造者、所有者，虽然已是 85 岁高龄，却依旧是新宁铁路董事会的主席与总裁——不过他老人家对此显然并不是很清楚。我见到陈是在他两层楼的办公楼兼住所前。他当时正好从他的铜像前走过，铜像和他本人一般高矮，是这个地区的乡亲们为他建的。然而，人的好恶难定，最近也有人向铜像扔石头。虽然陈早在我们出生之前便已经拿着铁镐铲子在为"吉姆·希尔"[1]干活了，可至今仍然身体健康，头脑清醒，耳聪目明，即便不戴眼镜也能认出细小的字。他的英语虽然口音奇怪，却十分流利。和蔼可亲的脸上早已皱纹密布，粗糙里透着世故，胡子也似乎很久没有刮过，却生就一双敏锐的眼睛，不管你来自何方，似乎都能一眼看透你的人性癖好。

陈宜禧出生在新宁附近的一个小村庄，17 岁那年去的美国，曾经做过矿工，在洗衣房工作，后来又成了个道班工，换了不少古怪而辛苦的工作。最后成了"吉姆·希尔"的一位承包商，修建美国西北的第一条铁路，很早就赢得了那个年代的第一桶金，却又因为买了骗子的一块地，栽在泄水工程上，失去了这笔财富。不过陈再次创业，二十世纪伊始回到家乡，下定决心为这片生他养他的土地做点什么。

海盗纵使能够卷走归国华侨带回四邑的大笔财产，当兵的哪怕坐霸王车不给钱，但至少没有人能够偷走铁路。于是，15 年前他在离家乡不远的地方开始修路，开始时的确担惊受怕。谈起曾经遭遇的困难，陈时而哈哈大笑，时而愤恨不已。由于人们仍然十分迷信，他被迫修了不少弯轨，以避开坟墓，驱魔辟邪。我还记得整条铁路就像穿过稻田的老旧石板路一样，不过他肯定还是在完工之前挖掉了不少祖坟，因为旧棺材板有多种用途，在现在的铁路沿线都能看见，尤其是搭在灌水的沟渠上做桥，还有不少棺材板没用完就留在地上。

革命爆发后，"政府"接二连三地换，个个都向陈宜禧狮子大开口，索要上万钱财，

---

① 吉姆·希尔（Jim Hill），即美国铁路业巨头詹姆斯·希尔（James Jerome Hill，1838—1916）。

图 38 陈宜禧作为新宁铁路的建设者、所有者，虽已 85 岁高龄却仍是铁路董事会的主席，他正站在一座雕像跟前。这座雕像是他的乡里乡亲为他竖立起来的

令他不胜其扰。他只要一提到自己回国带了钱，全家乃至整个宗族都会不请自来，问他要活儿干，或者说得好听点，忙里偷闲来支持他。现在，除了修铁路，他把几乎所有家里人都安排在自己手下干活，老思维的中国人终归很难打发自己的亲戚。陈的保护人"吉姆·希尔"在年富力强时便完成了自己的丰功伟业，这是美国人的做事方式，而陈完成自己的事业时早已过了 65 岁。

不管陈宜禧有多少经验，这样的事业对于一个昔日的华工来说都绝非易事，但他毅然坚持了下来，直到在今天的四邑建成一条铁路，若将线路拉直，长度将超过一百英里。他希望还能再修 60 英里，在大河上再修一座桥，取代渡口。只要把那些土匪赶出深山，走马灯一样变幻的"政府"不再骚扰，就能利用附近山区丰富的水力资源实现全线电气化。陈还曾经希望建一座自由港，就在目前铁路东段再延伸 7 英里的地方，那里有一处良港，条件相当好。不过，"英国当然会极力阻止，保护香港的利益不受侵犯，就跟日本人想方设法阻挠秦皇岛的发展一样，毕竟那里离中国东北太近了"。

在清朝统治行将结束之际，陈宜禧得到朝廷的封赏。身为西雅图商会的荣誉会员，陈虽然四十年前曾在那里遭到围攻，却至今依然在那里做着赚钱的大买卖。陈家中的餐厅被同时当成了一间办公室，会有半美国风味的食物款待到访的外国客人，餐厅的墙上挂着放大了的报纸复印件，上面的文章记录了当时的情形和其他一些场景，有中文也有英文，还有不少他本人的照片。虽然这位老人对中国人的迷信嗤之以鼻，但看来也相信风水，和那些神秘主义的东西有过接触。他郑重其事地宣称自己去过天堂三四次，"神"跟他对话了——既然他激动无比地强调自己绝不是基督徒，那么他说的"神"应该是某位中国的神仙了。他还说自己在全美各地给不少华人当"老师"，甚至包括华盛顿，专门教人在什么地点、高度、时间，修什么样式的房子。

了解陈宜禧的人会说这个老头十分排外，可即便劳工出身，中国人注重礼数的天性也不会让他在我面前表露出这一点。他留给我的主要印象在于他的某种乡愁气息，他怀念拥有一片空间，那里既没有海盗，也不受掠夺财富的政客们的骚扰，能够安心做事。"中国需要再来一个皇帝，"陈言之凿凿，"英国搞得好就是因为有国王，美国也应该有一个，美国虽然现在过得不错，不过那是因为建国的日子还短，等日子久了就得有了。"

陈问我身上带了武器没有，听到我说没有时表示出了遗憾，甚至看上去有点不相信。他说，我在四邑需要带着武器，而且如果真的有，他愿意出高价买下来，我可以到香港去再买。或许他是在害怕被人谋杀，就像今天中国绝大多数有名望地位的人一样，人人都希望拥有武器。像他们这样的人，弄到这些并不困难。他既不是第一个，也不是最后一个问我是否带着武器、如果有便出高价购买的人。那些当兵的总是你抢我、我打你，对每一个归国移民的行李都绝不放过，搜查得仔仔细细。说起禁止私藏武器，恐怕又得老生常谈了。其实，这种东西只有那些老实巴交的人才没法弄到。

有两个男孩一直在陈的身边转悠，显得很亲昵，这样公开表露情感在一般的中国人中间并不常见。其中一个17岁，很快就要结婚了，是陈的"三姨太"的孙子。我不知道这个孩子是不是美国公民，虽然他生在中国，也一直住在中国，连一个英语单词也不会说，可他的父亲，也就是这位老人的儿子是在美国出生的。另一个孩子 10 岁左右，是陈的亲生儿子，"是五姨太生的"。两个孩子都很结实，也很聪明，一副被宠坏了的样子。

老人每天晚上八点上床睡觉，天亮之前就会醒来。他的房子有好几间客房，里面十分整洁，不过只有木板床。我躺在行军床上，思考着像陈这一类人，是不是就是中国最需要的。这种人来自古老而著名的、名为"艰苦挫折"的大学，他们不同于教会学生，后者得到教育的机会并不难，也不像那些在他人艳羡的目光下耗上四年甚至更长时间的美国学生。这个上了年纪的华工虽然说着一口怪腔怪调的英语，比不得那些归国留学生字正腔圆，但从他的身上却能找到一种切合实际的常识，一种更加真实的实干理想与能力。陈宜禧虽然说得少，却实实在在地经营着一百英里的铁路，造福着自己的家乡。

从新宁到香港最短的线路是朝正东方向途经澳门。然而，海盗的存在已经使得这条路几乎无人敢走，而陈宜禧修筑的铁路能够让人们更快回到江门港，这样就能搭上英国的客轮。无论舒适程度还是安全条件，这些轮船都与广东的帆船有着天壤之别，因此虽然定期去江门的外国人很少，而且几乎清一色都是传教士，但都会借道香港。然而，广州以南的群岛和珠江三角洲海盗出没，因此任何往返于此的船只都有可能遇到危险。船尾飘着英国国旗，螺旋桨也转得飞快，船长和头等舱乘客还能躲在坚固的铁栅栏背后，就连楼梯上也设有护栏，再加上铁丝网、锋利的铁桩、用铁板做成的设有枪眼的壁垒，可以把步枪伸出去，这些枪支掌握在东印度公司的警卫手中，他们时刻保持戒备。即便如此，这些警戒措施近来也变得越来越形同虚设。这艘客轮的船长就在不久之后的一趟行程中死在了海盗手里。配合船期接送乘客的火车在我们起航前不久运来了很多人，把船舱塞得满满的。没有人知道上船的人里到底有多少海盗，正计划着对舰桥发起猛攻，趁那些包着惹眼头巾的锡克教警卫一有不备，就把他们一网打尽。

如果说中国其他地方必须忍受土匪肆虐，那么广东珠三角地区的海盗则更加猖獗。他们就算不是最嗜血成性、老奸巨猾，也肯定是所有海盗中最为经验丰富的一群。即便是加勒比海上最凶狠残暴的海盗，与广东境内河流岛屿上这帮贪得无厌、劫掠成性的家伙比起来，也只能算是心慈手软的罗宾汉。既然每个海盗的项上人头都有明码悬赏，他们自然选择用自己的一颗人头换十几条性命，而不是只杀区区一两个人，因此干起抢劫杀人的勾当简直是乐此不疲。一代又一代海盗依靠屠杀获得财富，他们似乎已经养成了习惯，为了自己的利益杀人，倘若有人胆敢反抗，定将遭受折磨。

我们待在广州的短短一段时间里就有好几艘大型外国客轮被海盗洗劫一空，就像被海关官员查抄过一样。有一艘刚下水的大型渡轮往返于香港与九龙的郊区之间，某个晚上就这样连船带人悄无声息地消失得无影无踪，直到几天之后，那些换不到赎金的才从海盗的藏身之地漂流回来。美国的土匪胆子再大，也不敢劫掠斯塔滕岛的渡轮 ①，而广东省的海盗无论胆量还是手段都要远在其上。

外籍船长遇害事件频发，已经成为一个严重的问题。海盗不仅犯下其他种种暴行，还将所劫掠船只的船长几乎全部杀害，因此在这一水域指挥沿海航行的轮船已经位列高危职业名单。海事部门与政府内部早就争论不断，商讨该如何更换早已几近虚设的防御系统和印度警卫。然而，港英政府最终出台了一份无关痛痒的官方公告："无论海盗发动何种形式的攻击，尽一切可能抵抗是船长与其他具有合法资格的船员的义务。该义务必须履行，是否反抗海盗一概不得自行决定。"总督府倒是个高枕无忧的地方，从那里发出的这份声明真是相当英勇无畏！

中国南方的海岸线崎岖多山、岛屿交错。据非专业人士统计，这一带盘踞的海盗数以万计。广州以南的三角洲地区水路纵横，错综复杂，数百年来以海盗猖獗而闻名。干这行往往是子承父业，全家乃至全村皆参与其中，村民会在出海抢劫的间歇期里打鱼种地。沿海一带往往隔村不同话，不少女人就是从邻村抢来的，因此当地人的老婆和她们男人说话的口音往往不尽相同。

海盗们披着打鱼种田的伪装，建立规模庞大、办事高效的组织，装备之新，令人啧啧称奇。他们除了汽油艇，还有一种长船，船身涂漆，光滑如镜，船上配有桨手 25 名，神射手六七人，能轻松赶上这一水域速度最快的快艇。装备方面，海盗的武器包括最新式的机关枪和口径大、射击准的大炮，甚至比政府的都要精良。即

---

① 斯塔滕岛的渡轮（the Staten Island Ferry），位于美国纽约港内的渡轮航线，连接曼哈顿与斯塔滕岛，是全美最繁忙的渡轮航线。

便是在这些地区航行的吨位最大的中国炮艇，有的还安排了英国船长，也不敢贸然闯入这些水域或者那些海盗据守的岛屿。海盗们对小打小闹可没兴趣，他们的主要目标是大宗货物和大笔赎金，尤其是那些从美国或者其他富庶国家归国的移民，因为他们知道这些人肯定带有大笔钱财，由此可见海盗也有一张情报网，比起任何参谋机构来毫不逊色。许多在美国的洗衣华工要不是因为担心从香港回老家的这一段路上可能失去全部积蓄，也许早就回国安顿了下来。南方沿海流传着不少这样的故事，一个老人在美国辛辛苦苦工作了一辈子，却在回家的最后一程被洗劫一空。不过有些遭殃的人倒是看得开，有个老头辛苦了四十几年，最终损失了几千块，连一个铜板也没剩下，却拿着一块上发条的老式手表在乡亲们眼前晃来晃去，得意扬扬地说："看，我骗了他们吧。他们可没把我抢得一干二净！"

大量证据表明，这些海盗做事心狠手辣。他们可不会浪费时间看管俘虏，一般直接把俘虏绑在篱笆桩上，要么就用铁链锁着，拉到阳光下暴晒，有时任由俘虏满身屎尿。海盗抓人讲求的是钱要来得快，不时会给那些他们想要勒索赎金的一方送去一根手指或脚趾、一只胳膊甚至一条活人的大腿，直到一个俘虏就这样被大卸八块地送回家。如果迟迟见不到赎金，海盗有时会将俘虏弃之不顾。有的人胆子够大，溜进海盗的老巢一窥究竟，见到有些骨架身上还缠着铁链，有的则已成为一堆白骨，捆绑的绳索早已腐烂。有的人质因为无法凑足钱财满足海盗，或是家里的亲戚朋友付钱太慢，结果就在其他人质面前被慢慢折磨致死。海盗这样做的目的就是逼着人质催促家人赶快交钱为自己赎身。倘若赎金迟来半个小时，海盗就有可能把人质扔进海里，或者当着人质的面把他的儿子一枪打死。

海盗并不会因为愚昧和残忍而与外界切断联系，也不是只在澳门一地消遣娱乐并将之作为接触外国的窗口。有个美国传教士被海盗抢得只剩下内裤和帽子，提出要见见海盗的"头号人物"，说自己脚板皮肤细嫩，得穿双鞋子才行。这帮匪徒的头子来了，用一口几乎让人无法挑剔的英语与这个美国人谈话，发现他提出穿鞋子的要求倒也合情合理。眼看海盗头子把自己穿过的一双中国式样的旧鞋拿了出来，这个传教士胆子倒也够大，竟然问他是在哪里学的英语，讲得这么流利。"哦，是在费城的一家主日学校学的。"海盗头子心不在焉地回答。另两个美国人也做传教工作，因为工作关系必须经常和海盗待在一起。有一天，其中一个到了海盗的老巢，被人用手枪顶着头——那枪还是最新款的呢。一个人从身后走上前来，用英语问道："你知道我们是海盗吗？""我知道。"传教士答道。那家伙于是又用法语、葡萄牙语和广东话把问题反复问了几遍，也不知道是要炫耀自己的语言天才还是为了让俘虏听明白问题。这个海盗是个中葡混血，还不到30岁，手下已经带了一大帮人。这个海盗头子在后来的闲谈中提起自己记住的亲手杀掉的至少有1800人，说这话的时候让人丝毫感觉不到吹嘘的意思。

活跃在珠三角一带的海盗并非不懂行侠仗义，或者说某种程度上也值得信任。已故的伍廷芳就很受他们尊重。我看到过的照片绝对千真万确，照片上那位威严的老人正在海盗的老巢里悠闲地走着，身旁跟着一大群海盗，只带了几个贴身侍卫。当然，必须承认，如果海盗要对他发起进攻，这几个人或许能够稍微抵挡一下。海盗们对伍廷芳尊敬有加。有一回他们抢了条船，船上装着几个大箱子，上面写着伍的名字。于是，海盗们回到船上问伍大人是否也在上面。船上的人答道，"伍大人不在，但伍夫人在船上。"海盗头子便被引进了伍夫人的特等客舱，毕恭毕敬地请安，说道："夫人，恕在下无知，不知夫人也在船上，不然定会等待下次机会。我等已将箱子如数奉还，还请夫人清点是否有所丢失。"

也正是伍廷芳给了刚才说到的那些传教士一个小岛，专门给麻风病患者居住。有个传教士去了岛上的海盗村，对村里的头人说："现在，这座岛归我们了。你们要留下来我们很高兴，但你们必须交租金。"与大家想象的海盗故事不一样，这个头人居然一口答应。海盗每年会象征性地给一笔小钱，也就几吊铜板，以换得继续待在岛上的权利，毕竟他们祖祖辈辈都住在那里。这笔钱资助那位传教士，和得了麻风病的老婆住在岛的另一头，不仅给麻风病人传教，也给海盗们布道。

传教士既然赢得了海盗的信任，也就拥有了自由，能够往来，有时还会带上妻眷，坐的常常是从"南方革命政府"那里租来的炮艇，后者可不敢在没有传教士保护的情况下靠近这些岛屿。风平浪静的海面上会突然响起三声口哨，接着出现一船海盗，一边划着船，一边嚷嚷着欢迎客人的大驾光临。这个传教士刚刚结束为期一年的述职假期，回了一趟美国，在那里的唐人街拯救"罪人"。传教士们相信，海盗虽然永远无法被武力征服，却能够改邪归正，他们之所以成为海盗，只是因为人数太多，要赚钱糊口。只不过，皈依我主又改变得了这些么？

「海之南」
去海南

每个星期从香港发出的客轮都有好几班，插着不同国家的旗帜，去往——好吧，我当然知道这些船是开往世界各地的，但请先允许我把范围缩小一点，毕竟对于一个天生容易走神的脑袋来说，能够把思绪集中起来已经不容易了——法属印度支那的海防①。走这条线路的船大都会在海南岛短暂停留，既然台湾已经从中国人手里被抢走，海南也就成了中国直接管辖的面积最大的岛屿。要是你没赶上这些船，或者更有可能摆在眼前的事实是两个客舱都已经满了，加上森严的等级制度又规定白人只能坐头等舱，于是你只能花同样高的价钱，却待在运盐碱之类的坑洼不平的船舱底部，前往海南。我就赶上了这样的运气，命运为我安排的是"月平凹"号（音译）。这艘船充满了没落贵族的气息，想必以前经历的日子总要好过现在吧。

"月平凹"号船尾虽然插着港英米字旗，船主却是中国人。不过，和不少中国沿海航线并不固定的轮船一样，船长是英国人——我还能把范围缩得更小一点，虽然也有一些例外，但这位船长其实是苏格兰人，另外三名船副也都是英国人。我头一次见到船长是在一间简陋的船舱外面，那里便是船长的办公室了，他正在兴致勃勃地品着格罗格酒。这位船长一眼就能让人看出在同业公会能力表上排不到前列，而且身边的某些东西也在证明他如果没了引航仪，根本就无力自己驾船。他的三名高级船员也是如此，他们中间没有一个人之前曾在这艘客轮上工作过。是的，种种迹象表明，这帮船员是第一次在这船上共事，船长也是刚来不久。大副简直就是卡

---

① 海防（Haiphong），地名，越南北部港市，是越南第三大城，仅次于河内和胡志明市。

通漫画家的灵感来源，像租了套中国戏班里最廉价的戏服。两个苏格兰轮机工好歹还多一点意志力，没有任由自己在香港的酒吧夜总会放纵，要知道那些地方可是让来自世界各地的船副们流连忘返的好去处。

无论如何，这些人的人生已经翻开了崭新的一页，看他们说话做事的样子，一个个嘴巴甜得腻人，学问高深，彼此关心，满怀着爱国情操，简直就是最卖座歌舞剧的真实写照，只是实在容易看出，这崭新一页写下的第一行很快就会变得和他们人生之书里的那些劣迹斑斑的章节一样晦暗无光。现在，他们既然有了第二次机会，又有了新的"岗位"，再一次在路边的水沟里清醒过来之后——天知道这已经是第几回了——终于发现这样下去毫无希望，下定决心定要洗心革面，这辈子不再"贪杯"。从今往后，他们要趁着还未完全失去"船票"，让自己的行为变得像圣徒一样完美。于是，他们走路的步伐会像天使一般柔美，说话的语调变得像维多利亚时代的贵妇一般优雅，当然一切只有在谈论专业与最为严肃的话题时才会如此。不过要不了一个星期，这帮人又将故态重萌，问候彼此的话语又会像水手舱里的污水一样肮脏，等再过三个星期或者一个月，回了香港，他们又会再醉倒在路边的水沟里。不过，还是回到此时此刻，既然有一位和自己同文同种的"头等舱"乘客在船上，虽然来自一个多少有点竞争关系的国家，他们也在加倍努力地展示良好的文明举止，发布命令时一副郑重其事的模样，模仿着豪华客轮的船长和工作人员。至于中国海员，在这艘船上待的时间早已不能用趟数而只能用年数来计算了，执行命令已经成为一种习惯，表面上看来煞有其事，心里却根本不把他们的外国长官们当一回事。

事实上，这几位船长船副新官上任的头两天也没什么命令可下达。我从广州匆匆南下，一路赶来，连早饭都没来得及吃一口，就坐着小船划到了"月平凹"号上，结果却被告知该船少了几份证明文件，倘若没有这些文件，就得向目的地海关缴纳罚金，因此无法起航，只能等到明天中午动身。香港我已经去过好几回，以后还会再去那里。此刻的我碰巧赶上在岸上无事可做，加之时间太短，再回广州恐怕会误船，于是将精力放在笔记本上。我决定待在船上。另外四个临时船副也是如此打算，当然他们的原因和我大不一样。最重要的一点在于，如果这几个人冒险再次上岸，很可能会看着自己的新岗位抛下自己远航而去，或者因其不在船上而无法起航，这种事情放在同行公会眼中将会相当严重。于是，我们大家都选择留在船上，一天半的时间就这样围坐在一起纵情饮酒，好好堕落了一番，间或下到舱口里去，那里多年之前就被改造成了食堂，我们在那里一起吃了几顿英式饭菜，虽然招待客气却实在难以下咽。

在这个蓝色的港湾里，来自不同国家的船只挤得如同成行的街道一般，浮标仿佛其中某条街上的房子，而我们的船便被拴在这样的浮标上。我期待着至少能够睡一个凉爽安稳的好觉。然而，"月平凹"号上的汽笛直到午夜都在响个不停，直到船像根原木一样真正漂动起来。"头等舱"由一间甲板客舱组成，这里跟船上其他地方不一样，其他船舱不过归中国人所有而已，这却是中国人自己造的，因此每一寸空间与材料都得到了充分利用。前甲板水手舱里的铺位实在太短，而且又窄又硬，要不是经过太长时间的蒸汽熏蒸，否则还挺有味道。尾舵和链条发出刺耳的声音，在我的脑子里整晚一刻不停地响着。我时而被颠簸抛到床铺倚靠的墙边，时而卡在床铺与靠门一侧船舱之间的狭小夹缝里，只有时刻集中注意力才能不受重伤。

有一件事情倒让我感到惊喜。尽管大风依旧刮得呼呼作响，第二天就连站直了腰都需要点功夫，更不用说站稳了，不过我们好歹在上午起航动身了。"月平凹"号慢慢掉转船头，对着香港南面的入口开了出去，我期待着能歇一会儿，可船始终摇个不停。我们就这样摇了一天一夜。虽然我们本应很轻松地在第二天一大早就到海口港，可是起了大雾，加上琼州海峡是世界上最风高浪急的海峡之一，两岸隔得如此之近，让人觉得海南是个半岛，不少沉船的遗骸就静静躺在这浅浅的海峡里——虽然能见度非常低，根本看不见岸边，只能靠猜测判断，可我们还是看见了至少两处残骸。这里可是海盗时常出没之地，因此能够安全通过这东方的锡拉岩礁与卡律布狄斯大旋涡[①]着实运气不错。

海南的良港不多。海口虽然是海南的主要港市，却算不得良港，不过由于事实上是其唯一合法的港口，所以船只只能在此停靠。之所以这样，是因为海口位于海南岛的尖头。这座岛屿的北部海岸线一带有着广阔的浅水区，退潮时堪称世界上条件最为恶劣的登陆点，即便涨潮时也绝对配不上这座海港古老而光荣的名字。绕到

---

① 锡拉岩礁与卡律布狄斯旋涡（Scylla and Charybdis），出自荷马史诗，据说位于意大利墨西拿海峡，传说锡拉岩礁上有女妖，专门抓水手，而对面则是另一位女妖卡律布狄斯，英谚"在锡拉岩礁与卡律布狄斯漩涡之间"意为进退两难，腹背受敌。

岛的东侧有一座良港，三面陆地环绕，无论怎样的大风都无法侵扰——海南的风的确刮得很大——水深足以让任何吨位或国籍的海轮在此停泊，不过海洋力量微妙难测，使这里无法为人所用。这座最佳良港的一大缺陷就在于这个地区几乎无人居住，因为中国人说那里不吉利。曾经有位外籍海关官员只身一人被派驻那里，结果却表现出种种神经错乱的迹象。海关工作主要还是集中在海口。往返印度支那的船只将海南作为避风港，中转停靠一下，并不在乎绕开海南。海南还有其他一些小一点的港口，有的已经成了海盗巢穴，大部分都被渔船占据。每年若是到了某个季节，风向正好，还会有帆船自新加坡远道而来。不过，船到了海口，常常要在开阔水浅的近岸锚地待上好几天，直到海关或者运货的船到来，乘客们几乎每次都得顺着绳梯爬上爬下，随着船只上下颠簸，任凭浪头一个接一个劈头盖脸地打来，这样的体验对孩子来说倒尤为印象深刻。

　　从我们停船的地方望去，海岸隐约可见，我想我能认出几处白色的建筑。离岸不远的地方迷雾渐渐散去，依稀看到六七艘笨重的敞篷帆船，每一艘都张着尖尖的三角帆，如骏马腾跃一般上上下下，争先恐后，然后船舵忽地一转，同时降下风帆，像牛仔一般神气活现地突然停下。几根藤条与拧成一股的竹绳从桅杆上放下来，像吊环一样恰好挂在轮船的侧舷。这些船刚才正趁着大风向轮船高速驶来，速度快得像摩托艇。船上有个年轻的英国人，凡是有船前来都得第一个上船检查，这是他的职责。他身后跟着个俄国人，正往梯子上爬，也穿着中国海关的制服。等我下船之后，船就要准备再次起航了，而这家伙注定要睡在我之前的那张床上。看看他就会明白，这些昔日沙皇的臣民们现在生活有多么潦倒。他连坐在停靠的船上都晕船，却找了份这样的工作，有时一出港就得待上好几个星期。

　　我们像飞行员一样顺着梯子滑到了英国人的船里。过了不到一个小时，英国人便下令抢风调向。六七个中国人穿着蓝色的水手服，戴着宽大的草帽，拼命地用力划船，经过半个小时终于把我带到了一位前来迎接的传教士手中。此人之前早在牯岭我便已认识。这样的一趟旅程在海口已经算得上是顺利的了。赶上涨潮，海关工作人员正常条件下出海再返回得花上四到六个小时，若是状况不对，根本就不会出海。船员奉命站在船上瞭望，据说几个星期都无法与外界取得联系。待到潮水退去，海关的人为了缩短行程，会把鞋子裤子背在肩上，涉水徒步走上沙洲，帆船则会提前几个小时出发，前去迎接他们。然而，这些人当时在海口并没有很多事情可做，这恐怕也是海关关长还是按照老套路没有要求派遣摩托艇的原因。这位关长无疑觉得既然有这么多人报名干这行，这些救生用具根本就用不着，直到最近才被说服购买救生用品。他的外籍下属被分配到海口一般也就干两年，等到他们任满之时，也会把手下人的命看得同样一文不值。

观察中国海关里那些英国或欧洲式的等级制度是如何运作的，无疑是在中国的一大趣事之一。在大一点的港口城市，如果一位"里头的"，也就是那些坐在办公室里的工作人员在街上向一个"外头的人"打招呼，就算后者和自己来自同一个国家，也会被视为有失身份。这是因为后者负责检查守卫货物，相当于是干体力活儿的，在老眼光的人看来，跟做劳工一样让人看不起。显然，这种态度得到了海关检查员们的极力纵容。他们把海关这个机构变成了另一道障碍，阻碍这两群分工不同的人之间可能产生的"理解"，阻止因贪污腐败可能导致的财政损失。然而，普通员工也死死抱着这种态度不放，好比某些省份的乡下人，就算辫子是清朝统治者强迫他们留着——作为臣民的印记，也要死守着不肯剪掉。

拯救海南是美北长老会恪守的原则。该教会的信笺顶部绘有一幅海南岛地图，还画着大陆突出的尖角，二者相距如此之近，使海南岛看起来像半岛，或许用不了几百年真的会变成这样。同样是这封信纸告诉我们，这座被称为"海之南"的岛屿形如核桃，尖的一头朝向东北，位于北纬 18 至 20 度之间，南北宽 115 英里，东西长 155 英里，人口在 200 万左右。这些数据是否准确虽然存疑，但我只能相信这些描述，因为教会早在 1881 年便在海南设教区开始传教。传教士们对找寻事实真相怀有极大的热情，只有这样才能顺应神的感召。不过有很多其他事件传教士们也无法确切证明，例如传说中鲁滨孙·克鲁索就在回家的途中到过海南。

汉武帝时第一次在海南设置郡县，那还是耶稣纪元前一个世纪左右的事情。这个岛屿历史上曾被作为流放之所。海南岛靠近东京湾①，距离法属印度支那的安南②

---

① 东京湾（Bay of Tonkin），即北部湾。

② 安南，即越南。

海岸的距离甚至比到香港还近。1898 年，法国人得到中国政府的保证，承诺海南永远不会被割让给别国，中华民国也延续着清廷做出的这一承诺。

虽然海南也有不少广东人，有些移民甚至可以追溯至好几代人之前，但一般所说的"海南人"和"台湾人"多数都是祖籍福建、操福建方言的中国人，后来又有客家人自大陆移民而来，再加上几个部落，主要生活在内陆山区，按照他们自己的说法是当地的土著。海南全岛大部分地区的妇女和福州地区的女性十分相似，只是戴刀形头饰的人要少一些，多穿素净的黑色罩衫和裤子，日常的劳作以及经常背负重物使她们身材结实匀称。海南的女人和安第斯山区的印第安妇女一样，虽然并未完全失去吸引力，有时甚至会含蓄地展现出某种风情，但更多时候是被当作仆役使唤而已。海南的移民就像大杂烩，究竟有多复杂，看看位于岛西北的崖州^①和儋州，还有那大镇，说的都是官话，而与那大镇一样占有重要地位的位于岛内陆的嘉积镇，说的主要是粤语，而远在岛南端的三亚则住着回族。

从政治的角度看，海南与当下的"南方革命政府"保持一致，这倒与其作为广东省一部分的地位相符。不过海南事实上主要控制在当地军阀的手里，最大的军阀头子占据着海口和琼州^②。到处都在传言这个军阀头子统治如何残忍，在这个星期内就下令枪决了五个人，起因仅仅是因为在赌场里吵架。还有一个人遭到处决是因为同时持有十元的银券和毫银，因为军阀已经禁止兑换处将银券兑换成毫银，那个人很可能只是一时不小心。多花点时间，把案子认认真真审一遍绝对不是这位海口独裁者的风格。就在一两天前，有几个人因为小偷小摸和其他不端行为被带到了衙门。这位独裁者派人去问一共带来了几个人，有人说来了九个，于是九个人统统被拉去枪毙，过了一会儿才弄明白，原来其中两个人是仆役，是刚刚给衙门送货才进来的。

然而，这位暴君恐怕不会因为这点错误而良心发现，彻夜难眠。对于他来说，生命毫无价值，尤其是普通民众的更加一文不值。今天中国的不少军阀公开宣称，

---

① 崖州（Ngaichow），为中国南北朝时所设的州，位于儋州（Damchow）西北，下文提及的三亚（Sama）亦称崖州，为北宋时期设立。

② 琼州（Kiungchow）是海南的别称，唐朝时设琼州府，直到清朝，琼山县都为琼州府治的所在地。2002年并入海口市，设琼山区。此处疑为琼山。下文提及的琼州，均疑为琼山。

既然有那么多穷人，那么还不如多来点饥荒、洪水和其他自然灾害，这样西方国家就会捐款救济了。放眼整个中国，不管是北方尘土飞扬的马路，还是南方弯弯扭扭的石板路，不管男人还是女人，不计其数的挑夫日复一日、月复一月地挑着沉重的担子，迈着艰辛的步伐。看到这番景象，独裁者们认为，即使失去成千上万这样的生命，不过像踩死丛林里一队搬树叶的蚂蚁。

海口自1876年便已开港通商，因此虽然海南岛上大部分地区难得见到外国人，到了这里却不算稀奇。海口有十几栋外国人的房子，住着传教士、领事、海关和邮政人员，有的虽然已经年代久远，却也不失宏伟的气势。屋后的城市据说有四万人口，和成千上万其他中国的城镇十分相似。如果不是只为了吹嘘自己曾经到过海南，那建议你的行程包含岛屿的内陆地区，这才值得，也只有这样你才会与大多数人有所不同。

补充给养的船每四天便会沿着一条颇为壮观的大河溯流而上。大河发源于岛内某地，一直流向海口。不过，海南最近在文明发展上已经向前迈进了一大步，我有望次日一早试乘一款新的摩托艇。由于河口有沙洲，发船的地点距离琼州还有三英里，而琼州本身又深入内陆三英里，因此虽然我想要远离城里喧嚣的人群，躺在一张舒适的西式大床上好好睡上一觉，但还是不得不把大部分时间用来收拾行李，这些东西对于内陆旅行者来说必不可少。

第二天一早四点钟，我就从床上爬了起来，穿过狭窄潮湿的街道，开始长途跋涉。虽然当地军阀最近修了一条很宽的土路通往省会，并且宣称要把路一直修到海口，不过至今这座港市依旧保留着古香古色。城郊有几辆汽车，我上了其中一辆。和我一道上路的还有个老仆役，此人长期为传教士做事，因为时间太紧来不及提前找其他人，只能先借他来帮我。当地也有一些抬轿子的，现在的价钱可是低得蹊跷，因为人力车有一段时间试图在海南站稳脚跟，不料遭到其他运输行会的排挤。竞争来自一些长柄独轮手推车①，主要用来运货。马车也有不少，和中世纪日本的马车很像，满是泥巴，一副要散架的样子。除开这些，当然还有排成长龙的劳工，走到哪里都能见着。所有这些都正沿着那条令人骄傲的新修的大路，向岛上的首府进发。

---

① 又叫鸡公车。

汽车把我们丢在了琼州城外。琼州城年代久远，上面建有城垛，显得宏伟高大，城墙是用当地盛产的如熔岩一般的石头砌成，城墙已经几乎被亚热带植物完全覆盖。我们加快了脚步，脚下的路弯弯扭扭，经过几块开阔的空地，空地上长着大树，有花园、稻田和池塘，塘里的水一片浑浊。每隔几分钟我们便会穿过一座村寨。我的挑夫背着的行李不多，如果正值壮年或许可以步履轻盈，可在迷路两三次之后，就已经有点走不动了。迎面走来的挑夫告诉我们，机船也就是那艘新的"怪船"已经开走了。想想我们起了个大早，坐着车一路颠簸，接着又在烈日下徒步跋涉，可现在一切竟然全都成了泡影。不过，船到底走了没走，只有真的见到才能算数。我们继续前行，一路挥汗如雨。我们用尽全力冲过长长的一块沙地，完全不剩一丝气力，结果发现小艇不仅正牢牢拴在光秃秃的沙岸边，而且就算再等上一个小时也见不到任何要开船的迹象。估计是有人为当官的传话，要船等他。

河虽然宽，但水并不深，我们的船嘎吱嘎吱地往上游开去。看着村民们惊奇的样子，我猜这可能不仅是海南的第一艘摩托艇，还是她的首航。全村的人都跑了出来，站在高高的河岸上，一动不动地注视着这个制造噪音的怪家伙。有些船顺流向下漂去，只张着用草席做的帆。有的船比我们开得慢，赶上起风，就在风力的帮助下朝着同一个方向慢慢前行。纤夫们排着长长的队伍，赤裸着上身，有时甚至手脚并用，沿着河岸艰难地迈着步子，拖着笨重的货船去往上游，纤绳就拴在船桅顶端。所有人都目不转睛地盯着我们，脸上的表情好像在说："这下可好，倒要看看是什么鬼魂作怪，让这个东西不用撑篙就能走。"

说到"走"，我们的确在"走"，我们正在以海南历史上前所未有的速度全速行进——只要不磕到河底的沙地，时速就能保持在6—7英里，可惜磕碰偏偏发生了不止一次。纤夫们看得那么入神，似乎不只是出于好奇，还夹杂着一丝愤愤不平，仿佛在说，"要是我们不留点心眼，这些洋人的东西就会把我们的饭碗抢走"——他们正是凭借这样的心态把人力车赶出了海口，现在又要禁止我们染指他们的地盘。海南内河船只的装货量之多，毫不逊色于中国南方的任何地方。不少货船的中间部分已经被压到与河面几乎齐平的位置。比起我们这一船寥寥十几个乘客，往来河上的其他船却是人满为患，拥挤得连船上的货物都完全看不见了。

中国南方必须面对的一大问题是如何灌溉稻田。男男女女，老老少少，再加上驴子、黄牛和水牛，全都在人造闸沟旁忙个不停。除此之外，还能见到硕大的水车。这种水车依靠流水自行转动，在广东某些地方可以见到，而在海南的这条干流沿岸更是多不胜数。长长的导流坝用竹子做成，斜扎着，这里一处那里一处地伸在宽阔的河面上，竹子因为被水浸泡，加上日晒雨淋，早已变黑褪色。这个时节河里的水不多，大部分水顺着竹坝，被引向岸边的水车浇灌田地。每座竹坝上都开了个窄口，口子中间的水流得飞快，老式的船连拖带撑都很难逆流行驶，就连摩托艇也几乎只能原地打转。这些巨大的水车足有40英尺甚至更高，完全用竹子做成，叫人好奇如此庞然大物究竟是怎样竖在这里的。这个地方可不像外国人管理的海港，根本没有类似起重机的东西。高高的河岸上林木茂密，从林叶间望过去，这些简陋的土制装置隐约可见，正慢条斯理地转着。安装在水车上的竹筒一节节微微倾斜，水就这样被舀上来，引入粗糙的木制水槽中，流进等着灌溉的稻田。稻田地势很高，我们很难看得见。有时水流的力量不够，无法继续自行流入槽中，农民就得自己动手，爬到水车顶上，把轮子踩得转动起来，一踩就是一整天。说来倒也奇怪，中国人既然有如此天赋，能够做出这样的机械装置，却从未想过发明风车。

下午三点小艇把我们放了下来，剩下的路就留给我们的双腿去走了。下船的地方有好几百头猪，正等着装船运往下游，渡海去大陆，猪肉在海的那一头总是紧俏得很。有几棵大树看上去树龄已久，枝叶伸展开来，形成一片宽阔的树荫，下面挤的全是猪。走这条路的人不少，两旁临时搭起了店铺小屋，俨然一个小村子，还有更多的猪被源源不断地运来，看来每个人都得好好忙活一阵了。猪被关在一个小小的笼子里，一副求援无助的样子，那些柳条笼子像一件用竹条织成的网状罩衣。在树下乘凉的还有挑夫们，有的喝茶，等着身上的汗晾下，有的捧着大碗，扒着米饭，然后拿起扁担，悠闲地向岸上走去。

中国人虽然拥有无限耐心，可用在把猪赶到集市上却远远不够。如果猪的体型巨大，就得两个人抬着；如果猪的体型还不需要两个人抬，却又没有小到一个人能挑两只，那么问题就来了。有时两个挑夫会用一根扁担把两头猪挑在中间，不过这会遭到猪声嘶力竭的抗议，它们只在有限的程度上合群。一般来说，要么一个人挑两头猪，要么两个人抬一头猪，折中的办法好像还没有，更何况猪长到一定重量，就连搬也搬不动了。因此大体来说，最好还是趁着猪不太大，还能够成双成对挑得动的时候赶紧送到集市去。当然，苦力也可以在扁担另一头放上别的货物，用来平衡。

运猪的人实在是忙不过来，所以我们找不到人帮着提行李，哪怕我的行李如此轻便，那位传教士的好心肠的老仆人只好继续跟着我前行。田野地势时有起伏，不时传来蛙鸣，你也许不会想到这些青蛙也是海南的一大出口产品，是岛上人人喜爱的美食。东风吹来，带来阵阵海水的味道，海就在离这里不远的地方。新年前后的几个月在海南被称为"冬季"，刮的是西南季风，"夏季"刮的则是东北季风，现在正值三月初，正是西南风盛行的时候。

徒步旅行总是令人愉悦的。嘉积的一位年轻官员正在敦促抓紧修建一条宽阔的大路，争取让这条路有朝一日成为能够通车的公路，通向港口。由于我的失误，我们一直走到了夜幕降临，又走到了夜色深沉。四周都是坟墓，萤火虫在坟间若隐若现，叫人误以为是葬在此地的冤魂作怪，我那半个挑夫——到了这个时候，我已经承担了几乎一半的担子——竟然没有拔腿就跑，简直是个奇迹。不过他毕竟跟了传教士那么多年，而且他只有一只眼睛，所以可能无法像一般挑夫那样看见那么多鬼魂。无论如何，他那把老骨头虽然早已力气耗尽，但高兴的劲头还在，加上有了路上买的灯笼，好歹还能够拖着沉重的脚步继续赶路。

夜幕降临，我们跌跌撞撞地穿行在浓密树丛组成的隧道之中，这样的路晚上走起来狭窄而古怪。我们到了一个典型的小村寨，名叫居丁村。一个外国人的到来让全村上下变得活跃起来，或许在居丁村的历史上还从未有过外国人光临。全村人都跑了出来，连女人也不例外，或远或近地站在后面，孩子们挤在前头，围着我的膝盖打转。他们把我围得紧紧的，几乎已经超出物理定律允许的范围，就连我袋子里的食物也被指指点点。我的向导兼挑夫把吃的拿了出来，趁着还没有人靠得太近研究一番，拿到店里热了热，摆在了我面前的桌上，桌子就摆在屋外的门廊下。

我想起西方人对中国人的一般看法，不由得暗自好笑。我在这里完全孤身一人，夜色已深，这个碰巧路过的小村庄让人联想起中国最偏远最凶险的地方，的确，劫匪抢犯在这里可不少见，身边围着的全是西方电影和流行小说里的那些令人色变的天朝子民——他们鬼鬼祟祟、心狠手辣，就躲在俗气简陋的棚屋里，一手拿着匕首，一手拿着装着毒药的小瓶——只要我不留意躲开，让那些病菌神不知鬼不觉地转移到我身上，我所面临的处境就跟在电影里描述的同样危险。按照这些如出一辙的脚本安排，我本来应该在晚上被悄无声息地杀死，谁叫我如此鲁莽，要把行军床和蚊帐支在屋檐下呢——屋檐同样伸出一截悬在外面，和电影里的一模一样。我就这样睡在村里唯一的路旁，让村民们看得错愕不已。

比起上半夜，下半夜也好不到哪里去。中国人虽然在刚天黑时害怕，却在夜晚行将结束的后半段似乎完全没了恐惧感，离天亮还有好长一段时间，一两拨人便一如往常地出门了。大概就在这个时候，猪开始在我的床下找东西吃，这张床对它们来说实在是太矮了。村里家家户户都养了几条狗，如果我的耳朵没听错，这些狗叫了一晚也累了，于是随便找个就近的地方躺下来打盹，等着天亮再去找能吃的下水碎肉。镇上重新显露生机。

我的旅伴找了个挑夫来接替他手头的活儿，一双粗糙的老手把银元攥得紧紧的，带着满脸微笑踏上了回家的路。村里的街道走到尽头变成了一条满是沙子的小路，两旁低矮的亚热带树丛密密麻麻，只留下中间窄窄的一条道，我们从那里又走回了宽阔得可以通车的公路。说起这条公路，其实还停留在理论阶段，因为沿途的河沟小溪上没有架设一座桥，因此就跟没有修路一样，根本起不了作用，中国很多东西都是这样没有实用价值。路上现在已是杂草丛生，和一片开阔地没什么区别，对于徒步旅行者和赶路的挑夫倒是再好不过。照中国的标准，路修得相当直，除了一些地方被山拦住拐了弯，不过沿途都有小道往返，虽然依旧和这条尚未建成的公路连在一起，但蜿蜒曲折的程度着实令人叫绝。

这里的田地高低错落，一副亚热带景象，颇有几分菲律宾的感觉，让我想起马尼拉与这里也相距不远，差不多就在正东方向。劳工们排成长龙，一刻不停地往港口方向走去，身上背着不少岛上的特产。女人无论穿着打扮，还是身上背的都和男人没什么区别，走在这长长的队伍里，看上去好像货运列车的一节节车厢，只有上面的字母略有不同。

虽然依靠人力搬运东西更加常见，但岛上也有带轮子的车子。就在这次徒步旅行中，我见到了恐怕最笨重最简陋的车子。那些木头轮子倒是结实，但不是正圆的，看来西方汽车赞助商制造的那些盘形轮和炮轮也没有自己想象的那么新奇有创意。

拉车的是四头水牛，一个小男孩在后面赶着，速度也就一个小时两英里。哪怕新修的公路再宽，也没法让这个新奇玩意儿在路上顺顺当当走起来，一路上吱吱嘎嘎地响。这种车在岛的西边更常见一些，尤其是那大附近，那里生活着不少客家人。

多亏了那位思想进步的年轻官员，毕竟在日本生活了两年，嘉积镇外新开通的那条公路上已经有两辆公共汽车在最先通车的路段上运营了。有人向我保证，其中一辆会在新市上下乘客。日头已经爬上了一半，我们找了间教会礼拜堂躲太阳，当地除了这个之外再没有其他能够遮阴避暑的地方，不过整个镇上的样子告诉我，那两辆车今天都不会来了。这倒正符合我们一路走来的心情，半是担心，半是疑惑，当然还有一如既往的运气。

赶路的挑夫拎着一小块肥猪肉，用草绳拴着，荡来荡去，太阳这么厉害，似乎都要把肉烤熟了。不少劳工除了干活要背的担子，还带着一两吊沉沉的铜钱，方便在沿途的集镇买点东西。我们经过了好几个这样的集镇，有的恰逢开市的日子，而没赶上的便毫无生气。中国的集市据说只有赶上每个月的某几天，例如"一、四、七""二、五、八"这样的日子才开市。不开市的时候安安静静，冷冷清清，住在镇上的人就连把之前那一点存货卖掉都毫无兴趣。可只要集日一到，立时变得人声鼎沸，熙熙攘攘，到处挤得水泄不通，反差之大好比一处公墓与夺冠当天的足球场一样，令人难以想象。我们间或会从开阔的大路突然拐到小街上。街道用石头铺成，也就六英尺宽，街上全是中国人，我们只能在人群里挤来挤去。

海南人对照相的恐惧程度比我在中国平常见到的更厉害。有个老太太裹着小脚，不知怎的发现我正把这个邪恶的东西对着她，刚才明明还在牛背上打盹，立时腾地一下窜起身，一溜烟跑得无影无踪。别看她年纪大，身手敏捷得跟猫一样。老太太成功脱险的消息好像用上了传心术一般传得飞快。牛儿还在静静地吃草，可坐在牛背上的女人、女孩连同男孩一下子全都知道了，在起伏的田间一下子都散开。不管我走到哪里，都远远地躲起来。

海南和中国南方大多数地区一样，男孩、女孩，甚至包括妇女，村民的主要娱乐就是骑在水牛背上，或者在牛吃草的时候倚在牛身上。他们从出生起，就习惯了又窄又硬的床板，牛腰和牛肩对他们来说像个枕头，舒服极了，牛背则像一张躺椅，可以让人好好睡上一觉。牛儿沿着稻田间狭窄的水沟吃着草，这些人的职责就是别

图 39 骑在水牛背上，去一个既能让牛吃草又不会糟蹋庄稼的地方，在中国南方这是男孩们打发闲暇时间最主要的方法，有时也是女孩们平日里的消遣

让牛吃了庄稼。他们躺在牛背上，在阳光下用大大的帽子遮着，要是碰上下雨就在身上再多披一件棕榈叶做的雨衣。

看一眼世界地图，你或许会觉得海南只不过是一个小岛而已，可经过两天的艰苦旅行，先是坐船，接着步行，才到达一个小镇，而且那里连岛的中部都算不上，疲累沉重的双腿会让你对这座岛屿的大小别有一番感悟。就算不从气候的角度，而从景观的角度来看，嘉积地区比海口更显出热带的感觉。或许是海风的缘故，当地的湿热还不算难以忍受，但密密麻麻的椰林、茅草棚子还有空气中的潮湿气息，足以将思绪带回真正的热带地区。山谷里长满了椰树，一眼望不到头，还有连片的稻田。这里的一切让你明白，为什么住在这里的外国人会把海南亲切地称为"椰岛"。

待到夜幕降临，我已经躺在真正的浴缸里享受着奢侈的热水浴，并且在这世上最惬意的角落坐定下来，与我的美国老乡们共进晚餐。季风吹拂，椰林摇摆，眼前的景象像极了圣多明各的峡谷，足以证明嘉积盆地是多么美丽富饶，这是我在中国见过的唯一一处热带风情看上去如此鲜明的地方。当地住着两位男教士，还有几位女教士，都是美国人，再加上六七个孩子。既然那位曾经孤身一人驻守海南最南端的海关官员已经被人从精神崩溃的边缘救了回来，带回了海口，那么嘉积就成了有外国人定居的最南面的中国城镇了。

我来得正是时候，嘉积正在举行节庆。教会院子和人口稠密的华界城区都有戏班子正在室外表演，搭起了临时舞台，摆上椅子，座无虚席，热火朝天。我站在椅子上给舞台拍照，还跑到舞台上拍摄底下的观众，抢了镜头。或许是因为戏子在中国社会地位低下，此时不仅没有人抗议，还引来一阵大笑。不过，中国的演员应该早就习惯了被人打扰。伴奏的、管道具的，还有不少观众，尤其是那群孩子，几乎是想上台就上台，把每一个能占去的地方都占了，全都聚在那帮演员们的脚下。他们穿着一身脏兮兮的"华服"，时而高声歌唱，时而大声诵读，在吱吱作响的板子上神气地踱着步子，仿佛那位举世无双的梅兰芳先生的远房亲戚！

不过，中国的观众们不仅拥有真正的想象力，也没有谢幕这些规矩——这里也不需要谢幕，因为这些剧院就沐浴在灿烂的阳光之下；更衣室在临时搭起的舞台后面，即使幕布难得被风吹动一下，也绝对遮掩不住什么，和舞台一样一览无余。观众若是对某位演员爱慕有加，只需绕到舞台后面，便能看到他化腐朽为神奇，重新涂抹那张平凡的脸。孩子们若是非得见到自己的主人公更衣，也完全没必要几个人一起在彩色玻璃上擦出块小孔，从中冒险偷窥。坟头顶上和舞台前铺着板子的锯木架照样被当成了看戏的好地方。

只要是人喜欢吃喜欢喝的，小贩们就无所不卖，叫卖声大得连演员的台词都听不清，完全在自娱自乐。剃头师傅四处游荡，全副家当都背在肩上，这里还有算命的、穿插表演的、招摇撞骗的，甚至连拉糖的都能见着。借着机会临时搭起的苇席棚子里摆着十几张赌桌，和戏班子一起公开营业。这些虚掩的场所外面挂着席子一类的东西，能让阳光没那么刺眼。里头玩的游戏只讲运气，人人都能参加。还有一种赌摊跟路边市场一样，毫无遮掩，到处都是，只要兜里有那么一两个小钱都能来一试运气。对于熟悉中国南方的人来说，见到五六岁的男孩女孩在街边或者小屋里赌钱并不稀奇。挑夫们光着上身，脖颈周围一圈红印茧子，全是扁担压出来的，不少人还留有明显的擦伤，在人群里挤进挤出。有的肩上挂着两三吊铜钱，每吊重八磅，值25美分，那可是他的全部家当了。

城里的男人个个光着上身，大都戴着个菱形的兜包，以大红色居多。这种兜包在中国南方很常见，和防止腹泻的"绒肚围"有点相似。不少住在热带地区的外国人就因为相信这一点，结果反而觉得别扭。有的人在心窝前的带子上系着一个皮制的钱包。钱包是当地做的，装饰得很花哨，用来代替口袋，装那些比铜板更值钱的财物。

乡下女人戴着帽子，编织精细，大到足够把整个人罩住，身上穿着乌黑的衬衣和裤子。在季风盛行的地方，帽子上应该加个别针，不过可能这个早被西方人淡忘了的小玩意儿还没有在嘉积流行起来，或者这些一身盛装的女士们更喜欢用双手紧紧抓住帽子——那帽子大得都快像把雨伞了，又或者只用一只手抓住，因为她们不时还需要另一只手帮忙提一把裤脚。女人们穿着黑色的罩衫，质地多为漆皮或者油布，走起路来一对乳房在里面晃来晃去。经常见到她们在半隐蔽的角落里用热水瓶装东西喂孩子，那些孩子已经大到会说话走路。有些城里女孩更加时髦，戴着硬挺的草帽，很是惹眼，西方只有男人才戴这种帽子。戴头饰的男人虽然见得不多，但有时也有小男孩头上戴着，就像脑袋上顶着个托盘，做工粗糙，好像从日本学来的样式。

不少女人光着脚，以前缠着的脚也被解开了，不过并没有见到裹脚的年轻女孩。学校的男生们在玩一种用脚踢的球类游戏，类似网球，网子就拉在一棵长着芒刺的老榕树下，跟我十几年前在缅甸见过的游戏一样，当时佛庙里的小和尚和孩子们一起玩过。我沿着狭窄的街道一路向前，避闪着形形色色的路人，不时从某个寺庙的拐角下经过，借机蔽一下阴，一直走到城的尽头。那儿的渡口停着不少划艇，定期往返在这条湍急的河流上，嘉积就在河畔。船夫们会把那些地位较高的女乘客抱着或者背上岸，免得她们脱鞋赤脚：按照严格的中国礼仪，即使在万不得已的情况下，这也是不得体的举动。

教会的院子外面有条路，路的对面有个人正在烤狗肉，现烤现卖。这家伙坐在地上，跟前早就挖好了一个坑，身边丢着一地黄毛，看来已经让不少的客人解了馋，吸引着路人注意的目光。一旁还躺着一条狗，是城里经常见到的那种黄狗，身上长着癞皮，得了病，喉咙早被割断，丢在洞里，只等客人说一句"来盘狗肉！"就点火烧烤——即便是条狗，以这样的方式结束一生也真是悲惨。

在中国，就算还没发育成熟，可只要穿上那一身破旧的类似军服的衣服，就会被人称作"士兵"。虽然嘉积一带也有几个这样的家伙在游荡赌钱，但与广州相比，海南完全是另一码事。这里当兵的不少，但大多数好像都已经下乡打土匪去了，毕竟抢劫越货在岛上不少地方相当猖獗。这些当兵的和那些不法之徒会不时动手干上一架。我待在这里的时候就见到一个年轻人被送来，大腿中了一枪。此人虽然穿着破烂，却是个军官，这一点看看抬他来的轿子和专门指定的轿夫就明白了。虽然他对外国人谈不上友好，但这并不妨碍他第一时间直奔教会医院求人救命，毕竟他也想不到居然会发生受伤这种事情。顺便说一句，这里的教士医生出生在美国，拥有大学文凭，以前在俄国做过犹太教拉比，后来改信长老会，娶了个老婆具有苏格兰血统。在我这样一个四处游荡的外人看来，就算这位医生对给这样的家伙治伤是否有违道德操守产生怀疑，也没什么好奇怪的。这倒不是因为他对外国人怀有反感，而在于传教士们给他们提供越多医疗帮助，就会爆发更多的战斗，让中国大大小小的内战打个没完。不过话说回来，如果这样说也行得通，那么红十字会的捐助起的也是同样的效果。

我和房东有天一大早骑马去了城郊几英里外的一个平原，这一天恰逢野外演习，发起人正好是那位年轻有为的嘉积官员，不仅召集了大部分在校学生，不少当地人也纷纷前去观看。长长的校场一头用竹竿搭起了台子，上面铺着苇席，这位嘉积地区的领导人就坐在上头，也不怕当地的暑热，穿了件齐膝的双排扣外套，让人一眼就能看出曾在日本受过训练。手下的十几个士兵虽然军服破烂，却个个荷枪实弹，就算他们的顶头上司邀请我们坐在他身边临时搭着的阶梯上，也目不转睛地盯着我们，好像要让我们知道，只要胆敢发起攻击，他们就会奋不顾身地保护自己的长官，哪怕面对的是拥有特权的外国人。

正是这个年轻人把自己管辖的这片内陆地区变得比港市还要先进。他拆了不少庙，重建成现代化学校，至少从新修的校舍看来，面貌焕然一新，还铺了一条大道，足有30英尺宽，从省城经过自己的辖区一直通往相邻的地区，后者可绝不会为这样的先进理念劳神费力。此人目光长远，力图将嘉积与东面的一处良港连接起来，把嘉积打造成海南岛的一座重镇。鉴于往返内陆的商品习惯上都要经过嘉积的集市，这样发展也是自然而然的事情。

然而，和中国为数不多有志改革的人一样，他同样遭到了或明或暗的反对，为此不得不在身边配备保镖，日夜形影不离，以防遭人暗杀，毕竟这些新举措让他收了不少税钱。不仅如此，他就出生在附近的村子里，是个土生土长的乡下仔，没人像尊重远道而来的外乡人一样对待他。有人便开始趁机中饱私囊。他有几个信任的老乡，卖给了他六七辆汽车，都是 1901 年生产的三流货色，在新加坡已经使用许久，价格却高得离谱。假若他亲自过问，就会明白按这个价钱足够买好几辆新车了。既然有了车，接着就会有中国的司机。这些人说不了几句英语，对汽车更是一窍不通，难怪看到这些司机和汽车待在终点站修车铺里的时间要远远多过在路上。由于自己人实在靠不住，这位年轻的官员只好暗地里向教会医生求助。后者是那座新教堂的建筑师，活儿全是利用业余时间干的。他想请医生帮他修一座桥，十万火急，而医生的报价大概只有他手下人提出价格的三分之一。

从嘉积继续向前走上两三天，便到了五指山。路上首先要经过苗乡，就现有的全部证据看来，这些苗人比生活在真正岛内腹地的土著居民来到海南的时间要晚。苗人通过放火焚山的方法把山脚下的植被清理干净，然后种上庄稼，待到几年之后土壤肥力耗尽便迁移到他处，重复同样的耕作方式。无论就这一点，还是从其他不少方面来看，他们都和这些天朝子民形成截然反差。苗人和汉人之间似乎有个古老的约定，只要苗人进贡，就不得强迫他们与汉人同住通婚，只不过苗人住的地方必须高出河面三英尺，不得妨碍汉人种植水稻。苗人自己在较高的山地种植旱稻、玉米之类的作物。苗人说自己也有爆米花，以让那些难得来此一游的外国人大吃一惊。海南苗族的语言看来由土语、官话和粤语组成，三种语言所占比例大致平均。苗人按照西方人的标准看来，天生能歌善舞，聪明机智，比那些土著居民更为好学，识字率也要高一些，可一到了十二三岁就不再上学。苗族一般用数字来称呼自家的孩子，要么就起诸如"坏狗""脏羊"这样的名字，一听就知道是为了蒙骗迷惑妖魔鬼怪，就像西方的有钱人会给自家孩子穿得寒酸一点，免得被绑匪盯上。

虽然苗族和海南最原始的居民在一定程度上混居在一起，二者却截然不同。后者被汉人称为黎族，这个原始部族的历史人们知之不多。黎族没有文字，没有任何记录提到过他们的存在。黎人沉默寡言，就连他们的传统也让人无从知晓。黎人自称是海南的原住民，这一点也已被普遍接受，不过也许还有其他民族比他们先行一步来到此地。苗人来到海南似乎只是几代人之前的事，而黎族的来历显然就连他们自己也讲不清楚。

黎人基本住在深山老林之中，过着自治的生活，以家庭为单位，由一个头人统治，实行某种共产共享的社会制度。住在内地的一般被称为"野黎"，而靠近沿海地区、与汉人杂居的，被称为"客黎"。当然，若比起距离海南不远的台湾原住民，即便住在山里的也算不得野蛮。有个外国人有一回遇见了一群"野黎"，他们就生活在五指山地区，这里是海南的最高峰，海拔六七千英尺。赶上天气晴好，如果山顶有人，可以从各个方向看见。其实，如果要说起人性暴力，黎人比围着这个"野蛮"地区的汉人土匪可要好多了。

黎人比汉人身手更加灵活敏捷，眼睛更黑，鼻子也更尖，这样脸看上去会更为瘦削一些。黎族有不少部落，虽然所有的黎族男人和不少女人都能说"海南话"，但各个部落之间语言并不相同。不少方言与法属印度支那、马来西亚的语言非常接近。黎族男子现今的穿着打扮与汉人大体无异，也有不少人剃掉了头发，可有的部落依旧系着腰布，还有更多部落仍然保留着独有的发式，叫人一眼就能分辨。有个部落被汉人和传教士称作"大结"，他们生活在东北方向的定安地区，几乎不穿衣服，一头长发从未剃过，从额前梳到一侧，精巧地盘成一个大结，看上去相当时髦漂亮。大结的黎族女子佩戴大量银饰和铜饰。有个部落的女人戴的耳环实在太大，干活时甚至不得不把耳环系在脑袋后面。她们有一整套独特的编织衣物的方法，上衣和裙子绣的图案色彩鲜艳，与其他部落截然不同，一目了然。有人穿的裙子像个圆筒，窄得连自如走路都困难，不过大多数部落裙子一般很少长度过膝，有的连大腿都遮不住。要是容貌姣好的年轻女孩，又有着一双诱人的长腿倒是适合不过，可换成形容枯槁的老太婆就有点奇怪了。

黎族为人熟知的最主要特产就是藤。这是一种丛林植物，上面长满倒刺，像长

图 40 黎族妇女在缝纫编织富有本族特色服饰方面自有一套

长的钩子一样锋利无比。"野黎"用藤条和汉人、客家商人交换自己需要的物品，他们正是为了这些物品才采集藤条的。黎人习惯在野外散养放牛，因此牛常常被人偷走。黎人住在崇山峻岭之下，由于只有山顶上才有茂密的森林，山脚下的林木已被砍伐殆尽，因此他们的农耕方式比苗人更为固定。黎人是真正的蛮荒民族，他们烧芭并用手平整土地，代替犁田耕地，女人除了这个，什么活儿都干。男人首先会在地里放一把火烧个干净，以便种植旱稻和玉米，然后赶着水牛或者其他动物在地里一圈圈地走，直到最坚实的地头都被踩成松软的泥地，接下来的播种、照料、收割作物全都由女人打理。

由于有大量木柴，又不需要戴帽子，因此稻秆对黎人毫无用处，带着谷穗一起砍下来，一捆捆挂在一种竹制的架子上，放在自家又长又窄的屋檐下。一般来说，黎人虽然只能勉强维持生活，却过得无忧无虑，只有在要吃的时候才会打米脱粒，

图41 黎人趁稻谷未熟将稻秆割下，扎成短短的一捆捆，挂在棚架上晾干，架子上面盖着茅草搭起来的屋顶

打一餐吃一餐。这种缺乏远见的做法让他们常常面临粮荒，精明的客家商人趁机加倍谋利，因为稻谷不仅要用来果腹，还被更多地用于制造家酿，黎人为了美酒，可以说不惜血本。有时甚至在稻谷尚未成熟之际就不得不收割，否则就得忍饥挨饿，连喝的都没有。

　　黎人的房屋地板用藤条或者竹篾编成，高出地面一英尺有余，家里养的猪狗就住在下层。黎人在家席地而睡，房间中央摆上三块石头就是厨房。每个村落的棚屋都有一个粮仓，要是有多余谷子就存放在里面。家家户户都有格子棚架，上面挂满了南瓜之类的瓜藤。黎人喜抽天然的烟草叶，那是他们园圃里的主要作物。他们还栽种木薯、香菜、莴笋、辣椒和一种类似槐蓝的豆类作物，用它把眼睛涂成蓝色。由于总有飞鸟走兽来糟蹋园子，因此会用竹子筑起篱笆。黎人虽然不会扎稻草人，却采用了一种奇怪的平衡装置，山泉水灌满时便会斜到一边，水倒干净之后又会落回去，撞在石头上发出响声。

黎人家中会摆上一张桌子，专门供奉先人，但全家吃饭时都会围着灶台，蹲在地上。他们一般用碗筷吃饭，不过赶上出门远行或者去田里干活儿就会把煮熟的米饭做成团子，方便携带。成年黎人大多个子矮小，咳嗽感冒是常事，生活方式"接近自然"的民族多半如此。患沙眼、钩虫病的人很多，没有任何人能够免于疾病侵扰。最大的敌人莫过于疟疾，黎人居住在潮湿的山区，水蛭成灾。外国人不时深入黎族群落中，试图为他们医治，却因当地人过于迷信，几乎无法开展有效治疗。黎人的宗教属于某种神怪崇拜，混合了各种汉人的迷信。黎族人热爱音乐，在婚礼上，新郎新娘和最亲密的伙伴们会一直唱歌，彻夜不休。男人经常带着一种单簧口琴，用来打发大把休闲时光，而女人们则忙着干活，只能一边用木臼舂米脱粒，一边有节奏地连续敲击木杵。还有一种竹笛，是用鼻子吹的，声音不大却音律优美，堪称黎族乐器中最完美的一种。集体劳作时，黎人也会一起合唱。

我开始返回海岸，路上见到的还是劳工，像驮畜一样一行行成群结队，望不到头，一个个腰间挂着蓝色的裤子，跟腰布差不多，头上戴着的帽子大得像阳伞，脚上蹬着草鞋，身上的皮肤像巧克力一般。我刚到这里的时候那些集市还热闹非凡，现在却像拉丁文一样失去了活力，之前毫无生气的其他集市则变得一派人声鼎沸，人们以物易物，忙着交易。野狗家族中那些毛色棕黄的成员在田间四处乱跑，跟野狼差不多，一点也不友好，不管找到什么都连撕带咬地大口吞吃。

有人向我保证，说公共汽车今天不会开，结果却发现汽车从我面前连蹦带跳地开了过去，可此时已是上午十点多钟，对我来说早就没什么意义。嘉积有一位好心的美国女传教士，她虽然对抽烟深恶痛绝，还是坚持让我骑她的马返回海岸，途中经过另一个黎族部落的居住区。我预订的挑夫突然扭了脚，把活儿临时转给了一个年轻人，当然他得分一部分钱给那个青年。于是他就这样什么也不用背，悠闲自在地走一路，作为马夫和主要传话人。

我们在新市的教堂里住了一夜，第二天下午经过大路上一座风景如画的古桥，晚上借宿在另一处礼拜堂，不过屋子破破烂烂，就在定安的城墙之内。那里屡遭劫掠，差不多只剩下一堵墙，里面一片荒凉。不过，按嘉积传教士的说法，这样的下场纯属咎由自取，毕竟是最伤风败俗的邪恶之地。可话说回来，他们不也这样评价波士顿么？纽约就更不用提了。

隔壁的房间看来像是牧师的书房，里面住着个邋遢的年轻人，他妻子也不太整洁，还有个婴儿一直哭闹。因为他们的缘故，我四点就起床了。礼拜堂里椅子东倒西歪，我的行军床就支在临时架起的长椅之间。任何人都不能阻止中国的基督徒和他们的朋友把教堂用来住人、屯放粮食或是其他用途，毕竟他们就是这样对待寺庙的，甚至还在教堂里杀猪和养马。

我来到海南之后老天还算眷顾，天气一直不错，不过却在前一天下午变得阴沉昏暗起来，接着开始起风，现在竟然下起雨来，可把我吓了一跳，因为我还急着赶回海口搭那班客轮。我的家人可都在船上，要从广州去印度支那。时间紧迫，若是耽搁一天，哪怕半天都有可能让我们好长时间见不到面，尤其他们拿着的还是家庭护照。虽然我早强调，不管下雨还是天晴，天一亮就得出发，却惊奇地发现我那位腿脚不便的杂工和挑夫依旧摊开手脚，睡在礼拜堂另一处的一张木头床上。面对我的质问，他们用最真诚的声音回答："拜托，先生，现在可是在下雨啊！"我把头天晚上的话又简明扼要地重复了一遍，一行人不到一个小时便上路了。我们在河边又耽误了几乎一个小时，因为渡船的船主还在对岸，他可不想让衬衣淋雨，毕竟就只有那么一件衬衣，上面还打满了补丁。雨越下越大，我们的身上也渐渐湿透。我们沿着弯弯扭扭的小路，时而手脚并用，时而脚下打滑，踉踉跄跄折腾着穿行在看起来极肥沃的稻田间。

中午时分，我们到了另一处棚屋，看样式像个礼拜堂，就在一个小镇上，镇子的形状有点像希腊十字架①，在沿海的黎人，也就是"客黎"聚居区的边缘。虽然又是泥又是雨，但赶上集日，两条街上仍然挤满了人。这些原住民部落虽然早已和汉人大量混居在一起，但那双蓝黑色的眼睛水汪汪的，还是一眼就能看出来。这些黎人依旧带着一点野性，显得羞涩怕生，虽然很听指挥却不敢面对照相机。我们在那个"礼拜堂"用柴条生火做饭，吃过之后接着赶路，沿着一条非常湿滑的石头路

---

① 希腊十字架（Greek Cross），十字架的一种，四臂等长。

穿过一片石地。

沿海黎人住的这片地方十分荒凉，到处都是灰色多孔的火山石。房子、庙宇、公路、坟墓和村庄，所有的一切都用这种石头做成。几乎每一棵大树底下都能见到一座微型庙宇或者神龛，修得相当精致，大部分建有石柱，仿若一座小巴特农神庙。石头路的两旁矗立着坚固的石墙。不少田地被石墙包围起来，一看就知道不是汉人的做法，就连每一座小小的园圃也不例外。这里附近有一座火山，以前喷发过，把整个地区都埋在了厚厚的岩浆底下，这些熔岩就成了今天看到的石头。看来当地人想尽一切办法利用这种难以使用的材料，也是为了把它们从田里清理干净，毕竟石头不能烧掉清理。可能也是因为处理当地的石头太过麻烦，汉人才会把这块地方留给黎人，哪怕这里靠海如此之近。

黎人掩埋死者的墓是圆形或者正方形的，用切割的石头做成，地面上的高度可达腰部甚至再高一点，看上去和花岗岩很像。有的坟头上铺着土，几乎是平的，上面长着木槿花；有的完全用碎石盖着；还有的前面烧着纸和线香，看得出受了汉人

图 42 在海南沿海一带的黎人聚集区，所有的村寨和不少房子都修有巨大的门道，用当地盛产的火山石修建

的影响。墓碑上刻着一些汉字，用红色勾勒出来，碑上还有一些奇怪粗糙的图形，涂的也是同样的颜色。台阶上铺着的也是石头，水塘是用巨大的石头砌起来的，有石头台阶一直通到塘里头。最叫人难忘的是那些巨大的仿佛花岗岩砌成的拱门，大多四四方方，也有的呈圆弧形，每一座都相当宏伟，高度可达 10 英尺甚至更高，纵深也有好几英尺。每一座村寨，甚至差不多每一处房屋门前都能见到，仿佛原始的凯旋门。这里道路如此艰险，这些丰富的原料究竟耗费了多少人力去凿石雕砌，想一想都令人感叹。

虽然这些石头与岩石给住在当地的人增添了不少麻烦，但他们似乎对此怀有某种崇敬之心。巨大的石块上立着石头神像，做工粗糙。香纸从成堆的石头上飘落下来，落得到处都是。几乎每一处石头的表面都刻着代表女性生殖器官的简单图案，山岩和圆石上也有，就连脚下的石板每走几步都能见到。数量之多，耗费的心力之巨，由此看出这样做是出于某种真挚狂热的崇拜，而非淫秽下流。

这是一片山石崎岖的林地，树木上满是针刺，整个下午我们就在林地里拖着沉重的步伐，一步一滑地走着。每一所房子前面都插着几根竹竿，上面只留了一簇叶子。竹竿是过农历新年时专门立在这里的，我后来才知道这是距此不远的安南的习惯。大量破碎的陶片丢得到处都是，可能是来自那些大陶窑。我在坐摩托艇沿河而上的时候曾经看过一眼，高高的河岸上就有陶窑，排成一行行。不过，这些陶器被成堆成堆地打碎，仿佛在举行某种仪式。其他地方还垒着一堆堆小小的蜗牛壳。

山地上种着大量旱稻，这种稻子不需要浇水灌溉。粗大的树干上结满了菠萝蜜。矮一点的树上开着花，和仙人掌的花有些相似。树上长着硕大的野生菠萝，果皮粗糙，还有蓟花和各种各样的有刺植物、长得像茶藨子的灌木，田野里长满了齐腰高的软草，看上去像是靛蓝。总之，这里就是一个彻头彻尾的野人地带。

我们一路跌跌撞撞，经过琼州的时候天还在下雨，脚下头顶都赶上这般倒霉的日子。那些独轮手推车看来已经全都收了起来，除了我带的两个挑夫之外，见不到其他任何背着东西的人，不过公路上汽车和吱吱嘎嘎作响的马车依旧来来往往，穿行在省城与港口之间。车子每每经过，总会溅人满身泥水。天色将晚，我在一处传教士的庭院前停下了脚步，院子里十分宽敞，还有草地，想来应该可以好好泡个澡，享受下现代文明。除此之外，我家人乘坐的那艘日本轮船至今还未露面，多少也算是个好消息——说它好是因为船至少没有把我丢下就离开海口，说不好是因为这样的天气可能意味着海上会起台风。

幸运的是海关官员和招待我的房东关系不错，答应船一到就通知我，只要我的速度恰到好处，就不会让船把我丢下开走。你要知道有不少人曾经在海口等了十来天船，最后却因为去城里买个纪念品结果却误了船。中午突然有消息说船已经到了——这船来得可真不是时候，正好让我错过午餐。只有经过长期训练的人才有这个本事，能够用望远镜透过大雾看清来的不是一片云，而是一条船。待到下午结束之前我们已经坐上"大华丸"号，动身起航了。虽然不能说各方面都是客轮的标准，但和"月平凹"比起来的确是干净整洁，管理有方。

第二天一早，我们驶进了位于大陆一侧的北海港，一停就是整整一个星期天，真叫人闲得无聊。清朝时，粤桂两省归同一个总督管辖，这或许就是为什么北海现在还归广东省管，而广西则封闭得跟玻利维亚的原因。广州明显懂得利用作为总督府所在地的优势，把沿海所有的港口都捏在自己的手心里。广东像一根细长的带子，一直伸向印度支那。北海的船看上去十分古怪，好像只有半截，让人感觉是不是因为这个城市经济过于活跃，才把每艘船都一分为二，每半条船的尾巴就是原来的中间部分。这些"半截船"会开出很远，开到港外锚地的开阔水域去接送乘客和行李，甚至包括装卸货物。一个老妇人把我和母亲用小船划到岸边。老妇身体结实，看来年纪不小。

我们在一处长长的沙洲上了岸，眼前是成排的小屋和房子，全都盖在高高的支柱上，就算涨潮也不会被淹。这是中国沿海最西端的通商口岸，城市长而狭窄，有两三条狭长潮湿的街道与海岸平行，街道后面和两头便是田野。当地的居民乐观开朗，友好热情。住在这里的广东人和客家人差不多各占一半，客家女子更容易辨认，即便是阴沉下雨的，头上也会戴着帽子模样的东西，让人想起伊斯兰国家披着面纱的那些女人。那是一种编织精细的遮阳帽，平顶宽边，顶上有个洞，黑布像寡妇的黑纱一样从帽子四周垂下来，一英尺或者更长。

当地的军阀宣称要修一条通往别处的公路，不过有一条已经在建了。有了公路，那些去不了城里的人力车可以去郊区继续揽生意。车夫们排着长队，等着是否有人需要去往别处。可是，除了让那个背膀结实的老妇人划船把我带回船上去，我真不知道该去往何处。

海口和北海这些港口往西并没有什么十分特别的地方，必须朝东才能明白这些港市真正的韵味。正好赶上各个国家的船只在此装运生猪，船上的起货机一次能把十几头猪吊上船。猪还是装在柳条笼子里，劳工们就这样满头大汗地把它们从内陆背到这里。猪像柴垛一样堆在空旷的甲板上，笼子又小又挤，前前后后堆了足有六层高，有的甚至堆了八层。如此一来，一旦在海上遇到台风，方圆数海里的海面上就全都漂着死猪，还关在囚禁它们的柳条笼子里。

坐船的人应该感谢狂风暴雨的降临，虽然风暴几乎足以将人送进海妖的更衣室，却也让空气变得能够顺畅呼吸了。我跟家人搞过不少恶作剧，其中最小气的恐怕要数这一回让他们走海路，从最西南端的省份返回香港，我却悠闲自得地走陆路与他们会合。虽然他们的轮船没有从海防出发去鸿基煤田 ① 已经算是运气，那样的话赶上如此闷热的天气准保得被煤尘淹没，却没料到第二天自己坐的船在北海运猪，接着又在海口运上来成筐的鸡鸭还有鸽子，压在成堆的生猪上。我们完全陷入了包围，只有中间留下一条极窄的过道，周围的"货物"咯咯、嘎嘎、哼哼地叫个不停。货主会随船同行，给这些动物喂水甚至喂食，但那些猪一头压着另一头，层层堆着，三四天可能连一滴水都喝不到，这种轮船从海防到香港，要慢吞吞地走上五天，向来如此。

往西航行会走得更快一些，也不会受到猪的骚扰。次日一早我们醒来，出了海口，发现已经能够看到印度支那的海岸了。十点钟不到，我们便办完了旅客入境的简易手续，在岸上安顿下来，开始享受法式的舒适待遇。然而，与我们同船的某位却没这么幸运。他是俄国人，还在念书，原本打算在北京把医学课程学完，结果后来去了其他城市，每到一个地方都因为布尔什维克的影响无法安身。他懂一点法语，心里明白不论俄语还是法语，在中国哪个地方都没太大用处，最后决定去印度支那，

---

① 鸿基（Hongay），越南东北部重要港市，距海防港 51 海里，是越南北部重要的煤炭输出港，鸿基煤田是东南亚最大的煤田之一。

到河内的一家医学院读书。由于他既没钱，也没有护照，只好计划从广州步行去河内，不过看来他完全没有徒步旅行的能力，再加上运气不佳，竟然落到了海盗手里，就在靠近海南的那个像伸进海里的长脖子半岛。他好说歹说才让海盗相信他只是个穷困潦倒的俄国人，不是那些富得流油的"外国人"，这才被放了。好不容易上了一条敞篷小船，和不少躲避海盗的当地人一起渡过海峡，到了海南，上岸的时候顶着中国士兵的破帽子，皮肤也被晒得黝黑。

当我和这家伙一起坐上海关的帆船时，他的头发早已变得花白，脸上一副完全吓蔫了的模样，再也没了自我保护的能力，手里拿着提箱，兜里揣着钱，身后跟着海关副关长，看上去就像一位利用公务之便周游各地的疲惫的欧洲外交官。中国港口的外国海关官员总有办法向跟自己打交道的船只施加压力。这位日本船长就被说服带那个俄国人去海防，至于船长心里到底愿不愿意，从他那张表情木讷的面孔看不出什么情绪。似乎德国人和俄国人并不被允许进入印度支那，就算护照有效也没用，更何况他什么都没有。我最后听到的消息是那帮法国人不仅没让那家伙上岸，还要罚日本船长的钱，叫他把这个硬塞上船的家伙带回原来的港口，从哪里来就送回哪里去。

沿西江而下
穿越广西

我待在远东的最后一年里，头几个月去了法属印度支那两次。那个地方像冰柱一样，从中国大陆的西南角垂下来——如果换一种气候，就像烛油从蜡烛上融化并流淌下来。第一次去的时候，我先把家人安顿在广州，然后从香港坐直达轮船到西贡①，后者位于这个由五个部分组成的殖民地②靠近赤道的一头。我还去看了吴哥窟的遗迹，这些废墟着实令人惊叹，就在丛林里，那里不久前还属于泰国，现在归柬埔寨管辖。接下来我经陆路回到广州。这里要说的是这次旅行的最后一程，也就是在中国境内走的一段。尽管我有时会像已经说过的那样带上了家人，不过还是将他们安置在"南都"，毕竟路上的条件不适合家庭旅行，还是让我们走自己的路，沿着西江顺流而下，穿越整个广西省吧。

每天都会有两到三趟法国人的火车从河内发车，车厢虽然不大，坐起来倒挺舒服，汽车就更不用说了，走的都是法国人修的公路，路况不错。这些火车汽车会把旅客送往谅山和南关③，后者被称为中国的"南大门"。要不是法国人软硬兼施，和中国当局合作共修一条公路④，你到了那里可能就得看挑夫的态度，任凭他们摆

---

① 西贡（Saigon），即今天越南的胡志明市。近代其社会经济发展受西方影响，商业发达，曾有"东方巴黎"之称。

② 所谓"由五个部分组成的殖民地"（five-part colony）指的是法属印度支那，该领土由五部分组成，包括柬埔寨、东京、安南与交趾支那（以上三个地区以越南人为主），再加上位于雷州半岛的广州湾租界。

③ 南关（Namquan），即镇南关，今之友谊关。

④ 此处所指为龙州至镇南关的龙镇公路，始建于 1885 年，历时十余年，于 1896 年竣工，为广西乃至整个中国最早通行汽车的公路。

布，才能穿过横亘边界的崇山峻岭，再越过西江上游的一条支流。这是一条被法国人称为"能够通行汽车"的公路，从铁路支线的终点开始修起，通往龙州。当然，天朝的子民们完全有理由对法国人的意图表示怀疑，他们不会允许后者把铁路支线修到自己的领土上来。一辆小小的汽车载着我一路前行，开车的司机是安南人，住在谅山的法人区。车走走停停，前后花了四个小时才把我带到四十英里外的目的地，那里是中国重要的卫戍区与关税城市所在。

　　谅山着实是一个令人难以轻易离去的地方，就坐落在红河之上，城后山势陡峭。由于海拔较高，河内的太阳清晨几个小时也毒辣灼人，可在谅山即便到了正午，阳光也远不如预想般强烈。同登景色优美，是法国外籍军团驻地所在。在这里最后看一眼印度支那的景色，因为过了边界，一切便完全不同：不再有黑色搪瓷一般的牙齿，也不再有用槟榔果汁涂抹的红色印记，而贫穷、废墟、流浪者又将再次出现在眼前；再也看不到人们神情严肃地戴着细心折好的黑色头巾，他们长期生活在异族统治之下，早已学会了在外人面前如何隐藏自己的内心，取而代之的是那些衣着粗布衣裳、咧着嘴笑的劳工，虽然深知自己身份低微，却表现得彬彬有礼，全无半点逆来顺受；再也看不到那些性情柔顺的安南女人穿着棕红色的长袍，戴着形如阳伞的帽子，挑着扁担，缓步行走在东京①的马路上，而这里的女人穿的是衬衫裤子，指甲很少修剪打理，光着没有缠足的脚，裂着口子，戴着银质的脚镯。衣衫褴褛的娃娃兵穿着似曾相识的旧军服，盯着我们的汽车吃力地翻山越岭。路上一片尘土飞扬，没有挑着东西的男男女女，除了我们那辆小小的汽车，没有任何车辆往来，而沿途的孩子、家畜和家禽仿佛沉浸在自己的世界里。

　　中越两国之间虽说有三个关口，但往东走不用办理任何通关手续。一个中国小伙穿着海关制服，站在临时岗哨前，没有做任何手势要求停车。我可不喜欢让人以为外国人滥用治外法权，还是把车停了下来。他先是结结巴巴地说了几句法语，接着突然蹦出一句："你会说英语吗？"听到我的答案后长长松了一口气。在几乎连续不断地说了几个星期法语之后突然使用自己的母语，我还真有点不习惯。

　　边界线上处处都是崇山峻岭，令人啧啧不已，快到龙州时变得更加突兀嶙峋，

---

① 东京（Tonkin），即河内的旧名。

叹为观止。这条公路有不少路段，甚至直至终点都算得上中国最好，不，应该说是修得最艰苦的一条公路。公路沿着河谷一路延绵，头顶全是陡峭的悬崖，壁立千尺，让我总是害怕头顶的山石随时会掉下来。巨石完全有可能在你经过的时候坠下，还是修一条隧道不会让人如此提心吊胆。

我赶在夕阳西沉之前打破了海关副关长的宁静，这位澳大利亚天主教徒的职责就是为我登记入境。我告诉副关长，没有东西需要报关，他表示相信，并且毫不犹豫地一个人请我吃饭，因为当地的美国新教教会正好外出远行，而意大利籍的海关关长要分别招待两位年轻的女士，一位来自英格兰、一位来自苏格兰，法国领事则邀请了住在这里的所有外国人与他共进晚餐。

即便如此，龙州仍然是个纯粹的中国城市，让人感觉距离外国影响十万八千里。我去的那会儿，当地人除了闲逛、耍钱、供奉祖先，并没有什么大事，因为农历新年的假期还没过去，对于任何一个中国人来说，不论你是哪天出生的，春节都是新的一岁的开始，天朝的子民们在此期间只要能吃顿饱饭，能够供奉先人，就绝对不会动手干活。我们也曾在北京和北方的其他地区经历中国新年，这个偏远角落或许要比那些地方更加笃信神明；或者是因为多灾多难的猪年行将结束，这是十二生肖里的最后一个，据说也是最不吉利的一个，而即将到来的鼠年不仅预示着吉祥兴旺，还是新一轮甲子的开始，因此值得大办盛典，举国同庆。从今往后，困扰中国的噩运将就此停止，方方面面的大小事情都将一天天变得好起来——啊，可惜这一切都是空想！不时能听见爆竹的声音。无论多么贫穷简陋，家家户户都会在自家门前或者铺子前的街上摆上桌子，供着煮熟的猪肉，连同其他吃的，用香蕉叶子包着，再摆上几杯小酒，一只煮熟的鸡或鸭子。鸡头或者鸭头已经变成灰色，向后弯到翅膀底下，用幽怨的眼神盯着过往的行人。屋里的人每隔一会儿就会点上几炷香，插在罐头盒里，盒子就摆在各种食物中间，然后深深地鞠上一躬。门口也好，墙上也好，屋里摆着的神龛也好，到处都贴上了崭新的红纸，上面写着一些汉字。每家每户都准备了崭新的纸，上面印着灶王爷，身旁一边坐着老婆，另一边则是小妾。灶王爷去了天上七日，向玉帝报告人间的一举一动，刚刚神游归来。至于是否如实禀报，可就要看他嘴上抹了多少蜜糖和大烟了。我要是没弄错的话，故事好像是这么说的。据说灶王爷身为丈夫，生性放荡不羁，还带着小妾私奔过——应该真是这样，要不

图 43 广西的一位老人正在操办新年祭祖仪式，在自家昏暗肮脏的小铺子前摆一张桌子，供奉着列祖列宗的灵位

传教士怎么经常把他说成回头浪子，用来布道讲理呢？——后来又回了家，向明媒正娶的妻子讨要食物。然而，妻子不但没有把他轰出去，反而为他宰杀肥猪，对误入歧途的配偶关怀备至。灶王爷于是跪下磕头，后悔自己是多么愚蠢，居然抛下如此贤良淑德的女人，最后头破而死。灶王爷的妻子见他真心悔过，于是将他供奉起来。不过，你得注意不管是哪个版本，那个小妾都在灶王爷身旁形影不离。这个时候倘若在城里走上一遭，你得不停地侧着身子，给拜神的人让路。那帮人又是作揖，又是下跪，磕头的时候把脸贴到路面上。须发皆白的老者在摆满食物的桌子前操办祭祖仪式。老板关了门面，在店铺前面做着类似的动作，一脸的严肃，但没一个人会把腰弯得那么低，都快拜到地上去了。幸运的是亡灵只需要尝一尝供奉给他们的食物香味就可以了。人们的虔诚总会换来回报，吃饱肚子便是其中之一，否则不少活人似乎就要饿肚子了。不管龙州的人们是否真的相信这些故弄玄虚的仪式，他们都不会省掉其中的任何环节，就像西方的政客不敢成为某些教派虔诚的门徒，或是

住在田纳西的农民不敢否认《创世记》的真实性。

龙州因山而美，四周群山环抱，巨石嶙峋，悬崖陡峭，孤峰独立。不少山上修有石阶，通往山顶的碉堡或僧院。有的山头上的建筑看上去犹如套了一圈戒指，也许是被围墙圈起来的藏身之所，抑或是防御之所，只是现在都成了土匪的巢穴，中国军队对此却束手无策。然而，这个地方除了用于边界驻防外，并无其他重要作用；由于与法国人争夺东京的控制权，龙州取代了太平①的地位，后者还要往西江下游走上一段。

龙州还有一个值得骄傲的地方，这里有西江上唯一一座跨江桥梁②。这是一座真正用钢梁建成的吊桥，十多年前由一个从广州来的人建造。吊桥自西江外方管理一侧的一块巨石上修起，为单孔跨径，直达对面人口稠密的华区城镇。我抵达时，桥悬于水面上约 50 英尺，不过在涨水时有时也会为江水淹没。由于西江在此处流经一处狭窄的河谷，四周山岩陡峭，难以行舟，因此吊桥省去了船家的劳力，不过也使他们的收入变少了。

龙州城位于江边的悬崖之下，商住两用的房子正对着岸上的第一条街道，这是中国最常见的城市布局。屋后便是河岸，岸上立着高高的支柱木杆。当地人把所有的垃圾都扔到河岸底下。这条"令人愉快"的河的下游漂着一艘巨大的"花船"，外表看上去和巴黎塞纳河上的浴场不无相似，但闻上去却令人不适。

我在龙州住的第一个晚上就让我更加确信已经回到了中国。军号声从凌晨两点一直响到天亮，让人生演变为一场痛苦。就连这里的外国海关官员都雇了巡夜人，拿着竹梆子从日落西山一直敲到天色微明，据说这是唯一确保敲梆子的人自己不睡着的方法。

龙州当地的士兵可不少，不少人戴着露指的手套，有点像西方奶奶外婆们编织的那种。在寒冷的北方，看看人们皲裂的手就知道他们多么需要一双手套，然而对于那些没有受过外国影响的中国人来说，除了两条长得离谱的袖子，他们对"护手的服饰"一无所知。有些女人带了暖手炉，像打了孔眼的盘子，里面装满烧着的炭火，

---

① 太平（Taiping），即广西太平府，明清时期应驻军而设，今广西崇左市一带。

② 即龙州铁桥，1915 年建成，1940 年抗战时被炸毁，下文所述"从广州来的人"为陆荣廷（1859—1928），桂系军阀，曾于民初商议建桥，并且认捐募资。1916 年，陆曾任广东督军，统管两广。

一般就放在上衣的下摆位置，挎在髋上。

　　这个时候的龙州和广西大多数地区一样，在政治上与北京保持一致。就在前一年，广州来的部队攻下了龙州城①。负责守城的地方官（此人的法语不错）当时正好开了小差，可能他的眼睛只记得盯着西边，忘了东边吧。听龙州人说——这件事好像也有充分的证据能够得到佐证——孙中山答应给每个逃兵发饷大洋一块，只要他们愿意带着枪加入他的队伍，龙州的守军就这样逃了不少，直到有些人后来被抓回来枪毙。

　　不管谁在任，老百姓都是一样遭罪。现在掌权的是个胖将军，靠着省城里某个亲戚的支持才上台。广东人前脚刚走，这家伙后脚便来了，马上发行了价值1000万的银券。虽然这些银券在钱庄兑换时很快贬值到原先的1/100，但老百姓别无选择，只能把它们当作足值的钱来用。有个商人因拒绝使用而被罚款2000银元，另一个被罚的是这个数目的两倍，还有一人却被直接判处枪决，好在同伴求情才得以从宽处理，要罚10万银元，好说歹说最后才降到六万，毕竟在中国凡事都有商量。这位将军在用自己炮制的银券赚得钵满盆满之后，终于提出用一角五分换一块钱，回购银券。他这么做显然不是出于良心发现，而是为了耍更多的花样。于是，人们只好在衙门的窗口前一个挨一个地排起长龙，等着换钱。

　　家庭悲剧据说在龙州也时有发生。中国人要是将自己的老婆与另一个人捉奸在床，就可以名正言顺地将那个人杀死，但必须负责掩埋尸体。这里最近就发生了这样一桩事情。出离愤怒的丈夫把不贞的妻子绑在公开场所，并且当着她的面杀掉了情夫，尸体丢在一旁，放了整整五天。到了晚上，年轻的混混们打着火把，来围观这个女人到底长的什么模样。全城的人都认为这种事情理所当然，当事人也用全世界最无辜的方式笑着。事实上，除了极少数被人激惹的情况，这些人并无恶意。以前当地人还会控诉，可现在所有年轻人的理想就是带着条枪出去赚钱，"为了钱他们就连自己的老子都敢杀"。这个世界不管走到哪里，人性真的是大同小异。

　　法国人曾经以为他们能够得到一块租地修建铁路，好让他们的谅山支线一直通

---

①　此处所说为1921年6—8月爆发的第二次粤桂战争，粤桂双方分别以陈炯明与陆荣廷为首，桂军于7月败退，粤军随后攻入南宁，并攻占龙州。

到龙州，为此还用石头建了一座很大的车站——那里现在成了法国领事馆，还有一条石头滑道，和密西西比河沿岸的大堤有几分相似，只是后者更为陡峭一些。有了这些滑道，法国人就能够把货物直接滑到船上，然后顺流而下，运往南宁。然而，中国人已经明白，任何列强只要在中国有了落脚点，不管当时的目的看上去多么大公无私，之后要想再把他们请走简直就是痴人说梦。因此，中国人坚决反对租地给法国人。

以前还有另一条路可以穿越边境，通往印度支那：那是另一座吊桥，距此20英里，在西江上游的一条支流上。我待在龙州的最后一天，我们坐着意大利关长的新菲亚特前去那里。汽车穿梭在公路与平整草地之间，几座孤峰峻岭鬼斧神工般地从平原上拔地而起，山顶修着一圈围墙，我们就从山脚下通过。路上还碰见那位军阀大人开着辆老道奇，带着五个姨太太和几个孩子，一行人在当地的一处乡间府邸度过了一整天的欢乐时光后，正在回家的路上。在这样的国内环境下，一辆汽车绝不仅仅是奢侈品。不巧的是，经常漫过龙州铁桥的大水已经把这条吊桥冲到了一边，像一只大手粗鲁地撕扯蜘蛛网。东京连绵的群山仿佛一道奇妙的黑色幕墙，上面绣着白云，虽然我们能够隔河远眺，却被切断了去路，无法过到边境那一头。

就在我到达龙州的一两天前，那艘小小的轮船正好走了，它每隔一两个星期会从南宁驶来，没能赶上只能说是运气使然。几个船夫虽然答应用舢板把我送到下游，更确切地说，这样的船应该叫作"五板"，因为至少得用五块、而不是三块板子才能拼成一条船，经得起这一路慢悠悠的折腾和那些不确定的风险；不过那些话一听就知道是敷衍，他们开的价钱都足够买一条最上等的船了。一想起沿河的土匪、河里的沙洲和旋涡，我决定还是步行，不料龙州的新年节庆还没过完，竟然连个挑夫都找不到。幸好那位年轻的中国驿站负责人会说英语，成功说服手下一位送信的差人，帮我把行李送到太平府，那里往下游要走两天的路程。

我们一行就这样出发了，一路上景致非常漂亮。踩着河边的青草小路，虽然有些地方会有石块难行，但行走在山野之间，四周一片静谧，的确令人沉醉。我们碰到了一群土匪模样的人，我心想大事不妙，没想到这帮人下了马，齐齐立正站好，放我经过时还脱帽致礼。我们不时碰上一些人，衣着不整，还带着枪，而我手无寸铁。不过，他们并没给我带来什么麻烦。

同行的那位邮差很快找到另一个人帮他提东西，乡下人过年期间更愿意有活儿干，这是中国人优秀的古老传统。不过，就算他做这笔买卖能赚不少，最好也要找一个经常走这条道的，熟悉路上所有的小路捷径，而且渡口的船夫只要一听他的吩咐就会照办，就跟见了政府的办事人员一样。不管哪里的中国人，到了这个时节都十分看重自己的祖先和那些菩萨塑像，哪怕最不起眼的小村子也会把寺庙布置得喜气洋洋，每天虔诚地供奉。活着的也许生活悲惨至极，但那些死了的和成仙成佛了的却干干净净，衣食无忧。

西江上游沿途多奇峰怪石，岩层参差，和下龙湾的石岛有异曲同工之妙。后者景色优美，位于东京湾①西部，一直延伸覆盖了安南的大部分沿海地区。海水湛蓝，美得令人难以置信。数百座石岛破浪而出，黑色的岩石层层叠叠，犹如迷宫一般错综复杂，一看便是火成岩，因岩浆带有气泡，所以冷却后形成的岩石中间布满小孔，可谓千姿百态。山峰有的形如蜗牛壳；有的像开瓶器，自然分层，高度可达十几层，让人不由得想起墨西哥的阿兹特克金字塔；还有的仿似开着窗户的摩天大楼，虽然块头没有那么大，但美丽程度堪比休斯顿的高楼大厦。这些巍然巨石犹如浑然天成的宝塔、寺庙。各种山峦千奇百怪。大部分山上见不到一点植被却散布洞穴，有的天然而成，有的略施人工，居高临下，面江而望。我们反复渡河好几趟，坐的那些船是几块朽旧的板子胡乱拼成的罢了。

当地人口稀少，在这些黑色的岩石中艰难开垦，靠种地为生。耕作之辛苦，收成之贫乏，哪怕是新英格兰最差的土地也有所不及。这里不种稻谷，或许是因为缺水的缘故，不过每一块小小的黑土地遍植玉米。山里人为了求生艰苦奋斗，把小小的山谷全都变成梯田，方圆一英亩的黑色岩丛中哪怕只有一小撮土地，也会犁地种田。难怪他们能够养牛，因为这里有大量粗糙的饲料。不过，即便土匪或者士兵——后者光顾得更为频繁——不把牛群抢走，当地人也很可能没有交通工具将牛运往市场。偶尔会有一些面积稍大一点的田地，土壤肥沃，不过这样的地方都已经有些耕

---

① 东京湾，今之北部湾的旧称。

种过度了，甚至可能早在基督诞生之前便已如此。水牛、家养的黄牛、驴子、男人、女人、男孩、女孩，总之，所有的人和动物都在挖地犁田。这里就连土壤也是黑的，加之天色阴沉，一切显得更加阴郁。

　　除了美丽的山景与山脚下不时见到的河湾，唯一能够让景色显得充满生趣的只有木棉树了。树上满开着如玫瑰一般火红的艳丽花朵，三三两两矗立在山水之间。至少这里是一片美丽的乡村，几乎没有留下人为改造的痕迹，因为住在当地的只有几个土生土长的农民，数量可能还比不上土拨鼠和地鼠。村子里没有独门独户的房子；虽然能够听见几声鸟儿的鸣叫，犁田的人也会对着动物或帮忙干活的人吼上一两句，但整体说来，这是一个空旷的地方，四下里寂静得让人不安。

　　我们总说中国人口稠密，可切莫忘了某些西南省份其实人烟稀少，因为这里的土地不比一般的地方能够养活那么多人口。据说山东每平方英里有680人，江苏是620人，而广西似乎只有66人，比中国大陆其他任何省份都要少。看看邻近法属印度支那的肥沃富饶与优越的交通条件，再看看广西，没有任何反差能有如此强烈。这里依旧沿袭着一成不变的劳作方式、一模一样的农具、缓慢拖沓毫无保障的交通工具，就连土匪作乱也和三千年前如出一辙。

　　这里的村民看起来不太像纯粹的汉人。不少人戴着新潮的帽子，远远看去好像在校学生暑假下乡农作一般。走近就能发现，他们无疑是田间长大的当地人，比北方的汉人黝黑不少。没有人留着辫子，也没有人裹小脚，不过每个人都好像一个模子里做出来的。他们是土著的后裔，和汉人混居的程度或许没有客家人那么深，后者一路闯荡来到了这里。这些原住民的后人至今依旧生活在西南那些贫瘠的地区。龙州地区以及广西省会以西大部分地区的方言土语似乎足以证明这些人大都属于泰族①，与寮人或者掸人关系密切，几个世纪之前在西江沿岸的一系列战役中被驱赶到更为靠西的地区。当地还能找到一些遗迹，让人想起其他民族。他们有数百万人口，称为仲家②，似乎是从西面迁来此处的。

---

① 泰族（Tai Race），此处所指即傣族，与下文提及的寮人（Laos）和掸人（Shan）皆为同一个民族的不同分支而已。

② 仲家（Chung-chiah），即壮族。

我们进村的时候，太阳还照在村头。这个村子叫作响水，虽然比其他村子要大一些，但同样是凄惨破败的模样。江面此时已经明显宽广了不少，江边有条街，我们就在街旁的水塘逗留了一会儿。我随身带了封信，虽然看不懂上面写的是什么，却凭着这封信得到了邮局工作人员的迎接，不过那里可不大像适合过夜的地方。我在行李里摸出了点吃的，驿站站长会说几句官话，可一看就知道是个鸦片鬼，一副没有精神的样子。那间泥巴屋子是收信的地方，寄到响水的信就那么寥寥几封，屋里躺着十几个人，都快不成人形了。不仅这帮人抽鸦片，村里大部分人都抽。招待我的那位一脸不开心，把我带到后面的一间屋内，那里依旧谈不上富丽堂皇。他直接躺倒在自己的木板床上，床上铺着薄薄的苇席；再把枕头折起来，垫在自己昏沉沉的脑袋下，卷起烟卷，问我要不要也来上一根。

我突然听见泥墙的另一边传来歌声，虽然我听不清唱的是什么，不过听上去也不是会获得纽约大都会歌剧院马蹄形大厅里的观众满堂喝彩的水平，可我知道那是熟悉的圣歌。抽鸦片的那位看我愈发疑惑，于是嘴里嘟囔了一句："耶稣堂。"我慢慢走出门外，沿着街不紧不慢地往前走——走得太快对中国人来说可不礼貌——经过隔壁门口的时候往里面瞅了一眼。屋内的两女一男外表看起来都像是我的老乡，站在一大群听众前。听众个个一脸茫然，屋里还有几排木头板凳，虽然足够容纳这些人，也已经被挤得满满的。所有人都在用土话歌唱，努力让那些广为人知的新教杰作永久传唱下去。那个男人对我使了个眼色，居然连一个音都没有跑调，这下也省得我猜他是不是英国人了。男人招手要我进去，我等到雪茄抽完，集会中止，这才接受邀请走了进去，人们把我围在中间。这几位响水的外来客是美北浸礼会的传教士，来自一个不知名的小镇，那里的人情世故没那么复杂。他们在这个同样默默无闻的小村里已经待了好几天，打算劝诫十几个村民去河里洗礼，好让他们得到拯救。这种事情对当地人来说几乎一辈子从未做过。不管能否完成任务，传教士们都会去下游的南宁，坐的刚好就是我在龙州放弃等待的那条船。

第二天一早，同行的邮差找不到其他人帮忙，听到我要求继续前行，变得气急败坏，态度生硬起来。我本来可以继续等船来，但这个融合了浸礼会和中国风味的村子实在让人难以住下去。太平府或许也好不到哪里去，但至少走一天路能让我稍微解脱一点。

西江上游①到了太平府会往里拐进去一百来码,形成一座小岛。当地有一道城墙,只有一扇城门,城墙就修在最窄的那一段,和陡峭的河岸一道把城市严严实实地保护起来。这是第一座也是最主要的一座城门,紧挨着一个村子,村里头房屋挤得密密麻麻。进了城往里走上半英里,沿途除了坟堆,只有牛在吃草。继续往里走,直到第二道,不,就算到了第三道城墙,真正走进这个地方,也没有什么惊喜,只有几个士兵模样的混混在城门口游荡。

太平府有位来自布列塔尼的神父,在通过城门时便远远望见了神父的教堂,于是赶忙叫邮差往那边赶。神父48岁了,在这个镇上已经过了整整半辈子,是方圆数英里之内唯一一个外国人。从脸上的神情来看,神父似乎完全不介意再在这里待上24年。"我为什么要回布列塔尼去?"他反问道,"我在那里认识的人要么死了,要么变了,要么都搬到别的地方去了。傻子才会干这种事情,只会让人难过,不会让人高兴。"

神父读起中国的古典著作来就像美国妇女读小说一样轻而易举。从他跟我引经据典的那些话来看,他对阅读这些显然很有兴趣。神父还学会制作一种米酒,几乎能和南宁的主教送来的圣酒相媲美。不仅如此,他早就习惯了当地生产的烟。我从印度支那带了几条烟过来,味道挺怪,没想到他却觉得味道不错。神父每天早上都会照料花园,打理教堂和信众事务,偶尔也会拜访乡下的教区民众。他面色红润,精神矍铄,看上去像三十几岁,留着乌黑的长胡子,俨然一副教长模样,穿着黑色的长袍,戴着一顶巴黎拉丁区②学究们常见的宽顶无檐圆帽,和霍尔拜因③画中的人物一样,有时看起来更像是个魔鬼——可别误会我说这样的话——只是跟那些最杰出的演员和画家想象出来的魔头有点相像。他隔一阵子便会去下游的南宁,没准隔几年会去广州一趟,甚至香港。然而,这些天主教神父与新教传教士有所不同,后者多半会带卜家人同行,定期举行的神职人员大会让中国各地的新教教士们有机会聚在一起"提提神",至少每隔七年还有"假期述职",能够返乡回国一次。而天

---

① 此处所指应当是西江水系上游支流的左江。

② 拉丁区（Latin Quarter），巴黎著名的学府区,学生与教师多居住往来于此。其名称源于中世纪这里以拉丁语为教学语言。

③ 霍尔拜因,即小汉斯·霍尔拜因（Hans Holbein the Young,1497—1543）,德国肖像画家,英王亨利八世的御用画师,其作品注重人物细节与表面质感。

主教神父每到一地，就得以此为家，永久安顿下来，往往成为某个广阔地区唯一的外国人；除非运气好，命足够长，等到退休的那一天，一把老骨头不用留在战场，否则永远无法回到自己生长的故土。

神父的款待热情而诚挚，至少从表面上来看发自内心，我的意思是在他发现我并非身无分文，而且还会说法语之后依然如此。神父住着一栋两层小楼，几乎完全是中国的样式，中间是遍植鲜花的天井，让人一看就自然明白缺少女性的照料——我确实也没有上神父的卧室去看看——我们一天吃两顿饭，吃的可比巴黎人丰富多了。我的卧房就在餐厅隔壁。怎么说呢？就算一个人在24岁时已经习惯了布列塔尼的舒适生活，在接下来的24年里也会忘记其中的很多细节。虽然神父极其热情地把床腾给我，可我还是觉得睡在自己的行军床上要安稳舒适得多，毕竟美国人大多是过于贪恋物质享受的生物。和一个充满活力的天主教徒谈话至少是有趣的，比起和一脸正经的新教传教士或者缺乏激情的英国人聊天，也算是一种让人高兴的变化吧。因为我的到来，我们开了一瓶真正的圣酒，虽然他把这难得的宝贝在神龛前独自喝了一大半，但我不能苛责神父，尤其是当我发现他自酿的米酒和圣酒并没有太大区别时，只是神父的米酒余味略有不同。

这个热情好客的布列塔尼人也无法为提高这座城市的道德水准做点什么，神父告诉我，即便他在这里已经待了那么长时间，可这里的女人仍然个个都会赌钱，主要是玩 "matchang" [①]——他是这样发音的，其他的品行还是不提为妙。他向我指出，当地唯一的变化是那些皈依天主的信徒逢年过节不再把涂着字的红纸贴在家门口做装饰，也不会再在门顶上垂下来三张纸片。新教教士对此表现得更为急切、积极与焦虑，极力想把每一点西方文化都尽可能地灌输到这个被动的民族中去，而神父显然不具备这样的精神。或许正因为如此，才让他如此精神奕奕，红光满面。不论开不开礼拜会，神父一年365天每天都要到民众中去。就算实在拯救不了太平府的人们，他也不会因此睡不着觉。毫无疑问在聆听忏悔时，神父也会不时给予忠告，建议他们改善品行。想想一个外国人在中国的穷乡僻壤能够待上这么长时间，拥有的权力几乎和地方官差不了多少——义和团之前，天主教神父确实有这么大的权力，

---

① 即"麻将"。

或许也有助于安定民风。我待在这里的几天里，有个女信徒来过几次，有时带着孩子，都穿着过年时的新衣裳，他们是来拜会神父的。女孩的嘴唇和眼皮上都抹着红，前额上涂着一个红色的圆点。大多数人如果没有在神父这儿领取圣餐，就只好在家中举行宗教仪式了。

神父是在义和团之后才来到这里的，所以20世纪初发生的那些动荡并未打扰他。照他的话说，从那以后，每个人都立刻换上欧洲样式的衣服，就像这个国家一样，要打扮得有点"共和"的样子。要是像神父这样有背景的人能够弄来大批二手衣服，真不知他的教区会变成什么样子？那帮热血青年会把店铺席卷一空，所谓的欧洲衣服很快就会存货告罄。其他人有的穿着西式裤子，有的戴着圆顶高帽，有的蹬着仿制鞋子，一个个大摇大摆。这些人酷似法国拉丁区和美国格林尼治村①的居民，以为外在的衣着就能改变内在的思想。不过，流行时髦的东西热闹一阵子就过去了，现在的人又重新穿上了中式服饰，只不过加上了一些实用的改动。从更大的方面来说，希望这个国家有朝一日在治国为政上也能恢复理性，而不是像穿衣一样，一味选择无论如何也不适合自己的衣服。

如果你不喜欢吵闹喧嚣，或者情愿待在这样的地方，在特定的时刻伴随着弥撒声去那香火缭绕的天国，那么太平府倒是一个不错的地方；不过多数人还是在急切地盼着有船到来，可惜等了一天又一天也不见踪影，这多少有点拿破仑当年在圣赫勒拿岛上的感觉②。从真正的城墙到围着岛狭长部的围墙之间有大块空地，中间有一些碎石路，从长满杂草的坟堆间穿过。四周景致迷人，只是怎么也盼不到河上游出现轮船冒出的烟。西江水自桂西滚滚而下，从悬崖奇峰中奔腾而过，一路流向广州湾，而这里是西江最为壮观的一段。山上寸草不生，山石奇形怪状，层层叠叠，朝着各个方向伸展开来，犹如被一双大手揉捏塑形，让我想起了不久前曾经看过的吴哥窟。虽然神父有一天陪我去城外逛了一小圈，不过他还是喜欢沿着自家院子和教堂门前峡谷的急流散步。

虽然名为太平府，但这里跟太平天国起义毫无关联。诚然，后者的确发生在广西省，那位客家领袖要么从某位单纯的美国传教士那里粗学了一星半点基督教教义，

①　格林尼治村（Greenwich Village），美国纽约市曼哈顿区的一部分，为作家、艺术家等群体的聚居之地。
②　圣赫勒拿岛（St. Helena），南大西洋岛屿，拿破仑一世1815年被放逐至此，直至1821年死在岛上。

产生了误解，要么就是有意为之，总之，领导民众揭竿而起，发动起义，差不多两千万人口和半个帝国疆域被卷入战乱。而他出生的地方就在离南宁不远的山里——虽说不远，还是要走上好几天。

太平府通了电报线，有家船运公司还在这里设了办事处。也不知是因为私交不错还是让人敬畏，他们答应神父，只要一有船来的消息就告诉他。然而，这种事情太没把握，我不敢走得太远，每天晚上都得把行李收拾妥当，做好随时出发的准备。虽然神父向我保证他能在第一时间听见汽笛声，但怎么看他也不像浅眠的人。最倒霉的是我常常幻听见汽笛声，或者螺旋桨转动的声音，结果大部分时间只能睁着眼醒着。事后我才知道，如果继续步行前进——虽然这办不到，因为那位邮差根本走不了太远，而且在这个漫长的节日里，仍然找不到人帮我提行李——我本来可以和坐船花同样的时间到达南宁，但那样恐怕不仅要多花上几倍的钱，还得多受几倍的累，毕竟请挑夫的价钱实在太高，船票反倒便宜，路上的开销即便放在中国这样的农业国家也不算小。

要是一开始就知道我要在神父这里四个晚上，而不是一个晚上，我肯定早就释怀轻松了。可是，等到船真到的时候，我却已经提不起神来。那是星期天中午，此时距离我越过边境已经过去了整整一个星期。我和神父二人既没有听到汽笛声，也没得到任何人的通知，只是纯粹碰巧在一次弥撒后散步时看见轮船正在城的下游，沿着一处沙洲静悄悄地往上爬。多亏船家还要去买木头和食物，完成一些杂事。在中国内河航行的船只每到一处城镇，不管地方大小，都会如此。这样一来，我们才有充足的时间找个挑夫，把我的行李背到下游的船上。我的运气不错，不仅没有耽误睡觉，而且考虑到太平府的灯光照在路面上造成的视觉差异，这艘船没有晚上到达真是再好不过，因为我实在讨厌在那样的时辰，硬着头皮踩着弯曲的板子上船，还得在一船人中间挤出一条路来。事实上，我趁着一些乘客上岸的时候，抢先占了块地方，放下我的行军床，这样哪怕船上的拥挤超乎西方人的想象，我依旧能够伸展手脚，把一场原本不可能完成的旅行变得不那么难受。

虽然是礼拜天，但那三位浸礼会教士也在船上，而且个个神采飞扬，因为他们已经成功让 15 个响水男人跳进了浑浊的江里，在年轻牧师的陪伴下受了洗礼；不过没有哪位女士禁不住引诱，在年长修女的引导下接受如此寒冷的救赎。然而，这位女士既然选择了这样的生活，一心为他们洗礼，就不会让自己的愿望轻易被忽视，那天下午她就让人们见识到了这一点。她一路上带着小狗同行，不料狗却从船上掉了下去。掌舵的虽然态度粗鲁，却听从了她的指挥，迎着汹涌的洪流往上游开了约一英里，把那只瑟瑟发抖的动物带上了一块岩石。既然这位女士的宠物完全理解了主人对于"浸礼"的狂热，想必不会受到责备。然而，事实并非如此；下午剩下的时间里，她都在一边骂骂咧咧，一边晒着自己的爱犬。

　　天快黑的时候我们在一个村子前拴缆停船，就算沙洲和急流无碍于晚上行船，但只要想到土匪就觉得不安全。西江沿岸的村子里有很多土霸王，官职不大，却是地头蛇，外国人管这些人叫"国王"。这个时候的广西比之前很长一段时间安定得多。以前每一个土匪的关卡，所有船都要停下来，船长会亲自上岸进贡，有时一趟下来得交 500 块。现在这些土匪大部分都被赶跑了，不过这只是暂时现象，在我离开中国之前又听说，西江上的旅行又开始变得异常凶险。江岸的悬崖峭壁上有巨大的洞穴，有的修筑庙宇，有的筑起寨门，小时可以看见崖面上搭起梯子直达洞口，这样土匪们就不愁没有落脚之地，因此不难理解，长久以来强盗们为什么能够在这些峡谷里对过往船只为所欲为。

　　随着离南宁越来越近，山势逐渐缓和起来，变成丘陵。岸边有不少村子，石头台阶和下头的小路直接通到水边。现在的水面和九月枯水期时差不多，我心里的不安逐渐加重了起来。我们终于到了省城，此时的天已经黑了，城里电灯不少，还有数百条舢板，每一艘船上都有顶棚，像间小屋子，里面亮着灯，放在船中部的家族神龛前，一切让这个地方在晚上看起来像座大都市。我请两个上了年纪的女人用她们颇有年代的船屋送我到岸边，一路卜碰到六七个收厘金的水上站点。每个站点都有人提着灯笼过来，确认她们大声喊的是实话——船上只有一个外国人带着随身物品。虽然我坚决要求那些强取豪夺之徒相信这两个女人的话，让我可以赶路，可还是走走停停。整个文明世界就在岸上等着我们，外国人管那儿叫"SOCONY"[①]，

---

① "SOCONY"，即美孚石油公司，英文全称为"Standard Oil Corporation of New York"。

而对中国人来说，它的名字是"美孚"。

　　直到天光乍现我才发现，南宁是中国最小的省会，正如广西是十八个行省中人口最少的一个。南宁形如新月，位于西江的外弧上。西江到了这里真的成了一条小河，江面上方被阳台遮蔽，还有挤得紧紧的船屋。城墙早已变成断壁残垣，勉强把城市围在里头。墙顶上盖着灰黑色的瓦片，不时伸出一个阳台用以晾晒衣物，到了夜晚又变成聚会的场所，一家人聚在一起，其乐融融，当然也算是城门的上层建筑。街道很窄，有的修在陡峭的斜坡上，上面铺着石板，几个世纪以来早已被脚踩得像镜子一样光滑；加上人们每天都从河里挑水回家，路上总是滑溜溜的。你要是穿欧洲款式的软鞋四处转悠，准保会摔得四仰八叉。

　　食物或许是南宁这座城市的主要有趣之处。不管是走内陆去北海，还是到海南，南宁都相距不远，自然也流行同样的口味。我一早起床闲逛，看见铁篓子里装得满满的全是蛇，有的放在店铺敞开的大门里，有的被小贩挑在扁担上。虽然毒蛇，尤其是眼镜蛇被当作美味佳肴，不过这些蛇都是无毒的，5—7英尺长，按重量卖。说起称重，在南宁就连卖一个橘子都要用称重来决定价钱，我见过一个小女孩只买了两文钱的猪肉，摊主还郑重其事地称好。待售的蛇中，我见过最大的有红色的头和一条长长的红尾巴，卖了大概60美分，当然这些肉能让储藏室好长一段时间都塞得满满的了。我想拍照，有个卖蛇人非常热情，一把抓着条蛇尾巴给拎了出来。它们可不像马戏团耍蛇人手里的那些总是昏昏沉沉的蛇，要么被灌了药，要不就在食物里被下了药；这里的蛇只要转过头来，又大又宽的嘴巴就能一下咬住卖蛇人的手腕。卖蛇人一边数落着蛇的老祖宗的不是，声音越说越大，一边拍打着蛇头，却不会用太大力气，以免伤到蛇，在中国给人吃的蛇和鱼一样，只有活的才能卖个好价钱。蛇缠在卖蛇人的手上不放，像发狂了一样，只能撬下来，在手腕上留下十来个针孔大小的血印。

　　有个人曾在海关关长家当过厨子，加上又去广州学过几手，于是便在南宁开了间半西式风味的餐厅，还挂了块英文牌子。不过，住在当地的外国人本来就不多，各人都有常去的地方；外国游客又很少，就算来了也不见得会光顾他的餐厅，而南宁本地人对外国菜几乎不感兴趣，因此这位雄心勃勃的餐馆老板只能推出一道非常受欢迎的广西本地菜才不至于让餐馆倒闭。这道菜用到了蛇肉和猫肉，据说吃起来

图 44 南宁街头的这个人正在贩卖"供人吃的蛇"，他好心地在我的照相机前摆了不少姿势，结果手腕上被咬了许多小眼

"非常甜"，弄得城里的年轻人都养成了习惯，常常在看完戏之后到这个挂着洋招牌的地方饱餐一顿，炫耀一番。吃这种事情本来就是口味问题，南宁牛肉多得很，特别是水牛肉，猪肉更加不在话下。当地比起中国大多数地方，生活条件没那么差，工资也要高些，这或许是受到客家的影响。不过，读者们可不要妄下结论，以为那些老掉牙的传言都是真的，说什么中国人经常吃猫肉、老鼠肉、蛇肉、狗肉。除了饥荒年代，否则中国普通老百姓和西方人一样，并不吃这些。

这座广西的省会城市沿河的风景因季节而变。河边的沙洲上是一大片空地，到处是被丢弃的东西和做生意的人；当然，这些都在沿城墙的一侧。不过，就在去年八月，这里刚刚经历了一场大洪水，墙外河边的大道被淹没，石头墙面全部浸在水下，就连外国人在几码大的院子里活动都得划舢板，城里水深可达二楼，不时会看见墙壁被水浸透，塌下来一大块。赶上这样的日子，顺着西江去往下游只需要一眨眼的

图 45 中国有数百万儿童保姆，
她们比自己背上背着的孩子其
实也大不了多少

工夫；我听说有人从龙州到广州一共才用了 60 个小时，而我却花了整整 15 天。

沿河一带能够见到一些姑娘，年纪很小却要承担保姆的工作。在一个孩子拥有真正童年的国家，她们连负法律责任的年龄都不到，却要背着更小的弟弟妹妹，帮着料理家务或是船上的活计。以前船上的孩子会带着竹节梆子，作为救生圈，现在更多人带的是装油的罐子，体积不大，形状跟竹梆子一模一样，买的人还很多。很小的孩子就用绳子拴在河滩上，像猫一样。我见到有个小孩掉进了河里，他的妈妈虽然很快把他拉了上来，却看不出一点着急的样子。小孩就算哇哇大哭，也丝毫不会引起母亲过多的关注，毕竟还有其他事情要忙，让这么小的孩子明白自己的生活环境，倒也是件好事。

我在南宁看了不少地方，陪同的是一位美国商人，对我招待十分周到。此人最初到亚洲时在菲律宾当老师，那时的他刚刚毕业不久，年轻而充满热情，想来应该对大千世界和不同的民族怀有强烈的好奇心吧，可如今已经变成典型的生意人。从他的住所直接到商品销售点，需要走过一条大街，除了在这条路上走上一半距离，他绝不会在城里多走半步。不过，你可莫要误会我是在批评他，我只是实话实说罢了。对于受过教育的西方人来说，南宁的生活并没有多少东西让人产生兴致。再说，这里的人虽然表面上并未表现出不友好，但你能够感受到一种排外的气氛。这种氛围只会让人不愿与其他族群进行交流，因此也就不难理解为什么住在当地的那一小撮外国人通常会晚上聚在一起——当然，传教士除外，原因众所周知——或者去你家，或者在我家，反正家里地方宽敞，服侍周到，又没有老婆打扰，要么打骨牌，要么喝上几杯，那可比柠檬汽水要来劲，就靠这些打发晚上的漫长时光。几家外国企业的厂房，还有外国人在华经营三大行当的办公地，实际上并不在南宁城区，而是位于下游的江滨一带。那里除了外国人没有其他居民。在小一点的港口城市，这样的聚会通常局限在彼此熟悉的一群人之间，比如说海关关长、邮局局长、盐税局局长，他们都是英国人，还有卖油的美国人，再加上一个在卷烟销售公司工作的英国人，不过这家公司更多是从南北卡罗来纳招人，不时会有大人物来访，地位够高才能参加这个聚会。至于我这样的过路客，连该被归入哪一类都搞不清，只能招来质疑的眼神。

　　这样的社交群体让我想起了一句老掉牙的话，说美国在中国有三大行当，用的是同样的宣传语："Fiat Lux"——"要有光！"[①]三者中间，一个是来传播"福音之光"，一个是为了推销油井里挖出来的产品，主要是煤油；最后一个则致力于实现"让中国的每一个男人、女人和孩子嘴里都叼上一根烟"的理念。三者之间，第三个的任务看起来完成得最为圆满，让最具侵略性的美国销售方式声名远扬——至于股息就更不用提了，丰厚得足以让其他公司的股东嫉妒得泣不成声，还能够增加给大学的捐款。如果从名字上判断，在华最大的外国企业听起来像是家英国公司，不过你得知道，英美两国在企业所得税法上关于境外收入部分的规定有所不同。我现在也喜欢在饭后点上一支烟，虽然这东西有那么一点点害处，我也不想剥夺人类的快乐，

---

① "要有光"（Fiat Lux），典出基督教《圣经·创世记》：神说，要有光，就有了光（Let there be light, and there was light）。

但我还是站在了中国禁烟运动改革者的一边。且不论这些起着麻痹作用的野草有多么可怕，至少有一点害处是明确的，若是一个人一天抽上 20 支烟，就会有成千上万人的蒙受损失。这些人本来需要将挣得的全部收入，甚至更多的钱用于购买补充营养的食物，何况沾染这一恶习的人完全没有性别和年龄的区分；毕竟连口香糖泛滥也会成为严重的灾难。你甚至会在年轻的男性劳工中见到有人面容憔悴、脸色苍白，可能是吸食鸦片或结核病所致，但也可能仅仅是因为抽烟无度。你不能怪中国人搞不懂我们外国人，如果说有一帮外国人——要么说得更加具体一点，权且说是美国人吧——把禁烟运动当成自己传教工作的一部分，而另一帮人虽然来自同一国家，却在任何平整的地方都贴上诱人的宣传图片，就连庙里的墙也不放过，大肆宣扬烟草的好处，那么请你扪心自问，这让单纯的中国老百姓应该相信谁？

　　西方世界带来的影响无疑是复杂的。我还记得我曾经磨破嘴皮才说服招待我的房东去拜访那些浸礼会的门徒们，那帮人是他在南宁唯一的老乡，这也是他第一次去看他们。比起这件事来，我还连哄带骗地拉上过两个家伙和我一道去看看这座省会城市的夜生活。他们作为那个小小的江边社交群体中的成员，还算年轻。大酒店坐落在江边，在这座新月形城市的中间地带，像人脸上的鼻子一样，甚是惹眼。酒店门前那么多人在做不道德的事情，叫那些虔诚的浸礼会教友看上一眼，恐怕都会彻夜难眠——整栋三层楼的房子里随处可见在玩番摊的人，人们三五成群打着麻将，一掷千金，让人很容易理解为什么这项游戏在中国不少地方屡屡遭禁；空气中弥漫着浓烈的鸦片烟味。十几个妓女在敞开的房间里等着客人上门，一个个脸上随便抹了点脂粉，平均年龄还不到 15 岁，躺在木板床上，床上只铺了床罩或草席做的垫子。这些女子中只有一个对外国人有些兴趣。作为中国人，难得有几个女孩身体条件能像她这么吸引人，她身上的裤子已经成了棕色，披着件上衣，油黑发亮的头发上插着朵花。她一定接过外国客人，发现外国人不错，至少出手阔绰。而在这个夜晚，她缠上了招待我的房东，直到后者喊来游艇方才脱身。不用多说，我的房东肯定是我们中间长得最好的，具有十足的男子气概。那个女孩拽着他的胳膊，扯着衣角，时而娇滴滴，时而凶巴巴，嘴里说个不停却也无济于事，有时还会愤怒地吼上一句脏话——那可是她唯一会说的一句英语。像这样明目张胆地拉客在中国还真是少见，也算是在南宁有了新的人生体验吧。

这里多少有几趟按时开航的班轮，都是条件极差的，从南宁发船，沿西江而下，直到广西省东边的梧州。有几艘货船插着美国国旗，却不是真正来自美国，只是有一两个人发现这样做有利可图，能够避免货物被查抄；只要在广州的美国领事馆注册登记，并且支付一小笔费用或者某种特别使用费就行。这些船即便不是全部，至少大部分归中国人所有。据说其中一艘"远键"号在我到达当天的下午四点就要起航。在中国旅行有不少事情让田园野趣大打折扣，其中最叫人恼火的莫过于他们在谈到什么时候动身启程的时候，几乎不说真话。幸运的是，在南宁招待我的那人从"远键"号的中间人那里听说，我在参加完原定于第二天晚上举行的晚宴之后还能赶上船。

鸦片成了中国，尤其是西南省份各派军阀的主要收入来源，不少就种植在贵州和云南。贵州产的鸦片因土匪作乱，运输时改道长江，而云南产的都顺着西江较大的支流而下。百色是支流上的广西第一重镇。当地的桂系军阀对上游罂粟田里出产的所有鸦片征税。鸦片依照当时的中国法律是被"禁止"的，所以这笔税款也被登记为"罚款"，由名不副实的"禁烟局"收取。可事实上，鸦片船无时无刻不从百色开往下游的南宁，因此即便广西本地不怎么种植毒品——的确，在这里种鸦片是遭到严厉禁止的——但鸦片却已成为广西最大宗的商品。鸦片若是没有盖章证明在百色已经交过税，就会被军政当局没收。运鸦片的船有的打着军队形形色色的临时旗帜，有的甚至插着假冒的外国国旗。不管哪种旗子，民事部门一路上都不会过问，就这样直抵南宁，在一个"附加税排"，也就是浮动码头上卸货，再搬运上岸，在士兵保护下穿过市区，再次装船。装货的船就在江流的弯道等着，一旦通过海关检查便运往梧州。

在南宁，但凡明白人都知道这些不过是障眼法罢了。以前贿赂海关里的小人物要容易一些。有个英国海关稽查，斗大的字不识几个，在南宁海关当了两年"外头的人"，待到任期结束时，居然攒下了6.5万英镑——而且还不用缴个人所得税，就算要申报也不怕，因为都是在国外挣的。不过，这样的漏洞总有办法堵上，所以现在改为归"军事保护"。可怜那位海关关长虽然年事已高，却一片赤诚，坚守职责禁止一切鸦片买卖，一旦发现立即没收。谁知刚一行动，就有士兵威胁要杀了他。于是关长致电北京，请求指示，结果被告知由他去吧。直到十多年前，鸦片贸易还属合法，海关从中获利不少；现在虽然被禁，却更加泛滥，还没了税收来源。在海

图 46 我们的小汽轮自西江顺流而下，后面拖着一艘货船，上面满载鸦片，每逢通过急流时便将这条笨重的木船解开，由船上的人划桨操纵

关的人看来，无论如何自己在这里是为中国政府收税，或者说是为了中国的外国债权人，既然查抄鸦片与关税不再有关，那么就不在自己的权力范围之内了。于是乎，你只要悠闲地走到公共码头，便能看见成箱成箱的鸦片，软乎乎像糖浆一样。所有的箱子都在士兵的警戒之下。你会看见几个"外头的"家伙对一艘空载的轮船放行，允许它离开"排子"，以示"通过检查，准往梧州"，然后出神地盯着另一艘一模一样的船。后者打着军队的旗帜，冒着滚滚浓烟，船上满载鸦片，紧跟着那艘空船。全城人都知道只要开到下游看不见的地方，这些鸦片就会被重新装到已经通过海关检查的那艘船上去。若是有人对此感到奇怪，质疑海关工作人员面对如此猫腻竟然无动于衷，不加阻止，那么一定会有人提醒他，中国海关"上了岸的一概不管"。

在过去一年里，南宁的海关官员扣押查封的鸦片居然是 8—10 盎司①！这得归功于他们对所有进出船只的严加检查——得到军方保护的除外——甚至还会搜查那些无权无势的普通的中国过路人，往他们小小的木枕或者瓷枕里瞄上一眼。这一年

————————

① 盎司（ounce），英制重量单位，旧称英两，1 盎司约合 28.35 克。

里究竟有多少吨鸦片从他们眼皮子底下通过，没人敢去猜想。据说以前每个季度都会将查封的鸦片和吸食鸦片的器具公开焚毁一次；这样的活动现在还会不时进行，不过查收的那一点点鸦片很难劳动这些官员亲自来演这出戏，因为他们中有很多人也在抽大烟，通常还会接受鸦片贿赂。

1921年第二次粤桂战争爆发之后，广西经济一蹶不振，而此前鸦片贸易基本处于停滞状态。现在可好，商人要想维持不亏本，只能做"大烟"买卖。运往上游南宁的外国商品真以鸦片为结算货币。那家石油巨头的在华办事处靠卖油赚钱，然后换成鸦片，在军队的保护下顺江而下。城里大多数财力雄厚的商人都在做这个营生。鸦片本来并不贵，别看在香港每盎司要卖到14.5美元，在广西价格也就30美分左右，南宁几乎人人都抽得起。轿夫一边等着拉客，一边抽着大烟。一个海关的稽查人员会躺在某艘轮船船长的长椅上抽鸦片，而他原本是上船清查鸦片的。他们一脸鸦片鬼的模样，萎靡不振的神情中带着凶相。就连省长也沉迷其中，无法自拔。

中国的禁烟运动在1915年一度取得了成功，现在却不得不再次向鸦片开战，而且困难要远在此前之上。据估计，今天仅西南诸省便可年产鸦片过万吨。山西的"模范省长"① 已经设立"戒烟所"，预计将有成千上万人在那里戒除烟瘾。除此之外，事实上没有任何官方途径抵制鸦片贸易。军阀独夫们各自为政，拥兵自重，就靠鸦片贸易来维持军队，购买军火武器，往自己在外国银行的个人帐户上存钱。反对禁烟的势力也不少，这股势力既来自个人，也来自官方。过去几年里，鸦片种植泛滥成灾，使得鸦片价格极其低廉，中国不少地方几乎人人都养成了吸食鸦片的习惯。在西南各省，不论是在公共场所还是名流府邸，或者是在政府衙门里，人们吸食鸦片如同抽烟一样公开。卖鸦片的店铺同米店一样敞开大门做生意。到了抽鸦片的时间，或者在中午之前，大部分政府官员连人影都见不着。对于鸦片本应实施最严厉的惩罚措施，出现如此情形简直让人匪夷所思。各省几乎都设有机构垄断鸦片买卖，大部分都是打着"罚款"的幌子，由"禁烟局"负责处理。这些钱实际上是地方军阀对罂粟种植户、批发商、专卖店、烟民本人以及鸦片运输方征收的税款，数目巨大。

---

① 此处所谓"模范省长"即阎锡山，阎在担任山西省督军时大力推行改革，为山西赢得"模范省"的称号，自1917年推行"六政三事"以提振农业民生，其中"六政"就包括禁烟。

除广西之外的其他省虽然禁止种植罂粟，却允许从外省进口鸦片，还制定出一份长长的规章，条文极尽繁冗，足以将走私和"非法"运输保持在最小限度之内。至于出口税，各地军阀想要多高就有多高，外国列强就算有心规范中国关税，也完全插不上手。中国不少地方会提前几个月，乃至几年收取鸦片税，农民无计可施，只能种植罂粟，除此之外别无他法补贴损失。有的在交完税钱后就不再种植，多半是出于害怕法律变动就会摊上大罪极刑。其他人则在其他作物之间栽种鸦片，一方面掩人耳目，另一方面则在于一旦这些见不得人的命令有朝一日改了风向，好歹还能有其他东西留下。军阀们公开宣传禁止种植罂粟，却又在私底下发布命令加以怂恿。可怜那些农民眼睁睁被提前收掉未来几年的税钱，而骑在头上的官老爷又每隔几个月换一拨，可叫他们如何是好？！

有人若是信誓旦旦嚷嚷着要改革，那可得当心了。中国人在国联面前早就不止一次大声疾呼鸦片贸易必须加以禁止，可能中国希望减少竞争对手，以方便他们通过种植罂粟大发横财。当然，如果说起与中国保持鸦片贸易这个问题，英国、法国、葡萄牙、荷兰、日本还有其他列强都洗脱不掉罪名，不过这些国家出产的鸦片全部加在一起也不及中国人自己种的一半。为了给国联和全世界留下深刻印象，中国开始大张旗鼓对罂粟"斩草除根"，此举在绝大多数情况下只是意味着那些调查官员会从中获取回扣，于是对种植鸦片睁一只眼闭一只眼，如果他们真的需要去鸦片种植区走一趟，索性挑个省事的季节去看一看，反正那个时候也没有罂粟可种，这样回来也好写报告说什么都没看见。各省省长对自己违反法律和条约的行为心知肚明，还有人在订立规则时在序言里写上："兹正式宣布严禁鸦片，以避免外国干涉。"随后又在同一份文件中，号召手下各级文武官员竭尽所能，把鸦片垄断买卖这件事办好。一言以蔽之，中国的鸦片问题像极了美国的禁酒问题，常备军、预备队还有国民警卫队的军官将校们，反正只要有能力，都会在自己周围拉拢起一批私人军队，破坏禁令，为自己筹得资金，与对手开战，结果把局面弄得更加复杂。

鼠年的第一个月，一轮满月挂在空中，意味着这个月已经过去了一半，可在我到达南宁的第二个晚上，这里还在庆祝新年。每隔一小会儿就能听见一长串爆竹炸响，点着灯笼的船只在江面上来来往往。翌日一早，整个南宁城和周边村子里的人全都跑到了西江两岸，江上布满了各式各样的船只，有舢板，也有从外国公司借来的摩托艇，据说是为了讨个好彩头，一直排到坛泽村。小村子就在江对面，离省城不算太远。人们常说广西西部人口稀少，省会也小，可看人潮从四面八方涌来，犹如长线一般连绵不断，这样的结论在此番景象面前根本站不住脚。村民围聚在举办节日庆典的地方，好像车轮轮轴上的辐条，一行行望不到头。这里有各种各样的中国船只：舢板、军队的汽船、船屋和水上餐馆，"花船"上的妓女们一个个打扮得花枝招展，赌船上麻将不时哗哗作响。但凡你能想象得出的商品，都有人在以各种各样的方式叫卖——看上去好像南宁熙熙攘攘的船上生活被全部搬到这个小村子。江面上前一天还安安静静，今天一整天却热闹非凡，因水上生活而变得生机勃勃。一切简直就像是一场大狂欢，城里除了为数不多的几个外国人，几乎全都出城了。我们后来得知，原来正月十六（按公历算法是 2 月 20 日）是雷公的节日，照房东带的翻译的话来说，是某位"大神的生日"。这是中国人新年期间最后的放松，他们没有礼拜天的概念，接下来又要开始辛苦漫长的一年了。

虽然中间人做了保证，可"远键"号在当天上午十点钟左右，没有任何提前通知便突然离岸而去。房东向我保证，转过河湾当晚就能赶上，可我一口咬定没这个可能，他于是只好派了条小艇紧随其后，把我送上了船。船确实开了——不过只走了两英里，就在省城下游，刚刚拐过弯就抛了锚。我等了将近一个小时，于是央求中间人告诉我实情，他慢悠悠地说了句，"这么说吧，你要是赶在凌晨三点之前上船，兴许就不会落在后头了。"

于是我叫人把我送上岸，就算耽搁一点也不后悔，因为这里不仅正是祭祀雷公庆典的中心地点，而且还是我在游历印度支那和广州期间度过的唯一一个晴朗夏日。看着人们成群结队地聚在一起，举行这样充满中国味的户外庆典，以祭祀"大神"，我觉得只有"*fourmiller*"[①] 这个法语词适合表达这种感受了。没有哪个东方国家能够在拥挤和流动程度上跟这样一场聚会相提并论，好像一群蚂蚁、一群蜜蜂围着自己的蚁后蜂王。

---

① "fourmiller"，法语动词，意为"挤满、充满"。

雷公庙内，雷公身上挂满了彩纸和假花，成百上千信徒蜂拥而至，烧香祭拜，空气似乎都变得让人喘不过气来。中国的节日很多源于宗教，不过几乎所有节庆的重头戏都在戏曲表演。表演有时候由城里操办，有时候由某位有钱的乡绅张罗，有时甚至由和尚出面，希望借此找来大批信众，募得香火钱。大榕树下，唱戏的上身脱得赤条条，戴着长长的胡子，肩上披着宽大的戏服，在临时搭起的戏台上踱着方步，踩得戏台吱吱作响。底下的观众黑压压一大片，连一点空隙都没有。单弦琴演绎着尖利的调子，和着演员们高亢的唱腔，从肢体动作看来算不得一流的表演，一切就这样一小时接一小时地继续着。

庙里更是挤得水泄不通，从门口开始，每一寸地方都站满了人；庙外的小货摊一个挨着一个，排成一行行，叫卖着各式各样的饮品小吃，颇有几分县里集会的味道。小孩头戴着五颜六色的帽子，上面画着奇怪的鬼脸来吓跑妖魔鬼怪；女孩穿上了新衣裳，有的浅蓝，有的淡绿，只要是浅色，除了纯白都行，因为后者是寄托哀思的颜色。妇女穿着黑色、棕色和灰色的衣服，大都在胸前系上一个十字形的红带子。中国女人把孩子背在背上参加聚会，在这一点上比其他亚洲国家的女性更厉害。百姓们在人工河和塘边的石板路上来来往往，池里的水倒映出一串串人影。

正式游行包括各式各样的船，每艘都装饰得五彩斑斓。光亮的烤乳猪被高高举起，用于孝敬神明。人们穿着奇装异服，骑着小马，中间还可以看到一张熟悉的面孔，涂得满脸粉白，抽着烟管，那是东方人在讽刺英国佬。足有 20 个人在舞动那条龙，同行的还有十几个面目奇异的生物。西方世界可没什么想象力，不知道自然界里曾有这样的生物，不过这些家伙很可能没有外表看上去那么令人生畏，或许也不会对人造成危害。这不，那个发狂的猴子一看到我的相机就摘下了面具，里面露出一张男子的脸，咧着嘴呵呵笑。

将近四点，人们陆续返家。排成长列的帆船、舢板还有数以千计的其他船只全都再次朝着上游缓缓驶去。巨大车轮上的辐条又一次出现了，渐渐消失在逐渐降临的暮色之中。临时搭起的舞台上亮起了巨大的煤油灯，表明这样的演出要持续至深夜。我回到了位于江边的住宅，今晚那里照例会有人打着骨牌，喝着柠檬汽水，还会有人跟我说上一句"我早就跟你说过了"。当晚晚些时候，我重新回到"远键"号上，次日一早便发现我本可以回来得再迟一点，因为虽然我们朝着太阳升起的方向稍微挪动一点，却并未真正开船。又在下游停了两三个小时，等着从一艘帆船上运来一吨多鸦片；或许是因为现在水位过低，江水太浅，轮船要是装满了没法通过吧。

能够搭上这条西江上最好的轮船是我的运气，这样说绝对不是夸大其词。这艘船长 60 英尺，虽然建有三层甲板，但只有其中一层才能真正称得上"甲板"。下面一层刚过水线，胡乱堆放着各种货物，货物之间的空隙挤满了坐船的劳工。船员不当班的时候也会蜷着身子躺在这里，那些奇怪的姿势我看着就觉得不舒服。船上运的大多是鸦片，还有茴香，用草垫子打成包，比装得满满的邮包还大。两种东西都带着点淡淡的甜味，混合在一起直刺鼻子。虽然茴香酒一般产自法国，可广西却是世界上最大的茴香生产地。这层甲板有一条过道通往船头，位于船的外侧，没有栏杆保护，宽也就一英尺，船员在上面走来走去，不时撑着船篙。甲板后头有一处生火做饭的地方，另一边厕所，紧紧挨着，让人心生不适。

主甲板要干净一些，至少没有污水横流、地面湿滑，或者杀鸡剩下的残余污物。甲板前面是船头，地方不大，船员差不多时刻占据着那里。船长看上去有好几个，加上中间人、押运员还有其他高级船员，要么待在自己工作的船舱里，要么就在后面装着钢板的操舵室，在狭小的空间里挤成一团，我一路上从没见过这些人真正伸直身子。到了晚上，轮机员睡在有钢板保护的轮机房里，挤得全是人。

主甲板中间有一间椭圆形的房间，差不多 10 英尺宽，20 英尺长。四个角落里摆放着四张床，再加上一边四张，都是上下铺，这样一共能住 24 个人。这些上下铺都是一些很浅的木头箱子，就连一般用作床垫的草席都没有铺上。一块木板、一床被褥，再加上一个瓷枕头，里面放上一点诸如香烟或者火柴之类的小玩意，这就是中国人对舒适的全部要求。每个乘客都会带上自己的铺盖，一床被子加一床毯了，打个十字结，用床席子裹着，再加上几件随身的换洗衣服，一起卷在里面。这样一来，那些在光溜溜的地板上铺开的人反而比睡在床铺上的感觉舒坦，因为他们不用蜷缩手脚睡着，而且花费还少。然而，这里睡的可不是 24 个人，而是足足 60 个人，从这一面墙直到对面的墙，屋里一点空余的地方都不留下。每个铺位底下也睡着人，整个晚上和白天大部分时间，十个甚至更多人就这样塞在床铺中间。而从午夜直到天明，船员也会在这些躺在地板的人中间，找一处六英寸宽的空地躺下。由于地方有限，到了白天，凡有必要从船一头走到另一头的人，都必须选地方下脚。

这里的手提箱样式繁多，有的用苇秆编成，有的用厚纸板和其他廉价材料，有些倒是货真价实的行李箱，总之各种行李都像在当铺展览一样，用大钩子吊着，从天花板上垂下来，甚至都能蹭到我的帽子。中间有人拉了张吊床，在阳伞下荡来荡去，毕竟乘客中也有一些有钱的商人和赶时髦的人。我占了个铺位，倒不是因为我有能力或者希望霸占那张床，而是因为我的行军床正好就开在床的前面，稍微高出一点，这张床因此可以做个架子放随身物品，这样也能给自己多一点喘气的空间。

女人们要挤得更紧一些，连躺都没法躺下。这些女人待在船尾，那里虽然高一点，但更冷，也没什么遮挡。女人们睡的地板是一块厚重的木栅栏，甚至连个垫子都没有，螺旋桨在下面转动，水时常会溅到身上。船上的每一个角落都塞满了货物和人，只有一个地方除外，你可以管那里叫第三层甲板，其实就是房顶。身手好的话，大可爬上去。周围是成堆的木头和箩筐，里面关着小鸡，也有公鸡，每当你想睡觉的时候它们就会叫个不停。两层的板条箱子装的是鸽子，四层的那种关的是鹌鹑，几只羽毛漂亮的雉鸡被关在用柳条编的小笼子里，还有成筐的鸡蛋、橙子、柑橘和荔枝。两只野生的猴子一大一小，早就被水冲得难受。我曾在那上面散步，看着四周的景致慢慢退去，这些除了船员，很少有人领略过。整整五天的行程中，不少乘客除了一天上桌吃两顿饭，连床都从来没有离开过，而船员到了吃饭的时候就会把桌子拼在一起，塞进休息室。

我的运气还算不错，铺位下面有一扇小窗能够打开，散一散随处可以闻到的淡淡的鸦片烟味。除了大概六七个意志坚定的乘客，余下的每一个人都在抽——船长、中间人、有钱的商人、面黄肌瘦的劳工，甚至女人也不例外。电灯整晚都亮着，船员们经常大声呼喊，乘客也聊个没完，鸦片的味道挥之不去。每天早上，服务员会给我们打一脸盆热水。像这样的脸盆，不那么贫困的中国乘客都会带上一个。大家会在盆子里洗脸、洗手，不少时候也会把脚洗一洗。不过，他们会从河里直接打上盆冷水，把盆子装满，从中舀上一杯，把牙齿刷一刷，再咕噜咕噜地漱口。中国的上流阶层对清早的洗漱工作简直一丝不苟。然而，就算是受过良好训练，为外国人服务的仆人也无法理解为什么这些蛮夷喜欢把这些事的顺序颠倒过来，非得把烧开了的水拿来饮用和漱口，而不是用来个人洗浴。如果那些让人生病的毒素细菌真的藏在水里——就像几十年来，成千上万外国人尽力想让中国人相信的那样，可他们始终没有完成——那么，为什么没有烧开的水对皮肤的危害要小于对肠胃的呢？

　　无论吃饭、看书、写字、穿衣、洗漱还是刮胡子——有个乘客把我的安全剃须刀戏称为"小锄头"——事实上，我的一举一动，甚至包括用手帕，对全船的人来说都是一场不停歇的演出。不过，这里从来没有人表现得不友好，也没有蓄意的恶行。随处都能见到有人病倒，有的一看就知道得了极易传染的病，或许已经无可救药，可那股乐观的劲头却无处不在，时刻都能感受得到。

　　中国人时而又是无情的，如同他们忍受艰难困苦的十足耐心与温厚性情一样令人注目。上游有许多船在逆流而上，沿着河岸行驶，就像在亚马孙河上行舟一样，可是这里人都是面朝前方站着，有时一条小船上四个人排成一排，一起操控着长长的船桨，而不是用短桨划水。拖船的纤夫深深地弯着腰，身上的纤绳绷得直直的，沿着又高又陡的河岸前行。河岸已被数百年的潮水冲刷得丁疮百孔，形成千奇百怪的形状。有天早晨，一老一少两个纤夫正沿着河岸拉纤，二人也许是一对父子。岸上高出水面约 20 英尺，纤绳的一头扯着一艘帆船的桅杆顶端，那艘船离我们还有相当一段距离。我们的船员朝他们小声地喊了两句，可后者正在全神贯注拉纤。我们的船完全没有做出避让，结果纤绳被客轮的烟囱挂住，老的纤夫从陡峭的河岸头朝下栽了下来。他兴许就这样摔死了，足足过了 10 分钟仍然一动不动，直到最后消失在视线之中，年轻的纤夫哀恸地坐在一旁。长长的竹绳两头都已断开，我们的船员赶紧把绳子卷起，悄悄收到船上，木讷的神情仿佛对此习以为常。那面仿冒的星条旗日夜在船尾飘扬，发生在旗下的这一幕无疑为这一切又增添了新的悲伤。

　　我们就这样带着东方人的悠闲慢慢航行，身后拖着一艘帆船，上面坐着的人更多，堆的货物也更高，其中大部分都是鸦片。每当遇上急流，我们便会放开后面的船，任其自己对付，直到过了难行的河段再等它赶上来，有时一等就是好几个小时。帆船上装的东西实在太多，16 个男人面朝船头，站在船的前部，像划桨的奴隶一样，动作几乎完全一致。看他们通过急流浅滩和我们会合真是一幅壮观的景象，反倒是轮船常常搁浅。每当这个时候，船员们便会拿出些长长的一头呈 T 字形的竹竿，站在船外侧宽不足一英尺的过道上，有时会把上半身俯下去，用力地推，一连好几个小时，不时使劲地大喊。中国的船员似乎根本用不着老板上船督促干活，该闲的时候尽量放松，到了干活的时候又紧张起来。在这样一个劳力过剩的国家，担心丢饭碗显然就是工作的全部动力所在。我们有时会经过一些很现代的大划艇，六人、八人甚至十人划船，船桨就固定在竹篾做成的桨架上，一帮人使出吃了饱饭的力气划船。只要一起风，船上立刻扯满风帆，让那些劳累的桨手稍微休息一番，但这绝对不会长久。比起那些老旧破烂、连开动都费力的汽轮，我们的船简直是一座水上宫殿，要知道汽轮有时要拖六艘帆船。我们就这样从其他汽轮中驶过，上面的船员都会跟我们玩笑几句。我们的船有时会停下来送劳工上岸，或者搭上几艘舢板，把船上的大部分货物转到舢板上，以便通过水浅的河段，开到下游再重新装回船上。警卫带着武器，对鸦片寸步不离，会跟着一起转移到小船上，然后又跟着回到轮船上来。没有任何人花心思想着该如何分工合作，加快进度，并不是拖着这些前来帮忙的船一起走，待到晚上停船之后再从上面重新装货，而是一直装船直到天黑，这样就只能在原地等到第二天早才能出发。

　　我们沿西江而下，一路上白天停靠的几个城镇与其他成百上千座县城大同小异，让人觉得无趣。永淳①这地方看上去好像不过是岸边的一排小屋，到达已是太阳将要落山的时候，这是第一个天色阴沉的日子。我们之前在一处水浅的地方又是卸货又是装货，耽搁了不少时间。不过待到天黑，我已经走在池塘和稻田间连绵不断的石板路上了。有一处城墙顶上长满了青草，我在上面走得甚是开心，一路走到一座古老的佛塔前。能够摆脱时刻被人盯着，不用听人呼叫，也无需再闻鸦片烟味，也算是一种解脱吧。夜里静谧无声，只有这个时候，我才能回忆起我在中国的全部旅行经过。夜深人静时再进城，活动的只剩下了城门上那些摇摇欲坠的房子里的狂欢宴饮和大街上一两处聚赌的人群。

　　天光一亮我们就动身起程了，不过因为有几处急流，下午在一个地方先后停了

---

① 永淳（Wing-shun），即今广西横县峦城镇。

两次，有人管那地方叫峦州，也有人唤作横州①。船员一口认定前面有急流和土匪，因此必须这么早就把船停下来。城墙里斜坡上的小路歪歪扭扭，萝卜被切成一条条摊在地上晒干。这些东西经过腌制后就成了这里的主要美食。街道很窄，铺着滑溜溜的石板，伸进黑洞洞的城门里，漫无目的地向前延伸着。进了稻田，路在水沟旁变得更窄了，白天耕田种地的男女就在这些路上来来往往。城里大部分地方都被菜园子占去，负责照料的主要是女人，粗糙的大脚一看就是没有缠过的。还有一两亩池塘，几棵老树枝繁叶茂，有榕树，也有其他树，周围有一些破败的神龛或寺庙。院墙边上的几处茅舍成了乞丐的栖身之所。墙头上几根电报线嗡嗡作响，一听就知道出了故障，只有一两栋天主教或者新教传教士的房子，作为唯一表明这里不是公元前，而是已经进入了现代社会的证据。破碎的泥砖和廉价的陶器丢得满地都是，仿佛有几个城市被毁灭在这里。林梢传来几声鸟儿的啼叫，那声音也许是风儿吹过香蕉种植园和草木丛生的墙角发出的吧。街上人声鼎沸，每个摊贩都在扯着嗓门，直至筋疲力尽。一群孩子在不远处尖声叫着，娃娃兵们在折磨着那支用了多年的喇叭。远处四下里都是低矮的山丘，那是当地人的先辈们最后的安息之地。

我们的"水上鸦片馆"每天凌晨四点便动身起航，公鸡先生们此时早已在甲板顶上和靠近我小小窗户的过道上开始了没完没了的大合唱。又是一个晦暗的日子，阴冷得如同二月。无论在此之前，还是自此以后，我都从未经历过这样的天气，这么长时间其实一点雨也没下，却阴郁得让人难过。除了在南宁过节的那一天，我在广西度过的每一天都没有见到过一丝阳光，日复一日都是这般阴暗，像是进入了日全食，或是雷雨风暴来临前的最后一刻。

从峦州往下游走三个小时，突出的礁石使江面开始翻滚起来。江水卷着旋涡，形成危险的急流，我们等了近三个小时才等到要拖的船姗姗赶来。不过，到了中午时分便已经渡过难关。帆船上架起了硕大的舵桨，跟我在福建闽江上看到的一样，不过这一回是架在船的前部。我们顶风前进，一路上超过了不少船。风力强劲，足以让那些船上的人激动起来，有的用力划着桨，有的转动起风帆，还有的在拼命拉纤绳。过去两天里，眼前不时出现一些圆圆的棕色山头。山上长着树，可与南宁上

---

① 即今广西横县横州镇。

游相比，没有太多的景致。种田的人集中在岸边一块块小小的田里。男人和孩子站在冰冷的水里，水没到大腿处，有的甚至深可齐腰。有的人在撒网，有的人在拖网，脸上面无表情，一副东方人耐心无限的样子。

　　第四天是礼拜天，也没遇上急流，却一如既往的天色阴沉、寒意正浓，更加谈不上往前走了多远。中国人没有星期的概念，除非他们从传教士、穆斯林或者犹太人那里学会了这个，因此"远键"号上的高级船员搞不清每天到底是星期几，索性决定只来那么一段安息日旅程①。中午时分，船员们在桂平停船靠岸，便坚决不再往前走了。桂平虽说地方要大一些，可也只是西江岸边千篇一律城市中的一座。船长跟我解释，下午得去交厘金，并且在天黑之前无法赶到安全、没有土匪的地方。不过，真正的原因不完全像他说的那样。船长之所以停船不走，其实是因为桂平可以看戏、赌钱，再加上有机会做点私人生意。这些船员自西江一路下来随身带了各种各样的小玩意，要么可以在当地买点东西，再去下游更远的地方卖掉。不仅船长，就连船员都有自己的生意，不管出于什么个人原因，反正想在哪里靠岸就在哪里靠岸，想停多久就停多久。面对这样的规矩，船主也只能睁一只眼闭一只眼。

　　或许我对桂平的评价过于苛刻了，不过我在当地见到最有意思的是一顶带檐的帽子。桂平的法国神父礼拜天做弥撒时想必座无虚席。我们前一天下午和晚上就待在那里。那位法国神父看上去像上了年纪的浮士德，住在破屋子里，到处结满了蜘蛛网，还给我们喝了他自酿的酒和当地产的雪茄。我当时正在桂平的街道上漫无目的地转悠，是唱诗班充满勇气的歌声把我吸引了过去。如果不是有位男教士恰好走出来，我早就独自一人离开了。他头上戴的可非同一般，那不仅是我印象中在中国见到的唯一一顶圆顶高帽，也是我这辈子走南闯北见过最破烂的帽子，这样的帽子在西方无家可归的失业工人头上也难得一见。虽然这顶帽子无论怎么看都像被十几个暴民用脚踩过一样，却依然在这个文明前哨站勇敢地履行着自己的职责，毕竟在如此偏远的地方要买顶新帽子实在太不容易。桂平有十几家赌馆，我闲来无事进了

---

① 安息日旅程（Sabbath-day Journey），旧时犹太教徒在安息日被允许可以旅行的路程，约为 2/3 英里，此处意为路程极短。

其中一家，里面灯火通明，每个人都齐刷刷站着。这里是桂平唯一的繁荣标记。有个人想知道我是耶稣堂还是福音堂来的，也就是说，到底是天主教还是新教传教士。有个年轻后生脑瓜灵活，很快作出了回答，他说就连傻子都看得出我哪一派都不是，因为我的帽子没有帽檐。

就在我和高帽传教士一起闲逛的时候，他抓紧时间跟我介绍了他的工作和面临的问题。桂平还处在黑暗时代，比如人们还在用"杀鸡验罪"的老方法：有个住在城里另一头的基督徒就被这种方法定了罪——一个巫师根据鸡被杀后留下来的内脏来解释他是否有罪——这个人被关了很久，后来终于从牢房里逃了出来，却不得不抛下全部家产、祖坟还有儿时的记忆，逃离这座城市。他说，教会雇了个身体虚弱的老头巡夜，每天一角五分广东毫银。老头终生未娶，把全部积蓄都用来帮助自己的兄弟娶妻，结果待到家族香火有续，他却遭到了全家人的抛弃。还有另一个可怜人死了，死者的兄弟就把他老婆连同其他家产一起卖了。按照中国的法律和习俗他们有权这样做，就连那个女人的母亲也无法阻止。小叔子最后用 30 块银元把她卖给了一位路过的商人，后者正等着纳一房小妾。还有个女人死了丈夫，却没能给他生个儿子，不过她的妹妹有五个孩子，其中有三个男孩，结果被逼着把一个男孩送给这个没有儿子的寡妇，这样好有人为她死去的丈夫祭祀上坟。后来，这个孩子的亲生母亲其他的儿子都死了，却没法要回自己的儿子，给他的亲生父亲上坟，而且就连老了也得不到亲生儿子的赡养。由于女性后人在上坟祭祖时算不上名正言顺，因此关于亲子或者养子官司纠纷在中国十分普遍。

有位美国女性创立了一所寄养学校，专门收容桂平当地的女盲童。本地牧师和那些出不起钱买一房老婆的人对娶这样的女子十分欢迎，因为她们学过布莱叶盲文，懂得写一些字，读过《圣经》，还会做针线活，这些事情就算不少眼睛正常的农村女孩都不见得做得来。有一天，有个住在河上游的母亲听说了这些外国人的稀奇事，于是把自己的盲女儿也带了过来。帮忙的中国助手告诉她，那位美国女教士三四天之内都不会回来，还跟他们定了规矩，绝对不能在她不在的时候接收新的女孩，但是她如果愿意过一个星期之后再来肯定会收下。这位母亲于是带着孩子回家，走到半道却又觉得，一个姑娘对家里毫无用处，嫁又嫁不出去，凭什么要再多养一个星期？于是把孩子扔进了河里。一个船夫把孩子捞了起来，卖到一条"花船"上，卖了两块银元。

旅行者若是待在桂平闲逛，不用去城外也能找到茂密的树林，沿途经过几处地方看上去如同威尼斯的街景，街道两旁是池塘，大得像个湖。城墙后面紧挨着的是低矮的丘陵，我那天下午就爬上了这些矮山，感觉还不错。所到之处都是坟墓，能看到一队队劳工在赶路。桂平的男女老少都会带着个火篓子。篓子底是陶土做的，里面装着烧好的炭火，供人取暖。由于生火的东西实在价格不菲，因此当地人只能用得起这个，把燃料集中起来省着用。有几顶轿子又破又旧，在城里转悠，这还是我再次进入中国以来头一回看见轿子。轿夫跟那些劳工都是一副可怜兮兮的样子，后者就算年老体衰，还得背着沉重的担子在湿滑的街上吃力地走着。

第二天一早，离天亮还早得很，我们就出发了，这样做要么是为了追赶落下的时间，要么是因为船员结束了一夜放荡刚刚回来。我们在收厘金的站点停了两三回，还在一个地方停下来卸鸦片。天气湿冷阴沉，我们一整天都在匆匆赶路，弄得上层甲板上关着的两只猴子一脸苦相。距离桂平不远有一些旧岗楼，石头砌成的，上面有孔洞可以放枪。快到梧州时，西江上出现了一些石头堆，形状奇特，像金字塔，有些石堆在这样灰蒙蒙的天气里，看上去就像成行的帆船。我问了所有人，没有一个说得清这些到底是什么，只有一个人说可能是海盗的墓，是那些活下来的同伙为了纪念他们才修的。距离梧州上游不远处有两座山，其中一座山上高高矗立着一座佛塔，那里不久前还是土匪的老巢，过路的船要是没有交钱进贡，他们就会对船开火。海盗的目的在于把引航员杀掉，要么赶下船，这样船会撞上礁石，那样抢起来就轻松多了。

梧州已经近在眼前，我们又停了两个多小时，把运来的鸦片全部转运到大的帆船上。负责监管这些船的人衣着考究，留着长指甲，士兵们也会跟着转到船上去。只要插上了军队的旗子，这一船货物就能够畅通无阻地进入梧州市场，甚至一路运到广州去。在百色装船的时候，这些货极为便宜，可价钱每前进一英里都在增加。"远键"号就这样名正言顺地偷偷驶入了一处码头，完全没有任何海关的人前来干扰。

梧州作为一座通商口岸，自然住着一些外国商人与传教士。滚滚西江水奔流不息, 直至广西省的最东段。梧州作为大江上最重要的城市, 就连省会也无法与之相比。和中国几乎所有沿江而建的大城市一样, 梧州也坐落在大江干流与支流交汇处。有人说, 自桂林沿府江 ① 而下到梧州是风景最为秀丽的一段旅程, 这一段路途其实相当漫长, 因为急流太多, 因此只有在特定的季节方能行舟, 加之现在河上盗匪猖獗, 早已难以通行。大批船只聚集在梧州的府江河口, 走私在当地是一项至关重要的活计。隔江相望有座小山, 被让给了教会与英国领事馆, 不过当时正在搬迁, 以求各国均不设官方代表 ②。一道古老的城墙把小半个城区围了起来, 狭窄的主街跟其他街道一样湿滑。

下午三点, 去往香港的班轮——这才是一艘真正的班轮——解开缆绳, 离开码头, 我发现我立时又回到了广东境内, 向广州下游水道纵横的三角洲与海盗藏身之地加速驶去。这艘船的英国船长在不久之后的一次航行中不幸被杀害, 价值不菲的一船货物被洗劫一空, 凡是有钱的乘客被全部掳走, 以换取赎金。账户上盈余颇丰的商人会从梧州经香港到广州, 而我们这类没那么受欢迎的可以选择另外一种走法, 那样时间会减少一半, 路费也只有原来的三分之一——乘坐梧州开出的班轮, 午夜时分在三水下船, 走上一两英里, 然后等着天亮坐火车, 两个小时后便可以从西关横渡珠江了。

---

① 府江 (the Fu River), 即桂江中下游河段, 因流经平乐、梧州两府, 又名府江, 亦称为抚河。
② 即白鹤山, 1897 年梧州开埠后被辟为英领, 1928 年收回。

中国人的世态面面观

　　既然连读者也对马不停蹄的旅行感到厌倦，那么不如让我们就此坐下，花上几页工夫，看一看与中国有关的方方面面吧。这些东西多少反映了我们称为"中国"的那个巨大人口"蜂箱"各个细节的真实面目。总结归纳无非是浪费点时间罢了，即便是那些习惯一边读书一边思考的人，或是那些不时喜欢揣摩字里行间意思的人，也会发现这一切其实早已深深包含在这篇游记之中，因为这里记叙的是一段漫长的经历，或许时而还会让人悲观生厌，这样的游历漫无目的，而这些文字又是那样的简单与朴实。

　　一切事物，无论能否找到其理由，只要存在便是合理的——我相信，如果我们用这个极其古老的假说开头，那么接下来又将是一场毫无新意的激烈论战。就算中国人的某些风俗常常令人诧异，有些令人不适，有些恶行存在于中国人之中，这一切毫无疑问都能找到其存在的原因。若是好好想一想，或者换一个更有深度更加清醒的头脑，或许便会窥出这些因果关系的蛛丝马迹。如此说来，中国之所以会有大把人一有机会便大吸鸦片，原因其实很简单，这不仅在于这个东方国家并不对保持身体健康抱有虔诚的信念，还在于挣扎在贫困线下的中国人，只要有任何东西能让自己忘却身边的环境，都会心甘情愿地沉溺其中。劳工们哪怕碰上一丁点要紧的事，都会扯着嗓子尖叫，而不是心平气和地交谈，这是因为他们祖祖辈辈生活在拥挤的环境之中，早已明白除了比成千上万同行的喊声更大，否则没有任何方法能够保证自己说的话被别人听到。中国人会在售票窗口前乱成一团，哪怕火车上有大把位子也要恶斗一场才能上车下车，那是因为千百年来的经验赋予了他们本能的直觉，总觉得空间有限而人数无限。诸如此类的例子我们可以不断列举下去，永无止境。有个出生在美国的华裔在广州政府里办事，指责西方对中国人有失公允，说我们只看到中国人生活的表象，而对内在一无所知。此君为了说得更加具体，又举了个例子，西方人总认为中国人残酷无情，看着身负重伤或者奄奄一息的人躺在路旁，不仅不闻不问，反而绕道而行，就像神父和古老的利未人①一样，后者或许也和这个东方国家一样有充分的理由为自己开脱。他接着说道，西方人其实并不知道，正是几个世纪以来古老的法律让在中国做一个好心的撒玛利亚人②成了件危险的事。任何人如果被发现靠近一个受伤濒死的人都会被立刻抓住，即便不被当成凶手，也会被认定为同谋共犯。一旦找到了罪人，当局绝不会大费周折调查，弄清楚到底是否真是此人所为。

　　科学家告诉我们，无论任何种族，男女都拥有同样的器官，只是两性在发育程度上有所不同罢了。这一点同样可以用来形容中国人与西方人的性格差异。如果走南闯北也无法让你明白普天之下所有民族本质上都是一样的，那么只能说明你还不够见多识广。那些不同之处有时候之所以看上去如此显眼，只是因为人性在不同环境下发展程度有所差异罢了。正因为如此，中国人经过数千年不尽相同的生存环境与历史演变才形成了某些特性，而这些特性西方人至今依旧不曾具备，反之亦然。这些不同之处演变至今，让我们变得看上去差别如此迥异，一如男女有别。

　　正因为如此，尽管证明中国人"落后"的事例不胜枚举，但这只是因为我们没有注意到其实西方人也有着同样多的"落后之处"。换句话说，就像不能因为做同一件事情的方法不同，就说男人或者女人任何一方做得不对。中国人把罗盘称为"指南针"，世人通常将这一发明归功于中国人，可科学家却从未明白无误地证明过牵引指针的那股力量来自北极，而非南极。中国女人习惯穿裤子，男人却总是身穿长袍，可这样的服饰不是最适合害羞的性别么？西方人总嘲笑中国人把姓氏放在前面，把个人的名字放在后面，可我们在碰到诸如编写目录或者电话簿等实际问题的时候，却忙不迭地采用了中国人的方法。总之，一切都取决于看问题的视角。中国人眼中的满月看上去不是一张人脸，而是一个老人在砍树——他们说的和我们说的都没有

---

① 利未人（Levite），约伯之子利未的后裔，协助管理圣所，见《圣经·民数记》。
② 撒玛利亚人（Samaritan），寓意乐于助人、行善乐施的人。

错。假设有两个警察手牵着手，漫步在百老汇街头，就像我们经常看到中国巡捕做的那样，或许会引发一些比较温和的议论，可当一个男人和一个女人在中国街头做同样的事情，引起的波澜就要大多了。中国人见面问候，和我们说"How do you do"意思最相近的莫过于"吃饭了吗？"请问有哪一个聪明的孩子能够证明哪一句更加荒唐么？我们告别时会说："Well，I must be trotting along"，而中国人道别时说的却是："慢走"（Walk Slowly）。这两句话或许同样合理，但绝对不存在哪一句更加体面的问题。

正是因为在某些无足轻重的事情上观点不同，才让中国人的生活在西方人眼中如此妙趣横生；也是因为如此，才让东西方之间产生那么多毫无必要的隔阂与阻碍。大多数外国人认为的中国人的"恶劣举动"，其实是完全无心的行为，一如在中国人看来西方人的种种恶习一样。对中国人来说，即便是体力工作者，也会将动怒视为蛮夷的标志，他们觉得西方人都是一帮疯子，一群精神错乱的家伙，发怒不过是某种短暂疯狂在这些人身上的间歇性发作而已。中国人看我们发怒时的心情，就好比我们看中国人成群结队地围着一个外国人，大张着嘴巴、直勾勾地看着一样，二者的感受是一样的。我还记得有个读过书的中国年轻人曾经试图向我解释为什么中国人不会动怒，至少不会将愤怒表露出来，那是因为他们觉得不值得这样做。这个人举了一个例子，说很久以前有个书生去学堂，在路边的一家小店歇脚，用十文钱买了一碗米饭。书生起身正要离开时，突然被店家喊住，说他没有给钱。书生立刻又付了十文钱，既没有发生争执，也没有多说一句，因为这些无用的话只会让他自降身份。我想换成西方人，大多数人的反应或许是不管钱多钱少，可不能就这样"挨宰"，换句话说，我们绝不会忍受含沙射影，侮辱我们不付钱就想一走了之。

在中国人看来，莫名其妙地赶时间和容易动怒同样都是番邦蛮夷的标志。我们是如此没有耐性，就连中国人都感到窘迫。你一定会惊讶于自家用人的足智多谋，他居然能够在看似没有任何原材料的地方找到足够的食材，做出一桌子十个菜来。然而，即便是如此心灵手巧的用人，如果你对他怒语相向，不断催促，打乱他的节奏，也会变得手忙脚乱，不知所措。只要按部就班、勤勤恳恳做事，他就能做出无限成绩，全然不受精神与身体疲劳的影响，但请你一定不要忘记他毕竟是个中国人，对时间没有明确的概念。又何必赶时间呢？"明天"这句话对他起的作用就如同"mañana"对南美人一样，这并非因为他好逸恶劳，而是因为他接受的言传身教便是要以一种平静的心态对待生活。虽然中国人或许不知道如何欣赏用最少的时间赶路的意义与价值，却丝毫不能代表中国的劳苦大众懂得怎样"放轻松"。对中国人来说，自己的国家人满为患，气候常常如此严苛，机会又是那样稀缺，只有不停劳动才能维持生计，根本就没有办法让自己像印度人那样换一种方式，陷入身心舒缓、无尽沉思的状态之中。对中国人来说，如同工蚁与工蜂，工作是一种自然的本能，和呼吸一样司空见惯。同其他亚洲人相比，中国人在不少方面已经算得上注重实际、明白事理了。

事实上，中国的老百姓既能控制自己不动怒，也能让自己摆脱"神经紧张"的纠缠。他们之所以能在不受到大的激惹的情况下绝不动怒，其原因或许源于他们知道生气毫无意义。中国人的冷静很可能是因为几百年来所处的拥挤环境，已经让他们在潜移默化间学会了如何忍耐，这样就不会因过分亲近而烦扰，因为一切表面上的礼节都只是为了避免发生严重的摩擦。想想我们的拓荒者吧，一个星期也就能碰上四五个人，待的地方足够容下这里所有人，而一个中国人却得在一小时内在一条四英尺宽的街上遇见成千上万人，每个人都在为了吃顿饱饭行色匆匆，因此前者即便举止粗鲁，言语无礼，产生的后果也远不及后者那么严重。正是经过数百年来人满为患的生活历练，中国人看来已经形成了某种非比寻常的能力，不会让烦人的事情扰乱自己的心情。

然而，如果仅仅因为中国人极少表露情绪就判断他们不懂得"紧张"和愤怒，显然是对真相的曲解。事实上，中国人受到的压抑——一般情况下这些压抑中国人都会忍得住——一旦爆发，就如同湖水溢过拦湖大坝，有时会冲破一切羁绊，变得肆无忌惮。中国女性通常羞怯含蓄，并不惹人注目，可一旦真正发起火来，平时压抑的情感失去控制，定会让整个世界为之汗颜。她们会通过无休止的咆哮与狂暴的语言来宣泄，那些言语虽然谈不上诅咒，却也颇难以启齿，足以把你祖上好几代人都骂个遍。正是这种突破压抑限制之下的情绪爆发才让今天的中国掀起了一股明恩溥博士①笔下的"社会台风"；也正是这种性格特质，才会使中国人偶尔变成暴民，

---

① 明恩溥，本名阿瑟·亨德森·史密斯（Arthur Henderson Smith, 1845—1932），美国公理会传教士、神学家，1872 年来华传教，旅居天津、通州等地，1926 年返回美国，在华逾半个世纪，著有多本著作，其中最有名的当数 1894 年在美出版的《中国人的性格》（*Chinese Characteristics*）一书。

而这群人平日看起来似乎全然不知如何使用暴力。正因为如此，就连久居中国的外国人也会对时而发生的排外运动感到匪夷所思。

无论是因为天生具备的不同才能，还是几百年来拥挤的生存环境所致，中国人很早便已经摈弃了凡事动辄采用暴力的幼稚做法，他们懂得对不少事情淡然置之，不去计较，被动地抵制，才是最终有效的方法。今天的中国人比其他国家的人心态更为平和，不会带着寻衅滋事的态度去为人处世。如果非以西方街头争强斗狠之徒的狭隘观点去理解，中国人是"懦弱"的；然而，他们也会挣脱束缚，证明自己和西方人一样英勇无畏，对死亡看得淡然。中国人宁愿吃苦受累，也不愿奋起反抗。没有几个国家的人民会如此忍辱负重，去修建万里长城这样浩大的工程，只求免于一战。我们待在北京期间，虽然经常有人带着大量现金在首都街头招摇过市，却只有一位银行的信件投递员遭人抢劫被害。然而，当年二月中上旬，北京警方收殓了467具尸首，这些人都是因为饥寒交迫死在城里的。诚然，中国人在这方面也有不少他们无法忍受的极限。打家劫舍的游兵散勇和心狠手辣的土匪海盗，无一不是为了生计残酷斗争的鲜活例子。

就算真的打了起来，中国人打架看上去也更像一场娱乐，没有血腥味。拳头是什么滋味基本上无人知晓，亚洲国家似乎都是这样，尖刀或者其他致命凶器远不如西方传奇小说家描绘的那么多，他们笔下塑造的中国人只是为了蒙骗头脑简单的读者或者电影爱好者，让他们信以为真罢了。我在中国走南闯北已经两年有余，看到两个中国人之间发生冲突恐怕也就十来桩。那些纠纷按照西方人的概念根本算不上打架，充其量是争吵斗嘴罢了。中国人争执时主要是朝对方嚷嚷，更多情况下是为了博得周围人的支持，对着围观人群喋喋不休，而非直面对手。双方都在极力向旁人证明，自己才是有理的一方，企图用自己极尽嘲讽且独树一帜的侮辱性语言让对方"丢脸"。一旦达到这个目的，那些极具幽默感的旁观者们便会由先前的窃笑迅速演变为哄堂大笑，遭到嘲笑的对象立时一败涂地，如同被人一拳击倒在台上，进入倒数读秒阶段。输家别无他法，唯有钻进小巷溜之大吉，留下胜者被一群崇拜者包围，活像一只斗胜的公鸡。我从未见过中国人因为吵架流过一滴血，真正来上一拳的事情几乎闻所未闻。听说在远东的某个国家，人们会拉住第一个路过的陌生人，要后者评判是非，解决争端，参与争论的人必须听从路人的决定，而中国人选择寻求人数更为庞大的"陪审团"。和拉美国家的人一样，中国人就算心里对这样做表示默认，也不觉得有必要非得服从仲裁者的判决。

"丢脸"这种情况常常被认为是中国人独有的感受。假如你当着别人的面说饭菜不好吃，没准你的中国厨子一个小时之后就会来找你，手里还拿着一封信，脸带悲伤，并且让你一眼就能看出他对离开自己深爱的工作岗位是多么痛苦，两种神情极其巧妙地融合在一起。厨子会告诉你，他的父亲刚刚过世，不得不马上回老家。"我的父亲死了"，这是住在中国的外国人最应该学会听明白的一句话。一年下来，中国仆人们回乡安葬老父的次数要比美国办公室勤杂员一个棒球赛季里回家安葬祖母的次数更多。中国的用人既无法忍受公开批评带来的颜面损失，也不敢鼓起勇气，开诚布公地跟你辞行。然而，就算你下个星期撞见这家伙从隔壁街上另一户外国人家的厨房里出来，他也不会因为被人当面识破谎言而表现出半点丢脸的样子。

旅居中国的美国人，回国之后最常听到的一个问题或许莫过于："中国人老实么？"答案其实非常简单，而且对每个民族来说，都绝对靠得住——是也对，不是也对。"中国人是世界上最不老实的家伙！"某个美国商人气冲冲地说道，此人是我们在中国刚开始旅行时遇见的。"如果你有一个信得过的已经在你的生意竞争对手那里工作了二十年的中国员工，给他一张五元美钞，你就可以坐在家中的安乐椅上，开始仔细研究竞争对手的绝密文件了。"在中国，少找零钱堪称一门艺术，几乎人人都会。就连通商口岸的大型外国商行也学会了这一招。不管是买火车票、邮票还是发电报，在找给你的零钱里肯定要被刮去几文钱或者几个铜板，否则这点钱就会被加到你需要付的账单里。卖票点也好，电报局也好，里面的员工都会理直气壮地认为，想方设法提高一点自己微薄的收入天经地义。

外国领事馆的中文文书也找到了类似方法，让自己赚点小钱。比如，某个身在内地的中国出口商收到了某位外国领事的来信，告诉他一切准备停当，只等他把货物出口到领事所在的国家就可以了。然而，中文文书在把这封信翻译成中文的时候会加入一些微妙的暗示，要省里的官员莫要全信领事的话，除非这位出口商做他该做的事情，让那帮经手的当事人心满意足才行。就这样，要做成一桩生意不仅必须买通中国的雇员，因为没有这帮人，任何一家大的领事馆都无法运作，而且在不少情况下，商人们还会以为是领事本人要收取"回扣"，急着让他们筹钱。

外国租界的中国警察几乎公开向自己管辖地区内等客的人力车夫收取"佣金"，或者向经过自己辖区的手推车收钱。劳工们背着成筐的大米或者其他谷物，每一筐谷子上都盖着大大的红字或者黑字，这样防止有人从中舀去一勺，以增加自己那点少得可怜的收入。猪从市场运到肉铺或者其他地方，养猪人会在这头尖声抗议的牲口的身体两侧印上自己的名字，这样别人就没法中途调包，换上较轻的猪冒牌顶替了。我们在云南府①的时候，发现有人牵着头奶牛走街串巷，小牛犊子就跟在后面。这人会在门口亲自给奶牛挤奶，正是这位牛妈妈为我们这帮外国人提供了古怪的饮品。然而，到手的"绝对新鲜的牛奶"明显不是这么回事，仔细观察你会发现，挤奶的那家伙把瓶子从袖子里放下来的时候，里面已经放进了一些豆浆。

但凡中国仆人经手的每一个铜板都得派上用场。假设你家厨子去市场买菜，肯定会有那么一小部分菜钱进了他自己的腰包。如果你和批发商每月做一次买卖，那么你家的厨子只要一等你付清了当月的账单，便会很快溜进店里，从商家那里收取自己的回扣。要是拿不到回扣，他便会在下个月结束前，在你面前找出一堆理由，抱怨这家商店的货物是如何差劲。假如你吩咐家中的男仆出门找个修理工，你完全可以肯定，工人在离开之前准保会把赚的钱分给你的男仆一小份，权当答谢在众多竞争者中专门请他上门。如果你停在某家商店买点东西，你的人力车夫很可能过不一会儿又会回到那里，哪怕这样做意味着要在并不合适的时间走上很长一段，只为收取一点"小账"。店家虽然并不情愿却也没得选择，因为店家明白，只要拒绝对方的回扣要求，车夫下次就很难再把车轮对准自家店铺的方向。

虽然"回扣"收取的数目一般来说都很小，在西方的恶人们看来荒唐可笑。不过，中国人觉得拿回扣并不代表不诚实，即便对于从未经历过这些的外国人来说，这简直是弥天大罪，不过后者也最终意识到，这其实是一种被大家默许的增加一点微薄收入的方法。同样，这种行为也需要有一些信誉，必须在某种程度上严格遵守。假如你的厨子拿的比通常的份额要多，你家的男仆为了满足一己私欲而让你的利益

---

① 云南府，明清时至民初的一个行政区划地区，文中所指应该为今之昆明市。

遭到真正损失，某个劳工把你运的煤偷卖给外人太多，那么这样的人就连他们的同胞也会嗤之以鼻。事实上，即便将所有这些加在一起，你的损失也不会超过一个铜元，可换成是你自己亲自去市场，花的钱很可能比你的厨子付的钱加上拿走的回扣还要多，毕竟讨价还价是后者的专长。究其原因，甚至可以这么说，是因为竞争实在太过激烈，住在中国的外国人喜欢互相比较价钱，加上每个月的账单又没有做手脚，把佣金也包在里面，所以说这部分钱其实来自商人自己的利益。

中国人的生活与行为方式会潜移默化改变他人，即使是外来者也会被吸收同化，中国人向来以此为傲。这一点绝非空谈，就连美英两国那些地位显赫的在华企业，也对收取回扣乐此不疲，而且认为这样做名正言顺。去上海任何一家外国机构，用一块鹰洋买一件价值十分钱的物品，你会拿回九角"零钱"，而转过街角，那家中国人开的钱行，会为这同一枚鹰洋付给你一元二角作为找零，事实上，就算是中国人的百货公司也会如数找零，按照当日汇率给得很大方。当然，外资银行在大肆收取回扣方面也早有前科，而且无处不在。例如，史密斯先生在上午 10 点走进位于某租界某家银行——银行里可是装修得富丽堂皇——拿着一张支票或者汇票要求提取 1000 美金，收到了 1890 块鹰洋之后转身离开。到了 10 点 10 分，史密斯先生的同乡琼斯先生又走进同一家银行，要求开具一张汇票，从美国提取 1000 美元。银行给他的汇票正是刚刚支付给史密斯先生 1890 块鹰洋的那张。当然，银行会用一些烦琐的手续拖延时间，把这个明显的事实遮掩过去，并且向琼斯先生收取 1950 块鹰洋。换句话说，银行不过举手之劳，向美国的同行发了份信用证，要求他们从史密斯先生的账户上转 1000 美元到琼斯先生的账户上，就将 60 块鹰洋揣进了自己的腰包。银行要真的放过这些按百分比提成的赢利机会，那可就太不像银行了。因此，大多数银行会首先将美金换算成中国人做买卖时用的银两——这些银两从来就没有过十足分量——再将银两换算成墨西哥鹰洋。当然，他们不会忘记在两笔操作中都拿回扣，这笔鹰洋在变成琼斯先生手中的美金之前，需要来回倒手两次，赚取回扣。就连传教士在牯岭开的银行也学会了拿回扣，而且数目可是普通银行的两倍。

遭人榨取回扣这种事情在中国没完没了，或许最叫人难以忍受的要数那些落在打算回国旅行者头上的回扣。某位旅行者走进位于香港或上海的一家轮船公司办事处，要买一张横渡太平洋的船票。公司报价用的是美元——足足 375 美金，这个价钱还得感谢美国政府，他们一心想要解散托拉斯，现在手下的船运局已经让几乎所有横渡太平洋的客轮票价涨到了最高。

"很好，"买票人边说边掏钱包，"这里是 375 美元整，要不就用我在美国银行的保付支票来付钱吧。"

"哦，可别！"轮船公司办事处的职员赶忙答道，说话还带着点香港口音，也不知道真是本地人还是刚刚才学的，"我们这里不能用美国的钱，您知道，我们只是用美元报价，付款您还得用本地货币。"

让我们假设这位即将乘船的先生对此毫无经验，于是走到街对面，去了最近的一家银行——那里同样装修得富丽堂皇——把他需要的 375 美元兑换成 695 块鹰洋，然后拿着这笔现金回到轮船办事处。

"哦，亲爱的先生，您还少了 25 块！"办事处的职员用东方人独有的悠闲，把钱慢吞吞地数了一遍之后惊叫起来。

"这明明是我刚刚用 375 美元换的。"这位头脑简单的旅客提出了抗议。

"啊，您说得没错，确实是这样，"职员和颜悦色地说道，"但是银行方面给您的应该是买入汇率吧，我们得向您按照卖出汇率收取。"

这位即将上船的先生只好折返回去，再兑换大约 15 美元，凑齐 375 美元。如果与他同行的恰好有那么六七个人，那么这样一笔钱或许随随便便就足以抵得上他在中国期间被榨取回扣的总和了。

和中国其他任何事物一样——或许哪国都一样——拿回扣的人总有正当的理由。既然身在一个人满为患的国度，竞争激烈可想而知，商人做不到想赚多少就赚多少，工人也无法按照自己的意愿提出工资要求，毕竟还有十几个人一心等着抢他的饭碗，免得任何一个用更低的价钱把自己排挤出去。然而，他们一旦在竞争中获胜，赢得属于自己的一席之地，便会玩出小把戏来增加工资或利润，却不用担心失去生意或者工作。正是由于中国长期以来一直处于这种状态，所以回扣渐渐不被人视为缺乏诚信的标志，反而变得名正言顺起来。在帝国时代，回扣之风甚至波及皇家，伸手的不仅包括大太监和宰相，听说连慈禧太后本人也会为某个礼物所动，动手捞取回扣。这样的事情在改弦易帜、成为共和国之后并未有所收敛，反而愈演愈烈。外国人要想在中国过得舒服，就得让自己随遇而安，切莫只是因为给了仆人两块大洋，叫他请人修鞋，结果发现只有一块九角进了修鞋人的口袋，就把好端端的仆人放走回家"葬父"，要知道那位老父亲没准就算被"埋"了多次还依然健在。回扣其实就是东方人类似西方小费的一种做法，只不过历史更久，名堂更多罢了，已经成为约定俗成的一部分，就像在欧洲旅行时走到哪里总不会忘记给人赏钱一样顺理成章。

　　不过，我们还是要追究这个严肃的问题——"中国人到底老不老实？"让我们继续用例子说话吧。比如，某个厨子每天一大清早就去市场为你买菜，每次都不忘在裤腰带里藏上几个你给他的铜板。可同样是这位厨子，却宁愿以死相拼，也不愿让小偷顺手牵羊，偷走哪怕一个餐盘。又比方，你家的男仆每次替你叫木匠上门修墙时，都会从中抽走一角毫银，却从不会惦记着从忘记上锁的抽屉里拿走一分一毫，哪怕他明明知道钱就放在里头。你就算把珠宝和其他值钱的东西随手放在一旁，叫他看管，也和放进银行保险柜一样安全可靠。就我所知，我们自家的仆人能够做到在我离家的时候整整一个月不出院门，生怕自己失职，导致无人在家看护女眷，照顾不周。挑夫帮你背着行李，翻山越岭，一路长途跋涉，他们很可能知道自己肩上的担子之所以这么沉，有相当一部分重量是因为里面放着大量的银元。然而，就算路上大部分时候他们在你的视线之外，就算有时候你们分开住宿，那里的住客都知道他们背着属于洋人的值钱东西，钱财或者其他贵重物品不翼而飞的情况少之又少。换句话说，不论是美国人、英国人、法国人，总之把国家名单拿出来一个个往下数，中国人和这些国家的人一样诚实，也一样不诚实。每个民族的诚信程度有所不同，这是自然，正如存在个人差异一样，可这在相当程度上取决于你如何看待这个问题，就跟那圆圆的月亮是同一个道理，有人看到的是一张人脸，有人看到的则是一个老头正在砍树。

　　过去几年里似乎有一种观点正在死灰复燃，认为权贵们的特殊利益来得如何如何名正言顺，这种观点早在人类历史早期便已有之，宣扬的是某些人生来就高人一等，家世出身又是如何比后天奋斗更加重要。之所以有人甘愿为这种观点大声鼓噪，为特权阶级极力辩护，甚至不惜炮制无稽之谈，将匪夷所思的丑闻嫁祸给那些出身低微的名人身上，对其祖上先人造谣中伤，其动机不由得令人浮想联翩。他们似乎在有意忽略一个历史教训——一个家族如同一个民族，盛衰荣辱在所难免。父辈纵使飞黄腾达，可子辈能做到同样声名显赫的已经少了许多，至于孙辈还能保持名望的那就更加少之又少。世上的伟大人物绝大多数出身默默无闻，而其子孙后代——事实上如果抛去那些特权优遇与既得利益的光鲜外表——几乎无一例外将终究再度归于无名。

正是如此简单明了的事实构成了支撑民主架构的一大支柱。在华旅行的人倘若有心留意，恐怕还是会看到希望，即便这个国家的社会结构如此保守，劳苦大众还是具备能力实现向上发展，有时甚至能够从完全默默无闻真正一举赢得盛名。虽然中国眼下算不上真正的共和国，却在相当程度上拥有平等的社会土壤，农民和劳工在辛亥革命之后成为真正实权人物的例子不在少数。然而，无论是劳工当上士兵，还是将军成为省长，中国人都很难像面对困苦逆境始终保持开心乐观那样，将成功与富足长期维持下去。对于生活在近乎斯巴达式苛政之下的人来说，不管是依靠投机取巧，还是凭借艰苦奋斗，在赢得权力与财富之后，都有可能沉迷于鸦片与温柔乡之中，重新回到之前的状态。从中国人的观点看，只要能为自己乃至整个家族赢得名望地位似乎就已足够——无论是阴间的前辈先祖，还是世间的子孙后代，对家族族谱中登至顶峰的那一位总会永远铭记——至于某个旁支衰败堕落，重新湮没于凡尘之间，却不见得是一件多么紧要的事情。正因为如此，中国的朝代往往发起于阡陌之间，却在经历数代相传或者几个世纪之后土崩瓦解，这似乎已经成了中国人的某种天性特质。

与其说中国人"富有创意"，还不如说他们"心灵手巧"。中国人的足智多谋在某种程度上简直令人称奇，他们能够在看似毫无希望的环境下找到方法，从而做出成果来。然而，中国人即便拥有这样的能力，却又似乎完全没有意愿在取得最初的成果之后继续推动事物向前发展。中国人只要能够克服因自然造成的困难，实现目标，似乎就陷入了永远的自我满足之中，绝不会为毫无必要的工作劳神费心。一直以来，劳力过剩既是中国的福利，也是这个国家的灾难，正因为如此，人们鲜有兴趣发明工具设备以节省劳力。中国人的聪明才智更多体现在如何应对材料不足，而非尽力减少体力劳动方面，毕竟在这个人口众多的国家，材料要远比劳力更为稀缺珍贵。

　　我从未见过任何一个民族展现出如此强烈的反差，一方面具有极富理性的判断力，另一方面却又显得愚昧。中国人在年轻时的某个阶段往往显得机灵聪明、好学能干、思维敏捷，却在此之后不再继续发展，一如自身的文明体系。即便是中国人引以为傲的几大发明，如火药、印刷术、指南针还有纸，在后来几乎都没有发扬光大，使其摆脱最原始的阶段。而在制造瓷器、针织刺绣、制作精美艺术品和工艺品方面，中国人虽然能够发挥自身专注细节的特质，利用无限耐心，从而走得更远一些，却很难在工艺方法与生产工具上取得重大改进，无论农业还是工业都是如此。这种趋于停滞的发展状况几乎随处都能感受得到。比如在劳工之间，一个十二岁的童工往往表现得思维敏锐，其智力足以与四十岁上下的人相匹敌。即便是在外国受过教育的中国医生，只要不涉及现存于世的医学书籍，也是同样情形。中国人的思维与精神天生便是为追求细节而设计的。记忆力，尤其是视觉记忆，毫无疑问是中国人大脑的重要功能之一，而这个脑袋却缺乏分析与抽象的能力。然而，即便具有如此明确的局限性，中国人的脑瓜依旧堪称一台经受过非凡训练与极具抗力的仪器，即使经历政治或经济变化也无法抹除。这些特质由这个民族后天习得，通过世世代代的古老习俗，牢牢铭刻在自身的神经中枢之中。

　　正是儒家理学让中国人丧失了活力，用具有启示意义的箴言禁绝变革，从而令个体的创造力渐趋干涸。事实真相或许就在于此。即便今天不少迹象表明，这种僵化或许不会永久维持下去，但在中国旅行的人往往感觉仿佛回到了一个古老的文明。这个文明的发展进程如同一条瀑布被寒冬冻结成冰，变得僵硬、失去活力。人们能够感觉到这个群体是如此稳定，一如它与西方民族差异迥然。这是一个受制于固习的民族，如同一个古老文明被从埋葬的旧址生生挖出来，展示出某些陈腐过时的东西，而另外一些东西则带着某种更为原始时代的天真与质朴，令人愉悦。我们仿佛被传送回了尼尼微与巴勒贝克①。那些纷繁复杂的社交礼仪早在远古便已形成，风俗习惯则与早已消失的古代文明同属一个时代，所有这些在中国依旧兴盛不衰。庙宇房屋的建筑样式已有数百年之久，服饰、器皿、观念、礼仪与亚洲其他地方千百

---

① 尼尼微（Nineveh），古亚述国首都，位于今伊拉克北部。巴勒贝克（Baalbek），中东古城，位于今贝鲁特附近。

年前残存的纪念碑上的刻画几乎一模一样。中国人纷乱繁杂的礼仪简直永无止境，一切都可以追溯至遥远的古代。那个时代的奴隶匍匐在暴君脚下，哪怕小声低语一句也有可能人头落地。正因为如此，这些礼节才会和西方那一套"对谁也不必过于害怕"的观念大相径庭。中国人行为举止的每一个细节经过数百年来的演化早已僵化教条，筷子有筷子的摆法，衣服有衣服的穿法，互相致礼有讲求的尺度，一切都具备独特的意义。既然如此，难怪中国人会把所有的外国人统统视为蛮夷，就像你若是用汤勺吃鱼，我们的女主人也会这样看你。

中国文化之所以独具一格，无与伦比，就在于与自身过去的一脉相承，完整保留了四千多年以来传承的道德遗产。反观西方文明，只有对之前文明间接、不完整的继承，有时甚至连正统都谈不上。然而，即便因循守旧，经历了数不胜数的灾难痛苦，这个昔日的天朝帝国在20世纪还是取得了某些真正的进步。虽然在某种程度上令人遗憾，但你必须将这一点归功于中国人稳定的性格以及社会凝聚力。中国人将我们带回遥远的古代，体味那份简单质朴与宽容淳厚，而这些东西早已被西方人遗忘。无论这个天朝帝国有着怎样的不足，那些位高权重的外国人在中国人中间生活久了，看问题的观点往往会倾向于中国人，从而无法完全站在自己政府的立场上做事，这一点不能不说颇具意味。你遇见某位上了年纪的传教士，很可能会发现此人已经几乎完全被中国人同化。这个古老的文明似乎正在一点点改变西方人，解除他们的武装。明恩溥将这些特质概括为中国人"柔顺的顽固性"，这些是中国人品格中最为宝贵的特质。正是这种特质使中国人经受住风雨变迁，却绝不流露出一碰即碎的脆弱，正是这种特质让中国，这个埃及和巴比伦年轻时代的玩伴至今依然茁壮，甚至整体说来依旧欣欣向荣，又有谁敢说事实不是如此呢？

人们常常将中国的主要问题归结为人口过剩，在我们再次起程上路之前，我不得不就这最为严肃的话题再多说上几句。在中国人看来，任何家庭若是没有子嗣都是大逆不道的事，正因为如此，才变得人满为患。中国兴许有四万万人吧，至少我们在学校读书那会儿是这样说的，可我还是怀疑那个时候的人是不是比现在多一些。这世上每降生三个孩子就有一个是中国人，没准这是真的。然而，有些人的猜测或许有些过了头，因为我们采用的是西方人的视角。我们认为北京是世界上人口最多的城市，这个观点一代人之前还在学校的地理课上大行其道，过去几年却已悄悄不再提及。官方若无力进行人口普查，也就与无稽臆测之徒没什么区别。北京警方最近公布的首都人口数为 1 133 479 人，其中男性 738 620 人，而女性只有 394 859 人。如此一来，猜测的游戏又开始了。的确，很多时候北京看上去是这个世界上人口最多的城市；不过你可以这样想，在中国成千上万座小城的繁忙时段，中心地带也有不少人。笔直的街道上总是人头攒动，这会让游客产生人口众多的印象。然而，当他看看周围，就会发现房子基本上都只有一层，而且除了极少数特例，中国城市一般面积不大，把任何一条狭窄的街道拓宽到西方的标准，都会显得安静、闲适而空旷，与中国街道平常的情景大相径庭。

由于在这个问题上完全只能依靠猜测，因此没有必要为这种事情争执不休，就权且当作是四万万人吧。我可能已经亲眼见过其中的一万万人了，其中大多数背着沉重的担子，在那些像小路一样的"公路"或者胳膊肘一般宽窄的"街道"上，走向无尽的远方。与中国人相比，西方人真是一个不喜欢群居扎堆的民族。不过，就中国的人口而言，大自然能够容纳多少人，中国就有多少人。

若是从这个问题说开来，会有很多别的话题可谈，今天中国女性地位之低下肯定是其中之一。对于这四万万人中的绝大多数而言，女人只是延续香火的工具罢了。在老百姓眼里，一个刚刚出生的女婴就跟小母牛或者小母马差不多，不过是一件工具，用来生产更多子嗣后代，以便在家族神龛前拜祭先人——当然，拜祭的不会是女性先人，男性才是祭祖活动中不可或缺的主角。诚然，就算我们对小母马或者牛犊感兴趣是因为它们的行为逗人发笑或者有着光滑的皮毛，可这并不妨碍中国人对一个婴儿产生自然的疼爱之情。即便是个女孩，也能在母亲的怀抱里成长。然而，中国人和西方人在对待女性的态度上的确存在着巨大差距。一个普通的中国人如果过了孩童阶段，还对自己的母亲公开表示出眷恋的情感，人们对这种人的看法就有点像美国人看待某人到了具有行为责任能力的年龄，却还留恋自己的黑人奶妈一样。上海有个有钱的银行家被土匪绑架了，于是派人回家把自己的五姨太喊来，因为这房姨太太并不怎么招他喜欢。他用这个女人再加上一点钱，假装说是自己的全部家产，当作自己的赎金。即便到了今天，人们也不会觉得这个男人的举动有什么应该指责的。

最为贫苦的人们依旧会在女孩很小的时候就将她们嫁出去，越小越好，这些女孩将来会养育出，或者生育出最大的家庭，因此年轻一代得不到良好照顾便成了自然而然的事情。前不久，一份中国的英文报纸报道了一则消息，而中国报纸对此无甚反应：

> 兹宣布梅瑟尔公司（按：一家历史悠久、地位显赫的英国集团）今后将禁止童工在自己的工厂上班，不再招收 10 岁以下的男童与 12 岁以下的女童。

这是第一次有人试图通过明文保护中国的孩子免受经济剥削。人们试图召集上海公共租界里那百分之一具有投票资格的居民出面，为招收童工设立限制，结果最终归于徒劳。这并非过激之举，只是咨询了纳税人的意见，看看是否能有三分之一的人暂时抛下自己的俱乐部和高尔夫，抽出那么一点时间去发表意见，禁止租界内的工厂招收 14 岁以下的童工，每天工作时间不得超过 12 个小时，并且必须强制休息一个小时。这项提议同时"建议"，应当在孩子们工作 14 天之后给予他们连续24 小时的休息时间。这项提议包括了今天中国有关童工的立法事宜，不过该提议并非由中国人发起，其适用范围也仅限于某块租界。不少人对此表示反对，其理由在于成千上万儿童如果因此失去工作，他们将无法生存，只能被迫离开公共租界，转而去法租界或者中国人管辖的地区，而那里的条件更差。虽然出台了一条补偿办法，但实际上只是无关痛痒。他们的愤慨也许将有助于改善中国孩童的生存状况，纵使那恐怕得是几个世纪之后的事情了。

在中国人看来，孩子只要有能力挣钱，就应该养家糊口，这是天经地义的。一个车夫的儿子不过六岁，就已经在父亲的独轮手推车前有了自己的位置，要么在肩上挑起与自己年龄相称的家庭担子，这一切跟西方这么大的孩子要开始上学一样顺理成章——而且还没那么多抗议。工作对于中国的民众是再自然不过的事情，既然大人必须承担重任，那么就不要指望一个穷人家的孩子能够免责。事实上，辛苦干活的人多生几个儿子，也就是指望几年之后能有人给自己帮上一些忙，这和确保自己去世后有个像样的祭奠仪式、延续香火是一个道理。和中国不少由外国人发起的变革一样，有人怀疑试图禁止童工是否从一开始就是个错误。没准全国性地强制推行法令以禁止童工——如果这些法令可行——有朝一日将影响到目前的主流生育方式，毕竟现在对人口增长完全没有有意采取控制。可是，除非在生育控制方面采取行之有效的措施，否则这些法律实施起来可能弊大于利。不管男孩女孩，只要中国的儿童没有其他选择，摆在绝大多数人眼前的只有一条路：辛苦干活，疲于奔命，食不果腹。那么他们最好筋骨强壮，神经坚韧，这样才能学会必不可少的忍耐。

　　中国某些地方，尤其是广州及其周边地区有工会存在。不过迄今为止，这些组织和西方世界那些打着同一旗号的强大团体几乎毫无共同之处。1923年，具有现代雏形的劳工运动在长江一带兴起，外资工厂工人有的举行罢工，有的以罢工相威胁，运动波及某条铁路，这可是军阀们颇为倚重的一条铁路①。吴佩孚是当时中国的风云人物之一，在长江一带实力尤为雄厚，于是命令驻守当地的将军将几个主要起事者抓住枪毙。吴在下令的同时，立即宣布"鉴于近来劳工乱起，已将元凶正法处决，长江中游地区今后将长期不再遭受严重的劳工骚乱"。在中国或许还谈不上"劳工问题"，但罢工问题恐怕不能总是像这些目光短浅的军阀想象的那样草草处理。另一方面，以今日中国之现状来看，龚帕斯②的处理方法也行不通。如果一个社会有一个人威胁辞职不干，却有另外六个人等着接手这个人丢下来的活儿，哪怕待遇不过是一两碗米饭，那么在这样的社会里，人们是不可能通过联合团结，争取提高工资待遇的。即便这样做可行，工会领导人实际上等于在说："我们将组织这个行业里的1000名工人，组成一个封闭的企业，给他们足够的工作，优厚的工资待遇，而让另外10 000名工人无事可做，任由他们和他们的家人就这样活活饿死。"

　　只要带有经济目的，几乎所有问题在中国迟早都会在同一堵石墙前碰壁，这便是人口过剩。当然，现代交通方式会在某种程度上有所帮助，使人口分布更加均匀，让大的商品生产区能够与市场实实在在接轨。我们在北京的商务专员颇有能耐，坚

---

① 此处所言为1923年的京汉铁路大罢工。
② 龚帕斯（Samuel Gompers，1850—1924），美国工会领袖、劳工运动历史人物，1886年创立美国劳工联盟，主张重视工会，通过讨价还价为工人在工作时间、薪酬待遇上争得保障。

持认为铁路对于今天的中国来说，甚至比学校更为紧要。然而，除了那些被坟墓占据的荒地，已经几乎没有多少肥沃的土地未被开垦。与人口稠密的山东和江苏相比，某些地区，例如广西和贵州便人口稀少，要么山高石多，要么缺乏充分的水源供应，根本无法养活众多的人口。中国庞大的人口实际上被封闭在一个铁圈之中，使得移民无法成为解决问题的办法。西方人在租界的排外法案，把温顺听话的天朝子民挡在门外，却带来了难以对付的日本人，相似的政策起到了推波助澜的作用，增加了中国的经济压力，从而造成今天中国兵匪横行的乱局。

毫无疑问，"工业化"的倡导者们将充分利用这廉价耐劳的巨大劳力资源，从而赢得丰厚的利润。即便从表面来看尚不明显，但让中国实现"工业化"的大声鼓噪将足以证明这一点。然而，中国毕竟是一个古老的国度，只在农业上得到了充分发展。这个国度孕育出了古老的家庭工艺，现在却要被纳入现代的工业体系，其具有自身特色的艺术与工艺将被美国化的商业模式取代，生产一成不变的标准化产品，任何一个对中国民众怀有真正情感的人都不愿看到这样的结局。在这个国家，真正的"家庭工艺"想要依旧长盛不衰，只要中国能够学会不再竭尽所能地制造人口，达到自身粮食产量所能承受的上限，而不让这样的艺术，以及与之相生相依的那一类人在这个地球上从此消失，这或许才是更好的结果。我每每想到江西的瓷器由现代化的工业流程生产出来，那么多花瓶、杯子和碗碟在短短一分钟之内便从滑槽里装进了包裹，都会觉得如同噩梦，不愿看到改变得如此面目全非。日本便是一个可怕的例子，让人看到对于外国模式不加筛选地吸取会出现怎样的后果，而这一切也有可能在中国发生。现代工业生产模式已经扼杀了日本的艺术，那里的工厂里充斥着浑身臭汗的工人，在卖力地仿制着原本美好的东西，使之沦为某种商品。日本试图用这种毫无个人特点的产品占领世界市场，这样便可利用出口换得的收入大肆购买军备，可日本人精巧的手工技艺或许将就此永远消失，日本工人所谓的待遇改善也仅仅停留在手里紧攥着的那点工资上。

中国人需要西方的卫生方法，需要西方的某些现代化交通设备，需要小心仔细地审视西方，判别那些工业文明和知识文化中究竟哪一部分才适合自身的发展道路。考虑到中国人的脾性，小规模地方生产模式不仅能够创造出比工厂大生产质量更为上乘的产品，还能为生产者带来更多欢乐，因为只有这样做才符合中国人的传统、天资与历史渊源。亨利·福特① 与圣雄甘地② 的梦想在本质上多少拥有同样的东西，他们希望工人能够继续留在农场，手工制造业只是作为一项副业，这或许才是问题的答案所在，而非像业已实现工业化的西方那样，在工厂生产阶段经历长时间的艰辛阵痛。举一个离美国近一点的例子吧，中国面临的问题整体来说与墨西哥的相似。这些都是所谓"落后"国家进退两难的困境，每一个这样的国家都有着属于自己的文化传统，在接纳现代工业文明的道路上举步维艰；而对于世界上大部分国家而言，现代工业文明是确保一个国家未来幸福与存续的关键。

---

① 亨利·福特（Henry Ford，1863—1947），美国著名汽车工程师与企业家，福特汽车公司的创始人。
② 圣雄甘地（Mahatma Gandhi，1869—1948），本名莫罕达斯·卡拉姆昌德·甘地（Mohandas Karamchand Gandhi），印度民族主义运动与国大党领袖，领导印度摆脱英治、赢得独立的政治家，其非暴力哲学思想对世界和平民权运动产生了巨大而深远的影响，是以个人之力抗拒专制，争取自由民权的象征，被人尊称为"圣雄甘地"。

北上云南府

在造访中国的西方人当中，或许每 5000 人才有一人到过中国的西南边陲，而这些人中十有八九是法国人。法国人修筑的米轨铁路①从海防途经极具巴黎韵味的河内，向北直抵云南省省会。进入夏季——"夏季"这个概念在印度支那体现得并不明显——每个星期都会有一趟夜班火车从河内发往边境地区，转车之后再在次日清早继续出发，旅客们能够将原来一般需要三天的旅程缩短为两天一夜。我们运气不错，准备出发的当晚竟然找到了今年夏季的第一趟"卧铺火车"，可在亲眼见到时还是感觉有那么一点儿失望。欧洲人充分利用了美国人的粗俗，在乘坐普尔曼卧车时只在铺位前挂着窗帘，不过对于这趟当晚便从河内发车的卧车而言，尾部唯一的一节车厢除了水平的上下铺之外，什么也没有，法国人管这个叫"couchette"，在铺位与外部世界之间只隔一床蚊帐。我们凑合了一夜，伴随着窄轨卧车特有的摇晃。

次日一早虽然有些通关手续要办，但肯定没有从中国回到法属领地上的手续麻烦。事实上，过往这两年我走遍中国各地，几乎从没有人问我要过护照。

我在经过城门时，真的有一个士兵怯生生地问了一句："护照？"

我把手一扬："哦，在后面骡子驮着的行李箱里。"他又欣然接受了我出示的名片。

不过，为了不误导有意前往中国旅行的诸位，无论如何时刻随身带着自己的护

① 米轨（meter-gauge），指大于等于 1000 毫米小于 1435 毫米的轨距。1435 毫米为标准轨间距。米轨和寸轨均属于窄轨铁路。

图 47 法国人为自己修建的窄轨铁路感到骄傲不无道理。这条铁路穿山越岭，直通云南府，那里距离印度支那的北部港市需要三天行程

照总归没错，因为你有可能被当成俄国人或者德国人。

从印度支那的边陲车站老街到云南府全程 290 英里，这里有世界上最为壮观的铁路工程之一。经常旅行的人若是只谈旅行的技术细节，恐怕会令人兴致全无，但这条从东京到云南的滇越铁路不仅能让你领略奇观美景，还能让你亲眼目睹众多工程学奇迹。印度支那的法国人对这条铁路极为自豪，铁路从河内到边境，一路沿红河而上，二者几乎位于同一水平面，可一旦进入中国境内便开始在群山峻岭中不断弯来穿去，一直向上攀爬，几乎没有停顿。时而紧紧扣住陡峭的山壁两侧，时而从溪谷中直穿而过，时而一头扎入隧道之中，时而从两座垂直壁立的山崖涵洞间一跃而过，山脚下便是滚滚河水，在岩块巨石间咆哮奔腾。钢铁大桥或者高架桥展开长腿，如蜘蛛一般跨立其上，划出一道优雅的长弧线，飞越那看似无法架设桥梁的深渊峡谷。你若是对数据感兴趣，那么法国人会告诉你，从中越边境到云南府共有隧道 152 座，人工坑道 8 条，高架桥、桥梁及高架渠 3422 座，最长的一座拥有 17 个桥拱，单拱跨度长达 8 米；短短 10 千米之内建有 19 座隧道，总长度达到 2253 米。

对一般旅行者而言，如果感到车厢里空气闷浊，便会意识到进入了隧道。由于坡度往往过陡，加之行车速度较慢，乘客有时甚至会怀疑自己能否再次呼吸到新鲜空气，往往还未等到山间清新的空气驱散令人窒息的煤烟气，或许便又一头扎进了另一条隧道。一想到自己有可能一瞬间坠入身下无尽的深渊，立时粉身碎骨，壮丽的景色更会让你觉得神情焕发。修这条铁路一定让人操碎了心，刚从坚硬的山石中凿开一条隧道，又得搭起高高的支脚，建起桥梁，飞越深沟险壑，在另一端开始新的任务。时而必须在高悬头顶的巨石下匍匐，时而又要将铁轨铺设在碎石之上。隧道与桥梁周而复始，永无止境，让人开始怀疑每铺设一根枕木都需要付出一名劳工生命的传言并非谣传。

无论工程师还是旅游者都不得不承认，最为巧夺天工的一段或许就是南溪河铁路桥那壮观的马蹄形曲线；因山势壮美，地貌险峻而最引人注目。植被逐渐褪去了热带特征，呈现出温带地貌。台地随处可见，甚至比阶梯还要陡峭，虽然很长，却狭窄高抬，四周的群山倒映在刚刚种上稻谷的水田里。每每穿过隧道，如此景象总会反复出现，犹如一幅画卷在不停移动，从不同角度欣赏画上的美景。一个大大的U字形急弯要走上好几个小时，待到穿过十来座隧道，从尽头出来已是置身于山谷的另一侧了，而这里距离我们刚开始拐弯的地方直线距离却并不长。在某些路段，火车如同一只顽皮的小狗追着自己的尾巴跑，而在其他地方又从高高架起的桥梁上疾驰而过，冲进隧道，在雄伟的山岩中穿行。小小的机车拉着长长的汽笛声，听起来像欧洲的男高音，从海平面高度向上不断攀升，甚至达到了海拔8000英尺，仿佛一头被追杀的猎物在崇山峻岭间疯狂夺路而逃，难怪云南的铁路会远近闻名，有如在波涛汹涌的大海上一般让人产生晕船的感觉。

从印度支那到云南的法国火车铺位分为四个等级，其中前三个级别占了一到两节车厢。这是一节带有等级区分的旅客车厢，中部是一间单独的包房，牛皮面料包裹的欧式座椅两两相对，占据了车厢的大部分地方，侧面的过道留给头等票的客人。整个包房几乎被带着通行证的铁路高级员工完全占据，还有政府官员，这些人持有申请公函，这意味着他们的车票全部由政府买单，而且还是在打折的基础上。有时你也能在那里看见心高气傲的英国人，或者美国廉价小店的富家子，这些人可是自己出钱买的票。其实，票价也算合理，尤其回程还有一段长路要走。不过，坐这列火车最多的两类人都出于经济考虑。一道隔板把车厢分成两个包间，装修布置得没有那么奢华，价钱也只有三分之二；而在另一边，穿过一道拉门，那里才是真正的隔间，半个车厢坐的全是三等票乘客，虽然得挺直腰杆坐在硬邦邦的木头长椅上，可想想价钱既然低廉，还能打个五折，也就乐得自在了。有时里头也有旅行者，看上去并不像会坐在这里的那种人。所有外国人，加上一些中国的有钱人都坐在这三个等级的车厢里，余下的则要坐到四等车厢去，后者构成了这趟列车的主体。其实，欧洲人，其中也包括美国人——天知道为什么全世界的人，至少亚洲人总把美国人当作欧洲人——是不允许乘坐四等车厢的。虽然偶尔也会有穷困潦倒的俄国人托中国人帮自己买票，试图蒙混过关，可法国检票员还是会不辞辛劳地让他回到三等车厢去。尽管没有安装弹簧，但四等车厢也不见得就一定会糟糕得发出噪音。车厢里的空间很大，有点类似货车车厢，纵向排着四列长椅，上面坐满了中国人，行李各式各样、千奇百怪，总之只要能够塞进车门的就可以放上来。即便如此，倒也通风良好，地方宽敞，也没有严苛的规矩。我甚至见过教堂管风琴和独轮手推车被装进四等车厢。想到建设维护这条线路投入的成本，大部分乘客支付的车票钱简直不值一提。

　　我们的车头整天一直不停地往山上爬，当天下午进入蒙自。那里是一片辽阔的平原，土壤棕黄，连一棵树也见不着，四下里分布着几个村落。然而，这里棕黄的土地倒也显得柔和，别有一番景致，犹如宽阔的湖面一般平整，四周群山环绕，若隐若现。我们继续前行一个小时，抵达一处枢纽站。当地有一条小小的支线铁路，是中国人修的，像一只机器狗踩着轮子，身后拖着一串巨大的罐头盒子。要去蒙自的人只能坐这趟车。蒙自毗邻云南的锡矿，虽然连一艘船都见不到，却也成了通商口岸。我们继续往下行，再次进入稻田湿地，所有乘客都得停下来，在阿迷州① 停留一晚。那是一座小城，被城墙围着，一切都是中国人的生活场景，令人熟悉。事实上，我们这趟车停了两个晚上，再加上白天一整天。

　　最后一天的上午，我们都在沿着河谷往上爬，直到渐行渐远，没入高高的山峦之间。山顶上是一片开阔的平原，上面有好些杏树园子。虽然还不到五月中旬，但

―――――――――

① 阿迷州（Amichow），即云南省红河州开远市。

在车站已经能够见到装得满满一大筐的杏子。田里的水来自山间溪流，虽说此时山溪里的水很少，变得又细又窄，可一到雨季就会成为铁路工人的梦魇。稻田上方的景致总能让人想起安第斯山来，土地还是一样的干旱枯黄，连一棵树也见不着，牲畜驮着行囊，用土砖砌成的房顶上盖着瓦片，不过这里的屋瓦是土色，而不是红的。石头小路弯弯扭扭，临时修起的公路沿着贫瘠的土地一直伸向山顶，仿佛爬山跟行走在平地上一样简单。村庄破败不堪，云影在起伏不平的地面上快速移动着，还有几棵桉树，就连这也和南美高原一模一样。事实上，中国与安第斯山区拥有的相似之处多得令人吃惊，要是列个表可以足足填满好几页纸。一个中国人要是去了秘鲁或者玻利维亚，尤其是那些国家的高原地区，一定会有回家的感觉。我说的可不仅是地理环境，就连人也有不少相近的地方。中国人不仅在人格脾性与风俗习惯上与安第斯山区部分说西班牙语的居民有不少相似之处，另一些少数民族也与安第斯山的印第安人极其相似。云南是个多民族混居的省份，就连火车站上也能见到不少奇特的民族，一眼就能看出和汉人大不相同。女人裹着头巾，穿着齐膝的长裙，裙上的褶皱像手风琴一样，光着一双大脚，仿佛早在石器时代便已在这片土地上落脚扎根。这些粗犷的山地女子背着篓子，有点像阿第伦达克山脉①印第安人背的那种，前额上系着扎带，沿着几乎垂直的羊肠小道艰辛地往前走，去往崇山峻岭之间那些与世隔绝的小屋村寨。这里的山显得干燥贫瘠，很大程度上是因为当地部族习惯每隔几年就放火烧山，以便耕种新的庄稼。

山巅林木茂密，难以攀爬。在下方我们所处的海拔高度，不时能见到小丛松木，长着长长的松针。崖柏倒是长得茂盛，成群的黑山羊在山岩间四处游荡，找寻食物和水源。这里的山石都是光秃秃的红色，有的甚至殷红似血，犹如被刚刚过去季节的雨水冲开了一道新的伤口。男人们拿着硕长笨重的锄头在田里干活，挖开坚硬的土层。他们在焦急地盼着下雨。当地人说雨水马上就会到来，否则没人能够将他们从饥荒和更多匪患的侵扰中解救出来。然而，天际晴空万里，只不过偶尔飘来一两朵云彩，洁白如雪，和那些热得生烟的地方一样，看不出半丝水汽的影子。

宜良城最高处是一座佛塔，塔顶杂草丛生，旁边则是寺庙的厢房，显得杂乱无

① 阿第伦达克山脉（Adirondack），美国纽约州东北部的一处山地，为该州第一高峰，属于阿巴拉契亚山脉。

章。城墙依山而建，紧挨着山边笔直而上，仿佛整座城市在山边摊开晾晒。再往前走，这最后一段路堪称最好的一段，机车喘着粗气在一条狭窄的山谷里爬行，谷中山岩参差，出来又是一块辽阔的高原，树很少，却有更多的杏园。目光所及之处尽是各种奇形怪状的台地，阳光透过云层照在红棕色的土地上，显出斑驳的光影，一切像极了安第斯山脉的景象。地面草木不生，尘土飞扬，风刮得呼呼作响，只有一块大湖，湖水湛蓝无比，湖畔环绕着红色的山梁，巨大的山体上隆起层层褶皱。

往下望去，只见两头水牛被套在一起，这是我们在中国头一回见到这样的景象。牛无精打采地走着，拖着的东西看上去有点像黑麦，装在两轮推车里。接着出现在眼前的是连片的罂粟花田，花朵颜色鲜艳。云南不仅大量种植鸦片，而且对此毫不掩饰。再远一点的地方，只见一大片平原从湖边伸展开来，高高的常绿乔木排成长长的两行，看上去有点像柳杉，细细长长，不时可以见到几株崖柏。眼前终于显出了一点城市的影子，依旧掩隐在稀稀落落的树丛之间。远望可见两座宝塔，造型和中国大多数的塔不一样，有一座塔顶已经垮塌，上面长满了青草与灌木，倒是挺美，远处还有一座巨大的无线电站发射塔，衬着红色山峦的背景，显得尤为醒目。这便是云南府，这个"彩云之南"省份的省会——说得更加准确一点，应该是"南方见到的彩云"，寓意吉祥。我们在一处车站停了下来，这趟铁路旅行是如此美妙，却要就此结束，真是有些遗憾。

我在云南府待了六个星期，而我的家人却住了四个月之久，整体说来云南府是我在中国住过的感觉最开心的地方。云南府坐落在一块广袤的平原之上——不过和蒙自相比，还是小了一些，四面群山环抱，风景宜人。虽然这里地处北纬25度，位置偏南，人们一般不会选择来此度夏，但6000英尺的海拔高度足以将这一切抵消。孩子们在这里吃得好，睡得好，其他家人也没有掉体重。不仅如此，虽然云南府地处这个古老帝国的角落，是各个省会中距离北京最远的一个，我却发现当地人说话的口音更接近北京官话。我们五个人中有三个会说官话，比起曾经住过的其他地方，不论停留时间长短，这里能够听懂我们的人最多，想想之前在广州以及沿海一带还因为口音难以沟通，真是倍感欣慰。

图 48　云南府是中国偏居西南的省会，海拔 6000 英尺，放眼望去，　派好风光

　　每到一个中国城市，我都要绕着城墙走上一遭，这已经成了雷打不动的习惯。这么做一是方便找准方向，一是因为只有城墙顶上才是唯一的能够让人舒舒服服散步的地方。我在云南府城墙的四周懒洋洋地逛了三个小时。由于省长大人思想开化，对城墙进行了修整，因此下了两三道坡。高耸的城门和北京的同样宏伟壮观，尤其是大东门。我们在东郊度过了六个星期蚊叮虫咬的日子，每天都从那儿进城。城墙上大部分建筑都被兵匪和流浪汉占据，到处都是小菜园。这座巨大屏障有不少地段已经相当破败，内侧挡着一道泥巴栅栏，叫人总是没法看清城里的样子。最北端的城墙修在一堆参差不齐的乱石上，一从丛桑椹从石头缝里长出来，这些黑色的浆果要到六月才会成熟。石级就凿在这些充满生机的岩石上，向下通往附近的一所寺庙。

　　正下方，往昔的金碧辉煌已经成为断壁残垣，庙院周围成了士兵们日常操练的地方。里面是一线红色的屋顶，上方全是绵长的山峦。那里曾经是一所师范学校，现在已经成了省长的衙门。这片红色的屋顶成了整个场景中最为惹眼的一幕，中国城市的屋顶上一般盖的都是黑灰色的瓦片，而红色的出现多少缓解了这种单调乏味。荷塘的水面上开着荷花，证明了并非徒有虚名，男人们划着船穿行其中。一条公路穿过荷塘，路旁绿树成行。头顶上鸽子在成群结队地盘旋，领头的鸽子身上装着鸽哨，中国人很流行这种做法。云影在连片的屋顶上飞快地移动，就像穿越前方的群山一样留下斑驳光影。有些屋顶已经快被杂草完全覆盖，有的屋檐下开着板条窗口，有的屋顶尖上盖着一线黄色的屋瓦，或者雕着龙，卷着尾巴，甚是精美。偶而低头，便望到某个院子里。门柱上也许贴着具有魔力的红纸。上了年纪的女人，或者年轻的女孩戴着柳条编成的帽子，用筷子在煮饭的钵里不停搅动。蓝灰色的屋顶上不时有炊烟袅袅升起，一派祥和的气氛。

大南门披上了节日的盛装，显得华丽重彩，在湛蓝如洗的天空下骄傲地矗立着，似乎在嘲笑自己寒碜的远亲——旧钟楼。那钟楼在城市深处，因为年久失修早就灰暗无光，油漆斑驳。不过，楼里的古钟，据说远近 20 里地都能听得见它的响声，而且一旦有灾难降临便会敲响。上一次发生这种事情还是回民起义的时候，距今已经过去了一代人的光景[①]。树木随处可见，有些是松树，呈墨绿色，更多是纤细的崖柏，长长的树叶在高原清爽的空气中飒飒作响。云影在城市、平原与山脉上轻快地移动着，将我的思绪又带回了安第斯山。

锯齿形的墙垛由巨大的泥砖砌成，隔着墙垛向城外望去，云南府过去几个世纪死去的人们似乎全都躺在了那些圆形的墓冢里。墓冢一座座紧挨在一起，坟上杂草丛生，从墙角底下一直伸向远方，直至地势逐渐隆起，从丘陵变成山脉。东南两侧的墙外都有护城河。沿河而行，只见船只满载着当地土产，还有渔民带着鹈鹕从西山脚下的那座大湖过来[②]，有时也会挤在这里借道而行。东郊发展为颇具规模的城镇，而南郊则有火车站和两座佛塔，街上的一对木质牌坊雕梁画栋，堪称中国最为精美的牌坊，一座半中半西式样的旅馆很快就要被新修的取代，还有大部分外资商店和其他列强机构，总之和被城墙围起来的城区差不多一般大小。

我没有料到在家人离开之前，那些士兵居然出了禁令，不准登上城墙，外国人

---

① 此处所言当为发生在 1856 年的"云南回变"，又称杜文秀起义。起义军曾攻占大理，但对昆明却久攻不下。起义后于 1872 年宣告失败。

② 此处所指"大湖"即滇池。

图 49 囚犯们拖着脚镣，拖着笨重的大车，这么做是为了清扫大街，以及其他改善云南府的市容市貌的工作

也不例外。比起散心，街上更适合欣赏景致。的确，现在虽然只剩下了两座牌坊，但还是叫作三牌坊街。街上刚刚新铺了硕大的石板，新盖的地面上虽然凿了线槽用来防滑，可要是赶上雨天，外国人的鞋子仍然会像没有花纹的车胎一样打滑。这些改进都是省长一手促成的，他还修了两三条现代化公路，路段虽然不长，就在城墙外，但这样就能通汽车，令自己的人民大吃一惊了。然而，面对云南向法国产汽车开放的巨大压力，很少有人见过省长许诺要进口的道奇汽车。

其他的街道大部分路段依旧是满地碎石，坑坑洼洼，就连主街几十年来也是如此。行人走在街上，必须和川流不息的骡马驴子争道抢路，劳工就更不用提了，他们身上背着各种云南土产，其中最引人注目的当数盐。这些盐都是在西部的盐井中经过蒸煮得来，被做成半球或四分之一球形，上面盖着红字，防止运盐的人不时刮去一点。马帮运货的牲口数以千计，经常把路上的行人挤到店铺里去。囚徒们带着镣铐干活，他们在为改善市政条件而努力，这一点云南府和中国大多数城市同样需要。囚徒经过身边时，沉重的脚镣在地上喀嚓作响，身后拖着一辆笨重的大车，慢慢穿行在已经挤得水泄不通的街道上。不管你有什么事情要做，在云南府走路都急不得，只能把充裕的时间留给那些四处摆放的玉器和做工精美的银饰，还有满街的皮毛——狼皮、豹子皮、狐皮，各种颜色，应有尽有。绣品店里，男人和男孩一直坐在那里，好像永远都不会停下来歇息片刻，一手拿着针，隔着布上下穿梭。色彩鲜艳的布匹被平整地支在木头架子上，针穿过来又递到另一只手上，右手永远也不知道左手在干什么。

云南府估计有 18 万人口，其中包括许多民族。对于这些民族来说，云南府管辖的这个省份算得上他们最终的栖身之地，在这座省会城市能够见到大多数少数民族。云南府昔日曾是某个古国的都城，这个古国被我们误称为"罗罗"①。忽必烈汗消灭了云南的另外一个史称"南诏"的王国，定都大理府，远在西陲，与缅甸交界处，位于云南省最为富饶的中心地带——那里前不久刚刚发生了地震和火灾，毁于一旦②——随着南诏国灭亡，云南就此成为中华帝国的行省之一，而在此之前这里是中央帝国的藩属。虽然云南在清朝时已经设有总督，统管今之云贵两省，但直到近来依旧被视为边陲之地，若被任命来此为官，不啻于某种贬黜。1400 年，有位皇帝③被自己的亲叔叔篡了皇位，逃到云南，不少汉人追随至此，成了"本地人"，又叫"明家人"，即今天的"当地人"。不过，其实有更多更为原始的先民比他们来得更早，有些是纯粹的部落血统，更多则与早期迁居于此的汉人通婚。

从西边来的挑夫习惯将沉重的担子背在背上，而非挑在扁担的两头。不时见到一些人，三五成群，不是汉人面相，裹着头巾，赤着双脚，一般从西藏方向过来。乡下的女人身着大红色的裤子，戴着巨大的宽檐帽。这种帽子有些男人也戴，高高顶在头上，鲜红的帽圈足有两英寸宽。女人有时穿着短上衣，上面刺绣精美，相当惹人注目。当地还能见到不少安南人，尤其是在火车站一带，露出一口黝黑发亮的牙齿，嘴唇上沾满了槟榔汁，显得鲜红鲜红。女人身着棕红色的长袍，宽松的裤腿使人走路十分自如，健步如飞。男人戴着黑边头巾，感觉古里古怪，有时会和你叽

---

① 罗罗（Lolos），彝族先民的历史称谓之一，元代时彝族的统称，由部落名称演变而来，民国时期依旧沿用。
② 此处所言当为 1925 年 3 月 16 日的大理地震，震级为 7.0 级。
③ 即明建文帝朱允炆（1377—？），因燕王朱棣发动靖难之变而被逐，民间关于其下落有多种传言，一说流亡云贵等地，卒年不详。

里呱啦说上一大堆，他们是在说法语。

云南和另外两个西部大省一样，生活着数以百万计的回民，省城里的回民占了相当一部分。虽然也有个别例外，但大部分一眼便能看出长相上的差别。虽然其中有些人祖上在此定居甚至可以远溯至 40 代以前，却鲜有人与那些吃猪肉、不信教的人通婚。最近一次大规模起义中，回民占领了大理府——有传言说这样的民变可能不是最后一次，动荡之后，云南府人口相比之前传闻的数字大幅减少。

只要听到有人说官话，便又能看见裹着的小脚了。其中有一些恐怕是中国最小的小脚，就像脚踝前端长出来的一个尖尖。这样的印象和近几年西方世界广为流传的那一套大相径庭，但凡曾游历中国各省归国的人都知道，在中国过了七八岁裹脚年龄的女性中，80% 缠着小脚。事实上，我都能举出好几个省的名字来，我走遍那些地方，很少见到哪个女人过了这个年龄不裹脚的。满族人虽然成功逼着中国人留起了辫子，直到今天仍然有数百万人舍不得剪掉，但他们就算试了又试，却无法阻止缠足裹脚。毕竟个人审美情趣是顽固的；再说，一双天生的大脚往往与娼妓联系在一起。中国女人要表达自己是正经人，就需要把自己的脚藏起来，搞得缠足竟然成了女性的性别象征。事实上，中国的汉人里只有歌伎与信佛的尼姑不裹脚[1]，那些没有小脚的女人难以找到丈夫。上了年纪的女人似乎是最极力主张坚持这种风俗的人群，待字闺中的未婚女子也常常自己坚持要这样做，免得落个一辈子嫁不出去的悲惨命运。恰恰是那些大多数在华外国人比较熟悉的地方，比如几个大城市以及南方沿海一带，不缠足和结实有力的小腿才司空见惯，显然正是因为如此，才在海外造成了错误的印象。毫无疑问，无论出身哪个阶层，四分之三的中国女性仍然要忍受缓慢而痛苦地行走。她们两只脚上的肌肉萎缩到像竹筒一样，看上去更像有尖尖的木桩，而绝非上天赐予的行走工具。某些中国民间人士常常在海外大事宣传，要让全世界相信中国的女性已经拥有了平等地位。所谓的平等，哪怕只要能够在双脚上有所体现，那么中国或许就能在前进的道路上迈出重要的一步，而这样的道路

---

[1] 部分教坊中的乐伎是缠足的。

我们所有人都衷心希望这个国家有朝一日能够大步流星地真正走下去。

　　还有一件事情同样令人遗憾，那就是大脖子病 ① 在云南府甚为流行。不知道是何原因，得这种病的男人比女人少。常常能够见到有些女人病情严重得令人恐惧，有的脖子甚至比脑袋还要粗。这座云南省会城市的一大独特之处，在于将脸盆架子摆在路边，供大家使用。搪瓷脸盆排成一行，牙刷已经用得卷了毛，丢在锡铁杯子里。好像一个铜板就能打一盆热水，用上这套行头，不过肥皂显然不在其列。大多数中国人打死也不愿擦肥皂，这种清洁方式或许在他们看来不大自然。

　　那些和中国人相处很久、了解他们的人会告诉你，云南府几乎 90% 的男人和60% 的女人抽鸦片，对于中学生来说也是家常便饭。有位将军每天得抽二两银子，不过这笔钱对他来说不值一提，工作使他只要醒着就得不断抽烟，还得有个仆人专门照料烟筒，此外什么事也不干，就连轿子里也得给烟筒留个位置。如此一来，这位将军的大小公务就全都交由自己的秘书打理，再有个仆人掌管将军的大印。政府部门一上午都见不到人影，官员们抽着大烟，个个昏昏沉沉，可一到夜深人静却又忙碌起来。最糟糕的是那些劳工和穷人花一分钱也能买上一点——尽管这些人才最有资格享受鸦片带来的脑子一片空白——结果就是他们养家糊口的那点微薄收入就这样所剩无几。和今日中国不少地方一样，这种陋习在云南府大行其道。政府虽然也张贴了告示，颁布了严苛的法令，对鸦片严加禁止，事实上却在维护着鸦片贸易，借以增加自己的财政收入。

　　从法律的角度看，自打中国更名换姓改为"共和国"之后，就再也没有奴隶制，这跟禁烟、废除滥用酷刑是一码事。不过，云南府可绝不是唯一一个依旧保留这些的地方。只要不是社会最底层的穷人，几乎人人都倾向于养个奴隶而非用人。"那样就不用为工资操心了，一开始说多少以后就是多少，他们也不能提这样那样的要求。"——某个来自上流社会的小伙子的话言简意赅，我的妻子正巧在跟他学官话。这位年轻人虽然口口声声笃信基督，却养了三个奴隶。长得周正一点的奴隶价钱在40—50 块银元之间，其他的 25—30 元不等——这个时候云南的银元价格在美元三分之一的价位上下波动。一匹好马要更贵一些，骡子也要贵出几倍。被买走的虽然

----

① 大脖子病，即甲状腺肿，由于缺碘导致甲状腺肥大增生。

成了奴隶，却跟美国南方各州过去对待黑奴并不一样，整体来说待遇不比普通自由人差，看上去也没有什么区别，只不过总归还是奴隶。奴隶卖家多是父母，将孩子，尤其是女儿卖与他人为奴，这样兴许是能让孩子吃口饱饭，虽然这与英国古代的契约制度有点类似，后者通过订立契约，把男孩或女孩卖与他人学艺，相比之下却更为严苛，而且往往延续终生。女孩若是以这种方式卖到他家为奴，可以通过结婚嫁人获得自由，而男子若是希望迎娶一个奴婢为妻，就必须对她的主人给予补偿。主人有权鞭打自己的奴隶，这种仪式可以在庙宇里公开进行，但现在已经很少有人这么做了。人们会为刚刚买回来的奴隶提供衣服，他们必须这样做，因为奴隶穿的旧衣服仍然属于原来的主人，这就跟用自己的笼头把一匹新买的马套回家是一个道理。清教徒的良知让人无法安心享受奴隶的服务。法国人更喜欢养安南人，后者多半能听懂一些他们的语言。其余的外国人大部分都是传教士，这些人宽厚仁慈，无法培养出一个办事有效的用人机构。不过，给我们带孩子的云南保姆虽然在其他方面并不突出，却做得一手好针线活，而她的工资一天不过 10 美分，还不包括一日三餐。如果是奴隶，还得管几顿饱饭，万一必须搬家，还会有一堆麻烦事。

既然法国在云南修了铁路，又有自己的"特殊利益"，不管这种利益来自贸易还是宗教，再加上云南府又能让人从东京与印度支那的湿热中解脱出来，那么生活在当地的白人中法国人占据了绝大部分便不足为奇，这一点到了夏季尤为明显。当然，除了英王陛下仪表堂堂的领事大人，英国传教士在当地的人数足够与法国神父相匹敌，后者留着长胡子，在经营房地产方面地位颇高。各国人等广泛分布在邮政、关税与盐业管理等行业。推销烟草、石油和福音的那帮人当然也包括在内。事实上，还有希腊人在当地开了几家店铺，就在南郊东西向的人街旁，只卖法国货，这跟他们在政治社会方面依赖法国是一个道理。

既然身处这偏远的内地，人数又如此之少，这个外国人聚居地在种族交流方面要比中国其他地方更为密切复杂，甚至连生意人和传教士也聊得来。南郊有一家俱乐部——也就是法语的"cercle"①——人们彼此遵守着俱乐部生活的日常礼仪，以求相安无事。当然，若是赶上本民族的传统节日，任何一个民族都不会让别人抢了风头。每逢英王陛下的生日，俱乐部便会举办化妆舞会，人们穿着各式各样的奇装异服——当然，传教士不在此列。接下来的7月4日可不能就这样默默无闻地过去，尤其是这个月紧接着还有14日②。你若是对美国挥霍成性的国会办事如何吝啬有所了解，就会意识到这件事情对领事带来的影响。不仅领事先生的竞争对手为主办这样一场活动承担了费用，而且我们一行的到来还让云南府的美国公民人数翻了一番，即使这并不意味着消费能力翻番。最糟糕的是，这些美国人中只有一个人是卖石油或者其他具有重要金融意义进口品的。无论如何，一国之颜面必须保全，哪怕让两位孤独的美国传教士眼睁睁看着他们出于爱国热情的捐款变成了香槟，被法国人和英国人咕噜噜灌下喉咙，消失得无影无踪也在所不惜。这毕竟是喜庆的日子，他们甚至会将冰块从印度支那送过来，要知道制冰机在那里可是法国人的日常必需品，可对于买冰块的人来说，100公斤的冰块在经过三天旅程之后，还能剩下50公斤就该谢天谢地了。

　　有位法国飞行员在教中国人开飞机，有个朝鲜姑娘也在他的指导下学习，这引起了日本领事和他那一小撮同党的注意。说得简单点，这里的外国人群体虽然人数不多，却因国籍众多而变得错综复杂。这不仅意味着种族的杂居，还代表不少事情上观念看法的交错，从而形成奇特的反差。比如对传教士来说，跳舞是无法容忍的，扑克牌是魔鬼的工具，而香烟则成了撒旦头顶的魔光；那帮希腊人、法国人仿佛撒旦的朋友，带着情妇招摇过市，好像婚姻对他们来说毫无意义，还有那些纷乱的聚会。你不时会遇见异族结合的产物，对于这样的人来说，虽然是婚生子，却不会得到法国人的认可，承认他是父亲的孩子，而中国人也不会只因为母亲便单方面给予任何人国籍。常常能够看见某位法国女士带着自己的中国丈夫一起出现在茶会或者小型聚会上，后者穿着一件无尾餐礼服，可在纪念攻陷巴士底狱的庆祝活动上，受到邀请的往往却只有这位女士一人。若是在所有东方国家的大型口岸城市，这种事情司

---

① "cercle"，法语"俱乐部、社交圈"之意，相当于英语的"club"。
② 7月4日是美国独立日，7月14日是法国国庆日。

空见惯，但对于这样一个人数稀少、联系紧密且地处偏远的外国人群体来说，实在是过于显眼。住在这里的外国人表面上是最好的朋友，背地里却在说着彼此的坏话，人人如此。人们看重的只有级别、地位高低，如同英国法庭一样荒唐无稽。欺下媚上、趋炎附势的行径大行其道。孩子们就算基本上同属一个社会阶层，也会被关在各自的院子里，不被允许一起玩耍。这一切并非意味着这一小撮人比其他地方的白人社区更差抑或更好，只是向我们展示了小群体的某些不足。

住在当地的外国人与中国人总归会有一些社会交往，虽然这些交际几乎全都局限在教会团体中。我们住的地方与这些团体多少有所联系，每逢周二，一些中国妇女，有时也会有男子到我们住的地方喝茶。那里是我家人的临时住所，我走后与他们同住的还有一对孤单的美国夫妇。二人都是做传教工作的，学过粤语，而说法语和官话的任务就全都落在我妻子的肩上了。她有时候也觉得同时用三种语言思考并且处理复杂的中国社交礼仪分心费神，换句话说，星期二丝毫不是轻松的日子。我觉得这些人来这里的目的之一是为了看看外国人的屋里到底是什么样子，婴儿床和橡皮浴缸成了这座“博物馆”里的主要展品。

当然，具有一定社会地位的人会想学几句英语。在他们看来，即便这里法国人居多，可英语才是洋人的语言。云南府几年前成立了一家基督教青年会，这事说起来多少有点阴差阳错，由于当地人对其他方面兴趣寥寥，最后那里基本变成了一所英语学校。这对另一所私立学校来说不啻为一个极大的竞争，尤其是每月学费只要50文钱。那所私校就开在一片旧房子里，在城墙的拐角处，是一个法籍广东人创办的，教的也是英语。对于女孩来说，想学英语就得请家庭教师；在基督教青年会，有外籍教师，还有不少中国老师，并非所有人都具有同等的教书资格。那里的中式房子新近装修过，有几间院子。我第一次去的时候，偶遇一位年轻的中国老师在上课，全班学生在跟着他一遍遍重复朗读——我的天，就连发音都一模一样！我当时把他们读的课文一字不差地抄了下来，好让我的母语永远保持新意，有所长进：

Chalk do write ŏn black board with.

话说回来，那位老师这句话的那几个字写得还挺漂亮，毕竟论字迹而言，中国人几百年来已经把写字当成了一门艺术。你很难纠正中国老师犯下的错误，哪怕他正在把这些错误灌输进孩子们的脑袋里，你也无计可施，否则他一定会拂袖而去。于是，我只好请出"贱内"，虽然第三人称必须使用对应的敬语，但按照中国的习俗我似乎应该这样称呼她。我只是希望她能够教这些孩子一些真正的英语，没准还能借此摆脱周二在家接待客人的烦恼。不过她发现这帮孩子只是习惯呆坐着，盯着她看。每个人的脑门子底下都是一副木讷的神情。五年级读《金银岛》①已经一年了，可是竟然没有一个人知道作者是谁，除了对故事情节略微知晓，其余一无所知。有个年轻人比班上其他人学习要好得多，却拒绝升级，因为他要做班上成绩最好的那一个，却没有想过，如果答应升级才会发展更好。考试的时候，只要老师一转过身，学生们就忙着你抄我、我抄你，耍各种名堂。这让人感叹古代的贡院取士制度也许废除得太快了，那个时候的学生被各自关在小房子里，相互之间不通往来，屋里点着油灯，只有等到考完才将墙砸开一个缺口放出去。就我个人的观察，这些学生很"放肆"，缺乏对女性的尊重，毕竟这位女士在为他们付出，自己却没得到任何回报。

不过，鉴于中国在过去不长的几年里才开始转向，对与西式教育有关的一切大加模仿，西面修的那几所公立学校也有令人称道之处。低级别学校还是一如既往数量不够，而且校舍条件太差。有一所师范学校男生太多，女生却只有八个。最气派，或许也是当下最不需要的要数东陆（远东）大学②。大学礼堂装饰精美，是清朝留下来的，足以与那些新修的西式教学楼相媲美，后者耗资巨大，已经接近完工。大学里有一些教师曾经留学美国，尤其是堪萨斯州，云南省教育厅长便是其一。虽然中国的青年学生一般更喜欢在家锻炼，打打乒乓球，但学校还是在北墙之外的乱葬岗里开辟出大片空地，修了一个田径场。

自打革命爆发，云南省宣布独立，唐继尧便一直担任省长，其间因属下叛乱，

---

① 《金银岛》（*Treasure Island*），苏格兰小说家罗伯特·路易斯·斯蒂文森（Robert Louis Stevenson，1850—1894）脍炙人口的代表作，描述海盗与藏宝传奇的冒险故事，1883 年首度出版。
② 东陆大学（Tung Lu University），即今之云南大学前身，1922 年由唐继尧创办，为私立大学。

图50　唐继尧自辛亥革命以来便担任云南省省长——其间只有一次被迫离职——正在参加一家教会医院新楼的落成仪式。唐一身体面，头上戴着的那顶硬式草帽让人想起他曾经在日本受过的训练

被迫带着八个老婆去了越南东京和香港，短期离任一年。唐是极富热情的人，不仅堪称中国当代统治者的典范，言谈举止还继承了孙中山的衣钵。我第一次见到这位省长是在英国教会医院的一个仪式上。唐带了大批随从前来，还有一个保镖全副武装地紧随其后，坐的是四抬大轿，轿夫抬得高高的，边走边驱散路人，如同警察巡逻或者救护车开路一般。唐身着一身中式丝织长袍，头戴一顶硬质草帽，这或许是为了表达对前来迎接他的外国人的尊重，或者只是为了证明自己曾在日本留学过。第二次是我正儿八经地前去拜访了。我也坐上了轿子，通过高高的台阶，一直到唐的衙门口，从那里望去，城里风景一片好。我先被请到前厅喝茶，陪同的是一位秘书兼翻译，接着有人传话，说省长正在对面的大会客厅里等我。与曾经到访的其他军阀的会客室比起来，这里要干净许多，也更加整洁，既没有平日的人满为患，也见不到衙门里那些钻营拍马的家伙在隔着墙壁偷听，这无疑得归功于唐，毕竟他是

接受过西方教育的。不过，那位秘书或许把我的相机当成了危险品，我只好把相机放在了桌上。"将军们"看上去个个纪律严明，坐在桌子靠外的一侧，却对相机大感好奇，直到我开始洗照片时，他们才发现里面除了一卷黑色胶卷，什么也没有。省长倒是大方得很，还专门起身摆了个造型。

　　这位在云南省大权独揽、一手遮天的独裁者出生在东川县①，那里距离省城往北还有一个星期的路程。他出身在一个中产阶级家庭，家人直到他这一辈也没什么政治名望。唐曾经师从一位英国传教士，当时还是在乡下，学过一些英语，不过他坦承早已忘却。清朝时，唐步其父后尘，考了个秀才。当时清政府决定从不同省份选拔天资聪颖的青年，公费赴日留学。这在当年是实现军事现代化计划的一部分，负责该计划的正是袁世凯。最初委派留日的青年中不少人都比唐更有实力，却不敢东渡日本，可能是因为家中父母偏居内地，思想保守，拒绝放儿子远行，因此唐终获良机。虽然他的父母同样有所担心，但传教士老师却大加鼓励，直到将二老说服。这位日后的省长年仅17岁便远赴东洋，一去便是六年。唐虽然一开始结了婚，这样不至于家中无后，却最终没有将结发妻子带在身边。把家眷留在家里是中国人的习惯，就连以前的驻藏大臣也不会带上任何一房妻子同行，因为路途遥远，辛苦跋涉，女人容易生病。不过，大臣们在西藏也会有女人伺候着，作为理所应得的待遇。唐回国后成为一名军官，不久辛亥革命爆发，他参与推翻清王朝，又将一位贵州将军打得落花流水，就此将云南牢牢掌握在自己手中。今时今日的云南虽说与北京和"南方党人"同时眉来眼去，可自打袁世凯十年前称帝起，便一直保持独立。

　　和唐继尧的具体谈话，我大都已经记不清了，只记得他支持联省自治，反对强有力的中央政府。他列举了一些应由中央政府负责的重要事项，其他大小事务则应一律交由松散联合的各省处理。唐认为北京作为统治中心的时间过长，早已腐败不堪，他乐于看到南京、武昌或者成都作为首都。第一个选择显然占有不少明显优势，第二个之所以得到唐的青睐是因为地处华中，第三个则是因为便于治理边疆地区。唐当时没有明言自己早有意吞并四川，那样成都作为首都再合适不过，而他很有可

---

① 书中所述东川县（Tungchu'uan），即今云南省曲靖市会泽县。1913年（民国二年）改名东川县，1927年复名会泽。

能成为这个地区的领导者。当然，唐还希望能够将交战各方召集起来，开一次和平团结的大会，各路军阀中不少人也有如此想法。依照他的设想，一个国家用于国防的开支最多不应超过政府收入的20%；为了彻底杜绝军阀干预政治，各商贸中心城市不得驻军，所有军队都应驻扎在具有战略意义的国防重地，让文职官员不受干扰地按照自己的设想充分施展才华。唐还补充，云南在清朝受到了不公正的对待，至今依旧默默无闻，他现在正努力使云南作为一个整体获得更好的发展。

当然，我并没有问唐为何不身体力行，将自己遏制军阀的想法付诸实践，为何不将发行货币的任务交由中央政府处理，也没有问他如果真的认为外交事务是中央政府的一大职责，为何又我行我素，不遵守北京对外订立的条约。上述问题中的任何一个都会令人尴尬，毕竟拜会中国的省长时礼貌当为第一要务。

云南省有自行铸造的钱币，五仙滇币银元上没有英文，在其他方面也与中国别的地区大不相同。若非这些金属持续贬值，伪造货币司空见惯，这一切倒也无妨，可如今不仅新铸钱币在流通中价值跌到鹰洋面值以下，成色更足的旧钱也都流往了四川，看来"劣币驱赶良币"果然不虚。每100枚五仙银元中就能找出十来枚甚至二十几枚一文不值的假钱。不仅如此，连新造的钱币也在日常流通中不见了踪影。富滇银行——省长对这家银行的兴趣似乎并不仅限于学术理论方面——过去12年间一直在发行便于携带的小面额纸钞，现在与美元的比值约为3∶1，比鹰洋要低，而且有可能继续贬值。纸钞上用中英文明确写着，对持有人按照面值"见票即付"。这句话倒是千真万确，可每次去富滇银行要求兑换点银元，要知道去内地旅行，银元绝对是必不可少的，你就会发现"经理不在"，或者明明要求兑换1000块五仙银元，换回的却顶多只有100块。而且假如你在美国有存款，想把汇票换成等值的港币或者法属印度支那货币，结果两样都看不到现钱，于是再换成滇币，最后发现手头的硬币比出发时要多了三倍。不过，假如你打算出城离开，不管去哪里，只要不坐火车，下一步都得"上街"，以大约25%的贴现率购买五仙银元。待到终于上路时，你将成为一名心算冠军，明白口袋里的钱到底价值几何，这点东西是否值对方的报价。政府为了改变这种窘困的状况，发布公告，宣布纸币必须作为货币使用，与银元具有同等价值，违反规定的会被处以极刑。然而，即便有头脑的人看不明白，那么中国的历史也会告诉唐继尧，这种命令终归行之不远，充其量也就在命令公布的那一两天能在省城之内起点效果。只要出了省长的管辖范围，没有几个人会接受纸币，哪怕掉脑袋也在所不惜。说到这里，就算有了这些最好的解决方案，我们还是掉进了中国货币的迷魂阵里。

钱的问题让邮政部门如鲠在喉。或许是因为法国人把云南当成了自己的特殊"势力范围"，所以云南府的邮政司长是法国人，而他的第一副司长是英国人，如此安排无疑充分体现了微妙的制衡感。然而，中国的邮局哪怕所有高级官员都是外国人，终归还是国有机构。司长们虽然一直扬言要曝光真相，却很难公开宣布政府的钱成色不足，从而拒绝一块滇币购买面值一元的邮票。人们自然会去别的地方买邮票。如此一来，经过几个星期的自由交换，邮局便宣布，从今往后邮票只卖给现场出具信件的人，并且当场就得贴上。这可难为了外国人，他们要么得每天跑邮局，要么就只能劳烦仆人，他们可能稍一不耐烦就把信件丢到了别处，而不是邮筒里。于是，司长大人们开动脑筋，推出一套新的方案，只向诚实可信的外国居民出售邮票。一次出售几元钱的邮票，并且要求各人准备一个记帐本，有点像中国人做生意用的回单簿，在上面写上贴好邮票的信件号码，寄信人会叫下人把这些信件送到邮局。邮局的工作人员会核实数目，收取信件，再在本子上盖上邮戳。这样一来，当这个外国人下次购买更多邮票时，司长就能核对他究竟把上一批邮票做了什么用途。新来的外国人若是没有多少信件要寄，也就没必要开一个邮局账户，可以从房东或是朋友那里拿邮票，只要这些人把信如实交上去，就能保证信誉了。

生活在云南府还有其他一些来自邮局的小麻烦。传教士们肯定会觉得这一定是魔鬼作祟，国外寄来的信件几乎总在星期天晚上送到，正好赶上祷告。信件每次都送得非常准时，只是写信和收到回信之间漫长的等待不免让人感觉空虚。然而，包裹就是另一码事了。我们发现，就连邪恶狠毒的美国政府——我在这里可没有暗示国内的那些丑事哦——也会要求凡寄往云南的包裹，无论大小，一律额外加收 50 美分邮资，并且声称，尽管中法两国同为万国邮政协会的成员，但这个西南省会城市却因安排麻烦，所以只能采取如此做法。这样一来，美国的寄信人全然没有察觉，便不可能为寄往云南府的包裹预先支付全部邮资。总之，你得为一个 15 美分的包裹再多掏 50 美分。

不仅如此，所有包裹都必须经海防海关专人检查，即便它们来自中国的其他地方。如果包裹是寄往云南省内地的，哪怕已经在第一时间将地址写得清清楚楚，云南府还得另外安排专人督促尽快将其发往目的地。法国人若是对寄收包裹的任何一方起了疑心，或者嫌包裹上的字写得不好看，抑或因为其他原因，总之感觉不悦，那么这个包裹就可能永远别想从那个又细又长的法属殖民地寄出去。这些包裹要在海防被海关官员和他们的安南助理开包检查，他们总是充满好奇心，手脚又常常不那么干净，中世纪的做法在海关圈子里依旧大行其道。这么说吧，假设一包货物从海外发往云南，那么这个包裹肯定会被打开，里面的东西得统统拿出来摆在码头上。咸菜放一列，豆子放一列，辣味火腿再放另一列，以此类推，直到把这一套烦琐的规矩做完。法国的海关稽查员和安南助手费了这么多功夫，自然会在工作中感到饥饿难耐，口干舌燥，尤其是在炎热的气候里面对美国来的罐头，里面装着梨子、桃子、樱桃，等等。于是，当这所有的流程走完一遍，不管还有多少东西剩下，都将重新打包，继续上路。当时招待我的房东就是货物转运商，负责为云南省内大部分新教传教士发送货物。我曾经见过他打开包裹，发现三分之一的罐头都是空的。这些罐头有的被极其粗暴地切开，有的早已锈迹斑斑。有时等到箱子破损到连柴火也做不成时，里面剩下的东西才运到目的地，经过一番乔装打扮，作为运单上写明的货物，还得按规矩缴纳关税和转运费。我听说以前有过这么一桩事情，一个传教士家庭的传家宝是一张名贵的韦奇伍德茶几，在海防经过重新打包后与其他家具一起运来，送到之后才发现茶几中间居然插着条炉腿。

这些官样程序不仅烦人，而且实在毫无必要，正是这些规矩才导致了如此局面。法国人说这些只是具体个案，纯属意外。这样的借口无疑毫无说服力，毕竟这些意外就发生在印度支那这块细长的法属领地上，而这正好是前往中国的必经之路，造成的国际影响之恶劣，远比法国人收取转运费和拿了几个桃子罐头得到的要多。住在云南的外国人对此大为不满，一口咬定这些举动都是蓄意而为，而法国人也窝了一肚子火，因为他们曾经一心想把云南省会变成自己独占的特殊势力范围，不料希望最终还是落空。

　　初到云南府的那几日，有天晚上我出门四处溜达，去欣赏新修的大南门。虽然反对之声强烈，但唐省长还是在不久前把这座古老城门两旁的城墙拆了，又粉刷一新，重新装饰。现在顺着石阶便能走进博物馆，那是省长主持新建的。沿途有个地方能够让人坐下来沉思片刻，在平台上看看城市的风景。四周装了栏杆，把整个二楼给围了起来。下方有一座小小的公园，景致宜人，里面有货真价实的西式长椅，涂着绿漆，几棵小树正在茁壮成长，还有两座喷泉，地面铺着平整的石板，从重修过的三牌坊街一直延伸过来。虽然这座古老的城门现在感觉孤零零的，只是装饰了一番，但有了这些就仿佛变了模样，好比一个洗碗女工，以前从早劳累到晚，寄居在公租屋里，现在却成了大家闺秀，在大宅子里过着养尊处优的日子。连前面不远处街上的牌坊也修缮一新。这些古老的牌坊雕梁画栋，至少能够追溯至清朝。更何况这还不是全部，这里的开阔地被两层楼的店铺和民房围成半圆；虽然尚未完工，却显得生机勃勃。这些都是在被强征的房产上建成的，房主几乎拿不到回报。简而言之，如果单从表面看，这里的确有些进步，那种典型的中国式进步，你可以想象省长为这些市政改善有多骄傲。

　　第二天一早天快亮的时候，我突然发现就在昨天游览的城门方向升起一大团黑烟。待我赶到那里，公园、长椅、喷泉，所有东西连同周围尚未完工的房子，以及人口密集的南郊大部分地区全部陷入一片火海。在唐省长下令拆除大南门周边城墙的时候，就有不少人警告灾难会降临，现在工程还未完工便应验了。劳工们每次只提一桶水，慢慢地赶往火场。省长手下的士兵被大批拉到现场，人数比需要的警力多上好几倍，本来应该、也完全能够排成人列，接力送水，没想到却在排队维持秩序，把没有背景的人一律挡在外面。那座光彩夺目的老牌坊就这样一去不返，这可是能让人回想起大明王朝的牌坊，现在的人已经无法再建出这么一座来。围成半圆形的大部分新修建筑也随之付之一炬，郊区这么大块地方就这样烧没了。曾几何时连美国领事馆都有意搬来此地，领事先生和夫人前不久还亲自出面找地方，租房子，布置居所。围起来的半圆里有些人看上去不像消防员，更像房主或者租客。这些人疯狂地拆着房门和隔板，为了把屋瓦留下来。据说后来还在废墟中发现了小孩，可能还有老人的尸体。

　　城里的人为这件事分成了两派，一派是普通百姓，大伙儿坚信这是省长贸然拆

图 51 云南府南门大火烧过之后的废墟上余烟尚未散尽,临时铺面就如雨后春笋一般搭建了起来,生意人一如往常地做着买卖

图 52 男人、女人带着孩子,正在光顾这家吃饭的排档。排档摆在屋外,就在云南府城墙的一角

除城墙的报应，罪有应得，而省长本人却怀疑是某个迷信的市民，或者有人因为家产被抄，怀恨在心而纵火。我想最后的赢家还是省长，他抓了疑犯枪毙，以儆效尤。无论如何，火灾在云南府并不少见，而且一旦发生就破坏极大。不过话说回来，中国人永远不会因为遭了灾祸而长久沮丧，毕竟有那么多张嘴嗷嗷待哺。小贩们很快便在被烧毁的城区里摆开摊位，兜售各种各样的东西。残垣断壁上的烟尘还未散尽，临时铺面就搭起来了。其他生意人把烧毁房子剩下的泥砖垒起来，摆放的货品虽然烧坏了一些，但还不至于完全毁坏，于是又开始兴高采烈地投入讨价还价，不时抽上几口水烟，跟往常一样做着自己的生意。

　　这里的一切都极其干燥，无疑助长了火势，不过人们把这也归咎于拆毁城墙。印度支那的法国总督不久前带着一众随行，北上云南与唐省长进行了一次会晤。唐省长下令在大南门刻上一颗星星，以纪念此次访问。当地人认定这一举动同样不吉利，正是因为这个才迟迟不见雨水的踪影。旱情在云南已经持续了整整七个月。莫说田地，就连屋子的泥砖都已经干涸开裂，如同遭遇了地震。空气干燥，不仅卷烟一捏就碎成了粉末，就连装烟的盒子也只消一天便有干裂的痕迹。干燥的空气与暑热把我们折腾得头昏脑涨，此外，高海拔同样令人精神疲乏，不过如果你是第一次到这么高的地方感受这里的空气，如此反应倒也自然。除非赶紧找到办法，否则农业灾荒在所难免。

　　每天都会看到各式各样的祈雨活动。人们敲着锣列队游街，沿路焚烧纸钱，把那些古老的仪式都搬了出来，以求对抗这次旷日持久的干旱。隔一段时间就能听见锣声和爆竹爆炸声，各类祭祀游行在日复一日地上演。人们舞着行雨的神龙走街串巷，12个壮汉抬着这只脊椎动物，顶着一张蛇一样的绿色龙皮。每个人都往龙身上泼水，这样做表达人们对龙王的期望。几个城门上画着的太阳神像已经被涂抹掉了，取而代之的是龙王的图案。但这一切都丝毫不起作用。接下来有人出面指责是屠夫杀猪太多。和尚们得到了城里位高权重的群体的支持，勒令屠夫必须立刻停止杀生，所有人都要斋戒，直到大旱过去——结果天上立刻起了云，那是我们到达这里的第11天。

　　最远的天边原本看不到一丝水汽的痕迹，竟然一下子升起了一阵轻轻的薄雾。雨终于下了起来，而且越下越大。干涸的山梁原本平整光滑，一片棕黄，此时变得一派青葱翠绿，犹如春天来临，周围的景致也逐渐换了颜色。连片的土块本已干结，坚如岩石，现在却慢慢融入了稻田的水中。男人女人穿着棕榈叶做成的雨衣站在田里，接过一旁抛过来的成捆秧苗，开始栽种。鹭鸟飞来找寻青蛙的踪迹，可怜青蛙唱得那么欢，真是太不明智了。

看来云南几乎年年都在经历同样的情况，只是今年比往年更严重，直到烈日放松警惕，给了雨神机会。然而，一如其他试图干扰大自然进程的举动，这场求雨大戏似乎也出了点问题。护城河里的水原本刚刚没过河底，现在已经漫过了大门外的拱桥桥面，我们经常从那边经过。乌鸦继续自顾自地"哇——哇——哇——"叫着，滂沱大雨却一日接一日、一周接一周地下了起来，只有偶尔停上那么一小会儿。到处都能见到城墙墙面上脱落的砖石，不时会有泥砖砌起的房子垮塌。我们之前住在东郊时的房东告诉我，他全家有天夜里一宿没睡，担心田里的水漫进屋里，因为大水已经冲进了屋子对面的院子里。做生意的同样受到了干扰，商贩们无法在狭窄的街道上摆摊，而人们如今只能蹚水上街，在湿滑的石板路上艰难行走，那些石板经过数百年来草鞋脚板的摩擦，已经特别光滑。或者只能出双倍的价钱找台轿子，不过坐轿子也有可能滑倒，摔断锁骨。

每逢雨季来临，通往云南府的列车就可能晚点，甚至停运。法国人总在抱怨赔钱。按照法国竞争对手的说法，他们之所以还在维持铁路的运营，只是出于政治目的，希望有朝一日能够获得批准，把铁路一直修到长江沿岸去，而法国人自己解释是，为了维护民族尊严。在某一两处路段，乘客必须下车走上一小段，或许还得坐船，从一辆火车转移到另一辆。不过，通常会对行李大小有所限制，携带的行李重量不得超过30公斤，这样挑夫才能用扁担运走。然而，今年旱情持续了这么长时间，山上不少土层都裂开了口子，而这段日子雨水又日复一日往里灌，这对于这样一个多山且少树的地区简直是灾难。车站传来消息，已经确认中断的路段有四处，接着又更改为六处、八处、十处——情况到底有多糟我不敢断言，因为当时我已不在云南，不过至少七周之内没有一趟火车能够畅行无阻。整整三个星期没有一封第一类邮件能够送达，就算到了也只能靠人力送信，第二类邮件则有八个星期不见踪影，结果弄得俱乐部的报纸都被人翻烂了。有辆机车翻到了河堤下方，就在两处中断的路段之间，起重机没法赶到现场把机车吊出来。数千米路段完全淹没在水下，有条隧道里面灌满了泥浆，电报线大部分时间都有问题。总经理从河内北上赶来，没想到竟然连自己都回不去了。云南府终点站的那位平日里巧舌如簧的主事官员，这会也得忙前忙后，就连来杯餐前开胃酒的时间也没有。住在蒙自的美国女士专程赶来庆祝四号的大日子，结果被迫一待就是八个星期。有位传教士从广州来，他因为工作而心力交瘁，多年来一直期待着能在夏天到云南府开开心心地旅游一次，结果却遇上了这样的情况。

即便发生了这么多事情，可当地人却不会为此烦恼。他们本来也不需要收寄信件或收发报刊，没有铁路照样能够东走西串。就算鸡蛋价格已经攀升至史无前例的高度，倒霉的基本上也是外国人，毕竟这种天气农妇们没法到菜市场卖蛋，三个鸡蛋能卖到一仙滇币。然而，眼看安南的大米无法如期运达，省长瞅准机会，对骡马驮进城里的每袋大米都课以重税，而且田里的稻谷也开始面临被淹死的危险……总之，政府必须控制粮食局势，在大南门的中间门道里开一家店，卖米给老百姓，那里以前是通往城里的唯一通道。人们成群结队地涌来，手里拿着个小铁皮杯子，士兵们扮演起了警察的角色，只能扯着嗓子高喊，把已经形同虚设的城门关上一点，有时还得朝着人群挥舞手里的大棒，或者拿着手里的枪吓唬一番。那些把大旱归咎于拆了城墙的人现在开始怀疑上天，莫非这连绵不断的丰富雨水真是老天有意为之，就因为他们亵渎了神灵？毫无疑问，现在又到该做些什么的时候了。锣鼓被再次敲响，人们开始重新游街，这次举的可是太阳神，纸钱又一次化作袅袅青烟，只要能够让行雨的龙王离开，让倍感羞辱的太阳神得到安抚，所有知道的方法都会用上。只是，这些似乎都毫无用处。和尚和城里的元老再次站了出来，下令斋戒五天。城门上行雨的神龙被抹去，一轮新的红日画在了原来龙王的位置上，可雨还是没完没了。人们原本预想这样的运气会随着不吉利的猪年完结，却没想到新一轮甲子和大吉大利的鼠年竟会如此开头。接下来用上的是最后一招——将北门关上，因为掌管下雨的邪灵就是从那里进城的。一连好几天，云南府几乎一半的居民只能从大东门或者大西门出城，蹚着水，踩着泥，走上好几英里，一直绕到北郊。那里是主要的居民区，也是几条重要公路开始的地方。

这最后一招果然效果明显，雨势逐渐减弱。人们开始对铁路修修补补，美英两国的商人第一时间涌向了蒙自和更远的地方，这帮人肩负着为中国西南地区提供诸如香烟和煤油这些必需品的任务。这可不轻松，因为运货的车厢需要激烈地争夺。生活又渐渐回到了习惯的节奏。待到九月底，我的家人便从高地下来，再次回到山下的世界去。

"这里的居民崇拜偶像，使用纸做的钱，都是大汗的臣民。"想必这一定是马可·波罗最得意的话吧，不然他也不会几乎在每页上都要重复一次——这位忽必烈大汗的"总督"当年写下的话，至今依旧是云南府，或者说中国大部分地区的真实写照，一切都和当年一样——如果这本书真是他写——而那已是差不多700年前的旧事了。传教士们认定云南是中国最难开展工作的省份，因为中国人的一切迷信旧习都在这里根深蒂固。城里到处都能见到神龛放在街边。赶上节庆，当局便会向死了亲人的家庭发放地府通行证。这种东西其实是一张像亚麻布的纸，上面写着一些硕大的字，盖着红章，跟发给省内旅行者的那种通关文书差不多，每张卖滇币一仙。那些死去的人正等着这个上路呢。一连三天，人们都会按时给他们烧这些"阴间护票"。

既然云南府旧习难除，那么城里自然少不了寺庙道观。这些庙宇有的跟南美的修道院一样，占去了城里的大片地方，有的藏身在四周的山中。所处位置且不说战略意义重大，单论景致也相当不错，要想从凡尘俗世爬到山门，往往得费上好一阵周折。大多数情况下，庙里不仅供奉着菩萨，还屯着谷子，道士们有些游手好闲。照他们的说法，自己的发式在明朝的汉人里相当流行，只是后来满族人来了，才被迫留起了辫子。罗汉庙，也就是外国人中相传着"500尊菩萨"的那座庙，距离市区50里，算得上中国罗汉庙里最好的。庙里灯火通明，罗汉像惟妙惟肖，身着各种颜色的彩袍，风姿卓越，完全不像那些铍金的塑像；后者总是一副一成不变的面孔，排成一行行，肢体僵硬地立在阴森森的走廊里。有的罗汉一只手抓着云里的月亮，另一个骑着凤凰，像牛仔一般神气。这里当然也会有寿星老头，跨着他的天鹅或者某种别的鸟。菩萨背后是这里的镇省武将，在当地和孔夫子的受欢迎程度不相上下，只不过孔老夫子崇文，而这位则是中国人心目中的武圣人。

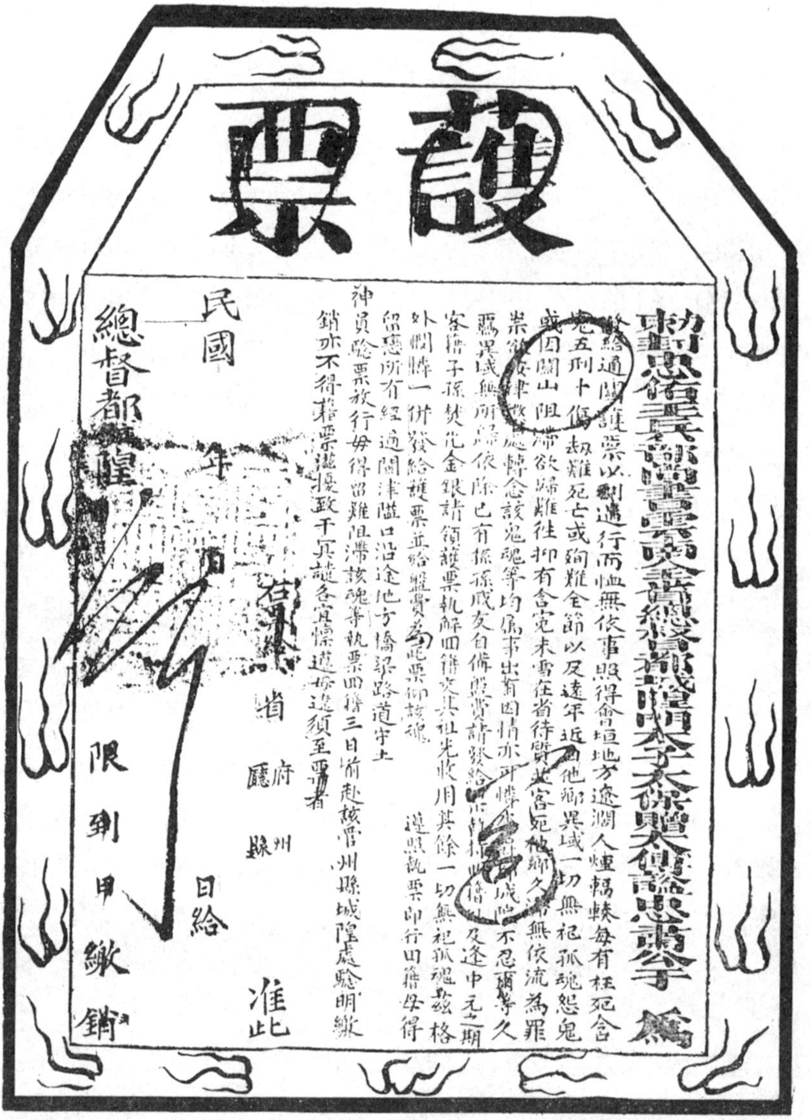
護票
民國　年　月　日給
總督都隍
限到甲繳銷
准此
省　府　廳　州　縣

图 53 云南政府一到某个夏天节日，就会发行一种正式的护票，专给死人使用，无论格式还是上面写的字都与大活人出省旅行使用的通行证一模一样，这是为了让死去的人经过妖魔鬼怪横行肆虐的地方时能够安然无恙

平日里远足的一大去处便是铜寺，那里有一座很宏伟的青铜建筑①。你得翻过一些丘陵，越爬越高，一路上山花烂漫，其中大多数是高山火绒草。离铜寺不远有一座将军墓，修得颇为讲究。据说除掉这位将军的正是唐省长本人，这样才能把他漂亮的老婆弄到手②——碰上这样一桩事，作为省长最后的补偿便是修一座风光大墓，这样死者可以接受拜祭，在阴间也能安享富贵。此外，还有一座桃花寺，离城不远，让人想起云南府出产桃子。因为纬度的关系，桃子在当地的诸多特产中更适合这里的海拔高度。这些桃子个个鲜美多汁，如赏金拳手的拳头一般大小，看似突然一下子冒出来，好像人工催熟的；和中国大多数水果不同，赶上正当时令，一文钱便可买一个，因此总能见到劳工和乞丐边走边吃着这么大的水果，让人误以为他们的收入和证券经纪人一样多呢。

去这样的地方郊游，若是徒步感觉太远，坐轿子又太近，就不如租匹马。租马的地方就在南郊，现在人们还管那儿叫刑场，别处也有一些专门租马的地方。这种动物虽然在这里数量不少，价钱便宜，而且几乎都是公马，却长得又矮又小，行动缓慢，只有看到马夫的眼色才会迈开步子。赶马的小孩必须在后面跟着跑，不停地赶着。不过，有时你也会碰到一匹不错的马，马夫也变得敬业起来，在山路的石阶上爬上爬下，哪怕赶上最湿滑的天气也从容不迫，如履平地。这样的马没准更好一些，因为有的马虽然能够勇往直前，翻山越岭，到世界上最惊险的角落去，比如大理府，从那里继续前行便可到达缅甸或者邻近的西藏，但几乎每一条出城的"公路"都路况极差，石板路面早就被磨得溜光，马在上面根本没法跑起来，只能一步一步辛苦地迈着步子。

我们一家人在云南一起出游几次，其中有一回出了大西门，到了运河边，不少云南特产都是经这条河运到省城的。我们上了一条船，船上的家当要比一般人家更加寒酸，上面住了个能干的女艄公，还有她眼盲的丈夫和不知疲累的儿子。沿途有许多人光着膀子，想尽一切办法把水引进稻田里，可田里的秧苗却怎么也喝不饱。

---

① 此处所指为昆明铜瓦寺，位于城东鸣凤山上。寺内有一座纯铜建造的殿宇，俗称"金殿"，是中国最大最精美的铜殿。

② 此处所言的"将军"为中华民国滇军将领庚恩旸（1884—1918），坊间传说唐继尧与庚妻钱秀芬关系暧昧，后差人将庚刺杀。此为民国无头公案之一。庚死后葬于昆明鸣凤山金殿太和宫左侧。

女人们依旧在田间辛苦地徒手移栽秧苗。穿过湖的源头，来到西山脚下。抬头望去，只见庙宇道观坐落之处山势险要。再往上，可以看见隧道石梯、神圣的洞穴和奇怪的神龛就开凿在陡峭的岩壁上。步道建在坚硬的花岗岩上，设计精巧，诉说着昔日工匠付出的艰辛，如此巨大的人力原本足以在全省通公路。随着渐行渐高，有些人的肺开始拒绝工作，它们的主人将因此错过一幅壮丽无比的画面——极目远眺，湖面如镜，湛蓝开阔，平原更显广袤，原野四周山峦起伏，错落有致，山色越发青翠，直至远处渐次模糊，如隐入迷宫一般，让人看不清楚。

『军事保护』下的远行

从云南府开始，摆在面前的旅程是我来到中国以后最漫长，也是最为凶险的一段陆路旅行。我计划北上前往长江，顺道去一趟贵州，然后进入四川，再顺着滔滔长江而下，如果还有时间，就再走陆路回广州。相比为这样一次旅行所做的烦琐准备工作，就算是从美国去欧洲也要简单得多。首先，我得获得许可才能动身。云南既然是最偏远的省份，那么也被不少人认为是对外国人来说最不安全的地方，这样想或许并非没有道理。有那么几年，人们甚至认为，外国人若是没得到本国领事首肯，通过领事获得省里当局的同意，连省城都不应该离开。当然，你大可不必理会这些，独自上路。我如果实在得不到上头批准，也会这样做，因为对大多数西方人来说，认定了的事情总是排在第一位的。然而，如果执意如此，那么旅行者出了任何事情，都得不到法律保障。在今时今日的中国，表面合法的地方官吏和不法之徒的区别其实并不明显。再说，不辞而别对本国的领事也不大礼貌。

第一个困难克服起来比我想象的要容易一些。我打算走的线路这段时间据说比较太平，领事先生也愿意让我冒这个险，只要我不贸然带上家人同行就没问题。因此，一张专门用于云南省旅行的特殊美国护照很快便送到了我的手上，中国人在上面及时盖了章，还是双语的。

接下来的问题便是找个帮手。云南府的用人做事比较散漫，好在我的运气不错，杨继廷（音译）及时出现，在我刚到时便来毛遂自荐。他是个年轻人，出生在滇藏交界地区，带着一些藏族血统，或者其他少数民族。不过，他在竞聘工作时言谈举止都尽量学得和汉人一样，不知道其实我们更看重部落边民的天真单纯。过去两年，他作为厨师受雇于一个美国人，后者因公出差来到云南省，刚巧回国去了。杨说起官话慢条斯理，一开口就知道是他在说话。尽管我在中国两年，东一句西一句地学了不少汉语，可还是不大容易听明白。一般人说起话来发音总是发一半，像连珠炮似的，尤其是那些方言口音很重的地方。

杨已经习惯了与之前主人旅行的模式，苏格兰房东把我的旅行计划用流利的云南话阐述了一遍，杨虽然一副中国人典型的面无表情，但可能对我的计划还是多少感到失望的。他不仅要做饭，还得什么事情都管着，而且我没法像他以前的主人那样为他弄匹马。如果杨圆滑世故，或许这个时候就会找个体面的理由一走了之，就算徒步远行对山里人算不得什么，但用人是不会同时干几份活的，要么做厨子，要么当家丁，要么干苦力，要么做马夫，但绝对不会把这些事混在一起。杨很是纯朴，竟然把以前的薪水一五一十告诉了我，我们就此达成一致。对杨来说，他在一个几乎没有工作机会的地方找到了一份活儿，而我得到了恐怕是最优秀的用人，而且还是个在中国土生土长的旅伴。我在省城待着的 40 天里其实并不需要杨陪着，不过他觉得一个月能拿十块滇币，就算等一等也是值得的；一旦真的动身上路，他每个月的报酬是 15 块滇币，相当于五元美钞，这还是省内的价钱，出了省则变成 18 块鹰洋。不过，杨的伙食自理，这一点和其他任何用人一样，不过我答应他，一旦结束这一趟旅行，要么替他在别的外国人那里找份满意的工作，要么就负担他回云南府的全部费用。

会面就这样开心地结束了，所有该谈的问题全部一一谈妥。我的新助手在客厅里走了一圈，向我们每个人深深地鞠了一躬，接着便退出房间，去外屋整理床铺了。若是从西方人的角度看，赶上雨季，在最崎岖难行的山路上每天走上 30 英里，除此之外还得干一个普通用人该干的所有活儿，就这样一个月拿五美金根本算不得什么丰厚的报酬。不过，我常听杨一路上跟当地人说起自己工资如何如何高。

交通工具是下一个有待解决的问题，这个问题分为两个阶段。虽然我有意像往常一样徒步旅行，但并不想在这样的路况和天气条件下进行。本来就没几个外国人知道除了坐火车之外，旅行到底是什么滋味。大多数人建议我在这样的季节还是找台轿子，没有什么比在雨中骑马一整天更加累人的，况且还得喂马，马还有可能生病，甚至死掉。不过，让别人为我代步，这可不是我的性情。何况马怎么说也比轿夫听使唤，少抱怨。

我和杨隔三岔五便会去马市逛逛。马市就在护城河的泥岸上，出售的马各式各样。有的种马只比被征用的军马差上那么一丁点，有的却是最令人难以置信的活死尸。我最后买了一匹灰色的骟马。马的出生地离杨的老家不远，他从前任雇主那里积累了经验，对这种马很熟悉。虽然这个颜色对中国人来说不大吉利，或许是因为和丧礼的颜色有些接近，可这匹马的确要比云南普通的小种马个头大出不少。这次旅行路上不少中国人都管它叫"大马"，语气中带着惊叹。那副马鞍是本地定制的，仿照的是法国骑兵的款式，手工相当不错，在云南府要卖十美元，再加上鞍囊连同全套行头，这个价钱自然跟马儿那不大吉利的颜色以及非比一般的个头一样，没少惹来人们的评头论足。

我的行李虽然不多，但怎样才是最好的运输方式，这个问题可没那么容易解决。但凡有点经验的外国人在中国旅行时，都不会忘记带上行军床和被褥，此外，还必须带上一件简易的炊具和一些罐装食品，因为除了肉，一点蔬菜，或许还有一些水果，我们一路上可能找不到什么吃的。算上我的换洗衣服、照相用的材料，几卷五仙银元，还有其他必备品，这意味着从一开始便需要四个挑夫，或者两匹马。容易损坏的东西得装在皮箱里，其他的就放在筐里以减轻重量。在中国西部的公路上行进，挑夫的速度和马差不多，不过由于负重少了一半，所以算下来价钱要贵一些；不过另一方面，行李在马上驮着比在扁担两头晃来荡去磕磕碰碰的机会也要多得多。

说来也巧，当地政府和几家主要的外国企业此时正在组织一个马帮，有大概2000匹马和骡子，政府是为了运送鸦片和银子，而外企运的则是煤油和卷烟，这些似乎都没法让价钱降下来。如果能加入一个大的马帮，有大批军队保护，那么也就不怎么在意带上两三匹马出发，从一个匪患猖獗的地带经过。我曾打算和马帮一同上路，最终报价是每匹马20块钱，一共12天，去往昭通。那里是通往长江的陆路中间驿站，而同样的行程我找挑夫只要每天一块钱——这是给杨的工钱的两倍，可杨的工作多少稳定一些，再说在云南的山路上空着手赶路和挑着百来磅的担子完全是两码事。虽然和马帮同行便会有大队人马保护，但如此一来，每个晚上还没等我赶到，马帮就住满所有的客栈，我也没法决定什么时候起程，每天走多远的路，该在哪里歇脚，我行李可能会在某处从驮货的牲口身上掉下来，这样一来，找东西又是一种折磨。再说，和2000头牲口还有几乎同样多的赶牲口的人待在一起一连好几个星期，怎么说都有点无聊。所以，我最后还是决定带着挑夫上路。

有经验的外国人在中国内地旅行时，都会通过住在当地的外国人，最好是传教士帮忙找个挑夫，后者会直接去相关的行会，找自己认识的工头。每趟旅行都会签一份合同，用毛边纸写好，上面的字密密麻麻，还盖着红色的公章，双方谈好价格，至少得先付一半作为订金，因为挑行老板的工作其实类似于海员契约监管员，唯一的区别在于挑行老板对自己招来的人要做担保。我先付了三分之二的钱。这位老板好像自打手下挑夫做完上一份工作，便一直在包吃包住养着他们。这笔钱除了老板放进自己口袋的那部分，剩下的会被挑夫留给家人，或者在上路之前花掉，因此旅行者必须做好打算，提前几天给他们足够的钱，以便养家糊口，这样他们才会一路上大多数时候走在你的前头，到旅行结束时，他们手里的钱早就所剩无几了。这下子你看出黑纸白字保证书的聪明之处了吧。

在繁杂的准备过程中，我不免产生些许疑虑，关于外国人在云南旅行，大队士兵一路同行的事我已经听了不少，我不敢肯定像我这样的流浪汉是否出得起这样一大笔钱。政府要员，还有那些卖油卖烟的西方大亨们户头上的钱取之不尽，往往会有多达500名士兵保护他们宝贵的性命。政府肯定是会派兵前来保护的，可你得每天给他们赏钱。如果你给他们很多钱，一路上每个军阀都会派来一大群你根本用不着的人。他们这样做只是为了换个人来养活这些士兵，直到自己要用的时候再召回他们。如果护送的人太少，那还不如没有人保护，因为土匪根本不会对一个没人保护的旅行者下手。

护送费当然是针对外国人收的一种税。如果外国人拒绝被护送，那么军阀们只需要派出一队士兵跑到前头，乔装打扮成土匪便足够了——这样的事情以前就发生过。云南府的商人建议我每天给每个士兵滇币五仙，领事也是这么说的，可传教士们坚持认为两仙滇币足矣。我最后折中，决定给二角五文钱，结果人人都乐呵呵地表示满意。这或许是因为我赶路的方式表明我不是什么举足轻重的大人物，再加上不时点上一根烟，也没有穿神父们常见的黑色法衣，说明我和传教士一点关系也没有。如果一天派来上百士兵，也会很快让我经济破产的。

不过，我的担心显然有些多余了。我其实早该知道我从领事和当地官员那里得到的一份书面证明，能够说明我到底值几个钱，这比自己给自己定价要更加合理，甚至让我的家人来定价也不如这个靠谱。6月25日一大早，这是我计划的出发日子，房东在东郊的院子里进来了四个——是的，不是400个——士兵，有三个穿着全套军装，有一个带了枪，还有一个拿了雨伞。

挑夫也来了五个——其中有一个专门负责我的房东要带给昭通的传教士的东西，他们接近中午时才现身。房东已经尽了最大努力，想给我找那些不抽大烟的。挑行老板答应了他，可这样的人在云南府实在难找。老板自己明摆着就是杆老烟枪，来的这五个都归他管，看上去就跟海关监管员找来的水手一样，一副签合同前刚刚结束一夜放纵的样子。他们站在那里，裸露的小腿脏兮兮的，脚上的草鞋倒是挺新，眼睛打量着行李，看起来有些懒散。这也不足为奇，因为一旦上路就意味着每天很辛苦，没法去茶馆休闲。

几个挑夫之间也嘀嘀咕咕争个不停，估量着扁担两头行李的大小重量，每个人都在盘算着如何躲过最难背的那件。公平的办法就是大家每天轮着背，不过中国的挑夫从来不这样。只要一件货物背上身，不管有多麻烦，都一定会一路背到底，除非真的受伤或者得病，赶上这种时候他们便会互助友爱。看着每个人都站了起来，把扁担两头的担子用手试着掂量了几下，我和房东便开始催促起来。挑夫们拿起扁担，走向各自的担子。那扁担是用山核桃木做的，已经被磨得平整光滑，中间部分浸透汗水，已经变了颜色，想必经历了不少艰辛的旅程。我仔细地检查，确保没有人的扁担有裂缝，因为路上一旦有人扁担断了，就意味着整队人马都得停下来，直到找到替换。

这群挑夫里个子最小的那个长得反而最有男子气概，至少面相看上去没那么萎靡不振。他挑的是传教士的那两个担子，比我的担子要轻，这也证明了他高人一等的地位。挑行老板既然安排他当头领，有什么事情就由他出来说话。他们各自把扁担在肩头放好，然后站起身，再蹲下去，如此反复个十几次，调整好绳子长短，这样行李才能在扁担两头既挂得稳当，又高度适中，不至于一路磕磕绊绊。

看到一切准备停当，我便下令出发。所有人再次站起来，这一回是齐刷刷一起，好像乐团刚刚结束调试乐器，准备演奏一般。他们一个个背挺得笔直，这是挑重担

图 54　穿越云南一路上都有士兵保护，
这是我的挑夫所挑担子中最重的一个，
我完全无法挑着这样的担子走远路

的诀窍，最后露出愁眉苦脸的表情，半是沮丧，半带着幽默，笑自己为何非得过这样的辛苦日子，随后便穿出院子大门，一路小跑了起来。杨跟在后面，赶着马。马刚刚钉了蹄铁，配了鞍子，是真正的高头大马。两个士兵拖着步子，守着我那点宝贝家当，另外两个一左一右地守卫着我和拉结。她会沿着这条坑坑洼洼的石板街走上一段，直到郊区的无线电塔，我们之前的好几次短途旅行就是从那里开始的。假如我此行按计划进行，那又是三个多月和家人见不上面，除了通过邮政系统，没有任何方法取得联系。幸运的是，考虑到现有通信工具，中国的邮局已经可以和世界上任何地方的相媲美。我不会在远离中国电报系统能够提供服务的范围之外活动，虽然中国的电报并不方便。很快我便一个人冲到了前头，把大队人马抛在身后，虽然极力想让后面的人看见我，可他们走得实在太慢。我总是习惯没有旅伴独自赶路，这次却带了十个人和一匹马，真算得上是一场名副其实的远征。

说来真是遗憾，那些刻薄的人虽然能够用善意铺出条路来通往阴曹地府①——那个地方虽然没那么受欢迎，人却最多——可对从云南府去往其他地方的道路却一无所知，因为在这件事情上，如果充分描述或许让读者对云南府的道路有个概念，可这一点单靠我个人完全没法做到。这些路对于一般的"脚"来说极其难行，比如马蹄，就算打上了新蹄铁也不管用，又比方外国人，如果路上铺的只有石头，那他肯定会脚底打滑。你该明白，在云南旅行是怎样的滋味了吧，感觉穿过一个采石场，在里面没有固定的路径。不少地方早就被一代又一代的挑夫，要么穿着草鞋，要么就用饱经风霜的赤脚踩得溜光，他们的双脚似乎早就百害不侵，甚至路上没有石头都不愿走，哪怕有时路边会有那么一小段露出松软的泥巴，他们也宁愿继续走自己的羊肠小路，而不愿在平整的泥土上落下脚印。

第一天走下来只不过慢吞吞地前行了 12 英里，不过对这一点我并没有很深的感受，因为路上大部分时间都在研究黄土。既然又要开始另一段漫长的旅程，一开始这样做倒也自然。当然，我也研究不出个名堂，只是一面自我调整，争取与同行的人步调一致，一面学着习惯应对士兵们的小小骚扰，这样能够更有效率，为摆在前面的路途做好准备。正因为如此，我那匹灰色的骟马大部分路程也走得不紧不慢，背上只驮了个鞍子，那可是仿法国骑兵式样做的，闪闪发亮，很是惹眼。可以明显看出马儿并不情愿离开这座城市，神情之中还夹杂着一点中国人特有的逆来顺受，毕竟自打前任主人回了美国，它就在这城里一直悠闲地待着。

我们出发时的天气可以用"crachin"②这个法语词来形容，带着一点雾蒙蒙的感觉，好像在下雨。刚刚上路才走了 40 里地，老天爷能这样对待我们简直再好不过。周围全是山，二三月的时候上面会开满五颜六色的罂粟花，甚是鲜艳。虽然雨水把整个山头染成了绿色，可有些地方却已经露出泥土来。其他的地头上残留着麦茬儿和土豆藤，后者多一些，要知道云南虽然地处热带，却是中国州产土豆最多的省份。我们在路上看见两个女人，都裹着小脚，站在光秃秃的泥巴院子里，四周是一道干

---

① 作者在这里巧妙的借用了英谚"通往地狱之路，通常是用善意铺成的"（The road to hell is paved with good intentions.）。英谚原意为，人们虽然常怀心怀善意，却因为耽搁、懒惰等种种原因未能付诸实际，只能带着这份好意下地狱，这种善意也因而变得毫无意义。作者以此来讽刺云南省道路建设的落后。

② "crachin"，法语，"毛毛雨"之意。

垒的泥巴墙。她正在打麦子，用的连枷怎么看都和美国的一样。一路上全是石头，我们就这样慢悠悠地走了四个小时，中途在一家茶馆休息了大概15分钟。在我意识到已经真的出发上路之前，第一座小镇便出现在眼前。我们走进一条窄窄的街道，卵石路面又湿又滑，房子沿街排成长长的一行，街的两头各有一座城门，这里便是大板桥了。你如果非得知道中国地名的意思，就会把那点浪漫的味道毁得一干二净。

虽然杨跟在我身边已有40来天，不过也没发生什么大事。当第一场真正的考验到来的时候，杨二话没说便卖力干了起来。我们连人带马一行浩浩荡荡开进了大板桥最大的一家旅馆，杨很快便让旅馆老板准备了一间上等的客房，而且只给我一个人住。关于云南的客栈究竟如何可怕的传说我之前早就有所耳闻，不过这家旅店打破了那些说法。我们选了楼上的房间，比美国酒店的单间几乎大了一倍。房间里之前住着六七个劳工，大半的地板上铺着床垫厚的草席。我们进屋后，就让旅馆的小二把垫子收拾出去，这样一来屋里就没了任何其他摆设。杨接下来便把整个房间好好打扫一番，还洒了水。挑夫们按照吩咐把一些行李搬了上来，我们很快支起蚊帐，最大的马箱被当成了座椅。杨找来一个圆桌面，在上面放了两个锯木架。虽然有点矮，可他还没等我吩咐就把它洗干净了，我也不能太过挑剔。

镇上过路的客人不多，就这一点来看我的运气还算不错，从我进房间到离开，除了杨以外没有人进来围观我，这在中国倒是一段不同寻常的住店经历。我先是散了会儿步，权当活动活动筋骨，接着开始做笔记、记账、看书、写点东西。等到刚刚点上灯笼和蜡烛时，杨已经带着晚餐出现在了眼前。晚餐虽然简单，却吃得可口。有一只仔鸡，做得相当不错，一些煮土豆，再配上可可汁。杨每天都会弄来不少新鲜鸡蛋，比在美国吃到的新鲜且便宜，还有羊肉和鸡肉，可惜没有水果。杨无疑聪明过人，很快便能了解一些我个人的喜好，知道我做事不看表面文章。无论是当个厨子做一手好菜，还是做个仆人贴心服侍，或者做个马夫，鞍前马后地跑腿，杨一个人就能应付自如，而我当年和一位美国少校去兰州时，路上却是带了三个人。

我并不指望好运气会一直持续下去。天亮醒来的时候正在下雨，雨看来已经下了一整夜。杨很快过来，告诉我这个一眼就能看到的事实。待到他做好早餐，为首的挑夫也走了进来。他再次强调了这个事实："先生，下雨了。"这意味着要想让他们动身又得花费不少口舌和时间，即便早就有人不止一次说过，"不管下不下雨，都要照常赶路。"我把这些关键词以我能说的最标准的中文，用最有说服力的方式重复了一遍，顾不上是不是语法正确、发音标准。领头的挑夫于是下楼去，把这个消息告诉其他人。赶上这个季节，几乎可以肯定雨会下个不停，因此别无他法，只能面对困境，把问题彻底解决。

另外，还有一个棘手的问题，我之前多少已经做好了心理准备，料想迟早会要发生。这天我刚刚吃完一顿地道的美式早餐，主料取自我行李中的食物，当然也得到了大板桥当地母鸡的通力配合，可挑夫仍然迟迟没有露面。杨下去传话，他们依旧无动于衷，我便自己下楼去看个究竟，结果发现他们五个人齐齐躺在垫着苇席的地板上，一副绵软无力的样子。他们都在抽着鸦片，这意味着还没开始吃早餐，因为抽鸦片的人一般抽完烟之后才会吃早饭，这样才背得动行李。我大发雷霆，差不多一个小时后他们才把行李收拾好，然后赶路出发，从后面跟上我。

当天晚些时候，我们到了一个集镇，过路者一般都会在这里停下来吃个午饭。在我吃饭的时候，挑夫们便一个个躺了下来，就在我旁边，拿出各自随身携带的抽鸦片的工具，开始吞云吐雾起来。只要不在赶路，鸦片烟的味道便几乎时刻萦绕在我身边。这里种了那么多罂粟，好像人人都抽鸦片——唯一的例外就是杨，这一点让我很高兴。几乎每个挑夫都带着烟管和装烟枪的锡铁盒子，就放在自己的担子上。不管多么简陋的小茶馆或小餐馆都在随意出售鸦片，就跟卖烟草一样。这种液体毒药色如琥珀，小半杯就能卖到滇币 10 分钱，一般能抽上 10—15 分钟，而大部分人一天根本挣不到一块银元。

雨一整天就这样肆无忌惮地下着，仿佛某个粗心的主妇出门避暑，忘了关上家里的水龙头。从这个角度看，极力主张坐轿子的人也有道理，毕竟在雨中坐轿可比在马背上颠簸一整天舒服多了。随着日子一天天过去，这一点愈发凸显。幸好我带了骑兵的雨衣，那是当年参加美国远征军时期留下的，还有绑腿和橡胶套鞋。军用雨披部分拿来裹住行军床，部分遮住我的膝盖。云南挑夫戴的大帽子，上面涂了清漆，这可比雨伞管用多了。我把帽子放在太阳帽上面叠着戴，要是太阳重新出来后者就用得着。这些行头足够让我身上不被弄湿，只是雨水还是会钻进鞋里去。在云南的路上跟挑夫一起赶路实在太慢，要想在一匹慢吞吞的马上消磨时间，你只能看书，或者抽一会儿烟。可赶上下雨天，我却哪样都做不成。或许最令人难受的一点就在于穿了这么一身行头，连下马走一走换个心情都困难。

　　第二天路况极差，小路弯弯曲曲地在野地里穿行。一路上全是石头，单调乏味，偶尔会路过杏树园。几乎每一间小屋前都有养狗，这些狗虽然个头大，胆子却小得很，脖子上常常系着铃铛。我们遇见不少行商的骡马队，全都驮着货，有油、兽皮、长长的雉鸡羽毛，还有猪肘子，有的猪腿都伸到袋子外面，这与我们后来遇到的那群人运的东西形成了鲜明的对比——后者运的是鸦片、银元、美国煤油、英美出品的香烟和那些外面世界送来的普通商品。虽然天气糟糕，但也有人和我往同一个方向赶路，我们不时能碰上一两个，尤其是中午和晚上大多数人歇脚的地方，大家很快就熟悉了起来。有一位盲姑娘和她的母亲，二人也是往北走，她们都裹着小脚，坐的是一种简单的轿子，用两根竹竿拼在一起，西南地区的人管这个叫"滑竿"。

　　坚硬的石头路越走地势越高，最后拐进了杨林[1]。像这样被树木掩映的小镇还有好几个，杨林只是其中之一。林子中间是开阔的稻田，田里蓄着水，树就种在周围一圈。两座宝塔矗立在山头上，俯视着东面的小镇。杨林也有塔楼，泥墙上的枪眼让人不由得联想到匪患猖獗，不过看得出这里的地方官并不十分担心我的个人安危，因为保护我的卫兵已经从第一天的4个人减少到了一个。他穿了两件军服，长可齐膝，随身戴着的只有一顶破破烂烂的大帽子。下午又来了一个，同样什么武器都没带。二人都是"衙门的差人"，这样的人物在昔日行走于古老中华帝国的旅行者笔下常常可以见到。他俩的任务是把与我有关的文书从云南府交到下一个地方的长官手中。我跟他们提出，如果卫兵不带武器，那么显然也无法提供保护，他们也不要指望拿到赏钱。不过如此简单的事情还是费了不少口舌。

　　我们在当地又找到了一间两层楼的旅店，房间里铺着木地板，门敞开对着木质阳台，可以俯瞰下面的院子。这些旅店比起我之前徒步旅行住过的，已经算条件不错，毕竟很多旅馆地上全是土。跟前天晚上一样，我能看见下面院子里的人在做饭、洗衣，干其他家务活。妇女和姑娘们穿过泥泞的院子，换上了小小的木屐，一瘸一

---

[1]　杨林（Yang-lin），即今昆明市嵩明县杨林镇。

拐的脚上只有裹脚的布条。没想到这崇山峻岭之间，在连接云南与四川的公路沿途，也见到裹着小脚的姑娘，鲜艳的红布条缠得像绑腿，紧紧裹着的地方本来应该是小腿肚子吧。

我的隔壁房间住进了个年轻人，一副游手好闲的样子。他要去省城，带了两个凶神恶煞的士兵随行保护。两个房间只隔了薄薄的木板，他们几个一直说个没完，院子里两条狗的叫声此起彼伏，更不用说跳蚤和鸦片烟烧起来的那股臭味让人无法安歇。再加上大雨整整持续了一个晚上，弄得我在梦里还在担心第二天如何上路，这种滋味在晚上要比白天更加清晰。我没有戴手表，徒步旅行的一大乐趣就在于你能抛开手表的束缚，不过第二天早上我好不容易让鸦片成瘾的挑夫动身赶路时，想必已是九点。杨林以远的碎石公路已经完全被大水淹没，我们只能绕大圈走小路。一路的泥泞难以形容，四周的原野全都成了泽国一片。连日来的暴雨让这里水流成灾，人们搭起小棚子，一边躲雨，一边在奔涌的泥水里用网捞鱼。我虽然总是抱怨，可眼看走得一身泥泞，想来还是应该走石板路的。实在搞不明白挑夫们究竟是如何走下来的，要知道这样的路哪怕草鞋打上钢钉，我也会滑倒。不过有个苦力一天之内滑倒了两次，他身上挑着的可是最易碎的货物。这种情况对于中国的挑夫来说实在少见，他们不管挑什么东西，都像是装满了鸡蛋似的小心翼翼。不用说，出这种事情和抽了鸦片脱不了干系，因为事情发生在他抽完大烟出发的不久之后。

有四个士兵从杨林派过来和我一同赶路，几个人甚至连草鞋都没穿，不过他们在催促挑夫赶路方面还是起了一些作用。这一天走得实在太慢，到达中午的歇脚点时已是午后两点，待到一天的路走下来，抵达羊街①时天已经全黑了。其实这里是由一条街发展出来的镇子，早已挤满了士兵和马帮的一大拨人。这正是我之前想加入的那个马帮，因为下雨在这里已经停留了一整天，结果被我们赶上了。杨说自己没有帮上多少忙，坚持没要赏钱。我的这位护送者让我在楼上的 间屋子安顿下来。这是一栋两层楼的房子，带着一个院子。我的箱子上沾满了泥，外面蒙的猪皮已经裂开，里面的东西却一点也没有湿。我们找来了一张桌子和一把锯木架。对于一个被雨困在这里寸步难行却一心急着赶路的人来说，这样的条件已经够舒服的了。事

---

① 羊街（Yang-kai），此处所指为昆明市寻甸县羊街镇。

实上，只要有杨和行李在我身边，走到哪里都不会觉得难受。

　　我在羊街待了一天两夜，那天正好赶上我结婚五周年纪念日。看来命运安排我以这样的方式来庆祝，这是对我赶在这大喜日子前匆匆离开的惩罚，不过从行程安排来看，这么做也是无奈之举。另一个与这个日子有关的人距离我其实只有50英里，这点路程一只乌鸦便能飞到，只可惜我不是乌鸦。雨整日整夜地下着，好像天和海交换了位置。不仅如此，我的马显然也病了，从第二天晚上开始不吃不喝，变得极其虚弱，我只能一路蹚着泥水，走完最后20里路才找到一个破败的村子。杨找来了一位当地的医生。他坚持按照惯例，我们必须先付一元银元，这可不是个小数字。医生开了点药，混在一起，看上去有点像湿水泥，接着拴住马嘴，把马头固定在一根柱子上，再拿出个自制的大勺子，把药灌了进去。我们付了钱，医生下午又来灌了一次药，可马儿绕着柱子不停转圈，不时停下来痛苦地伸长脖子，感觉除了完全没有食欲之外，还有其他病痛。要是有法子把它放掉，除掉它身上的马具或者把它送回云南府就好了。我从来没有打算骑它，本来就应该回归自己天生的行动工具。挑夫们都负重赶路，那我也能和他们走得一样快，一样远。事实上，这一路上我都在怀念过去在南美那段自由自在的好时光。好在我心里明白，这些小村庄跟安第斯山上的那些村子一样荒凉，万一孤身一人被丢在这里该有多么危险。我还随身带了好些书，占据一个挑夫担子重量的一半。我妻子还为此取笑我，居然出钱请人背那么多书，不过在旅行结束之前我还是为这一举动感到庆幸。

　　中午时分，挑夫们过来问我要工钱，如果有一天因为耽搁无法赶路，他们每个人就能拿到20文钱。我跟他们说，吃过午饭就动身，可他们推说可能走不到平常歇脚的驿站就得停下，那样会没有地方住，这种事情在中国倒是经常发生，有时歇脚的地方就跟火车停靠的站点一样没个准。挑夫们接着提出，我还得再先给他们每人一块钱，全然不顾合同上明明写着在第七天之前不得索要更多工钱。他们每个人都在云南府拿了八块钱定金，全部旅程一共12块，可现在连五分之一的路程都没有走完，他们显然已经把挑行老板留下来的钱全部挥霍在了鸦片上面。不过我还是买了些猪肉，让大家高兴高兴。即便如此，还是有人对此愤愤不平，因为我是派杨去买肉，没有把钱给他们让他们自己去买。真那样做的话这点钱肯定会变成鸦片，而不是吃的，可他们要想明天继续赶路就非得好好吃点东西。

我那间破屋两旁的房间里搬进了一群农民，接着又住进来一群劳工。他们在地板中央生起火，围坐在一起，叽叽呱呱地聊了大半个晚上。接着，男女屋主人吵了起来。女主人赌咒发誓要骂上整整一晚，狗也叫个不停，她时而扬言要跳河自杀，时而走到被水淹着的田里，好像是要验证自己的威胁。等到我上床睡觉的时候，那个女人还在让这湿漉漉的氛围变得更糟糕，雨依旧下个不停。房顶上四处滴水，我只能在蚊帐架子上盖上雨衣和雨披。

一大清早，雨已经停了，太阳重新露面。然而，这场旷日持久的大雨肯定让前方没有铺石板的道路变成一片泽国汪洋，路肯定不好走，挑夫们还挑着担子，更糟糕的是从现在开始，前方看起来要不断爬山了。不过好消息是马儿终于开始吃我昨天买来的青草了，驮畜队似乎也已上路继续前行。当一切生物就此离开，这个破败的地方显得更加凄凉惨淡。我终于让那五位瘾君子背上了行李，在一阵泥雨中踏上行程。我的脚上和身上溅满了泥点，毕竟马儿已经三天没有进食，叫我怎么忍心骑它。继一个沉闷的结婚纪念日之后，我又以一种特殊的方式迎来了43岁的生日——从天光大亮直到暮色渐暗，蹚着泥浆混水，连滑带溜地走了整整90里。

我们走的前几英里还是平地。小路已经完全被水淹没，一切糟糕透了，我的裤子很快全湿了。杨不畏艰难，好几次牵马渡过没在深水之下的灌溉渠；但马在跳过一道沟渠的时候一脚踏在杨的光脚上，这下他可伤得不轻。虽然他对此毫不在乎——中国人都习惯这样——但接下来的几天里，我几次怀疑他是否还能继续赶路。不过，中午时分我们已经到了地势较高的地方，这里的路已经干了，足够让人走得顺当一些。事实上，午后的路况变得相当不错，不少时候都是行走在高高的山地上，四面绿油油的丘陵高低起伏，没有铺着石子的山路还略湿滑，往往延绵数英里。路越往上走越难行，挑夫们拖着沉重的步子，化身这壮观而混沌的山川景致中的几个小点。这番景象又将我的思绪带回了安第斯山。我们在平整而辽阔的高原上穿行了整整半天，南美人管这种地形叫作"páramo"①。接着又下到深邃的山谷中，谷地弯弯曲曲，

①　"páramo"，安第斯山脉的高山稀疏草地。

梯田一级级排列着，有的稻田变成了大湖。

　　尽管我讨厌被人像保姆伺候婴孩一般地服侍，但出发的时候还是有七个士兵跟在身后。山路漫漫，他们哼着小曲唱着戏，而我大部分时间都在和杨聊天，真没想到谈起他的国家，我的国家，还有这里那里的人，我们居然那么多看法能够相互理解。真的，只要是我俩选的话题，似乎都谈得来，当然我们不会挑选哲学或者文学方面的话题。杨不仅把滇西都走了一遍，还陪着以前的主人沿着那条有名的古道，从大理府翻山越岭去了缅甸，往南一直到仰光，然后继续前行到香港，再经过印度支那打道回府。经历了这么多，他还保留着质朴纯真，这样的经历给了他广阔的视野。他没有受过学校教育，却自学了不少。我正在看的《常见汉字 200 例》，里面有不少字杨一眼便能认出来。

　　天色已黑，我们在另一座偏僻的小镇停下了脚步。这个镇子也只有孤零零的一条街，名字叫功山①。镇名里的这个"山"字倒是名副其实。由于这个地方早就被马帮挤得人满为患，我提出干脆找个寺庙住下。我们跟着一个小童，拖着疲累的双腿，沿着陡峭湿滑的泥路往上爬了一英里多，才来到山顶上的一所学校。学校是寺庙改建的，整个镇子就被这座山包围着，像一条项链落在山坳里。这所学校反映了中国公立学校的典型状况，门边地上的淤泥足以没过脚踝。马被我们牵进了大门，它已经在前院密密的草丛里吃了一个小时，现在已经相当听话。这里有个老师，还有个老牧师，看上去好像父子，就住在后面屋子里的一间。他们还颇为自己的校舍骄傲。教室也是泥垒的，里面的灰尘感觉已经积累了有十年之久。据这位老师介绍，这里有 25 名学生，年龄 5—18 岁不等，其中有一名女生。学生们每天早上 10 点到下午 3 点，一周 6 天，一年 10 个月参加老师的免费智力启发活动。老师的书桌上一头摆着块小木板，漆得乌黑，另一头放着尊大大的泥塑菩萨，还有几尊靠墙放着，把屋里的四个边全摆满了，每一尊菩萨前都点着一炷香。很难想象这里的老师能教会孩子什么。其实，如果中国的乡村教师能够放下架子，接受西式的方法，做点园艺或者其他类似的事情，这个地方没准会是一个不错的去处。一大清早，那位父亲模样的人接过了我们的房钱，大约相当于 10 美分。

---

① 功山（Kung-shan），原名"空山"，今云南省寻甸回族彝族自治县功山镇。

挑夫们又下山去了镇上找住处和鸦片，当然不能指望他们能够早点动身。他们实在是不想走这接下来的一百里地，毕竟这是此次翻山越岭旅行中最长的一段路。不过，催促他们上路到底花了多少时间，究竟耗费了多少精力，我也记不得了。不管怎样，我的马儿看起来好像已经恢复得差不多。

六月的最后一天，我们爬到了海拔8000英尺的地方。这里山川壮阔，景致斑驳，大部分地方都覆盖着绿色，不过随处可见红色的土块从路旁伸展开来。石头路虽然多数崎岖难行，不过也偶有平整的一段。"上到这些高原之上"，正如我在云南府的一位中国朋友曾经说过的，云南和南美的风景相差无几，有些高山台地的景象足以媲美雄伟的安第斯山脉。干松种植园散布各处，每一个面积都不大。这些松果、松针、松叶都能用做燃料，编成粗大的绳子后一捆捆重重地担在劳工肩上。用这种东西做燃料可比含硫的煤球好多了，在云南的客栈里经常能看见后者和黄泥混在一起，烧起来仿佛把壶底烧穿，把你鼻子里熏黑。

云南的山是棕黄色的，山上梯田错落有致，主要种植玉米和马铃薯，后者现在已经成了一大特产，是当地人喜好的美食。现在正值马铃薯开花的时节，浅粉色的花肆意盛开着。虽然大多数中国人并不知晓，但云贵两省的西部高原地区到处种植马铃薯，这可算得上是恩赐，因为米价实在太贵。云南的马铃薯好像多少年以来一直都是小小瘦瘦，看起来略干瘪的样子，至少那些山民部落种的是这样的。或许是因为他们和马铃薯原产地的印第安人一样，把最差最小的留着做种子，因此云南产的马铃薯和中国以前的花生都长得不好看。英国传教士十年前专程从英格兰运来种子，引入优质马铃薯，培育种植种薯，而后分发给信众。这些优质种薯完全取代了原有品种。现在"洋芋"，也就是所谓的"外国菜"——马铃薯在中国其他地方还有另外的名字——甚至已经在云南人的饮食结构中取代了大米，至少平民百姓如此。

和国外的一般印象恰恰相反，中国有好几百万人并不以大米为主食。北方地区更多食用小麦、高粱、玉米、小米、豆类和番薯。云南人通常很早就把马铃薯给挖出来，中国人采摘水果都习惯这样，似乎等不及果实成熟。云南人在马铃薯开花的时候将它们采集起来，清洗干净，然后削去一层薄薄的皮。被削掉的马铃薯皮随处可见，每条村道上都盖着一层白色的薯皮，正如有些国家的路上满是橘子皮一样。山路与溪流之间的每一块小空地都种着马铃薯，哪怕是面积狭小的一块梯田，也会种上六七株。山边还能看见连片的荞麦地，开着粉红的花。田野里种着燕麦、白色的三叶草、金鱼草、高山火绒草。有些黄色的花可能是毛茛，还有一些虽然看似雏菊，不过不是。山楂和蔷薇丛上挂着饱满鲜红的浆果，看来只要有了这些，我们就不会饿死，有不少年长的妇女和幼儿在采摘这些果子，应该是可食用的。

　　慢吞吞地走了一天之后，我带着那群鸦片鬼拖着疲惫的脚步，走进了一个破落的村寨。虽然下午时，他们已经在试图让我就此停步了。我可没有答应，丢下他们继续往前赶路，他们是否会跟上来心里完全没有底。我会坐在下一个山头看书，顺便让马儿吃一会儿草。有人穿着件破羊皮褂子，从我眼前匆忙而过，他要去前方15里远的村子送我的官方文书，文书是由另外的人从功山那边带过来的。他同样什么武器也没带，不过自从他来了，其余护送的士兵一个不剩地全都跑了。

　　我把挑夫们拉进了一个叫作"耶稣堂"的地方休息，听起来像是中国人口中的天主教堂。几个月前，有个英国传教士在这里附近被一伙匪徒绑架，省长后来派了大批人马保护他。我们一路经过不少村寨，这些村子前年被土匪一把火烧掉，早已废弃，不过迄今为止也没听见任何关于土匪的传闻。没了护送人员和政府差人，村民们便开始拒绝接受纸币，哪怕省长明令在先，这些纸币与人们想要的银元具有同等价值也无济于事。我只好在一间泥垒的屋子里过夜。你在这里很难把那些狗、猪、鸡赶出去，它们在屋里早就自由出入惯了，没想到居然来了个这么排外的家伙，不肯跟他们共处一室，自然恨得牙痒痒。屋里的其他人用木头和干粪生了火。我没办法，只能把门敞开，否则会被刺鼻的烟呛死。他们就坐在火边，一直聊到深夜，不时还在火上烤个玉米。

　　七月的第一个上午已经过去了一半，我还没能让这群没好脾气的挑夫上路。他们直到三个小时之后才开始动身，我们在蒙蒙细雨中步履蹒跚地走进了癞头坡①。我们本来应该在前一天晚上走完这段路的。虽然还没到中午，可挑夫们坚持要在这里停下来，理由还是老一套——找不到铺盖。不过既然他们郑重其事地保证，只要我答应他们停下来，就在两天之内赶到东川，再加上如果把行程安排再次打乱，很可能又得在一个难以名状的地方过夜，所以我也就随他们去，也不提要派人去给县长传话了。

---

① 癞头坡（Lai-t'eo-po），以往云南北大马道南路的一个驿站，位于寻甸回族彝族自治县境内。

就在当天上午余下不多的时间里，一支庞大的马帮从我们身边经过，走了整整两个小时。这支马帮是从四川往云南府运送丝绸的。不少赶路人都沾了马帮押运士兵的光，这些固定的护卫被称作"保商队"。商贾们和政府达成协议，他们带着货物每个月都要在通往省城的主干道上往返一两回，因此需要后者安排保护。早在忽必烈大汗的年代，大批旅行者便将自身安危维系在与之同行的高官身上。当然，要想享有这份特权，付出的代价也必定高昂。我尽管之前在羊街和功山也遇见过马帮，但见到如此庞大的商队赶路还是头一遭。这次见到的骡子和马匹多达2000头，驮着大批货物。骡子大都状态不错，每十来头牲口便有一头在前面领着，脖子上挂着铃铛，还系着绒球，一般是火红的狐尾和其他毛皮。几十名士兵排成长队，军官骑着小个头的公马，穿着军服的娃娃兵们拿着长官的热水瓶、竹烟管和纸伞。士兵们相互背着过河，虽然背人的和被人背的都无法保持不被水弄湿，但他们兴许是按照日子或者经过的溪流轮流下水。

有几个徒步赶路的人穿着打扮带点西式风格，像是学生，正赶上放暑假回家。挑夫人数众多，大都背着担子；两根竹竿拼成的轿子上坐着女人小孩，也有男人，床铺、行李之类的无所不有。不时看见某个人由三个轿夫抬着，偶尔还跟着个挑夫提行李，一件手提箱，一篮子吃的，有时还放着个敞着的鸟笼。这些懒汉可比可怜的挑夫个子高，身体壮，只见两个轿夫骨瘦如柴、衣衫褴褛，就这样可怜兮兮地抬着这帮家伙连同他们的包袱和全部行李。旁边有个士兵经过，他看上去好像得病了，形同死尸一般，手脚摊开躺在担架上，他的杂物就堆在身旁。抬担架的两个人抬得那么辛苦，可换回的东西或许只是一点吃的，足够让自己继续赶路而已。

与之形成鲜明对比的是一台真正的轿子，装饰得相当精美。一位高官从帘子间露出脸来，一副吃饱喝足、奢靡无度的神情，看上去像是醒着。像他这种地位的人通常都是神情木然的样子，此时竟然也好奇了起来，感叹我这样一个外国人孤身行走在这个匪患猖獗的地方。他的身后跟着几台用两根竹竿拼成的轿子。那些轿子应该没那么舒服，上面坐着他的几房姨太太，个个都很年轻，没有带孩子——年老色衰的估计被丢在家里，照顾孩子去了——小脚是她们唯一可见的美貌标志，洋洋自得地搭在前面的小木棍上，晃来晃去，固定木棍的那根绳子十分纤细。中国的达官贵人们或许对西方人眼中的生活享受不大在意，可对某些东西却很执着，比如，多娶几个老婆。

这一队马帮犹如一股蓬勃的山泉，不断从崎岖陡峭的山边小路上流淌下来，一分为二，直到进入一处狭窄的溪谷才被迫再次合拢，汇在一起向前涌去，如此日复一日。骡子驮着鲜红的毛毯或地毯，数量足有上百头或许更多，我后来才发现这些毯子都是从东川过来的。还有一些牛、绵羊、山羊和劳工背的兽皮。鸡被装在筐子里，我们经过时那些公鸡还会骄傲地打鸣。所有这些货物一同去往省城。这些人有的背着成捆羊毛，背上堆起来的体积比自己大上好几倍；有的将两卷烟叶用木板卷起来，横着放在自己的木制器具上。那个器具形如背囊，极其沉重，背着的人遇见马帮经过就靠在山边让道。一切看上去就好像一列火车运送的各种商品被齐齐摊开，摆在路上，延绵数英里。不难理解，让如此庞大马帮中的一支从这破败凋敝的山间小镇上沿着山道一路下来到底意味着什么。人也好，牲畜也好，数量如此庞大，若是不带上干粮就没有吃的，也几乎找不到地方能够停下来安稳地睡一觉，哪怕按照中国人的标准都办不到。因为下雨耽搁行程，马儿生病，挑夫出乱子，路况太糟，只能在固定的地方歇脚，山路满是石子，又陡又窄，走下来得花上好几个小时；有了这些事情，难怪在旅行者心急火燎地赶路的时候，会觉得整个世界都在和自己作对。

就在我们决定在癞头坡停下，不再继续赶路的时候，雨居然停了，太阳露面了。我在一片松树林转悠了一下午，它位于镇子外的山上，那里的感觉可比待在一个满是苍蝇的村子里好多了，只要有苍蝇，一路上我就几乎没法写字了。我时常在想，中国人莫不成真有这种本事，能够做到不动声色，把自己平静外表背后的东西捂着藏着不表露出来；如果这句话指的是心态平和、处变不惊，倒有几分的确说到了点子上。就现实而言，村子里挤得一塌糊涂，紧挨着山路，两排泥巴房子整齐地靠在一起，一条窄窄的路成了这里唯一的街道，泥巴房子的后墙就是"城墙"。这些村子很难找到一样东西能够用"干净"来形容。除非出国生活过，否则中国人永远无法对西方人口中的"干净"二字到底意味着什么产生清楚的概念。只要你推说不吃猪肉，即便你对这些吃玉米长大的生物其实挺喜欢，你的用人也会认定你是个回回，也就是穆斯林。癞头坡这个地方污水横流，垃圾遍地，泥巴屋子住起来到底有多难受，简直超乎想象。不过不少房门上还是会写上歌颂的文字，门柱上照样竖着贴起红纸，表明这里是王道乐土。毫无疑问，不管怎样，家就是极乐之地。这里的人开朗而友好，如果他们能够在肥皂泡里好好洗洗，再搬进一间干净的房子，或许将丝毫无损他们继续释放乐观的天性。

　　从癞头坡往前是一大段山路，着实难爬，毕竟这里已是海拔8500英尺的高地。不过，经过早上的一场阵雨，天气倒是不错。这也算是运气，因为即便赶上好天气，这样的山路对于我们中的某人来说，也相当辛苦。他虽然在几个挑夫中相貌最为周正，却也得干这艰苦的活儿，试图让其他人和他换一下担子都徒劳无用。我在山顶上已经待了一个小时，可能更久，要么发呆，要么选块草地看看书，享受难得的阳光。几个挑夫经过时对我说，那个人已经掉队了。我们最宝贵的东西都装在他背的箱子里，有扎成一卷卷的银元，还有纸币、护照、给前面公司和传教士的信用状、胶卷和洗照片的小水池，我最体面的几套衣服——其实也没说的那么好——一句话，要是没了他背着的箱子，这趟路就没法走了。

　　然而，就这样待在山顶上裹足不前，想着他能不能爬上来，这根本起不了作用。如果真的非得寻求援手，也只能去前头找人帮忙。顺便说一句，在这海拔超过9000英尺的地方，看着身旁云卷云舒，徒步其实要比骑马更加舒服。这里红色的山地虽然看上去富饶肥沃，其实全是石头。硕大的岩石从底下深壑的土沟里露出来，沟底最下方流动着黄色的山泉。在某些地方，下方的山路成了一条细线，挂在陡峭险峻的悬崖峭壁上。雨水在地面形成长长的湿地，路一会深深地没进去，一会又露了出来。不过，这里的鸟儿倒是十分活泼。有个小男孩穿着破破烂烂的羊皮袄，仰面朝天躺在小土墩上，肚子上盖着没有帽檐的毛毡帽，看起来像是自家做的。周围群山环绕，一片碧绿与酒红相间的色调，甚是壮观。小孩一边用类似潘笛的乐器吹奏出美妙的乐曲，一边看护着羊群。灰白色的绵羊中混着几只山羊，在壁立陡峭的山边。我们接着翻过尖锐的岩石，从一个陡坡上下来。那道坡比任何人工修建的阶梯都要陡，直接通向山下的一个村子。村里静悄悄的，带着一丝热带的气息。赶路的人会在这里停下来，只要付钱，中午就能抽抽鸦片，吃点东西。

　　我们在这里停留了两个多小时。回头仰望来时的山路是那样陡峭险峻，崎岖难行，掉队的那个挑夫和他背着的宝贝箱子依旧连一点影子都见不着。我别无选择，只能让其他挑夫继续赶路，然后吩咐杨留在这里继续等候，要是那个人来了就再找人把担子接过来。村里有个身板结实的人答应，如果那个人来了，就接手这个活儿，只要我给的钱足够回家吃饭，而他家的破房子就在村子尽头。于是我们五个人继续赶路，在瓢泼大雨中走过一段矮一点的山脊，接着又穿过一块平原，路虽然没那么滑，却更显泥泞。我们最后走进了一个名叫"鹧鸡"①的村子。在这里我只能自己买米做饭，收拾房间，给马饮水，那帮挑夫早就一溜烟跑开，去他们的鸦片世界逍遥快活了。

在那些供人歇脚的驿站，比如像鹧鸡村这样的地方总会有几家大客栈，里面有马厩。不过，楼上那些铺着木地板的房间全都已经住满。有些破屋子还能住，只要把那些由席子和板子搭起来的"床"，还有下面垫着的锯木架拿走就行，怎么说都比北方一般旅店的房间要好一些。驮着货物的马和骡子穿过吃饭的大堂，径直走了进来，那里既是正门，又是主要的起居室。硬邦邦的泥地上总会有一个用石头垒起的大坑，四四方方，专门用来生火。所有人围坐一旁，闲聊谈天。

杨总能想办法弄到热水，我把自己的脸盆放在客栈的空木头澡盆里，两腿分开站在上面洗澡，这样省得还要在自己房间的泥巴地上挖个水坑。我那几位鸦片成瘾的挑夫此时想必在隔壁另一间房里休息。再过去隔着一道泥巴砖头垒起的墙，住着一男一女，带着孩子，还有两三个姑娘家，要么是奴婢，要么就是新娶的媳妇。拴马的地方通常要收25文钱，马吃的粮秣还不算在内，可就算是一间房子给我一个人住，就像鹧鸡这家客栈一样，我住宿费也只要十文滇币。带着栅栏的窗子外，有时会有潺潺流淌的溪流。

当我在黎明时醒来后，发现杨和丢了的箱子已经回来了。他带着新找的人沿着那段危险的山路又爬了回去，结果发现那个挑夫早已筋疲力尽，根本没法再走。一路上找了两三个乡下人，提出给一笔钱，要他们回去"替一下"，却没有一个人答应。天色将晚，可我那位忠实的仆人和新找的挑夫距中午歇脚的村子还有很远，只能摸黑走完剩下的30里地，在雨中翻越满是石头的山路，从晚上十点一直辛苦折腾到

---

① 鹧鸡（Cheh-chi），即今云南省曲靖市会泽县鹧鸡村，为南路大马道驿站之一。

凌晨三点。更糟的是，这个新找来的挑夫竟然视力不佳，根本认不清路，幸好我们走丢的箱子上总是挂着灯笼。杨的脚一瘸一拐还没好，又得了重感冒，几乎连话都说不出来。即便如此，第二天一大早杨又面带微笑地忙着准备早餐，七点一到再次出发上路，一走又是 90 里地，再次走到了天黑。

和杨相比，其他挑夫简直是我在中国旅行途中见过最差劲的——当然，我说这句话绝不意味着他们一无是处。我只是从未见过有人如此好逸恶劳，哪怕修铁路的工人和船上的水手也比他们勤快。尤其是个子最高的那个，也是最懒的一个，真叫人又好气又好笑。他长得又高又瘦，一双手算得上皮滑肉嫩，两条胳膊细细的，肌肉一点都不结实，跟病恹恹的女学生一样。他在泥里雨里折腾一整天，背着的东西估计自己用手抬不起来。

他无论早晚总是穿着两件衣服，破破烂烂，上面打满了补丁，看得出多年以前的底色是蓝色。一块脏兮兮的破布盖在头上，那既是他的洗澡毛巾，也是用来擦汗的汗毡。如果把它比作破旧的屋顶，上面的不少木瓦和木板都不见了踪影，剩下的也因为日晒雨淋早就烂了，看来自打他迷恋上这顶帽子已经过去了不少年。他在路上隔一阵了就会买双草鞋，四个铜板一双，还给草鞋钉上了铁钉。道路这么差只能这么做，这对挑夫来说必不可少。他掀起那件破长袍扎在腰上，光着脚，一路走得泥水四溅，加上生就一副白皙面孔，手指又长又白，还有尖细的指甲，跟老学究似的——当然，像他这种情况纯粹是因为抽烟而没有时间修剪；他像极了以前在衙门里办事又沉溺于鸦片无法自拔的小官，要么就是身为遗老遗少的读书人。我丝毫看不出有什么理由可以相信他识字，不过大家有事没事拿他开起玩笑，说他可能以前是个大人物，现在想隐姓埋名，逃避政治对头的迫害，把痛苦的回忆都在鸦片里忘掉。他的头发很长，已经披到了肩上，他从来不抽点时间把头发扎一下，编个辫子，胡子虽然不多，可有的地方已经很长，谁叫他整日沉溺于吞云吐雾，不记得省下点钱，找人给收拾收拾。有了这副模样，如果我这样说不会冒犯那些严格的基督徒，他实在是像极了平时画里见到的耶稣。

虽然他吃饭的时候总不忘和大家在一起，可我在客栈里从未见过他去厨房做饭，其他人都是轮流做饭的。不管别人走得多慢，他没有哪一次动身赶路不是最后一个起身，最后一个抵达。这趟旅行一路走得单调乏味、令人昏昏欲睡，即便能够欣赏周围时时变换的景致，有时也难免会胡思乱想。我猜想这家伙莫不成是匪帮派来的探子，来这里耽误我们赶路，好让同伙在某个巨石成堆的隘路上把我们给截下来？不过在完全清醒的时候，我当然知道这些都是无稽之谈，他和其他人都知道我就带着这么丁点东西，根本就不值得抢劫。再说，他们也不会把我当成有钱人，抓去索要赎金。他没有跟我们走完全程，他在东川玩了个令人相当恼火的把戏，在他身后留下了我右脚鞋子的印子，趁机逃离了大部队，卷走了其他同伴辛辛苦苦挣来的工钱。

另外三个苦力——那个半瞎的乡下人另当别论——只是一般的懒而已。专门负责沟通的领队背上的担子也是最轻的。他理了短发，没有让头发脏兮兮地一缕缕垂到肩膀上，看上去还挺有男子气概。他们每天晚上都会洗脚，用一个木盆盛着水，差不多烧开，客栈一般都会提供。即便如此，这看上去更像一种职业习惯，为了让在石头小道上走了一天的双脚放松一下，而绝不是为了清洁。和不少干这一行的人一样，这些挑夫也得了俗称的"鞍疮"，这是由于扁担在脖颈、背部摩擦引起的。

所有的挑夫都有个毛病，一天的工钱还没到手，就被吃光了，或者说基本上抽鸦片耗完了。他们背的东西都不是自己的，除了那根烟管和抽大烟的器具，后者可要贵上许多，有一个小锡盒专门放烟灯，两个小杯子装着烟药。烟药呈半流质，棕黄色，再加上一杆又沉又短的鸦片烟枪，上面有根通条，用来清洁烟管。只有在无法继续享受的情况下，他们才会极不情愿地把这些家当放进一个脏兮兮的口袋里，然后扎好绑在行李上，仿佛只有抬眼看见这些让自己心满意足的玩意儿，才能让他们有足够的气力走到下一个歇脚的地方继续抽烟。

他们带了不止一块布，和垫在背上的那块换着用，用来遮风挡雨的草帽上长满了虫子。铺盖，是在客栈花几个铜板租的。这些挑夫每天做好自己的饭菜，用客栈里的盘子盛着。做饭就用那些巨大的浅底锅，这些锅子人人都可以用，在沿途客栈和茶馆里的泥砖灶台上都能找到。挑夫们从来不会为了鸦片的价钱吵架，倒是常常为那些夹生的饭菜究竟该给多少钱争得不可开交。他们吃的主要是马铃薯，因为这个季节只有这个最便宜。他们经常为在路边的馆子里花去自己辛苦挣来的几个铜板感到万分遗憾，后悔为何不把这点钱全部拿去买大烟，这样就能在馆子里铺上一块草席，酣畅淋漓地抽起来。他们好像就连喝茶花了几个钱都感觉愤愤不平。这几个挑夫和大多数中国人不一样，甚至和其他同行比起来也大不同，虽然看上去并不怎么口渴，却会趴在地上，从浑浊的河里舀水喝。

云南的劳工除了好鸦片这一口，看上去对酒或者其他放纵之物并不感兴趣，不过他们也会来一点当地产的烟叶。那东西相对温和许多，先切成细细的，像玉米穗丝一样，再和花生油混在一起，放进细细的长烟筒里。抽这个对他们来说并没有多少快乐，难得见他们深吸一口。挑夫赶路的时候不抽烟，不过一天停下来三四次，还有早上和中午动身前会抽一会。这些时候正赶上吃完饭，要知道他们做顿饭再吃完得花费很长时间，这一个多小时里他们会摸摸烟管，运气好的话可以躺下休息，抽着烟，在再次上路之前，让自己进入飘飘然的极乐世界。

云南人和广东人不同，一天要吃三顿，跟说官话的北方地区一样，因此中午停下来的时间很少能缩减到两个小时之内。挑夫们做每一件事，不管是捆好包袱，还是把自己的烟枪收好，都是慢吞吞的。只有等到完全上路了，他们才会以作为挑夫能够接受的频率开始小跑起来，当然前提是路面平整，走路顺当，而且还要够宽敞。不管是谈感情还是谈钱，你都无法让他们快起来，也没法让他们避免不时停下来。他们宁愿这样慢吞吞地一直走到天黑，有时一天只走上30英里，日复一日。想想这些人以前过的日子，再想想他们今后的日子，你很难责备他们通过抽烟找到更加快乐的人生滋味。无论如何，就算他们一早起来或是想着抽烟的时候会态度粗暴，但他们终归拥有中国劳苦大众特有的开朗乐观，即便身处逆境亦是如此，正是这样的品质让他们成为跋山涉水、一路同行的最佳旅伴。真的，看着他们每个人挑着满满一担子重达百磅的东西，一天下来令人难以置信地走上25英里，到手的不过是挑行老板留下来的那么一点钱，充其量也就一天35美分，你又如何忍心苛责他们偷懒？

我在鹦鸡吃过早饭，带了一点干粮做午餐，还带了杯子，这样就能自己泡茶喝，行李则交由杨一路上尽心打理，便接着向东川进发。东川距此还有90里，是这条路线上第一座重要城市，而且最重要的是当地有一座传教士的院子，里面有一个外国人的空房间，我得到允许可以暂时借住。这一天我终于明白了自己到底能走多快。

去东川的路上，我大部分时间都在沿着一条河边小路前行。河边这样的路有好几条，一路上山石嶙峋，道路泥泞，起伏不平，仿佛悬在空中，从连绵无尽的青山中穿过，将山峦切割开来，让后者看上去像狭窄的梯田一样。有些路原本就存在，不过更多情况下，这些只是被牛、绵羊和山羊踩出来的山道而已。这些牲口在陡峭的山岩上往返，吃着山头上为数不多的短草。细雨在连绵不断地下着，和一场真正的大雨同样让人感觉难受。光溜溜的石头路面湿滑不堪，不仅马儿难以下脚，挑夫们有的打着赤脚，有的穿着草鞋，走得也更加辛苦。途中有几次，细雨变成了瓢泼大雨。雨势最大的那一回我已经快走到一所房子跟前，我便将猪从里头赶了出去，牵着马进去了。前一天下午我们曾经爬过一座矮一点的山丘，附近有一条小溪，当时还像一根细水管，可现在已经宽阔得足够开平底船了。它在东川以北不远向西流去，然后汇入长江，这么看来我已经走进了那条大江的流域范围。

寄回省城的快件和我们赶路的方向正好相反，所以几乎每天都能碰到。送信的差役比一般人相貌周正，罩衫上写着两三个字，表明是公家的人。扁担的一头装着尖尖的铁矛头，可能是为了不时保护身上背的那80磅信件。送信人得挑着这些信件，日夜兼程一路小跑15英里。这对于中国人来说算不上太重。他会将担子转交给另一个邮差，后者将继续往前，就像接力跑的运动员一样，不过一个月干下来也只能勉强拿到五美元。信件在这个道路难行、匪患猖獗的地方运送得相当顺利，送信人走完同样路程的时间只是我的一半，便会在一般的驿站赶上我。这些效率颇高的邮差有时也会遭到抢劫，偶尔甚至惨遭杀害，可他们依旧忠于职守。另一方面，西部的这些邮差据说会将自己的油布租给别人，这些油布是发给他们防止信件受潮的。第二类信件由驮畜运送，这些牲口会排成长长的队伍。官府有快马邮驿，也有差人接力送信，速度奇快。沿海一带的重要港口城市之间，海关部门设有专门的邮政处，各个港口的邮票各不相同，而近海海轮可以免费运送信件，以促进贸易。

这里有间茶馆，带着马厩，有个女人中午时分扮演了一把女主人的角色，不仅帮我照料马匹，还烧了开水，让我独占了桌子和锯木架，放到泥巴门廊外面，底下就是门前的小路。她虽然生来一副乐天派的性格，但衣着之破烂，简直超乎任何西方人的想象。不过，像她这样的情况绝对算不上特殊，因为在这壮丽的云南山路上，几乎人人都是这种模样，沿途见到的衣物没有一件能够完完整整超过六英寸，上面打着补丁。

中国人从来都不浪费任何东西，因此我以前总是奇怪，为何穿烂了的草鞋就没有最后的用武之地呢？在中国南方任何一条人来人往的路上，几乎每走一码你都能看见路旁被人丢弃的草鞋。这些东西从土里来，现在又回到土里去，就像人类，不管好人坏人，都是一个结局。可在这里，草鞋会被捡回来，挂起来晾干，一看就知道要用来烧火。这里有一种特别的草鞋，在泥巴让木屐的木齿失效的时候穿。裹脚的女人都穿这种草鞋，她们不仅要走远路，甚至还要挑担子。如果说这些女人的破衣烂衫简直衣不蔽体，那么她们却能找到东西把脚缠上，用云南鲜红的帽带裹在自己已经萎缩的小腿肚上。不过，有的人展现的却是一种职业姿态，东川当地的乞丐多少做到了这一点。他们穿着比沿途的一般人更加破烂，看上去更为凄惨。

河流在快到东川时向西拐去，不久将汇入滔滔长江之中。这里有一段石坡，虽然不长，却十分陡峭。我和马都没法上去——我的马当天早上掉了一只蹄铁，有石头的地方都没法骑。我们不断往下滑，仿佛成了那只有名的青蛙，一心想爬出栖身的老井。我只好手脚并用，泥浆溅得满脸都是。太阳在经过最后一轮瓢泼大雨之后终于露了出来。从石头山顶望去，一块富饶的山谷在眼前延伸开来，谷地里种着稻谷，四周的群山带着半干旱的黄色，尽是石头，还没有被人开垦。虽然现在还看不见，但拐过一个弯去，向右便能见到那座县城了。

行至此处，路面比之前宽了不少。虽然路上的泥浆让人步行困难，尤其是穿着专门用于高海拔地区爬山的服装，不过地上倒也松软，这样我就能再次骑上马儿，又不会伤害它没有蹄铁的马蹄。无论是大米还是其他替代品，马儿已经很久没有吃过粮食。我们一路上都会给马儿买些吃的，价钱往往高得离谱。然而，不论男人还是女人，甚至一只动物，你都永远无法把握他们的真正性情。没有哪头家养的牲口比这匹高大的骟马更加温驯，沿途不少当地人纷纷躲开，用惊奇的声音喊着"大马"。当我正要上马的时候却发现马儿居然不听使唤，踱开了，不让我抓到。橡胶雨披、在高寒地区需要的南美羊驼毛毯，还有厚重的骑兵用雨衣，这些东西我只是随便系在鞍子上面，结果全都掉了下来。马儿走得越来越远，我只好把东西一一捡起来，在后面追赶，就这样跑了一两英里，弄得浑身是泥，满头大汗。我知道这一回玩笑开大了，于是一个箭步，冲到这头牲口跟前，试图一把抓过缰绳或者抓住鞍桥。然而，还没等我的手抓牢马鞍，马儿又迈开了步子。一直以来，我都觉得这匹马像绵羊一样没有危险，于是又抓住了它的尾巴。之前我也这样抓过好几次，都没有问题。没想到这匹体长腿细的灰色骟马居然对着我跷起两只后腿，狠狠地来了一脚。想当年我儿子突然成了债券销售人也没能令我如此意外。两只马蹄从我耳边划过，弄得我脸上身上全是泥浆。若不是我生来运气不错，也可能是这匹骟马对我这个没有恶意的目标瞄得不是那样准，否则我就算不找外科医生，也肯定得向牙医求助。我又跑了一英里，才终于抓住马儿，一把骑了上去，不过这一次我可没有再抓尾巴。这是个绝佳的机会，说明我已经具备了中国人的品质，受了再大的气也毫不动怒。我就这样骑着这头牲口继续向东川走去。

由北往南的大路自西向东穿过东川，因此我得先骑马穿过西郊，才进城去，在西门附近，一如往常有着大片开阔地，出城时也是从东门外的郊区离开。唐省长的老家看起来只是一座小城，四四方方，显得拥挤紧凑。城里树木茂密，有一道旧城墙保存得不错。这里有块墓地，背后紧挨着山，山顶上还有座庙。朝南不远处的群山两侧满是石头坟墓，我们只能从西面进城。这些山很高，圆鼓鼓的。现在正值雨季，山坡上显出深绿，像铺了天鹅绒毯。即便如此，依旧有地方能够看见 块块红土裸露在外。有几位业余爱好者曾经带着空盒气压表来到此地，照他们的说法，当地的整体海拔高度已经达到了 7250 英尺。

东川的城墙是用石头垒的，刚刚修过，长约半英里，宽约四分之一英里。城墙顶上有一条步道，长满杂草，不过颇为怡人。从城墙顶上放眼望去，只见广阔的稻田一直延伸至山脚下，稻田周围散落着不少村寨，你会惊叹在整个亚洲，每一株秧苗居然都是徒手种下的。这里也有常见的泥砖房，屋顶上覆盖着瓦片，单调乏味。屋子挨得实在是过于紧密，几乎把底下的石子路遮挡住了。小路狭窄，还有几处古庙，景致不错，几棵参天古树衬着远方的山景；可现在都被士兵糟蹋得一塌糊涂，和中国南方不少寺庙落得同样的下场。

由于从云南府到东川比正常行程耽搁了两天，于是我第二天一早又催着赶路。不过，我已经找到了一处教会院子，环境不错，沿着城墙往上在东北拐角的地方。院子里鲜花盛开，满地的青草正适合喂马。还有一栋两层小屋，带着些西洋风格，屋内装修一应俱全。由于当地政府认为当下时局混乱，外国人住在这偏僻的内地不大安全，因此这所房子已经有好几个月没有人住了。

一位中国牧师得知我来的消息，前来迎接。他从小在教会学校，和他一起读书的同乡当时虽然也是默默无闻，现在却已做了省长。牧师和一大家子人住在另一间屋里，屋子没那么多西洋风味，穿过一道圆形拱门，走进院子里便到了。牧师会说英语，这是自从九天前我从云南府出发以来，除了自己说的，第一回听别人说英语。把在中国旅行的舒适条件和十年前在安第斯山脉旅行时的情况相比，这一路上其实并没有什么让人觉得真正辛苦的。我忍不住决定在此住上两晚，好好休息一番。再说，马儿前两天走了太多石头路，一只蹄铁已经丢了，还有一只也掉了一半，实在是疼痛难行。尽管我一进城就找人重新钉了马掌，马儿还是需要休息一天。天黑后不久，杨带着其他挑夫陆续赶到。一看就知道他已经相当疲惫，几乎连话都说不出来，其他人也显然累坏了。不仅如此，那个半盲的乡下人也已没法再走了，所以我们还得再找一个挑夫。我还有胶卷要冲洗，更何况突然记起来这是七月的第三个晚上，于是决定就在这里庆祝 4 日这个光荣的大日子，也不管庆祝是否有损把房子借给我住的那位老兄的名声。虽然我宁愿相信他碰巧是个威尔士人，可这对那位英国人来说只是个玩笑吧。我可能是方圆数百英里之内唯一庆祝这个日子的外国人。想想在云南府别人是怎么庆祝的，会有冰块，或许还有香槟酒，可在这里却连一面美国国旗都找不到。好在花生米还是有一些，我后来听说离这里不远的少数民族会做爆米花。

我告诉杨，这一天对美国人来说是个大日子，请他准备一顿像样的饭菜。趁着杨去买东西，我把照片洗了出来，并且保证马儿这一天也过得相当滋润。我把行李里最好也是最重的罐头吃了，顺便减轻下重量。当我最终做好准备，认为是时候离开这个令人愉悦的院子时，牧师坚持带我去城里转转。我们首先去了富滇银行在当地的分行，要经理兑现票据上的承诺，我还能凭票取到 30 元钱。我们费了一点周折，由牧师出面才进到银行里，不过好在当地的外国人不多。一开始银行的人试图压到20 元，可我们要求把钱全部换掉。我可不想把这些不断贬值的纸币继续留在手上，就连跟着我的挑夫也不要这个。虽然这个省由那位东川人民的好儿子说了算，但这里毕竟离省城有一段距离，不用太过害怕那些法令。当地人对省长发行的纸币只按80 分兑 1 元的比例兑换。出纳坐的地方既可以说是一把椅子，也可以看成是条长沙发，还能够当成一张床，放进壁凹里，总之是个休息的地方。办公桌旁放着一套名贵的鸦片烟具，这样他就可以趁着交易间隙躺下来，好好抽上一会儿。银行经理显然也没觉得自己的这位首席出纳的办公方式有何不妥。当地的邮局甚至连一角的滇币都没法兑给我。不过，另一位客人还是成功换到了钱，只是被收了10—20文的回扣。往省城发封电报不算贵，因为不管是用滇币还是鹰洋，都是同样计费。不过，作为政府部门，他们只能接受纸钞。

东川的主要产业恐怕非做毛毡莫属，西门外的郊区就有大片生产毛毡的区域。我们之前遇见过不少挑夫带着这些血红色的毛毯，成批成批地运往省城。这些毛毡并非编织而成，而是将羊毛从绵羊身上剪下，经过打松、滚平做成，和蒙古包非常相似。只不过在这里干这份活儿的是男人，而不是女人，也不用将毛毡摊开晒在光秃秃的戈壁上，而是拿回屋子里做好。靠里侧的屋子早已堆满存货，等着被运走。人们先将上面的花儿、人物等图案用面粉团粘住，再将毛毯挂起来，放在太阳下晒干，然后放进浅底大锅里用染料熬煮，这样只会在没有露出来的地方上色，有图案的地方由于被面团遮住，不会弄上颜色。城西有个地方很热，去到那里要一天路程。那里有条河，河边长着不少小的根茎，鲜红的染料就是用这种根茎制成的，据说染过之后永不褪色。西郊大部分地方的街道又窄又脏，大多数屋门前都挂着毛毯，显得花里胡哨，有的只是刚刚粘上面团，有的已经上了色。我见过最上等的毛毯卖价也不到3美元；赶骡人为骡子装上货物，运往云南府，每运一驮能赚相当于10美分的硬币。

东川的另一项重要产业是做铜锅。铜产自一个铜矿，往西得走三天路程。人们首先将铜锻打成需要的形状，接着用煤烧熔。煤是从东边运过来的，距离差不多远。日本人在那里建了个冶炼厂，就在东门外，有个六边形的烟囱，灰不溜秋的显得极不协调。东郊的不少街上，男人和年纪稍长一点的男孩都在打制铜脸盆、铜碗、铜勺和其他铜制品，下面垫上小小的铁砧，固定在屋里或者门前的地上。铜器打造完工后被放在脚踏车床上，车床虽然粗糙，用起来却很方便，就连女人也能操作，裹着小脚也不怕。他们上上下下地不停踩着，全然不顾成群结队的猪和鸡在身旁走来走去，就这样从天蒙蒙亮一直忙到夜色漆黑。东川的制铜工匠们会将这些结实的铜制器皿抛光打磨，手法之熟练足以让人看到代代相传的经验传承。

在牧师看来，从东川到昭通的五天路程应该不用担心土匪威胁，因为不久前刚刚处决了30个土匪，而且还有一个大马帮明天就要出发，有不少士兵押运护送。不过，牧师觉得就算我走完最后这三个驿站不用派人保护，也应该给地方官送张名片，告诉他我一早就要上路。因此我让杨送过去。杨穿了一套最体面的衣服，回来告诉我，县太爷早已得知我的到来——我到这里还不到一个小时，就已经有人知道了——明天一早会派4个士兵过来。

这次派来的都是年轻后生，看上去好像没有打过仗，不过他们身上带着的家伙可不一定。有个士兵用纸把枪包了起来——在中国内地，背枪用的带子还是个稀罕的宝贝——可没过多久就发现扳机掉了。即便如此，万一遇上土匪，他还是能把枪扔过去砸他们。其他人的武器看上去全都像咔咔作响的废铁，估计是19世纪80年代制造的。只有一个人感觉靠得住，手头好歹有个子弹夹。我们上路走了没多远，另外一个家伙便找我借了根细绳，把他们的枪捆在一起，依旧是一副兴高采烈的样子，一路嘻嘻哈哈，打打闹闹。

他们跟挑夫不大一样，喜欢"放肆"。看着他们把我围在中间，会让人误以为我被劫持了，好在他们不是真的土匪。这群人里有个下士，至少是个出头说话的，戴了顶圆帽子，帽子上围着一圈白色的毛毡，有点像东川出产的毛毯，这倒符合他回民的特征。虽然这群士兵的口音没有杨那一口标准的官话好懂，可还是跟我聊了不少。他们说自己当兵是为了图个乐子，想干多久就干多久。他们每个月能领到4.2元滇币，一天下来几乎还不到5美分——当然，前提是这笔钱能够按时按量发放到手——就算这样，发的当然也是纸钞。他们还会领到棉布军服、军帽，帽子上带着云南特有的红色帽带，当然还有军粮。粮食尤其重要，因为这才是参军当兵的最大动力。比起这些来，我给他们每人25文钱，换成美元至少得有8美分，一天翻山越岭走27英里，然后第二天再走回去，能拿到这样一笔钱自然让他们心满意足。他们似乎对生活的艰辛知之甚少，成天嘻嘻哈哈，完全没有想过要一刀割断那个将军的喉咙，他可把这片地方所有的税钱都塞进了自己的腰包。除非他们和他们的同行，有朝一日真的想通了，动手起事，否则今天中国政府主导的这场闹剧很可能还会继续演下去。不过，等到他们真这么干的时候，情况没准又会变得比之前更加糟糕。

我们慢吞吞动身的时候，日头已经老高，摆在眼前的还有90里地要走。现在除了我，又是十个人，一匹马。一行人从东门出了城，穿过住着铜匠的郊区，左拐穿过一片广阔的平原，平原上种着水稻，沟渠纵横。我们接着往上爬，翻过一座岩石嶙峋的高山，在这阳光刺眼的山坡上，遇上了一家人，他们前前后后跟着我们走了一两天。能够有士兵护送，这家人倒是乐得自在。这家的女人用红布裹着小脚，骑着骨瘦如柴的母马，后面跟着小马驹，一副饥肠辘辘的样子，希望主人不时停下来，喂它一点东西润润喉，不过主人并没有满足它的心愿。男主人徒步走着，全部家当都背在篓子里。那篓子像双肩包一样背在背上，这样的运输工具在中国其他地方并不多见。一个男孩约莫5岁，大部分时间都自己走路，不过有时也会爬到那匹瘦骨嶙峋的母马身上，坐在母亲跟前。女人也会下马一两次，一瘸一拐地走几步。还有另一个男孩，大概十来岁，背上的篮子里装着个肥肥胖胖、两岁大小的幼儿，一整天就这样在炎炎烈日下沿着满是石头的山路走着。偶尔两三回，女人会把孩子抱出来，放到马背上喂奶。一天下来，这群人没有一个发出声响。从孩子的脚来看，他应该已经睡着了，头向后耷拉着，藏在一把伞下。那伞有些残破，没法遮住全部阳光。孩子的头就这样摇来晃去，打着瞌睡。大一点的孩子和母亲想必双脚都走疼了，不过真正应该抱怨的似乎是那匹瘦马和小马。

就在出东川的第一天中午，我见到一个没有缠脚的女人，穿着长裤，头上围着块黑布，像头巾上扎了一个结，又有点像安南人的黑色束发带。这样的情形预示着会有更多部落边民出现，果不其然，在离大路不远的地方，就能看见不少这样的部落村民。

东川一带一直种植烟草，不过并未见到栽种罂粟的迹象，至少这个季节是见不到的。我们又开始往山里走，越爬越高。玉米是当地的主要作物。一位父亲在山边自家荒芜的土地上犁田，儿子在犁过的沟里撒下肥料，这些肥料可是他花了好几个月才从山路上的动物身后采集来的。有些山坡像一刀斩断似的，坡度极其陡峭，露出几乎血红的土壤，一旦下雨所有植被将被全部冲走。延绵的群山仿佛凝固了一般，感觉那么遥远。有的山是鲜红的，有的呈紫红色，犹如陈年老酒。山头被雨水冲刷得光秃秃的，连草皮也见不到一块。一些矮小的常绿灌木成了这里唯一的植被。山路不时会有一段崩塌破碎，就像一年半前我去兰州时走过的路，不过这里的路上没有黄土。三两间破破烂烂的村屋散布在广袤的山野之间，除了路上的过客，这是唯一的生命迹象。我们已是走得人困马乏，下到红水河畔休息。实际上那里还有一座石桥，两座硕大的石柱间原先架设的木头栏杆早就不知去向。接着我们又开始向上艰难爬行，用了好几个小时才重新回到原来的高度。这里叫作红石岩，我们就地停下来过夜，住的那间客栈可是此次旅行中最糟糕的一家。

星期天，雨下一阵停一阵，我们一整天都在沿着山路上上下下，路上的泥巴和沙子基本上是干的，视野也很开阔。接近中午时分，有抢匪的消息传到了耳中，说有土匪的是沿途碰到的一些路人。随行的士兵们领着我看了一堆箱子，都被土匪打开了，胡乱丢弃在路旁裸露的红土上的常绿灌木之间。事情就发生在我们到来两三个小时前。前面破败的村子里有人正在吃饭，告诉我们这里真的有劫匪出没，如何如何厉害，然后指着不同人说他们都被抢过。可是，既然这些人聊起劫匪来和谈到老天下雨是一个态度，反正这种事情谁也插不上手，又何必大惊小怪呢？据我推测，这些劫匪手头的武器恐怕也就是从常绿灌木上砍下来的几根棍子，反正这些植物就长在周围。他们用棍子把箱子的主人打了一顿。这帮人或许算不上经验老道，就算我没有那四个娃娃兵的"保护"，应该也不会贸然攻击一个外国人。说起来还得表扬一下他们，整个下午他们真的把我跟得更紧了。

我们继续往前走，又一个关于土匪的故事传到了耳中，这个听起来更加吓人：三头骡子驮着的鸦片烟，还有一头骡子上背着的银元全被抢走了，赶骡子的人当时正在村里睡觉，而我们当晚也得在那个村子住上一宿。除非这帮家伙想抓个外国人当人质，以此跟政府讨价还价，否则真正的土匪应该不会盯上我的东西——其实我本来也没有几样东西——因为他们更喜欢大宗货物，鸦片、丝绸或者银元。不管怎么说，这些不断流言叫人饶有兴趣的一点就在于，不少事情最终证明只是草木皆兵而已。就算一路有士兵同行，你也无法确保上级长官们就没有和土匪串通一气，因为有的高级军官经常给土匪提供枪支弹药，要么是为了在自己或者自己的货物通过大路时换得安全，要么就是为了从土匪那里得到各种各样的好处，有的据说还能从土匪抢得的财物里拿到回扣。

当天下午，我们踩着石头下了山。沿途经过一个又一个村子，踩着一级级台阶从延绵起伏的山顶一路下到平原。这处平原虽然不是很宽，却显得狭长。矮山把平原围在中间，耕田的人住着的村子就在满是石头的山坡上，一堆堆聚在一起，这样就能留出所有的耕地种植稻谷了。这里的路走起来十分松软，要比山上的更加难走，要知道山顶上太阳出来一晒，那些被雨浸湿的泥土很快就干了。日落时分，我们走进了另一个村子，叫作迤车汛①。没想到这里已经挤满了从云南府去往成都的马帮，这些商队我们之前都曾经碰到过。

由于村里没有客房，于是我决定在大街边的一座庙里过夜。赶上星期天晚上倒也合适，只要你出的钱不比住客栈少，就不会有人出来反对。庙里的院子不大，中间有一尊巨大的铜钟，已经被当成了花盆。我带着一行人进门的时候，的确有个姑娘站在门口高高的台阶上抱怨了一小会儿，可能她怕我们不给房钱，一般来说一晚也就十文钱。我把马拴在门廊下一根大木柱上，然后把全部行李搬进了庙房里。庙房的门又高又重，敞开着。这样的房间只住一个人有些大了。跟往常一样，一大群人又满怀着好奇围了过来，吵吵闹闹的，不过杨轻易便把他们嘘了出去。我挺满意的，于是叫杨去给挑夫们买点猪肉。房间里的地板形状不是很周正，地板就是黑色的泥地，摆着很多小桌子，没有上漆，高矮不一的四处乱放着，还放了几具漆黑棺材。虽然我常听人说，棺材里头装的全是死人，等着合适的时辰下葬；不过杨向我保证，这些只是暂时放在这里，怕万一有人死了临时要用。不管如何，这些棺材至少没有味道。虽说人人都怕鬼，不过我还是支起了行军床和蚊帐。还是有几个小孩和三五个男人不请自来，看着我的一举一动，但情况怎么说都和一大帮人在客栈里围着我完全不同。我又在神龛前找了张桌子，用来写字和吃晚餐。这里还有一张扶手椅，这种东西在中国的客栈里从未见过，没准是给和尚用的，或者是伺候神仙菩萨或者列祖列宗的。

我想假如是个中国人在美国四处转悠，找不到旅馆，打算在教堂里借住一宿，如果只是跟看门人的小女儿说上一声，不征求任何人的同意，多半会遭到拒绝——他若是还在地板上摆上脸盆，打上肥皂洗澡，那肯定会被逐出门外。这里的地上不像前天晚上住的那家客栈，既没有公鸡蹲在那里，也没有人在隔壁房间抽鸦片，害得我被烟味熏得昏昏欲睡。总之，除了守门人一家住的那间房子有点响动，还有杨在忙着准备饭菜，没有任何声音。

---

① 迤车汛（I-ch'ai-hsuin），即今云南省曲靖市会泽县迤车镇，为北路大马道驿站之一。

　　星期一要从迤车汛走到江底①，从地图上看只有75里路，似乎应当是轻松的一天，不曾料想这即便不是我在中国旅行以来最辛苦的一次，也是这次陆上旅行最艰险的一天。我本以为不论是路况还是天气，最坏的情况都已经过去了，没想到雨竟然下了几乎整整一天。大清早虽然还是晴空万里，中午时分也是烈日炎炎，此时此刻却是大雨滂沱。脚下的路从一出城开始便是连续不断的石质山岩，参差不齐地堆在一起。石头之间全是泥浆，弄得马儿脚底打滑，磕磕绊绊，挑夫们更是举步维艰。就算我说"公路"上的泥水深可过膝，也只是给你一点小小提示，让你想象一下路况究竟有多么糟糕。更糟的是我们又遇见了那个马帮，到昭通剩下的路上都和他们纠缠在一起。那可是近2000头驮着货物的牲口啊，大部分货物是鸦片，当官的坐在轿子上，闯荡的行商，拖家带口的，各色人等挤在一起，场面就像《圣经》中的大逃亡一样。这样的路骡子走起来要比我的挑夫快，也稳当一些。因此，尽管我自己超过了不少骡子，可几个挑夫就只能落在后面。于是我只能让所有的骡子先走，直到等来午饭时间。整个上午，我们都在一条沿河的泥路上挣扎前行，路况差到无法形容。整个下午，我们一直走上了另一条小河。这条河要比上午的那条小一些，从一处溪谷中奔流下来。溪谷窄到另一个人想从相反的方向挤过来都困难，有不计其数的地方让人可能滑下去，摔个粉身碎骨，至少有一头骡子和两匹马掉下去了。

　　有那么一段时间，我看见马帮的一部分人正在往回走，不过可能只是因为他们在镇上找不到地方住而已。我从这些人中间拼命向前挤开一条路，直到看见江底就在下方的远处，这才松了一口气，要是真在这样一条路旁过夜那可真是糟透了。江底的吊桥②模样奇怪，就建在长江的一条支流上，桥下江水滔滔。我对这个镇子早有耳闻，虽然镇子就坐落在河北岸，风景优美，可事实上并没有看上去那般可爱。不仅如此，我还发现要下到镇子里可没看上去那么容易。我们沿着溪谷里的小河走了一下午。河流虽然从高处望去看似平静，现在却水位高涨，犹如红水河一般，奔涌的水流在巨大的圆石上激起阵阵白沫。这条河虽然平日里经常干可见底，但连日的雨水已经让水势变得湍急无比。眼看镇子近在眼前，我可没打算就地停下过夜。

---

① 江底（Chiang Ti），今云南省昭通市鲁甸县江底乡，为北路大马道驿站之一。
② 根据下文叙述，所言吊桥为江底铁索桥，亦名"永安桥"，建于清代。

我从山上下来的时候看见一些驮着货物的牲畜过河，它们还没我的马个头大。因此，就算其他赶骡子的人在横跨溪谷的路口停了下来，我还是从马鞍上的行囊里拿下一些东西，免得水打在马身上，把它卷进水里，造成伤害。我接着跳上圆石，踩着巨大的石块一块接一块地跳跃前进。可当我跳上第一块岩石顶部，回头看看马究竟怎么样时，却发现马居然不见了！河水咆哮着，让我连喊声都听不见。我赶忙冲到另一块巨大的圆石上，虽然隔着雨帘一切都显得模模糊糊，却看见几个挑夫正站在岸边，手忙脚乱地比画着。我顺着他们指的地方往下游望去，眼前的一幕让我惊呆了。只见那匹灰色的马，或者说得更加具体点，只见那个惊恐万分的马头在四五块巨石开外的下游，正随着旋涡转来转去。

看来只能和马儿、马鞍还有辔头道一声永别了，其他那些杂物就更不用提了。接下来几天还有辛苦的路程等着我，可最令人难过的是看着可怜的马儿一脸惊恐。我真的无能为力，因为溪谷再往下几码便会奔泻汇入怒吼的牛栏江，江水一路咆哮着奔向西边不远处的长江，迟早会将我的马儿和马鞍，连同剩下的那点东西，一路带到上海去。

我知道这样说听起来很离奇，可出人意料的是，那匹马儿竟然卡在了下游远处的一块岩石角上。你知道在中国身边总会有人愿意帮你，虽然没人敢和妖魔鬼怪作对，如果后者非得让一个人淹死，但这样的法则可不适用于马的身上。路过的两个挑夫连蹦带跳地跑往下游去救那匹马，两岸的人惊呼连连，你一言我一语地出谋划策。他们一把抓住马的前蹄，带到石头上，马死死巴在岩石上不放。接着两个人又把鞍子拽下来，刚好把马儿拉了出来。马儿甚至还没有爬到路上就立刻吃起草来。不过，马终归还是受了刺激，一连几天哪怕面对最浅的涓涓细流也畏足不前，怎么拉也拉不动。两个挑夫每人各得了半块银元赏钱，相当于辛辛苦苦干一整天的报酬，二人心满意足地继续赶自己的路。比起我带着一个浸满了水、重了三倍的马鞍和一匹不怎么听话的马，他们走得可舒服多了。

杨和其他挑夫虽然还远远落在我身后，可他们显然已经从沿路的人那里听到了那两个路人的英勇壮举，赶到以后一个个兴奋无比地向我打听，看我怎会有如此非凡的好运，几乎把走了一天的痛苦全都抛到了脑后。不过，可别忙着下定论，以为这不算个悲剧。当我恢复镇定开始清点东西时，才发现马鞍后拴着的两只搭扣鞋已经没了踪影，还有一件外套也不翼而飞，那可是五年前我在萨凡纳从某位博·布鲁梅尔 ① 那样的花花公子手里花大价钱买来的，军用绑腿自然也不知去向。我妻子之前已经斩钉截铁地命令我，在回家之前必须把这件外套扔掉，这样一来她可能以为我听从了她的吩咐呢。好在我懂得自我安慰，跟自己说没准哪一天又会遇见这件衣服，就在某个挑夫的身上背着，哪怕穿在上海滩某个皮肤黝黑的拾荒者身上也好，说不定有朝一日它还会被带回萨凡纳，毕竟那里才是它的老家。

　　既然这是这趟旅行中最倒霉的一天，那么接下来或许就是最糟糕的一个夜晚。我赶到吊桥时天已经黑了。这座桥在中国西南部旅行者中颇有口碑，就建在牛栏江上，底下是滚滚的红色江水，犹如一头狂暴的野兽在牢笼里关了许久，好不容易才放出来，一路咆哮着奔向长江。桥的拉索是用铁制的，直径三英寸，像锁链一般一节节套住，堪称中世纪拉索的杰出代表。桥板很薄，已经磨损得相当严重。由于桥体摇晃厉害，因此一次只允许三头骡子同时通行。两只石猴守卫在桥的南侧入口。毫无疑问，雕刻的工匠不会让人们对这两只猴子的性别产生任何疑问。河的对岸有一头石虎，翘着尾巴，一副气焰嚣张的样子，对面则是一头神兽，看上去像一头狂暴的狮子。

　　前面的这个镇子也只有一条街，早被马帮挤得水泄不通。这些人是趁着河水还未上涨先行渡过溪谷的，其余人在夜里走散了，绕了好几英里才赶回桥边，走的是另外一条山路。我唯一能够进去的地方叫"马儿客栈"。我踩着满地的污泥，把马拴在一条长长的食槽上。我必须守在那里，保证提供的干草不会被其他动物偷吃，或者被其他动物的主人偷走。一般来说，这里都会有个地方供人们歇脚，补充一些青草或者绿草（也就是新采的绿色干草），还有玉米、豆子，偶尔也能买点米。米一般按升卖，这个词除了表示"分量"之外再没有别的意思，以至于每个城镇几乎完全不一样。由于现在谷子的价格在中国人看来快赶上灾荒年代的价格，因此我花在马身上的钱往往要比为杨花的还要多。重量也好，分量也罢，在中国都跟钱一样，没有两个地方完全一样，就算同一个地方在不同的时候可能也不一样。等到我找到

---

① 博·布鲁梅尔（Beau Brummel），英国 19 世纪著名纨绔子弟乔治·布莱恩·布鲁梅尔（George Bryan Brummel）的译名，意指花花公子。

安全的地方，把湿透的马鞍和毯子放好，天色已晚。杨和其他挑夫三三两两地走了进来，浑身沾满了泥水，显然比我累多了。虽然杨再三要求，但最后能够拿到的住处也只是一间谷仓，就在大马厩上面。之前的住客是个年轻人，光着膀子，可能生病了。他父亲为了要钱，把他撵了出去，里面还留着他睡过的铺盖。

只要有一张行军床，一床蚊帐，再加上一个好厨子，就没什么难得住我。虽然已经说好让我一个人住这间房，可我知道就算真的承诺其他任何人都不能睡在里面，这也靠不住，因为装谷子的大屋里经常会有人来。整个晚上都能听见看马人在不停地大吼，他们中有些人是马厩管理者，其他的则是赶马人。如此一来，我天蒙蒙亮便醒了，虽然睡了会儿，可还是感觉困得慌。

江底只有一条街，街上淌着泥水。沿街一直走到尽头，紧挨着的就是山，地势陡然变得陡峭起来，一路上去整整 25 里，没有一点缓和的势头。镇子就在咆哮的牛栏江河谷底部，过路人都会在这里歇脚，海拔不过 4400 英尺，气候常年湿热，叫人透不过气来。相比之下，大水井① 的海拔又重新回到了 9300 英尺，北上的行人会在那里歇息半天，放松一下。我的挑夫还是一如既往地慢吞吞地把抽烟、吃饭、调整行李，等这些事情做完，整个马帮又赶在我们之前上路了。镇上变得几乎空空如也，一片静谧，只剩下为数不多、常住当地的人和动物。多数是猪和四处觅食的野狗，在被踩得一塌糊涂的泥浆里滚来滚去，等着下一拨人的到来，正是这些人给这座小镇带来了生气。

马帮沿着弯弯扭扭的山路伸展开来，一眼望不到头，转来转去又回到了那条支流，那里是马帮之前过桥的地方。如此一来，差不多到了我的那匹骟马落水处的正对面，这才是真正翻山越岭的开始。我们用留恋却并不开心的眼神把这个地方再次打量了一番，这里已经再次干涸了。为了弥补我因为愚蠢犯下的大错，同时也是为了给马儿一些时间，从神经崩溃的边缘恢复过来，我选择整个上午徒步前行，享受脚下的每 步，直到爬上山顶。今天又是一个艳阳天。回头望去，从东川一路走来经过的原野尽收眼底。山边的小道始终弯来扭去，不少地方的泥水深得足以没过人和马的膝头。赶马人不时停下，用铲子铲出一块平地来，以便牲口通过，其实他们

---

① 大水井（Ta Shui Ching），此处所指为云南省昭通市鲁甸县江底乡下辖大水井乡，为北路马道驿站之一。

是在把牲口从泥潭里挖出来。途中有段路已经无法通行，看见有人正在忙着修路。他把泥巴堆起来，把路旁的陡坡铲平，恢复到雨水冲毁原先道路之前的状态，身边还放着筐，用来装铜板和零钱，这是提醒从这条路经过的人别忘了还他人情。

去往成都的马帮浩浩荡荡，经过一地一般都得花去四五个小时，有时甚至得耗上两天。虽然考虑到如此大队人马，这样已算不错，不过确实难以灵活行动。成百上千担鸦片被装在做工考究的平板箱子里，骡子身上一侧挂一个。这些牲口可够结实的，看上去是不错的驮畜。大部分驮运的货物，据说有些箱子里还装着云南本省铸造的硬币，上面插着官家的旗帜，要不就扎着个大红绒球，斜着插在牲口的肩胛上，表明这些货物有专人押运。一般情况下，只要看看货物旁围着一群士兵，你就能大概估出货物值不值钱。不少时候，赶牲口的也会背上担子，中国人总是这样一次能背多少就尽量背多少。

我到达山顶的时候，马帮的大部分人马还在山脚下弯弯绕绕的路上。我沿着起伏不平的山路骑着马，享受山路两旁开阔的视野。中午时分，山腰上已经满是骡子和马匹，背上驮着的箱子被放了下来。由于地上几乎没有草，这些牲口脖子上还挂着饲料袋。没有哪头动物背上放鞍子的地方不被擦破了皮，露出溃烂的伤口。在某些地方，包裹被层层叠叠地堆起来，弄得整条路几乎无法通行。看着这么大的马帮遍布山腰，我比以前更加疑惑不解，真不知道这么一大队人马到了晚上，究竟是怎样把自己塞进那些小镇里去的。

不时能看见两三个人在给马或骡子钉蹄铁。走在这种路上，马掌常常会被石头绊掉，甚至还会被碾碎。牲口要是没有马掌，只消半天准保一瘸一拐。若是有人懂得如何上马掌，这些牲口的蹄子就全指望他了。虽然沿途的村子里也有一些钉马掌的，可他们一没有蹄铁，二没有钉子，我们只好带上两块马掌，还有一些钉子，这些东西在大一点的镇上能够买到。这些马掌做工粗糙，钉子也是如此，完全是用铁砧手工打制的，跟美国南北战争之前用的钉子一样。马掌在锻打成适合牲口蹄子的形状时甚至都没有被烧熔，可能是冷却之后才铸打完工的。那些技术堪忧的工匠会拿起不中用的工具，用尽蛮力把蹄铁钉上去。钉子的尖头快被拧断了，也没有用锉刀打磨光滑，对其置之不理，结果这些蹄铁要么很快就又掉出来了，要么尖锐的钉头刮伤了牲口的脚踝，有时甚至两样都会碰上。

我到了大水井，镇子就在山顶上，是中午歇脚吃饭的地方。马帮的先头部队已经享用过午餐了。我比挑夫们到得早，只好坐了两个多小时，在明媚的阳光下看看书。我的运气不错，几个挑夫中率先赶到的正好是带着"厨房"和做饭用具的那个。他拖着疲惫的步伐走了上来，把身上的担子重重放在地上，立刻找了个棚子，在泥地上的芦席上躺下，开始忘我地享受起大烟来。这里有个锯木架，六英尺长，八英尺宽，对中国人来说已经不错了。不过，我已经有了经验，知道怎样才能让这东西用起来更加舒服。只要拿一两个过来，一头顶在墙上，然后坐在上面，用背靠着墙就行。

从大水井下来，虽然一路上风景不错，可走起来绝对没有上山那么顺利。有二十来个娃娃兵，其中有一个中午时分从后面赶了上来，对我说他们是被派来护送我的。结果，他在一个很陡的地方踩在泥里滑了一跤，背着的枪被抛出好几码远，人也一屁股重重坐倒在地，朝相反的方向滑出去好远。每每遇上这样的情况，中国人总会发表一番对大千世界与芸芸众生的感慨，语气之强烈足以跟西方的大卡车司机相媲美。然而，中国人终归天性敦厚善良，很快便会懂得如何自嘲。等到这个小伙子与他走散了的武器再次重逢，他们又变得像以往一样孩子气，嬉戏打闹起来。这帮家伙就连我拒绝付给他们护送费都没生多大气，毕竟他们直到下午一点才赶上我，加之我的行李已经和大马帮混在一起，那里有十来个士兵押运。不仅如此，我怀疑他们只不过是一群普通的马帮护卫，想着通过谎称只保护我一个人，一天下来可以从我手里捞点赏钱。我的疑虑随后得到了进一步证实。这帮人跟着我下山走了一两个小时，之后就慢慢溜回马帮那边去了。

我一路上遇到不少挑夫，一个个筋疲力尽，拖着宝贝扁担，步履蹒跚地往回走，就跟那些走散的马儿一样。这些马儿和挑夫负担同样的货物，沿途四处可见它们的尸骨。然而，挑夫和那些四条腿的牲口还是有所不同，他们得自己找吃的，没有任何人关心他们的死活，甚至让人觉得连他们自己对此也毫不在意。这些人里很多只剩下皮包骨头，在路上拖着沉重的步子，一个小时兴许连一英里都走不到，即便如此，也许还得连夜赶路。几乎所有挑夫都有静脉曲张，一大片血管爆裂导致腿上的溃烂惨不忍睹。不少人肩膀上长满了疮，和驮马的背上一样糟糕。我有时会跟杨说，叫他晚餐多准备点菜，给几个挑夫补下伙食，毕竟他们之中有人确实值得善待。我的举动往往会引来错愕，就连坐轿子的有钱商人也是如此。除非是急着脱手的东西，否则他们绝不会施舍一分一毫，这样的法则在中国似乎已经延续了很久，难怪这些挑夫对此没有一丝怨恨之情。这次陆上旅行，我一连好几个星期都看见这么个人——那是一个得了白化病的挑夫，头发雪白，两只眼睛像兔子一样红，无精打采地往北走。他的扁担破旧，肩头磨得破破烂烂，不止双手，有时连脸上也是血迹斑斑，看上去像是从路上滚下去摔成这样的，因为太阳一出来，他就没法看清路了。

　　当天晚上，我们到了一个回民村庄——桃源①。村里已经被马帮挤得没了去处。由于没有向当地官员提前打招呼，因此我只能住到一个破烂的猪圈里。那里的一面泥墙湿湿垮垮的，随时都有可能倒下来，砸在我身上。马儿在四下里找草吃，一些士兵抽着大烟，打麻将。次日一早，马帮便分成两队，沿着沼泽湖的一边各自出发了。湖上有不少平底船，吃水不到两英尺。船家用篙撑着一船船行人和行李，往前划行数英里，直到一座低矮的石桥挡住去路，便让他们再次上岸步行。不过，我骑着马和大批驮着货物的人畜混在一起走了好几天，这些船对我们来说没什么用处。天蒙蒙亮我就起床了，一个人继续往前赶路，给杨留了个口信，让他确保挑夫们天黑之前把该干的干完。眼前的这条路虽然说不上多好，可还算平整。一部分挑夫和行人选择走稻田里的沟堤，我选的这一边似乎也有不少马匹驮着货物经过，两队人马各走一边。有时两拨人相距足有一英里远，双双倒映在湖面溪水之中，显得朦朦胧胧，犹如一幅柯罗②的风景画。不论向前望去还是回望来路，两队人马都伸向远方，望不到头。我只能避让这些早起的人们，让他们走到前头去，这样就得像前一天那样，再花点功夫将他们一一超过。这样做最大的危险在于，我的膝盖容易磕到那些硬邦邦的包裹，因为要从后面赶上这些健壮耐劳的马或骡子，很难像迎面遇上那样挥挥手就能叫它们让出道来。不时会有一匹马驮着货物，径直向我冲过来，逼得我只能完全退到狭窄的小路上去。不过，比起在雨中翻山越岭的那些日子，这些根本就算不了什么。

　　接近正午时分，距离昭通已经只有不到小半天路程，能看到昭通附近辽阔的平

① 桃源（Tao Uen），即云南省昭通市鲁甸县桃源回族乡。
② 柯罗（Corot，1796—1875），法国画家，现实主义风景画的代表人物。

原了，路上也出现了车辙印。我很快看见了好几辆大车，前头拉车的是水牛。车轮看上去挺结实的，这可是自从在云南府下了火车之后，我见到的第一个带轮子的交通工具。这么长时间以来，就连水牛都难得一见，这种动物看来并不喜欢海拔太高的地方。往下是富饶的昭通平原，麦穗被扎成小捆，堆放在村民的屋前。人们将麦穗放在某种工具上打麦脱粒，中国和日本通常都是用这种方法处理谷物。

我路过了李家祠堂[①]的牌楼，这是云南省最好的一座牌楼，足以和四川的相媲美，以石拱而闻名，是我在中国见过做工最精致的牌楼之一。中国人虽然不喜欢修路，却愿意建造造价不菲的纪念拱门。不论新旧，往往都极具艺术价值，用的材料常常是纯白的大理石。我后来才得知这座家族古祠虽然不过两百年历史，却是这城里值得一看的地方。

据说这里离桃源有 60 里，等着挑夫赶上来这件事我早已习以为常，就连自己也没想到居然超过了整整一队马帮。就这样，我骑着马在上午 11 点之前赶到了英国教会的院子。院子坐落在城外的山坡上，往前再走上约半英里，便到了被城墙围着的昭通城，那里可是陆路通往长江的一大中转站。

当地有一位牛津大学的人类学博士，看上去挺年轻，却已在东边的苗寨里传教十七年，过去两年一直是当地教会学校的校长，还带了一位助手共同坚守此地，后者比他年轻一些。二人算得上我在中国各地见过的英国传教士中最令人喜欢的了。能够走进一所干净的房子真叫人兴奋无比。房子里有了苍蝇拍，让这种主要害虫几乎变得毫不足惧。

当天余下的时间，连同第二天一整天都被用来给挑夫付工钱、洗澡、刮胡子、写信、收拾行李，还有为接下来的行程做准备。我做的第一件事情便是和挑夫行的老板下订单，再找三个挑夫。我需要这些人跟我一起前往位于长江之畔的水富[②]，那里还得往北走，路程跟之前走过的路差不多远。

我在城墙顶上走了一遭，发现昭通没什么特别景致，也谈不上有什么名胜古迹，

---

① 此处所言为晚清西南巨贾李耀廷（1836—1912）的李家祠堂，位于昭通城北城区大吉街。

② 水富（Shuifu），即今云南省最北端的水富县，原属四川省。

只是一个大集镇。西城墙外的空地比城里要大，有一个平缓的山坡，既能欣赏四周的风景，也可以从山野上更好地看看城里的模样。从政治的角度来说，这个地方归一个当地的司令管辖，不过此人其实住在云南府，这样省长便能留一只眼睛看住他。他是个"蛮子"，来自"独立诺苏"①，那个地方过了长江还得往西走。这个诺苏人，或者称之为罗罗人，赢得了唐继尧的好感，四年里大赚了一笔，在当地修了一条大街，要知道这里之前可连一条街道也没有，现在正在街的一头新修一座石头牌坊，以纪念自己的改革举措。虽然老牌坊比比皆是，可这是我在中国见到唯一一座在建的石头拱门。和其他地方一样，这条地头蛇对自己没收的财产也从来不作补偿，街道两旁新建的房子要么归这个独裁者所有，要么就是他租下来的房产。

有间铺子敞着门，里面售卖鸦片，和警察局同在一栋楼里，就在房子背面。照房东的说法，这里十年前还难得见到一个抽大烟的。到了第二天早上，我来这里也有大半天了，可马帮还在穿过熙熙攘攘的西郊，不断涌进城里。看上去我的到来也带来了好天气，直到我到达的当天，雨已经日复一日地下了好几个星期。或许是两座城市位于几乎相同海拔高度的缘故，这里和省城同样面临着求雨难的问题。当地人还试了另外一个法子，跟云南府的方法同样管用。凡是读过某本中国古籍的人都知道，书里信誓旦旦地写着，只要你对着一条狗哈哈大笑，老天爷就会下雨。因此，每当大地干裂，作物因干旱颗粒无收之际，昭通的人们便会找来一条狗，用最古怪的装束和方式给狗乔装打扮一番，牵着满城游街，一直走到城外 15 里的一座庙里。一路上人人都会对着这条狗狂笑不止，就连那些专门宣讲反对迷信的外国人也阻拦不得。不幸的是，没有任何绝对证据表明，这样做不会带来丰沛的雨水，因为中国人精明得很，懂得不要把所有的鸡蛋都放在一个篮子里。他们还会祭出雨神，大街小巷走上一圈，往雨神身上泼水。五月刚过，持续的大旱已经毁掉了种好的罂粟，对来年鸦片供应造成的损失无可挽回，至少是没有指望大赚一笔了，加上现在又迎来连日暴雨，后种下去的夏粮也差不多被毁得一干二净。我的房东认为，从现在开始接下来的一个月都不会怎么下雨了，可我看他兴许有点乐观过头了。

---

① "独立诺苏"（independent Nosuland），即凉山彝人地区，其辖地范围历史上有所变化，但大抵北起大渡河，南至金沙江，东抵乌蒙（昭通），西迄盐井。自明清以降，彝族部落经常遭到帝国政府的残忍剿杀，唯有大小凉山地区的彝人未被征服，保持着骁勇的远古遗风，故又称"独立罗罗"（independent Lolo）。

与「蛮子」在一起

如果觉得昭通没什么特别的，那么往东面再走上短短一天，便能见到一些新鲜的东西，的确颇有看头。我的运气实在是好，那一天原本打算去往贵州，那里是中国最偏僻的省份之一，正好赶上一场一年一度的苗家节日。昭通的好天气并未持续多久，雨下了一整天。我骑着马，循着条小路往山里走。和这条路比起来，我之前走过的盘山公路便也不算太差。山脚下的矮山上除了稀稀拉拉长着常青灌木，几乎是裸露的。

这些小山位于昭通平原的东边，平原上土壤泥泞、肥沃富饶，地表露出不少煤层。当地人在里面挖出浅浅的坑道，入口很小，只有小孩才能进去把煤背出来。小孩背着平筐篓子，把腰完全折起来，双手各拿一根树棍，棍子一头分叉方便抓手，这样好让胳膊和腿脚一样长，然后手脚并用爬进去，进到矿井里也是如此。矿工们住的窝棚就在地下，无论住宿的条件还是干净程度，可能跟动物的巢穴差不多。这些石头堆像巨大的蚁山一样，上面撒满了黑色的煤粉。这些都是那群在暗无天日的地下工作的人们挖出来的，沿着满是石头的山坡一直往上，足足可以延伸 20 里。沿途路上并无其他特别之处，唯有道路崎岖难行，景致也比以往要好，正所谓无限风光在险峰。有两个花苗^①奉命下山来接我，帮我拿行李。东西虽然不多，但这趟顺道的旅行没准还能派上用场。可是，这两个人走得实在太慢，背的东西比挑夫的少了

---

① 花苗（Hwa Miao），苗族支系的一支，因妇女穿着刺绣色彩艳丽，图案纷繁而得名。花苗人口较少，分布在桂、黔、滇相连的大山深处，保持较为原始的劳作方式与生活习俗。

图 55　昭通城外的煤矿很浅，只有小孩才能爬进去，然后手脚并用地把煤背出来

许多，不过他们直到次日接近中午时分，才走到传教士在苗家设立的传教中心。

　　石门坎①，又被称作"石门"，位于一条古老的山道之上，早在传教士到来之前便已得名。当地修有巨大的石级，穿过一条峡谷，沿山而下。英国循道宗传教士们在贵州西部的这个偏远山区建立起传教中心，成片的房子外墙被石灰水刷得粉白，让这个地方即便从远处也能一眼望见。这里不仅有礼拜堂、学校，医院——不过没有医生，只有一位女药师，每周都会从昭通的教会医院来到此地——还建起了孤儿院和麻风病院，并且为当地的花苗提供技术帮助，使他们摆脱刀耕火种的生活。完

————————

① 石门坎（Shih-men-k'an），位于今贵州省威宁彝族回族苗族自治县最西部的一个小山村，今石门乡政府所在地。下文提及"完成所有这些工作的"即英国循道宗教士塞缪尔·柏格里（Samuel Pollard，1864—1915）。柏格里 1887 年来华，1905 年来到石门坎，在当地兴办西式教育，帮助民众脱盲，建成学校、医院、孤儿院，麻风病院、游泳池等现代设施，积极开展体育文化活动，创造"柏格里苗文"，收集、整理并振兴苗族语言文化，使之从蛮荒之地一跃成为"中国西南经济文化最为发达的地区之一"。1915 年，柏格里因照顾患有伤寒症的学生不幸染疾离世。石门坎的繁荣状况一直延续至 20 世纪 50 年代。

成所有这些工作的都是同一个人，他最终因伤寒倒下，被安葬在一座宏大的石墓之下。石墓混合了苗汉两族的风格，就在一座山头上，俯视着逝者生前辛勤工作的这片广袤的崇山峻岭。其后继者已经改良了当地的玉米与马铃薯品种，引入了新的作物，并对古老的农耕方式加以改进。这位受人尊敬的耕耘者还创办了一个大型实验菜园，这无疑是绝佳的范例，可以使外面的人了解到传教士是如何在偏远的山寨展开工作的。这块地区在获取的同时也在给予。当地有不少植物尚不为西方所知，其中有一种白色的多刺灌木，结着硕大的浆果，果实带鲜橙色，味道鲜美，与黑莓有点接近。

我带着杨和当地负责的传教士及其助手，再加上一群苗族挑夫一起出发。一行人快到中午时分动身，前去观看苗家节日的盛况，一路上顺着峡谷的陡壁上上下下。我可从未想过能在这些地方骑马，不过新的体验总会让人改变观念，传教士们一路上就没有下马走过一步。这里山景之壮美甚至超过云南，只见土山高高隆起，巍峨壮观，山间峡谷更加气势磅礴。目光所及之处，山地尽已开垦，犹如盖了一床百衲被。有的地方露出红色的土壤，有的则被绿色覆盖，交替相间，奇形怪状。山势高低起伏，时时呈现出奇特的角度，直至隐入遥远高耸的天际线。偶然见到群山之上立有　小撮真正古老的原始森林，稻田就开垦在山坡上，沿坡势而下，田边是深不见底的沟壑。沟里的田地一点点往下延伸，直到上方的千仞岩壁一步步紧逼过来，挤得不再留有余地。我想象不出还有怎样的旅行能比在一个阳光明媚的日子，骑马穿行于贵州西部的山野更加令人心旷神怡。云影犹如一帧帧电影画面，在广袤的山野上移过。即便是在雨中，这样的景象也值得不远千里而来。

苗寨的山坡总是五颜六色。荞麦田里鲜花盛开，苗家姑娘穿着短短的裙子，头上插着大大的木梳，脑后留着的发髻更大，正在近乎垂直的田里用锄头为玉米松土。每每不期而遇，总能见到已婚的妇女裸着上身，这样方便随时给家里的新成员喂奶，可只要一见到传教士出现，便会赶紧跑开，去拿自己的衣裳，就像顽皮的女生被老师逮着一样。

苗人从不将村寨修在路旁，苗人的茅屋也不会像汉人那样贴门神或者红对联，写着祈求幸福降临自家人的吉祥话。苗家村寨多盖着低矮的茅草屋顶，点缀在苹果、桃子、胡桃和其他树之中，有时也会遮掩在一小簇竹林之间，旁人经过的时候都不会注意到。这里的泥土"多少干净一点",因为苗人给田里施肥的时候没有用天朝子民们的常用品。然而,可能没有哪个地方能比苗人的茅屋里更加破败了。

苗人会用自己种植的荞麦做一种煎饼,比西餐里的要厚好几倍,这种习俗显然完全没有受到任何外来影响。他们会带上煎饼去田里或者参加节日野餐,热食冷食都可以。苗人一般在六月收割冬麦,七月收割荞麦,到了秋季就该轮到玉米了。这个时候,他们通常会给传教士送玉米,回报后者为他们所做的工作。苗人的性格和苏格兰人有些相似,这可不仅是因为麦片粥是苗人最喜欢的常备食品。苗人会将燕麦拿去烘烤,然后用寨子里的原始工具碾磨成粉,把这些尚未做好的食物放在袋子里,带着上路,等到要吃饭的时候就在灌木丛里就近摘几根枝丫,做双筷子,用自带的木碗盛上半碗这样的食物,再找一条近旁的小溪取点水,混在一起,干稀程度取决于自己到底是更饿还是更渴。这个辽阔教区不少地方的苗人不久前还处在饥荒之中,因为刚刚过去的夏天气候反常,导致玉米歉收,当地人在迎来今年的荞麦收成之前,一直靠从田间地头和篱笆丛里采摘的果实为生,而这些东西一般都是用来喂动物的。尽管苗人们个个看起来身体结实,但是严重缺乏营养,传教士们已经不止一次看到有人活活饿死,倒毙路旁。

将近日落时分,我们从暮霭中分辨出一幢白房子的轮廓。房子挺大的,建在另一条溪谷一端的小山包上,俯视着周围的一切。还没等我们下水过河,就看见二十多个苗家小学生手里拿着旗子,连同一两位老师在山路两旁齐齐列队。看来,我们只能在雨中发表演讲,慷慨陈词一番了。我们继续前行,前往卯戛的礼拜堂与传教站。那里有一座教堂,四四方方,泥地上摆着一行行板凳,虽然有些粗糙,但对于那些习惯蹲在地上和石头上的边民来说,无疑是奢侈品了。离教堂不远还有一栋房子,外墙和教堂一样也涂得粉白,看守屋子的苗人平日里也兼做牧师,屋里有一半地方住着守屋人和他的家人,至于其他亲友访客、过路的挑夫还有牲口,都是随便找个地方就躺下休息。剩下的一间屋子是留给传教士的,里面摆着一张中式餐桌和锯木架,有了这个我们很快就把行军床支起来了。

星期天一早阳光明媚。大部分时间我都坐在阳光下看书,不仅是为了从过去几天的辛劳中恢复元气，还得疗下伤。有个传教士的马踢了我一脚，我的腿差点断了。杨虽然没有明说，但看得出他也累了。他在我身后拖着疲累的脚步，我的良心越来越过意不去。杨的双腿早已僵硬发沉，裸露的小腿上溅得满是泥浆，脚与草鞋不断摩擦。他不仅尽了一个厨子的本分，还把用人的活也干了。正因为如此，当我听石门坎的农民牧师说起，在卯戛没准能够找到一匹小公马的时候，立马跳了起来。这可是千载难逢的好机会。这匹小马还不到十岁，曾经驮着一位不大轻巧的女教士在贵州翻山越岭好多年，我们只要找那家美国种子仓库，出十元钱就能租到。现在，小马终于出现在眼前，虽然圆滚滚像个水桶，不过友好忠诚的性情写在脸上，也是灰色的！我尽管没法改变杨的天真淳朴，却差一点就让他打破了身为中国人的矜持。我指着这头牲口，对杨说，只要他愿意再辛苦照料一下，这匹马从今往后就归他骑了。万一有一天我那匹骟马实在没法骑了，这样也算有个依靠，毕竟我那匹马看不出年纪大小，况且待到行程结束，我那匹马应该能卖个好价钱。

有些苗族女孩前一天晚上就已经穿着节日盛装赶了过来。今天只是一次普通聚会，方圆数英里的氏族都会聚在一起，为第二天的教会节日和运动会做准备。山野一望无际，条条山路上都是苗家男女，如潮水般涌来。星期天已经来了好几百人，等到星期一节日当天恐怕会有 2000 人。来得最多的可能是女人，当然也是最引人注目的。尚未出嫁的姑娘们把体面的衣服扎成一捆，用粗糙的毛披包好，然后在溪谷和稻田里换上。有些是从 25 或 30 里外的地方赶来，有的甚至要走上一整天。她们带着燕麦，孩子用毛毯包着，最艳丽的衣服就吊挂在背上。

然而，除了女人们的服饰，这一天的一切都是庄严肃穆的，因为传教士显然不会希望通过外表的华丽来传达这个日子的重大意义，苗人也完美反映了传教士的态度。两位牧师都带了照相机，相机很不错，不过直到第二天才打开。相反，他们利用这样的机会，在当天中午举办了一场由苗族循道宗教徒参加的礼拜仪式。仪式进行了三个小时，下午和晚上又举办了三四次同样的仪式，要简短一些，让这一天圆满收场。女人们会在漫长的午间仪式期间给孩子哺乳，孩子的哭叫声此起彼伏。小孩跑进跑出，大人们则显出少数民族特有的焦躁不安，他们不习惯坐着听这么久的长篇大论。然而，对于身在东方的传教士来说，他们必须学会习惯这些小插曲，尽管这都是他们在自己国家教堂里从未见过的。男女从不同的门进出礼拜堂，彼此相对坐在中间走道的两头。有十多个人接受了洗礼，全体信徒都领受了圣餐。差不多每一个到场的人都拿到了属于自己的那份荞麦饼碎，还喝了一小口茶——居然一人一个杯子！苗人善歌，像这样一群人聚在一起，往往会唱上一整天，就像平日里的村民聚会一样，只不过多了一份宗教灵性。他们也不会像汉人那样为了唱出自己完全陌生的和声，反而制造出难听的噪音。在这样一个偏僻遥远、不为人所知的角落，能够听到这些熟悉的旋律，思乡之情油然而生。这些歌曲包括"Auld Lang Syne"和"How Dry I Am"，[①]至少美国人对这些歌很熟悉，只是用苗语唱出来肯定会有其他韵味。

　　教会在苗人中的传教工作其实源于一次意外。早在20世纪之初，一位英国循道宗教士在桂西的汉人中间传教，有天正在路上吃午饭，几个花苗停下来看着他。教士并没有驱赶他们，也没有出言不逊，反而面带微笑，把自己的面包分给了那几个苗人。这个地位卑微的民族印象中很少有人对他们如此友好。当这位陌生的外国人邀请苗人去自己的传教站时，大批苗人结伴前来。消息像草原上的野火一般传遍了贵州西部的整个苗疆，苗人很快从一个星期路程之外的地方纷至沓来，这位牧师忙得招架不住，发现原来有的苗人来自相邻不远的昭通，于是请他们去找自己在云南的同工。有六个苗人去了那里，带着一本中文版《新约》。另一位牧师给这几个苗人诵读，内容和他们在贵州听到的一模一样，并且给予他们同样的福利救助。于是苗人源源不断地来到他的传教点，直到地方当局说他们蓄谋造反，而且卫生条件也开始每况愈下，觉得必须赶紧采取措施。更何况，苗人并不喜欢下山生活在平原地带。这位牧师便在一位苗族大酋长的帮助下，得到了一块土地，回到贵州，在"石门"建立了一座苗族传教中心。

　　苗人看不惯汉人崇拜偶像，他们自己除了害怕鬼神，崇拜树木、石头等物，并没有属于自己的真正宗教。苗人没有敬仰先人的习俗，他们相信人死之后都要变成

---

① "Auld Lang Syne"，脍炙人口的苏格兰骊歌，1788年由伟大的苏格兰高地诗人罗伯特·彭斯（Robert Burns，1759—1796）传录而成，歌名英译为"Old Long Since"，为多国广为传唱，在华译名为《友谊地久天长》。"How Dry I Am"本名为"Near Future"，由著名美国作曲家欧文·柏林（Irving Berlin，1888—1989）于1919年创作完成，是一首讽刺禁酒运动的美国名谣，"How Dry I Am"是歌中反复咏唱的一句，后成为该歌曲的代名词。

鬼魂，小孩死了会变成小鬼，因此会将死者草草安葬，很快便忘记墓冢所在。苗人更加情绪化，容易蜂拥群起，这使得他们成为野营布道会的极佳对象，这种布道方式时隔多年后在这里又重新流行起来。不仅如此，苗人习惯唯头人马首是瞻。若是村里的长者皈依了基督，那么全村人都会改宗。时至今日，距离传教工作在苗寨偶然开始刚刚过去十几年，苗人居住的山区已经四处散布着涂得粉白的礼拜堂，有的地方还建起了学校，后者对苗人来说也是闻所未闻的新鲜事。这些工作的负责人十分确定地向我介绍，走遍他的教区需要 18 个月，就算你每个晚上都在改信基督的苗寨里过夜，这么长的时间也只能走上一圈。这些天性纯真、身板结实的山民早在划归中原王朝版图之前便已久居于此。他们现在已经是循道宗的信徒了。因此有人认为，天主教徒未能把握先机在苗人中传教布道，真是错失良机，因为苗人原本生性温顺，一旦改信皈依则群起效仿，而且对那些华丽复杂的仪式有一种自然而然的亲近感，这反而让他们看起来与循道宗单调乏味的说教并不合拍。

传教士们告诉我们在他们到来之前，苗人并不奉行现代社会的伦理观念，尤其在两性关系上更是如此。他们声称，现今改信基督的苗寨中，90% 的苗家女孩在适婚之际仍然保有处子之身，结婚时中间人也会参加，并且采用了循道宗的仪式。苗人个个擅饮酒，他们用玉米酿酒，而且能歌善舞，一年有几次，尤其每逢农历五月初五，都会大事庆祝"异教徒"节日，成群结队地聚集在山坡上，纵情玩闹一整天，男女通常会在当晚私合。按照苗人单纯的观点来看，这样做毫无不妥，不过与饮食之事一样平常，在山石遍地的山坡上辛劳耕作数月之后放松嬉戏，无可厚非。男女之事不需要慎重考虑，同样也没有那么多做作，不像基督教广为传播的的大部分地区。

苗家村寨个个都有社交场所，女孩在夜里齐聚于此，对歌欢唱，翩翩起舞，那些年轻的邻村后生都会过来。某对男女若是发现女方怀上了孩子，就证明他们有缘结合，便会举小某种类似婚礼的仪式，结为夫妻。只要传教士没有自欺欺人，那么这些群合之所在昔日是非常普遍的，可如今几乎已是难觅踪迹，至少在笃信基督的不少苗寨里已经不复存在。传教士还说，他们是通过每个苗寨的牧师、教师和执事获得消息的，在这一点上绝对真实可靠，并且告诉我们，今天的花苗已经不再酿酒和种植罂粟，也不再跳舞。在传教士看来，苗人为了彻底净化自身，已经自愿放弃了与古老"异教"节庆有关的一切原始乐器。如此一来，在留声机和萨克斯风带给苗人文明影响之前，他们如今剩下的就只有一种类似潘笛的简单乐器，汉人管它叫"芦笙"。

传教士们清楚，要苗人单纯放弃原有的旧习，却不教给他们某种新习惯予以取代，终将不会得成正果。正因为如此，我们才会在这里看到某些基督教的节日。星期一又是一个艳阳天，在海拔 7920 英尺的卯夏，空气同样令人心旷神怡。原野上正在进行西式的体育比赛，规则经过了某些改动。后面的山坡上虽然种着玉米，也很快聚满了观众。所有妇女和女孩都穿上了自己最花哨艳丽的服装，有些妇女胸口敞开着，随时准备给孩子喂奶。比赛包括赛跑和戏曲表演，操练与队列。有位伶俐的年轻老师正在表演大卫击败歌利亚的一幕，惹得大家忍俊不禁。如果我没有看错，那么这位老师扮演的是那个邪恶的巨人，而最小的孩子则扮成大卫。教区内各个地方的学校只要不超出传教士允许的范围，就拥有完全的自主权组织排演自己的剧目。即便如此，大部分仍然只是把西方的古代戏剧简单模仿了一遍，完全看不到属于自己的那份快乐。与那些曾经的出于自然的文娱活动相比，这些英国循道宗教士们带来的替代品让人不禁想起了新英格兰地区某些古板的老妇人，后者也在绞尽脑汁，试图找到些东西来代替载歌载舞的塞维利亚四月节。苗家的节日的确值得远道而来，专程一看。

这里的苗人被称作"花苗"，的确名副其实。对于这个分布广泛的族群来说，这个名字足以使他们与其他分支区别开来，其他族系远没有他们这般"花枝招展"。苗家的土地到处栽种着大麻，就种在一些小小的土坑里。这些坑里土壤肥沃，直径在 10—20 英尺，我们一路上见过不少，在明尼苏达州人们管这样的坑叫作"陷坑"。苗人用大麻茎秆的纤维表皮织布，做的衣服触感粗糙，上面绣有各式图案，颜色至少有七种。男子与适婚少女的衣着华丽，吸引观众的目光，反观女童的服饰却像煤堆一样颜色暗淡。至于他们上身的罩衣一共有多少种颜色拼在一起，更是难以说清。那些图案复杂精细，主色也许是红色，不过只要你能想象出的色彩组合，上面几乎都有。有些女子也会将裙子层层叠叠地穿起来，打褶的短裙走起路来摆来摆去，显得十分漂亮。这些衣服裁剪相当合身，这样方便在陡峭的山坡上给玉米松土。伞虽然出自汉人之手，可红红绿绿的大纸伞却是苗家女孩全套装扮中不变的一部分。站在伞下，正午的阳光透过伞纸洒在身上，使这些苗家少女显得婀娜多姿，端庄美丽。

然而，衣服的门道虽多，比起适婚少女盘头发的种种方法来，可就是小巫见大巫了。或许是因为常年不戴帽子，总是受到太阳直晒，苗家女子的头发显得尤为棕黄，有的几乎带着红色。每个少女都有自己的发式，头发无论长度还是浓密程度都够得上世界冠军，简直可以媲美女式短发流行之前西方人所说的"发卷"，只是细节没有那么繁复。发髻中间插上一件古怪却精致的饰物，例如木梳子、家里随手放着的小饰物、类似别针的金属小物件、亮晶晶的饰片，这样戴着走起路来就会闪闪发光。豪猪刺是一种很受欢迎的饰物，如果直立插着就表示对求爱的青年男子反感。此外，还有做工精细的耳环，有的穿成一串，做成银链，一直垂到肩头，当然链子的末端可绝对不是肩膀。

如果说汉人女子多缠足，那么苗家姑娘则爱绑腿。苗家女子若是在玉米田里劳作，常常光着小腿，但赶上正式场合，比如像这次的节日，便会缠上绑腿。绑腿色彩艳丽，不比身上的其他衣服逊色。有的蓝红相间，有的间有绿紫，有的则是栗黄两色，有两三种看起来像普林斯顿的拉拉队，还有些颜色已经超出语言所能形容的范围。绑腿之上的膝部同样引人注目，和苗家女子红棕色的面庞同样被太阳晒成了金黄色。要是她们多使用肥皂，也许还会变得更黄一点，一如光溜溜的双脚。苗女穿着普普通通的草鞋，给如此炫目耀眼的身影安了个平淡无奇的结尾。

这些苗家女孩迷人可爱，身着崭新整洁的节日华服。她们身材粗短结实，长得像意大利南部人，一辈子和男人一道耕作在这人烟稀少、岩石陡峭的山坡上，练就了一副筋骨强壮的好身板。我有那么一两次机会，拉住苗家女孩或妇女的胳膊，教她摆个姿势拍照，感觉还以为抓的是一位轻量级的职业拳手。她们对于我的要求，完全听从调摆，若不是对传教士有着十足信任她们或许不会如此顺从，毕竟她们熟悉传教士已有十年甚至更久，这份信任自然而然也被转移到了传教士带来的客人身上。少女和男子身上都挂着"铜钱"，走起路来叮当作响。他们奇怪的饰物上坠着流苏，"铜钱"就挂在流苏的下头。女孩常常手牵着手一起出门，流露出稚子般的纯真，而苗家男子则从不会牵手外出，甚至连女孩的手也不会牵，至少在接受了新宗教的地方，在族人看得见的地方不会如此。

　　苗家女孩若是嫁作人妻，或者至少已经怀上孩子，马上就要出嫁，便会把一切少女气息统统放弃。饰物也好，大部分华丽的衣服也好，尤其是复杂的盘头发式，一概束之高阁。此时的苗家女子会把头发紧紧盘在一根棒条上。它足有一英尺长，竖着插在头顶上，形成一个简单的圆锥体，乍一眼看上去让人误以为是犀牛角。苗家女子在做家务时，圆锥的尖顶有时会磕在低矮的门梁上，那棍子甚至会把头盖骨戳出洞来。传教士一直想让已婚女子改掉这个习惯，但这个移风易俗的小小改良措施至今收效甚微。苗家女子在少女时代极爱打扮，多姿多彩，到了晚年则完全回避一切装饰，生活单调乏味，一生包含了身为女性的全部内涵。不过，她们依旧会不远数英里去参加节日，有时还会在玉米地的露天剧场里一站就是好几个小时，观看山下田间的竞技比赛。幼儿要么就用厚厚的毛毡裹着，要么就在母亲背上挂着的土布包里安安稳稳地睡上一觉，准备长大成人后，迎接艰辛的苗家生活。毫无疑问，这些女子若是依旧保留少女时代纷繁复杂的发式，一定会在孩子醒来之后被弄得乱七八糟，这也成了已婚妇女为何不愿继续保留年轻时的饰物，给自己增添麻烦的原因之一。

　　苗人依旧过着属于自己的"异教徒"节日，尤以"五月五"最为有名。传教士虽不喜欢，却声称过这些节日的只有那些尚未皈依基督的部落中的一小撮人，以往每逢这些节日，聚会的人可是成群结队的。信教的苗人与不信教的苗人之间区别十分明显。阻碍苗人完全皈依的一大障碍据说在于各自因领地不同而产生的敌意，这种敌意可能存在于同一村落之中，可能存在于不同村寨之间。比如说王家——大部分苗人都起了汉人的姓氏——信了教，那么陆家就不会这样做。这是因为王陆两大氏族几百年前因为一起偷猪的事件大闹一场，两家有隙，此后再也没有共事过。同样的道理，如果河上游的村子把老祖宗的规矩丢到一边，改过外国人的节日，变得古怪无趣，那么住在下游一英里开外山坡上的那个寨子就不会这样做。

　　苗人用苗语称自己为"阿卯"，汉人管他们唤作"苗子"，请注意这实际上是一种蔑称，容易让人把他们与某种野蛮人或者野兽联系起来。苗族虽然单纯朴素，语言词汇却十分丰富。苗语有八个音调，这样会产生四个音格。汉人对发单音节的词实在头疼，有些人学苗语花费了很大功夫，照他们所言，苗语说起话来就像唱歌一样。的确如此，所以你不仅得记住字词，还有调子——这个调子可不简单。苗人说自己很早以前就有文字，可字稿在被人带过桥的时候掉下去了，结果被一条大鱼吞了。唉，为什么这世上会有这么多人毛手毛脚，就不记得多抄一本呢！正是那位因伤寒过世的逝者为苗人发明了一种文字。他用能够想到最简单的语音法则，以速记表音的辅音为基础，发明了一种大写字母，这种字母比汉字简单得多，又用小写字母代表没那么复杂的元音，通过后者与前者的位置表记音调。苗语与汉语不同，据说容易诵读传唱，却难以用于对话。如今识字的苗人已有成千上万，其中包括妇女，不少还会写字，不过对于为数不多的苗家学生来说，若是自身有能力，有意在教会学校毕业之后继续读书，那么还是得学习汉语才行。

中原王朝一直认为，任何民族只要与自己长期接触，必能将其同化。然而，这一点对于苗人和生活在西南山区的其他民族而言只说对了一半。关于贵州省的人口，现有最通行的说法估计在800万，其中汉人占半数。西南地区多崇山峻岭，险滩激流，使这里成为天然的种族大花园、民族大旋涡，其复杂程度堪与纽约媲美。我曾见到六七个民族的后人，多数都保持着自己的特性。在地图上，这片地区在中国版图之内，如今有大约六七百万部族居民生活于此。除了苗族，人数最多的恐怕当数仲家。后者现在已经很难与汉族区分开，他们与印度支那以及暹罗的傣族、掸族或者寮族都有关系。其实，不少中国人认为广东人也属于这个民族，也是数百年前从他们的国都大理府被赶出去的，只不过把他们赶走的不是汉人，而是元朝皇帝忽必烈。除了花苗，还有择水而栖的"川苗"，再往东还居住着"黑苗"。这一支苗人并不服从中央政府管辖，过着更为自给自足的生活，拥有自己的土地，主要穿着黑色的服饰，佩戴着巨大的银饰项链，即便传教士也难以让他们教化改宗。

与花苗共同生活在一块土地上的还有彝边，也就是诺苏人。相比其他族群，他们让我更感兴趣，因为依旧保持了本族特色，而且从未被其他民族征服过。有六七个诺苏女子看来无法抵挡住花苗节日的诱惑，在星期六晚上跑了过来。她们言谈举止中带着点迷茫，不知自己会否受到欢迎，同时夹杂着几分高傲。我后来见到的诺苏男子在穿着上与汉人几乎没有区别，不过诺苏女子与苗家女子的反差之大却超乎

图 57　诺苏女子头戴黑色头巾，身上的长袍通常为紫色，体形
高大，为人谈吐带着一丝不友善

图 56　诺苏女子无论行为举止，还是身形服饰都与苗族女子反差
强烈

想象。前者高挑端庄，而后者敦实粗壮。诺苏女子体态更具风姿，与苗人相比，就像北欧人之于西西里人一般。诺苏女子身着一袭长袍，颇有几分学者风范，颜色高贵而庄严。上身服饰色调多为紫黑相间，饰以刺绣，最是流行，腰部以下开有边衩，下着宽大的长裤，裤长至脚踝，臀部绣有各式图案，不显张扬，头上裹着一层层粗布头巾，以黑色为主，戴着巨大的耳环，手上还戴着数量可观的银戒指，最后再加上一双黑色拖鞋，这便是诺苏女子的全部装束。这些女子看上去带着点目中无人的气势，与总是好奇惊讶，如孩子般开心的苗家女子反差甚大。事实上，当我邀请这一对女子在镜头前并肩站好，一个着实颇费周折，而另一个立刻点头默许。

有人向我保证，只要往贵州腹地走上半天便能找到大型诺苏人聚居地。不管是过节，还是照相，至少老天爷在星期一大发慈悲。我和那位年轻的传教士实在是没有理由抱怨，因为到了星期二雨又下了起来。能见度很低，贵州即便山川壮丽，也看不清风景，马儿走在泥泞的山坡上步步艰险，要是试图下马步行还会更糟糕。杨骑的那匹马也许是最好的，那匹圆滚滚的小公马，不管怎样的山路陡坡，都能毫不费力地上下自如。杨骑在上面，乐得红光满面，这可不只省了脚力，还保住了面子，要知道·个人浑身是泥，拖着步子，走走停停，这可绝对算不上是骄傲的事情。沿途长有许多硕大的灌木丛，开着红色和黄色的花朵，结满了山楂果。我们走过高高的"天生桥"，这是一道天然形成的石拱桥。一条小小的山溪从桥旁流过，流入一座颇有气势的矮丘，穿过山地、村寨、森林和上方开辟出来的高高的田地，延伸一英里有余。我们基本上沿着这条小河流经的巨大溪谷一路向前，接近正午时分到了四方井，在一幢两层楼的洋房住了下来。盖这所房子的正是我在云南府的苏格兰房东，他为教会在诺苏人中间开展工作"奠基铺路"，后来因为健康原因才离开此地。我们此时已到达海拔8000英尺的高地，四周一派高山景象。我第一次感觉路上带的棉花垫子过于单薄。虽然我从未穿过冬装，但在云南府的时候他们坚持对我说，不管路上有多辛苦，这个无论如何也要带上。

有一群诺苏人在此待了已有一个星期，大都是年轻后生，来这里学习《圣经》，负责的是个英国人和他的妻子，二人都从昭通来。这些诺苏学生虽然面相不似汉人，可言谈举止和衣着服饰都是典型的汉人的模样。由于传教士们在那些位于昭通平原边缘的露天矿场拥有股份，因此这里的诺苏学生以前也能烧上煤；不过他们的使用量实在不少，现在得自己找煤，因此煤用的很少，倒是学校书桌的抽屉被烧掉了大半。

　　来这里的人远不只"黑彝"，也就是彝族部落中的中产阶级，还有一个岷人，一个阿乌子和其他部落的人，正是这些民族让这里成为种族大融合之地。然而，离此不远便可找到"土目"，也就是封建领主，还有被称作"白彝"的诺苏奴隶。事实上，我们从卯戛过来的路上转道去了龙街子①。那里是一处"集镇"，有一所已经废弃的学校，还有两排房子，不少部落每隔10—12天便齐集于此，交换物品。我们之所以去龙街子是为了拜访当地的一个大地主，此人认为学校对自己领地上的人们毫无用处。诺苏"王国"连一座城市都没有，所有人都席地而居。领主的城堡通常建在高地之上，这样他就成了名正言顺的"土目"。我们路过几处泥巴土屋，继续往前，穿过一座大门，进了一所外院，接着是内院，最后才进到最里面的院子。外院与内院的墙上都有枪眼，可以打枪开火。整个地方大体上带着汉族风格，只是有几处透露出自己的特征。领主的内院连同犹如城堡一般的住所，包括台阶，全都铺着坚固的花岗岩巨石。屋里的家奴进进出出，男的上前接待，女的则径直退下，当然，也和汉人一样在偷偷打探着主人的秘密。

　　不巧的是，"土目"本人似乎不在家，"土目"的兄弟，也就是这里的二当家也出门在外。接待我们的是后者的儿子，还带了个汉人小妾。此人曾在上海待过，说得几句英文，虽然跟下人说的是彝家话，也就是诺苏话，却把汉语视为母语。他衣着体面整洁，无论外貌还是举止都活脱脱汉人模样。我们除了喝了几口茶，磕了点南瓜子，受到一些汉人式的礼遇，几乎一无所获。这个诺苏家族声称自己作为这片辽阔领地的主人至少已有2000年的历史。如果并非史实，只是按照传说来讲，苗族据说曾经是一个强大的民族，建立过自己的王国，而诺苏人把他们一步步赶进深山，占领了他们的土地。时至今日，至少生活在这片土地上的花苗已经成了他们的佃农，不再拥有属于自己的土地。

　　中国西南三省的情况与中世纪欧洲的封建制度极为相似。"土目"占有几乎全部土地，堪比中世纪的王公贵族。位居其下的是"黑彝"，这些自由民有进贡的义务，如果无力缴纳贡赋便以服兵役代替，再往下是佃农、农奴。在四方井地区，你就算

---

① 龙街子（long-kai-tze），即贵州毕节市威宁县龙街镇，位于威宁彝族回族苗族自治县北部。

骑马走上三天三夜，也很难走出一个"土目"的领地。他手下直接管辖的佃农就有3000人之多，至于二次转租的佃户究竟有多少，没人说得清。还有一个"管束"，相当于管家，专门负责收租和收税，以及其他管家该做的事情。苗人或者汉人一旦成为佃户，就得预交一笔银子做定钱——过去几年一般都是10—12两银子——除非地主主动让他们离开，否则一旦离开就拿不回定钱。眼下，地主倒是希望这些佃户换个地方另谋生路，因为高涨的物价和买地的热潮也波及这里。只要佃户开口想走，定金立马退还，要知道其他人正在等着租地，给的定金要比原来多上好几倍。租金以实物形式支付，多为象征性收取，比如说一年交一头猪，或者一头牛，要么交一点玉米。然而，"土目"若是赶上家中操办婚丧大事，便有权号召佃户缴纳特别钱款，而且随时都能要求佃农和他们的家畜耕作自己的田地。

汉人官员只是在名义上控制着这些地区，当地的实际统治者还是"土目"。在这样的制度之下，领主及其手下对佃农或奴隶强取豪夺，滥用私刑，甚至将其杀死也不会受到惩罚。有个"土目"只要手下胆敢不言听计从，便会剜去他的双眼。不管石门坎的传教士们能否将苗人带进天堂，他们至少在做善事，保护苗人不受诺苏领主的剥削。事实上，这些"土目"极力阻挠传教士最初的宣传活动，因为他们深知恐将失去取之不尽的权力之源。有个"土目"曾将为首的传教士毒打一顿。这位教士现在早已去世，而那个"土目"也为此被关进了监牢，再也没有出来。我们拜访的这位"土目"在儿子大婚的时候要求征收双倍赋税。有位传教士发现不少苗族佃农被关进牢房，于是拍下照片，记录下其他人在外院遭受折磨的情景，似乎想通过此举让这一家人有所忌惮，改变做法。因此，即使"土目"本人或许不会像西方人那样公然表露自己的不满，只能像他侄子那样改为采取含蓄的待客之道，但我们在这里很可能并不招人喜欢。

有位诺苏牧师名叫"彼得"，他儿子"保罗"在这里学习《圣经》。这位父亲陪我一起走访了另外一户人家。我在那里见到了真正的奴隶，当然也有身为农奴的佃户。虽然"白彝"祖祖辈辈都生活在同一片土地上，但绝对算不上自由人。不过，彼得自己显然也搞不清奴隶与农奴的区别，他在路上向好几个男人和一个女人打听，这些人都在田里独自干活，问他们是否知道自己就是奴隶，结果这些人兴高采烈、毫不犹豫地给出了肯定的答复，丝毫看不出半点愤恨的神情。在这户人家里，当家的男主人召集了一个奴隶的全家人。后者正在给玉米松土，就住在房主人隔壁的棚屋里，那里苍蝇满屋、灰尘遍地，和房主人拥有大片土地的那番富贵样子大相径庭。虽然这个"白彝"男人在体形轮廓上与雅利安人看起来有几分相似，却和我之前见到的那些人一样唯唯诺诺。这个男人从祖上有记载起就世代为奴。

至于究竟为何"黑彝"会成为贵族，而同为一族的"白彝"却沦为奴隶，似乎没有任何人能够解释得清。除了社会地位有别，其他所有方面似乎都在预示着二者同出一源。我们到访时有几个"黑彝"在周围闲逛，除了神情没有那么懦弱，在屋里有更多行动自由，实在找不出任何外在标记将他们与奴隶区分开来。虽说诺苏男子的服饰与众不同，但这些人身上唯一保留下来的只有一件灰白色的披毡。那披毡相当厚实，上面打着褶皱，下摆有 40 英尺长。这几个人手里拿着古时的武器，用来保护自己的"土目"领主——有一把明火枪已有近百年历史，另一把枪由手工打造而成，和明火枪相仿，枪管不知是从什么地方找来的，上面已经锈迹斑斑，还有一件类似三叉戟的武器。这些战士会为了一点鸡毛蒜皮的小事大打出手，他们常常"大发雷霆"。"土目"好比中世纪的领主，彼此之间时有纠纷发生，不少领主就因为相互争斗和陷于对手的伎俩，结果身败名裂，最终一无所有。

诺苏人等级制度森严，将人分为三等，彼此之间几乎不通婚。"黑彝"往往拥有自己的土地，"白彝"则被买来卖去。奴隶主可以杀死奴隶而不用承担任何后果。佃户若是无力纳贡，就得把自己卖给地主，以求换得几盎司银子。为了获得土地耕种、养家糊口而把自己卖给领主的奴隶被称为"分居奴"，以与世代为奴的奴隶相区分。然而，他们的子嗣后代却是主人的财产，后者拥有绝对支配权。奴隶尽管也和主人住在同一个院落，往往是同一所房子里，但他们吃的甚至比主人喂马的饲料更差。奴隶在精神上受到严重束缚压抑，很少有人想到逃跑，因为逃跑的奴隶一旦被捉住，惩罚极其残忍。诺苏人中有些在皈依基督之后便变更了奴隶的身份，成为佃农。按照传教士的说法，这样做符合圣经的精神，因为他们似乎无法从书中找到有关奴隶制的文字。不仅如此，此举有时还能减少成本，至少领主不用在歉收的季节为佃农提供生计。"土目"占有的奴隶有时多到根本无法养活，那个班级有个学生恰好就是这种遭遇。然而，奴隶的孩子永远只能是奴隶，即便他们的父母偶尔得到恩准，能够自己种植作物，或者赶上灾荒年景主子放松管束也无济于事。

图 59 一群"白彝"诺苏奴隶从田里被叫了过来，站在我的相机面前拍照留念

图 58 一个"白彝"诺苏奴隶，自记忆深处或者有史以来，便和自己的先祖一样桀骜卑微，与身为武士的"黑彝"截然不同

　　我说了这么多，希望没有让读者读来觉得无聊。这个民族的起源迄今尚无定论。他们自己确信自己与藏人同属一支，只不过早已衰落，但来自拉萨的人却无法与他们进行言语沟通。不仅诺苏人与藏人的文字毫无相同之处，罗罗人中也从来无人信奉佛教或者喇嘛教，后者不过是前者蜕变的分支罢了。然而，某些迹象表明，诺苏人或许是亚洲最为古老的民族之一。在中国尚未出现一个统一的国家，还只是一些大大小小独立城邦之际，今天的云南府正是一个诺苏王国的都城。有人猜测，可能在公元前220年始皇帝统一中国，或者在忽必烈重新征服云南的时候，生活在今天贵州的一些诺苏人接受分封，对皇帝表示臣服，在半独立的基础上自愿接受都督的管辖，这种半自治的状态至今依旧存在。然而，更多诺苏人选择了逃亡。他们渡过金沙江，也就是通常所说的长江上游，那里河道蜿蜒，无法行船，然后定居下来，那块地方至今仍然被标注在地图上，被西方人称为"独立罗罗"王国。"独立"二字形容得不错，因为这些人在深山老林中，时至今日依旧保持着自身的独立，如同耶稣纪元之前一般。

　　虽然诺苏人也常常自称"蛮子"，意为"野蛮人"，或者会用另一个名字"巴布"，后者相较而言没有那么粗俗，但人们称呼他们用得最多的还是"罗罗"——这个名字他们并不喜欢——而这个名字即便不是全世界，至少也是大部分国家对他们的称谓。这个民族有一个习惯，将先人的灵魂保存在一个小小的篮子或篓子里，保存三四代人之久。由于汉人管这样的篮子叫作"箩箩"，因此这些桀骜不驯的山民若是听见有人用这个词，便会以为自己的先祖受到了侮辱，因为这是亚洲人最常用的骂人方法，于是便会采取报复。除此之外，他们还有好几个名字，其中一个叫"诺苏"，在贵州省尤为常用，还有一个叫"老本家"，意思是"古老的原住民"。这些人也有尊称，例如"彝边"，最礼貌的称呼或许要算"彝家"，也就是"原住民"了。一个诺苏人就是一个"彝家人"，也就是一个原住民。说来真是遗憾，西方的地理学家和百科全书编撰者们不加分辨，竟然把很多蔑称作为正式名称记录下来。要知道你若用这个名字去喊那些人，得到的答复不是一颗子弹就是劈头一斧。要想改变一个沿用多年的西方命名或许很难，不过或者至少能够在文字中改过来。"彝边"也许是最好的选择，因为我们其实并无证据，证明他们的的确确真是"古老的原住民"。

既然我已经深入"独立罗罗"王国一百多里，若是能够去他们的家中亲眼看看，自然会令我大喜过望。不过这种事情不大可能发生。不仅罗罗人控制了金沙江上的所有渡口，就连东岸的政府当局也极力阻止外人造访此地。不过，我倒有两个方法兴许能办到这一点——一是想方设法讨得某个英国传教士的欢心，毕竟在贵州与教友共事的英国传教士人数也不多，然后怂恿他跟我一同前往，二是作为传教士在当地待上三年五载，直到赢得他们的信任！

长江上游河湾地带水流湍急、山石参差，居住于此的贵州诺苏人和他们形单影只的亲戚们肯定有联系。有的往返两岸之间，甚至还从河对岸娶了妻子回家——就像美国的移民，不也有人回"老家"讨老婆么？可是，外国人也好，汉人也好，一般都不得其路而入。曾经有位英国摄影师避开了政府当局的监视，成功渡河，不料惨遭杀害。与之同行的挑夫被误以为已死，遭人弃之不顾，才得以活着回来讲述了事情的原委。布鲁克中尉①的故事可能知道的人要更多一些，他的尸骨埋在了这里。历史上从未留下任何美国人进入"巴布王国"的记录。虽然我算不得什么贵客，不过教会对我颇为礼遇。那位因伤寒去世的传教士——他正是在照料我在昭通的人类学房东的时候染上疾病的，曾在1903年与诺苏友人一起渡河，深入内陆40里，并在那里停留一晚，之后写下了一本鸿篇巨制。就在短短8个月前，陪我一起去四方井的那位同路人就去那里转了一天，一直走到了布鲁克墓地所在的地方，并在这块禁地上一连待了两个晚上。

如果能够得到某位彝边头人的支持，避开汉人警觉的目光，外国人就能在头人及其朋友的领地里旅行，但绝对不能去其他地方，因为彝人的部落战争如同古代苏格兰首领之间的冲突一样频繁。与我那位同伴在东边会面的是位酋长，还带上了他的儿子。父子二人居然都穿着西式鞋子，里面是黄色的袜子，真是令人惊叹不已，只不过把袜子穿混了。这对父子非常好客，尤其记得告诫外来者切莫进入其他头人的领地，因为他们之间是死敌。一艘船将他们带到了西岸。这种船虽然简陋，却专为对付湍急的水流设计，毕竟金沙江激流遍布，能够渡河的地方着实不多。一行人

---

① 此处所述的"布鲁克中尉"为英国陆军中尉、探险家约翰·韦斯顿·布鲁克（John Weston Brooke，1880—1908），1906年到藏北探险，成为首位受到达赖喇嘛接见的英国人，1908年12月24日在第二次西南探险途中在"独立罗罗"王国被杀。

喝过蜂蜜，权当作开胃酒，接着便骑着骡子和马匹出发了——马对诺苏人来说，就像沙漠中的阿拉伯人一样必不可少。他们穿过密密的丛林，往高处一直行去。沿途人迹罕至，风景迷人，虽然有一些开垦过的痕迹，却长着不少材质极佳的林木。"道路"陡峭难行，"窄得如同鸟径一般"。

"巴布王国"连一座城镇也没有，这里的人和贵州的同族一样散居山岭之间，领主城堡周围也许会住得稍微密集一点，毕竟那里视野开阔。每一户"巴布"人家都豢养着恶犬。这些大狗极其凶恶，一旦遇见气味生疏的陌生人，需要主人使出浑身力气才能拽住。招待我朋友的那位"土目"住在一栋大房子里，就在高高的山顶上，四周风光一览无余。宾主双方首先进了厨房，地上生着火，火塘周围垫着席子。很快便有人端来好几个盛水的盆子，里面盛着荞麦面糊，也可能是燕麦粥。彝边和苗人一样，也将这些东西装在袋子里，留着赶路远行和行军打仗时吃。奴仆等着他们把这些吃完，不过很快便会有一顿美味大餐，有米饭和蔬菜，还有不同方法烹饪的猪肉。罗罗人也吃山羊肉，用手拿着羊肉大口大口地咬，恶狗们则围着撕抢残羹剩肉。罗罗人不吃盐，因为盐实在太贵，被当作货币使用。家里的神像用屏风隔了起来，布置在房间角落里。屋里还放着一座巨大的石磨，还有一匹马关在马厩里。硕大的柱子支撑着房梁和橼子，上面盖着的似乎是松木屋顶。男人们穿着类似军装的夹袄，有黄、红、蓝及黄褐色，与头饰颜色相搭配，也有的是撞色。有几个人围着头巾，红、黄、蓝色都有，两块布长约一英尺，飘于背后。大多数人身披宽大的蓝色羊毛披风，显得厚重而暖和。这里人手一杆枪，型号款式不一，其中有一把是德国造的，已有30年历史，另一条英国老枪的年纪约有50岁。睡觉的地方和那些汉族苦行僧一样，显得粗糙简陋。

入夜之后，年轻后生们会聚在一起聊天，演奏曼陀林和笛子，玩摔跤角力的游戏，载歌载舞。"巴布王国"的男子多穿梭行走于同盟部族之间，只有见到故乡的大山才会引吭高歌。女性从不跳舞，或许是因为舞蹈被她们视为某种宗教仪式，而非消遣娱乐。这个住在人迹罕至的深山中的民族，和汉人最明显的区别恐怕在于妇女的地位有所不同。诺苏女子可以与男子自由来往，正常交际，能够见到她们放声大笑的情景，伴侣关系也没那么多教条束缚。在中国，一个男子甚至不能和自己的妻子在公开场合共撑一把伞，而在"罗罗王国"，一对男女能够共用一块披风。诺苏女子喜穿丝织飘逸的长裙，从不裹脚。家庭中女孩与男孩同样重要。让人不得不怀疑诺苏女性拥有如此多的平等自由，是否表明他们与藏族有关联，后者实行的正是一妻多夫制。

诺苏男女通常等到一定年龄，能够自己拿主意才会订婚。然而，无论利弊，讲求权力与财富门当户对已经成为世界趋势，这也在潜移默化地渗透进诺苏人的生活。碰上有人过世，举行葬礼据说也是如此。罗罗人并不相信灵魂再生。他们有多种丧葬仪式，将死者放在柴堆上焚烧火化便是其中之一。将死者埋在冰冷的地下，而不是通过火苗的温暖火葬，对这些居住在寒冷陡峭山岭之中的人们来说，心中难免产生恐惧。如果尸体烧得快，就表明死者是好人——哪怕读书的学童也知道老酒鬼烧起来不容易。在进行这场古老仪式的同时，死者的马会被弄得狂躁不安，人们说这是因为主人的灵魂回来骑在了马的身上。死者遗孀会为了马究竟归谁所有大闹一场。然而，今天的诺苏人、就连住在西岸的部落也开始逐步接受汉人土葬的方式。

以前的诺苏小伙子常常"偷"新娘。为了抢得新娘的头巾，两家得大战一场。女方的家人忙着将新娘子的头巾扔上屋顶，而男方家人则要把它放在门槛上，踩在脚下，两家这样做只是为了决定新娘日后在家中事务上的地位。有时甚至有人在这种游戏中丧命。就算早已订婚，诺苏人依旧会上演抢新娘的游戏，这些有趣的小风俗或许会把新媳妇的娘家闹翻天。不过在贵州，传教士们开始逐步引入西方的仪式，简直是单调无趣。新娘骑在马背上前往自己的新家，新郎家的全体男性亲属则全副武装地一路护送。婚礼上，新郎的母亲会向新娘赠送礼物。首先送的是一根绿色的枝条，放在盛满了水的花瓶里，预示着人丁兴旺，接下来要送的是一把梳子，嘴里还要念念有词："每天做饭前别忘了梳头，这样头发就不会掉进汤里。"有的已婚妇人十年间都不曾回过从小长大的娘家，可一旦回家就有可能待上两三年。

昔日的诺苏人，尤其是土目，谈起自己的不伦行为时十分坦荡，从不遮掩。他们不背信弃义，也不信口雌黄，在大多数事情上表现得慷慨大度。然而，或许是因为和外界接触得太多，现在的"土目"已经失去了这些特征。不久前就有个"土目"杀了自己的兄弟，抢走了他的土地，还辩称若不这样做，自己的兄弟也会杀了他，抢走他的土地。不过骑士风度也尚未在这群亚洲的"苏格兰酋长"之间消失殆尽。

对于拥有土地的寡妇，他们会将她霸占，而不是杀掉。由于女人和男人拥有同等地位，那么寡妇也有可能成为"土目"，这种事情并不少见。可是，既然女人需要得到"保护"，有些男人便会时常前来照顾她们。这些男人会与好几个寡妇同时交往，轮流去她们家，不仅名正言顺地获得这些女人的土地，还得到了她们的感情。如果这是一种常见现象，那么即便不少诺苏人必须取个汉人名字才能合法拥有土地，没有姓氏也许也不是坏事。正因为如此，全村人用的都是同一个姓，至于到底姓什么，除了家族的头人之外，大家其实谁也不清楚。

　　若是有人跟你说起他们口中的那些"野蛮人"，你可得留个心眼，千万不要偏听偏信。正因为如此，有些人一提到"罗罗"，便自然而然地把他们和野人联系起来，就像台湾的人头猎手或者非洲丛林里的俾格米人①一般。然而，罗罗人不仅不是这样，在不少方面甚至比外界还要先进，哪怕他们生活在与世隔绝的深山之中。比如，罗罗人拥有古老的文字，文学成就也相当出色，只是和他们的故土一样有待开发。对于不熟悉汉字的人来说，很可能乍一眼会将诺苏人的书籍误当作汉文典籍，即便二者实际上大相径庭。的确，这是一种单音节语言，有五个音调，虽然没有字母表，却是一种不带音值的表意文字，不过比汉语简单得多，更像史前人类的图画，又有些像孩童的涂鸦或者随手刻画的笔记。文字从左至右，竖行书写。诺苏人的文学作品值得关注的更多在于文字的音韵节律。时至今日，唯一能够读懂这些文字的恐怕只有巫师祭司了。就连"土目"在跟佃农签订的地契中都会用上汉字。

　　值得再说一说的还有他们关于人类起源的神话故事。传说诺苏有位天神名叫格兹②，从西方得到一些泥土，带回东方，打算捏一尊泥塑，可还没有做完，夜幕就已降临。第二天一早，格兹天神发现尚未完工的塑像竟然被毁坏了。于是他又做了一个，结果还是一样。第三天，天神又做了一遍，然后在一旁睁着眼守着。午夜十二点，来了一位土地神，开始动手捣毁泥像素胚。"你在干什么？"格兹天神叫了起来。"你又要做什么？"土地神反问道。"我在做人。""你做人我不反对，

———————————

① 俾格米人（Pygmy），一种矮小人种，分布在中非、东南亚、大洋洲及太平洋部分岛屿。

② 格兹（Kedze），彝族信奉的天神，亦称作"泽格兹"或"策格兹"。

可这点泥土得归我。"最后,两位神仙达成一致,格兹天神答应每过 60 年便将泥土还给土地神。这就是为什么人通常只能活一个甲子。不论我们怎么理解这个与泥有关的神话,洪水的传说倒是非常普遍,只能承认历史上可能真的发生过滔天大水。至少天主教士已经找到了证明,自己传教的这个部落的确有过关于洪水的传说,是一对兄妹在洪水过后才让大地上再度人丁兴旺起来的。

过去二十年里,循道宗的教士们在贵州的诺苏人中已经取得了一些进展,而居住在金沙江对岸的那些诺苏人依旧"桀骜不驯"。后者不时违抗部落巫师的意思,跑到昭通的教会医院来。然而,这些人并不像苗人那般"合群"。有位传教士给了一位诺苏头人一本中文《圣经》,后者曾经中过秀才。几天之后,这位头人便将《圣经》原物奉还,说如果让他来写一本,会比这本要好得多,传教士若是乐意,还不如给他一把新式手枪实在。

我原本应该继续前行,去往贵阳的,那是我在中国唯一没有造访过的省会城市。然而,凡事都有个限度,既然我之前已经在其他地方见过"黑苗",这些人在贵州西部为数众多,也在更加偏远的广西又遇到过仲家,于是我决定打道回府,返回昭通,还给卯夏带去好天气。那里已经差不多被人遗弃,变得一片苍凉,唯有在一轮圆月映照之下才能显出几分景致来。第二天已是艳阳高照,策马扬鞭一天甚是快活,身旁层峦叠嶂,好一派黔西的秀丽山川。我沿着一条溪谷一路前行,溪谷隐身在这层层叠叠的群山之中,颇有几分气势。整个世界错落有致地展现在眼前,先是一片碧蓝,接着是紫色,直至远方。那些苗家女子此时也已回到了田里,依旧穿着如花般艳丽的衣服,只是显得陈旧了一点。听当地人说,他们正忙着锄耕的庄稼几乎尽毁,接着要面对的便是大范围的贫困与颗粒无收。

石门坎只有六个英国人,我在那里待了半个下午,在一棵松树下看书。然而,当翌日清晨我和杨带着两个苗家挑夫,再次动身上路时,整个世界已经躲进了一片茫茫白雾之中。我们要沿着那条艰辛的来路,重新走回昭通,回到辽阔的昭通平原的中心地带去。天上逐渐隐去了阳光,开始下起蒙蒙细雨,一阵紧过一阵。那栋教会的房子就矗立在东门城墙外的山上。我很少有机会在同一所房子休息两回,或者说至少难得在两个不同的场合之下睡在同一间屋子里。如此非比寻常的经历让我十分兴奋。现在正值休假时期，城里的外国人只剩下了两个英国女人，住在医院里，其中一个是从云南府到长江这一带唯一的医生。可惜她和四方井那位英国人的妻子一样，在年底时死于伤寒。

一般认为从昭通到位于长江之畔的水富要走 12 天，和从云南府到昭通的路程一样远。不过，往北的路除了前 100 里是平路，之后全是下坡，因此我希望能走得快一点。尤其现在正赶上涨水的季节，最后两天行程要是坐船，或许半天就能走完。再说，我带的那点行李总是会吃掉用掉，减轻点分量。杨弄了个中式马鞍，其实更像是木头架子，上面涂着花哨的油漆。他把大部分铺盖横搭在上头，这样挑夫背的东西就少多了。挑行老板这一回向我郑重地保证，一定找不抽大烟的。挑夫们做了"书面保证"，在一张毛边纸上写上几个汉字，盖个红章，答应八天之内赶到某个搭船的地方。到那里一般得走十天，条件是只要我这一趟能够照常出十块银元，而且如果真的按照这个时间赶到，那么每人再多加一块钱赏钱。我其实并不打算走得太快，错过值得一看的风景。我给当地的官员递了名片，这样如果他愿意，就能安排专人护卫。地方官还是跟往常一样，派了四个士兵。

我和杨带着两匹马，三个挑夫，还有四名士兵，一大早便起程出发了。整整一上午，我们都在昭通平原上慢悠悠地走着，原野两侧全是山，这里种的更多是玉米，而非稻谷，太阳也从云里露了出来。午后不久，出了平原，山路显现，地势变得有些起伏。当天余下的时间，我们一直沿着满是石头的河床前行。小河蜿蜒流淌，我在水里来来回回不知多少趟，当晚在五寨①停了下来，找了间简陋的屋子过夜。我已经走了超过 30 英里，挑夫们走的基本上都是公路，却仍然直到天黑才姗姗赶到。

---

① 五寨（Wuchai），即云南省昭通市昭阳区盘河乡五寨村。

　　过了五寨往前走上一个小时，山路突然开始掉头下行，我要离开这片广袤的高原了。自从坐法国人的铁路北上以来，我在这里已经待了两个多月。一条宽阔的石阶弯弯扭扭，犹如佛塔的阶梯一般。坡度之陡，就连中国人也没法骑着牲口，或者叫仆人背着上下。就在下山之前，我那几个挑夫在几间村寨茅屋旁兴高采烈地说着一个名字"罗汉林"。只见一条白色的涓涓细流从陡峭的山崖间盘旋而下，如同从云端坠下一般。我们下到这险峻的石梯底部，找到了这条小河，沿着小河一直往长江方向走。不计其数的挑夫带着沉重的担子，沿着修着石阶的溪谷往上走，还有那些爬山的旅行者。看着这些人筋疲力尽的样子，我们不禁暗自庆幸，自己是在下山而不是上山。虽然白天没怎么下雨，但一夜的雨水让道路实在难行。路时而从山谷中穿过，犹如一条半完工的隧道，时而从石滩中穿过，两边河岸高耸，每前进一步都不轻松。这条河不仅在重要性上迅速升级，也变得愈发湍急危险。

　　当天中午时分发生了一场小意外。我一直骑着那匹小马，为了让骡马得到点休息，后者驮的是杨，他可比我轻多了。走的路就在悬崖峭壁下的小河旁，大段大段的路面没在水下，走起来深一脚浅一脚。我的马一脚踏空，掉进了河里，马鞍、鞍囊连同马背上的东西全都落了水。没想到这匹马不仅是个爬台阶的好手，还是一匹聪明的小公马，碰到任何情况都不慌乱，不但没有被湍急的水流卷走，反而很快向上游游去，十分机灵，最终经过一番努力又游回了落水的地方。杨倒是爱开玩笑，跟我说他在给马喂食的时候，听见两匹马儿在边吃草料边轻声交谈，比较各自游泳的特点。顺便补上一句，杨坚决不肯骑我的马，态度非常坚决，只要我一转过身去，他就会从马上下来，跟在马儿后面走。我只好尽量一半时间步行，一半时间骑马。他可真是尽心尽力，在我步行的时候自己绝不骑马。

　　中午时分，我们照例停下来歇息，歇脚的地方叫大关[1]，是座县城，有城墙围着，就在山腰上，周围山高谷深。我们在这里吃了顿迟来的午饭，给马重新打了蹄铁，接着继续赶路，一口气走了35里，到一个小村子过夜。那村子叫作小河村[2]，不过与之交汇的那条河怎么说要大一些，而且河岸也是那样陡峭。我在河里游了一会儿，

---

① 大关（Ta Kuan），云南省昭通大关县。

② 小河（Hsiao Ho），即云南省昭通大关县寿山镇小河乡。

不过这里只有一间屋子能住人，摇摇欲坠，最后杨和两匹马，包括三个挑夫都和我一同挤在屋里休息。

虽然晚上又下起了雨，但第三天滴雨未下，石头也不如往常那般湿滑。我们可得好好感谢老天，因为山路大部分就在悬崖峭壁边上。路阶往往极其难行，悬于河流之上。底下河水奔腾咆哮，滔滔不绝，听起来声响更大。不时还得走过危桥，马随时都有可能掉下去。这条路虽然称为"公路"，其艰险程度却远非安坐家中的美国人所能想象。我的那帮挑夫们常常费尽千辛万苦才勉强通过一条山涧。涧水从危岩上奔泻而下，直落在正下方的干流边上。其他地方的岩壁层层叠叠，形成不少突出的岩脊，上面湿滑难行，石面宽不足三英尺，其中一处正是我们要走的"公路"。真不知在如此坚硬的岩群石峰中修建这些蜿蜒无尽的盘山小路，耗去了多少艰辛的人力。石板都是交叉排列的，下头靠外一侧的不少地方泥土已经被水冲了出来，看上去好像只是凭借着信念或者惯性才扒在上面。

路边长着带刺的灌木丛，阻碍人们过路往来，使本来就已狭窄的小路变得更窄。然而，纵使骡马驮着货物，劳工不管背担子的，还是没背担子的，都在这里来来往往，川流不息，也见不到任何人采取措施，改善一下路况。我的马就算踩在岸边的泥巴堆上也总是走在最外侧，常常是一只马蹄跨了过去，另一只就有可能一脚踏空，坠入上百甚至上千英尺的深渊。因此，第三天若是发生意外，后果恐怕要严重得多。当天下午我们走到一个下坡处，坡高不到十英尺，下面是一片松软的稻田。马儿选择从边上跨过去，我恰好就走在它的一旁。或许是之前的美国主人教过，这匹马总是选路的右侧走，这样做在云南要比中国其他地方更加普遍。命运真是弄人，我在西南骑马步行走了上千英里，山路几乎全在山的左侧，因此这匹骟马习惯走的那一侧下面几乎肯定是万丈深渊。在此之后，这匹马又翻过了两个地方，有一回从一个土堆上跌了下去，那土堆至少有30英尺高，一同掉下去的除了一大块石板，还有坐在马背上的我。不过，这家伙似乎总能逢凶化吉，很快又满不在乎地沿着最靠外的路边一瘸一拐地走了起来。

第三天晚上，我们睡在了一个安静的地方，叫作"大梨树"。这是这一路上住得最好的地方。第四天晚上住得也不错。这里只有一栋房子，在地图上却有个古怪的名字——井坎子。这是当地的一栋大房子，建在路的两侧，屋顶横跨两端，把两栋建筑连了起来。我在其中的一栋里找了个谷仓，木质的地板被磨得锃亮放光。屋子只有一面墙，另外两边敞着，一面对着下面奔腾咆哮的小河，另一面则有一条大瀑布从山谷里奔泻下来，最后一面朝着主干道，我的马就站在路上过的夜。杨和挑夫们把小路对面的那间泥砖盖的屋子占了大半，里面还住着一家人连同他们的动物。那几个当兵的见我们在这种地方停下来，好生恼火，虽然他们接到的命令是保护我的人身安全，昼夜不离，直到将我交到按规矩前来接班的人手中，不过此时此刻他们也顾不了那么多，径直到前面的镇上去了，第二天上午晚些时候才在那里和我们碰头。天黑之后，我借着灯笼的光，一头扎进清澈的山泉里，用肥皂好好洗了个澡，把旁人看得目瞪口呆。更让我高兴的是那位家境富裕的房主人一听说只要成本价，二话没说就把那床西式羊毛毯给买了下来。那毯子的确太厚，这样又能把行李减轻一些。

我的随行中有一个是背夫，换句话说，他的担子放在一个大木头架子里，背在背上，而不是挂在扁担的两头，挑在肩上。这个背夫或许还不到三十岁，可天花已经把他的脸彻底毁了，还弄瞎了一只眼睛，这种事情在中国司空见惯。他还有其他种种理由可以抱怨生活的不幸，但狰狞的外表下却从未见笑容消失，我在任何地方都没有见过比他更开朗的人。路上见到的背夫越来越多。事实上，用扁担挑东西在地势更加平坦的地方乃至整个中国都是一种习惯。不止一个挑夫向我解释过这种方法简单省力，因为担子在扁担上总是一上一下，挑担子的人实际上只有一半时间在受力负重。然而，在中国的西南地区，地势开始起伏，山势逐渐升高，最终演变为巍峨耸立的高原群山。这些地方山路崎岖陡峭，多由石级砌成，若用扁担挑着，担子垂得过低，容易磕磕碰碰，几乎无法行路，因此大多数劳工会把担子背在背上。我在从昭通到长江的一路上遇见了成千上万这样的背夫。木架的形状好似一个巨大的背囊，前端是弯的，从脑袋后面高高地伸出来，这样即便背的东西已经多到令人瞠目结舌的地步，还能继续往上加。

中国辛苦工作的人不少，背夫兴许算得上其中最辛苦的一类，比他们更累的恐怕只有河滩上的纤夫了。这些背夫就像乌龟一样，背着自己的家，在艰险的山路上一步步走着，每走一步都艰难费力，却又平缓稳健。如果有钱，他们会带上一床睡毯，在头顶高高的货物上搭个凉棚，这样看上去就像一间移动的小屋。天晴时会把毛巾搭在这小屋的两侧，遮住自己的脸，再带上一个鸦片烟盒，没准还有一听烟丝和一把扇子，放在随手就能拿到的地方，水壶倒是没有见着。背夫会用一根绳子连着行李的上头，方便控制，一只手拿着类似拐杖的棍子，那东西重量可不轻，带着个铁头，本身就是个负担，这样能不时调整背上货物的重心，让自己轻松一点。

有个美国传教士跟我说，他曾经称过一个背夫的担子，足足有250磅重，有人甚至能把300磅的茶砖背进西藏。不过，我本人亲眼见证过的一次最多能背218磅。一个背夫绝对比不上一个普通的美国男子看上去那么强壮结实，可平均背负的重量，包括那个很重的木架和木杖在内，却在120—140斤之间，也就是160—200磅。我有一回遇见个小孩，八岁左右，除了个人用品之外，还背着40磅岩盐，跟在父亲后头。背夫一旦背上担子就无法卸下，不少人甚至连将担子稍微移动都做不到。他们一旦在别人帮助下把担子背了起来，一天就能走上10—12小时，有时甚至14个小时。他们就这样日复一日地走在这些山路上，道路条件之艰险，或许走遍全美任何地方都难以找到。

背夫们上下的梯道全部由岩石组成，时断时续，比人工修凿的要陡峭得多，多在8000—10 000英尺，甚至12 000英尺的高海拔地区，人到了那种地方连呼吸都困难。背夫一天能走20英里甚至更远，中途不时停下来，把背着的货物搁在木杖带有凹槽的顶头，借此暂时减轻肩上的重量。这个时候他一定会一本正经地吹着口哨，好像在说："赶快把那些废气放出来，要不然会伤肺，让人得结核病。"除非完全把背上的担子放下来，否则不管任何情况，背夫们都不会忘了吹口哨这件事。他们将担子排成一长串，靠路的里侧放着。尤其是赶马的来了，所有人都会站起来，显出一副甚是害怕的样子，然后一个接一个地吹着口哨，好像士兵分组报数一样。就算突然见到外国人，让他们惊讶得一时忘了吹口哨，只要等到兴奋劲过去，还是会继续吹起来，调子依旧是那样缓慢而庄重。若是没有别人帮忙，背夫无法自己将背上的担子卸下来，除非找到突出的石块，或者平整的土坡，高度正好合适，不过这样的地方可不多，要不就得找张结实的板凳。大多数茶馆为了满足背夫的这种习惯，都会专门准备这样的板凳，他们就能把背上的担子撑住，再放下来。一个背夫要是连人带货从坡上被撞下去，很可能会因此送命，若是摔倒在稻田的稀泥里，有时甚至都没法把脸从泥浆里抬起来，这个孤立无援的家伙除非身旁有人能够帮上一把，否则就会被活活溺死。

这一切在第四天发生在我的眼前，这或许是我在中国旅行以来最令人难过的一天。有个背夫独自一人赶路，不幸被一匹马撞翻，从路的外侧掉了下去。背上的担子重重砸中在后脑，而前额则磕在了石头路面上。我和杨就在近旁，赶紧跑过去帮忙。他从头到脚很快便被鲜血染得通红。看着血从伤口里汩汩涌出来，可能他的头骨已经破了。然而，其他的同伴从他身旁走过，连看都没看一眼，仿佛这一切不过是干这行的家常便饭。更何况，他们自己也没法卸下背上的担子，根本就不可能帮他。我给那个背夫上了点药，其实不过是一瓶碘酒而已，好歹能起点作用，又雇了个人，替他把东西背到镇上，又出了点房钱，让他在那里住下。尽管我在当时的情形下能做的只有这么多，可当我得知此人还得接着背货时，着实大吃一惊。

我在中国的西南地区跋山涉水走了1000多英里，有一半的路程都会遇见背夫，看着他们排成一眼望不到头的长龙，背着过于沉重的担子，在崎岖不平的山路上吃力地走着。那些山路狭窄到极点，如果碰上一个同样背着担子的同伴，或是一整队背夫，就得侧着身子才能通过，就像欧洲火车上的乘客经过走廊一样。背夫们往往就这样背着自己的担子，摇摇晃晃地站在悬崖峭壁的边缘，一天停下来两三回，吃一碗堆得满满的米饭和一点切好的蔬菜，兴许呷上一口平淡无味的冷茶，可能还会再耽搁几分钟，抽上一两口大烟。到了晚上就找块结实的地面或者石头砖块躺下，若是能够躺在木头地板上最好，中国人习惯把这个当床。睡觉的时候往往要和别人挤着睡，一个头朝这边，一个头朝那边，因此两个人只要租一床破被，就算遮不严实，也能凑合着睡。大多数背夫习惯和衣而睡，身上穿的还是白天那件衣裳，早已被汗水浸透。他们自己的行李还不到一磅重，只有少部分讲究的会带上换洗的衣服。

走这条路的背夫背的大多是岩盐，是从自流井的大盐井运过来的，我们正好也要去往那里。其余背的是四川产的烟叶，装在长长的木头圆桶里。桶子差不多有啤酒桶一半大小，乍看上去好像不是很沉，你只有试着抬一下才知道有多重，恐怕就连西方最强壮的运动健将也不愿答应和那帮骨瘦如柴的背夫换个位置，尝尝在炎炎烈日下是个什么滋味。

自流井的井盐大都为黑色，至少外面是漆黑的，里面是灰黑色，和云南府以西那些盐井出产的盐完全不同，后者多少带点白色。云南府靠着这种盐，也能在东川

图 60 这个八岁的男孩背着 50 磅重的岩盐，跟在同样身负重荷的父亲后面亦步亦趋，日复一日走在崎岖难行的山道上，让人明白中国西南地区的背夫是如何从小练成的

抢得一些市场，那里的集市上白色和黑色的井盐都能见到。当地人包括大多数外国人都说黑色的盐要好一些，咸一点，价钱自然也高出一头。这里虽然距离盐井还有400英里的路程，但这样的场景已经不算稀奇。一天之内能够遇见好几百人，个个都背着这些黑黢黢的东西，虽然看上去像从沿途捡来的大块平岩，却小心翼翼地保护着，用稻草裹着，有的包得严严实实，有的比较松散，上面还支着草席做顶棚，遮盖起来免得被雨水打湿。有的人看过统计数据后得出结论，中国用人力肩挑背扛运输的货物数以百万计。

　　如果背夫能够在规定的时间里走完固定的路程，按照天数算下来，每天拿到的报酬换成美金大概在25—30美分不等。这些人返程的时候一般都是空手回家。有些人背的担子实在太重，连人都被折磨得变了形，脑袋被向前倾斜的担子压得永远都只能以某个角度朝前弯曲，即便如此还得继续赶路。背夫虽然被重担压着，一般少有多余的气力笑一笑，但恰恰是这群人向外界展示出的乐观姿态，脸上的神情比美国拿着最高薪金的工人，抑或比华尔街最成功的中间人可要开朗得多。不少背夫看上去跟阿拉伯人长得差不多，似乎有些少数民族血统。我有一天遇见一个背夫，此人留着撮山羊胡子，看上去简直就和我们那位最为鼎鼎有名的游记作家一模一样，吓得我差点跌下马来。最可怕的是我偏偏知道那位大作家先生最近刚刚造访中国，因此有那么一刻还真是吓得胆战心惊，心想他是否被人抓住，被迫在这里做苦工呢。说到底是"背"还是"挑"这个问题，我想倾向于用扁担解决问题，即便另一种方式和西方人运送货物的方式更加接近，赶上节假日，我们也会那样做的。

　　我们一行人从谷仓出发，沿着弯弯扭扭的小路往上走了好几个小时。沿途全是在绝壁险峰上开垦出来的玉米地，只要能插得下一株秧苗的地方都会种上玉米。人们千辛万苦运来泥土，堆在光秃秃的岩石上，只为种上三四株玉米苗，我想没有任何东西比这样一番场景更能反映中国人为了生存而进行的斗争是如何艰苦。有些山崖高耸壁立，几乎每一块伸出岩壁的小小石头上都被开垦出来。不少山坡坡度远远超过 45 度，也种着这种主要作物。随着地势下降，马铃薯反倒销声匿迹了。不时能够看见一大块泥土从陡坡上坠落河中，被流水卷走。依照今年的情形来看，农民可能早知道这些土地会滑坡掉下去，但为了有更多耕地，只能冒这个风险。不少玉米棒子刚刚摘下来就被吃掉。孩子们吮吸玉米茎秆里的汁，就像吃甘蔗一样。就凭这些石头遍地的山坡，可养活不了那么多人。当地女子大多数不缠脚。有些人还留着辫子，不过大部分都不明显。有的把头发剪短了齐肩，只是没有编起来，留这种头发的人可能随时准备着，只要原来的发型变得重新流行起来就立刻换回去。不时看见一间间小屋，一头牛和一个男人在斑驳的屋影下，绕着一道环形石槽不停地走，一边抓起稻谷或玉米丢进槽里，让笨重的石头磨盘碾个粉碎。

　　我们日复一日地走在羊肠小道上。路紧靠着岸边，好像一个入室行窃的小偷悬在一所房子的铁栏外。前一阵子起了一场暴风雨，不仅冲走了大片碎石，就连整个崖面都垮塌下来，可挑夫们早已在这些陡峭的碎石瓦砾中踩出一条路，继续背着沉重的担子往前走。山路有时拾级而上，那些石头台阶仿佛将岩石生生劈开一般，沿着崖面向上挤出一条道来。山崖底下便是江流，而山涧溪流也经常从路上直冲过去。我们一直选择沿着横江前行。江水如从云端坠落一般咆哮奔腾，震耳欲聋，犹如一头猛兽埋伏在下方，等着哪个倒霉的家伙一不小心失足落下。江水渐行渐宽，只待在合适的地方汇入滔滔长江之中。不能利用这奔泻而下的江水似乎有点可惜，可能是在等待更加勇敢的人来开发。不少溪流发源于别处，穿过其他的雄伟溪谷，不断汇流而来，集聚于此。江水几乎已成红色，一路奔腾雀跃，每经过一处小的溪谷便会汇聚新的支流，原本洁净的溪水很快便会变成河水的颜色，一如单纯无邪的童真岁月被生活改变了色彩，就这样飞流向前，一直奔向——莫不成是上海？

　　沿途有些地方异常险要，人们会在那些地方摆上神龛，供上一尊小小的菩萨，虽然涂抹得色彩鲜艳，却已有些斑驳。有的旅者或许更有诚心，抑或是因迷信而畏惧，会停下来磕头叩拜，在菩萨跟前点上一炷香。当然，沿途美景无处不在。我看即便是闻名遐迩的长江三峡或许也无法与叠霞关那不为人知的悬崖峭壁相媲美。不时可以看见一根竹绳飞渡两岸，虽然非常危险，可对于住在岸边偏僻小屋里的人来说，这便是他们的渡河之桥。有的岩坡高达上千英尺，崖边怪石参差，走起来一连数英里都让人脚下打滑，马匹只能在下方峭壁的岩缝里行走。这些公路可是我有生以来见过最为恶劣的人工道路，不少路段只是用沿河的石头堆垒起来的。虽说"路"这个字得翻译成"road"，可这里的"路"仅仅只是意味着有条小道而已。只有赶上运气好，天公作美，再碰上好的季节，你才能在这样的"路"上艰难前行。

　　山路一直都是那么危险，我也记不清究竟是哪一天，在一处庙院的饭铺里吃的午饭。那个地方完全隐藏在崖谷的岩壁之中，你压根也不会想到那样的地方居然会有房子，盘山石梯竟然延绵好几英里，步步艰辛地下到河边，一切只有当你身临其境才能体会。下山的路着实难走，尽管如此，仍然可以不时见到成队的背夫，背着盐、烟叶和用竹篾做的纸，少年身上背着一担担鸦片烟枪，所有的人都筋疲力尽地向上走。在这样的地方即使想拍一张照片也不成，哪怕从飞机上拍也办不到。山谷里的寺庙倒挺富裕，小村子就紧挨在下头的岩壁上，人满为患。山上的溪水顺着突出的崖沿落下来，溅在路上。再往下走有一系列台阶，论年代或许已有千年。不少圆坑量一下竟然足有八英寸深，这些都是马蹄在坚硬的岩石上踩出来的。这可不是一条无足轻重的山路，而是主干道，更准确地说，应该是唯一的道路，连接着两个大省的省会。数百年来每天在这条路上走过的人成百上千。

正在此时来了几个新兵模样的人，不过是些孩子，穿着军装，手里的枪比自己个头还高。他们照例是上头吩咐派来的，前一拨保护我的士兵刚刚拿了钱，就把我转交给了接班的人。我们已经下到了地势很低的地方，这些人只好脱了上衣，挎着子弹带，跟法国总统的绶带一样。我在一处长草的土墩上停下脚步，坐了下来，突然感觉空气里有股异样的难闻气味。看来有什么不好的事情发生，那几个当兵的也注意到了，引得我又往前走了一小段。那几个士兵指给我看，地上有一具背夫的尸体，就在路的下方，丢在一口破烂棺材里。棺材半盖着盖子，上面全是裂缝。翻山越岭一路走来，这可不是我们唯一一次闻到尸体的气味。

这一路上最有趣的莫过于山路从数以百计的房子中间径直穿过，这些房子把路完全遮在底下。住在当地的人面对着的不是悬崖峭壁，就是种着庄稼的陡峭山坡，都被挤得没了去处，根本就没有地方留给他们盖屋子，连晒玉米的地方也没有，只能摊在"公路"上。台阶上上下下，通往大多数屋子门口。这些屋子几乎全是茶馆、餐馆或者住宿的地方，要么就是三者合在一处，给过往行人提供乘凉休息之处。这些地方十分凉爽，足够让那些被炎炎烈日晒得眼睛都睁不开的人进去放松放松。屋里摆着桌子，还有锯木架拼成的"椅子"，常常被弄得乱七八糟，还放了其他东西，中国人随便拿过来就能围坐在一起。猪的一条腿上系着绳子，被拴了起来，省得它们四下里找东西吃，弄不好掉下山坡摔死。这些屋子就这样安安静静地修在路上，不仅任由道路从中穿过，而且一到晚上就大门紧锁，这样过往的人只能停下脚步，就算你急着叫医生也没辙。过路的人同样平静地各自忙活着自己的事情。然而，若是某人的马吃了一口摊在路边晒着的谷子，这些人也会发发脾气，此外他们也不会有其他任何举动。哄马儿不要跨过悬崖永远都是件难事，要让它们别去山崖下面吃玉米，或者跑到更下头去吃稻谷更加免不了一场拉锯战。那些玉米还未脱粒，带着茎秆，有的摊在路两旁的地上，有的挂起来晒干。不过，马儿一般不会下到这条路更为低矮的地方去，挑夫们似乎也从来不去碰沿途种着的庄稼。

从横江发源的地方开始，直到这条河通航的地方，我费尽艰辛走了整整一星期，其中只有两段山路不再靠近滚滚的河水。第一次山路异常陡峭，要从垂直的玉米地里穿过去。到了山顶，路从一棵形态怪异的老树下勉强挤过去，随后又立即掉头再次向下延伸。往北远眺，风景令人叫绝。十来座山脉连绵不断，从这个距离看过去一片青葱翠绿，大地犹如一汪宽阔的水面，将沸腾的那一刻凝固了起来。山峰层峦叠嶂，每一座似乎都在跃跃欲试，要与邻峰一较高低。山谷溪涧气势磅礴，那条小河现在已经远在下方，不时可以见到白色的马匹穿行在低矮的山峰之间。即便是这样的矮峰也十分难行，上面垂直开垦出一小块一小块梯田。云雾缭绕，犹如水壶里冒出的蒸汽。这所有景象中最令人触动的莫过于那份万籁俱寂的静谧，好不容易从奔腾不息的河水咆哮声中解脱出来，不用再听哗哗的山泉声，任它从高处永远不停地奔泻而下，汇入河中，单这一份宁静就让这原本毫无必要的翻山越岭变得有了意义。

　　我们很快又再度往山下走去，这一次下得要比以往更深。从众多陡峭的石阶上

图 61　一个多星期以来，这条难走的山路难得没有挨着奔腾的江水，而是上了一道陡峭的山坡，从这棵树下穿过，接着又一头扎向了山底

像河流一样飞快落下去，恐怕除了中国人，再没有什么人有这般勇气，胆敢骑着马或者坐在轿夫肩头拾级而下，甚至催促没有背东西的劳工快点赶路。此时见到的挑夫人人都带着扇子。每间屋前都挂着不少扇子，卖给路人。扇子是用竹篾条编成的，做成钻石形，还带着手柄。一把他们问我要 100 文钱。有个跟着的士兵见我有兴趣，于是记在心里，花 50 文钱帮我买了一把，省了差不多一美分。谁知只过了一两天我就把扇子给弄丢了，只好麻烦他再买了一把。

　　我们常常能够见到旧式私塾，直接敞着门开在路边，前面连围墙也没有，因此我们一行人只能从教室前穿过，引来一阵大呼小叫——学生们正昏昏欲睡，教书的老师更是酣睡如泥，不曾料想竟然有个外国人从门前经过，于是怪叫连连，所有人跌跌撞撞地跑到外面，目不转睛地盯着，看个究竟。毕竟今年夏天这条道上没有出现过一个西方人，难怪他们会表现得如此惊奇。

　　顺着长长的石阶往下走，快到石道底部的地方有一间棚屋，虽然只有一间房，里面却有个铁匠铺，一个男童私塾，还有几个抽大烟的人正躺在席子上，肯定是在理论结合实际，相互切磋如何抽这玩意。由于屋里实在太黑，没法拍照，于是我把里面除了抽大烟的余下几位请了出来。没想到当我坚持请那位系着羊皮围裙的铁匠师傅与我们一同合影的时候，私塾老师的阶级自尊似乎受到了伤害。看来对于中国人来说，有点学问要比空有一身力气值钱。铁匠师傅会向过往的路人兜售几块豆腐，就是用豆浆做的食物，有点湿湿黏黏，有时甚至会卖点大烟，顺便在泥地上铺上几床席子，提供点方便，这样能给自己微薄的收入每天增加几文钱。这种事情虽然并不少见，可做学问的和卖劳力的就算同住一个屋檐下，穿得也差不多，还是界限分明，老死不相往来。

　　我们终于到了老鸹滩①——云南人是这么发音的，如果你非要搞明白意思，追求语言的纯洁，那么好吧，这个词换成标准的官话来说叫"老鸦滩"。我们已经比一般的行程提前了一天半时间，所以此刻慢了下来。天实在是热得不行，走着走着便浑身湿透，这次是汗水，不是雨水。这里晴空艳阳，和云南府总是阴着个天，随时要下雨的样子截然相反。若是马背上驮着往北去的担子，通常会在这里换到背夫

①　老鸹滩（Lao-wa-t'an），即云南省昭通市盐津县老鸦滩，为北路马道驿站之一。

身上，往南的则会从人力转到马背上。事实上，马身上的货物要被完全卸下来，因为要经过一座桥。桥下的河流已经变得相当壮观，奔涌不停。那桥实在年久失修，破败不堪，虽然我们的牲口早已练就了一副翻山越岭的好腿力，过桥时也是疑虑重重，逡巡不前。之前我听人建议还不如把马就留在这里，自己租台轿子或者干脆走过去，不过我倒没怎么看见有马掉下去，这里也没人收留它们，更加不用说我的两匹马早已吓坏了。于是，我们给了马儿一些玉米和稻谷，有的还带着谷穗。

老鸹滩是个大地方，光郊区就占去了好几条小山谷，还有一条很长的街道，离河有点远，在一些房子很密集的中国城市的中心地带，这样的街道多半是沿河而建的。一条巷子顺着山路下来，又窄又湿。巷子里行人摩肩接踵。女人背着岩盐，还有不少箩筐里装着的好像是上等的无烟煤，由背夫从某处运往东面。不断有人背着沉甸甸的黄纸，从离此不远的一个镇上过来。这些纸要被切成一半大小，做成"假钱"。虽说并不值多少钱，可不少挑夫翻山越岭辛苦一辈子，却只为运送这些沉甸甸的东西。在一些略有规模的城市都会见到一些男人，无论老少，站在那里用凿子和一把木槌，将一令令的黄纸放在一块竖着的硕大的树桩上用力击打。

正午时分，我们刚巧经过一座庙宇，戏班子在里头搭台唱戏，正好演到高潮，热闹不已，当地的头面人物也亲临现场。县太爷被众星捧月般围在中间，随行护卫像花瓣一样把身后的包厢塞得满满的，底下则是密密麻麻的观众，都站着看戏。我们找了间茶馆打发这最热的两个小时，顺便吃点东西。虽然这种地方一般不招待四条腿的牲口，但也顺道喂了马。就在这个当口，县太爷打发了四个人过来，和以往一样是当兵的穿着打扮，接下来的路就得靠他们继续跟着走了。

从老鸹滩继续走上半天是一条石头路，路况极差。石阶一级一级，就在河边，宽窄勉强能容一匹马通过，底下往往是峭壁深渊，巨大的山石摇摇欲坠，看起来以前掉下去过不少。接着便是一个陡坡，翻上山脊之后又得下山。背夫们走过了一座吊桥，桥面早已坏得不成样子，我们只好让牲口走到下游很远的地方游过河去。那里河岸陡峭难行，一不小心便会被河水卷走。

随着河流加快步伐、一路咆哮着向长江汇流而去，河面变得愈加宽广，沿途的植被也显得更具热带风情。道路又窄又险，有的路段茂密的植物已经遮住路的边缘，迟早会将这条坑坑洼洼的石板路全部覆盖起来。出现在眼前的不仅有棕榈树、藤蔓，还有匍匐生长在地面的植物。此前很少见到玉米长到一英尺高，现在一下子全都结出了穗。眼前又重新出现水稻，凡是能够开出梯田、能灌溉的地方都种着水稻。虽然还在种玉米，但已经开始两种作物交替种植。我的马一直想踩着松松垮垮的石板边上，跨到悬崖对面去，有好几回竟然真的成功了。骑马行走在这条路上简直无异于走钢丝。虽然我并不介意冒险，权当给生活增加调味，但每天都这样把心悬在嗓子眼里，人迟早会崩溃。午后，我们经过普洱渡，这个镇子长长地藏在山坳里，山里的石头可是我见过最大的。当晚歇脚的地方名字倒挺有诗意，叫板板石，是我们在云南待的最后一个镇子。

走到第七天，虽然石头路两旁还是一如既往地山峦起伏，天气却完全变成了热带的感觉。这一天也意味着我们从一个省进入另外一个省。到了滩头①，跟着的四个士兵换成了另外两个人。我好说歹说，哄着杨和其他人继续赶路，直到另一家客栈才歇脚。那里看上去不太一样，一问才知道原来已经从云南到了四川，也就是说从"彩云以南"的省份到了有着"四条大河"的省份，想想还真不容易。不仅如此，我发现那两个云南士兵已经离我而去，连声招呼都没打，甚至连赏钱都没问就不辞而别，大概是因为我们不愿走小路吧，虽然他们自己也承认，可能马儿无法通过那条小路，这样他们没法送我到边界那边的镇上去。只要我出了云南省的管辖范围，那么云南方面就不负责我的安全了。总之，我总算是摆脱了这帮人，此后再也不会有其他私人保镖。我走过的不少地方或许比云南都要更加危险，可这是唯一的省份坚持一路护送。我先前料想这样的保驾护航肯定开支不菲，多亏政府开价实在公允，加上云南的滇币又不太值钱，总之全部开支，包括给士兵的打赏，算下来总花费才相当于四美元，比在美国交税还要便宜！

顺便说一句，我们到了此地就要用另一种钱了，虽然身上带的银币还能派上用场，我指的是那些成色足的良币，因为我发现云南府的那家法国银行，里面的安南职员给我的钱里有相当一部分是废币，其余的只要出了省也要大打折扣。虽然四川有自铸的银币，但云南的五角滇币只要分量够，成色足，到了四川也能用。铜元和

---

① 滩头（T'an-t'ou），即云南省昭通市盐津县滩头乡。

铜板兑换的汇率也有所不同，大体说来，我们距离四川的省会越近，换得也就越多。虽然出国时每过一次国境都要换钱已经够麻烦的了，可在中国还要糟糕。话说回来，虽然中国的货币完全没有章法可循，一般情况下却不会贬值，这么说来比今天欧洲的货币好得多。不仅如此，旅行的人有时还会兴高采烈地发现自己成了赢家，比方说广东的二角双毫，在广东大量铸造，含银量非常低，要六个才兑一块钱，可在四川却能按照面值兑换。我唯一的遗憾就是手上这些钱只有不到四十块。

初到四川省碰上的第一个小镇，镇上全是穿蓝色衣服的士兵，也就是正规一些的保商队。他们虽然以粗鲁无礼闻名，但跟我之前遇上的那批人一样，还算友善。现在从南走到北，好比从美国"南方叛军"的地盘走到了"北方佬"的领地，可也并未感觉有太大的不一样。我很高兴终于迎来了一个星期天的晚上——这里终于有了星期的概念，我直到这一天快结束时才想起今天是星期天。没想到这里不过比下面狭窄的河谷高了百来英尺，空气竟然凉爽了这么多。住的那间屋子一开始我还以为不错，不曾料想屋顶漏水，把房间里滴成了水坑。不过，就算如此，至少不用再听着咆哮的水声入眠，也算是一种解脱。

入川的第一天在一处小村寨停了下来，吃了午饭。村寨就在路旁，十来个挑夫正在用一个开裂的茶碗玩骰子，闹作一团。正在此时，一个小官模样的人坐着轿子途经此地。虽然他们都没有注意到对方的存在，不过这位官员还是对跟在身后一路小跑的士兵丢了句话。士兵立刻一把夺过骰子，捏在手心里，继续跟着他的主子走了，另一只手里还紧紧握着枪。挑夫们似乎呆住了，站在那里怔怔地足有一两分钟，过了好一会，有人不知从哪里又摸出来一副骰子，于是大家接着玩闹了起来，一如之前那般热火朝天。不仅如此，比起已经被我们抛在身后那个自由开放的省份，当地的人似乎也不敢公然大抽鸦片了。

山路永远都是用石板铺成的，在低矮的丘陵之中时上时下地绕着。这些小山上遍布被开垦出各种形状的梯田，想想为此耗费的巨大劳力，真是令人感叹，佩服开垦者的坚韧。此时，田里的稻谷正是一片新绿。我到达横江镇①时午后刚过不久，

---

① 横江（Huang Chiang），此处所指为四川省宜宾县横江镇，位于川滇接合部，距离水富四千米。

这是一个大镇子，有城墙包围。自打离开昭通，我们还没到过这么大的城镇，镇上的房子也不像其他地方那么紧密。马在横江并不多见，因此我们穿行在拥挤的街道上时，两旁围观的人群可是相当兴奋。当我们找到码头时，却发现没有船愿意这么晚出发。

于是我决定去拜访天主教神父。"耶稣堂"建在一座小山上，一眼便可望到，就在我们刚进来的城门之外。神父虽说是中国人，做事却像极了法国神父，还拿出自酿的美酒和烟叶。不过这位神父没有为我提供住处，我只好牵着马去吃草，而杨则负责找地方住。杨找了好一会儿，终于带着我和刚刚赶到的几个挑夫去了一座大祠堂。祠堂建在一条人多的街上，看上去有点像做批发的商铺。两匹马被拴在院子里，我住在祠堂的正屋里，不过被警告不得睡在神龛前面。待到我铺好床，支上蚊帐——这个时候蚊帐已经完全用得着了，有个男人走进屋来，先是敲了敲祠堂里的鼓，接着又打了下钹，然后在和我共处一室的列祖列宗面前点上几炷香。杨把平日里用的木头澡盆端了进来，我站在澡盆里，用脸盆盛着热水，从里面舀水洗澡。围观的人见此场景纷纷散去，看来都是些讲体面的人。

在中国旅行需要未雨绸缪。我在昭通就已经打定主意，除非价格合适，否则到横江不一定坐船，这样就成功避免了遭人坐地起价。不过若是走陆路，得要两天时间，三个挑夫需要花费六块滇币，再加上一部分住客栈的费用。所以，只要船家不是完全不讲道理，我便不打算走陆路，但因为有了这些顾虑，我也讨了个还算公道的价钱。那几个挑夫也来帮我，他们看来已经找到了机会，能够运点岩盐回昭通，因此迫不及待等着上路回家，翻山越岭再走上八天。然而，没有任何人能够指望完全不上当受骗，我们本来谈好十二块滇币坐条"大船"，连人带马都能上去，没想到船这么小，弄得我完全拿不准把两头牲口也带上船到底是不是明智的——我猜马儿也这么想。不少人专程跑来看我们上船，有的出谋划策，有的向我们伸出援手。

上船的地方就在一处岸边，上面便是这城里最繁忙的商业街。我们连哄带骗终于让马儿上了船，我在船中间的圆顶篷子底下躺了下来。船舱底下的船板实在是稀稀拉拉，马儿都能够把头露出来，伸在水面上，花了好一阵子才适应过来。尤其是那匹贵州的小矮马，虽然爬起山路来毫不顾忌，却不想在如此环境中冒险。当然，收厘金的人也在盘算着自己能够从我这个呆头呆脑的外国人身上多少榨点油水，于是派了个上了年纪的家伙下到河边。听他的意思，他有权检查我的行李，虽然不会向我征收地方税，但需要收一点费用。然而，他没想到我竟然知道"外国人的行李无需接受检查，且不得收取厘金"的规定。河岸上早就站满了围观的人。他为了在众人面前给自己留一份面子，又是恐吓又是威胁，忙活了好一阵子才悻悻地告诉船家可以开船走人了。横江镇那一排排房子，连同城墙和几个地势较高的地方就飞一般地消失在了身后。

泛舟而下的感觉不同寻常。江水流速奇快，翻山步行完全不可与之同日而语——那条山路我们可是千辛万苦走了好几个星期——而且悄无声息。杨很快准备好了早餐，我只不过眨了几下眼睛，就到了安边 ①。一个星期前在山巅见到的那条河到了这里已经十分宽广，不过还是汹涌澎湃，朝着长江奔涌而去。河水在此地汇聚成流，绕着"独立罗罗"王国由南向北兜上一大圈之后，开始义无返顾地向东流去，一路漫漫 1700 英里，直至在平淡无奇的上海附近注入大海。我直到此时才恍然大悟，之前之所以觉得河流噪音巨大，是因为置身岸边，听着河水狂奔而过，待到现在随波奔流，就不会有这种感觉。这艘简陋的当地木船载着我们顺流而下，当我的马儿，尤其是那匹来自贵州的小矮马直勾勾地盯着周围的山山水水，还有那条艰苦难行的山路，居然不用自己费丝毫功夫便飞一般地往南退去，一开始显得恐惧不安，而后是惊讶，最后就完全摆出一副安享其成的样子，低下头，津津有味地咀嚼起那一大捆青草。那些草是我坚持要带上船，专门为它们准备的。

我们一路上经过了三个厘金站，船家只能一一停下来，证明船上只有一个外国乘客和他的行李。船家还认为最好把马牵到岸上去，走上几英里，省得长江上急流比较多，没必要让马儿冒这个险，总之，要不是因为种种缘故，我们本来只需三个小时便能走完这 140 里路，从横江顺流而下，直达水富。这段路程换成走山路的话，可得辛辛苦苦走上两天。金沙江过了安边之后，以上的河段难以行船。我们也曾见过一些船，上面挤满了人，已经挤到船舷边上，船行的速度快得吓人，不过这些只是渡船，从离此不远的地方过来，开往北岸的镇子去。那边地势平坦，镇子外有城墙，到了夏天河水一涨，恐怕就要遭受严重的水患了。

---

① 安边（Anpien），即安边镇，位于今宜宾县西部，西接水富县。

　　我们选择一处地方停了船，等着马儿赶上来。有两艘船泊在岸边，听起来好像装的是内燃机。我觉得不可思议，于是跨过铺板上了其中一艘，原来是个磨坊。小麦，当然还有稻子和玉米等其他谷物，都可以在这里被研磨成粉。里面有个明轮被河水推着，带动磨盘转动。这样看来，发出噪音的不是内燃机，而是一台筛粉机。有个人在机器上有规律地蹦来跳去，动个不停，所以听起来像极了一台用得快要报废的内燃机。终于我们又把那两头牲口连哄带骗地牵上了这艘经不起风浪的小船。水富很快出现在视线之内，我们在离城上游的地方稳稳地上了岸。虽然船家没费多大功夫就赚了十二块滇币，可接下来还得一路辛苦，把船拉回横江。我悠闲地去拜访当地的教会医院。那里有位医生，在这个闷热的季节差不多是城里唯一留下的外国人，更巧的是他不仅是我离开云南府以来碰上的第一个同乡，而且又是我的大学校友。

　　水富的海拔高度足以让长江水到了中游仍然流速很快。现在已是七月末，这里并不凉快，于是医生建议我和他一起到江对岸的山顶去住一晚，待到第二天一早再和他一道下山。医生平时隔一天便会下山一趟，去闷热的城里的医院里，就这样度过夏日假期。当地还有位美国传教士，这会儿正在内地搞科学考察。他的院子里长满了草，看来就凭我的两匹马要想代替割草机还远远不够——这里位置偏僻，也找不到割草机。我把杨和马留在那里，然后与医生坐船过江，去了远在下游的　个地方。一路上经过好几个大水丘，卷着旋涡。就在一两天前，有个美国人掉了下去，万幸安然无恙，虽然没能救回一个挑夫和几件衣服，却找回了自己的船，还把正在看的一本书也捞了上来。我们上了一道坡，四周都是稻田，沿路有几个小村子，村里人似乎都认识医生。我们最后来到了几栋西式避暑洋房前，这里让我感觉好像回到了家里。

　　水富和长江上游的其他重要城市一样——事实上中国大多数临河而建的城市都是如此——也建在一处尖尖的冲击三角洲之上，一边是大江，另一边则是众多支流之一。这些支流就像孝顺的子孙，从不知何处的山中不远而来，为大江的滔滔气势增色不少。事实上，当地的这一条支流被称作岷江，要比长江在水富上游的河段更加重要，因为有座大城就坐落在江边，而且这条支流位于长江上游，是通往成都的水道，在水路上连通成都与外界。水富的居民可能有十万人，就挤在这条狭长的地带上。岷江对岸有座古老的白塔，流传着不少神奇的故事，还有一座黑塔，几近损毁，坐落在干流之上，二者共同保护着水富的风水，阻止妖魔鬼怪祸害城市[1]。尤其从

---

[1] 这里所指为宜宾市的东山白塔与七星山黑塔。

白塔上望去，最能看出水富到底有多么拥挤。一道城墙四四方方，早就东一块西一块缺了不少，为城里的街道留下为数不多的空间。成行的街道一如往常地沿着江滨排列，住在城外的人或许比城里的还要多。城市本身看上去是一大片平平整整的黑色屋瓦，但周围有不少小山、牧场、寺庙、坟墓和丘陵。除非你对中国大多数民俗风情、自然景观已经相当熟悉，不然还是会被这些吸引。

水富是长江上游的通商口岸，水位不太低的时候会有不少轮船来到此地。城里的街道总是熙熙攘攘，热闹得很。有些铺着平整的石板，不少地方特色产业就藏身其中，比如说把用过的黄铜烧熔，做成铜丝，切成大约半英寸宽细条，然后从大小不一的洞里拉过去。中国的一大优势就在于你能在这个国家见到大多数西方工业的早期萌芽状态，你可以看到很多简单的日用品是如何做成的，而在此之前你可能只有模糊的概念。一个旅行者若是像我这样在中国待上两年，一定会非常熟悉中国人的做事方式，一般不会关注门上贴的那些招福驱灾的东西，除非有什么别样的不同，比如在水富我见到了木头做的黄油拍。拍子上画着色彩鲜艳的鬼脸，拍柄朝下挂在门上。水富大多数屋门前都挂着这个东西，用来驱魔辟邪。

水富的城墙有些与众不同，整个墙顶上只修了一条窄窄的步道，跟城里的街巷一样，后者往往被屋顶全都遮蔽了起来。这些做法和广州的那些改革举动无疑正好相反，后者是把城墙全拆了，修出大街，而到了这里，能够通风、供人散步的地方几乎全被棚屋、店铺，甚至还有一家戏院占据了。中间夹着窄巷子，上面遮得暗无天日，外侧的挡墙上坐着玩耍的孩童，担水的挑夫洒出来的水把整条城墙步道弄湿了。也有些新房子在建，不时会见到城墙被拆掉一段，给建筑工人留出斜坡。沿着这样的环城街道散步，想象着底下的城市街巷拥挤的样子，倒是一种全新的体验，有时会让你完全忘却置身何处，只有等到眼前出现某处场景，或者被城门上的建筑挡住去路才会回到现实中来。城门附近到处都是一身破衣烂衫的士兵和乞丐。

刚刚进入八月，我们便踏上了从水富到成都的660里路程。由于还打算再回水富，加上据说到四川省会的最后一段路上土匪成群，于是我和杨把行李减少到只需两个挑夫可以负担的重量。他们是几个美国传教士帮我找的，看上去好像真的不抽鸦片。

不过，待这一路走完，我倒希望其中一个能够来上那么几口，因为第一天还没结束他就病倒了，成为整趟旅途的一大考验。这回的挑行老板是个女人，价钱跟之前一样，每个挑夫每天一块钱，干得好最后再加点赏钱。即便如此，这次还是要更贵一些，因为现在又得重新用"鹰洋"来计算工钱。住在中国西部的人说，如今的工钱要比1900年贵了八倍，可体力劳动者却比任何时候都要生计困难。

杨和两个挑夫在岷江对岸的镇子上停了下来，吃了早饭再往前走。路上我们碰上了一条几乎全新的石板路，我在中国可从未见过。不过就算是新路，也是按照几个世纪前的老样式修的。花岗岩石板足有三英尺长，宽约一半，严丝合缝地拼在一起，只是一旦碰上一点坎坷，都会拐弯上下，和中国人的想法一样曲折。如此一来，我们走的路就比直线距离多出了两倍。路之所以总要弯来绕去，虽然部分原因在于绕开斜坡，但主要还是为了避免踩进田里。虽然丘陵起伏，天气炎热，不过这条新路走起来十分顺当，挑夫们也几乎一路小跑。我们走得雀跃，把城镇和村寨都抛在脑后。田间土壤肥沃，作物一株挨着一株，稻谷、高粱、大豆、玉米，一直伸到路上，弄得最老实的马也禁不住诱惑。我们之前听说这条路走不了马，现在看来应该是轿夫们耍的伎俩。不过，由于现在我们不再沿着主要的河道走，牲口们在田里找不到水喝，比起肚子饿来，可能更加口渴。相比之下，挑夫就要幸运多了。田间不时能够看见一些僧人支起的石槽，里面装着凉茶。只要随手拿起放在一旁的带柄竹斗，便可喝上一大口。和尚们这么做是在积功德。

走在这样的路上，若是遇上挑着十来个空油罐子的挑夫，西方的石油托拉斯没准会满心欢喜，可对旅行者来说，却绝不舒服。人和马要想同时通过实在太难，要是把背着一身东西的背夫挤到灌满水的田里或者土坡底下，那可太让人沮丧了。虽然这里依旧能见到背夫背着岩盐，但人数不如北岸那么多，因为不少岩盐都改用船只运往下游了。

在到达水富之前，我们就见过不少轿子，包括轿子家族中较为简陋的那位成员——滑竿，可这里的数量显然更多。这东西堪称世上最简易的运输工具，两根竹竿，各十英尺长，直径约三英寸，一头用一根棍子固定起来，使两根竿子之间保持十八英寸的间距，中间再放上两块板子，一块一英尺宽，一块六英寸宽，两头各用几根绳子系在竿子上。绳子垂下来的部分长短不一。宽一点的那块板子用来坐，短一些、位置低一点的那块搁脚。中国人对滑竿非常适应。大多数情况下，赶路的人带的行李也会放在上面。床垫被褥之类的一般就摊开，权当是个躺椅。换成外国女士，如果穿着普通的西式夏装，坐在上面可不太端庄得体，但中国人却挺享受。西南地区道路难行，赶路的妇女或者年轻女子不多，不过由于裹着小脚，所以需要有人抬着。坐滑竿的男人排成一列列长队，有的上山，有的下山，几乎人人都在睡觉，一个个大张着嘴，头前后摇晃。

当天晚上，我在一座寺庙的台阶上过夜。庙就在一座四川小镇上，周围全是稻田。马在台阶下拴着，杨在后面的屋里做饭，看院子的和尚也住在那间屋里。围观的人站在一边一脸诧异地看着我支床，做一些只有外国人才做的古怪举动，没有一个人走到近旁来。镇上周围很吵，不少流浪汉和乞讨的人也睡在庙院里。两侧的厢房像盒子一样把院子围起来，里面也住着人。虽然我用过冷水淋浴，可直到午夜才真正停止出汗，感觉凉快起来。

想着第一天走得这么顺利，我们甚至开始憧憬着第二天就能赶到有名的盐井之城——自流井 ①。其实，要不是那个挑夫病了，或许真有可能做到。这是我开始旅行以来经历的最漫长也是最炎热的一天。我们沿着石板路上上下下，走了足足 36 英里，一路经过好几个大镇子。即便如此，我还是坚持前行，直到天色将晚，上了一座大山。当地人告诫我们晚上要继续赶路，不到村子切莫停下脚步。在中国赶路的法则就是你得一往无前地继续走。于是我一个劲往前赶，盼着最后能够赶到自流井，那里有一座西式洋房。可惜有一个挑夫没能在离开水富的第二个晚上按时赶到，这是我在中国旅行途中第二次、也是最后一次发生这种事情。虽然这个挑夫负责的两个箱子里装着我大部分值钱的东西，可挑着床和"厨具"的——这些东西我晚上都要用到——却是另一个人，他的身板看上去可一点都不结实。糟糕的是，当天早上，我偏偏把睡衣和蚊帐放在了值钱的箱子里，现在想来真是愚蠢之极。

夜色降临，我们在一处小村子停了下来，那里离大盐井只有不到几英里的路程。虽然地上很脏，但有棵大树下倒很宽敞，就在一座小小的古庙前，庙只剩下了几堵破墙。我在那里支起了行军床，吃起晚饭，你很难把围观的人赶走。如果不是突然

① 今为自贡市自流井区。

下起一场雷阵雨，把我们所有人都赶进了庙里，那一切都还算不错。屋顶严重漏雨，不过我还是在硬邦邦、坑坑洼洼的泥地上找到了一块平地，不会被淋湿。接着蚊子便登场了。这些家伙可能也是被雨逼进屋来的，它们让夜晚变得痛苦难熬。这里地势低洼，没准连蚊子也觉得太热，虽然没有云南高原上嗡嗡成群的苍蝇，却换成了蚊子。

关于山贼和劫匪的传闻很多。我刚在行军床上躺下，便有十来个面相凶恶的年轻后生从敞开的庙门冲进来，我猜想似乎遭遇了抢劫。这帮人个个带着枪，虽然没有几个穿着军装，可实际都是当兵的，趁着暴风雨来临之前当了逃兵，很快又流窜到别的地方。直到天明，我都在一遍又一遍祈祷他们要是绑匪该多好，这样就能把我抓去索要赎金，一晚上跟着他们东奔西跑没准就能摆脱这群蚊子了。可待到天明，才失望地发现他们不过是流寇，走到哪儿吃到哪儿，可能还带着疟疾。当地有不少人病恹恹的面无血色。经过最长一天的折腾，再加上一晚辗转反侧，我已是相当疲累。我想那个熟悉的敌人又来了，幸好吞下去的那一把奎宁起了作用，一切平安无事。

掉队的挑夫第二天早上还没露面。如果他真被抢了，那么接下来要做的便是赶紧去前面的镇了报官；如果没有被抢，就还有机会在适当的时间出现。我把杨留下，自己继续赶路。四川虽然还没到雨季，可昨晚的那场雷雨已经让天气凉快了下来，之后去往省城的路上天气都舒适宜人。第二天快走完的时候，地势开始起伏，现在更加高低不平。粗糙的井架很快出现在地平线上，让整个地方看起来和油田颇有几分相似。一座座圆鼓鼓的山包映衬在身后的天际线上，这里便是自流井了。这个地方因为巨大的盐井在中国小有名气，没想到竟然是一座颇大的城市，至少就面积而言不小，的确有些意外。城市散布在山间的几处山谷中，一条小河从中穿过，河边的屋子挨得紧紧的，不少盐就顺着这条河运往下游。河上正在新建一座桥。桥拱做工讲究，虽然能让人感到进步的现代气息，却依旧是没有栏杆的石桥，还是一如既往地狭窄，跟穿过稻田的公路一样，就连桥面上的凹印也是如此，那是不计其数的挑夫的赤脚和草鞋踩出来的。两头的桥台上各有一尊石质兽首，本来是用来固定栏杆的，可现在栏杆已经不见了踪影。就这样我顺着桥进了主城区。由于之前别人叮嘱我要去拜访的加拿大传教士们都去了山里的避暑地休假了，我只好住在当地的俄国盐务专员的家中。后者住在一栋舒适的小洋房里，在一处高高的山顶上，能够一览全城风光。

　　我喜欢住在专员家里，能够换个环境，至少在那里抽上一根雪茄不会被视为罪过。不仅如此，我在中国旅行还从来没有这么享受过，坐上官老爷们坐的四抬大轿，由专员安排我下山，去城里看看。不仅因为今天是周日，还因为和盐有关的买卖、分发、人力搬运、装船运货等一切活计在上午就都收了工，因此一到下午这里就变得很安静。自流井其实原本就是如此，因为这里没有矿井，只有盐井，因此听不到机器嘈杂的轰鸣，也见不到地上冒着黑烟，一切都和几个世纪之前一样原始。虽然也有一些盐井老板引进了机车和钢缆，不过这些东西很快就生锈成了废铁，大部分盐井依旧是用泥砖建成。这些建筑就像巨大的马厩，里面隐约能够看见不少挑夫，还有水牛在吃着属于自己的那份食物。

　　自流井的盐井究竟从何而来，早已成为传说。想来也奇怪，中国人竟敢在土地公头上动土，挖到地底下那么深的地方去。虽然不少盐井深入地下4000英尺，但由于没有人下到那里，所以和采矿比起来，兴许并没有大多数中国人想象的那么危险。这里可以见到凿子和其他各种形状的工具，直径不到一英尺粗，中国人早在不知多么遥远的年代就开始用这些东西挖井。绳子是用竹条编的，若不是仔细检查，看上去就和钢索一样，当然长度要在井深之上。每一根绳子都缠在一个巨大笨重的木墩子上，放在井上的建筑里，井架就竖在上头。绳子的末端拴着一根竹竿，竿子特别长，看起来比普通竹子长出好多倍，只是我实在找不出接口在哪儿，竿子下带着一个阀门。六七头水牛绕着木墩不停地走。人们隔一阵子就换一组牛，但很少把牛放到屋外去。绳子末端拴着的那根竹竿好不容易被拉出井口，拉到了棚屋顶端。一个工人此时将阀门熟练地打开，伴随着一股巨大的嘶嘶声，盐水从中喷涌而出，流进用藤条扎成的竹管里。盐水会被烧煮成泛黑的岩盐，我们已经见过成千上万背夫把这样的岩盐运往南方。井架高高地伸出屋子，矗立在山谷中，映衬着背后天际线上的远山，星罗棋布地散落在这方圆数英里的范围里。井架是用类似电线杆的柱子搭建的，十几根拼在一起，组成井架的桩子，几根一起搭在上面一层，然后用竹条拧成的绳子固定，在上面打进木头楔子，让井架保持直立。

　　不少人因为自流井地区的盐发了大财，更加有钱的商人通常住在另一个距此还有一段路程的小镇上，那里有围墙，在一处较高的小山头上。数百年来，盐一直由

中国政府垄断专营，成为最大的财政来源之一。1922 年盐税贡献的财政收入达到
8500 万鹰洋，1923 年的数据是 8000 万。数字变化并不代表中国人吃的盐少了，可
能是因为贩运私盐与侵吞税款的现象变得更为严重。中国的盐业跟海关、邮政一样，
在 20 世纪由外国人管辖。然而，还是有所区别，海关归外人掌管的历史更加久远，
以外国贷款作为其显著特征，而盐税显然在此方面要少得多。这笔钱照道理同样应
该上缴北京，可事实上几乎悉数落入了中国各地的军阀囊中。外国的盐务专员一拿
到盐税款就得转交给军阀，有时甚至连自己的薪水和存款都会搭进去，却只能正儿
八经地提提抗议。

　　杨此时此刻已经算是身在"外地"了。路上遇到的人只要听见他说话的口音，
问起的第一个问题总是"你从哪里来？"现在我们身边听到的全是四川话，口音相
当有趣。在四川话里，"h"变成了"f"，"n"变成了"l"，如果有人说"laitze"，
其实说的是"奶子"，就是"牛奶"的意思；如果说"fulan"，说的其实是"湖南"。
我在中国被人围观也不是新鲜事了，但在记忆中的所有旅行从没有哪一次能和这一
段旅程相比，竟然有这么大一群人围着我看。这个驿站是座小镇，过了盐井还得往
前走上一段。我中午歇脚的地方在一处开阔的广场后面，一旁挨着大街和公路。哪
怕再简单的笑话也能让镇上的人哄堂大笑。被一帮笑得合不拢嘴的人围得里三层外
三层，我不时会感觉喘不过气来。

　　但凡在国外旅行，若是去的地方游人不多，你不懂当地方言，或者就算会几句
但不流利，那么总会遇到麻烦。人们一开口便像连珠炮一样，他们认为你听不懂，
肯定是耳朵而不是理解能力出了问题，于是嗓门越来越大。我在四川对此深有体会，
因为这里的方言，尤其是长江以北劳动者的口音与北京的官话完全不是一个调调。
有时只好把杨叫过来，让他用字正腔圆、慢条斯理的中文"翻译"一遍。我发现在
中国碰到这种情况，有个百试不爽的解决办法，那就是走到说话人跟前，将嘴唇凑
近对方的耳朵，然后鼓起全部气力，用能够发出的最洪亮的音调说道："那真出人
意料！"或者表达类似的意思。那个人会赶紧退后，揉着自己的耳朵，这会让满屋
子看到听到这一幕的人全都哄堂大笑起来。不仅如此，既然中国人不单有一份幽默

感，而且能够很快领会意思，所以这样的话会很快传开来，人人都知道虽然外国人有各种各样的问题，但耳朵还是没问题的。

虽然路上的石头都是挑夫们的赤脚和草鞋摩擦过的痕迹，但从自流井往北的路走的人还是要少一些。显而易见，这意味着运往北面的盐没有那么多，那些地方无疑能从其他盐井得到补给，其他盐井也能够顺着小河把生产的井盐运往下游。因此，连接盐井与水富那条公路的地位重要，走的人也很多，路面损坏严重，只能修新路，而往北的那条石头路纵使已经歪歪扭扭，时断时续，可仍然通行。无论如何，这条路终归还算平整，在经过在云南一番跋山涉水之后，走这样的路感觉简直就像走在都市的人行道上。一场雷雨使我们推迟了第二天从盐井出发的时间，不过我和杨还是马不停蹄地赶到了资州 [①]，下午两点钟过了大江进了城，但挑夫却迟迟未见露面，于是我决定就在当地停下来过夜。那里有几个外国传教士，开了间大的学校和医院，就在城外不远。城里有间礼拜堂，房子很大。他们现在都去山上避暑了，只留下一位某所美国大学毕业的中国留学生守着大院子。院子里的草长得足够马儿吃一辈子。我先洗了澡，然后找到地方睡觉，就在这栋巨大砖石建筑的宽敞阳台上，这可是炎炎夏夜的理想去处。想想那些美国女护士在这里工作，岂不是住得像女皇一样舒服？

在距离资州还有两三个小时的路程的地方，许多山坡上零零散散地种着甘蔗，一片片泛着青绿，这是我在中国第一回见到甘蔗。煤炭是从西边 30 英里外用船运到城里的，资州就建在江边，虽然从地图上看起来只像长江的一条小支流，实际上却是大江。城的外墙沿江修建，一直伸到城后的陡坡上，这座古城就坐落在前面。这里是古代陆路交通的一处重要枢纽站，从云南来的道路正是在这里与从重庆通往成都的道路交汇，而成都距此还有四天路程。从重庆通往省会的道路现在几乎弃之不用了，因为有一段路在土匪的控制中，倘若有人贸然闯入，轻则留下买路钱，或者后果更加严重。我是到了四川才听说这些的，不过这对我没什么影响，我并不打算走这样一条尽人皆知的线路。有关拦路抢劫的土匪山贼的传闻我已听了不少，尤其是快到省城的最后一两段路上。这样也好，省得一路上单调乏味。

我现在走的是条"大马路"，沿途全是牌楼，有的用石头，有的用大理石砌成，

---

① 资州（Tzuchow），即今四川省内江市下辖资中县，下文所述"大江"当为沱江，又名资江。

横跨在路上。四川的牌楼或许比其他任何省份都多，修得大多十分精致。这些牌楼的艺术美感有时着实让人欣赏，但当你和马儿走在牌楼下的石板路上，路面坑洼不平，加上被雨淋得湿滑不堪，总会有一些时候走起路来脚底打滑，每每此时你便希望人们能在路上多花点功夫，少在牌楼上做文章。当你沿着江边一步一步吃力地往前走，会发现巨大的石墙上刻着硕大的汉字，每一个都足有一人高。这些字里最醒目的几个，后来有个中国学者翻译给我，是"龙行鹤展"，意思大概是"龙匍匐前进，最神圣鸟展开了翅膀"，我们西方人头脑简单，对中国刻在岩石上的文字也只能理解到这种程度了。

不管是住在中国的外国人，还是中国人自己，大都对自己家乡的风物有一份自豪感。四川人总会说，四川是中国风景最美、物产最富饶的省份。尽管在欣赏过云贵两省的山川壮丽之后，我很难把这份荣誉头衔授予四川的山水，但这些人说的或许不无道理。四川山峦起伏，景色瑰丽，锥状的山峰宛如尖尖的海螺壳，有的浑然天成，有的则是人工开垦的梯田。乡间山野早已大量垦殖，在阴霾多雾的空气里显得朦朦胧胧，这种感觉让这片山水比晴空艳阳强烈日照之下显得更为美丽。这可能会令摄影师人为光火，却为四川平添了几分秀色。狭窄的石头路泛着白光，永无止境地蜿蜒向前，一会穿过平原，一会越过起伏的原野，有时甚至翻过丘陵或高山，如同一块翠绿的玻璃上裂开了一条罅隙，虽然只有细细的一道，却引人注目。的确，在离开四川之前，你会承认这个中国最富饶的省份，确实是最为山川瑰美、风景秀丽的省份之一。

大规模移民入川不过三百年历史。虽然很少有人以四川人自居，但现在这里的居民至少已经在当地生活了三四代人。那些任职政府的公职人员会拿到一份额外的"戍边"工资，自然乐得就此保留"外地人"的身份。然而，在中国大部分地区的旧有观念中，四川依旧是"南蛮之地"。四川的部分地区仍然归"罗罗人"掌管，不过那些更为富饶的地方现在都已经有汉族人定居开垦。这不失为一个极好的例子证明中国人骨子里的保守，难以适应新环境，这与他们的同化能力形成鲜明对比。据估计，如今有超过6500万人住在这个中国西部偏中的省份，虽然以每平方英里为单位计算，人口密度不算最多，但总数比其他各省都要多。这些人中，近三分之一过着食不果腹的日子，只要三天找不到活儿就可能没饭吃。还有4000万人上不起学，除了填饱肚子，再没有多余的时间与精力做任何其他事情。之所以如此，是因为四川省的许多资源尚未开发，而当地原本肥沃的土壤却早已过度开垦。

　　午后不久又迎来了一场雷雨，连下了两个小时。从我们离开昭通后，这是第一次在白天遇上真正的暴雨，让出了资州之后的 90 里路变得更加难行。由于动身比我预期的要晚，我和杨虽然在天黑之前赶到了南津乡①，可待到挑夫带着床褥和厨具赶到时，已到了上床睡觉的时间。那个生病的挑夫一直远远落在后面。他从第二天便雇了个帮手，一路跟着，好像每走一里路给十文钱，自己空着手跟在后面，像个大老爷。我知道最长一段路走了上百里，给的钱有一千文，这样算起来一天一个银元，剩下的赚头还能超过 50%。当然，除此之外他还得打道回府，到时候很可能就没有东西背了。当晚我们在一座教堂过夜。我把几张木头板凳搬到一旁，腾出地方，支起行军床。杨索性把两张板凳拼在一起，当作一张床。杨没那么讲究，无论什么质地的床都能睡，有没有铺盖也不在乎。

　　第二天我们走得轻松一些，天气凉爽，有些阴沉沉的，还稀稀落落地下了点雨，石头路也没那么多断面。我们在一个大镇子上过了渡口，那里原本有座桥，几年前垮掉了。虽然路总在拐弯，高低不平，但这里谈不上有真正的山地。我们最终找到了一座新修的祠堂过夜，这可是在中国能够找到条件最好的住宿地，只要给看祠堂的五文钱就行。看门人还会跟我讲这一带所有的家长里短、古怪传说。玉米摊在祠堂的地上，围着神龛放着，这样马的饲料我们也能买到。杨总能找到桌子，至少是个锯木架。今天是农历七月初七，说来也巧，正好也是八月七号，因为今年的八月恰好和农历七月从初一到廿九相吻合，再过几天就进入农历八月了。从某些方面来看，农历其实比公历要好，对冬季和夏季究竟什么时候过了一半把握得更加准确。所有的寺庙和祠堂都贴上了新的红纸，因为这一天正赶上一年中间的那一天。人们在祖宗的神龛前烧上一沓沓棕黄色的纸钱，这样先人们就有钱支付这半年的账单了，这一点反倒是那些活着的人常常做不到的。

---

① 南津乡（Nan-ching），今四川资阳市南津镇。

距离成都还有两天行程，我在中国西南看到的第一辆独轮手推车出现在简州①。简州是个大城镇，有两座古老的佛塔②，造型奇特，引人注目。双塔各据一岸，隔江而望，过江需要渡船。当地的独轮手推车很小，只能坐下一个人，主要用来运送当兵的懒汉，车走的石头路，沿途全是黏糊糊的稀泥，湿滑不堪。不过，这种运输工具很快又不见了踪影，直到我们走到开阔的成都平原才再次看到。简州的每一座寺庙和稍大一点的场所都挤满了拿着武器、穿着制服的士兵。这里的厘金站可不少，都归这些人管，不过他们倒没怎么骚扰我，看来我的挑夫说自己背着的那点东西是外国人的，这句话还算管用。抛开那些公然抢劫的土匪不提，从重庆到成都一路上共有 39 个厘金站。而从重庆去往北面的绵州③，像这样的厘金站多达 53 个，沿途其他小的收税点还没算上，每处都要收 1 到 10 块银元不等。这就像我们得一路停下来缴交通税，比从纽约到费城该付的税费竟要多出二十倍。

快到成都的时候，我第一次遇见了戴着皮质护肩的挑夫。我以前还常常奇怪，扁担每天压着挑夫们的后颈，都压出疮来，为什么就不能想个法子保护下肩膀？这种方法虽然能够保护皮肤，可看来可能会让人瞧不起，就像西方人走路抱怨腿疼一样，当然我这样说并不代表中国人跟美国人一样，到处都是那种喜欢招惹是非、争强好斗的小混混。到了长江的这一头就很少，甚至见不到有人背东西，毕竟这里的路十分平坦。不过，只要过了雅州④，又会见到人们背着难以想象的重担，运送茶砖入藏。差不多一整天，我身边走着的全是运送邮包的挑夫，一个个都是经过长途跋涉、筋疲力尽的模样。队伍在狭窄的路上一直伸向远方，望不到头。每个挑夫都负责两个大口袋，看起来像邮包。各种各样的货物通常就是通过这种投了保险的方法被运进运出四川省。即便路况完好，天气凉爽，挑这一身担子也着实不轻。挑夫们光着膀子，身上被太阳晒得黝黑。我经常看见用小小白色茉莉花穿成的项链或者念珠，后来才知道这些原来不是装饰，而是为了给茉莉花茶增加香味。四川这个地方挑夫也爱喝这种茶。

---

① 简州（Chienchow），即今四川省简阳市。

② 此处所述两座佛塔，其一当为简阳圣德寺白塔，距离城区南约一千米，为"简州八景"之一。另一座则为奎星阁，二者分据沱江两岸，互为呼应。

③ 绵州（Mienchow），即四川绵阳。

④ 雅州（Yachow），今四川雅安。

茶店子这个名字毫无疑问跟茶有关系，去那里要走好几英里的台阶。台阶宽8—10英尺，不算太高，是在山坡上坚硬的岩石中开凿出来的。这是我们离开云南之后第一次真正意义上的爬山。即便是险峻这样的山路，几个世纪以来人来人往的脚步已把道路磨出了深深的痕迹。此地距离省会只有80里，我们发现又一次置身山中，只不过经过这里的人非常多。只有运气不错，才能在日落之前赶到客栈，那里恐怕是我们到省会之前住的最后一家客栈了。

晚餐杨做了好几个菜，我坐下来一边吃着饭，一边考虑，虽说下了山，从山脚下再走80里，越过平原兴许还有遇到劫匪的危险，但除此之外，麻烦事总算到头了，何况我从中国西部的一座大城走到了另一座大城，如此难得的一趟旅行一路上都没有遇到灾祸。正当我暗自庆幸之际，两个挑夫中的一个家伙蹑手蹑脚地走了进来。这家伙干活虽没那么利落，但长得还算周正，大声告诉我两个箱子全不见了，那里可装着我的全部家当，比吃住要重要得多啊！仔细一问，才从他喋喋不休的话里得知事情也许没有想象那么严重。然而，出了这种事情，无论如何都叫人无法放下心来。他推说自己病了，那么照他这次旅行绝大多数时候的做法，请了人一路上帮他背担子，他只是走在后头，喝一两口茶，好好休息。可是，他和他所雇的那个人并不认识。除了挑夫之间的协作精神，二人之间也没有任何约束力可言。于是我给了这家伙一个灯笼，让他到一片漆黑的外面寻找，接着上床睡了觉，心中千头万绪，感觉完全希望渺茫。没想到这些担忧毫无必要，箱子和挑夫第二天一早全都回来了。原来背箱子的那个人不知道在路边什么地方停了下来，有两个穿着军装带着枪的男人，当晚就把这一对活宝给送了回来。这二人当然指望着能拿点赏钱，保护行李不被夜盗抢走，也算有功。于是二位功臣吃了一顿丰盛的早餐，不过拿不到"茶钱"——以前管这个叫"酒钱"，现在在传教士的影响下，原来的旧名字已经弃用了。

第二天一大早我便一个人上路了。好一个艳阳天，我先爬上了一座石山，一路上有更多在石头上凿出来的宽阔台阶，接着沿着一条长长的石梯一路而下，直到宽阔的成都平原。除了难得看见一两处小山包，平原平坦得犹如湖面一般。平原长约150英里，宽约50英里，从某种程度上来说，堪称中国最富饶的平原。这里的海拔足有1700英尺，让人感受不到现在正值八月。正赶上稻子熟了，田里的水已经排空，正是一片稻谷的广阔海洋，极目远眺，无边无际，只有在快到城下的时候才能依稀看见北面朦胧的山影。一条泥巴石头"路"——其实根本算不上是真正的路，离省城越近，路况非但不见好，反倒越来越差——带着我在酷暑难耐中汗流浃背地慢慢穿过平原。脚下踩的两排石头早在抵达城市之前就变成了一排，两边的石头都垮了下去，掉到了田里。虽然马儿前行艰难，但几个挑夫从一块石头跳到另一块上头，这样修路的人不仅节约了宝贵的材料，也省得从采石场背那么多石头过来，毕竟肥沃的平原上连一块石头也找不到。

我记得中国人曾经说过，只有劳力者才在乎脚下的路好不好走，可路边一线的泥土全是一片泥潭，根本没法下脚。这里人来人往的景象在美国人很少见到，成行成队的行人谈不上秩序，却很少为了路权发生争执。一队士兵一会儿偏向一边给挑夫让道，一会儿又拐回来为我让路，结果走起来像蛇一样弯弯扭扭，即便如此，他们的面孔上也看不到一丝抱怨的神色。

在中国最有趣的事情莫过于骑着匹马，穿过某个人头攒动的集镇。镇上的人好像没怎么见过马，或者其他四条腿的牲畜。那些无事闲逛的村民只要身后出现了一匹马，就像电影或者莎翁戏剧里的角色人物突然受到惊吓一样，冲进慢悠悠行走的人群里，或者拉长了声音，大喊一声"马来了！"女人们会冲上前去，从动物的蹄子下把孩子一把抱开，兴许还有自家的宝贝猪崽。走遍中国西南地区，"马来了"的叫喊声一路此起彼伏，尤其是在我们离开老鸦滩之后。这让我不禁想起了一个外国人，他第一次远行的伙伴是一个赶驴人，结果发现只要喊一声"驴子来了"，人们便会纷纷让道。于是他每次去人多的地方都会用上这句话。人们自然会有反应，同时也少不了笑成一团。他对此大为不解，直到有一天有人告诉了他真相，原来他大声喊的这句话意思是"Donkey Coming！"

眼前的这番景象我早已见过，依旧熟悉。有男人，或许也有女人——只是在这样一个流行缠足的国度，我不敢确定，每个人头上顶着阳伞，脚踩着踏车，把水抽进稻田里，流过一大片平坦而肥沃的平原。这里的挑夫不计其数，有的用篓子装着两个孩子，虽然独轮手推车在整个中国西部并不多见，但在离省城咫尺之遥的地方，又出现在了眼前。家家户户都在卖一种帽檐非常宽大的帽子，跟美国农民戴的老式帽子类似，用稻草编的。做帽子的手艺人住在普通的茅草棚子里，那里也是他们干活的地方。帽子编好了就丢在外头，让太阳晒干，铺了足有半英亩地。不少棚屋里开着店铺、饭馆和茶馆，大一点的村寨也开始出现在视野中。

我们终于见到了成都的烟囱，两三根烟囱在平坦、深绿色的地平线上冒着滚滚黑烟，即便在明媚的阳光下也显得灰蒙蒙的，跟兰州的烟囱完全不同，就算和云南府的比起来也大不一样。我很快发现自己已经置身于东门外的一大片郊区之中。那里人声鼎沸，到处都是在荫凉下长大的居民。一个个面容白皙，脱光了衣服，露出一身白花花的肉，和那些被太阳晒得棕黑的乡下人完全不同，后者看起来才是名副其实的黄种人。我向左拐，过了一座古桥，桥上盖了遮阴棚，接着向右拐又过了桥，任由马儿信步前行，直到高大巍然的城墙出现在眼前——其实我还没有进到城里呢，这时才发现面前是一所美英传教士创建的教会大学。这里庭院宽敞，校舍要比美国一般大学的更好。虽然成都本身便是一个不错的消暑之地，但城外的这片校园更甚，但大多数外国人，尤其是男性，还是选择到山上避暑度夏。眼看杨和挑夫天黑了很久仍然没有赶到，我只好先借了几件衣裳，虽然不合身，却也凑合穿上，就这样喝了点茶，吃了晚饭，毕竟传教士的好客之心永无止境，除了必须善恶分明。

漫游成都

　　严格说来，我在成都只住了一个晚上。不过，我去西边短途旅行了一番，因此在当地总共待了有半个多月。能够成为一位原美国传教士的座上宾，受到热情接待，我的运气着实不错。此人以前曾在西藏开设传教点，在成都当地也工作了很久，现在住在放假了的大学校园里打发这个炎热的月份。这里每个下午都会有人来喝下午茶，打网球，和邻近的中国城市完全不同，而且拥有大片草地，我们的马儿可是口福不浅啊。杨在传教士宅邸的门廊里刚刚睡了一觉，门廊的木地板光滑平整，比我们睡过的那些床好多了，廊外还不时吹来阵阵凉风。我睡在床上时，经常昏昏沉沉，时而又感到汗水顺着身体往下淌，不时从梦中惊觉，就这样度过了好几个夜晚。比起炎热来，当地的潮湿或许更厉害。如果成都真的是处于地理学家宣称的海拔高度，八月应该也不至于如此难受。就算你找到一条涓涓细流，跳进去游个泳——说是溪流，其实不过是灌溉水渠，零散分布在校园周围的平坦稻田之间；可只要穿上白衬衣，吃完一顿西式正餐，哪怕是把外套脱掉，也不会凉快多久。难怪那些男人只能跑到山上去！

　　城里的情况更糟。虽然天气已经很热，但加上现在正值农历七月十二到十五，赶上人们在自家门前或者店铺门口给死去的亲人烧纸钱。有些商铺老板为了表示自己的拳拳孝心，在门口扎扎实实地堆着好几考得①的纸钱。女人们站成一行，对着烧着的纸钱弯腰磕头。在白天，尤其是太阳快下山的时候，有的街上完全烟雾缭绕。

① 考得（cord），体积单位，一般为 128 立方英尺，约合 3.6246 立方米。

每到农历十五，总会有一轮明月挂在天际，让这些火堆看上去更加明亮。

我几乎每天进城都会从大片的郊区经过，主要通过四座城门中的两座，城门本身并不显眼，穿过的却是中国最为壮观的城墙之一。城墙宽到足以晒谷子和大把的红辣椒，还可以干其他需要大片空地才能干的活儿。墙面虽然抹上了水泥，不过上面已经杂草丛生。过去十年间战祸时有发生，雉堞上随处可见缺口。这里的城墙一般有三层楼高，和北京的长城一样宽，是中国最好的步道之一，整洁干净，兜来绕去最后总会回到开始的地方，不过肯定是走了不少弯路。遗憾的是一路上障碍不少，城墙上或者周围经常出现带刺的灌木，使散步的人无法通行。有一段路被成都的老造币厂的熔铸车间切断了，专门铸造四川的银元和大铜元，后者可以当作 50 文、100 文甚至 200 文，是四川省特有的钱币。

从城墙上望过去，虽然能够看出城区面积广阔，却不是很清晰。市区跟周围的平原地势一样平坦，几乎全都掩隐在绿树丛中。鸽子咕咕叫着在空中盘旋。城内不远处有大片菜园子，格子架上挂着白色的果实，有点像南瓜，长长的一串串像中国的灯笼。当地有几家外国人开办的医院，一座美国教堂，一座英国教堂。教堂的尖塔矗立在笔直的地平线上，天主教大教堂就更显宏伟了。到了礼拜天，总能看到十来个这些竞争教派的教士，全都留着大胡子，和另外几个住在这里的法国人开怀畅饮。喝的酒基本上都是自家酿的，雪茄是用四川当地的烟叶特制的，没有经过加工，虽然旅行者希望能够每次一盒盒地买，但这里都是论支卖，每支一文钱，物美价廉销路好。成都直到前不久还禁止修建高度超过两层的房子，说会破坏风水，可现在一切都在一位革新进步的年轻省长领导下大为改观，比起中国大多数城市，这座四川省会城市在抛弃迷信旧习方面迈的步子更大。

我们需要先简要回顾一下最近的政治形势，再来好好谈一谈这位省长。前一年四川战端频发，最后取胜的一派至少在名义上和北方保持一致，一位名叫杨森[①]的年轻军官就此成为四川省会的统治者。杨森自封督理，北京方面也及时予以承认。北京政府也乐于扮演一副实权在手的样子，不时在归附其下的偏远省份提拔一两个年轻军官，至少表面功夫要做到家。杨森虽然头衔显赫，可就整个四川省来说并无

---

① 杨森（1884—1977），四川广安县人，民国川军名将，国民革命军陆军上将，曾任贵州省主席。

多少实权，只不过控制着成都和几个偏远一点的地方，那些地方有他一帮忠心耿耿的手下。可是，只要出了省城 10 英里，杨森就和我没有区别，谈不上权势，就连成都平原附近都被几个当地的军阀占着，各自为政。然而，不管这位督理大人在整个四川省是否缺乏掌控力，至少在成都说一不二，拥有绝对的统治权，而他的第一项举措便是将只会贪赃枉法的省议会一脚踢开。

当然，既然是省长大人，我自然要去登门拜访一番。我的房东把他那顶体面的轿子借给我。有了这向上弯曲的轿杆，坐在上面的人走在人群中一定会有高高在上的感觉。我穿上了最白净的一套衣衫，喊了三个轿夫——在成都，若要拜会官宦人家，你至少得准备顶轿子，倘若骑着马去，看上去就跟穿着高尔夫球衫参加舞会差不多——就这样风风火火地进了城。成都的轿夫在全国都有着响当当的名气。若是有大事公干，他们一小时能跑 5 英里，这样的速度值得骄傲。单出来的那个人会每隔一段距离与抬轿的轿夫替换一下，这样就不至于中途停顿，耽误速度。轿夫赶路的时候总是面无表情，把沿途的百姓统统赶到路旁。省长大人的衙门口有重兵把守，全都是杨森安排的士兵。照中国人的规矩，进了大门，得往里经过一条接一条的侧廊，穿过几座带院落的建筑，才到督理的居所。

我相信杨森没有因为款待我的房东是他的政治顾问，就对我特殊照顾，不过这位省长还是给我留下了深刻的印象。与中国各地不少大权在握的人比起来，他相当年轻。因为出生在重庆附近的一个小镇，杨森在成都被称作"外地人"，正因为如此，人们看见他接受西方人和西方人的做事方式时也不觉得奇怪。杨森似乎很信任白人，在出谋划策方面，他更倾向于听取外国人的意见，而不是自己人，似乎因此被治下的人民痛恨不已。他就像一个上层社会的普通中国人，看上去比 38 岁要年轻许多——这个年龄在中国属于年轻人。而在四川，没有一个有权有势的军阀年龄超过 40 岁。

杨森在登上这个重要位置之前，曾在泸州和其他城市带过兵。在推行市政建设、实现西方理念方面，他可谓毫不手软，其中拓宽街道尤为值得一提。我到成都的时候刚巧赶上这些改革措施正进行得如火如荼。在中国虽然凡事节奏缓慢，但有时也会步子走得很快。换成是美国的城市，如果改革发展到令人身心俱疲的地步，那么很快便会将这些改革计划吞回肚子里。我们每天走在城里，都能见到一条新的街道沦为强行扩建的牺牲品，一会儿是东大街，一会儿又轮到从南门穿过市区的那条主干道。在我离开之前，成都共有15条年代最久远、最著名的街道因为道路狭窄遭到了外科手术般的对待，而且完全不打麻药。杨森只须派人走街串巷，标出新的围墙和屋顶的界线，凡是界线两边的房屋店铺一律就此拆除。如果屋主人不立刻雇用人手行动起来，那么就由政府强拆。这可是木匠和泥水匠们的天赐良机，因为人人都急需他们的帮助。然而，杨森对待他们，就像西方的政客经常对待承包商和工会一样，可不会有多少怜悯宽容。在中国，地界线往往划在街道中央，和乡村公路的情形有些类似，这些乡村公路并没有明确的规划，只是对私人房产的非法侵占而已。中国人习惯前店后宅的模式，都在同一屋檐下，这样一来所有的存货、生活用品和守护神就全都暴露在了杨森无情的改革计划之下。那些久未拂拭的陈年灰垢把整条街弄得灰尘满天，到处都是断垣残壁，破砖烂瓦。工人们忙前忙后，随处都是堆弃的废料，人在里面简直寸步难行。北大街沦为了一块采石场，沙土成堆，还有拆断的原木和原本打算用作护栏的花岗石板，以及几乎已成废墟的房子里清理出来的各类垃圾。老市民若是突然见到这幅场景，恐怕很难认出这就是有名的东大街。路虽然宽了不少，却到处堆着垃圾。从每一座城门望下去，只见底下的东西杂乱无章，每个人都忙碌不安，不由得联想到战争将临的场景。屋主人会抓紧时间，抢救能够保留的一切东西，哪怕是一块墙砖、一张雕刻着饰纹的隔板、一片屋瓦，同样的画面也发生在云南府大南门的那场大火时。成都的不少店铺老板不得不将自家屋前的店铺全部拆除，有时甚至连自己住的屋子也要拆掉一半。

杨省长是个不会半途而废的人。既然街道已经拆了，积攒的垃圾都被扔了出来，在街上堆得很高，那么接着要做的便是给路面铺上石板，这样人力车就能畅行无阻，要知道这在中国西南各省是很罕见的。前不久我从房东那里打听来的消息，据说省长已经兑现了他的承诺。杨省长一边忙着拓宽街道，一边开始拆除城门旁的外墙，因为小小的开口完全容不下如潮水一般涌进城内的人流车流。省长甚至想把汽车也引进四川，他之所以无法在城里安上有轨电车，原因在于外国不愿借钱给他。这位省长据说有意铺设地下水排污系统，要不是成都地势实在太过平坦，污水无处可流，否则可能就实施了。有人曾经问杨森为何不能动作稍微缓慢一点，他的答复是必须抓紧时间，免得战争再次爆发，自己位置难保，来不及为成都办点好事。有人已经向杨森保证，就算他不再把自己定下的计划一一落实，也能名垂青史，流芳百世。

杨森天生一张雷公嘴，往前尖尖地突起，人们私下叫他"耗子精"，说这家伙会把成都城一点点啃干净。然而，他对自己不受老百姓欢迎这件事，表面上并未表现出过多愤怒，就像商人和店铺老板对他的痛恨一样。后者坐在自己所剩无几的店铺和家中，满腹愤懑、一腔怒火都隐藏在看似平静的黄白色面孔之下，其实每个人心里都明白，只要一有机会就要抓住这个大搞革新的省长"报仇雪恨"。

在中国当军阀的一大好处就在于，能够把军械库和造币厂牢牢抓在手里。这些东西仅次于油水丰厚的鸦片买卖，东起上海，西抵与之相邻的西藏，中国之所以内战频频，主要原因之一就在于此。或许是因为我与杨森见面的缘故，这份特权使我可以访问成都的军械库。只要骑上我的小马，出城走上一个小时多一点便能到达，那匹大骟马似乎还未能从长途跋涉的旅途劳顿中恢复过来，而杨听说距离这么近，执意步行前往。胆识过人的麦戈文博士①介绍过，在拉萨有一座颇具规模的军火库，那么我看到这样一座现代化的军械厂也不必惊讶，这里离西藏边界不远，天气好的话甚至肉眼都能看到。

成都的军火库是清朝人在 20 年前建立的，主要配备的是德式机床，每天能制造 100 支步枪，2 万个子弹夹和一些更大的枪炮。曾几何时，就连汉口那家军械厂②造的步枪也只能发射木头子弹，真的子弹只有在扳机上系一根长长的拉线才能安全发射。曾经有外国人给了护送他的士兵一块银元，让他用肩上扛的枪开一枪试试，还出十文钱算作子弹钱（因为枪和子弹夹都要交还验收），结果开枪的后坐力居然把这士兵推进了正巧路过的一条河里。枪管严重变形，弯得厉害。那个外国人拿起枪管朝里一看，竟然连另一头的光都看不到。然而，杨森想要的军械库可不是这样。他将军械库委托给一位年轻下属全权主管，一切行事完全不受上头那些政治傀儡的

---

① 麦戈文博士（Dr. McGovern），即威廉·蒙哥马利·麦戈文（William Montgomery McGovern，1897—1964），美国著名探险家、人类学家、新闻记者，年仅 20 岁便在日本京都西本愿寺获得神学博士学位，两年后又在巴黎索邦大学和柏林大学再获哲学博士头衔，甫一毕业便前往西藏，开始探险旅行，并于1924 年出版《乔装入藏》（*To Lhasa in Disguise: A Secret Expedition through Mysterious Tibet*）一书，名噪一时。麦戈文才华横溢，一生游历探险无数，极尽传奇色彩，据说是著名电影人物印第安纳·琼斯的灵感来源。
② 这里所说的应该是指民国三大军械厂之一的汉阳枪炮厂。

干扰。此人曾在德国留学六年，在瑞典留学两年，还在克虏伯兵工厂当过技工，最后为袁世凯做督察员，在几个日本的兵工厂工作过。在他的管理之下，这座兵工厂生产有条不紊，产量稳定，务实高效。生产的履带、车轮和机床排成长长的一列，和中国原有的家庭作坊式的手工生产方式对比鲜明。

这位主管在南方革命党人执政时期遭到贬黜，刚被召回来，就住在衙门里，空荡荡的地方他只占了小小的一角。我和他一起吃了德式午餐，主要是罐头食品，随后便过江去参观火药制造厂。说起中国人造火药，大可不必感到惊讶，因为火药就是中国人自己发明的。即便如此，这里的现代化设施与生产方式依旧令人啧啧称奇。管理者年纪稍长一些，二十年前曾在德国生活三年，虽然此后再也没有离开四川，却仍然能讲一口流利的德语，只是带着浓厚的中国口音——我的意思是轻唇音有一点过多了。

剪辫子同样包括在杨森的改革措施之内。中国西部的农村地区有不少人依旧留着辫子，他们这样做或许只是为了在有风的天气，方便把帽子拴住。成都守城门的差役不仅带着枪，还挎着大剪刀。倘若有人留着辫子进城，就用剪刀把辫子剪掉，然后卖点小钱，留着自己花。然而，让差役们感到郁闷的是那些想留着辫子的人，会将辫子盘起来，藏在帽子底下，或者裹在男人的头巾里，毕竟这里的男人戴头巾相当普遍。差役如果发现某人头饰可疑，却没发现辫子，围观的人肯定会哄堂大笑，使他们颜面扫地。

虽然杨森是成都城里说一不二的绝对权威，不过手下的士兵还是会在城墙周边地区打家劫舍。城外平原的镇子上有个茶馆老板是基督徒，曾经跟传教士说起自己在短短一年之内被前来劫掠的士兵抢走了 60 把板凳、24 张桌子，还有其他家具。不少家具虽然就丢在附近的军营里，主人却不敢去索要。其实，杨森刚到成都的时候，因为打家劫舍这件事已经杀了不少手下士兵。事实上，对这个面相沉静的年轻人来说，"砍掉他的脑袋！"这句话就和爱丽丝梦游仙境中那位皇后一样习以为常[1]。在今天的中国，被砍掉脑袋的抢劫犯着实不少，就连当官的也亲口承认，有时自己

---

[1] 此处所指为英国童话大师刘易斯·卡罗尔（Lewis Carroll，1832—1898）代表作品《爱丽丝漫游奇境》中的经典人物"红皇后"。红皇后天生脑袋巨大，为人飞扬跋扈，成天叫嚣着"砍掉人们的脑袋"。

也搞不清这些人的真实身份，不过他们还是会强调："这年头人人都抢，我们是不会搞错的。"

如果没有其他办法能够让士兵保持忠诚，或者至少让他们听命于己，那么杨森这样的统治者还会打他们的屁股。某天下午，我正好从城里的加拿大教会医院出来，就见到两个人被打屁股。用来实施惩戒的是几根竹条，至于打多少下，尤其是打多重，取决于被打的人能够给行刑者多少好处。这次被打的是两个老实巴交的乡下人，不过看起来若是有了权势，他们也会干欺男霸女的勾当。照二人的说法，他们想回家，显然长官也批准了他们的申请，因为在中国参军入伍通常是自愿的，退伍是允许的。然而，作为退伍"福利"，他们先得挨一顿打，这样一来好几个星期都无法走路，甚至连坐轿子都不行，前提是他们有钱请得起。二人的大腿自腰部以下直到膝盖全都肿得像生牛排一样，比平常大了足足一倍，皮肤血红血红，看上去好像随时都会因为皮下压力爆裂开来。他们爬到这里，躺在街上，身下垫着席子，祈求教会的医生收留他们。然而，医生发现二人身无分文，认为这种事情应该交由军队内部处理。两天后我发现他们还在那里，依旧躺在脏兮兮的席子上，不时会有野狗偷偷溜到跟前嗅一嗅。如果没有因为卫生条件引发并发症，应该会好起来吧。如果他们说的都是真的，那么就解释了为什么中国有那么多士兵即便厌倦了当兵，也不敢随随便便结束自己的"义务"兵役。

成都最为人熟知的或许当数丝绸。养蚕的季节早已过去，甚至就连在热水中缫丝的时节也已结束——里面的蚕蛹吃起来可是一道中国美食。下至蹒跚学步的婴孩，上到跌跌撞撞的老妪，全家老小都会参与到这项工作中来。就算只是偶尔帮衬，但大多数人手掌和前臂只要沾上缫丝，便会永远留下颜色。染色的并非已经做好的成品布，而是丝。因此，纺丝的巷子从头到尾都是色彩纷呈的。蓝色、红色、金黄色，各种鲜活的色彩跳动在绞丝架和手纺车上。经常可以见到两台织机挤在一间简陋的商住屋子里。除了前面一堵墙，没有任何东西阻隔织布的噪音，遮挡屋内的场景。和中国人的习惯做法以及亚洲国家的一般规矩不同，这里有些织工会背对着街道，不过大部分工人还是侧放织机，这样也能瞟一眼外面的人来人往，知道什么时候停工，甚至跑到街上，看看某个过往的外国人，或是宗教游行的队伍。

织工住的房子有些归一所大寺庙所有。寺庙坐落在一座花园里，虽然被官员前前后后霸占了不少土地，不过面积还是相当壮观。这可是上流贵族的地方，让人想起了某些安第斯山城里的修道院。和尚们一脸骄傲，并不怎么担心杨森改革。镀金的铜佛高约 20 英尺，下头镇着一口清泉。按照中国人对世间万物的看法，正是这口泉水灌溉了整个辽阔的成都平原。可能是用于夸张，中国人喜欢用"万"这个数词，从长城的长度有多少里，到这座古庙里究竟有多少尊工艺考究的小菩萨，都是如此；即便你是虔诚的信徒，这样的古庙也不是每个人都能进去参拜的。更有意思的是大殿里的一幅招贴，就在胖菩萨跟前供桌上，介绍了一款很出名的婴儿食品，画中的威尔士亲王身着一袭东方样式的长袍，和其他亚洲朝拜者一同跪在那里。天主教会名下也有好几条街的织工房子。和这座大僧院形成反差的是那些脏兮兮的小庙，后者以专治疑难杂症闻名，庙前总会挂着心怀感激之人送上的谢恩还愿之物。有的挂在树上，有的贴在墙上，在一个红色的牌子上写着白色的字，比起在类似场合挂着蜡质人体的虔诚的南美教徒来说，这至少应该是进步了吧。

成都城中心有一块地方，那里的现代气息与杨森无关。东西两条大街之间有好几排房子连在一起，还修了长廊专门用来乘凉。两层楼高的屋顶上架着芦苇席子，遮住下面宽阔的街道。有家店的名字以前是用英语写的，叫"Happy Heart Home Furniture Shop"。若是逐字逐句翻译出来，会让人想起不少商店招牌，颜色鲜艳，镶着金，竖着挂起来，写着几个中文大字，龙飞凤舞的感觉就让人联想到中国人。中国没有哪个城市找不到茶馆，但成都的茶馆似乎门脸更大一些，也更靠近街道。不少茶馆在街角两面都开了门，跟西方的沙龙一样，总是让人流连忘返。不仅如此，其他地区的茶馆不过是各种小道消息、流言蜚语的交流中心，而成都的茶馆却完全不同，客人们愉悦地享受着各种舒适条件，从街头的折磨中解脱出来，不再是坐在锯木架上，而是靠在竹躺椅上，这东西可是只有这个四川省会城市才有。成都的茶馆摆着躺椅，藏在深深的阴凉之处。虽然在中国农村地区胖子几乎难得一见，可在这里不时能够见到，全都打着赤膊——那可是成都人夏天的典型装束，就像不少寺庙入口处那尊笑呵呵的大佛。我的思绪好像又回到了巴黎，想起那儿路边的咖啡馆与小餐馆。

清朝时成都是总督衙门，也是驻军所在的地方，地位举足轻重。时至今日，满城的城墙依旧矗立在城内，占据着一大片区域，那里环境更好，人也少一些，没准还能见到不少满族人。满族女子个子更高，也更显端庄，也许还穿着旧式的衣服。如果这些还让你辨不出她们的身份，那么天生的一双大脚肯定一看便知。她们看上去并不穷困落魄，与汉族女子和睦共处。这个昔日完全由满人居住的城区里有一处荷塘小溪，有些汉族女子会跪坐在溪水岸边，一双小脚藏在身后；有的把衣裳浸泡在水里，有的按照中国的传统做法，用一把刷子在锯木架板凳上搓洗。由于大部分满族人在辛亥革命之前是八旗兵，几代人以来都懒散到不知如何谋得生计，因此生活每况愈下。年老体弱的只能靠乞讨为生，年轻体壮、四肢健全的也不一定总能找到活干，就算找到了也不见得能够干成。有的被杀了，有的投河自尽，有的死于营养不良，有的死于无家可归。由于害怕满族人就此亡族，各旗都统最近列了一张表，整理了现在活着的满族人的人数以及生存状况，打算上呈中央政府大总统，请求支付拖欠已久的生活津贴。这些钱可是当年清帝退位之时便允诺的。我们在北京的时候，听说这笔津贴已经有 50 个月没有发放了。每年一到冬天都要发动首都的警察置备几百具免费的棺材，装的满族人还真是不少。好在成都终归暖和许多，日子也要好过不少。

杨森在成都新官上任之际颁布了不少举措，其中一项便是将那些私占土地者从城中心清理出去。就在一年前，恐怕不会有任何游客能够想到这儿居然是一处公园。公园的中心地带依旧矗立着那座有名的"铁路纪念碑"[①]。当时除了重庆有 6 英里长的生锈铁轨和一台根本就无法开动的机车，全省各地还必须筹集 1500 万鹰洋，修建一条真正的中国人的铁路。这笔钱主要是靠强征从商人那里弄来的。现如今，关动物的笼子被清理得一干二净，荷塘也已面向游人开放，让人们得以纵情泛舟，一座商业博物馆正在运营，还新开了几处茶馆和娱乐场所，其中包括一座露天电影院——当然，大部分股份不会归省长的敌人所有。

我在成都经历过这么一件趣事，那是一个星期六的晚上，我是和房东一起去那家新开的露天电影院看电影，因此也跟省长还有他的大部分家人同行。对于中国内

---

① 此处所指"铁路纪念碑"是成都的"辛亥秋保路死事纪念碑"，位于今成都人民公园内。

地军权在握的实权人物来说，外国顾问的一大职责就在于帮他翻译那些美国电影的字幕。这些电影虽然粗制滥造，却也不远千里来到如此偏远的地方。西方电影里那些极尽夸张、耸人听闻的情节就这样一幕幕映在中国人的脸上，看得观众们一个个流露出一副不可思议的表情。倘若不是我们向省长信誓旦旦保证美国人的生活并非电影里大肆宣扬的那般，要知道这样的电影即便在自己的出品国可能也会被禁止上映，这位省长大人或许早就采取自卫措施，宣布从今往后断绝一切与外国的交往。

这是我平生头一回有幸与一位督理大人一同观看电影，能和督理夫人们同往当然更是荣幸之至。杨森家里流行一套规矩，颇有口碑。虽说对于大多数中国人来说，即便是婴孩也没有固定的上床睡觉时间，可杨森一家人不管是去看电影，还是参加其他任何晚间娱乐，总会有一位太太留在家中陪伴年纪太小不能同去的孩子，各房太太轮流承担。杨森带着的下人同时也是他的贴身保镖，手里时刻紧握着最新款的手枪。公园里早已人头攒动，保镖们一边目不转睛地盯着熙熙攘攘的人群，一边将督理及其夫人，还有我们这帮客人全部引导进来。茶水一杯接一杯地端了上来，不时还会送上一些花生和南瓜子，后者在中国尤其珍贵，农民只有在把南瓜子掏空之后才会把南瓜卖给别人。

杨森当时有六七房太太，每位太太各有不同。第一任发妻早已离世，想当年杨森奉父母之命成亲的时候还只是一介书生，谁也看不出日后会如此飞黄腾达。新近娶的，也就是最漂亮的那个，是从丫头的位置上提拔的，如今备受宠爱。几房太太中除了一位，其余的都跟着美国女传教士学习英语。女教士每天上午都会到太太们在衙门的住所，和她们一同参加这项脑力运动的还有杨森的大儿子。这孩子看着约莫八岁，不仅对几位太太发号施令，而且表现出大有继承其父衣钵的天赋，课堂上不管碰到什么情况嘴里都会蹦出一句"I suppose so"（"我看是这样"），用以自圆其说。总之，只要有了这个本事，他就能用英语回答任何问题，为自己的不学无术找借口。

根据可靠的权威信息，有两房太太若非借第三方之口，绝不吱声，不过其他几位据说相亲相爱，亲如姐妹，真是家门有福啊。由于得到老爷偏爱，那个出身奴婢的女孩自然不受其他几位太太喜欢。不过，她们自会多留个心眼，不在省长面前公开表现。当晚正好赶上五姨太和六姨太不用轮班，二人便和老爷同坐一张长椅之上，虽说这样的行为本身便有悖中国古代礼仪，可二人依旧向老爷公然示爱，表达亲近之情。这还不是全部。太太们中的大多数都不裹脚，虽说这里根本就没有多少地方能够骑自行车，不过居然有两三个会玩这个；而且至少有两位太太留着女式短发！省长对发型问题好像已经提倡好几年了，这无疑也是城门边剃头政策的一部分。然而，不过这项别具一格的"改革"在成都带来的事实似乎是，剪短头发的女性传教士不再受到旧时的尊敬，即便是为她们工作的劳工亦是如此。如何更好地理解这位年轻的四川省省会统治者实施的彻底现代化、西化，或者说美国化的改造，你可以看看这位省长一如身旁的芸芸众生，坐在一张普通的长椅上，可随着仲夏的夜晚让人越来越难熬，他便脱下身上的戎装，连同上面的绶带勋章，看完整场演出，夜色虽深却酷热难耐，而他身上穿着的却只有一件背心！

成都的城门到了太阳落山时还是会关上，就像久远得记不清的年代那样。如此说来，我们若非省长大人的客人，身上带着特别手令，让士兵开门放行，恐怕当晚就得在城里过夜。住在城里的外国人若是邀请那些住在城外校园的同伴共进晚餐，除了准备咖啡和饼干，还得安排好睡觉的地方。然而，没有人知道杨森治下的成都对妖魔鬼怪的无视会在哪里终结，我以前的房东最近告诉我一条令人震惊的消息，城门现如今已经整晚敞开了。

城西的路面没有铺设石板，如果赶上好天气，我的马会走得舒服一些。于是，我和杨，还有一个加拿大小伙子——去峨眉山的路上他一直跟着我们，白天轻轻松松便走了 40 里地，去了一趟灌县①。这片广阔的平原现在麦浪一片，随处可见稻穗泛着新绿，虽然再过一个月地面就会变得干硬光裸，不过现在见到的却是泥泞——这也是这个时候不会打仗的原因之一。到了秋天，这里会种上小麦和油菜，春天时整个平原便成了一片芥菜黄的油菜花海。油菜能够用来榨油，带着怡人的香味。进入五月，一切都会被收割。人们把水灌进田里，整个平原几乎一天之内便会被铁犁翻遍，接下来便是插秧，平原又很快旧貌换新颜。

---

① 灌县（Kwanhsien），今成都市都江堰市的旧称。

　　成都一带独轮手推车不少,尤其是平原上的泥路上最多,其余的则把城墙外的石板路碾出了深深的车辙印。即便按照中国人对独轮手推车的标准来看,这些车子也算是简陋的。我试着推着一辆车走几码,只是为了感受一下。这是一种年代久远、多少感觉体面的运输工具。虽然杨森已经下令不准其入城,不过只要你经得住颠簸,在城外还是能够坐上,至少价钱便宜。成都周边一带有不少赶路的人"坐"独轮手推车,以女人居多,她们觉得这种运输方式十分方便,而且一点也不贵,不像西方的出租车,这一点从她们满意的神情便能看出来。有时就算运的东西看上去不算太重,独轮手推车的车夫也会找个助理"司机",走在前面。他们成群结队地聚在成都各个城门口附近,换作中国更现代一点的地方,那里聚集的会是人力车夫。

　　我们离开省城的时候看见独轮手推车排成长长一队,望不到头,脚步匆匆地赶往省城方向,一路吱吱嘎嘎响个不停,这不仅因为车轴上打的滑脂价钱不菲,与其浪费在车轴上,还不如吃掉划算,而且车轱辘吱吱嘎嘎的响声能带来吉利,消灾驱魔。车上运的多是两头大猪,虽然大多数情况都是一个人推着走,可有的得二人合力才推得动。两个人边走边鼓劲,再苦再累好歹也有人做伴。一问才知道原来刚刚暴发一场大瘟疫,这次显然是猪瘟。趁着这些牲口还没死,得赶快运到市场上去。猪只要开始拒绝进食,就表明已经染上了这种疾病,必须赶紧运走。猪的头和后腿从独轮手推车的边缘垂下来,赶路人可能会找一些稻草垫在下面。黑色的猪鬃下看上去一片血红,看来是因为愤怒或者恐惧才这样。有的猪还剩下一口气,连哼一哼的力气都没有,只有身下的独轮手推车在发出吱吱声。然而,中国的猪只能用这种方法运送。

　　我们一路经过了好几个镇子,有些正赶上集日,非常拥挤,马走在人群中就像船儿在波涛汹涌的大海上乘风破浪一般。唯一的一条街铺着石板,中间有六七条车辙印,都是独轮手推车压出来的,足有三英寸深。街面很快又重新矮了下去,变回了泥路。所有的独轮手推车都会在灌县与平原交界的一侧停下来,从这里之后又是山峦起伏,开始了入藏的山路。背夫会在这里交接货物,茶砖卖到200文一斤,打包装好,每包重250磅,然后再运过前方雄伟的群山,沿途倒毙的背夫并不少见。

　　青翠的山峦从一马平川的平原上拔地而起,山路弯曲蜿蜒,犹如迷宫一般。虽然从成都一路走来地势略有抬升,但只要下定决心爬山,就没有必要犹豫。灌县海拔 2500 英尺，辽阔的成都平原尽收眼底。城墙沿着一座巨大的矮山向上修建，犹如一头岩羊。当地多山，林木茂密，有座古塔甚是醒目。山泉奔泻而下，水质清澈纯净，堪称中国风景最美丽的小城之一。从政治上而言，此地属于中国境内，从民族学的角度来看，灌县当为汉族与藏族的分界线，不仅因为那块与世隔绝的宏伟高原正是从灌县开始逐级抬升，还在于生活在前方山峦河谷中的部族居民至少大部分都是藏民，不过在大一点的镇子里也有汉族居民。以前曾有这么一个规划，经灌县自北向南划一条分界线，将界线以西原属四川省的那一部分划出去，建立一个新的省份"西川"，省会设在"打箭炉"①。镇守当地的军事将领并不理会四川与成都的发号施令。那几乎是一座藏族城市，坐落在崇山峻岭之中，海拔高达 8500 英尺，就在巍峨宏伟的雪峰下，若是从成都抬头仰望有时还能望见。1912 年以来，中央政府便通过灌县对藏区施加影响。

灌县西门之外有条人来人往的大路，道路穿过的或许是中国最有名的竹索桥②。中国人发明的最原始的渡河方式，只需要一根完整的竹绳，用竹片编织，须两手方能合抱。渡河时手拿一根绳索，还有一块竹制或木制圆筒，分成两半。渡河者先将自己用绳索捆于其上，然后一手各拿半块圆筒，嗖嗖地荡过河去，要么荡到一定距离再用手将自己拉过去，完成剩下的路程。渡河者有时会带上一节竹筒，里面装上水，用来将滑筒前方的滑绳打湿以减小摩擦。较重的货物，甚至活的牲口都是靠这种方法运到对岸去。

自打有了第一条竹索桥，中国西部陆续出现了各种竹结构的桥梁，每一座都匠心独具，代价高昂。这一条竹索桥恰好位于灌县的岷江之上，岷江以西居住着许多少数民族。此桥长约 900 英尺，宽约 10 英尺，水位正常时距离河面 25 英尺，共有 7 孔，正中与两头均有结实的石墩支撑，河床之上则立有桥桩，深深地打入泥土之中。这座竹索桥完全由中国人自己创造，却在不少细节上与布鲁克林大桥③有着异曲同工之妙，着实令人啧啧称奇。全桥总共使用了二十根竹绳，每根由三股拧成，桥面十根，

① 打箭炉（Tatsienlu），即今四川省甘孜藏族自治州康定县，"打箭炉"为旧史古译名，源自藏语"打折多"（Dartsedo），意为打曲与折曲两河交汇之地。
② 此处所言为灌县安澜桥，为公元前 3 世纪时李冰所造，中国现存最古老的竹索桥。
③ 布鲁克林大桥（the Brooklyn Bridge），旧称纽约与布鲁克林大桥（New York and Brooklyn Bridge），美国最古老的吊桥，建于 1883 年，跨东河连接曼哈顿岛与布鲁克林区，建成时为世界最长悬索桥。

两侧栏杆各五根，直径平均超过六英寸。桥板交叉铺放，在整座竹桥的两侧用较细的竹绳固定。固定的绳结虽然做工粗糙，全部由手工制成，结实程度却堪比西方最好的机械装置。

人们每年对竹索桥检修两次，每次得花上好几天，先更换桥面的绳索，再将原先桥面的绳索换到两侧，而原先侧面的绳索则弃之不用，改作火把，效果极佳。除了半年一次的大修，拉索因长期承受重荷会下垂，须定期用简易滑轮拉紧，桥板也时常被偷或者损坏，坠入江中。有时只能将马儿的眼睛蒙住，捆好，像中国人运猪一样整个吊起，否则很难过桥。竹索桥虽然体积硕大，却摇晃得相当厉害，穿行时不免产生晕船的感觉。桥梁的维护费用须从公共土地资金中专项抽出才能筹得。诚然，修建一座铁索桥的起始成本要高过这样一座竹桥，但从长远来看却要省钱一些。这座位于民族杂居地区的竹索桥，虽然极富传奇色彩，却早晚会被铁索桥取代，令人遗憾的日子终将到来，一如远在兰州黄河之上的那座吊桥。

灌县是一处灌溉工程的源头所在，正是这项工程使辽阔的成都平原成为物产富饶的天府之国。这段历史能够追溯至约公元前220年，李冰和他的儿子二郎是这片地区的治理者，父子二人将一处高低错落的山脊横切开，山脊正是今日灌县城墙修建的地方，然后将岷江之水从其天然河道引入一处位于平原西侧的狭窄溪谷之中。岷江之水从藏区的群山之中奔泻而下，冰寒刺骨，甘冽清澈，在距离竹索桥不远处被人力束缚。人们用巨大的河石垒起一道水坝，每隔一段便用长长的竹笼固定住，将这条天然水道断开，把水引入平原。治水之成败取决于堰首的分洪能力与河道的溢流程度，因此每逢夏季水位高涨之际，无法穿过堰首的多余江水便会经过引流，重新流回外江，这样一来就起到了安全阀的作用，防止河水灌入城内，泛滥平原。

待到十二月一日左右，雨水早已停了，一年一度的清淤维护工作又要开始。人们将外江的水源切断，江水被全部引入内江。待到外江完全干涸，在河床上清理出半英里长的一段，重新用新的竹笼装满卵石，将河堰再次加固，一切整修完毕之后又将江水重新放归天然河道，接着再用类似的方法将内江的水放干。这项为下一年做准备的工程，会吸引来大批围观的人群，聚集在河边的人们关心的重点是江水在开始的几个小时涌入内江的力量大小，这被视为来年水源是否充足的标志。孩子们在河床上用卵石垒起城堡，等待江水将它们冲倒。男女老少争先恐后地向江中投掷石头，因为人们相信，开江之日只要往里扔一块石头，就能保佑消灾免祸，健健康康一整年。负责的官员一见围堰被打开，便立即坐进轿中，叫手下抬着马不停蹄地往成都赶，因为若是江水比他抢先一步到达省城，那么对他来说可绝非好事。

从较高的地方，比如沿山而建的灌县城墙放眼望去，就能见到灌县将这条大江分成了好多细流，犹如铁路支线从大城市散开一样，向四面八方灌溉着整个平原。河流沿岸尽是堤坝与河堰，专为灌溉所用，以便将江水引入更小的灌渠，这样就将一个原本荒凉贫瘠的地方改造成物产丰饶、水利发达的"天府之国"。每逢四五月，农民们修起的这些堤坝与河堰，对江上船运多有阻碍，但在这个季节农民才是河流的主人，没有任何人敢和他们修的堤坝较劲。如果开春水量偏少，对农耕不利，农民们就会把锄头往肩上一扛，一路敲锣打鼓，声势浩大地成群结队前往灌县，敲开水监衙门的大门，替自己的田向官员要水。当然，水监只能立即遵命办事，他先得跟农民们说上一大堆好话，还要许下保证，然后和众人一起前往堰首的龙王庙，点上香烛祭拜。水监会从塘中取一罐水，带回衙门，毕恭毕敬地供奉起来，直到龙王开恩，让江水涨起来。此时水监又得将这一罐水带回原处，重新举办一场仪式，以表感谢，再将水倒入塘中，还给龙王。赶上大旱之年，总督大人也得派专员前来祈雨，因为如果耽搁太久，恐怕就连身在成都的官员们也会发现，乡民们已经找上门来，怒不可遏地吵着闹着要给自己的田求水。

灌县的灌溉系统不仅是川西地区最令人叹为观止的人工遗迹，也是中国最伟大的公共工程之一，给百姓带来的福祉比其他那些盛名在外的工程要多得多。不仅如此，它还是为数不多一直得到良好维护的工程之一。这一水利工程堪称成都平原的守护者，原因有二：它不仅能够有效确保省城一带的乡村抵御旱涝灾害，而且这条巨大的人工河拥有众多旁系支流。条条水路提供了最方便、同时也是最廉价的运输系统，从而不仅在农业上，也在商业上给当地的人民带来了福利。然而，中国人在这条灌溉系统上因迷信而花费的代价绝不亚于务实办事的开销。很久以前，曾有一场大洪水冲破堰首南侧的堤岸，淹没了大片良田。人们重建之后在岸上放了一座巨大的石牛，为了突出公牛的威猛勇武，还特意将它的生殖器涂成鲜红。石牛蹲伏于地，一副病容，目不转睛地盯着月亮落下去的地方，那里据信就是洪水的源头。近旁还高高矗立着一根石柱，名曰"翻波柱"，上面刻画着某些想象中的异兽正在翻波作浪。

这些动物中的第一个其实叫犀牛，不过雕刻的工匠显然除了田里的水牛，再也找不到任何原型可供参考。即便如此，这两头异兽——再加上那些设计合理的水渠——的确消除了不少洪水隐患，这一点倒是人所共识。

用山中原木扎成的木筏顺江而下，流经平原，一路直抵成都和其他城镇。在这些急流上撑着木筏可是一项极其危险的工作。还在灌县的时候，我就曾见过两三个木筏沿江而下的场景，确实很难有比这样的一幕更让人看得心惊肉跳的了。若是有人溺毙身亡，木材商人需得向死者亲属赔偿20块美金！每次出了事故，河道都会停航整整三天，在此期间行舟被认为是凶事。这些遭遇不测的木筏几乎无一例外全都是在靠近灌县城墙边缘附近遇险，那里正好是山脊被城墙切断的地方。有块岩石在湍急的江中孤零零地伸出水面，便是"象鼻石"。木筏前端若是距离岩石太近，几乎肯定会在拐弯时被旋涡吸入江底。这个阻碍江上航行的罪魁祸首本可炸掉，可人们传说如果没了这块"象鼻石"，山上庙里的妖怪就会祸害整个灌溉工程。湍急的水流似乎总能激起某些人的自杀冲动。有的女人会穿上最好的衣裳和鞋袜，纵身一跃，跳入江中；而男人则会在吵个没完，情绪激动之时——在中国，男人们习惯用斗嘴取代打架——为了迎合看客们的喝彩叫好声，一把拉住对手，双双坠入江中。没有几个人能够从江里活着回来，哪怕他们在空中坠落之际已经心生悔意亦是枉然。

离灌县城外不远，有一处山谷中坐落着一座有名的古庙，庙里供奉的是当地的守护神，也就是这座水利设施最初的建造者。他在自己儿子的帮助下建成了这座水利工程，辽阔成都平原上的勃勃生机皆由此而起。各种精巧的铜制錾制用具摆满了这位圣人的神龛。然而，被神化的伟人也罢，纯粹虚构的神话人物也罢，既是中国的神仙，终究免不了脱俗，无论外观还是摆放的位置都是相似的。即便如此，依旧会有不少单纯的农民从平原赶来此地，祭拜神明。这些人会从庙里的一个和尚手里买纸符，那和尚可是乐不可支，扇子不用的时候就往后脖梗一插。无论是在庙门入口，还是别处，都能见到六个大字："深淘滩，低作堰。"这可是一手创建这座水利系统的伟人的至理名言，早已家喻户晓，只要有人教识字，就连挑担子的劳工也能念得出来。当地人对伟人的训诫总是谨遵教诲，不过其他地方并没有这样，从而有了黄河的灾祸。人们不但没有给黄河河床清淤，反而不断加高河堤，直到整条河流不少地方竟然比周围的原野还要高出一大截，灾害频发。最近听到四川传来的消息说，不单那座著名的古庙，就连周围茂密的林木都被一场大火尽毁，而这些林木原本是用来重修那座古庙的。

住在成都的外国人有好几个地方避暑消夏，条件舒适宜人。往灌县城后走上几个小时，上山去，便是其中之一，到这里的无一例外几乎都是传教士。他们整个夏天都会待在当地大大小小的庙里。灌县的政府要员们把这些庙院租给外国人作避暑别墅，能拿到一笔不菲的租金，可那些涂了油彩的菩萨大佛就只能低着头眼睁睁地看着基督徒们进行自己的宗教仪式。外国人倒是想买地盖自己的房子，可灌县的智者哲人们早就把话说明白了，这种事情想都不要想，因为只要他们这么干就会破坏当地的风水，把整个灌溉工程毁掉。

正当我们在附近闲逛的时候，天下起雨了。虽然挑夫们带着我们的被褥，直到第二天早上才赶到成都，但好在雨势不大，我们骑马回成都也不至于放慢步子。我们沿途遇上了两个土耳其人，正向西赶路——走在前头的个头不高，身体粗壮，留着一脸胡子，穿着宽腰罩衣，后面跟着的瘦瘦高高，穿着长袍。二人都是从土耳其来，途经甘肃一路往南，有时也会跟着西去的骡子商队走上一程。我看着这两个人，不禁想起了马可·波罗的时代。当然，四川现在住有不少中国的回民，四川以北与以南的西部各省也有很多，但国外的穆斯林并不多见。猪被堆在吱吱嘎嘎的独轮手推车上，正从平原上的各个地方被风急火燎地运往市场，车辖辘不时还会陷进松软的泥辙中。有的病猪依旧丰满鲜红，有的则已经死在了路上，颜色变得灰暗，连肉都垮了下去。杨森对某些事物的看法总和中国人不大一样，虽然他早就下了禁令，不准推车进城，可这些车夫全然不顾这些，依旧一个劲地推着车子往前赶。这么一来，猪肉在成都平原的大小城镇里变得更加便宜，人人都吃得起，就连沿街乞讨的小孩也不例外。这些孩子虽然不敢吃我给的巧克力，却对着一块病猪肉大快朵颐，哪怕这些肉就算煮熟了还是发乌泛青，一副病态的样子也毫不在乎。

朝着神圣的峨眉山巅进发

成都的城墙就在从灌县一路流过、半由人工开凿而成的那条河上。你可以在城墙下坐一条小船，然后顺流而下，每次遇上大一点的船就换一艘，一艘接一艘地换下去，总有一天一定能够开到美国或者欧洲去。说实话，我还真把藤椅带到了美国的海岸，一路上被我当作躺椅，放在甲板上用。椅子就是四川省会随处可见的那种，只不过我没要那两根长长的竹竿和其他部件，没法像在四川那样当作交通工具，因为在太平洋另一端要想找个轿夫把我抬上岸可没那么容易。两匹马儿为我辛苦工作了这么久也算功德圆满，我把它们连同马鞍和其他行头统统卖给了杨森，好在云南和四川的钱有差价，总算没亏。虽然已是八月末，可第二天一大早的天气却相当晴好。挑夫们把我的行李从校园一直送到了河边一处人多的岸上，湍急的河水就从城墙边流过。我和杨还有那个加拿大小伙子在这里和一位英国盐税官员碰头，上了一条划艇。船很简陋，上面早已挤满了人。类似这样的船还有不少，都在往返于河的两岸。我们的这条船上飘着中国邮政的旗帜，警告土匪休得靠近。盐税官的秘书也会说英文。在他的命令之下，几个仆人还有十个船夫都卖力地干活。只是第二天上午还是闲下来两个小时，就在一处狭窄地带，这艘船居然用了四个小时才绕过去。自始至终我没有离开我的靠椅，直到第二天下午四点左右才起身，去嘉定①城里铺着石板的大街上走了一遭。

嘉定是座古城，以缫丝和碱厂出名，工厂烟囱林立，让这里乍看有种西方的错

---

① 嘉定（Kiating），四川嘉定府，历史名词，南宋时设立，1913年废，文中所述城市当为今四川省乐山市。

觉。城市依旧坐落在两河交汇的尖角上，其中一条自西藏奔腾而下，河水流的飞快，仿佛后面有喇嘛教的恶鬼在追赶，另一条则要平静得多。较大的一条河对岸有一座著名的大佛，整座佛像在山崖上雕凿，迄今已有数百年的历史。佛像是在红色的砂岩上开凿而成的，因为这一带盛产砂岩，就连嘉定城与相邻较大几个城镇的城墙也用砂岩砌成，经过岁月的洗礼变得颇为好看。大佛呈端坐之姿，双手放于膝上，双足沐于岷江水中。通过单纯目测，我无法告诉你这座佛像从头到脚究竟有多高，但确实是我迄今所见最大的雕像。我想这座佛像要高于底比斯的巨像，比尼罗河的拉美西斯法老像还高大。佛像近旁山坡上的台阶早就年久失修，被湍急的江水冲蚀，因此你只能绕远路才能从后面接近大佛。路上还有一些"蛮子洞"，也就是在松软的红色砂岩上挖出来的整间房子，主人是先于汉人来此的原住居民。潮湿的泥墙上雕刻着一些浅浮雕，图案包括骏马、战车和其他一些值得研究的东西。至于这些究竟是天然洞穴还是人造居所，在当地开展传教工作的业余人类学者中依旧颇具争议。

我们爬得满身大汗，好不容易来到一家茶馆，就在与大佛头部齐平的地方。往上再爬一小段，翻过一堵墙，就能进入大佛头顶上的茂密树林。大佛头上卷曲的头发由卵石雕成，涂成黑色，犹如佛教传说中的毒蛇，盖住头顶，足以让一个人站在上头。走到靠近眉毛的外侧，向下探头张望，感觉好像站在 20 层楼房顶上。无需太远，哪怕只是跳到大佛的耳垂上都无异于自杀，而对于某些虔诚的中国人来说，这无疑是一条稳妥的途径，确保自己能够升入天堂或者汉传佛教中类似的地方。每一百年里会有那么两三回，虔诚的天朝信徒合力筹钱，要么立下遗嘱将财产捐献出来，给大佛"刮刮胡子""理理发"。做这种大事的工匠得带上工具，专门用来剪断长在大佛脸上的树木枝条。这群"理发师"几年前刚刚来过一次，因此大佛现在只是蓄了一点"胡须"，留了一小撮深灰色的"头发"而已。这一点"头发"或许还是有意留下来的，中国人挺喜欢这种自毁形象的打扮，即便头发长到两英尺长，任何情况下也不愿剪掉，因为这样做会带来霉运。

在嘉定也能见到年轻的好事之徒，这些人一如既往地穿着军装，拿着武器，成群结队地惹是生非，如果说对外国人还只有一点点傲慢无礼，那么对那些无权无势的中国人，简直就是残暴有加了。他们午夜一过便会吹起军号，让人不得安睡。控制这块地盘的将军和手下的军官们完全不受他人管束，日子过得有滋有味，因为他们霸占了自流井地区的大盐井，那个地方从这里坐轿子往东也就两三天路程。比起中国的其他地区，他们更有能力为手下的士兵发饷，让他们穿得更加体面一些。杨森既然顶着更为冠冕堂皇的头衔，因此认为这些盐井理应归自己所有，因为他急需用钱，所以不管兵戎相见还是坐下来谈一谈，解决问题便成了当务之急。为了让自己底气更足，这位将军最近发布了一则告示，为自己开办的军官训练营招生。报名的有 300 多个孩子，大部分都来自中产阶级家庭。

那位英国盐税官员的太太和我一起从成都下来，她此前曾去过打箭炉避暑，那里是西藏辖区的非官方治所，对那些没那么容易受人胁迫的人来说，现在已经成了他们的度夏胜地。这位太太与她的先生在教会院子里相遇时的第一句话是："我被抢了。"虽然抢劫在这里是家常便饭，但鉴于这一次是我最近距离接触到这种事情，因此我对细节颇感兴趣，而这位好心的女士也巴不得一一尽述。

这位夫人离开打箭炉的时候，一如往常带了随身护卫，坐着轿子前往雅州。从那里坐大木筏，顺江而下，只需要一天就能到达嘉定。出发两三天之后，有一天早晨她正安静地骑马前行，时而看书，时而欣赏沿途的美景。路上突然窜出一个男人，穿着军服，拿着步枪，看了看她这 队人，然后转过脸去，点了点头，好像在说，"没错，就是这个了"。而此时她的护卫早就不见了踪影，直到一两个小时之后才在前面数英里的地方冒出来，一个个兴高采烈，跟孩子一般。这一队人马行事相当专业，看来果然是拦路越货之人，径直走到这位夫人面前，命令轿夫把她的轿子还有仆人的轿子统统放下来。劫匪们干起活来不出声响，纪律严明。他们彬彬有礼地请这位夫人从轿子上下来，一个人拿着杆枪顶住她的后背，另一个在她眼前晃着明晃晃的刺刀，还有一个则把她全身搜了个遍，这些人看来对外国女人喜欢在袜带里藏点珠宝和贵重物品了如指掌。他们除了嘴里冒出几句粗话，多看了几眼，并无其他举动冒犯这位女士的尊严。他们把她轿子里也搜了一遍，除了折叠床，被褥全被翻了出来，毫不顾忌地随手扔在路上。除了身上穿的，这位女士的丝织内衣全被匪徒抢走了，其他衣物也没有幸免。这些东西对他们来说也没多大用处，除了用来擦擦那本来就已铮亮的枪，就算拿回去送给压寨夫人，可能也不喜欢自己的女人穿得如此轻薄。这位女士的钱被搜刮得一干二净，包括整个夏天在打箭炉辛苦收集的全部纪念品，以及所有值钱的私人首饰。然而，身为一位贵妇，总有一件事情值得欢欣雀跃——

她保住了自己的结婚戒指！对于不少更为现代、结婚已久的女性来说，这件东西她们早就束之高阁。她之所以成功，是因为双手一直在忙着遮掩，不让自己的身体露出不必要露出的地方，那帮匪徒显然没有注意到她手上的宝贝。土匪们还把她的仆人和挑夫洗劫一空，不但抢走了他们背着的货物，就连他们自己区区一点私人行李都不放过。然而，土匪们并未骚扰轿夫。后者坐在那里一边抽烟一边聊天，任由抢劫在身旁上演，待到事情结束后再把那位女士往轿子上一抬，继续赶路，好像一切全然没有发生过一样。

英国驻成都领事恰好也跟着这一队人同行，因为要行使自己的官方特权，当天早上起得特别晚，所以当抢劫的消息传到耳边时还没起程上路。如此一来，领事先生的绝大多数行头都在更早起床的挑夫身上，就此不翼而飞，其中包括一个夏天辛苦搜寻得来的纪念品，而且听说他本人的官方文件在沿途数英里的路上散落得到处都是，但总算避免了遭人"搜身"的羞辱。有位老兄当时不在场，可他或许才是最值得同情的，因为他把自己整个夏天拍摄的几百卷胶卷全部交给领事先生保管。这些可都是他在外风餐露宿才拍到的，而他去的那个地方此前从未有任何摄影师涉足。结果，此君倒是一个人回了家，虽然他走的那条路在别人眼里要危险得多，可一路上却完全没受到骚扰，毫发无伤。虽然得时刻提醒自己，快乐总是与危险如影随形，但这种事情完全无法预测，尤其是在中国。听说有两个传教士之前在川西民众中间工作了很多年，却在去年夏天休假的一次短途旅行中惨遭杀害，被害的地点就离我此行经过的地方不远。

天刚蒙蒙亮，我和杨便动身穿过辽阔的成都平原，前往神圣的峨眉山。这一天原本天色阴沉，不料后来却出了太阳，热了起来。我只坐过一次滑竿。我曾经一连好几个星期对自己说，如果不写出一份报告，把乘坐这种中国最简单运输工具的亲身体验写下来，就绝不回家。可是，如果找个轿夫身体不如我结实、饮食比我差，甚至不只一个轿夫，有可能是一对抑或更多，叫他们替我走路，而我自己的两条腿都还能自如运动，一想到这个就让我觉得不安，因此总会找个借口，推说还是等下一次吧。然而，这种事情终归机不可失，因为中国只有这个地区流行滑竿，而这又是我在这里的最后一次旅行。我在嘉定的那一晚住在加拿大传教士家里，他们从峨眉山山脚周边的小山上派了几个人下来。两个山民把我抬上了山，一路上隔一阵子就和另外两个人换换手。后者提着我的行李，谈不上重，都是这次短途旅行用得着的。滑竿虽然看上去感觉难受，其实坐在上面大体说来也没那么不舒服。这种山轿的配套行头可比坐惯了豪华轿车或者普尔曼卧铺客车的人想象的要多，在上面看书要比坐特快列车舒服多了，因为四川的轿夫不管是打赤脚，还是穿草鞋，都能在石板路上滑来滑去，走起路来感觉像在滑脂槽里一样。如果你坐累了，不愿看书，也不想再看沿途的景色，只需躺下来，把脚搭在竿子上，一边睡觉一边继续赶路。走起来甚至更加有利睡眠，比坐任何一种火车都要舒适，至少没有噪音，午觉时就算像尸体一样被抬着又有何妨？露天是坐滑竿的一大好处，当然还有其他优势，虽然滑竿上没有理发师，没有速记员，速度也没法跟最好的洲际特快相提并论，可这些都不重要。

不过，最好还是天气晴朗的时候坐滑竿，这一点我在走过峨眉县不远便发现了。那里的城墙用红色的砂岩筑垒。既然是县城所在地，那么也就是说峨眉山就位于这个区，同样也是山势开始升高的地方。当地有一座大钟①，一半露在屋外。我们刚刚经过大钟，看了看去峨眉山沿途的其他寺庙，突然刮起一阵大风，接着便是瓢泼大雨。那里正好是山路开始难行的地方，滑竿本来还能派上用场，可轿夫在湿滑的石板路上很难走稳，虽然嘴里什么都没说，但看得出已经累得不行。虽然我带上了骑马那段日子用过的防水装备，还是很快便浑身湿透。我宁愿自己走完山脚下上山的这 15 里路，也不愿像这样慢慢地折腾，就像一袋湿面粉夹在两个人中间，随时有可能从石头上滑下去，狠狠地摔在地上，轻易就能把我这个湿面粉口袋摔开一条大口子。

来这里的主要是英国和美国传教士的家人。这些人把峨眉山的一处山脚作为避暑胜地。对他们来说，这场暴雨是记忆里夏天下过的比较大的一场，或许这么多年来夏天只下过这么一场大雨。热水还没来得及准备好，莫说我自己的被褥，就连毯

---

① 此处所指为今峨眉山报国寺的圣积大钟。铜钟本为明嘉靖年间圣积寺所铸，该寺为入山之门户，是登峨眉山的起点，后于 1959 年废，1978 年铜钟迁于报国寺。

子也没有。这个地方虽然比起那些巍峨的山峰来说不算太高，待到重新放晴，准保能够看到那些高山矗立在头顶上。我还是需要披件毯子，弄不好会感冒，我最担心就是这个——当然，根据过往的不少经历来看，也许这一次同样不会有大碍，就跟杨一样。他一时大意，竟然把自己的被子和换洗衣服都落在了后头。等到天黑了之后，杨和几个挑夫才姗姗赶到。这些挑夫虽然都住在附近，可这次也找不到路，绕了很久。房东的厨子和其他用人给了杨一身干衣服，让他在篝火边取暖。

一路上风景优美，天气虽然不时有些阴冷，但和之前大致一样，我们这帮外国人除了游山玩水，没有别的事要做，自然乐得轻松自在，也让这里变得无比诱人。我们一整天都在低矮的屋子之间游来荡去。这些平房很舒适，散落在山脚下的小山之上，头上便是那座雄伟的高山。陡峭的崖壁从山下交错纵横的密林深谷中拔地而起，直通金顶。我打算翌日一早便向这座金色的山顶全力进发。看着头顶的高山，很难想象爬上山顶需要一天半的艰苦努力——照中国人的说法，往上得走140里，往下100里——不知道有没有这样的记录，应该很少有人能够一天之内从我们所在的地方出发，爬完全程，登上山顶。我也不应该忘记，从山麓的矮丘望去，山下东面平原的景色是何等壮丽。随着雾气薄霭散去，便能看见村落簇拥在一起，稻田一望无际，小河蜿蜒流淌，那可是村子和稻田赖以生存的命脉所在。

此时正值收割季节，稻谷敲击在脱粒箱上砰砰砰的声音回响在整个成都平原和山脚下。虽说住得较远的传教士家庭并非总能随意离开自己避暑的别墅，不过房东还是为我和同行的那位年轻人找来三个山民，每天挑担子赶路给1300文钱，迫不得已停下来休息给500文。我们上午很迟才出发，先是沿着林木茂密的山路往下走了好一阵子，然后拐上了一条关键的山道。当天余下的时间都在一步一步爬山，有时下了一两个陡坡又接着开始往山上爬，走的多是石阶，比起中国人家里的梯子，还要更陡更窄一些。

要想登上神圣的峨眉山对任何人来说都绝非易事。成都平原一马平川，这座神山从平原上拔地而起，足有11000英尺。我们时刻不停地向上攀登，一路静谧无声，叫人神清气爽。不时听见鸟儿婉转几声，数英里长的石梯上竟然连一个人也没有。到处都是被茂密丛林包裹的山峦，偶尔露出一块陡峭的灰色山岩，上面完全没有立足之地。走过很长一段山路，几乎见不到其他人留下的印记，沿途只有某些地方能够瞥见一小块开阔的田地，开在陡峭的山坡上，已经除完草，锄过地，等着种土豆。每隔一段时间我们便会经过一些高大的寺庙。这些庙宇布局零乱，几乎完全是用木头建造的。木头上没有涂刷任何颜色，屋顶盖着树皮或苇草，有的还覆盖着厚厚一层杂草烂枝，要么铺着铁皮瓦，长两英尺，宽大约只有一半，更多时候搭着的是铅板，它们来自距此地往西四天脚程的一个矿里。山势较低的路段每走上一两个小时，便能见到类似的景象，即便在岔道上也不例外。岔路一般都在危险的山峰或者悬崖边上，走这些路的和尚不多，当地的和尚也是一样的懒散，穿着带衬垫的灰色僧袍。在中国绝大多数神圣之地，这样的和尚比比皆是。

还未等我们赶到谷底，天已经黑了下来，雨也下了起来。那条壮观的山谷位于两座寺庙之间，挑夫们原本可以在其中一座过夜，另一座则是我第一天设定的行程目标。此时天色已是一片漆黑，危险的山路遮掩在茂密的树林中。我们走得腰酸腿疼，费尽千辛万苦才赶到，却发现大门紧闭，里面一片寂静。我们在门上好一阵狂敲猛捶，只见上方的一扇窗户里探出一张脸。我们借着昏暗的微光才看清，这栋建筑原来酷似中世纪靠打家劫舍发财致富的贵族们的城堡要塞。除了一面，其余三面都位于绝壁山边，底下的世界深不可测，只见大片雾霭从崖底升起。我们从一路的劳累中稍微放松片刻，直到与我同行的旅伴声明我们都是外国人才被迎进去，其间虽然只有短短一小会儿，却叫人感到寒气刺骨。

同行的年轻人除了出生之后的几年，其他时间一直住在四川。他做了一件事情，说来真是遗憾，这样的事情更多在华外国人都不曾做到——不管是否长着细长的小眼睛，也不管皮肤的颜色是否更黄，无论什么出身，他都一律平等相待。他从少年时起，就穿梭在山道上，或赤脚或穿着草鞋；他还曾跟在水牛后头，踩进没膝的泥浆里犁田，曾抱着一捆捆割下的稻谷在一个大木箱前敲打，给谷子脱粒；曾和劳工在江上一起划船，一起沿着河岸拉纤，船搁浅的时候也会撑篙，或者跳进齐腰深的河水里帮着推船，甚至还试过推独轮车，挑扁担，也背过担子。他还去劳工们常去的茶馆喝茶，在街边的饭馆里大碗吃着米饭，品尝当地的各种美食小吃。总之一句话，这个年轻人在中国摆脱束缚，抛开傲慢的西方世界的成见，他做到了一个努力甩开同胞尽力灌输的等级意识的美国男孩很少真正做到的一切事情。

虽然看不出任何明显的迹象，但这个少年的健康无疑曾经受到过威胁。他吃过的泥巴兴许赶得上一个普通美国人一辈子可能吃进去的量了。这个年轻人以前就总让疼爱他的妈妈提心吊胆，如果他的父母知道自己的孩子对于增长见识和获得体验有着如此纯粹的渴望，为了这种渴望又会做出何等出格的事情，那么以后还会带给母亲更多担惊受怕的时刻，有时甚至会让严厉的父亲也寝食难安。另一方面，这个年轻人虽然刚刚年满16岁，对中国真实情况的了解却已经远在上海成千上万生意人中的精英之上，而后者在这个东方国家早已生活了不止两个十六年。不仅如此，这个年轻人还能用四川话与人攀谈，对所有的习语谚语，语调变化统统了如指掌，谈起话来下至住在穷山僻壤的农民劳工，上至饱读诗书的得道高僧，无一不正襟危坐，洗耳恭听。

招待我们的一共有四个和尚，衣着破烂，估计没有每天洗澡。其中有两个还是孩子，最年长者在这里已经住了40年，看到与我同行的这位外国朋友一股稚气未脱的高兴劲，又说得一口地道的四川话，不由得也热络起来。我们和年长的僧人聊了很多，既谈起了宗教，也说到了其他方面。这位老和尚可是知无不言，言无不尽，而两个小和尚则在一旁准备好了一间宽敞的单人间。你若是一位恐怖推理小说作家，擅长写东西吓唬孩子，或者专门创作情节夸张的传奇剧搬上银幕，那么我可要郑重向你推荐这栋形如古堡的寺庙，提醒你注意里面可是一派神秘的古香古色，道路错综复杂，楼梯几乎和城堡铁闸门前的斜坡一样宽。这里的空气实在太冷，就连耳朵都不愿露在外面。好在墙壁足够厚，再加上我们一路带着多余的毯子，总之整晚都睡得很香，完全没有任何奇遇发生。杨做了一顿可口的美式早餐，我和那位年轻人一吃完饭便立刻动身，接着赶路。我叫杨收拾完东西再跟上来。

现在的道路已经变成了陡峭的石阶，穿过松林和花丛向上不断延伸。灌木丛上挂着浆果，虽然这位在中国长大的加拿大旅伴早已记不起来，但看上去、闻起来都带着一股加拿大的味道。石阶似乎怎么爬也爬不到头，绝不会因为你想它变短一些就变短。想登峨眉山的人若是抬不起腿，那么就只有一条路——下山。你可以叫人背你下去，找个身板结实的背夫，坐在他背上的木头框框里。这些人就是靠这个把岩盐和其他东西背上山的，堆得很高，叫人难以置信。即便山里的轿夫也无法用轿子把一个成年人抬到这11000英尺的石阶上，这些石级看上去永无止境，不知何时才能到头，不仅要比基多①高多了，而且比多数南美安第斯山国家的首都都要高，爬山的人只能费尽辛苦地向上、向上、再向上，永不停息。

我们不时穿过巨大的石头拱门，常常行走在无底深渊的边缘，那些恐高头昏的人绝对不适合来这样的地方。在这里也会见到一些汉人女子，踩着双小脚，鞋子外面用玉米叶裹着，混杂在拜山人群排成的长龙之中。进山拜佛的人大多穿着蓝布衣服，背着背囊，上面绣着几个神圣的大字。整支队伍上接天际，下连平地。随处可见垂直陡峭的山道，茂密的林木连同延绵的山脊。到处都能听见有人在念叨着"阿弥陀佛！阿弥陀佛！"即便不是逐字对应，至少在大意上也与藏僧口中的"唵嘛呢叭咪吽"相似。后者就在距此不远的西边，整天虔诚地拿着转经轮，口中念念有词。这里的和尚多穿灰色长袍，里面垫着棉布，看上去有点像和服。其实，许多庙里的和尚说"阿弥陀佛"这句话类似于其他中国人说"谢谢"，只不过后者用得更加平常一些。虽然僧人们将善男信女们平日的捐赠视为理所应得，用不着表达谢意，但在某些情况下还是会说这样的话。

行至此时，僧庙寺院已经多得不计其数，每走上几里路就会见到一座庙宇，占地虽然不小，可布局实在零乱。中国拜山的香客每经过一座神龛和那些地位特殊的菩萨跟前，都会烧香祭拜，怎么说都得施舍上几文钱。那些狡猾的和尚会想尽办法，把菩萨佛像摆上一路。登山过程中，无论山路如何七拐八弯，拜山的人几乎都会去每一处庙宇群落，如此一来就不可能和我们走得一般快。然而，对西方人来说，任这些宗教建筑如何反复出现，如果没有特别之处，是很难引起我们的兴趣驻足观看的。这些建筑几乎全都位于山势险要的地方，越往上数量越多，和其他寺庙一样供奉着佛像，上面满是积灰，如此场景与其说让人看到了中国人的迷信愚昧，还不如说更加突出了这个民族创造力的贫乏干瘪，心态的故步自封，还有那精于模仿的天赋才能。这些泥菩萨一个个灰头土脸，大多数面前立着一节竹筒。我对这件物品并不陌生，里面装着签条，上面写着神谕佛旨。签条同样是竹制的，每根上面都会写上一两个汉字，用来向圣贤哲人请教求解，与庙会上赌徒用的东西如出一辙。诚心诚意的僧人和赌徒会将这些东西摇来晃去，或者让求签者自己摇，直到有一根掉落，

①　基多（Quito），厄瓜多尔首都。

或者有一根明显比其他竹签伸出一截，僧人接下来会就求签人的命运如何一一道来，或者直接遵照签上的文字开方下药。为了就地利用这样的权力，沿途还会开设不少"药铺"，有些只是露天的摊子，兜售处方上的各种东西，诸如桂皮、蛇干之类。中国人看来嗜赌如命，哪怕赔上自己的健康也在所不惜，不然就是这些竹签筒猜的和医生一样准。再者，在一个民众根本无处寻医看病的国家，人一旦得了病，自然看不到希望，只好病急乱投医，怎么说也会试一次；那些成天被人背着、高高在上的无能之辈，没准也在做着黄粱美梦，祈盼菩萨有朝一日会对自己大发慈悲。

快到山顶时有不少地方正在伐木，用的是那种横着切割的双手锯，这种锯子在中国十分普遍。有时可见三对工人在砍伐一根原木。这些原木专门用来做硕大的柱子，一切都是为了把那些布局零乱的寺庙修得更大、更广、更气派。有的寺庙已经重建了一次，毕竟一座庙转眼之间被大火吞噬，这种事情并不少见；有的刚刚经过整修，看上去焕然一新，甚至还没来得及涂上油彩；有的已经相当古老，饱经风霜，上面长满了植被，看上去显得大了一圈，只剩下残破的院墙。若非细看，很难将这些庙宇与周围无人居住的山野区分开来。

我们登山的最后几个小时都在从一个平台登上另一个平台。这些台阶一个接一个，无穷无尽。每次停下来喘口气，总能见到那些宗教建筑。周遭的悬崖变得更为陡峭，只能远远望见下面辽阔平原的一部分。虽然还未到达山顶，可这里的林木已经明显带有加拿大的感觉，高山火绒草、橙色树莓、小小的白色草莓、荨麻、蓟，灌木丛上结满了红色的山楂果，各种颜色的山花看得人眼花缭乱。中午时分，我们进了一座大庙。这样的大庙共有三座，就在金顶的群峰之上。这座山上的和尚对外国人要友好一些，其余两座寺庙各自坐落在山顶一块鼓起的山包之上，中间夹着一条山谷，俯瞰着神山陡峭的岩壁。数百年来，这两座山头究竟哪一座更高，更有资格配得上"中国最高圣地"这一荣耀，一直是争论不休的话题。对于不带偏见的游客来说，用肉眼几乎观察不出分毫差别，而对这三座寺庙来说，即便只是考虑从正面看出去的风景，就有不少荣誉足以为三者所共有，因为三座庙都建在伸出去的平台之上，而平台底下便是万丈深渊。

　　峨眉山理所当然是一个素食王国。山顶上种着稻谷和蔬菜，土豆也包括在内——这种作物在这里长得很好——除此之外，其他的菜很少。就算是土豆，倘若要那些吃不饱的和尚卖给别人，他们也是一肚子的不愿意。因此，我们很高兴终于有机会将各种罐装食品和一只活鸡拿出来，为那一点微不足道的午餐做贡献。其实我们带了两只活鸡，它们在背夫背上的包裹顶上一起成功登上了山顶。盐税官的厨子已经在准备开锅做菜了，只要我们的资源还能用，就得利用起来。我们当然能够吃肉，只要甘冒危险，不怕日后遭到天谴就没问题，不过借住在庙里的人还是有一些戒律要遵守的，比如除非我们保证不将写有咒语的纸张用于不雅的目的，否则不得留宿寺中。和尚们会把这些印着或者写着字的圣物收集保护起来，积累功德。

　　山顶后面的坡上盖着一座座长长的建筑，显得参差不齐。这些同样是年代久远的木制庙宇，里面全是布满灰尘的废旧杂物，还有各式各样的佛像，都是用泥巴和稻草做的，最近刚上了点色。这些物品有些是银制的，有的镀了一层金，毕竟金顶上的这些寺庙从善男信女那里得到的捐赠可不少。我登过不少高山，却从未在任何地方见过如此美丽的景致，从未见过任何一个地方比这里更像世界之巅。极目远眺，大千世界尽收眼底，唯一能够阻挡视线的只剩下那翻滚奔涌的断云。云层形状各异，奇幻无比，时而从下方深不可测的谷底升腾而上，时而将我们与大地完全分隔开来，除了立足的这块空中孤岛，一切都被掩没。有时，云朵会在山间谷隙中层层叠起，仿佛大火引发的滚滚浓烟；有时，山下平原上的小路与溪流看上去有如发丝在扭动，河流就像一缕缕发丝捻在一起，形成更大的一股，河道也显得不再那般弯弯曲曲。

　　寺庙前方便是悬崖绝壁，和尚们在此地修起木质平台，四面围着栏杆，相当结实。那些粗大的铁索已有不少年头，由于疏于维护，如今早就断成了几截。站在崖边，看着脚下的绝壁直坠下去，深不见底，令人赞叹。如此景致让这里成了一个不错的去处，能够在阳光下小憩休闲，等待佛光出现。虽然云还没有升起来挡住阳光，可这里实在冷得厉害。我穿上了所有衣服，要是换作在山下早就热得让人窒息，可在这里依旧感觉单薄得像一张纸。很难想象就在我们的正下方，农民们已经从三三两两的小农舍里走出来。要想看清楚他们，就像要用显微镜观察昆虫。想必他们一定是在八月下旬的阳光下，在田间地头挥汗如雨地劳作了。

　　我从未有过去北极探险的经历，不过若有人曾在北极的漫漫长夜中突然醒来，发现那里的空气要比这间位于峨眉之巅绝壁边缘的僧庙客房的空气更加寒气逼人，冰冷刺骨，然后活着回来讲述这样一段传奇，我定要给他颁发一枚金灿灿的奖牌，奖励其毅力过人，耐力可嘉。虽然我一直希望能够拥有一份深沉而连续的寂静，可还是没能享受到。其实倒也不是在晚上最困的时候，因为就连和尚们自己也不希望虔诚得过头，只是每隔那么一会儿，相邻禅房里那座宏伟的大钟便会有人又敲又撞，发出洪亮的响声，接着便会传来阵阵高喊，不仅能让最凶神恶煞的妖魔鬼怪吓得无影无踪，也能将我从沉睡中不时拉回现实。谢天谢地，这样的即兴表演不用收费。

　　和尚们的收入来源基本依靠造访此地的外国游客。考虑到这里所处的位置，只有这么寥寥两三个客人，又没有业内同行的竞争，房租说起来不算太高。至于米饭，还有这里能够提供的其他为数不多的食物，价钱都还算公道。最后，当然不能忘了木炭。倘若缺了这个，山下来的游客在这里就没法生存下去，因为人们不仅需要它来生火做饭，还得靠这个暖屋子。山顶的树多得不计其数，山下的却已被砍得所剩无几。按此说来，这里的木炭本来应该比山下便宜，可恰恰相反，这里的价格反要高出不少。如果有些行李必不可少，非得从山脚下背上来，那么把木炭也算在里头，很可能会节省下一大笔开支。外国人之所以要出这么多房钱，真正的原因并不在于木炭到底有多贵，而在于究竟有多重，要不换句话说，短斤少两到什么程度。只要理由充分，我倒并不过分介意偶尔被人讹一笔，可若是要我相信那么小一筐木炭，就连我都能够一只手轻松提起来，却有 100 斤，也就是 133 磅重，这除了恭维我天生神力之外，实在难以解释。然而，除非你自己背上一杆秤来驳斥对方，证明那把木质的中式杆秤明显被人动过手脚，否则毫无办法。所以尽管我让这座庙里为首的那位老学究一般的大人物丢了面子，害得他专门连夜过来，装模作样地证明秤称的没有问题，我还是把之前提出抗议的钱如数给了。

　　每天下午两点左右，阳光和雾霭正相合适。在金顶的下方，也就是搭建平台的悬崖陡壁下方，滚滚云层之上会显现出一道圆形光环，虔诚的中国人管这个叫"佛光"。对于不少人来说，千辛万苦登上山顶主要就是为了一睹佛光。每个季节都会有信徒纵身一跃，投入佛光的怀抱，从此杳无音讯，不知下落。这些人之所以这么做，或许是因为耗尽家财，如此千辛万苦地来到这盛名远扬的神佛之地，却发现原来此地同样有着世间苦痛，无法为自己的苦闷烦恼找到解决之道，抑或仅仅只是因为站在这绝世高处，一时头晕目眩而已。想想海地黑人暴君克里斯托夫的城堡前将人扔下山去的地方①已经够让人目眩头昏的了，可金顶比那里还要高出好几倍。从平台往悬崖下随手抛一块小石子，永远都不会听到底下传来回声，石头就这样消失在了空中。如果有谁能够处理那些虔诚的自杀者的遗体，那肯定只能是秃鹫或者雄鹰，那些四条腿的野兽没准也能帮上点忙，据说山下陡峭的莽林中像这样的动物还不少。平台上有时会聚集大批一心求佛的善男信女，一个个目不转睛地盯着那神奇的光圈，很容易飘飘然，以为自己真的见到了神佛，因此总会有人情不自禁地翻过那些新修的结实木栏杆。不过，我们待在山顶的这段时间一切平安，来此的信徒人数并不算多，大部分都是那些肥头大耳的年轻僧人。这些人就在我们身后，我们完全没有机会独自躺在阳光下，感受这万籁俱寂，好像真的被传送到了另外一个星球。除了那些一脸愤世嫉俗、成天游手好闲的年轻人和花草树木，我们便是这里唯一的生命。

我们和住在山顶的和尚们做了一次长谈。说话的主要是和我同行的那位年轻人，而对谈的几个和尚为人多粗鲁无礼，有时甚至充满敌意。和尚们告诉我们，不到一个星期之前刚刚有个人投入了佛祖的怀抱，这个季节已经有好几个人这样做了，弄得峨嵋县的县令只好放出话来，如果和尚们再让类似的事情发生，就要严惩不贷。峨嵋县虽然距此也有好几英里，可就在我们的下方，而这座神山正处在那位县太爷的管辖范围之内。可是，如果朝圣者把这件事情看得这么神圣，那么和尚又如何制止这些事情发生？莫不成县令指望和尚们连吃饭的时间都要守在平台上么，难道要他们放弃午睡，只是为了防止沿途几里路的悬崖峭壁上可能发生类似的事情？

我们见到了一两个修行更高的僧人。这些人明显素质更高，颇具文学修养，有的明显看得出拥有真正的德行。据说峨眉山上的和尚里有不少以前当过大官，后来失去了地位，其中有些成了寺院主持级别的人物。然而，这里毕竟距离西藏不远，

① 此处提到的"黑人暴君"指亨利·克里斯托夫（Henry Christopher，1767—1820），1807 年当选为海地共和国总统，在位期间实行铁腕统治，杀人无数，手段残忍。文中所述"城堡"又名"克里斯托夫城堡"（Citadelle Henry Christophe），是位于海地北部的一座大型山地要塞，始建于 1805 年，海拔 3000 英尺，1982 年被联合国教科文组织认定为世界遗产。

僧人在那里的地位可是无人能及，因此你很容易便会想到中国的和尚到底有多少威信。几乎所有与我们交谈过的和尚都认为，我既然走访了那么多中国的圣地，足迹遍布几乎所有的神山大川，一定积累了不少功德。他们全都言之凿凿地说，我要是回了国，一定会当个鼎鼎有名的大官。

大体说来，我们在金顶的运气相当不错。虽然云的确不少，有时甚至是整片整片的云团，但隔一小会儿还是有阳光漏下来，因此可以看见身下群山巍峨的全貌，还有辽阔的成都平原。平原四周环抱着十数条山脊，从这个高度望下去，距离之遥远就如同从飞机上俯瞰万里长城所在的连绵群山。星期天下午我们虽然在平台上等了很久，直到过了佛光平时出现的时间也未见到佛光现身，可第二天下午却看到了大半个光环，显现的时间相当短暂。我们待在山顶的每一天都会有超过 50% 的几率拥有不错的视野，能够远眺西面巍然耸立的连绵雪峰，那里便是青藏高原东部。有人说其中有座山峰比珠穆朗玛峰还要高。看着其他景致，还有西面遥远的地平线，如此波澜壮阔、辉煌瑰美，平生从未见过，足以让我此番坐着简陋的滑竿的登顶之旅不虚此行。

不过，除了那天下午看到佛光露了半个脸，我们在山顶上待着的第二天想来是愚蠢的，那天天气非常寒冷，我们本应趁着天色微明动身离开，早上见到的景致一整天都没有什么大的变化。我们在酷似加拿大景观的森林中闲逛漫步，采摘白色的草莓和橙色的覆盆子，还有各种颜色的山花，然后去了位于另外两座山顶的寺庙。那里对外国人的态度近乎敌意，或者是那些和尚对中国人普通的待客之道完全不感兴趣。那里的寺庙四四方方，三面僧房围着一块院子，坐落在山顶中部地势较矮的地方，屋顶上长满了杂草和各种灌木，全都是这种海拔地带特有的植被，四周一片静谧，叫人一眼还真难分辨出这里竟然隐藏着一座庙宇。每座寺庙前面或建有小小的凉亭，或搭起平台，或将庭院向外延伸一点，都是景致优雅的好去处。只要是冷风吹不到的地方，便可席地躺下，沐浴着阳光，注视着白云从头顶飘过。看着云朵时而聚成一大块，时而散作一片片，时而孤零零地飘浮在天际，一如混沌初开之际。

　　不只那些伟大的朝圣之地，但凡有一点名头的中国城市都会有一座外国人口中所说的"鬼庙"。前来拜神的人要走到花哨的神佛跟前，得先穿过一座庭院，院子两侧各有几间厢房，几十个妖魔鬼怪就供奉在厢房里，周围用木板保护起来，以防活着的人蓄意报复。这些妖怪们展示着各种骇人的惩罚，倘若在世间的行为不规矩——或者给和尚的银两不够，没能让如此命运免于降临到自己头上——等待他们的就是这般下场。与现代外科手术有关的各种操作细节在这里一应俱全，唯独缺了麻醉术——罪孽深重的灵魂被锯为两段，开膛破肚，千刀万剐，或者是被扔进滚油锅，阉割去势，受尽各种你能想象出来的羞辱与折磨。行刑的小鬼们一脸兴高采烈，他们和受害者以及刑具都是用木棍、稻草和泥巴做的，涂着浓墨重彩。也许根本无法找到恰如其分的西方词汇来形容这些小鬼，它们既没有多出条尾巴，头上也没有长角分叉。负责掌管群鬼的主审看上去最是慈眉善目，和那些被中国人奉若神明的学者皇帝颇有几分相似，宽厚仁慈地看着芸芸众生匍匐在自己的身下，徒劳无用地磕头，既见不到喜悦，也看不出怜悯，宛如一位传统的老父亲，对孝子贤孙们语重心长地说道："其实我比你们更加心疼，可我这样做全是为你们好啊！"

　　这一幕幕场景情节生动、栩栩如生，在中国不少寺庙中与阴曹地府有关的地方都能见到，展示出某种虚幻的色彩。虽然这种想象力依旧受到制约，至少在工匠们的执行力上如此，却有太多细节像极了但丁①笔下人死之后即将进入的那个世界，令人啧啧称奇。叫人不禁猜想，这一切莫不是景教徒带到中国的么，抑或是早期的

---

① 但丁（Dante Alighieri，1265—1321），意大利中世纪诗人，文艺复兴时代的开拓者，代表作《神曲》。

基督徒从中国人身上学来了这些？谁让中国人在发明创造酷刑方面足智多谋，一直以来都是行家里手呢？也许正是马可·波罗把天主教有关地狱的概念带到了这里，因为中国人的行刑之地与炼狱真的有异曲同工之妙。如果我对天朝子民的观念没有误解，那么在中国人看来，几乎没有人能够直接升入天堂。那里似乎代表着某种感官的愉悦，与穆罕默德描绘的场景颇有几分类似。相反，所有人都要先下地狱，权当是清洁净化的场所，只有具有超乎寻常美德之人才能立刻通过，达到极乐境界。有位中国牧师曾经做过我的导游。据他说，那些从棺材里偷走裹尸布或者给人开打胎药的人受的折磨最为残酷。虽然按照中国人的标准来看，丢弃一个女婴无伤大雅，但堕胎却是一项十恶不赦的重罪，因为打掉的有可能是个男婴。利用死人骨头做药的人也要被下锅烹煮，只不过滚的是开水而已，在一般人看来没有下油锅那么可怕。凡此种种可怕的地狱场景都有一个问题，那就是活着的人谁也不知道究竟哪种刑罚最痛苦，就像那些遭受私刑拷问的美国黑奴一样，经过最残忍酷刑对待的人已经永远无法说出答案供他人比较分析了。

为了让活着的人老实本分守规矩，就信誓旦旦许下承诺死后会有回报，要么危言耸听宣扬报应，这完全是一出闹剧，可笑之极，与孔夫子的谆谆教诲背道而驰，他老人家对这些无稽之词尤为反感。然而，相信孔夫子的只有中国的上层阶级，甚至就连这些人往往也是滥竽充数，而民众的脑海里与舶来宗教有关的一切事物都被稀里糊涂地混在一起。按照真正佛教徒的说法，世人行善有助于灵魂在更高层面获得新生，最终达到涅槃，以至臻于化境。然而，这样的宗教对于普通人来说未免太过理想，他们只关注个体的灵魂，念念不忘过去，在这一点上恐怕和大多数基督徒的做法如出一辙，因此只会追求肉欲感官愉悦的天堂。

中国人的精神世界其实就是这个"中央帝国"的复制品——虽然这个国家现在换上了一副共和国的模样，但我想"China"的中文译名"中国"翻译出来的意思应该就是这个吧。属于阴间的这个"中国"有着同样的官吏，如出一辙的习俗，甚至就连婚姻也和现世一模一样。那个世界和山下的这个世界一样，同样充斥着战祸，流传着关于战争的风言风语，同样会爆发起义叛乱，匪徒猖獗。事无巨细都由神灵或鬼怪掌管——从生老病死到水火之灾，发家致富到考取功名，拥兵掌权到一切病痛疾患，你都可以向阴间"中国"的神鬼妖魔沟通行贿，一如你在这个世间面对官吏时一样，拿回扣最多的没准正是阎王爷自己。那个世界同样会有酒店客栈——想必也应该配了板子铺——连同这个世间所有种种不幸与灾难。正是因为有了这种受难赎罪的念头，所以中国人才会孝敬神魔鬼怪，好把他们一一买通，为他们塑一个涂抹花哨的替身，再精心办一场仪式，在他们面前烧上几炷高香。正是因为有了这一切，那么多中国人愿意皈依成为天主教徒也就不足为奇了。真的，若是有人能够被拖入索然无味、苦修禁欲的新教世界那才算奇迹呢。

有一种很普遍的说法，每个中国人都信奉三种宗教——儒教、佛教和道教。事实上，一个人如果三种宗教都信，其实就是什么信仰也没有，因为这些都不过是人生哲理、教条说理而已，抑或如同变戏法一般的技巧，而非真正的宗教。中国人有时候也会说自己有另一种宗教，这第四种就是鬼神崇拜，是所有宗教中最强有力的。这才是真正属于中国人的宗教，要比前述三种年代古老得多，足以追溯至文明创始之初。儒教在很多时候看上去与这种宗教有所混淆，那只是外人不明就里的牵强附会罢了。这种宗教主要是对逝去先人的崇拜，再附带教义抑或称之为宗教的东西。正如那些最终遭到同化和汉化的移民或征服者所展示的那样，这些教义或宗教有一些来自他国。

中国人从某种程度上来说并非一个具有宗教信仰的民族，即便他们已经拥有上述几种宗教。中国人在宗教信仰这件事情上也绝非天性排外，因此习惯于任由一个人信奉自己选择的任何教义。对于地广人多的中原地区来说，走上数百英里或许也不会见到任何一个教派的神职人员。反观蒙古人、西藏人，甚至日本人，汉族人能够相对自由地摆脱宗教成见的束缚，甚至连皇帝信誓旦旦许下的诺言也不当一回事。这或许是出于某种幽默感，一种将一切事情——甚至连自己也包括在内，都可以无视的脾性，而这也正是中国人与日本人的一大不同。同样，即便有了种种宗教，中国人也对教义的道德要求淡然处之。因此，信教信得最虔诚的人往往就是那个地方为人处世最没有道德操守的人，你完全无须对此表现出丝毫惊讶与不解。但凡牵涉某种道德层面的问题，基督教亦是如此，南美就是典型的例子。放眼整个世界，即便追溯到有记录的最早期，宗教与道德好比同处一室却同床异梦的夫妻，纵使谈不上彻底离婚，但从来就是各睡各的。今天，基督教徒数以百万计，没有任何人将自己的宗教信仰与日常操守及个人行为视为互为联系的整体。事实上，在今天美国这样模范国度的每一座教堂尖顶之下，或许都在涌动着这股分道扬镳的暗流。

　　汉族人虽然极迷信，但在中原的寺庙里却看不到明显的不雅之举，这与蒙古和西藏地区的情形形成鲜明对比。喇嘛们偏好姿势暧昧的小雕像，喜欢看着那些硕大的男女神像将众生踩在脚下，陷入肉欲的快感之中。善男信女蜂拥而至，还包括大大小小的孩子，纷纷前来顶礼膜拜，只为求得子嗣后代。另一方面，中国人对自己的宗教大殿和其他附属品毫无"敬意"可言——至少按照我们对这个词的理解是这样的——因此无论是基督教堂、犹太教堂，还是清真寺，即便一个旅者迷途误入其中也能感受到圣洁庄严的气氛，可这样的氛围在中国却全然感受不到。显然，僧侣忽略了心理影响的意义。同样一个人，会在一尊色彩艳丽的菩萨塑像前不停磕头，显得诚惶诚恐，也会用一沓"纸钱"或者一炷香烛来贿赂神佛，同时却也会将自己的衣服随手扔在菩萨腿上，或者将帽子抛在佛像不严自威的头顶，只要自己觉得方便就好，全然不觉得如此举动有何不妥。在中国的寺庙里，你完全可以在一堆阴曹地府的妖魔鬼怪间安然入睡，跟睡在客栈里一样安然无恙，后者的条件可能更像地狱。一个外国人如果只是为了拍一张照片，就爬上菩萨的膝盖，最坏的结果也不过是遭到一众香客和看管寺庙的僧侣的善意嘲笑。正是因为敬畏之心的缺失，再加上竞争教派的宽宏大量，基督教士们才不仅得以租用佛教的寺庙避暑，而且还能在里面举行自己的宗教仪式——当然，这帮传教士是不会还之以礼的。同理，在华教会的礼拜集会之所以如此无序混乱，远远超乎西方人的想象，同样缘于这份天性，而非蓄意为之的粗鲁无礼。

　　即使那些坚称基督教是唯一真正的宗教的人，只要真正深刻感受过其他人生哲学，也往往不得不承认中国宗教的可取之处。虽然与这些宗教密切相关的迷信活动大行其道，极其原始且耗费资源，可这样的事情在大多数基督教国家并不少见。如果说中国人习惯用逝去母亲的头发做戒指，护佑儿子，西方不也有极其相似的习俗和信仰么？一位年长的女性在祖先的神龛前，或者说是在那份对先人的记忆前点燃一炷香，难道仅仅因为天主教与新教并未将此纳入自身特定的仪式，就能说这种行为与宗教毫无关系么？中国人会将一位妇女敬若神明般地供奉起来，只是因为据说她教会人们如何纺织棉布，这与西方人对惠特尼、瓦特和爱迪生尊敬相比，二者之间难道存在很大区别么？

　　对中国人来说，家庭并非只由在世的成员简单构成，而是由逝者、生者以及同一族群将来的新生个体共同组成。因此，宗教与社会的单位并非正在老去、终将死亡的个人，而在于永恒不灭的家族。即便是最为顽固的人，完全不信教会灵魂不灭之说，可在看到一条由先人与后人连接而成的不断血脉时，也会相信自身的不朽。在中国人看来，个体本身并不存在，个体没有权利，只有义务，只是一条无尽锁链上的一环。这根链条一头连接着遥远的史前，另一头伸向不可探知的未来。只要你明白了个中意味，便会更容易理解为何即便是最为西化开明的中国人，若是没有孩子，也会深感有必要娶一房小妾。如果他已经皈依基督，甚至可以为此放弃信仰，只为让家族的血脉完整地延续下去，这不仅是因为对先人的崇拜之情将他牢牢抓住，还在于这种永生不朽的形式只有在不停延续的家庭中才能感受到。事实上，要想举出证据证明传教士试图根除中国人的这一特性是如何大错特错并非难事。

若是某个美国人在中国走南闯北，游历颇丰，嘴上信誓旦旦只要条件允许，就会将中国的情况如实相告，却对传教的问题只字不提，那么他显然没有说实话，更加谈不上仗义执言。诚然，他大可对此一拖再拖，甚至找出借口说自己绝无私心偏袒任何一方，装出一副毫无宗教背景的样子，说自己对包括基督教在内的一切宗教只是出于研究兴趣，而那些更有才华学识的智者哲人对有关课题早就著述颇丰。即便如此，他还是得对传教士描述一二，哪怕这样做只是为了感谢后者对自己的热情款待，毕竟传教士们在殷勤待客上从不吝啬。他之所以必须这样做，是因为教会和教士早已成为今日之中国极不寻常、引人注目的一个方面。

美国的一般民意似乎认为在华传教士不过两三百来人，这些人生活在封闭的小圈子里，过着近乎殉教者一般的苦修生活。然而，所有人在得知真实数字之后都会大吃一惊，原来中国竟然居住着至少 10 000 名西方传教士，其中 6500 人属于新教，至于其派别如何，我倒真希望有这个本事能够一一说清；另有超过 3000 人为天主教徒，信奉俄国和希腊正教的人数不详；除此之外，还有其余零散的传教士很难明确划分究竟属于哪个教派。没有哪一个省，甚至没有哪一座城市没有外国传教士居住。得知如此现状，恐怕每一个美国人，或者说每一个在这个昔日帝国频繁走动的西方人哪怕只是出于私心考虑，都会不由自主地笑逐颜开。倘若没有传教士的存在，每一个外国人或许得忍受中国人开办的旅店客栈；若非传教士相助，每一个外国人在华的旅行都会变得举步维艰，不知该如何为下一阶段的行程做出合适的安排，也无法得到关于中国有价值的信息。事实上，你在中国遇见的传教士几乎人人都是本民族的精英。

如果我没有搞错，在华传教士中的大多数——我指的是新教徒——都是美国人。西方的海外教会捐赠者认为传教士出门在外，远在一个充满敌意、令人讨厌的国度，如拓荒者一般忍受着艰难困苦，品尝着心灰意冷，还要不时遭受暴力威胁。然而，事实真相却相去甚远。至少九成在华传教士享受的物质待遇要比他们以"福音传道者"或者其他身份选择待在各自国内要好得多，如果不是这样，我就毫不犹豫地把这本书剩下的部分给一口吞下去，既不放盐，也不加调料。

曾几何时——其实某些事情距离现在也不算太久，传教士，尤其是身处内陆的那些传教士敢为人先，风餐露宿，与中国人生活在一起，过着与当地人无异的生活，经受着真正的艰苦历练。时至今日，或许仍然有十来个，甚至二十几个传教士依旧在中国过着这样的生活，有的是出于自愿，有的是心血来潮，还有的则是为了开辟新的疆域。这群人有男有女，并不占多数，依旧在信众之间"巡回传教"。然而，不论是跟周边的简陋农舍相比，还是跟许多海外教会捐赠者住的屋子比较，绝大多数在华从事"教会工作"的外国人的房子都称得上是官殿或者豪宅，而这帮人倘若身在国内，住的很可能也是普通的房舍。身处"禾场"的传教士也好，安坐家中的传教团也罢，这些人并未顺应这个自己一心指望"传播福音"的国家的生活方式，就连建一座不那么引人注目却住起来舒适的房子都做不到，反而由于各派内部相互攀比，或者为了压倒竞争派别，竞相建起大屋豪宅，其奢华程度往往显得与周边环境格格不入——那些可都是三层的西式洋房，屋内各种现代设施一应俱全，奢侈品琳琅满目，哪怕是当地最富有的商人或者头面人物也远不能与之相比。院落之宽敞，比起周围住着的中国人的家来，足有 40 倍。这些豪宅通常位于城外清静幽雅的山坡上，远离前来求助的民众带来的尘世喧嚣，与寒酸的城镇相比，简直如同中世纪的封建城堡，正看着卑微的平民匍匐蜷缩在脚下，祈求得到恩赐保护。

我们正在努力说出这痛苦的真相，不过事实的全貌绝非仅此一点。某个大院里空荡荡的两层洋房里只住着一对传教士夫妇，这样的场景并不少见。住着如此宽敞的住宅，他们本可以将其中某一部分租出去，这样还能赚回一些钱；他们要是想从国内的信众那里得到这样一笔钱，就得编出不少"只身在外"的苦难故事才行。无论群山之间还是临海之滨，都能见到传教士们的避暑胜地，在华传教士像深居庄园的领主一般住在这些地方。然而，依旧坚持深入内地、闯荡开拓的先驱真的人数寥寥。相比之下，竟然有那么多传教士在毗邻沿海的大城市及其周边地区群集在一起，就像定居郊区的百万富翁，甚至不乏大把机会与本国人交际。

西方社会有些人或许还天真地以为那些小小的传教站生活苦不堪言，可这同样并非实情，因为传教士大都来自本国偏僻内陆小镇，家乡的生活可能本就没有多少"情趣"可言，因此即便在中国生活不太适应，也没有太大的损失。再说，传教士们还有"年会"。遍布中国各地，来自各大教区的牧师们有机会齐聚一堂，相互"打气"，赶跑长期的沮丧与忧郁。这样的"大会"使得差旅费用成为几乎全体宗派的一笔不菲开销。虽然对我们这样的旅行者来说，二等舱已经足够舒适，但如今很少会有哪个传教士家庭迫于无奈，坐二等舱漂洋过海来到中国。我想这里争议的关键在于，一个传教士如果坐的是头等舱，那么他不仅能够将自身的职业地位提升至更高的社会层面，而且会有更多机会遇见贵人，若能将后者感化就将带来经济利益！倘若用商业标准来衡量，美国传教士的待遇也不算高，无法与在华商界人士相提并论，不过在中国住得舒服自在倒是绰绰有余。的确，也有人把自己收入中节省下来的那部分全部重新用于"工作"中，这也是事实。总之，除了那些医学专家和产业巨子，大多数人还是得从自己口袋里拿钱出来做慈善。

女人们发现中国的生活具有极大吸引力，因为完全不用担心"用人的问题"。诚然，中国用人的做事方式虽然时常令人苦恼，但即便是最底层的传教士也有足够的仆人和帮手，不论是拿铲子给炉子添煤，还是把鞋子擦得锃亮，总之能够让自己完全记不起种种体力劳动的滋味。得意扬扬地夸耀自己"从年头到年尾，连一次厨房也没有进过"的女人不在少数。从不少厨房的情形来看，也能证明此言不虚。她们本以为自己如果从繁重的家务劳动中解脱出来，便能赢得机会从事更需要智力的活动，结果却往往不是这样。不管出于什么理由，传教团都坚持要求妻子与丈夫尽量一同参与教会工作。在最初的任期里，有些传教士觉得自己吃了不少苦，或者说有很多地方极不方便，于是常常有人在七年一次的"回国述职"结束之后便不再回来。可是，这些人若是发现在各自国内供一个用人吃饭的费用——工钱暂且不论——或许要比在中国养六七个用人的全部费用还多，这种"吸引力"在这个时候便很快体现出来。即便不把普通中国人统计在内，单就自己的信徒而言，他们拥有的威望就已经远比他们在各自国内的地位高，要知道他们在各自的祖国只是普通人。这些人获益于身处治外法权之下才得以拥有的自由，也就是说，除了传教团的规章戒律和自己的良心，他们完全不受任何法律约束。毋庸讳言，这些全都包括在种种"极大吸引力"之中。

虽然传教士或许很少意识到这一点，但他们在中国享受的舒适生活以及崇高地位，无疑是他们"拯救灵魂"、医治病体、教诲东方人认可的西方文明精华这种闪光身份的附加收益。纵使这一点无法让他们中的某些人从一开始便到禾场宣道布教，但绝对能让不少人坚守下来。事实上，许多在华传教士正是因为自身生活条件过于舒适，反而妨碍了传教工作。"这个人做不了圣人，也不可能成为大师，"中国人经常这样说，"因为他太有钱了。"在东方国家，似乎只有贫穷，才能帮助人们树立起对神的虔诚信仰。贫穷在西方是唯一真正的过错，到了东方却成了财富。有些中国人会戴着有色眼镜看问题，大多数人都相信传教士怀有不可告人的目的，一口咬定他们腰缠万贯——若是照中国人的标准来说倒也的确如此，或者认为这些人之所以来中国，是因为在这里得到的好处要比他们国内得到的多，其实这样说也并非信口雌黄。于是，基督教对大多数中国民众来说，不仅是一种外国宗教，还成了富人的宗教。

时至今日，我已经不指责那些传教士生活得过于舒适，因为没有任何一个在西方长大的人能够像中国人一样生活同时还保持健康，或者至少保证处理事情的高效。我真正有所异议的是他们对于"殉道"的敌视态度。不仅许多传教士抱有如此态度，而且任由他们在国内的赞助人推波助澜。这些人或许并非有意而为之，在不少情况下我毫不怀疑他们甚至对自己的所作所为都没有意识。可是，当传教团无形中要求手下的神职人员对此莫要明言，当某个传教士"回国述职"却得到告诫，在别人问起资金问题时，切莫提起教会住所里的浴室贴了瓷砖，具有崇高道德内涵的传教工作便变成了近乎低等下作的虚伪诡辩，为达目的，不择手段。还是让这帮人跟那位虔诚的寡妇实话实说吧，告诉她东拼西凑好不容易捐助的那么一点钱，本为了让"异教徒改邪归正"，然而大部分却被花在了优厚的薪金待遇之上；宣教旅行总是条件优越，至少相当舒适，势必耗去更多的钱财；"禾场"宣道的教士们需要个人享受，从中同样要扣去一部分钱，剩下的钱又有大半被用于兴办儿童教育，其中某些孩子的父母亲属可能要比这位寡妇更出得起这笔钱。好吧，我的抱怨到此为止。最重要的是让那些人丢下伪善的说教，不要再大谈特谈宣教布道是何等"辛苦"，也不要再用"回国述职"和"宣道禾场"这样的字眼。这些词更适合形容救世军，而不是这些衣食无忧、养尊处优的教会男女，他们的工作条件丝毫不比我们一般人差。然后，你还得再告诉那位捐款的寡妇，传教士们要比她过得更加舒适，因为这不仅关系到健康与工作效率，而且只有这样才能吸引足够数量的牧职人员，完成使命。关于这一点，我姑且谈这么多，就不再多说了。

诚然，一切如上所述，但在中国生活还是有一些不便利之处，如果将此冠以"辛苦"二字，没准倒也说得过去。尤其是在内地，传教士的孩子很难找到合适的玩伴，除了父母教育之外，没有能够上学读书的地方。这些孩子因为成长环境的缺失，长大之后变得不善交际，缺乏自信。他们在很小的时候就必须与父母长期分离，被送去距离传教站路程遥远的学校念书，有的甚至被送回母国。虽然在中国生活的外国孩子大体说来面色红润，很少像国内那样因为可怕的传染病早早夭折，或是落下残疾，但青年要面临着更多患病的危险。但凡具备一定规模的美国新教传教站都为自己的牧职人员及其家属配备了医术过硬的医生与充裕的医疗设施——附带再提一句，这一点并不离题，在中国的治疗要么免费，要么比起国内必须缴纳的费用只能算很小的一部分。也许家长必须更多采取长期护理，有人甚至怀疑有些传教士为了自身的"工作"热情而牺牲孩子，而他们本应将这份热情更好地用在培养下一代。人们往往会有这样的感受，觉得传教士在"天灾"等不可抗力面前表现得过于逆来顺受。若是进一步仔细探究，也许就会发现这或许只是缘于他们自身忽略所造成的罪过。

中国文化具有一种能力，能够把与他们长期接触的民族一一同化，这一点已是广为人知。正如某位作者所言，"中国就像一片汪洋大海，凡是汇入其中的一切东西都会变咸。"就连传教士也或多或少为中国内地的生活环境所同化。说真的，我无法确定究竟是中国人对传教士的影响更大，还是传教士对中国人的"教化"更多。有些传教士在珍惜时间这件事情上失去了身为西方人的全部习惯。和一个天生讲究礼仪的民族生活在一起，传教士们也开始变得彬彬有礼起来，同时失去了自己的信念。不少年长的传教士并未树立好的榜样，哪怕这样做有可能失去善意。他们会跟招待自己住宿的中国牧师用同一盆水洗脸，用同一个茶杯喝水，哪怕茶杯的边缘因为长年未洗早已发黑，免得因为自己看上去不懂礼数而惹恼房东。入乡随俗固然有可取之处，但过于投入也不是好事。不少外国人长期与中国人接触，会患上一种——我该起个什么名字才更恰当呢——"中国狂热病"，他们无法在一件事情上持续集中注意力，遇到有些事情必须马上动手，即便不在具体行动上，至少也会在精神上漫无头绪地奔跑起来。有的人就此变得思维混乱，翻来覆去地反复念叨同一件事情，有时碰上陌生的外国人同样喋喋不休，谈话的时候大呼小叫，好像在与挑夫谈价钱，中途没准还会改变主意两三回，所以最后折腾出来的结果如同一部法典，到处都是数不清的修正案。有些人变得遇事无法做出迅速准确的决定，像个老式军官，开始推卸责任。上述这些我倒认为应该归在在华传教士的真正辛苦之处，可回到国内向那些把微薄收入都捐了出来的信徒们作介绍时，却没有听他们对这些提过一星半点。

　　即便如此，美国人每年向在华教会与慈善事业的捐款在 2500 万鹰洋左右，如此一大笔钱当然不可能全部来自普通信徒的绵薄之力。有人猜测，出手更为阔绰的捐赠者意识到，在中国、印度和非洲这些地方，传教士就是商业投资的良机，能够为美国的商品开辟出更为广阔的天地，创造出更为巨大的需求，这或许比其他方面的全部努力加在一起都要管用。人们印象中的"大财团"与教会，尤其是美国的教会，总是携手进退，形影不离，而将整个在华宣教禾场分配给不同教派更加深了这种印象。

　　各个宗派之间的竞争看上去异常激烈，有时甚至产生对立，和做买卖谈生意十分相似。这种对领地的划分与 16 世纪历任教皇分配新世界势力范围的举动颇有异曲同工之妙，任何教派如果拒绝遵守这一规则，都将遭到禁止。正因为如此，基督复临安息日会① 的教友就不会被列在在华新教宣教名单之列。我还记得有天晚上在河南省腹地的一座小城过夜。城里有一栋英国人的房子，虽然破旧，满是灰尘，但还谈不上没法住人，而美国的基督复临派教友则拥有全新的现代化医院、学校和其他机构，全都在城外的一座大院子里。虽然就连资历最浅的人都在当地已经待了超过十年，两家又是方圆数百英里之内仅有的外国人，可彼此居然从未拜访过对方。

---

① 基督复临安息日会（Seventh-Day Adventist），成立于 19 世纪中期的基督教福音教派，以遵守上帝创世记中设立的每一周的第七天、即星期六为安息日（Sabbath）与宣扬基督再次降临为教义。此教义与传统教派认为遵守主日（星期日）有所分歧。

要是哪个英国人病了，要么北上前往北京，要么就去下游的汉口求医问诊，绝不踏足城外的医院一步。基督复临派教友看似愿意采取主动，以示友好，可对于守着星期天为主日的教派来说，如果对方"跑到我们的地盘上，告诉我们的信徒，除非将星期六而不是星期天当作安息日，否则就不能进入天堂"，那么是绝不会对这种人伸出友好之手的。毋庸置疑，这种异端学说在某种程度上导致了基督复临派在全中国都遭到排挤。然而，人们得出的印象却是，如果那群守着星期天的信徒们做到完全开诚布公，就会承认或者至少对自己坦白一点，告诉人们这种感觉好比一位四处奔忙的推销员看见竞争对手在一直被自己视为私人禁地的地盘上挖墙脚，更何况这些客户到目前为止还相当满意。

如果星期六和星期天的区别能够产生如此巨大的裂痕，那么除了几个心胸开阔的罪人属于特例，新教教士和这些"教皇至上的信徒"自然不会有任何往来交际可言，后者总是在同一个城市里滔滔不绝地说个不停。在信佛的僧人中结交一个朋友，要比和代表罗马的那群教士做朋友更加靠谱。教会各派之间的鸿沟要比教士和那些"生意人"之间的差距更大，更加不可调和。说起"生意人"这个词，凡是住在中国赚钱的外国人，只要不把吃肉之前祷告感恩作为一项义务的人，统统都可以包括在内。年长的女教士在谈起某位宣教教徒的女儿时会用上这个词："哦，她嫁给了一个生意人！"这和格伦迪太太评价起某位任性又正派的姑娘"站上街头"时简直是同一个腔调。毫无疑问，你要坚持己见也对，认为传教士不应有损自己的教导，给投机盖上"予以批准"的戳印，这也是在亵渎海关或邮政部门的长官，他天天晚上吩咐自己的男仆买威士忌和苏打水——他已经在这个国家待了足足20年，说这番话时用的是洋泾浜英语——和传教士社交聚会，推杯换盏。然而，这一点即使没有包含更多意味，说起来也令人可笑：想着一个美国或者英国青年怀着满腔热忱，呕心沥血，只为挽救身边某个长着眯缝细眼睛的中国灵魂，却对来自自己家乡的年轻人全然没有这份热情，哪怕连一点友情也不愿施舍。如果传教士说的是对的，那么后者正坐在抹了油脂的滑橇上，向未来毁灭的边缘步步逼近，地狱就在距离不远的前方。

"除了为数不多几个天主教神父和修女深居简出，过着与中国人一样清苦的生活，"某位法国时事评论家如是评价道，"我却发现有不少（新教）传教士在中国生活得如同在自己的母国，带着妻子儿女安享奢华，甚至更加铺张，只为补偿自己背井离乡的损失。除了那些最为贫苦的阶层，真正皈依我主的人少之又少，而且朝不保夕，随时可能放弃信仰。"这位法国评论家继续说道，"然而，唯有改信归宗才能为维持如此高昂的宣传成本提供理由，毕竟他们依靠宗教过得十分奢侈，使传教布道成了买卖，一种营利的职业。无论如何，这些人必须用皈依我主的人数为自己的所作所为提供一个合理解释，就像巡回各地的推销员唯有拿出合理的订单数量，才能证明自己的努力对得起工资和其他开销。"

　　这位法国绅士或许并无意影射新教传教士实际上在出钱买人入教，况且将天主教从自己的控诉之词中排除出去其实也说不过去。不过除此之外，此君还是含蓄地道出了一些真相。在华传教团远远无法自给自足，哪怕有些传教士不断强调他们既能够、也应该做到这一点。这样做既是为了减轻国内捐赠者的负担，而且只要在中国的教会组织还要依赖西方资助，就永远不会真正融入中国。原始成本姑且不提，新教传教站的平均维持费用只有不到 20% 由中国人提供，更何况还有差不多同等数目的一笔钱要流入中国的官僚手中，要么作为税金，要么就是通过收受贿赂那些不那么正大光明的手段。如此说来，那些捐赠者的绵薄之力同样在资助中国人打内战！几年前在芝罘[①]举行过一次传教士全体大会，会上对此已有正式声明，明确宣称每一位在华外国传教士每年皈依一名信徒，人均需要耗费 1500 元美金，而这些信徒中的 20% 均为教会的用人。换句话说，这些人很可能就是所谓的"混饭基督徒"[②]！

　　毋庸讳言，一个欧洲天主教徒自然会对这种铺张浪费的宣传方式大感吃惊。东方人总将贫穷与虔诚联系在一起，无论从表面来看，还是从神职人员的卑微谦恭的个人姿态来看，都更符合天主教而非新教教义。的确，新教传教士不仅能和家人待

---

① 芝罘（Chefoo），即山东烟台，在早年的西方文献中，"芝罘"二字要远比"烟台"更为世人所知，这一名称源于烟台北部的芝罘岛，而成立于 1880 年的"芝罘学校"（Chefoo School）更是蜚声西方世界。该校又名"中国内地会学校"（China Inland Mission School），专为包括传教士在内的在华外籍人士子女就学而建，不仅是中国最有名的教会学校，也是整个远东地区最优秀的英文学校。
② "混饭基督徒"（Rice Christian），专指那些并非出于真正信仰，而只为吃饭或谋得其他实利而皈依基督教的人。

在一起，享有和国内同等的一切舒适条件，每隔七年便能带薪休假"回国述职"，而且还能定期参加"年会"。相比之下，那些天主教神父常常住着简陋粗糙的中式房子，只能遵照指令继续工作，直到垂垂老矣或者客死他乡，过着并不舒心如意的生活。然而，对于旁观者来说，在华天主教神父比起新教传教士来，做的好事似乎也并不多。天主教神父很少开办医院，也没有值得夸耀的教育机制，只是用大量的时间弥撒宣道，聆听信徒忏悔，传授教义以及一些自己教派故弄玄虚的仪轨。若是纯粹从天主教的观点来看，这或许极为重要，但在那些只是旁观的局外人看来，跟中国庙里和尚的那一套并没有根本区别。另外，还有一点也和这很有关系，耶稣堂，也就是"基督教堂"往往占据着中国城市里最有价值的房产。如果有确切数据，这些地方的金钱流向与新教恰恰相反。尤其是在西北偏远地区，天主教会往往将整个城镇据为己有，天主教神父摇身一变，成了当地的实际管理者。那些地方依旧留有不少遗迹，能够让人回想起义和团运动爆发之前，那时天主教神父只要住在哪里，就在当地拥有等同于最高地方官的地位与权力。大体说来，今天的天主教神父为人行事已经低调了许多。这还得感谢他们的竞争对手，据说新教徒尽管常常面对难以抵挡的诱惑，只需对某些官员悄声耳语几句便能达成目的，却并不怎么介入本派信徒涉及的法律诉讼与其他政府事务。此外，新教徒中有人频繁地将自己的院子提供给中国人做容身之地，供他们做那些世俗的善事。

最近出现的不少迹象表明，中国正在掀起一股反对教会教育的浪潮。最极端的例子或许是最近举行的一次中国教育大会上通过的一系列决议。简单来说，争论的焦点在于，中国政府是否应当将所有教育活动重新置于自己的掌控之下，"因为这对于任何一国之政府来说，都是其独有之权力，以决定本国国民该学些什么，又该如何学习。各国皆有本国固有之秉性与理想，对此外国学校无法完全与之相调和。此外，外国学校通过收买吾国人民之感情，将其变成这些国家的真正奴才。独立之国民精神本为学生思想之第一要义，将因此受到损害；加之，"——传教士们听到这里已经群情激愤，拍案而起了——"教会学校的管理者要么身为宗教宣道者，要么占据这个位置就是为了灌输自己的政治理念。教育并非这些人的真实意图之所在。"

这种情形受到评判抨击，多少也能说得过去。为了对现状加以纠正，此次大会作出如下建议：

　　凡外国人成立之学校及教育机构，均须向政府报告登记，与学校教育有关之一切事务在获准登记之前，均须符合国家及各省规章。凡受聘于外国学校之教师，须接受由地方官员任命之学监管理，且须具备教育部要求之资格。外国学校须依照教育部制定标准收取费用，且不得超过同区私立学校相关费用。学生若从未经登记的学校毕业，在寻求政府职务时不得与国民学校毕业生同等视之。政府不予批准登记注册的学校须在一段时间之后关闭停办。外国学校学生应注意遵守国民学校校规中规定之各节庆假日，遵守礼仪规矩与行为举止。外国人不得利用自己开办的学校宣扬宗教，凡类似教育机构均须在规定时间之内由国家接收。在前述规定成为法律之后，外国人一律不得允许在华成立教育机构。

　　从表面上来看，这些要求中的大多数都是合理的，实质与归还租界、废除治外法权的呼声一致，事实上成败与否也取决于后者——唯一的例外在于，是否应该允许政府就"国民该学什么不该学什么"作出明确限定，这个问题值得商榷，因为国民不仅要接受政府的管理，还有责任促进政府进步。然而，教会学校作为教育机构要好过一般的政府公办学校。只要公众出得起钱，就很难通过立法禁止他们获得更好的资源。不仅如此，即便将政府的公立学校与教会开办的学校加在一起，全部教育设施也不足以满足中国十分之一的孩子。只要政府有能力提供同样优质的教育，保证数量充足，教会学校或许就会自行消亡，就像只要当前对租界与治外法权的需要不复存在，那么这些东西也将随之消失。

　　中国人之所以会去教会学校，绝大多数时候并非因为他们希望信奉外国人的宗教、政治或者其他理念，而在于他们能够得到自己心目中更好，或者说更有实用价值的学校教育，这也是今日中国唯一能够持续开展且不受干扰的教育。几乎所有公立或者私人资助的中国教育机构要么受困于资金短缺，要么受军事形势所迫无法拥有本该配套的校舍。如果政府开办的学校只能为中国百分之一的学生提供寄宿，那么就没有道理把教会学校排挤出去，哪怕这些学校把所有的学生都变成基督徒，更何况这种事情绝不可能在近期发生。传教士们提出的另一个理由与西方天主教的教区学校简直如出一辙，他们认为只有在基督教的环境下，才能培养出真正的基督徒。

假如我是某个中国孩子的父亲，我也应该接受这样的教义信条——我能否真正做到
又是另一回事；既然选择了公立学校，就应当发挥自己的全部能力，包括把自家的
孩子送去那里读书，帮助提高公立学校的教学水平，这些问题和西方各国私立与公
立学校之间存在的问题没有区别。然而，鲜有中国人像西方人那样具有热心公益的
精神，因此如果有人愿意让自家的孩子学习某些东西，而这些东西不在公立学校教
育范围之内，或者不想让孩子接触某些东西，而迄今为止教会学校在消除这些影响
方面一直做得更为成功，那么你就很难对此加以指责。

对教会学校的反感日益加剧，与此相似的是越来越多的人开始谈论反对向海外
派遣中国留学生。反对者声称容闳①——他被称为中国的"留学生之父"，在 1847
年漂洋过海，此后带着耶鲁大学的文凭回国——那个年代离开中国，去国外接受教
育的确有种种充分的理由，可现在时过境迁，当双方各自细细算账之后，才发现还
是在国内兴办教育更为有利。然而，某位中国调查者发现，无论公立学校还是教会
开办的中学，大多数就读的中国学生的一大心愿便是能够到国外完成学业。在学生
们看来，自己之所以这样想，原因在于他们认为这能够提升自身社会地位，提高赚
钱的能力，增加求职的机会，还有报效中华的本事。"有的甚至不惜炮制出荒唐的
言论，说这样就连娶的老婆都会更漂亮！"

然而，他们中有太多的人与其说是去学习专业学科，还不如说是当下最流行的
跳舞技巧。不论是美国还是欧洲，对中国留学生给予的关注让他们变得忘乎所以，
丝毫没有意识到自己之所以能够得到如此关注，并不在于个人如何出色，而在于自
身代表了国家。这些人带回来的不仅有满腹牢骚，还有外国的观点，而这些观点与
自己成长的这个国家格格不入，因此在许多方面难以成功自我定位。在老百姓的心
中，"归国留学生"的名头听起来如雷贯耳，带来的却是某种错位的个人虚荣，让
这些人并不甘愿脚踏实地。这群体面光鲜之徒最终在不少情况下完全放弃了自己的
目标，而在他们迫不及待开始留洋之旅前，对实现这些目标曾经是那么地渴望。归
国留学生往往抱怨祖国的环境不利于施展自己的才学抱负，却忘了不该任由环境塑
造自己，而应当依靠自己来改变所处的环境。留学生们回国之后批评自己的家乡如

---

① 容闳（Yung Wing, 1828—1912），广东香山县人，中国首位留美学生，1850 年曾就读于耶鲁大学，有"中
国留学生之父"的美誉，为中美文化教育交流做出巨大历史贡献。

何邋遢肮脏，生活索然无味，于是选择去某些开埠的港口城市安家落户，却从不思考该如何凭借自己的双手重建家乡，反倒把这样的责任丢给别人。若是有人要他照着某个规矩办事，他会回答："凭什么，在美国或者欧洲别人都是这样那样做的！"完全没有意识到自己身在中国，"这样那样"的做法在这里根本就行不通。"每每听到这些归国留学生在国内外的种种高谈阔论，你会以为拯救中国的希望能够落在他们身上。"某位反对出国读书的人士如是说道，"可只要想想这些人的所作所为，便只能发出一声叹息，感叹在他们身上浪费了多少时间与金钱。从今往后，"此人越说越激动，最终得出结论，"中国再也不能指望那批归国留学生，只能依靠国内自己培养人才。"

　　自从废除陈腐的科举取士制度之后，中国的大众教育取得了一些进步，不少贡院宽敞的庭院已被改造成为现代化的公立学校。时至今日，即便中国正在政治、社会与经济崩溃的边缘摇摇欲坠，大众教育却依旧在向前发展。不少省会与大城市专门修建了现代化大楼作为学校，这些校舍设施虽然并非直接进口，却与西方的设施极为相似——相比之下耗资却少了很多。还有诸如清朝遗留的宫殿、衙门、寺庙等不少建筑经过重新整修，也被改建成学校。然而，中国的教育制度依旧谈不上民主，和不少南美国家一样，行政管理人员仍然占据过大比重。有些人总在为中国造势宣传，那些大声鼓噪的民间人士一心想在外国人面前展示祖国尽可能美好的一面，有时不惜想尽办法，只为让全世界相信——虽然他们并未这样说出口——中国的大学教育已经配得上共和国的水平，足以支持自身持续发展，造福国民。这些人倘若不是有意自欺欺人，那么便是他们坚信，今日之中国已经有了足够数量的学校，尤其是高等学校，足以供那些想跻身受教育阶层的人们上学念书。既然在教育这件事情上，劳苦大众世世代代都被视为无足轻重的群体，那么那些读过书的中国人大可按照自己对教育这一概念的理解，理直气壮地宣称，中国已经实现了教育普及，与此同时，数以亿计的农民和劳工的孩子却对"学校"二字究竟意味着什么全然不知。

　　总会有那么几个地方的家长会被政府告知，应该送自家孩子到学校念书。虽然中国颁布的宪法调子颇高，但这或许是一段时间之内这个国家在普及义务教育方面能够尽量争取做到的了。山西省的那位"模范省长"还有其他几个地方的军阀，已经在有限的地区普及教育，不仅创办了学校，还在省会和其他大城市树立起巨大的告示牌，上面洋洋洒洒地写着一千个汉字，期待有朝一日即便是最下层的劳工也能读懂。有些中国的私人企业也在朝着这个目标努力；有位中国妇女近来成立了一个协会，向文盲出售或者赠予书籍，书上写着的就是这最基本的一千个汉字；某个家庭或者某家店铺——二者在中国往往是一码事——只要有一个人识字，这个人就会被催着，在大家的帮助下去教其他人，若是连一个识字的都没有，那么大家就会想方设法劝说某人或者逼着某人去上学。然而，这些事情对于中国这么大一个国家来说只是杯水车薪。况且，即便付出了巨大的努力，也会在书写方面遇上困难，莫说一个从未上过学的成年人，就连一般的孩童，单单学会阅读也要花上六到八年的时间。

传教士们对此尤为关心——或许只有他们才关心这个，他们在将近一个世纪的时间里一直在尝试让中国人采用一种多少更为简便的文字，试图用某种字母组合取代 5000 个汉字，其中的每一个汉字都必须纯粹依靠记忆才能学会，不过他们的努力并未取得成功。新的中文书写方法由 39 个字母组成，即便一直大力推广，可真正使用的人少之又少，简直比美国懂得速记法的人还少，而且绝大多数中国人对此坚决不从。福州的常住居民不到 300 万人，地球上其他地方的人几乎没一个能够听懂他们的语言。反观安南，法国人下令要求务必遵守，以拉丁字母为基础发明的文字几乎人人都在使用，效果明显。然而，在中国说官话的广大地区，这项运动至今收效甚微。首先在于这件事情跟宗教一样，总是需要摆脱"来自外国"的恶名。几年前有人开始重新努力，这一回表面上由中国人自己发起，外国人藏在幕后。即便如此，也没看出取得了什么实际效果。

在这个问题上，我站在保守的中国人一边。因为中国的古老文字纵使晦涩难懂，比字母语言学起来要难上好多倍，可这些文字形象如画，与古老的中华文明密切相连，不论今天的世界有多浮躁、现代、教条、机器至上，只要有生存空间就理应保留下来。不仅如此，既然汉字在表述意义上有如科学一般精确到位，而新发明的试图取代汉字的字母文字即便设计得再好，也只是松散无序，表述模糊，人们当然有充分的理由拒绝改变。北京话有大约 420 个音。换句话说，既然用来表达的意思比发音要多得多，那么同一个单音节就能够表示好几个不同的汉字，说出来的时候采用不同的音调，代表不同的意思。在这一点上，英语也有些许相似的地方，有些单词拼写完全一样，却有好几种不同的意思。有时将单词组合在一起便能创造一个新词，虽然复杂却管用——比如"asparagus"就是"龙须菜"（像龙的胡须一样的菜）的意思。然而，人们为了解决单音节语言难学的问题，通常采取的方法是通过发音时改变音调，形成 6—7 个辅音音变，从而让同一个词能够区分表达不同的意思。这种做法使得以字母取代汉语并不容易。有人提出过其他方法，或许也能起到一些作用。他们建议不仅注明读音，还要标出音调。在北京可以这样做，因为北京话只有四种音调，可粤语有九种音调，又该如何是好？再说，有些汉字写法完全不同，意思也不一样，可有时说起来无论音调还是读法都完全一致。试问如果中国人日后只能看懂、写出用拉丁字母转写的汉语，再也无法用手指在手心划着笔顺，确定自己刚刚说过的字的意义，那么他们又该如何表达自己的意思呢？

天知道这些外国人为了让同伴能够使用汉语，想尽办法用拉丁字母取代汉字，究竟耗费了多么巨大的心血。他们不仅在标注音调这件事上彻底失败，而且在不少方面让外国人根本无从得知正确的发音，只能凭空胡乱猜想。就算能够创造出某种全新的符号系统，有 39 个甚至更多字母，这样这门语言也必将就此失去自身的精妙之处。汉字虽然难写，写起来却好看。如果废除了汉字，那么中国的一切古典作品，至少真正的文学作品都将不复存在，就像日据朝鲜还有法国人治下安南的情形。莎士比亚难道是仅凭一堆速记符号就流传于世的么？再说，凭什么为了这个一味讲求速度与效率的现代怪物，就要把质朴且极具美感的历史遗产统统牺牲掉？除了濒临灭绝的野生动物，我们也应该在其他领域建立一块小小的保留地。

在受外国影响更多的地方，比如广州，有些中国学校甚至已经开始推行男女同校教育。在最有资格发表评论的人看来，这样做未免太过提前。究其原因，在于中国的学校和美国中西部的大学完全不同。对于后者来说，不单女生，连大部分男生都对性知识一无所知，他们只要一想到这方面违背道德准则的举动都会惊得目瞪口呆。反观中国的年轻男子，不仅在男女之事上不受公共舆论与个人良知的影响，而且考虑到中国人年纪轻轻就要为家族延续香火，他们之中有不少已经成家，懂得男女之事究竟是怎么回事。

把一个国家的所有东西事无巨细地全盘移植到另一个国情迥异的国度，究竟会产生怎样的后果，人们永远无法给出准确的答案。诚然，东方国家以往只有男子才有机会教书，当上教师被认为具有崇高的荣誉。我并非指责女性的参与让越来越多人在这件事情上产生类似西方尤其是美国的观点，但人们常常会有这样的印象，觉得中国人要比过去瞧不起老师，没准就连读书这件事也愈加不放在眼里。这也许是因为在东方受到歧视的女性开始在教会学校任教，有些地方甚至包括公立学校也是如此。在西方国家，读书学习与体力劳动相比已经降到了较低地位，这种观点在今天的中国已经有抬头的趋势。无论如何，老师再也不是那个过去数百年来受人尊敬的职业。不仅公立学校，就连教会学校，罢课也已成为学生手中的一项利器。这一点与民众对教会教育的普遍抵制并行不悖。一群年轻后生高声要求配备具有更高学历的老师，或者提供更加昂贵的教学设备，而这些人正在享受的大部分乃至全部设施统统来自海外捐赠者。

新的一代正在垮掉！这样的呼声在中国的老一辈人当中甚是流行，西方亦是如此。既然孝道都已荡然无存，自然不会有人对老师或者官员服服帖帖。"问题在于，"某位在海外接受过教育的省长说道，"今天中国的学生们之所以目无纪律，是因为他们的父母从来没有好好管束过他们。一般民众认为读过书的人不会犯错，年轻人只要升入高一级的学校，就被理所当然地认为是读书人，管理当局担心如果自己干涉过多就会影响形象。"时至今日，读书人昔日拥有的荣誉与地位并未体现在通过真才实学赢得的尊严上，反倒体现在那些中学生、大学生傲慢无礼的言行举止之上。人们忽视古代经典，并且很少去学习。中国学生并不了解本国的历史，甚至对咸丰皇帝这样一个并不遥远的名字也感觉陌生。诚然，他身为慈禧太后的丈夫，代表着一段不值得夸耀的过去，也许不值一提，但这是对某些重大事件的无知。随着这个国家的吏治日渐混乱腐败，新兴一代不再守法，而这样的现象自然会变得愈发普遍。

有人发现，当中国人与外国人的关系愈加紧密时，通常就会变得对外国人粗鲁无礼，这与其说是遍布全球的和平工作者的一个口号，还不如说证明了将熟悉与蔑视相提并论的古代箴言①一语中的。也许那些中国学生比这个国家的任何一个人都更有理由感谢外国人，可恰恰是他们表现出最为强烈的排外情绪。上文提到的那位省长将这种现象，以及中国各地学生之间风起云涌的反基督教运动，认定为在很大程度上只是一种装腔作势。然而，人们不免对导致如此姿态的原因产生好奇，进而展开思考。归国留学生据说往往是最为排外的群体，即便他们也许不会公开将这种情绪表露出来。莫不是他们在国外受到了虐待？可大多数情况下恰恰相反。难道是因为他们在国外看到了太多关于西方世界的真相？答案或许在此。有人将这些人的排外情结归结于某种特定的心理错位。还有人认为，这些留学生学成归国之后，一心盼望谋个一官半职，结果发现花上比自己在国外开销要少的钱，当一个职员或者下属便已经算是运气不错。这体现了东方人某种颇为古怪的脾气。

学生近来开始在中国的政治事件中崭露头角，这算得上一个现象，也是这个国家的一大福音，这同样是受到了西方的影响。学生们不仅经常接触西方理念，而且除了几个大城市里的产业工人之外，他们是中国的唯一有能力大规模组织起来的阶层。正因为如此，学生们有意在抗议政府与排外运动中肩负起领导者的角色，或者说起到了重要的推动作用，因为每当学生的激愤之情达到临界点，需要采取行动时，处在风口浪尖第一线的不仅有他们自己，还有产业工人，毕竟后者思想单纯，容易发动。

就我个人而言，我在中国并未感受到明显的排外情绪，不过这可能是因为缺乏实质性的比较，毕竟此前我在中国的行走不能称为真正的旅行。姑且不提那些更加喜欢挑剔挖苦的生意人，年长的传教士都会说他们在不少微妙之处感受到这种排外情绪，比如人们对待他们不如以前礼貌，可这难道不是全世界都大同小异的么？也许是因为我偏袒中国人，不会想象再次出现和1900年相似的排外运动。然而，即便在开埠的口岸城市，始作俑者也只是一小撮人，在广大内地几乎无人知晓，民众甚至都不知道有哪些不平等条约，没听过华盛顿会议，又如何对占有租界和治外法权恨之入骨呢？不少资深在华外国人坚持认为，再也不会出现类似义和团时代的暴力行为，他们声称今天的中国从未如此接近外部世界。社会、经济，乃至政治层面都是如此，中国人在普遍的人性价值上已经比历史上进步了不少。

---

① 此处所指的古代箴言为"亲不敬，熟生蔑"（Familiarity breeds contempt）。

　　传教士们对此更是有话要说，他们认为在这个不久前还是帝国的国度，基督教一直以来在不断施加影响，现在已经广为传播，即便有人胆敢对中国各地数以万计的外国人发起攻击，也毫不足惧。传教士们还言之凿凿，最出色的中国人与外国人之间的友谊在不断增加。然而，他们中的不少人也承认，即便如此，外国人也许迟早有一天会被逐出中国。虽然美国人似乎要比其他国家的人名声好一点，可这并不会让我们认为自己可以逃脱如此命运。

　　美英两国近来都出现了一些动向，将庚子赔款剩下的钱拿出来不仅用于资助中国学生留英赴美，还在中国建立具有与国外同等地位的大学，成立博物馆与公共图书馆，东西方之间互派学者交流访问。有"庚子学堂"之称的清华学堂①位于北京城外几英里，是美国人在此方面较早的大手笔之一，在这一问题上能够提供一些经验以资借鉴。照理说，清华的学生来自中国各省，人数多少依照各省摊派支付的赔款数目而定。然而，在清华教书的美国人会告诉你，这些学生多半是督军或者位高权重政治要人的儿子或者侄子，而且清华入学考试的告示通常贴在衙门大门里面，只有进得去衙门的人才能看得到。听他们说，排名前四的学生的确十分优秀，可剩下的一些就是草包了。即便如此，这些学生人人都能去美国读大学，至少在资金充裕的时候能够成行。清华新修了一座礼堂，从外观上来看与花掉的钱还挺匹配，设计方案也是一家美国建筑公司提出的，可里面的音响设施实在不敢恭维。

　　我们的商务参赞提出了一个极好的建议，他说："我们派了传教团，也花了好几百万钱财，费尽气力试图教会中国人了解西方，却从来没有做过任何事情来让西方了解东方。我们不是去邀请那些伟大富饶的亚洲文明国度来与我们共同分享财富，而是逼着他们放弃自己的一切，换成某些西方的舶来品。我们对中国人的历史、习俗、传统、经济，统统一无所知，这多么令人悲哀。如果将庚子赔款还回去的一部分拿来用于消除我们自身的无知与愚昧，这样的做法将会更加符合美中两国的利益！要知道，庚子之乱在某种程度上难道不是缘于我们这些外国人对中国文明精髓的一无所知吗？在美国绝大部分民众的心目中，中国人不过就是一帮洗衣的杂工、卖菜的

---

① "清华学堂"（Tsing Hua College）即今之清华大学，作者成书之际仍为此名，1928年始更名为"国立清华大学"。

小贩和炒菜做饭的厨子。当你告诉这些美国人，中国其实有着众多的博学之才、艺术大师、能工巧匠与政治伟人，正是这些人为人类的聪明才智、精神世界与物质生产进步做出了惊人的成就，美国人难道不会对此感到惊讶么？"我们的国会议员的确精明而富有创意。不过早在约 900 年前就有一位改革者提出了众多改革计划，其中一项便是让中国皇帝试行某种收入税，却没料到"最大的困难竟然在于搞清楚老百姓的实际收入到底有多少，这项税收因而遭到了强烈反对"，我想国会议员们定然会感到惊讶。事实上，有不少东西西方直到今天才开始拥有，却总以为是自己机灵脑子里想出来的新鲜玩意，殊不知这些东西中国人早就发明过，尝试过，要么已经丢弃，要么早已融入了这个国家的生活规划之中。

不过，我们恐怕离题有点远了，传教士可能是清白无辜的，而我们将他们置于被告席上，这样做未免太过失礼。无论有多少在华教会的宏伟豪宅看上去与那些"大公司"效率奇高的工厂有着异曲同工之妙，却鲜有禾场宣道的同工们想着像做生意一样给教会带来利益。这些话其实早就是陈词滥调，人人都知道传教士也分个三六九等，来自不同的社会阶层，从有教养的富裕人家子女，到只会用"好吧，我猜你是想进来洗个脸吧"这种方式打招呼的乡野孩子。或许传教士中有太多头脑简单的乡下人，这些人来自我们伟大祖国的穷乡僻壤——可是，国内不是哪里都有这样的人么，只是按照人口基数有多有少罢了。

在华传教士中有许多心思单纯的人，有的怀着满腔热情，誓要"将异教徒从地狱的烈火中拯救出来"，有的只是一心想着为自己的同胞造福，想着为中国人带去新的宗教、一种全新的生活理念，可对于自己一心希望重新改造的文明古国，却连一丁点儿痕迹也不愿沾上。大部分人也许是大学毕业生，出身良好，为人实际，情操高尚且为人正派，对中国的事务了如指掌，并且精通中国人的各种方言。如果说在华传教士在人生视野上要比其他宗教群体多少显得狭窄——后者与之大小规模相仿，在自己土生土长的地方随机选择组成，那么部分是因为这些人的职业，另一部分原因则在于他们若非视野狭隘便无法从事这份职业，更何况还有其他美德足以抵消这一缺陷。

大体说来，除了《圣经》，你很难在传教士的家中或者牯岭等度假地的外文书店里发现一本像样的文学作品，却能找到不少印刷成册的蹩脚读物。这些东西伪善虚言，数量多到不计其数，文笔简直和俗人炮制的基督圣歌一样拙劣。不少在华教士似乎需要通过接触更为广阔的艺术与文学作品，而非主日学校满篇仁义道德的小册子，才能提升自己的精神生活，花更多精力让自己的总体思路保持与时俱进，即便这些思想日后根本就不会在自己的脑子里派上用场。这种趋势现在日趋明显。有不少人无论身处何种知识群体都坚持己见，还有一些男女教士，即便在最不起眼的地方也算不上什么出彩的大人物。大体说来，即便潮流在变，传教士依旧完全置身于这些影响之外，他们既非食古不化的老顽固，也算不上古板守旧的老古董。不论大的德行还是小的德行，日常生活中他们都在坚守：他们极少跳舞；只有极个别的叛教改宗之徒才会去碰可怕的烟草；没有人会在督军的宴席上小酌几口——不过需要忽略如下事实：传教士们也会喝大量的咖啡，感谢英国人的影响，日日豪饮好几加仑的浓茶也可以达到一样的效果。即便如此，如果说传教士团体在胸襟开阔方面不及常人——在这一点上我绝不装腔作势假装已经得以证实，对此也并非深信不疑，那么与此相对应的是，他们在道德标准与对生活的严谨态度上会比一般群体要高。

对全体传教士来说，他们绝不可能将自己的主要注意力放在为租界里的外资商行培训职员或者买办之上。传教士中的某些人，有的甚至整个教派都将自己的全部精力投入到"传播福音"中去。一般来说，英国教会会将自己的工作重心放在这上面，和规模庞大的美国教会有所区别，后者认为只要能给中国和中国的民众带来福利的事情都可以做，包括帮助他们提高古老的农业技术。然而，从另一个层面来看，传教士们并没有给中国人带来经济进步。他们在中国的城市里或者周边地区购买大量土地，不仅推高了中国人的生活成本，也增加了自己的生活开支。每当这些人熟悉的"往昔美好时光"以及信誓旦旦要努力改进的东西出现变化的迹象，他们便会习惯性地开始抱怨。这些人以最低的市场价格雇用劳力，认为那些顽固不化的生意人工钱付得太多，把本地劳工"惯坏"了。传教士中的不少人似乎对将自己的信徒带上天堂更有兴趣，而非想办法让他们在天堂之下的这个世界能够活得更好。

我们同样不该忽略另外一个事实——绝不是每一个"禾场宣道"的人都算得上真正的传教士，有些是性格使然。不少人来到中国，只是作为一名教师、医生、建筑师或者化学专家，只是通过与传教士的不断交往，才开始逐渐从事教会的出外工作。其他人来此是为了拯救灵魂，或者继续干卖油的老本行；不少传教士的儿子，甚至包括女儿，都在干着与神无关的工作，利用自己从小在教会院子里学过的汉语谋得不少利益。还有一些人只是为了满足自己环游天下的爱好，那是一种看看陌生的国度、与并不熟悉的人群一起生活的欲望，可能一生热衷于此，把这一切错当成传教布道的精神。没有多少人清楚这些人初来乍到时的真实情形，因此当他们发现生活在中国竟然会有如此意想不到的快乐与舒适时，有些人选择继续与"羊群"待在一起，不为别的，只求一份安逸舒服，而其他人则觉得这份工作索然无味，最后认定自己无法融入这一行。

坦诚的传教士们往往会承认，很少有中国人愿意真正丢下自己古老的迷信思想；有些人甚至认为，成年人不会成为真正的信徒，因此只能指望那些从小受过教诲的孩子皈依改宗。在门上挂面镜子或者贴上"鬼脸"，这样那些祸害中国家庭的妖魔一看见自己的样子，就会被吓跑，这样事情即便在"基督徒"的家中也很常见。如果非要捣毁偶像，或者不能再用老规矩操办红白喜事，中国信徒会要求找个外国牧师来处理，没有任何一个中国牧师会做这种事情，因为人人都认为妖怪的法术对外国人不灵，没准只有洋人才有本事治妖驱鬼，所以不管怎么样，若是因为对鬼神不敬，或是招惹了神仙，后果就由外国人承担了。

中国人之所以参与宗教行为，理由似乎在于他们相信这样做反正不会有什么坏处，或许还能带来点好处，他们看起来常常也用这样的方式对待传教士的告诫教诲。天朝子民们在宗教问题上非常现实，一如他们做生意的态度，绝不会有意"错失良机"，"忽略每一个赌注"，因此对于送上门来的宗教，不管是什么样子，都会仔细审视一番，然后或许每种都会试一试，期待着没准有一种会对上路子，就像某人一次买了十来种股票，相信总有一个不会买错。还是让我们听听马可·波罗笔下忽必烈大汗是怎么说的吧——尽管忽必烈本人并非汉人血统，可当他登上皇位时，实际上已经按照汉人的方法在治理国家。有人曾经问大汗为何既庆祝基督教的主要节日，例如圣诞节与复活节，也过回教徒、犹太人，还有偶像崇拜者的节日，忽必烈大汗如是答道：

全世界所崇奉之预言人有四，基督教徒谓其天主是耶稣基督，回教徒谓是摩诃末，犹太教徒谓是摩西（Mosïe），偶像教徒谓其第一神是释迦牟尼（CakyaMouni）。我对于兹四人，皆致敬礼，由是其中在天居高位而最真实者受我崇奉，求其默佑。[①]

这位笃信天主的威尼斯人继续写道，不过从大汗对四种宗教的态度来看，他显然将基督视为最纯真、最上等的信仰。然而，当他问起大汗为何不公开承认这一点时，大汗却是这样回答的：

汝辈欲我为基督教徒，特未解我心。此国之基督教徒蠢无所知，庸碌无用。至若偶像教徒则能为所欲为。我坐于席前时，置于中庭之盏满盛酒浆者，不经人手接触，可以自来就我饮。天时不正时，此辈可以使之正。所为灵异甚多，汝辈谅已知之。其偶像能言，预告彼等所询之事。脱我皈依基督之教，而成为基督教徒，则不识此教之臣民语我曰，汗因何理由受洗而信奉基督，汗曾见有何种灵异何种效能欤？汝等应知此处之偶像教徒断言其能为灵异，乃由其偶像之神圣与威权而能为之。脱以此语见询，我将无以作答。此种偶像教徒既藉其咒语、学识能为种种灵异，我若铸此大错，此辈不难将我处死。汝等奉命往谒教皇时，可求其遣派汝教中有学识者百人来此，俾其能面责此种教徒行为之非。并告之曰，彼等亦能为之，特不欲为者，盖因此为魔术耳。脱能如是驳击偶像教徒，使此辈法术不能在彼等之前施行，复经吾人身亲目击，吾人行将禁止其教，放逐其人，而受洗礼。我受洗以后，我之一切高官大臣暨一切服从彼等之人必将效法，由是此国之基督教徒将较汝辈国中为多矣。[②]

① ［意］马可·波罗著，冯承钧译：《马可波罗行纪》第二卷第七九章，上海：上海书店出版社，2001年，第192页。

② ［意］马可·波罗著，冯承钧译：《马可波罗行纪》第二卷第七九章，第192—193页。中译本此段文字之下，冯承钧先生提出不同观点，有如下注释：马可波罗书本章之文固无可疑，然忽必烈之信念则颇可疑也。忽必烈之保护一切宗教，盖遵守其族之传统的政策。卢不鲁克述其先汗蒙哥之事曾云："大汗习在卜人所谓节庆之日及若干聂思脱里派教师所云圣节之日，大开朝会。届时基督教师盛服先至，为汗祝寿，并为其举盏祝福。彼等行后，回教教师继之，所为亦同。嗣后偶像教师所为亦同。该修士告余曰，大汗仅信基督教徒，惟命诸教之人为之祝寿而已。然此修士之言伪也，众人之入朝，犹之蝇之觅蜜，既出颇自得，咸以为得大汗宠。"

忽必烈的建议显然中肯公允，然而教皇却无法送货上门，因为他手下的神父们缺少的不仅是魔力与巫术，还有健康与勇气。虽然有一百位有才之士得到征召，奉命与马可·波罗一起到忽必烈大汗的宫廷去，有的却在旅途中丢了性命，其余的还没有到旅行开始便已吓破了胆子。设想一下，若是完全按照当年的建议执行，今天的中国又会呈现出怎样的不同呢？想来颇为有趣。

如果孙中山或冯玉祥算是基督徒中位高权重的杰出代表——前者把自己的结发妻子、几个孩子的母亲抛在一边，在时机恰当的时候又娶了一个新妻子，年轻、漂亮，还在国外受过教育；而后者则在战场上"背叛"了自己的上司——那么按照生意圈的说法，只要把这些人看透了，你就会知道教会学校的模范学生恐怕实在没有什么值得炫耀的。当"基督将军"竟然让手下的4500名士兵在一个礼拜天集体受洗完毕时，联想忽必烈大汗说过的话，或许就会找到某些理由怀疑这其中恐怕不只是皈依那么简单。从某些中国基督徒的行为来判断，让人怀疑不少信徒可能根本就不是从传教士那里皈依的，正如教会里的中国学生将"万古磐石"从中文版本的赞美诗又重新翻译回了英文一样。

Very old stone split for my benefit,（万古磐石为我开）
Let me absent myself under your fragments.（容我藏身在主怀）

传教士们会提出抗议，以皈依信徒人数的多寡来衡量传教工作的成绩大小有失公允。他们声称，有不少高官是货真价实的基督徒，只是无法公开承认而已，因为这些人如果这样做丢掉的即便不是自己的位置，至少也是"面子"。他们还说，这些高官信徒就算不敢把自己的妻妾送去教堂，也会把孩子送往主日学校，待到下一代成熟起来，情形就会有所不同。传教士们坚持认为中国人天性保守，或许是地球上最守旧的民族之一，因此看到新教教会在中国已经工作了一个多世纪可依旧成果寥寥，至少用真正的信徒人数加以衡量确实很少，你也大可不必感到惊讶。他们认为邮局、海关和盐税部门有不少中国人具有基督徒一般的道德操守，这些人属于"默不出声的基督徒"。不管信众人数具体多少，基督教的影响早已渗透进中国人的生活之中。传教士们无疑是对的。如果这些传教士从未到过中国，他们当然不会在中国内地某小城专为年轻人开设的俱乐部门上见到挂着这样的招牌，它毫不掩饰自己的基督徒身份，一如自己在教会学校学了几句英文：

节选自俱乐部规则

本俱乐部严禁娼妇及其他人格低下者进入。

毋庸置疑，大部分在华传教士都是心怀善意之人，为行善传教辛勤努力，与那些外国商人截然不同。的确，若是将一位辛劳过度的教会医生与美国国内的医疗专家，不，就拿上海的医疗专家来比，后者简直是强取豪夺的骗子，相比之下传教士们的确称得上是无私奉献。然而，若是有人自诩要做一个不偏不倚的观察者，那么在此之前，首先需要面对的一大问题是，传教士们的善举究竟起到了多少实质性的善果，以及西方为何非要这样去做？对于天生没有传教使命感的人而言，他们会质疑为什么国内的虔诚信徒要节衣缩食，去资助一个中国的儿童读书，毕竟这样的孩子在中国成千上万，而最终的结果往往是造就出一个家伙对身边的人与事牢骚满腹，却不具备能力去让这一切得以改善？传教士们能否扪心自问，挽救或者延长生命的意义在哪里？如果人人都能看出中国最迫切需要的也许是少活一些人，而一切条件的改善只能意味着制造出更多根本不需要的人来，那么传教士的工作就变成了对自然进程的某种干扰，殊不知这一进程本来就是用来解决人口过剩这一问题的。就算给了中国人双倍的优越生活条件，更多经济机遇，更加优越的医疗条件与医院设施，到头来也会像罗斯教授[①]所说的那样，除了生产出两倍数量的人口之外，让你根本就看不出这一切进步究竟体现在何处，他们还是只会像以前一样邪恶、愚蠢和可悲。

这个地球上没有任何一个国家比中国更需要控制生育，或者说在人口繁殖这件事情上自我约束。尽管一眼就能看出人口繁殖过多是中国今天最大的灾难，也是中国其他病症的根源所在，可传教士们不仅对此几乎只字不提，鲜有反对之声，而且既然大多数情况下自身的经济条件要好过待在国内，反而以身作则，制造出人丁兴旺的大家庭来。打光棍就如同丑闻一样，二者都鲜有发生，纵使遇上灾祸干扰了宣

---

① 此处所说的"罗斯教授"是美国社会学家、人种改良主义倡导者爱德华·阿尔斯沃斯·罗斯（Edward Alsworth Ross，1866—1951）。这种观点带有明显的当时西方社会对中国的偏见。

道禾场之内的家庭关系，活下来的似乎也相当容易找到慰藉。没准人人都怀着坚定的信念，相信将来一定能遇上合适的。长期保持鳏寡之身的人少之又少。以往女人若是在丈夫离世之后拒绝独自苟活，或者将余生献给对亡夫的纪念，会被称为"节妇"，可这些"贞节"牌坊的主人难得有几个会是在华传教士。

禾场宣道的传教士们遇到的困难要比看起来表现在更多方面。他们受到国内教会的制约，这跟消息闭塞的国务院或者唐宁街 ① 对下属海外代表碍手碍脚其实是一回事。传教士们不仅受到个人偏见的影响，还受制于本派教义的束缚。他们小心翼翼地处理中国人的偏见，有时这种禁锢也来自自身驯服的脾性。传教士极少逼着中国人推平自家祖坟，虽然这事要比听起来更加关系重大，毕竟这不是影响到信徒们升上天堂的关键大事。传教士们也几乎从来不公开反对缠足，因为在中国人的心中，一双小脚直接关系到女人的性魅力。这种事情甚至达到相当夸张的程度，比如天主教教士在聆听改宗者忏悔时，绝不会问"你是否犯有色欲之罪？"，而是换一个问法："你有没有看过女人的双脚？"我见过太多的年轻女子，她们的双脚一看便知患有残疾。这些女子会到教会学校上课。虽然表面上只有不缠足的女子才能入学，可得到的解释却是她们都是"异教徒"，无法做到完全不缠足，或者因为是走读生，无法要求对方不裹脚，或者说"这些人只是缠了一点点而已"，哪怕她们走起路来步步锥心也权当没看见！传教士们无法致力于在世俗的观点看来那些中国目前最为急需的方面，比如降低生育率，或者暗示每个家庭将规模保持在合理的限度之内，因为这是干涉天意的恶行。然而，传教士们在另一方面却横加干涉，他们将上天本已打算以简单的方式处理掉的孩子重新拯救回来。

不过，说了这么多，做了这么多，无论你从传教士的工作里能够挑出多少不足，帮助他人的正义事业看上去有多么艰难，因为要帮助那些不愿自我救赎，且在得到他人帮助时往往还扭开脸的人，所以人们不禁好奇，传教士们究竟从什么地方获得这些道德的"汽油"，能够驱使自己继续前行。传教士们通过百种途径帮助这个国家：从经济上教给了中国人与农业相关的新生事物，这关系到这个国家五分之四的人口；

---

① 唐宁街（Downing Street），位于英国首都伦敦西敏寺，唐宁街 10 号为英国首相官邸所在，成为英国首相或首相办公室的代名词。

无论传教士有哪些地方做得不够，但他们可能开办了中国最好的学校；事实上他们似乎是唯一有力的动力，引领中国人对教育产生积极兴趣；毋庸置疑，教会开办的医院是中国最好的医院，是唯一能够在显著的规模层面上带来现代医药与外科技术的医院。倘若没有这些医院，那么就不只一半的中国人，而会有 95% 的中国人完全无法享受到现代医疗条件；他们创建了护理专业，为乞丐、麻风病人和精神病人提供救助，而中国人任由这些人流离失所，几乎从来不闻不问。

无论让中国人从一种宗教改弦易宗而皈依另一种宗教是否有所裨益，也无论"让异教徒皈依我主"能否真正成为现实，一如草原上小教堂里讲道者常常挂在嘴边的，基督教传教士无可争议地在部分中国民众的心中植入了新的理念，让他们过上西方人所谓的正确生活。另一方面，也许是传教士让中国人变得更加虚弱，削弱了中国人自身进步的动力，让他们进一步陷入固有的民族积习中，凡事都留给别人去做，使中国人变得哪怕为了自身利益也不愿主动动手，只是一心指望谜一样的外国人能够马上出现，解决问题。

就我个人而言，一点也不在乎什么宗教，什么有关未来的因果报应，也不关心其他具有无私性质的影响能否让中国的状况有所改善，只要能够落到实处就行。然而，今天中国的宗教显然在上述层面起到的贡献微不足道。走遍中国各地，我唯一一次听到来自非基督教团体的布道在一个偏远的西部小城里。当地有位茶馆老板把色彩鲜艳的祖宗牌位摆在了自家店铺的门口。那天正好赶上某个节日，讲话的人有男有女，大家在轮流谈论有关教养、孝道之类的话题。当然，中国的神职人员就算做了些善事，改善了人们的生活处境，起到的作用同样微乎其微。无论佛教、儒教，还是其他任何东方宗教，在汉族地区都已经不再成为一种动力，神职人员几乎毫无权力可言，与西藏地区的情形形成鲜明对比。最优秀的神职人员毫无地位，地位远在传教士之下。道教的神职人员包括堪舆师、占卜者和算命师，其教义在今天主要关心恶魔与厉鬼的力量，而古代道教则讲求玄学与诗意，时至今日早已荡然无存，唯独剩下对自然与花朵的普遍热爱。所谓道士，几乎都在利用本国同胞容易上当的特点，招摇撞骗。佛教徒主要关心的是拯救自己的灵魂，而为数不多的大儒们则与大众亦鲜有瓜葛。诚然，但凡宗教都讲求保守，拒绝革新，而佛教与道教既然选择了静止不变，就意味着退化。然而，时代与人，还有大千世界却不会如此，因此这些古老宗教以及与之相关的一切，看上去早已布满灰尘，显得破落衰败，一如久远过去的残存遗迹。

　　对基督教的反对之声似乎也正在愈演愈烈，尤其是学生和受过教育的阶层更是如此。有些人反对是因为他们对任何具有外国背景、得到外国支持的东西一律抵制，另外一些人则因为他们从西方的所作所为中丝毫看不到《圣经》所描绘的耶稣的影子，甚至连传教士的印记也找不到。一个世纪以来，西方一直在努力将自身的某些理念注入中国民众之中。中国人多年以来为人诟病最多的一点在于缺乏爱国主义精神，没有为了整体牺牲自我的意愿，也没有去除吏治腐败的渴望，哪怕政治腐败的阴影笼罩在这个国家头上已经不知有多少个世纪。只要是来自中国之外的东西便大加抵制，还有什么比这种方式能让爱国主义的种子更自然地萌发呢？哪怕这些种子带来的影响只有让中国古老的宗教在排外的过程中重获新生，那又有谁会说传教士们的辛苦努力完全徒劳无功呢？

　　近来，中国新成立出现了一个名为"同善社"[①]的组织，公然宣称自己的目标是集"道、儒、释、回、耶，五大宗教"的全部优点于一身。现在同善社的信徒遍布全国，就连小山寨也不例外。大批外国传教士对此强烈反对。其中有些人最近正在筹备协助发起另一场运动，创办一个纯粹的中国教会，甚至不惜将新教的几大宗派联合成一个统一体。然而，不同宗派互不妥协，反对变革，坚决反对将基督教与其他宗教合为一体。那些高瞻远瞩的人能够看到，中国当下的宗教与教义也有可取之处，大多数人似乎仍然希望保持基督教的完整，一如他们从小到大所信仰的那样，甚至连圣歌的曲调也不要改动分毫。佛教僧人对赞美基督的连续咏唱表示欢迎，并且加以诵读，那个新成立教派的成员更是如此，看上去好像他们才是真正追求光明的人，只要能够解决人生的谜团，愿意对任何方法洗耳恭听。反观传教士们则自信满满，完全相信凭借自己的睿智能够找到正确的出路。他们中的不少人不仅对那些试图给自己指明其他方法的人怀恨在心，对试图为自己启蒙解惑之人的信仰更是大肆攻击。

　　"传教士们必须时刻谨记在心，因为做到这一点至关重要，他们必须牢记自己

---

① 同善社（Society of Universal Good），民国时期民间教派组织之一，创立于 1912 年。

的使命不是将一种异质的基本原理移植到自己前去的国度。"思想开明的教会学校这样提醒我们，"而应当培植本地教会，让那些天资聪颖之人能够通过教会表达自己，教会也必须与当地人的具体生活情况相适应。像西方那样推行教会分裂将是令人遗憾的。"

除非你在某家出版社工作，专门发行宗教类百科全书或此类的书刊，否则我如果断言中国有多少新教教士在从事宣道工作，就等于有多少不同的宗派，你一定会指责我夸大其词。当然，你这样说其实也没错，因为我手头的确没有具体数据加以佐证。然而，这样的派别之争在教堂之外的禾场上正在趋于缩小，甚至近乎消失。你能见到某位"南方卫理公会教徒"和一位"北方卫理公会教徒"①，不，甚至可能是一位"美北长老会成员"喜结连理。我还见过某些"美南浸信会成员"在明尼苏达出生长大，有的甚至在加拿大长大。相较传教士，中国人自然看不明白这些宗派究竟因何分裂，因此会表现得希望出现一个联合各派的联盟，不但可以抛除那些微不足道的派系之争，而且甚至有可能成立一个自足自治的中国教会。不少传教士，包括许多中国基督教徒正在致力于实现这一理想，成立一个多派联合、去除西方影响的教会。正因为如此，在成都款待过我的朋友最近寄来这样一段文字：

> 此次大会完全是用中文进行的，除非某人不懂中文，否则不会提供口译，对大会发言进行翻译。此次大会充分展现了中国基督教徒的能力。他们能够对与教会有关的事务加以指导，进行磋商，甚至敢于对传教士的意见提出异议。会议大厅里没有见到一面外国旗帜，外国代表与发言人只占少数。从大会的整体气氛来看，与会者在尽力表明这个教会是一个地地道道的中国人组织。

然而，中国的教会还远未成为一体，只是正在朝这个方向发展而已。终有一日，基督教或许也会像回教一样在中国广为传播，或许甚至会取代后者，与另外三大教

---

① 作者此处所谓"南方卫理公会教徒"（Southern Methodist）与"北方卫理公会教徒"（Northern Methodist）实际寓指新教教会之间的分裂与不和，南北卫理公会本属同宗，后经多次分裂，美国南方一派一般又被称作"监理会"（the Methodist Episcopal Church South），北方一派亦称"美以美会"（the Methodist Episcopal Church），作者成书之际两派依旧处于分治状态，至1939年才重新联合，成为今之"卫理公会"（the United Methodist Church）。

一道成为代表中国民众的宗教。然而，即便是在遥远的将来，基督教能否压倒其他宗教，我对此表示相当怀疑，也看不出有任何理由要凌驾于其他宗教之上。事实在于，如果基督教能够作为某种普遍信仰在中国存活下来，那么必将带上中国特色，一如佛教所经历的，也正像每一次异族移民大潮和那些征服者的最后结局所昭示的那样。早在景教①时代，中国就有不少人皈依基督，可即便流传颇广，最终还是销声匿迹——比起当今从西方尤其是北美传来的各个基督教派，景教可能反而更加接近真正的基督教义，至少对于中国人来说应当如此。我如果没有弄错，今天的中国早已没有一个景教徒。说起来，我还真的在旅行途中遇见过一个聂斯脱利派教徒，可他来这里只是为了给自己国内的教会筹措资金，要知道他的祖国可在里海以西的地方！可是，对于现在早已不见了踪迹的景教而言，究竟又将多少基督教义的影响留在了中国？你在这个国家时常会碰上一些事情，除了用景教曾经在这个国家存在过来解释以外，别无其他解释。既然中国人曾经将佛教吸收，使之染上中国特色，他们当然也能将基督教同化吸收，使之浸染上这个民族的点点滴滴。为什么不能这样？说到底难道不是西方人把一门源于东方的宗教，又奇怪地带回东方么？看看西方吧，在迈着怎样匆忙的步伐，一刻也停不下来，只想着如何改造世界；再看看东方又在过着怎样一种慵懒的日子，成天在沉思冥想中度日，不主动寻求改变，二者的反差何其之大！或许终有一天，会出现一个真正的属于中国人的基督教会，只是今日美国或者欧洲的基督教会若是自此三百年之后再碰上，想必不大可能一下认得出来。

---

① 景教，即唐代正式传入中国的基督教聂斯脱利派，起源于今日叙利亚，是从希腊正教分裂出来的基督教教派，被视为最早进入中国的基督教教派。

回家，沿长江上游而下！

　　我很高兴峨眉山恰好是我朝圣路上造访的最后一座神山，因为若是还去了其他的，也许会产生某种曾经沧海的感觉。我最后长久地看了一眼山顶白雪皑皑的藏域群峰，有一阵子看得非常清晰，仿佛它们知道我们已经准备下山，在向我们依依作别。我又一次踏上了旅途，这一次真的是我中国之行的最后一程。尽管大部分接下来要走的路之前未曾见过，但现在真正要做的事情已经只剩下了一个——回家！

　　不过是吃完早餐到午饭之间短短的时间，我们已经沿着石阶从 9500 英尺的海拔下来，从夹杂着零星雪雨冰雹的苦寒之地，重新回到了热带的暑热之中。这些变化对于那些开惯了汽车的双腿来说会有什么影响，我不得而知，但一旦想起从峨眉山一路下来之后的整整一个星期，我的两个腿肚子和大腿都是硬邦邦的，个中滋味大概也能猜出一二。午后不久，我们已经又一次大踏步地走在平坦的原野上，不时伸长脖子，回头看看高悬在头顶上方两英里之遥的那些地方。我们晚上要睡在峨嵋县红色砂岩的围墙里，住进一家脏兮兮的小礼拜堂，那里的大多数"客房"已经被成袋的土豆占据，这些可都是等着运给传教士的。

　　第二天一早，我们就起身上路，开始走接下来的 50 里路，赶往苏稽①。两个挑夫身上的担子已经被我们减轻了不少，速度就取决于他们在这一马平川的地上到底能走多快。我们在苏稽搭上了一条当地人的船，沿着一条小河去往下游，那些船都是用来装货或者搭载散客的。一路上船底在河床的石头上磕磕碰碰，长长的竹筏也

---

① 苏稽（Tzu Chi），今四川省乐山市苏稽镇。

载着货物一道顺流而下。四川内地的稻谷和其他土产就通过这些大筏子运往下游，直到有汽轮船运的地方。竹筏的前端高翘，形如雪橇，在江上湍急的水流中航行时高出水面不过一英寸，因此水流常常会把筏上的货物和人打湿。我们没多久便出了小河，进入一条奔涌的大江。大江从雅州一路滚滚而下，卷着我们穿过不少旋涡。滔滔江水吞没过不少船只，毁坏过许多木筏，载着我们午后不久便到了嘉定。

经陆路步行，走到最先看见的河网水道，再顺江而下，这的确是个不错的主意，可我的运气却没有预想的那么好。那些客轮已经停运了，不然早就带着我在半日之内去到下游了。客轮通常会趁着短暂的涨水季节，从水富沿着这条支流往上开几天，到达此地。我加入了一个美国传教士家庭同行。这家人租了一艘船，船上的篷子像极了大篷车的顶篷；除了夫妻俩，这家还有四个孩子和几个仆人，船上的空间刚好够在水上过日子。六个划船的船夫面对面地站着划桨，桨叶很窄，不过倒不太费劲，大部分时间任由湍急的江水载着船往下游去。阳光虽然强烈，不过阵阵凉风吹拂之下，温度还是相当宜人。长江流域的温度与身后那座神山之巅相比可大不相同。江水带着我们匆匆而下，一昼夜工夫驶过的距离若是走陆路，翻山越岭恐怕得辛苦走上四天；若是被这同一艘船拖回上游还得花去更多时间。天黑时分，我们在一个码头拴上缆绳靠了岸，那里就在水富的城墙之下，早就停满了船。

长江上通常一艘船对应一个家庭，遇上大的急流，人们便会雇上船工帮忙渡江。这可不是轻松的活计，看起来是按天计酬的。纤夫的身影随处可见，他们的背弯得像弓一样，沿着河岸艰难前行，时而是平坦的沙洲，时而又要像岩羊一样穿行于高耸的岩石堆。我们总能听见纤夫们齐声唱着调子，远远听起来像山歌，有时又感觉和水手们劳作时的号子非常接近。从苏稽一路直到三峡下游，长江船夫们的船歌就这样一直回响在我的耳畔。长江上的船夫一般早上十点吃第一顿饭，结束一天漫长的劳作之后，再悠闲地坐下来吃晚饭。这一点纤夫表现得尤为明显，除非是在某些激流险滩奋力搏斗，否则总是这样。每次看到这样一群人蹲坐在一起，手捧着盛满米饭的碗，我都会想起那句老话：到底什么才是最美味的佳肴？掌舵的地位比一般划船者要高一些，几乎每次都是一个人自己在船后部独自吃饭，船老板没准也在那里。

我们到达水富的当晚，那里停了三艘汽船。三艘船肯定不会同时开回下游去，尽管有两艘天一亮就走了；船长是美国人的那一艘依旧停在原地，就在靠近两河交汇的尖角上。吃早餐的时候，消息传来——这一次我听到的是一个真正的英语单词：after dinner（吃过晚饭之后）就开船。在一个英式英语与美式英语混杂的国家，这样表达的意思并不十分清晰。为了保险起见，我决定干脆中午就上船。这让我有时间把杨好好安排一下，因为从现在开始，他已经帮不上我什么忙了，我替他在那些原油大托拉斯的英国原型那里找一份差事，那个职位有不错的机会。而且，我还能抽点时间悠闲地跟水富的几个男女同乡道个别。

11 点左右，我动身穿过市区。三个挑夫在前面走着，带着我好不容易才凑到一起的行李，杨一如既往地忠心耿耿护送我。一行人穿行在毛毛细雨的街道，路面像春天的冰面一样湿滑，左拐右拐才从迷宫一样的巷道里走出来，到达岸边的码头。那里又高又陡，而且狭窄。此时离中国内地中午 12 点敲钟的时刻还早，不过我们却听到一些消息，最终证明千真万确，原来那艘轮船 15 分钟之前就已经走了。也许是我的错，竟然把中国广泛使用的三种语言之一给忽略了。那句"after dinner"没准原本是句中文，只是强调"吃过饭"的意思，从船上的中国人嘴里传到岸上某人的耳中，再在告诉我之前被翻译成美式英语。一切都是我的疏忽。

已经进入九月，我找了间最近的仓库，把行李寄存在那里，要知道为了把这些东西背过市区可花掉了 3000 文钱。我只是盼望着至少会有一艘船能在今晚抵达，实在不行明天一早出现也行，毕竟这个季节往返重庆和水富之间的轮船有十来艘。那一天是星期五下午，可直到星期二傍晚看着太阳再一次令人遗憾地沉下去，除了传言，依旧没有一艘汽船到来。让你不由得猜想是不是所有的船都在下游某个地方一艘接一艘地撞在一起，正挂着六七面国旗，拼命展开国际大营救呢。

我有一个房东非常有意思，是个美国人，他妻子一到夏天就别处避暑，他既要忙着拯救灵魂的本职工作，又要从事科学探险的业余爱好，只能窝在自己两层楼的大宅子里"打光棍"。他家就在城里，宽敞的院子长满杂草，那里有足够的设备让我把积累的胶卷都冲洗出来——就在我洗照片的时候，一条八英尺长的蛇从我在后院的"战斗现场"横穿了过去。这家伙显然对靠近我打个招呼的兴趣要比我对它的兴趣更大。我去过不少地方，每个地方都有讨厌的爬虫动物肆虐，这一次我对付它们的经验又增加了。

水富城后面有些破旧的庙宇，中间夹着小山包，上面布满了坟堆。爬到山上去，从上面俯瞰全城，再远眺一番宽阔的长江，待上那么一两个小时，真是令人愉快。可对我来说，这个时候的最大心愿是能够早日上路回家。星期二过去了，我放弃了这样的念头。来了两艘当地人的帆船，载着一群传教士。他们带着家当和杂物，刚从山里的避暑胜地回来，天一亮就要继续上路，前往泸州。不管做什么，都要好过像尤里西斯一样困在孤岛上，没完没了地坐着等待，成天盯着滔滔江水发愣。于是趁着当晚夜色已深——若是有人打着灯笼，兴许还能看见我带着行李从一处开着的城门出了城——绕着夹在城墙与支流之间的山路走到河边，另一艘当地人的土制帆船就停在那里。我在河边摊开行军床，抓紧时间睡了几个小时，然后上船，顺着滚滚长江水动身出发了。

午后不久，我们便到了泸州，这又是一座修建在两河交汇处的城市。此时我才意识到如果是从纽约到芝加哥，现在差不多相当于已经走到了阿尔巴尼。的确，我们在去往下游的路上遇上了一艘沿江而上的汽轮，可这艘船到底是会在掉头返航的时候在泸州停船靠岸，还是就径直不顾地驶过呢？泸州可没有王府饭店，再说我的良心还没坏到那个程度，再一次伤害传教士们的好客热情。这个地方什么也没有，只能找到一条当地人的船，停在堆满垃圾的河岸，我就在船上露宿一晚。这里的城墙是用石头和泥巴垒起来的，显得破旧零乱，我漫无目的地闲逛，打发命运安排给我的时间。

泸州是位于水富与重庆之间的一座主要城市。一想起这座城市，我脑海里留下的唯一生动印象或许并非那些街道，要知道杨森待在这里的时候，这些街道曾经被人打扫干净，拓宽修整过，可只要一等他离开，就马上还原到肮脏与狭窄中去，速度之快令人咂舌。我唯一印象深刻的是一具劳工的尸体，就躺在肮脏狭窄的街中央。人们光着膀子，挑着两桶发黄的河水在街上来来往往，水是从那些堆着垃圾的岸边打上来的，湿漉漉的台阶歪歪扭扭地一直通向河边。死去的人显然生前也是位挑水工，刚刚在台阶的最上一级忙完了自己的活计。他一直躺在倒下的地方，那天是星期三下午，也就是我们到达的当天。第二天中午我快要离开的时候，他还躺在那里，没人多看一眼。他的同行伙计们从身边成群结队地走过，有的桶子里挑着满满的水，有的则是空的，一不留神就会把河水泼在尸体上。尸体的正上方有一道土坡，已经拆掉不少，留出条路来通往泸州城的供水厂。土坡上有一家茶馆，里面坐着几十个人，正在吃饭喝酒，闹哄哄的。有个客人不时低头看一眼下面躺着的死尸，一脸的木讷。离他不远处有好几间破烂屋子，住户们一如往常地度过了一个下午，又睡了一个晚上，完全不受任何干扰。一大早，阳光晒得跟热带地区差不多，又开始照在那个死去的劳工身上。过往的年轻人故作姿态地捂住了鼻子，在黏糊糊的泥地上选着路走，就算过一辈子也不会动手清理一下这一地的污水烂泥。尸体身上围着的苍蝇更多了，孩子们跑过来瞅上一眼，冲着尸体咧嘴做着鬼脸。总之，在我待在泸州的这段时间里，没有任何一个人采取任何行动把这具尸体从这条人来人往的街道上弄走。

我坐的是一艘小型汽轮，插着中国国旗，上午十点左右开始顺江往下游驶去。我的运气可真不好，往返上游的二十艘轮船中偏偏坐了这条最差的。一开始船与城墙擦身而过，好像完全没有见到这里有座城市一样，把我着实吓了一跳。不过，这个错误看来完全是因为开船的水手驾驶技术不精。在下游远处两条河交汇的地方，船相当利落地转了回来，接着慢慢驶回了我们等船的地方。停在这里的船乱成一团，每一艘都满载着货物和行李，坐船的人赶着往船上跑。客舱里已经坐满了生意人，这些有钱人正在抽着大烟。我们要是还待在水富等船，兴许就能坐到头等舱了。和我们一起从上游下来的传教士中，有一个人还带着妻子和两个孩子，好不容易把所有的行李弄上船，结果又下了船，因为传言这艘船当晚难以抵达重庆，照船舱里乱七八糟的情形来看，女人和孩子显然无法在船上过夜，只好作罢。不过，我决定还是留在船上，不再继续耽搁。真的，我甚至无法同时移动手脚，从剩下那几听罐头里把午餐拿出来简直就如同撬开保险柜一样困难。

真是好一场苦等，要知道这样的等待总是没完没了，也完全无法解释。只要在中国的公共交通工具上，出发的时候总是这样，不过我们终于开动了。虽然从那一刻起就连拐肘的余地也没有，空气中还混合着种种难闻的气味，可我还是成功活了下来。当天，我们一共遇见七艘轮船开往上游，其中有几艘和我们的相比简直就是水上宫殿。我们的船上虽然没有汽笛，却装了个汽车喇叭。每当我躺在从成都运来的那把躺椅上打盹的时候——那可是我费尽千辛万苦才塞到船上的——只要这玩意一响，我就会马上意识到跳到船舷外和冲到巷道边上可不是同一码事。

河岸渐行渐宽，我们沿着岸边，一路前行，没有在沿途的镇子停下，直到明月升起还在继续赶路。然而，眼看着船在一处满是泥巴的河堤边抛锚过夜，我残存的那一丝希望也彻底化为泡影。和我同船的都是些好心人，他们挤出一小块地方让我支起了行军床，躺在甲板的一个角落里。那儿可是受人欢迎的热闹地方。船员和大部分乘客有各种理由在我的枕边走来走去，再加上整晚都有电灯照着，而且总会有人嘀咕个没完，鸦片烟的臭气不停地往鼻孔里钻。直到汽车喇叭一声巨响，相当于告诉我，天马上亮了，冒险又要开始了。

满船的人挤得像沙丁鱼一样，难得有人能够把毛巾泡进热水里，洗一把脸，擦一下手，或者从江里舀一杯冷水刷下牙。一船人就这样一直挨到某天清晨，透过浓浓的晨雾终于见到重庆出现在眼前。我很快发现自己正置身于一条望不到头的台阶之上，路上满是淤泥和死去的动物，一直通向巨大的城门。除了外国人，所有人都把行李敞开放在泥地上。一场大火刚刚把这里最引人注目的一栋外国建筑毁掉，受损失的还有相邻中国人的房子，它们都建在起伏不平的江岸上。余烟似乎还和雾霭混在一起，能见度很低，大清早竟然连天际线上残垣断壁的影子也看不清。不过，到了中午时分，待到雾气完全散去，又迎来了一个阳光灿烂——还是不说大汗淋漓吧——的艳阳天。

重庆是长江上游的一座主要港口城市，在不少方面堪比这个中国最美省份的省会；它坐落在一块狭长的土地上，被这条大江与一条重要的支流夹在中间，如此地理位置使之成为中国最令人印象深刻的城市之一。虽然人人都在传言这里是中国最脏的城市，但还是有些人在为重庆打抱不平。我在某种程度上对后者表示赞同，因为类似的候选城市太多，如此头衔可不能随便授予其中的任何一个。之所以会有传言，恐怕就跟人总会有疾病苦痛、误会曲解、认知的谬误失真一样，都来自同一个不幸的原因——因经历过于狭窄而导致的无知。就像某人声称拥有所谓世界上最大的狗场，或是最为精美的警察星章，发出这些论调的人都从未做过任何比较。就拿这个例子来说，像这样的人自然不可能想象出还有哪些地方能比他们提出的候选城市更脏。不过，听着另一些人怀着令人赞许的勇气为重庆出头代言，试图减轻自己土生土长城市的恶名，声称重庆不仅不脏，反而是中国最健康、最干净的城市之一，

"因为这座城市建在石头斜坡之上，每次下雨都会被洗个干净"，我也只能遗憾地收回支持。显然，赶上这样一个时节，哪个地方的雨都不会来得太迟。面对眼前明摆着的事实，却以此为证据，接受如此假设，未免太不公平。不了解中国的人或许还以为一开始把重庆修在这块大圆石头上，真的是为了让雨水冲洗干净，可但凡对中国略知一二的人就会明白，这与中国人的天性及历史完全风马牛不相及。

可怜的挑夫们排着望不到头的长龙，身上只裹了条腰布用以蔽体。肩上挑着两个硕大的水桶，装着混黄的江水，把每一条街弄得到处是湿乎乎的黏泥。他们从各个城门里进进出出，城门正对着两条江，整个重庆几乎就被这两条江包围了。城里的不少街道修着台阶，和通向江边的长长台阶一样，常常可以把你带到那些风景如画的地方，也会通向某些偏僻的角落，那里几十年来不管雨水还是人为，从来没有被清洗过。有的外地人不愿坐轿子，顺着这些阶梯，爬上那数不清的石级，结果却发现走错了道，来到死胡同里的破烂屋子跟前。每一间房子都又小又脏，里面总能见到孩子在不停哭闹，黄狗在门口游荡。重庆的街道高低起伏，熙熙攘攘，不少地方连挤都挤不过去，到处都很嘈杂，一如中国的其他地方。夜深人静的时候，老鼠在城里横行无忌，只有晨光初露才会看见发生在它们身上的一幕幕惨剧。也许是因为这里的竞争太过激烈，等着糊口的不但有人，还有猪、无家可归的黄狗和其他动物，不少老鼠竟然被活活饿死。有几个孩子抓了只活老鼠，用绳子拴在市中心的一根电线杆上。我经过的时候他们正在折磨它，四周围着好大一圈人，其中还包括几个警察，站在一旁看得乐不可支。

即便如此，重庆还是一眼就能看出是座繁忙而重要的商业城市，只是够用的地方实在太少，远远满足不了需求，因此每当长江及其支流到了秋季，水位下降，江边地头上便会搭起大批棚户，连成一大片，有的甚至还会装上电灯。按照这里的办事方式，这些棚屋不到最后一刻绝不会挪窝，更不会拆掉，因此每年都有不少被水冲走。在两条大江的两岸，繁盛的贸易往来以及由此带来的机遇催生了其他城镇，每一座都人满为患，干流两岸的建筑中也包括了外国商行的主要大楼。挑夫们有节奏地喊着号子，要么双双对对，要么十几个一群，全都挑着沉重的担子。每个人的肩头都布满老茧，用整根竹子做成的长扁担就压在肩上，挑的是一些硕大的箱子，里面装着美国制造的机器设备，在烈日下从卸货上岸的地方一直挑到城里最远的街角巷尾。每个挑夫手里都拿着跟竿子，一头包着铁尖，每上一级台阶都用竿子撑在石头路面上，不仅为这里的噪音又增添了一份嘈杂，也展示出商业在这座城市的地位举足轻重，让人隐约感觉到单纯人力与工业机器、古老与现代方式在重庆的交汇融合。重庆看来早在往昔便是个人口众多的城市，成堆的墓冢密布大江两岸，一个山头接着一个山头，长满了青青野草。那些死去的人们也和他们今天的子嗣一样，为了土地与生计挣扎奋斗，现在被一代又一代地掩埋在坟茔之间，一层层堆积起来，长眠于此。

重庆是四川省最大的口岸城市，住在当地的外国人可不少。这些人要为生意奔波，其中大多数人就像住在霍博肯与泽西市，散居在大江两岸。每天上午晚些时候，你都会见到一些打扮入时的西方年轻人，其中大部分是英国人或者美国人，脸上的神情好像在向全世界宣布如果自己时运正佳，本来在国内会成为一名相当成功的鞋店店员。他们端坐在堂堂的四人大轿之上，沿着通往河边的湿滑台阶往上走。轿杆和轿夫将路上的行人驱散到两旁，那副派头真该让法王路易十四见识见识。待到上午或者午后办公室的事情打理完毕，你会看到这些年轻人迫不及待地赶往各自的俱乐部，他们的身影很快会出现在那里。

美国领事的办公室与宅邸气派得像座城堡，距离这涌动的狂热商机有几英里之遥。宏大的宅子就在城墙的某个僻静角落里，俯瞰着长江水滚滚东去。城墙修得十分巧妙，上面人来人往，忙碌得像教书的老嬷嬷正在想法子把越野旅行的孩子们围起来。去这种地方你得带上证件，然后举起一只手，说"我愿意"或者"我是"之类的话——因为从法律的层面来说，通过电话宣誓是不可能的——这得花去半天时间，还得坐轿子，因为台阶实在太多，走起来太累人。然而，就算重庆的夏天跟纽约的温度差不多，可美国的代表大人们个个身体娇弱，受不了这里的夏季暑热，还是得去长江对岸的山上凉快凉快，要等到 11 点才会从山上到办公室来，下午 3 点不到又匆匆离去，整个漫长的夏天都是如此。

我原以为重庆应该不会有多少排外情绪，因为这里看上去除了传教士，好像走到哪里都能看到不少外国人。白人女性穿过街道时为了安全起见，还是待在轿子里，这样不单是为了避免川流不息的挑水工把自己身上弄湿，还因为许多小孩一见到外国人就喜欢高声大叫"外国猪"，有的还会丢泥巴，这和我在中国其他地方见到的确实不大一样。

刚刚过去的这半年里，重庆被对手的军队包围了不下五回。外国人就住在江对岸的平房里，士兵们深更半夜从自家门前经过的脚步声听得一清二楚。这些士兵可能正要开赴战场，也可能刚从战场上撤下来。住在当地的外国人总是遭到攻击。虽然还没到必须放弃玩高尔夫和网球的程度，有一连好几个星期，那些打球的人都会通过掷钱币来决定谁站到网球场的两头去。身体最结实、喜欢献殷勤的小伙子们会陪着女士在那里玩乐，被子弹打中便也可以理解。有人或许会猜想射术精湛的中国射手是故意瞄准这些番邦蛮夷开枪的，可最后一查才发现在这五次围城之中，只有一名外国人被打中了脖子——而且很快就康复了，还有一个被打中的是轿夫。对于这样的事情毫无办法，只能让温文尔雅的领事先生们写几张措辞委婉的便条，转交给中国官员们。有的便条会被封存在北京的档案之中，供历史学家日后研究之用。

每次打仗的时候，当兵的就会跑到城里的铸币厂大肆劫掠，然后再退回江对岸，因此有那么一段时间，在盖着平房的江对岸，铜板的价值暴跌，5000 个铜板才能兑换一块鹰洋，而在城里只要 2800 个就够了。眼看敌人兵临城下，再加上其他祸事，住在重庆的不少大户人家搬去了上海或者其他外国租界。战事期间，各派领袖人物也常常到外国人的家中寻求庇护，类似的事情在开埠的港口城市早已屡见不鲜。有位天主教士年岁颇高，博学多才，过着与世无争的简朴生活，禁不住某位将军苦苦哀求，收留了他。接下来的几个星期里，这位将军在天主教士的宅子里养着自己的六七房妻妾，成日抽着大烟，花天酒地，过着中国军阀寡头的富贵生活。

现如今，局势已经完全稳定下来了，至少表面上看起来恢复了平静。我每次见到争斗的场面，最终总有解决的办法，可和平的希望依旧渺茫，因为有四个将军控制着这座"四川省的真正省会"，各自为政，分庭抗礼，只知道自私地盯着自己的那点利益，等着一有机会就想方设法扩大自己的地盘，以便收取更多的税。与此同时，这座城市也被他们瓜分，一来用于豢养手下不计其数的兵卒，后者几乎将每一座寺庙和大一点的房子都霸占了，二来可以永无休止地征税敛财。

既然我是英国豪华客轮"万流"号上唯一的一位二等舱乘客，事实上也是除了高级船员之外仅有的外国人，整艘客轮的上半层，连同全部两层甲板都是属于我和我那张躺椅的。我乘着这艘豪华客轮顺流疾下，好不容易出了三峡，那里的山我从未上去过。我从来没有如此迅速地重新回到西方文明的舒适怀抱中去，这和在山路上度过的那些日子有着天壤之别，就连和在中国人的汽船上的生活也无法同日而语。那些汽船上人多空间小，你都能想象出来是什么滋味。出外旅行者对流弹可毫无兴趣，因此长江上游这一年来几乎难得见到游客的身影。

我们天蒙蒙亮就出发了。江面上依旧飘着袅袅晨雾。船穿过城市的滨水码头，码头上层层叠叠，像块乌龟壳摊在岩石上，景致倒还不错。我们继续往下游进发，经过了"重庆的港务长"，这是外国人对岸上庙里供着的那尊大石佛的戏称。庙距离两江交汇处不远，虽然比起嘉定那座山上凿出来的大佛来，这尊佛像简直就是个玩偶，可对笃信神明的船夫渔民来说，还是非常重要的。他们带着还愿的供品来到此地，祈求从险要的三峡水道回家的路上一切平安。说来也是如此，船夫们的那些小船看上去不太结实，奔涌的河水在崇山峻岭之间冲刷出这块狭长的洼地，只要船一开，顺江而下，一切生死安危便只能全由自己掌控了。

我可不想让人误会，以为我对这远近闻名的长江三峡感到失望。只不过那些伟大的事物往往受盛名所累，真正的光环多会失去光泽。因为听得太多，反而会产生不合理的期望。有时碰上某些虽然没那么好看、却从未听过的景致时，反倒来了精神，评价颇高。再者，我在中国也算游历颇丰，就算没见过其他峡谷如此吸引人，至少也经历过不少更加激动人心的事情。然而，若论景色之优美，气势之磅礴，闻名遐迩的三峡着实令人心醉神迷。这里不时可见孤峰独立，岩石裸露在外，上面长着蕨类植物，令线条柔和许多，有时也会遮掩在茂密的林木之中。

三峡其实只包括从夔州到宜昌这一段，两座城市分别位于四川与湖北两省。两天的行程里，我们第二天顺着江水往下游走了五六个小时，不过从重庆一路过来，江岸倒有不少美景供人欣赏。不仅如此，从夔州到宜昌也并非一路全是峡谷，沿岸陡峭的山坡上有不少房子。这些人家住的石头屋子看起来有些奇怪，像鹰巢一样修建在人迹难至的山崖之上。三峡的中心地带不时能够看见一些城镇，规模颇大。有的甚至修有城墙，就在群山脚下。山峦从江边拔地而起，巍然陡立。城镇由于修得过于陡峭，宛如金字塔一般。这里的山坡倾斜角在 45 度以上，可是只要有地方，不管是人工开辟的，还是自然形成的，台地和梯田都会种上庄稼。群山之间的狭长洼地上，每一寸能够耕种的土地都已被开垦殆尽。稻田垂直而上，排成细细的一列伸向天上，两旁陡峭的山崖高高矗立，足有一千或者两千英尺，即便是大自然也无法在上面栽培作物。山坡上全是岩石，有半英里长。山谷里和靠近坡底的地方都被开垦成了一小块一小块的田地。一旦等到夏天的水势退去，露出更多土地来，农民们就会赶忙过来抢着种庄稼。中国人当然对如何利用农业资源了如指掌。

如果说三峡里的村子普遍给人一种萧条破败的感觉，那么开阔的乡村就显得尤为整洁。之所以如此，不仅因为这里缺少肥沃的土地，还在于长江上游一带长期内战肆虐，人们对生命财产早已不再看重。当我发现峡谷里居然还有一条从岩壁上开凿出来的小路时，着实吓了一大跳，我从未想过自己有机会去那里走上一遭，而且视野更好。路是在陡峭的悬崖下开凿出来的，从轮船顶上望过去只有 3 英尺高，可人却能骑着马走在上面。村寨就在山路的后面，隐约可见。

有一处峡谷气势磅礴，里面有一些弯弯扭扭的山洞，就在最后一座陡峭的崖壁上。关于三峡的传说不少，其中有一个说的是有位将军几百年前开凿了这些山洞，把一支军队带进了洞里。至于这个洞为什么看上去不大明显，是因为如果这位将军认为从三峡横渡长江是个棘手的活儿，那么贴着这些悬崖绝壁的两边会有更好的地方爬过去。巍峨的山崖上还藏着不少棺材，看上去也是小小的，有的棺材的一端敞开着。还有个传说，有些巫师能够按照自己的意图控制大江，让江水改道。巫师们从 70 英里长的崇山峻岭中为大江凿出道路来，其中有个巫师打了个喷嚏，便开出了一条河道，这就是我们今天熟知的地理奇观"风箱峡"。这里的龙、蛇和大鱼有的住在河床上随处竖立的巨石下的宫殿里，有的躲在奇形怪状的深潭或者江边巨石上凿出的岩洞之中。这些神鬼怪物在巫师的意旨驱使下爆发出毁灭的力量，要么为了顺应天命，要么为了报复仇人，一夜之间便能让水位上升 100 英尺，吞噬船员，淹没田野，卷起旋涡和水龙卷，将帆船拍到水底，撞得粉碎，不断破坏甚至彻底毁坏轮船。在下层"中国人头等舱"的甲板上，仍旧是人挤人，大多数人光着膀子，躺在又小又硬的木头铺板上，在穿越三峡的一路上睡得像条死鱼，嘴巴大张，苍蝇就在身边飞来飞去也不管。

帆船上的水手划着长长的桨，多半脱得一丝不挂，时刻准备着与江流搏斗。船员们必须保持警惕，提防狭窄岩壁之间湍急危险的水流，凭借娴熟的技术在其中航行。拉纤在三峡并不多见，船夫们会等待起风。由于风通常吹往上游，只好用船篙上的钩子钩住岩壁前行，若是遇上岩壁有陡峭山道，也会和着船歌的号子，拉纤前行。这些帆船有的很大，足够运载50吨重的货物和上百船员。

再往下游走，尤其是从三峡出来，水面变得开阔平静。江上的帆船各式各样，如同沧海之粟，数不胜数，装饰图案更是千奇百怪。中国的船帆上总是横着穿着好些竹竿。这些船只要有货，一般都是能装多少就装多少，直到装不下为止，因此我们即便一连好几个星期每天都会遇到上百艘帆船，可每一艘过往的船只对摄影师来说仍然是一种诱惑。走三峡航道的中国船只一般都很牢固，至少比较新，涂着黄色的油漆，显得闪闪发亮，而那些往返于没有这般危险水道的船只则显得破烂陈旧。这些船若是旧了，无法胜任如此繁重的任务，往往会被转去别处，要么给乞丐和小偷们做窝。不管重庆还是宜昌，一路上大大小小的城镇城墙下都能看见这些人，住在那些废弃的破船里。外国汽轮上工作的水手的待遇比这些船夫优越不少，一个月能赚18块鹰洋，而且通过走私铜元、煤油和其他私密货物，到手的还要更多。眼看就连某些船长、至少是最高级别的中国船员都参与其中，各家船运公司对这种事情也只能多少睁一只眼闭一只眼。

乘坐"万流"号的这趟旅途算得上我在中国旅行期间走得特别快的一次。因此，当"万流"号因为三峡里帆船太多，只能以半速行驶时，我反而有点高兴。短短两天航程，船票却那么贵，背后或许另有隐情。比起能够装货的那点地方来，这艘船的蒸汽机一定非常强大。因此，过了宜昌，也就是三峡的尽头，就不再有人出钱请他们跑船，而且一年大概有四个月水位很低，无法按照既定线路航行，不如干脆送进船坞修养。高级船员和普通水手一律下岗待业，因为这些机船开起来的确太贵，只会倒贴钱。因此，那些在长江上航行的外国人，不管是美国人、英格兰人、苏格兰人、法国人、意大利人、日本人，或者其他国家的人，都会有整整八个月忙个不停，甚至都没法用自己的船顺便捎上家人，有时只能用其他的船送送他们。他们一个星期只能与家人见上两次面，每次都是匆匆而过——级别越低的时间越紧张——要么拿着扩音器喊上两句，也不管能不能听清楚，要么就只能挥挥手打个招呼。然而，只要到了剩下的四个月，他们便开始享受安逸生活，聚在自己的俱乐部里喝个痛快，一醉方休。不过，据说现在长江一带的外国人也越来越少不加节制地豪饮大喝，真是物是人非。

"万流"号吃水八英尺，开起来有时感觉像艘海轮。一位船员指着一处裂痕给我看，那里离开水面颇高，是一个月前撞的。船当时航行的地方现在是一块玉米地，船头撞在山崖上，结果留下了一块大大的黄色印记。关于长江上船毁人亡的灾难，人们流传的故事不胜枚举。自从极富冒险精神的英国船长蒲兰田①大胆提出构想，用汽轮在江上航行，不少这样的故事便和汽轮有了关系。前不久刚刚在三峡入口处竖起一块石碑，以纪念这位英勇无畏的英国船长。无论逆流而上还是顺江而下，大型外国汽轮即使一路小心翼翼，仍然会不时遇上险情。船底常常被河床划出大洞，有时甚至要去下游的汉口甚至上海返修，在旺季势必为此浪费宝贵的时间。这里最好的一艘美国汽轮不久前就在三峡沉没，我们沿途也见过两艘搁浅在礁石上，船身留下个大洞。有浮尸从江上漂下来，这样的情况并不少见，有的或许是内战和匪祸的遇难者，有的则毫无疑问死于急流旋涡。每隔一段时间，就会有人撑着舢板巡逻，打捞尸体，用绳子套住尸体脖子，这样一次能拖回一大串，送回港口，上岸埋葬。

虽然最早尝试驾驶汽船通过三峡的是英国人和美国人，可即便到了今天，也没有哪个白人敢在没有中国领江指引的情况下如此冒险。不过，汽轮还是由欧洲人、美国人或者日本人驾驶，因为一旦遇上危险或者需要做出最终判断的时候，中国人还是经验不足。一般说来，中外双方都十分友好，彼此尊重。然而，毫无疑问某些外籍船长，甚至一部分中国领江，完全不把中国人的权利、生命和财产放在心上，每个航季都有帆船被撞翻沉没。诚然，汽轮最终取代帆船是大势所趋，至少对于贵重易坏的货物来说如此，最高级别的客运行业已经实现了这一点。然而，这个取代

---

① 蒲兰田（S. C. Plant，1866—1921），英国航海家，长江三峡上最早的外国领江，1899年驾驶"肇通"号从上海开到宜昌，1909年10月指挥川江轮船有限公司的"蜀通"号开到重庆，成为首只入川的华轮，1915年任重庆海关首任长江上游巡江工司，其间在湖北秭归建立川江上首座信号台，1917年颁布《长江上游大小轮船订造法》，翌年9月制定《川江行船免碰章程》，撰写《川江航行指南》，同时担任重庆海关巡江司引水教练学校主管，1921年2月26日在休假回国途中不幸病逝，1922年在湖北省秭归县新滩建造"蒲兰田君纪念碑"，1924年10月落成。碑文刻有中英文双语："蒲兰田君，英国福兰临冈镇人，中国海关任以巡江工司之职，清光绪二十六年，长江上段第一次航行汽船，司驾驶者即君焉。君生于清同治五年六月二十八日，民国十年初春航海返国，一月十九日卒于途次。君之旧友及有志振兴长江上段航业诸人，感君情愫，思君勤劳，醵金刻石，永志不忘。中华民国十一年十二月吉日立。"

过程却把依靠帆船为生的船夫赶出了这一行，剥夺了他们的生计来源——要知道，中国的老百姓们要找一门谋生的活计可没那么容易。虽然汽轮排出的水流偶尔会把帆船掀翻，造成生命损失；但若在水况险恶的流域放缓速度，哪怕这样做是为了抢救生命，汽轮同样会遇上危险。三峡航道每隔一段就有一座信号台，用两个红色的圆灯代表帆船，一个红灯和一个白色的锥形代表汽船，根据船只行进方向指向上游或者下游。管理和维护这些信号台的并非中国人，而是外国人指导下的海关，不过信号系统仍然有待完善。

　　万县 [①] 是重庆至宜昌段最大的城镇，我们在此停船时前一天还远没过完，一直待到次日拂晓才重新出发。这里长期以来都是帆船船夫与汽轮船员争斗的中心地带。就在几个星期前，一场冲突就夺去了一个外国人和好几个中国人的性命。有个美国人给一家英国公司做事，这家公司专门经营四川出产的桐油，这种东西能够用做清漆，相当昂贵。这个美国人想用汽轮运货，可一群船夫坚持要他把货物放到自己的帆船上去。双方情绪对立达到顶点，美国人不顾旁人的善意劝说，执意要去江边查看货物，结果被劳工和船夫围了起来。其实，一般民众不过态度有些凶恶，只要西方人有这方面的经验，胆子够大，尤其还要懂得一些幽默感就能镇住场面。这个美国人看来并不缺少前面两样东西，却多少有勇无谋，或许有点不把中国人放在眼里。他暴怒地挥舞着手杖，把围着的人赶开，那群人一如所料往山上跑去。美国人跟着追赶了一程，这样做不仅愚蠢，而且毫无必要。更加愚蠢的是，他竟然转过身从容不迫地往山下走，甚至没有回头看一眼。有个劳工或者胆子极大，或者恰好走在其他人前面，抢起扁担对着美国人的脑袋猛敲一下。原先围着的人一见有人带头，于是群起攻之。

　　美国人后来被人抬到停泊在港内的英国军舰上，不久伤重不治。万县当时并无美国军舰，于是英舰舰长扬言，若不把带头闹事的两个挑行头子枪毙，就要炮轰万县。不仅如此，掌管万县的将军们还得跟在棺木后，一路护送美国人到公墓下葬。虽然

———————

① 万县（Wanhsien），今重庆市万州区。

凡是有点级别的中国人都坐着轿子去参加了葬礼，这也相当丢脸，但将军们可不敢拒绝。虽然在西方人看来，不管涉事的是一个人还是一群人，只要真正的凶手没有被绳之以法，就让人恼火；可对于中国人来说，只要在犯事的一群人里挑出一个或几个，惩罚一下就算伸张了正义。虽然在华外国人对此次行动意见分歧很大，但从重庆到汉口一路下来，还是能够感觉得到此次事件处理方式过激留下的影响。也许人们对外国人更加不欢迎，却看得出整体上多了一丝敬畏，看来在西方最管用的办法在中国并不见得就行得通。

在长江上游做生意的外国人这些年来得为不少事情好好争斗一番。长江一带一直以来都对外国轮船收税，而这些都属于违法行为。之所以说违法，是因为与各国签订的条约规定，长江对外自由开放。更何况，外商对此争辩道，就算要改变现有局面也必须通过改订条约，而非暴力手段。各地军阀有时和匪帮头子几乎没有区别，对外国汽船鸣枪开炮的事情屡见不鲜，外籍船员被杀受伤的情形也时有发生。这些军阀会派一些破旧不堪的船，通常情况是逼迫壮丁充当船夫，船上装着毫不值钱的东西。这些船如果故意被汽轮掀翻撞沉，军阀们就会狮子大开口，提出索赔，言之凿凿地说船上装有丝绸、金银，还有自己的士兵，他们前不久甚至已经开始强行勒令外国轮船为他们运兵和鸦片。

万县虽然历史动荡，却是个景致不错的地方，坐落在群山之间，距离三峡上游不远。美国几条小炮艇之一就停在万县，这艘小艇还是当年和西班牙打仗，是从这个海上强国手里抢过来的，至今还使用着西班牙的名字。其他几个港口也各有一艘，因此美国旅行者常常会受到邀请，和自己的同乡在船员们小小的食堂里一起吃一顿索然无味的晚餐。水手就待在这些可怜的军舰上，在长江上巡游。他们通常会雇一个中国仆人，帮忙打点脏活累活，这样就算待在小小船舱的四面铁壁里，忍受着舱内暑气蒸腾——长江流域可是以湿热闻名，生活好歹也有所补偿。

我在万县上了岸，和停在那里炮艇上的几名军官一起去城里走一圈。县城地方不小，有些脏乱，屋子挨得紧紧的，有不少坡路要爬。我们还去附近矮山的草坡上转了转。虽然这里的人并不友善，却也没有见到任何人有意对我们造成身体伤害。县城的山上属于有钱人的住宅区，位于高高的悬崖边上，若是没有那里的居民出具证明或者预约安排，就算是外国人也不能进入。支流向上游延展的回水现在已经不多了，待到江水高涨的时候会把整座城市分成一大一小两块，到那个时候这里就会聚集不少渡船艄公。回水的对岸有一条小溪，清冽纯净的山泉顺着石头河床，从后山上哗啦啦流下来，这里是城里人洗衣服的主要场所。一座石桥跨在溪上，桥拱高高的，很是气派，两边的桥肩上各盖着一座房子，算得上是中国最引人注目的石桥。坚硬的石头河床上有十来个洞，大小如同树干砍掉后留下来的，乍一看还不明显。山泉在河床上汇聚成一个又一个小水坑，清澈见底，着实诱人，不仅引得许多妇女来此浣洗衣裳，挑水工和牲口役畜也常常在此驻足，就连男人们也忍不住一个个跳进水里，痛痛快快地洗个澡。

宜昌位于三峡的末段，我们很快在第二天下午四点到达。虽然这里是我离开印度支那以来第一次看到人力车出现，但这里恐怕是中国最无趣的城市。"万流"号头等舱的所有客人都下船到岸上四处走走，不过睡觉的时候还得回到船上来，因为直到午夜十二点这里都不会有轮船沿江而下。这片宽阔平静的水域晚上能够有船行驶真是件幸运的事情。在看过中国西部腹地那些奇幻的景致之后，我实在是很难提起兴趣来。除了乘船直下，去下游一千英里之外的上海，然后回国，没有任何事情我想去做，除非——船到沙市码头停靠时已是次日早晨，我已经醒了。这里和宜昌一样，没什么特色。只见三两艘蓝灰色的运输船满载着货物，塞得比我们的船还要紧密。成群结队的中国士兵沿河而下，奔赴上海，战事此时正在上海周边地区进行。除此之外，能够见到的只有远处平整的河岸。无论岸上的城市，还是宽阔平静的江面，中国人仍旧过着他们熟悉的生活——时而看见一个身影步履蹒跚，便知缠着小脚；时而看见一个渔民站在齐腰深的河水里，抛撒漆黑的渔网；破烂的棚屋排成一行行，一直挤到岸边；连片的稻田里，有时小船也会在水位高涨的时候迷失方向。

翻山越岭回广州

原本我从汉口直下长江，前往上海，就能坐船回国。不过，在我结束中国之行之前，这十八个行省中还有一个没有去过，兴许还有时间来一场翻山越岭的短途旅行，从这个省的省会回到广州去。我有意再走上一小段路程来结束此次长途旅行，让它再艰难一点，因为只有这样才能让我不至于一回到家就开始厌倦安逸舒适的生活，又急不可待地盼着再次出门。再说，走上一两个星期对于要一连三个星期乘坐海轮来说，将会是一个颇为不错的前期准备。我并不确定能否如期到达以赴上那艘客轮，因为船是已经预订好的，将于10月10日拂晓从香港出发。不过，怎么说我都可以调头回去，在上海还是来得及赶上船的。

虽然除了路上要用的东西之外，我的其他行李全都跟船继续运往下游，可我还是在河岸平坦的长江上调了头。那艘英国轮船是唯一的一艘船，能够赶得上我这匆匆忙忙的行程安排。船上坐满了传教士，还有女人和孩子，正从牯岭的度假地回来，因此挤到连一个多余的铺位也没有。几个年纪轻轻的英国船运代理商坚决不允许欧洲人坐二等舱。虽然规则听起来不容更改，不过还是可以通融。经过一番奔走，我发现如果能找个航运公司经理的熟人，那么也许就能通过个人魅力得到特殊待遇。最终我拿到了一份非常特别的个人许可，只要付头等舱的船票钱，就能在开阔的甲板上为我的行军床留个位置。直到上了船，我才发现原来还有其他几个人也得到了如此优待。因此，借用和我身处同样境遇同船某君的话来说，我这是在"偷渡"去长沙。

其实，本来我还有最后一个法子，那就是从武昌坐火车。武昌与汉口隔江相望，那里的窄轨铁路很有意思。铁路一直往南，通到岳州①和湖南省的省会，甚至还可能往前再走一点点，向东拐到挨着江西省西边的某个煤矿区去。然而，就算运气不错，路上没有当兵的和土匪干扰，这里的火车也得花上 36 个小时才能走完这两座省会之间 225 英里的路程。一路上即便没有意外发生，也极有可能会和行李失散。这么多年以来，京广铁路怎一个乱字了得。这一段线路一直是人们急需的，比起久经考验的京汉线来，着实令人失望，与第三段一直有 300 多英里没有贯通。因此，既然这段路还没修铁路，自然风景尚未遭人破坏，我打算不如干脆徒步走完它。

　　岳州已在湖南境内。快到岳州的时候，轮船把一些中国人匆匆放了下来，转到一艘当地人划的小船上。离开风景如画的岳州，我们就从长江拐道，进入了洞庭湖。这里是中国最大的湖泊，尤其是赶上涨水的时候。洞庭湖对于长江来说就像一个蓄水库，江水从西面和南面注入湖中，因此不少时候面积比鄱阳湖更大。到了冬天，洞庭湖便成了一片平原，或者说是一块泽地，现在的地面上随处可见树丫破土而出。黄昏时分，我们在这片辽阔平静的浅水湖区抛锚停船，小小的君山岛已经出现在视线之中，那里长期以来为中国皇帝提供贡茶。按照传统的做法，进贡给皇帝的茶叶只有处女之手才能采摘。

　　周日又是艳阳高照的好天气，我们一早开船出发，很快便驶入了湘江。江面不宽，风平浪静，直到接近中午时分，我们的船触礁搁浅，猛地一下颠簸，把船上大多数孩子吓得哇哇大哭。然而，我的运气实在不错，美国石油公司的一艘私人游船正巧从这里经过。船长是个中国人，答应把我们船上几个急着赶路的人接过去，连同我的全部行李一起。就这样，我们在当天下午按时抵达了长沙，而那艘轮船直到两天之后才姗姗赶来。

　　就在不到两个月前，长沙的乡下刚刚经历过一场大洪水。堤坝虽说是用巨石和水泥砌的，还建有拱座，把湘江两岸大部分都拦了起来，可还是被冲开了一个大口子，有四分之一英里长。虽然缺口处的红色泥土现在看上去已经干涸，可滚滚河水当时却冲入了堤坝外的稻田，冲垮了不少民房，渔船也被冲得七零八落，就连树上都挂着尸体。不过，现在人们要做的不是抗洪，而是求水。田间的水道沟渠里又能

――――――――――

① 岳州（Yochow），即今湖南省岳阳市。

见到依靠人力或者水牛拉动的踏车，这样的东西在整个中国南方种植稻谷的地区都很常见。现在江水水位下降，要把水一点点地提升到急需灌溉的稻田之中，有时甚至要经过三级跳才能把水抽进田里。河岸永远都那么窄，散落着几个村寨。距离长沙不远有一座小镇①，景色优美。镇子建在几个山头上，每一座山上都有一道台阶，各有一个窑炉，专门用来烧制水缸，也就是硕大的窑土坛子。这种大缸数量不少，在河岸上堆得到处都是，高高地映衬在天际线上。不少黄色的船只擦得油光铮亮，在江上来回穿梭。我们顺着江水终于抵达了湖南省的省会。正对着眼前的是一大片用石头垒起的河堤，让我想起了密西西比河也有这么一段石堤。

长沙一如其名，地形狭长，不少地方都是沙子，由于水必不可少，因此沿着湘江由南至北长长地延伸开来，不过深入内陆并不远。比起中国大部分省会城市来，长沙在不少方面要更加时髦。城墙几乎被拆个干净，不过到目前为止，也不见有修几条像样的大街取而代之。主要的街道已经被拓宽，街边开了些大型店铺，相当现代，里面卖着各种金器银器、光滑的丝绸和白铜器皿，这些都是长沙出名的特产，当然还有湘绣丝织的人物、风景和其他图饰。不过，长沙依旧只使用铜元，用于普通商贸交易。这里也有那种广州式样的人力车，坐着实在难受。轻便的木头轮子上安着厚实的橡胶轮胎，像北京的马车一样把坐车人颠来颠去。商业街虽然最近已经拓宽，可上面还铺着石板，跑起来也不比走路快多少。

即便在 20 世纪，长沙也经历了不少变迁。就在 25 年前，这次和我一同渡江去爬南岳衡山的那位同乡第一次到了长沙。他当时从南方过来，在广东省已经做了十年传教工作，却在长沙的城门前被拦了下来，不准入内。曾经有个德国人在岸边自己雇来的船上足足待了好几个星期，直到北京的德国公使团施压，清政府才答应放行，让他入城。即便如此，他去拜访省长时坐的轿子也被遮得严严实实，随后又沿原路匆匆返回。而我的这位美国房东初次造访长沙时穿了身中式衣服，还戴了顶风帽，就是那种冬天戴的很厚重的帽子，能够拉下来遮住脸。此人一口流利的中文，因此当他从自己的小船下到岸上，连一个仆人也没有带，人们听他的口音还以为是个广州人，因为没有人想到一个洋鬼子竟敢只身一人冒险上岸。房东在城门边和其

---

① 此处所述小镇当为铜官镇，位于今长沙市望城区、湘江东岸，距离长沙市区 30 千米，以烧窑制陶闻名。

他中国人一样叫了顶轿子，他魁梧的身材没引起人们的怀疑，虽然着实在那些要负担他体重的轿夫之间引起一阵骚动。于是他坐着轿子穿过城区，从一座门走到了另一座门，然后又换了条道折返回去，一路上还掀起轿帘看看外面的景致。这个地方或许从来就没有西方人来过，至少从马可·波罗那个年代之后便是如此。房东最后安然无恙地出了城。

长沙人试图心平气和地阻止这位美国人渡江，把他引到岳麓山上，之所以反对"洋鬼子"进城，看来好像还是害怕破坏了风水。我的美国房东坚持爬上了山，喝了茶水，吃了花生仁和炒南瓜子。当年坐的那张桌子和我们这次坐的正是同一座庙里的同一张。陪同的和尚听我们说起那个古怪年代的荒唐事，也不由得放声大笑起来。时至今日，虽然仅仅过去了四分之一个世纪，可原来的城墙早已不见了踪影，就算外国女人和孩子走在街上也难得有人回头多看一眼。这还得感谢长沙人所说的"雅礼会"，也就是外国人熟知的"雅礼协会"①的努力，是他们让这座湖南省省会城市的每一位居民对"小洋鬼子"也十分熟悉。当然，其他教会的众多信徒同样功不可没，再加上在长沙有一个规模相当庞大的商人群体。这些人有自己聚居的地区，位于一条狭长的沙洲上②。那里平日里是个岛，水位较低的时候就会与江岸远端连在一起。如此说来，即便在我这短短一生之中，中国还是经历了剧烈的变革，只是这个国家有时看起来依然沉浸在孔夫子那个遥远年代里罢了。

就在我到达长沙几个小时之前，湘江上开往衡州③的汽艇刚刚离开。由于水位实在太低，这是这艘船最后一趟航行，可要知道就在六个星期之前，这里是一片泽国汪洋。在我待在城里的这段日子，大多数时候一直下着瓢泼大雨。当地也有其他

---

① "雅礼协会"（Yale-China Association），俗称"雅礼会"（Ya-lee Hwei, Yale in China），成立于1901年的独立、非营利组织，旨在推动在华教育，促进美中民间交流与理解，首将长沙作为发展教育的中心，1906年率先成立雅礼大学，1910年创办雅礼中学，雅礼大学于1949年撤校，而雅礼中学得以保留，现为长沙著名中学之一。
② 即长沙橘子洲，1904年长沙对外开放，辟为商埠，自1911年洲上始形成外侨居住区，住有英、美、德、日等多国侨民。
③ 衡州（Hengchow），即衡阳的古称。

交通方式，可是没有一种比走路靠得住，也没有哪个更快更舒服。找个轿夫很麻烦，浪费时间，湖南人又不怎么习惯骑马。我还是没有把握走这一趟能否赶得上那艘客轮，不过等我到了衡州，如果还是看上去没什么希望，可以调头折返回来。加上开销的问题也需要考虑，因为湖南的挑夫工钱不仅要比中国大多数地方高，而且你还得答应，挑夫空手返回出发地也得按照天数付钱，跟挑担子的工钱一样。这样一来，就我那两件行李，若是在美国买一张单程票，过关的时候根本就分文不收，可带着它们一路走过湖南花掉的钱按照每英里算下来，简直赶得上在美国坐一趟普尔曼卧铺列车了。

经过一晚的短暂休息，再经过一场并不怎么愉快的最后安排，9月24日天蒙蒙亮时我便动身出发了，同行的有随身行李和一个新雇来的短工。三辆人力车载着我们一路颠簸，速度慢得像蜗牛。我们来到了位于城郊的一处汽车站。或许看上去有点奇怪，但这里的确有公共汽车，走的是一条用泥填埋的军用公路，共90里，从省会一直通往湘潭。后者位于湘江上游，在中国历史上的名气不小。由于我计划动身的时间比公共汽车要早，因此只能再浪费六块鹰洋，租了辆"私人汽车"。我多么希望能有贺加斯①或者塞万提斯②的本事，能够为读者们绘声绘色地哪怕做一番最模糊的描述也好，让他们知道这辆老车是如何拖着残旧的躯体送我走完从长沙到湘潭这短短一段路程的：挡风玻璃只剩下了一块，斜插着，上面还有裂痕，宽不足一英尺，恰好挡在驾驶员脸前，缺了的部分被一些破布和烂衣服遮了起来，这便是整辆车的经典造型。至于轮子到底是怎样滚动的，这是另一个只有专家才能解答的宇宙级难题。那几个轮胎上贴贴补补，缠得像一个筋疲力尽的流浪汉沉重的双腿一样，只有转动起来的时候才能把另外一个车轱辘带起来。虽然如此，这家伙竟然能动。只见它从沉睡中苏醒过来，发出一声长啸，遥远的山陵中传来阵阵回响。路上还有一段插曲，有几个外出操练的士兵对我做出无礼的举动，我在中国此前还从未遇到过——他们把石头扔向残存的那一点挡风玻璃。半路上，我们在一间类似收费站的小屋停了下来，直到屋里出来个人，从司机那里拿了书面证明，证明我已经交过费了，

---

① 贺加斯（Hogarth，1697—1764），英国油画家、版画家、艺术理论家，代表作包括铜版画《时髦婚姻》《妓女生涯》等，理论著作包括《美的分析》。
② 塞万提斯（Cervantes，1547—1616），西班牙小说家、剧作家、诗人，代表作为长篇小说《堂吉诃德》。

才将我们放行。

湘潭的码头上停了好几百条船,排成长长的一列。每一艘都把船帆放了下来,以便晒干前天那场大雨留下的雨水,看上去就像一群女人在洗头发。我们坐了条舢板到码头对岸。之前我已经给一位传教士写了信,要他帮我雇两个挑夫。然而,这位传教士并没想到我们能在说好的时间赶到,因此在继续上路之前耽搁了一些时间。

这是一条典型的华南地区的小路,铺着坚硬的石板,在一马平川的稻田里七拐八弯。农民们的村庄就建在后面的石头山坡上,这样做是为了节约每一寸耕地,养活每一张吃不饱的嘴。当你急着赶路的时候,中国南方这些弯曲的小路似乎就成了某个阴谋的一部分,目的就是为了让人尽可能走得慢一点。第二季水稻刚种下去,田间地头不时还能听到打米脱粒的声音,朝圣的季节还在继续。从湘潭往内陆走上两天便到了南岳,这里是中国另一座有名的神山圣地。蜿蜒的石头路上走着的香客几乎没有停歇。这些人的挎包跟报童相似,放在肚子前面,上面写着几个大大的黑字或者红字。有些包是彩色的,尤以淡黄色居多。路上的行人可不少,有的已经返程了,人人都在边走边唱。

成群结队的独轮手推车运着货物,也在阻挡着我们的去路。每辆小车前部都有一个小轮子,虽然一看便是用来帮助推车上台阶用的,却让人联想到袋鼠。北方人会跟你说,这个世界上找不到白色的猪,可在这里却时常看到。

沿途的小镇很多,只要有拜山的人路过,茶馆饭铺里便会响起吆喝声,招呼各位客官们进来坐坐。每一家客栈里都会摆上神龛,正对着街面。神龛前供着泥钵,里面插满了香,已经烧得长短不一。客房或者门廊的泥巴地面上摆着几个圆圆的蒲团,男人先深深地鞠上一躬,插上一炷香,然后跪在蒲团上。其中有些人穿得还很考究,看上去一副知书达理的模样。这些人对在大庭广众之下做这样的举动完全不介意,也不理会身旁的吵闹和气味。客栈的正面是敞开的,另一头坐着个女人,拿着竹子做的火钳,不停地夹起一捆捆干草,放进做饭的灶膛里。中国客栈该有的嘈杂喧闹一切照旧。每个人都跪着,膝盖和手肘顶在蒲团上,头磕着地面,显得极其谦卑。其他人走过来,从一束燃着的香中抽出一支,横放在茶杯上,杯子里好像盛着茶,还有人在烧纸钱。跪拜者最后全都站了起来,每人端着一杯茶,一看便知是在向列祖列宗敬茶,然后毕恭毕敬地呷上一口,再在脚下洒一些,就像中国的洗衣工在熨烫衣服时喷上一点水一样，不过这样做到底是仪式的一部分，还是仅仅只是为了去除旅途中留下的污渍就不得而知了，毕竟这个地方的水很值钱，得花掉不少文钱。大多数人一边用手擦着脚，一边随意地喝着茶。在通往南岳路上的客栈里，这些显然都包括在住店的钱里，至少在拜山的季节是这样。

虽然帮我雇挑夫的传教士信誓旦旦地保证过，可两个挑夫里还是有一个好像是瘾君子。两个人走得都比我预想得要慢，弄得我开始担心起紧凑的行程安排来。事实上，他们连我前一天计划到达的那个镇子都没有走到。然而，路从第二天开始变得好走了起来。有好几里地都是泥路，走起来很舒服，可后来又变成了折磨人的石板路，就这样直到旅行结束，进了广东，我的脚板一直踩在上面噼啪作响。这里荷塘连片，一望无边。小山包在山麓下伸展开来，不时伸到路上。常绿植物数量不少，十来株被扎在一起，撑着稻草垛，和我在江西省见过的一样。事实上，这条主道从长江一直通往广州，路旁全是草秆堆。男人在田里犁地，其他人则拿着破旧的扇子，把豆子上的小飞虫扇到粪筐里，扇子上面没准早就喷洒了毒药。

就算我这辈子的朝圣之旅还远远不够，也只能从山脚下弯曲的小道上瞥一眼那神山之巅。为了赶这一艘客轮横渡太平洋，我时间有限，因为若要从南岳街①最高的庙宇后门出来，爬上陡峭的石头山道，非得耗去辛苦的一整天。小镇上人极多，拥挤程度之甚，恐怕要超过我在中国到过的其他任何地方。摊贩在兜售着各式各样手工制作的廉价首饰，只要能够满足善男信女们虔诚的需求。至于价钱，当然所有的商品都会把这些人低下的经济状况考虑在内。

小镇紧挨着山脚。令我吃惊的是居然在镇子后的山脚下见到了一座庙。即便不是全中国，这至少也是北京之外最宏伟的一座寺庙了。善男信女们将黄铜做的"钱币"放在大门两旁"灵阶"的石龙上，闪闪发亮，希望借此讨个吉利。正院的香炉里烧着纸钱，燃起熊熊烈火。另有一些人在炉子前磕头，从后面望过去，只看见那一双

---

① 南岳街（Nan-Yoh-Kai），即南岳衡山脚下的南岳古镇。下文所述大庙为南岳大庙，是五岳中规模最大的官殿式庙宇，其中"最高的一座庙宇"为圣帝殿，即正殿，仿北京故宫太和殿而建，殿前台阶上雕有游龙，殿前还摆有香炉，供信徒焚香烧钱所用。

双连石板路也磨不穿的鞋底，叫人感叹是何等地虔诚。

我在人头攒动的集镇上遇到个小孩，提出给我带路，去湖南圣经学院①，那里是避暑胜地。这孩子后来又变卦了，我赶到那里时天已经完全黑了。显然，两个挑夫若不是预见那个地方能够提供免费住宿，绝不会背着我的行李这么晚还赶到那里。听说当地有几个传教士跟我一样是美国人，在南岳街"和拜山的人一同工作"。从某种层面看，这帮传教士的确是在"一同工作"，因为尽管他们住的大宅子离得很远，在深山里，那里的安宁静谧与这座朝圣古镇的热闹非凡形成鲜明对比，巨大的石头房子一栋挨着一栋沿着山坡修建，可他们的确会派中国信徒下山来，向那些拜完神山，准备离开山脚回家的人们分发福音小册子。几个日本式的灯笼引领我一路走向一栋新修的两层楼的石头"宾馆"，屋内带有弹簧床和柔软的床垫，各种设施一应俱全，谁能想到这样的房子一年只有三个星期有人住！传教士们出钱请了好些以前做过劳工的人到这里，人数有几百人，可能还有这些人的孩子。他们现在都在学习基督教，传教士们甚至还会雇人给他们搬行李，这样就能组织召开《圣经》研讨会，传教士自己到了夏天也能有个去处，不用再待在长沙和其他学校的宿舍里过悲惨的生活。来南岳神山进香拜佛的信徒人数超过十万，难怪人人都把基督教看成是有钱人的宗教。

有对美国夫妇依旧留在当地，虽然款待热情，却带来了坏消息。他们早前派人去东面临江的那座大城打听，回来说大批士兵正在沿湘江一带渡河，所有船只和劳工都被强行征用。去年传教士们只好跟交战的各路人马提前打招呼，说他们会在某个时候过江，希望能通融开恩，暂时停战，这样才把自己的信徒送回了下游地区。当时，湘江两岸各站着一个美国人，在头顶上高举着一面星条旗——这就类似于航行在内河上的轮船插着国旗，告诉别人自己是美国船，都是用来唬人的。其实只不过因为某些人交了点钱，把船注册成美国的罢了。上海一带战事正酣，已经波及其他地方。毋庸讳言，我的担心正在于此。如果这条陆上线路爆发大规模军事行动，就会耽误我进入广东。我倒不担心士兵会主动骚扰我，而是怕路太窄，届时会堵得

---

① 湖南圣经学院（Hunan Bible Institute），1917年由美国传教士创办，位于长沙韭菜园。文中所述为基督教会在衡阳建立的南岳圣经学院，于20世纪20年代建立，距离古镇仅一步之遥，是避暑胜地，有"衡山牯岭"之美誉。

一塌糊涂，挑夫也很难找到，这样就很可能没有时间走完。

天刚蒙蒙亮，我又往前赶路了。这一次我决心至少要到衡州才行。这是一座位于湖南腹地的重要城市，夏天刚刚遭遇洪水，全城满目疮痍，我还没走到衡州就只能掉头，打道回府。同行的两个挑夫走得实在是太慢，我甚至都有时间赶回南岳街，看一眼庙里的僧众早上诵经拜佛的场景，然后照样赶上，他们还在一个多小时路程开外的一个镇上悠闲地吃着早饭。我们从那一刻起便马不停蹄地赶路，一直走到下午三点。由于山这一边朝山的人要少，所以走得也快一些。见到拜佛的人变得如此稀少，我不由得担忧起来，这或许意味着军队已经打了过来，这些人全都躲起来了。遇见的拜山的人中，有六个人比我在中国见过的任何香客看起来都要虔诚。第一个是个男人，身穿黑衣，走在他后头的人都穿着鲜红的衣服，每个人手里都拿着把小竹板凳。这群人一个接着一个，挨得紧紧的，走路的速度跟普通人差不多，每走六步就会扑倒在坚硬的石板路面上，然后用板凳支撑着站起来，就这样从家里一直走到神山山顶，一路得走上好几天。

下午三点，我们又一次走到了湘江边上。能够把沉重的双脚搁在小船上真是件令人开心的事情，船会载着我们走完这最后30里路，直到衡州。抵达衡州的时候夜幕刚刚降临，一片漆黑。衡州的美国传教士及时为我找了两个挑夫，准备明天一早就动身出发。这两个人也是我在中国见过最棒的挑夫。虽然流言蜚语满天飞，可我们连一个士兵也没见着。我决定继续往前赶路，一路疾行，从城里穿过去。衡州城形状狭长，走起来感觉无穷无尽。城区就位于湘江及其支流边上，几个星期前那场大洪水肆虐后留下的痕迹依旧随处可见。很多房子被毁，就连盖在山头上的也未能幸免。那些起伏的山包上植被有红有绿，村民赶着自家的鸭子正从山上不紧不慢地走下来。我一度打算从衡州坐台轿子出发，不然在这条石板路上一直走怕两条腿吃不消，可一时半会又找不到轿夫，加上他们走得可能比挑夫还要慢，于是干脆作罢。

整整三天半，我们从早走到晚。沿途的原野没有什么不寻常的景致。我们只在每天中午停下来，匆匆吃顿午饭，天色将晚的时候随便找一间客栈住上一宿。由于我没有戴表，又从不观测太阳的位置，所以只能走到哪算哪，临时找地方歇脚。不过，不论在哪里，整晚都会有只公鸡在我的脑袋上方叫唤，楼下的店主永远都在忙个不停。

挑夫们排着一列列长队，有的挑着米筐，没有遮盖，筐子重到我连抬都抬不起来。有的挑着两个坛子，表面涂得铮亮，外面套着篓子。坛子形状和西方的牛奶罐近似，里面装的一看就知道是桐油，在狭窄的路上和那两个跟着我的慢吞吞的挑夫不时挤来碰去。大多数挑夫的胸膛上都有红色印记，那是刮痧之后留下的痕迹。我看见有人一边在扎着别人的腿，一边笑得合不拢嘴。等着挨扎的人一个接一个，在路边的一间棚屋外排起了长队。那个人手里拿着根硕大的针，每扎一下，被扎的人都会尖叫着跳起来。有个人还在头顶上打了个结，用类似安全别针的东西别紧，想来是治头疼的。

在这样一个国家，懂一点医术都十分管用，我为此还赢得了这一路上辛勤劳动的挑夫和路人非比寻常的善意。事情是这样的，我有一个挑夫得了眼疾，这种事情在中国司空见惯。我恰好带着些药，还是上次眼睛不舒服时留下来的，差不多快一年了。我每次停下来歇息的时候就给他滴上几滴。待到第四天下午走到郴州的时候，他的眼睛看起来已经完全好了。他和他的同伴因此变得对我言听计从。可是，让人麻烦的是两人每次停下来都会告诉我，自己又得了一种病。他们以为我是吝惜手里的药，因为不管他们说得了什么病，我都从来不会给他们同一种药。

郴州地处一道狭窄的山谷之中，虽然也修有城墙，但主要只有一条长长的商业街，看得出这里作为昔日广东省进贡稻谷路上的驿站的历史地位。虽然城里驮货物的骡子不少，可路上一只也没见着。这些骡子显然是从河对岸靠广东一侧过来的。当地的士兵在衣服上佩戴自己将军的画像，有点像西方的竞选纽扣，不用说这是那位将军大人自己琢磨出来的新花样。

对我的湖南仆人来说，哪个省都是外地，从没去过，早就吓得要命，就算有言在先，不把我送上去往广州的火车绝不回去，现在却死活不肯再跟我往前走，当着我的面一把鼻涕一把泪，诉说前面的路如何如何不安全。的确，到处都在传言前面有土匪抢犯，可我现在已经无法调头回去，于是只好把工钱结算清楚，打发他离开。幸好这里虽然偏远，但也有美国传教士，要不然我再多找两个挑夫恐怕会有困难，要知道做这件事就耗去了我大半个晚上。

陆上的线路一般是从郴州朝正南方向走上一天，过了宜章到坪石，后者位于广东北江的一条小支流上，然后继续南下乐昌，到了那里换乘更大一点的船。可是，坪石有时难得找到船，而且风闻当地上游的每一块岩石背后都藏着强盗。传教士对此犹豫不决，他们的中国朋友也持同样看法，认为我如果以同样的速度再走上三天半，从山区翻过去，一直走到乐昌，到达目的地的机会应该更大。走这条路线同样有风险，但或许没有另一条那么危险。对我来说，自己的两条腿总比一条船靠得住，没准盗匪或者士兵已经把船都藏了起来，谁知道呢？就算做最坏的打算，由于计划更改，使得挑夫们走不完这么长一段路，我好歹也会认命，把行李里值钱的东西拿出来，其他的丢掉也就算了。

从郴州往南是一条石头路，宽在十英尺左右。有些路段铺着硕大的卵石，走起来比石板路更让人痛苦，可怜我的双腿已经辛辛苦苦地连续工作了一个星期。公路很宽，路上铺着各种形状的石板，平整光滑，上坡下坡都是台阶，虽然很长，但每一阶并不高，像极了西班牙人修的那条老旧的公路，后者从波哥大高原一直通到马格达雷那河谷，仿佛中国人和南美人的脑子总是如此相似呢。挑夫赶到的时候距离天明还有很长一段时间，于是我们天一亮就动身出发。船上下来的劳工一个个都弯着腰走路，其中郴州人戴着棕色的圆顶高帽——也不知道是不是因为衡州的帽子颜色过于鲜艳，让他们感觉走起来要慢上许多。

出了郴州 50 里，我们离开宽敞的大路，选了一条靠左的窄路，朝着正南方向继续前进，令我失望的是这条路同样铺着硬邦邦的石头。我们刚开始爬了一小段山岭，这些挑夫和云南那些走惯了陡峭山路的同行完全不同，一个个拖拖拉拉，慢得像蜗牛。不过，走到更高的地方会有绿草树荫，我能够躺下来，等着挑夫赶上来，顺便看一会儿书，毕竟能做的事情也只剩下这一件，让我不去想万一错过香港的船该有多么倒霉。

一直感觉天要下雨，现在终于成为现实。然而，只是下了几场无关痛痒的阵雨，太阳随后又露出脸来，虽然湿热逼人，但令人精神为之一振，至少爬山的时候能够提提神，直到云朵带来些许慰藉。我们沿着山路一路前行，景色不断变换，慢慢到了山脚下。

每一条小山谷周围都会有一座拥挤的城镇，镇上的房子用石头垒起来，挨得严严实实，这样就不用因为盖房子浪费哪怕一寸耕地。这里的镇子和镇上住着的人显得更加富足，待人也更为友好。黄牛拖着圆滚滚的肚子在田里犁地。打米脱粒用的是大木盆，稻谷也比下游地区成熟得晚一些。正是这些连绵的矮山构成了湘粤交界之地，长长的山路上只见圆锥形的坟墓尖尖地立在山头，上面盖着一层看似石灰的东西，一眼望过去只见白花花的一片。这里的山和中国北方还有南方很多地方的山不大一样，林木异常茂密。稻田顺着山脊一层层往上延伸，每一层都又长又窄，直到实在上不去为止。

第一天尚未结束，我们已经翻过了两处陡坡，第二天的坡更陡。说起来还真奇怪，人爬得越高，感觉越热，简直热得出奇。虽然一整天都在上山下山，可脚下走得一如既往还是石头路。离开郴州的次日下午，我们越过省界，进了广东，沿途气温愈发热不可耐，山势也愈加陡峭难爬。当天的最后一段路我们爬到了一座山脊顶上，那里倒是凉快宜人。

潭前①是我们进入广东省遇到的第一个镇子，比湖南的村子脏乱些，随处都能见到有人公开聚赌，这可是南方的一大灾祸。不过，一到湘粤交界处便见到女人个个大脚。好在当地的百姓依旧说官话，算是帮了大忙。货币虽然换成了小小的双毫，可这些能够在当地与银元等值兑换。我的仆人已经禁不住害怕，离我而去。我很快意识到没有请一个女佣是多么受罪。我得自己烧开水，让开水放凉，自己烧菜做饭，哪怕大部分是罐头食品也得自己动手准备，还得用当地客栈里的灶台生火，准备热水晚上洗脚洗澡，总之所有零碎的小事都得自己动手。在中国这个劳力充足的地方，你对这些事情早就习以为常，总想着会有人自动做好。

我没想到这里如此多山，林木茂密。大体说来，广东境内都是如此，大部分上山下山的陡峭山路都是在过了省界才出现的。说来也怪，看着这里的景致如同密歇根北部到了仲夏时节一般，你还是会多少感到安全。第三天遇上的可真的算是高山了，这是属于真正登山者的一天。我们整个上午都在循着河谷走，天气还好，景致也不错。将近中午，我游了一会儿泳，等着挑夫们赶上来。身后的山脊一座接一座，呈现出奇幻的青色。我们尽力避开这些山脊，阳光从云层后面一缕缕洒下来，点缀着这幅辽阔的全景图。我们有一两次爬到了很高的地方，路边的山泉水没有烧开我

---

① 潭前（T'an-tzeng），根据上下文推断，此处所指当为广东省乐昌市大源镇一带，当地地势多山，林木茂密，是广东省有名的林区。

便喝了，这在中国可是难得的享受。山路在一处山峰钻进了一个石窟门洞。洞口从入口到出口相距15英尺，全部用石头砌成，就连拱顶也是石头垒的，较矮的部分则在天然的岩石上凿成。然而，在中国没有人能够在这些凉爽宜人的高山地带久居，即便这些地方安静整洁，人们还是得下山，回到嘈杂吵闹、散发着异味的村子里去，和自家的牲畜和女人生活在一起。即便有人胆子够大，敢一个人待在这片强人出没、绑架频发的地带，同行的那些挑夫也会拒绝，他们会抱怨这里没有铺盖，叫他们如何裹着过夜，也没有吃的。总之，这里没有任何东西比得上孤寂与安静让中国人更加害怕。

　　只有在经过一队套着草鞋的水牛时，我才意识到这个世上原来还有比哄着两个郴州挑夫赶路更慢的活儿。这里绿树成林，出产大量原木，一根根电线杆子般粗细。人们在每一根木头的顶端费力地砍出一个洞来，这样方便拖到河边，绑在一起，做成木筏。中国人破坏林木生长的旧习体现了出来，陡峭山坡上的大片林地已被砍伐殆尽。小小的木排顺江而下，江岸怪石嶙峋，江水奔腾沸涌。木排拍打着水面，发出沉闷的回响，不时打破山间的宁静。进了狭窄的河谷，伐木人将成堆的原木堆在路上，挡住了通行的道路，弄得行人只好每走几码就得费力地爬上爬下。我沿着河的上游走了好一段路，河面也变得愈发开阔。又见到了排成长队的苦力，成吨的粗盐就装在用篓子包裹的坛子里头，看来把油和米从北方翻山越岭运到广东用的就是这种容器。所以，如果你不知道里面装的到底是什么，那或许是因为同一种产品会被同时运往南北两个方向。

　　此时此刻，原野已经变得明显带有广东的特点，虽然最终成了高低起伏的山岭，看上去景色宜人，却连一棵树也没有，上面长满了黄绿色的草。镇子也多了起来。在某些镇上，士兵们会把每一个挑着担子的挑夫拦下，收取买路钱。这帮当兵的似乎也打起了我的主意，直到我和他们开玩笑说着"番鬼佬"，也就是粤语里的"洋鬼子"，是不用交厘金的，并且告诉他们，这些都是我的一点私人行李，他们脸上才露出一丝笑容。按照中国人的规矩，这表明他们不再为难我，于是我招呼挑夫继续赶路。有一间老旧的客栈，在这些敲竹杠的厘金站中间算得上引人注目，客栈的屋顶和门都修到了路上。有个小孩只要见到有人经过，就会把一个军官叫醒，后者穿着一身破烂军装，专门负责收税。若是有哪个挑夫胆敢不从，只需一声招呼，便会涌过来一群士兵。

走过这脏兮兮的村寨，前方突然出现了一处美丽的景致：一小块平原被四周的高山包围，就在下方至少3000英尺的地方。稻谷将平原染成一片浅绿，墨绿色的小山丘像突出的小岛。我们往下方的平原行进，感觉像走在采石场一般，石头从各个角度伸出来。天黑之后到了一座小镇，镇子就建在路旁，里面挤满了挑夫，都是背着内地的产品运往下游江边去的。我在一间牛棚底下过了一夜，这是我在中国在路边睡的最后一觉。第二天天还没亮，挑夫的队伍就出发了，我别无选择，只好醒来，跟着他们，走过一片地势更为低矮的平原，平原上间或耸起几座矮山。许多背夫背着一筐筐的公鸡，长长的队伍就在晨曦中公鸡不停的打鸣中向前延伸。他们看来是运盐北上，顺便把卖新伞当作副业，回程的时候带了些大大小小的鸡，要不就空着箩筐回家。当天上午，我遇见不少人正往北走，只带着中国人用来称重的木头杆秤，脸上的表情好像在说他们正在去做买卖的路上。我终于到了卖鸡的市场，距离乐昌只有10—12里地。我之前从未见过、以后也再没有见到有这么多咯咯叫的动物聚在一起。显而易见，来自广州市场的买家跑这么远来购货，杆秤当然会大派用场。不过，这个时辰对于买鸡的人来说还是太早，他们早饭还没吃，也还没有哪一家客栈生火做饭。我们只有快到乐昌时，才在路边的一间小屋里好不容易吃上了早餐。

乐昌终于到了。尽管离湘粤边界这么近，不时还能遇上会说官话的人，可"乐昌"这个名字一听便知道带着粤语的口音。这里有一些大船，装着木头和其他货物，据说"马上"会开往下游。不过，我对中国人嘴里的这个词依旧表示怀疑。我在满是石头的岸边来回走了一会儿，岸上就是中国南方常见的小屋，一栋栋十分别致，悬在江面上。我找了条小船，船家答应带我去下游。虽然谈好的价钱放在内地已经算贵，但换成美元感觉就便宜了。待到条件谈好，我照常付了一半做定金，却发现船并不是说好的那条"五板船"，完全没有说的那么大，只是一条小独木舟而已——要知道，前面急流可不少——是用后面那艘大船上的木板做的。正当我手足无措的时候，那几个身板壮实的家伙已经把定金塞进了口袋。他们说着一口官话，我当时正是和他们谈好的条件，一心想着他们会带我去下游，没想到开船的却换成了一个老头，看起来65岁左右，还有一个少年，才12岁。两个人的左耳上都戴着个耳环，连一句官话都不会讲。

我毫无办法，只好比画着解释起来。上午剩下的时间，我都在重新整理行李，大部分东西都只能丢掉，尤其是路上带的换洗衣服，最后还是坐着这艘私人小艇出发了。船在我指定的一处河岸停了下来，拴在岸边。我趁着老头和少年做饭的工夫，跳进水里痛痛快快地洗了个澡，在两岸之间来来回回游了好几趟，把所有人看得目瞪口呆。真是难以置信，这个老头在江上过了一辈子，居然不会游泳。我们不时经过一些船只，被纤夫拉着，用船篙撑着往上游驶去。这些船又大又笨，女人和男人踩着钉着防滑木条的船边时，得把腰弯到几乎完全与地面平行，用肩膀顶着竹篙上的分叉支撑处，每一下都得使尽浑身每一丝力气，发出的尖叫声犹如临终前的惨叫一般，感觉像个摔跤冠军，即便如此，船一分钟也只不过向前移动了短短一英尺的距离。

江水清澈纯净，水流相当湍急。老头和少年划得非常沉稳，不时闭上嘴默不作声。四周山势渐行渐缓，山上青葱翠绿，让人赏心悦目。我下午大部分时间都躺在行军床上，这十来天的急行军真够累人，得好好弥补一下。床就放在圆顶船篷下面，大小正合适，刚好塞进去。夜色稍晚，我催着划船的两个人把船划到岸边，上岸一直待到大天光，这才算真真正正睡了一觉，省得他们不停划桨，你一句我一句不停说话，把我一次次吵醒，这可比到了目的地，再急急忙忙找地方住要好多了。前头传来不少声响，听起来像是炮声，方向在韶州一带，那里也被称作韶关。我仍然担心打仗会耽误我赶路，因为从广州城往北的铁路全长139英里，如果这条线路受到战争或者军队调遣的影响，我恐怕很难及时赶上船。况且，沿北江去往下游的船只也有可能受此影响停航。然而，沿途的镇上好像也有一些小的轰鸣声，看起来像是放爆竹的声音，和某个节庆有关，因此我觉得之前担心的其实只是另一场祭孔仪式，后来一看果真如此。

星期天刚刚晨光初露，我们就动身赶路了。走了一个小时，一道长长的城墙沿着江边出现在岸上。这里是一座大城，有一段城墙是重新修建的，和以前的老墙相比，修得还不错，后者早已灌木丛生。我们终于见到了铁路。这里总算有了铁路，也算得上韶州唯一的重要设施。虽然城里到处都是孙中山的军队和他的友军，但仗还没有真正打起来，火车依旧在运行。我们希望这条铁路有朝一日能够把广州和北京真正连接起来。"大元帅"前不久刚刚大驾光临这条铁路广州段的末段，一来为了保护自己的地盘不被北方人再次夺走；二来看看上海一带战事正酣，自己是否有机会向北扩展。虽然每一寸地方，就连货车顶棚上也挤满了士兵，但没有任何东西能够阻碍我的行动。

这里除了读过几句书去过一些地方的人，没有一个人听得懂官话。我知道我没必要说话，可要是非得开口，不少人说得比我还差。然而，你也可以不动口，只要把钱给船夫，打发他们离开，再从码头请几个轿夫把你抬到就近的火车站去，然后在木头长椅上坐下来，待上一整天。三等车厢里像这样的长椅一共有四张，竖排着。我知道乘务员好说话，会让我上了车再买票，这样省得和一群人在售票窗口前挤来挤去，浪费时间。那些窗口一般高不过腰，小得像个老鼠洞，中国的火车站卖票都是这副情形。很快我便已经行进在铁路上，这是我从云南府之后第一回坐火车，想想那也只是五个月前的事情，可条件跟那时比起来同样毫无改进。

我坐的是三等车厢，倒不是为了省钱，而是因为这里的铁路早就被军队征用，头等和二等车厢几乎完全被士兵和军官霸占，待在那里还不如和劳苦大众挤在一起。然而，即便是三等车厢，仍然有大量士兵和他们携带的武器。有个年轻人看上去像军官，不过只有他口袋里的徽章能够证明这一点，而这也是他唯一的车票和通行证。这家伙伸直手脚，躺在一张靠窗的长椅上，一个人占了五个人的座位。另外四个被他赶开的乘客只好站着，或者找其他地方挤一挤。没有任何人敢打扰他，他甚至都懒得把替代车票的证件拿出来让人看一眼，直到有个乘务员逼着他，他才拿出证件，这个乘务员胆子可不是一般地大。只要有空余的地方，平民还是能够坐车，或者把行李放在车上，倒不是因为出于同情，而是军队需要他们买票，以便从他们身上赚钱。

和我同车的人虽然实在没有什么新闻，但还是挺有意思的。不少乘客比挑夫有钱得多，只有一个父亲和带着的两个小孩除外。几个人就坐在我的正对面。一个小孩五岁，另一个八岁。两个孩子每次只要问他们的父亲要烟抽，这位父亲准保毫不犹豫地把烟盒递过去。就连小的那个也会点火，一天下来至少抽了十来根，姿势都是看着大人学的，有模有样，用大拇指和食指捏着这西方的舶来品，一副中国纨绔子弟的派头，不时还用小指弹一弹烟灰。

火车一路轰鸣。窗外的原野连绵起伏，丘陵一座接着一座，甚是好看。韶州一带山峰耸立，怪石嶙峋，有些巨大的石块从平原上拔地而起，形态千奇百怪。然而，对于一个已经走过十八个行省的人来说，行至此处已经没有太多兴奋。当然，总归有些东西让人看着觉得开心快意。虽说这里的女人和男人一样赤着脚，干着最繁重的体力活，那些身板粗壮的女人挑着的担子重到就连我也不愿去背，可我又一次见到不再裹脚、自由自在走路的女人。还有那些上了年纪的老妇，虽然白发苍苍，却依然迈着结实有力的双腿，在田间锄土。

沿途的甘蔗田一片连着一片。有一些是真正的高山，就矗立在距离铁路不远的地方，还有一条宽阔的大河从山谷里流出来。我又见到了那些仓库当铺连在一起的房子，就在每一座村寨旁边，这也算是广东的一大特色。六七列长长的火车上满载着士兵和他们奔赴战场的全部所需物品，包括满满一车厢野战炮、战马、炮车，从我们身边缓缓驶过，向北进发。然而，依旧看不到任何外在迹象预示着战事一触即发，人们的脸上也并不少见和平的喜悦。

我们经过一处地方，那里专门做各种缸，小到花盆，大到瓦缸，应有尽有。这些缸堆叠得很高，由挑夫运往四面八方。当地村民家里的墙壁就是用这些破碎的瓦片砌成的。长长的烧窑一直伸到山顶，沿途是成堆的碎瓦断片。这些大缸有的被用来装人的尸骨，埋在山崖之间的山谷里。

踏车轱辘有的靠脚踩，有的用手转，还有的依靠水牛牵动，把水抬升抽到湿漉漉黏糊的稻田里——也许是因为现在种的已经是第三季稻的缘故，虽然山北面湖南的稻子都已收割了，这里的依旧很绿。总之，还是那幅中国南方熟悉的景象，一切如故。

列车接着经过了一间外国教会开办的学校，这是我进入广东省以来第一次看到外国人。因为赶上星期天下午，他们一个个穿着打扮讲究，在草坪上悠闲地散步。列车已经开到我之前闲逛时走过的那段线路，周遭的环境变得熟悉起来。广州自来水厂的烟囱冒着滚滚浓烟，出现在眼前。远处是那座已经破败不堪的五层佛塔，就在唯一剩下的墙角之上，去年冬天我们可是在那里的屋子里住了三个月。西关依旧是那样熙熙攘攘，江上人家的船显得更多了——接着，还没等我回过神来，车夫已经拉着我到了沙面。

我在中国待了这么久，从来没有受到哪怕一个中国民众的骚扰，即便有时让人困扰也不带恶意，我也从未见过其他外国人受到过真正的攻击，哪怕人人都说这种事情时有发生。不过，我仍然有机会目睹这一幕的发生，那是我在中国领土上住的最后一晚。我在那里享用了一顿货真价实的西餐，再一次感受到了浴缸的舒适，还在这个外国人治下的安宁小岛上完成了几件必须得干的差事，早早便上了床。

虽然沙面的外国宾馆房间紧张，但有人向我保证了房间安静舒适，一想到能够睡一个真正的好觉，我就满心欢喜。将近午夜时分，我被一阵叫喊声吵醒。吵闹声越来越大，窗外的人行道上传来了中国人的脚步声——他们总是习惯拖着鞋子走路——还能听见几个外国人大声呵斥的声音。不用说，一定是岛上发生了火灾，主动赶来救火的外国人正在对手下的中国仆人发号施令。我翻了个身，就让它烧去吧。然而，吵闹声越来越大，就连我三楼窗户下栽满鲜花的院子也闹腾起来。院子边好像刚刚修了栋房子，这个小小外国租界的中国警察就住在里面。我站起身来，走到窗边。原来那根本就不是起火，而是一群中国人正在攻击一个白人，不仅如此，这个人还是我的同乡！

毋庸讳言，中国人在刚刚过去的沙面罢工[①]取得了全面胜利，这让生活在广州的外国人处境堪忧。不过，我没有立即跑下楼去，施以援手。事实上，争斗双方究竟哪一方需要对事情负责，我当时还完全搞不明白。因为，从目前的情况来看，好像是沙面的几个中国警察试图拦住一个美国水手的去路，把他扣留起来，要不就试图干涉他的自由。这个水手一看便知从炮艇上来，那些炮艇现在还停在沙面码头。水手也许正好被人发现在街角的俱乐部附近干些算不上重罪的非法勾当，那个地方本来就是为水手和海员开的。大约二十来个中国人跑过来帮警察的忙。好像还有两三个美国人，没准是英国人，看见水手境况不妙也加了进来。不过，不到那小子需要，他们可不会动手帮忙，这是英语民族一向引以为傲的体育精神。因此，眼前的一幕变成了水手嘴里骂骂咧咧，其他外国人在一旁好言相劝，这些全都淹没在了软底鞋子拖来拖去和众人发出的尖叫声中。有人痛苦不堪，有人愤愤不平，有的则看得来神，起劲吆喝，不时能够听见拳头打在皮肉上发出的清脆响声。

我目不转睛地看着院子里发生的一切，只见同样的一幕在不停上演——一大群中国人围着水手推推搡搡，水手的双拳挥舞得像锤子，拳头落到哪里，中国人就纷

---

① 沙面罢工，指的是 1924 年广州沙面的一次工人罢工运动。1924 年 7 月，英国颁布沙面新警律，规定：从 8 月 1 日起，沙面华仆出入，概须携带执照，须贴主人照片，每晚九时后，华人非携带执照，不能入境两次。从 7 月 15 日至 8 月 17 日，广州沙面工人因此举行大罢工，取得了英国被迫取消警律的胜利。

纷倒地。被打败的一方停下来重整旗鼓，而水手趁着这个空当也不忘和周围的人寒暄几句，说得有理有据，说话的语调好像自己虽然忙得不行，可再忙也绝不会忘记为人处世的客套礼数，一会儿又重新投入战斗。是的，我的确没有走下楼去，因为我的帮助看来毫无必要。随着骚动渐渐平息下去，我又慢慢进入了梦乡，可脑海里还在思考，这些东方人也许现在不具备能力团结起来，也缺少西方所理解的个人勇气，却能用忍耐与毅力去弥补，再等上几个世纪，达到自己的目的。

　　我是在 6 月 25 日与家人道别，走出云南府的。就在那一天，我便已定好 10 月 5 日或 6 日应该回到广州。我已经和妻子约定她会乘坐当晚的客轮从香港出发，把其他家人留在香港，让英国人去好好保护，然后第二天早上与我在广州碰头。距离我上一次收到信件已经过去了差不多六个星期，而发电报纯粹是浪费时间、耐心和钱。不管怎样，当我次日清晨登上那艘庞大的客轮时，正赶上我的妻子准备从她的客舱中出来。

　　士兵们依旧在广州横行无忌，汽车在长堤大马路上横冲直撞。小官吏们懒洋洋地靠在后排的椅子上，六七个士兵穿着卡其布军服，站在车边的踏板上，手里拿着的自动武器已经上膛。孙中山很快就要离开这座城市，说就算外界对此并不清楚，但木已成舟。就在我们离开中国五天之后，曾经住过的西关大部分地区便被大火吞没①，惨遭浩劫，不少人死于非命，女人遭到强暴，而这一切都是所谓的"广州红军"干的，因为孙中山在人生的最后阶段把自己描绘成了一个布尔什维克党人。就在几个星期之后，孙病逝于北京。即便是孙的追随者，也觉得将他的遗体安放在从莫斯科运来的灵柩里显得并不合适。正是在那天下午，我登上了我妻子来时乘坐的同一艘客轮，沿着熟悉的珠江顺流而下，直抵香港。我们将在那里待很短时间，接着就将扬帆起程，横渡太平洋回家。

---

① 此处所指为 1924 年（民国十三年）10 月 15 日，广州警卫军联合粤、闽、滇军与黄埔军校士官生联合镇压广州商团事件。孙的部队用煤油在西关引发大火，焚烧商铺，烧死商团支持者，导致死伤逾千人，损失数百万元，西关蒙受巨大损失，史称"西关惨案"。

译后记

　　在经过大半年译书工作之后，也到了时间换个心情，我想略微轻松地坐下来，把与翻译本书有关的一些心得感受好好写一写，权当是给自己一份慰藉，抑或是一个交待吧。

　　坦白说来，这本书翻译起来着实不易。我这样说绝非为了拔高自己，也并不想套用"译事多艰"这样的陈词滥调，而在于本书所包含信息量之"丰富"、所涉及的那个时代以及那个国度之"遥远"与"陌生"每每令我感到捉襟见肘，黔驴技穷，甚至几度想着放弃作罢。然而，半途而止总归是不可能、也是不应该的。鼓足勇气继续翻下去，把自己该做的事情做完做好，才是我唯一的路。

　　本书作者哈利·阿尔弗森·弗兰克（Harry Alverson Franck，29 June. 1881—18 April. 1962）并不是一个让中国读者熟悉的名字，即便是我的外国同事对这个名字也表现得全然陌生。然而，这位出生于密歇根州的美国游记作家在二十世纪上半叶的大洋彼岸却似乎小有名气。1910年，哈利·弗兰克出版了《浪迹天涯》（A Vagabond Journey Around the World）一书，此后便一发不可收拾，1913年又以自己在巴拿马运河区担任普查员与治安警察的亲身经历为背景，写成《运河警察》（Zone Policeman 88）。该书成功登上当年畅销书排行榜。作者此后三十余年间足迹踏遍拉美、欧亚大陆以及太平洋地区，所著游记多达三十部，其创作之高产令人称奇。对于这位美国冒险家而言，用文字记录走南闯北的所见所闻，带回故乡出版，一方面既能与自己的老乡分享分享"游趣"，另一方面也能挣得不少版税，权当充足路费游资，为下一场旅行做好准备。

本书 *Roving through Southern China* 出版于 1925 年，实际上是作者在东亚地区一系列游历创作过程的一部分。还有姊妹篇于早两年出版，不仅记录了主人公在中国大陆北方地区的观感见闻，还将当时的日据朝鲜一并包括在内。这位先后参加过两次大战的美国老兵随后亲身前往台湾地区与岛国日本，于 1924 年出版《日台一瞥》（*Glimpses of Japan and Formosa*）。1926 年，《暹罗之东》（*East of Siam*）付梓面世，标志着作者在东亚地区长达五年旅居生活的结束。

哈利·弗兰克一生游历极广。这些经历虽然并非全都算得上令人愉快，不变的却是作者一如既往的朴素而细腻的文笔，以及对各地风俗习惯极为翔实的近距离描述。本书同样如此。遥想昔人用异国的语言将近百年前我中华之风物记录于此，我却欲在时隔将近一个世纪的今天以汉唐之语让这份记述再度跃然纸上，这样的过程绝非简单的文字转换。原著背后蕴含的历史地理、人文政治信息之丰富以及操作难度之大，远非我接手该书之初所能想见。这些文字固然不失为有关那个时代一份弥足珍贵的历史记录，一开始读来却每每令人不由得深感陌生诧异，似乎不敢相信这竟然是约莫一个世纪前我们曾经生活过的那个国度与那个世界。

首先，本书所述之"中国"实为"中华民国"。作者来华之际不过民初十余年的光景，那个时代对于今之大陆中国人来说本身就是一段雾里看花、虚虚实实，多少是非曲直尘埃犹未落定的"故事"，单此一点就不能不说是制约译者落笔的一大桎梏。其次，作者旅华生活将近三年，将自清朝以降十八行省几乎游历殆遍，没有留下主人公足迹的唯有一省而已，其造访的十七行省中未曾涉足的省会城市也仅余贵阳一地。作者在书中对中华事物的表记皆用魏妥玛拼音，今人较为熟悉的名词尚且有据可查，那些名不见经传的生僻地名字词翻译查证起来则着实难度不小。此外，原著以 20 世纪初的英语写成，抛开语句文法不谈，所涉及彼时美国人的政治、经济、宗教价值观大都今昔有别，倘若无法把握那个时代的历史全貌，不足以通读全书。凡此种种，无不难煞才疏学浅如我者。小到一字一词、大到一句一段多大费周章，于人名、地名，抑或风物之名实莫不费尽心力求证考查，有的甚至耗时数月不得其解。译书期间翻查史料，悉心考据，每每偶得答案，无不欣欣释怀，同时亦深知自己的才疏学浅，进而自惭形秽起来。

就文笔而言，哈利·弗兰克向来不以堆砌华丽的词藻为荣，其行文讲究平实质朴。

这位美国游记作家似乎颇为偏好夹叙夹议，且喜以讥讽挖苦的语调对所见所闻评头论足，于人、于物、于事、于地，皆如此。其品评对象不仅限于我中华之人事风物，同样包括其他在华"洋人"：英人、德人、日人，那帮"遭人遗弃"的俄国人，连同自己的"美国老乡"，统统包含其中。诚然，翻看一本写于近一个世纪前的"老书"，随着书本"老去"的或许不止文字本身，还在于思想观念。这些在今人读来多少掺杂"种族之见"的文字未尝不是一面镜子，如实反映出百年前那个正在蒸蒸崛起的年轻国度对待大洋彼岸这个"老大上国"最为真切的看法。这位来自美国的异乡客品评起他国时务来不讲客气，不留余地，其身为旁观者有此姿态亦是自然，倘若为了吸引国内读者的眼球，让自己的书籍畅销大卖，文字辛辣一些则更加不足为奇。更何况纵观全书，作者其实并无"侮辱"之意，反而不止一次地肯定中国人骨子里存留的善良与质朴。其更多存有异议之处当在于生活习惯、行为方式、思维意识等诸多层面的文化差异，而这样的文明碰撞在那个年代实在太过平常，不足为怪。

　　此番译书已是我与后浪出版公司的第二次合作，感谢他们的信任，后期工作亦有赖编辑的大力协助，在此谨表谢意。此外，本人译书过程中所遇疑惑难解之处着实不少，为此专门向我所在学院英国籍外教开普林·劳伦斯（Laurence Capelin）多次请教，劳伦斯先生均一一悉心解答释疑，对此我感激不尽。最后，我想感谢我的父母。二老专门赴粤，在我忙于译书期间照料我尚年幼的孩子，极尽操劳。事实上，作者原著便是献给其母亲，以感谢其与家人在中国南方陪伴度过的一年，我在此也将此译本献与我的父母，以感谢他们与我在广州共同扶持度过的辛劳岁月。

　　搁笔之际，我再次重申鉴于语言能力、知识水平着实有限，文中纰漏错误、不足之处在所难免，令人汗颜，还望各位学界同行与广大读者不吝赐教，悉心指正，本人深表感谢！

符金宇

广州　暨南大学

二零一八年五月

　　本书是作者哈利·弗兰克在 20 世纪 20 年代初在中国南方的游历记录，篇幅之厚重，内容之丰富，令人赞叹。哈利·弗兰克在是一名作家之前，首先是一名游历者。他批评当时多数在华的外国人只生活在租界，对发生在自己眼前的中国的一切一无所知，同时也不屑于去了解，"当欧洲人的居住区与华界城镇紧紧相邻，才能最为鲜明地凸显出两种文明的差异。只有在这些地方，人们才能感受到东西方文明在本质上的截然不同，并且意识到二者之间的不可调和，这样的差异或许将永远并存下去"。虽然对于文化融合持悲观态度，但这并不妨碍作者决定走进中国，了解中国人的生活方式，亲身感受东西方文化的差异。

　　他利用最基础的交通工具和徒步，深入中国广阔的南方地区，足迹遍布上海、浙江、江西、福建、广东、海南、广西、云南、贵州、四川、湖南等省的乡村市镇，广泛接触中国社会的各类人群：军阀、进步学生、租界买办、贫苦乡民、传教士、手工业者，等等。用文字和相机记录下 1924 年中国南方地区的市井生活细节，虽然有些部分难免带有外来者的偏见或隔阂，不过总体来说，是非常真实的社会画卷。

　　由于本书篇幅较大，整个编辑过程由于各种原因耗时颇长，感谢译者符金宇老师一直以来的理解和支持，也希望这部作品能够让读者更多地理解我们所生活的这个国家和人民。

服务热线：133-6631-2326　　188-1142-1266

服务信箱：reader@hinabook.com

后浪出版公司

2018 年 5 月

图书在版编目（CIP）数据

百年前的中国：美国作家笔下的南国纪行 /（美）
哈利·弗兰克著；符金宇译 . -- 成都：四川人民出版
社，2018.5（2025.3 重印）

ISBN 978-7-220-10786-3

Ⅰ .①百… Ⅱ .①哈… ②符… Ⅲ .①社会生活 – 历
史 – 中国 – 民国 Ⅳ .① D693.9

中国版本图书馆 CIP 数据核字 (2018) 第 085853 号

本书中文简体版权归属于后浪出版咨询(北京)有限责任公司

BAINIANQIAN DE ZHONGGUO： MEIGUO ZUOJIA BIXIA DE NANGUOJIXING

百年前的中国：美国作家笔下的南国纪行

著　　者	［美］哈利·弗兰克
译　　者	符金宇
选题策划	后浪出版公司
出版统筹	吴兴元
特约编辑	林立扬
责任编辑	杨　立　赵　静　邹　近
装帧制造	墨白空间·陈威伸
营销推广	ONEBOOK

出版发行	四川人民出版社（成都市三色路 238 号）
网　　址	http://www.scpph.com
E - m a i l	scrmcbs@sina.com
印　　刷	北京盛通印刷股份有限公司
成品尺寸	172 毫米 ×240 毫米
印　　张	40
字　　数	646 千
版　　次	2018 年 8 月第 1 版
印　　次	2025 年 3 月第 6 次
书　　号	ISBN 978-7-220-10786-3
定　　价	160.00 元